Marco Schmitt

Trennen und Verbinden

Marco Schmitt

Trennen und Verbinden

Soziologische Untersuchungen zur Theorie des Gedächtnisses

VS VERLAG FÜR SOZIALWISSENSCHAFTEN

Bibliografische Information der Deutschen Nationalbibliothek
Die Deutsche Nationalbibliothek verzeichnet diese Publikation in der
Deutschen Nationalbibliografie; detaillierte bibliografische Daten sind im Internet über
<http://dnb.d-nb.de> abrufbar.

Zugl. Dissertation an der Technischen Universität Hamburg-Harburg, 2008

1. Auflage 2009

Alle Rechte vorbehalten
© VS Verlag für Sozialwissenschaften | GWV Fachverlage GmbH, Wiesbaden 2009

Lektorat: Katrin Emmerich/ Tilmann Ziegenhain

VS Verlag für Sozialwissenschaften ist Teil der Fachverlagsgruppe
Springer Science+Business Media.
www.vs-verlag.de

Umschlaggestaltung: KünkelLopka Medienentwicklung, Heidelberg
Druck und buchbinderische Verarbeitung: Krips b.v., Meppel
Gedruckt auf säurefreiem und chlorfrei gebleichtem Papier
Printed in the Netherlands

ISBN 978-3-531-16451-9

Inhaltsverzeichnis

Danksagung

Diese Arbeit konnte nur entstehen, weil im Rahmen des Schwerpunkt-Forschungsprogramms „Sozionik" (1999-2005) der Deutschen Forschungsgemeinschaft eine langfristige dezidierte und auf Modellierung, d. h. auf Präzisierung und Operationalisierung ausgerichtete Beschäftigung mit der Systemtheorie Niklas Luhmanns möglich war. Die neue, am fremden Blick der Informatik geschulte Herangehensweise an soziologische Theoriearbeit war eine große Bereicherung für die Beschäftigung mit den abstrakten Problemen der soziologischen Grundlagentheorie. Für die Ermöglichung einer solchen Forschungsarbeit danke ich der Deutschen Forschungsgemeinschaft.

Dankbar bin ich aber deshalb und vor allem meinen Kolleginnen und Kollegen (auch ehemaligen) am Institut für Technik und Gesellschaft an der Technischen Universität Hamburg-Harburg, die in vielfältigen Diskussionen, Gesprächen und gemeinsamen Veröffentlichungen diese Arbeit unschätzbar befruchtet haben. Dankbar bin ich also Dr. Michael Florian, Steffen Albrecht, Rasco Hartig-Perschke, Jan Fleck, Jan Hildebrandt, Dorothea Walzer und Kathrin Billerbeck für anregende Diskussionen. Brigitte Freidel und Gabi Geringer für weitreichende administrative Unterstützung und insbesondere Miriam Barnat für weiterführende Diskussionen und Kapiteldurchsichten und Maren Lübcke für zahlreiche Anregungen und die Durchsicht der letzten Kapitelfassungen. Dagmar Wilkens danke ich für die Durchsicht des vierten Kapitels.

Prof. Dr. Thomas Malsch bin ich dankbar für die Chance mich so ausgiebig und lang meinen theoretischen Steckenpferden widmen zu dürfen, deren unmittelbare Anbindung an die laufenden Projektarbeiten wohl nicht immer zu erkennen war. Ebenso bin ich dankbar für zahlreiche Diskussionen zur soziologischen Theorie, die nicht immer einmütig aber immer ausgesprochen anregend gewesen sind.

Zu danken habe ich auch Prof. Dr. Harald Wenzel, der in hervorragender Weise an der schnellen Durchführung des Verfahrens mitgewirkt hat und einige wesentliche Verbesserungsvorschläge für diese abschließende Fassung eingebracht hat.

Schließlich gilt mein Dank meinen Eltern, meiner Mutter, die leider im Winter 2005 verstorben ist und nun nicht mehr miterleben konnte, wie ihr Sohn seinen Weg weiter gegangen ist und meinem Vater der immer darauf gesetzt hat, dass sein Sohn das weiter machen sollte, was ihn interessierte. Beiden danke ich für ihre große Unterstützung auf meinem akademischen Weg.

1 Trennen und Verbinden – Gedächtnis als Problem der soziologischen Theorie

„Genau. Jede wirklich interessante Frage explodiert ins Polynomische. Und der einzige Weg das zu vermeiden, ist die Icontologie."
„Stop. Die Dame möchte ihren Teddybären gegen eine Definition tauschen."
„Ontische Icons. Icons, die im wirklichen Leben existieren. Symbolische Agenten. Datenstrukturen, die für das Verhalten in der echten Welt leisten, was ein Icon im visuellen Bereich leistet. Wenn du die Idee von Ungarn vermitteln willst, brauchst du keine genaue Karte des ganzen Landes, die werweißwieviel Speicherplatz belegt. Eine simple Umrisszeichnung reicht. Und genauso müsste es doch möglich sein, eine funktionsfähige repräsentative Darstellung -"
Richard Powers „Schattenflucht"

I.

Gedächtnis ist eine von der Soziologie weitgehend vergessene theoretische Kategorie. Aber gibt es nicht gute gesellschaftsdiagnostische Gründe sich gerade heute mit einem soziologischen Konzept von Gedächtnis auseinanderzusetzen? Und kann es nicht als theoretisches Konzept eine Leerstelle besetzen, die durch die Begriffe Sozialstruktur und soziale Ordnung nicht abgedeckt werden kann? Die im Folgenden ausgeführte theoretische Untersuchung beantwortet diese beiden Fragen mit einem klaren Ja. Gedächtnis ist ein wichtiges Thema für die soziologische Theorie, denn es gibt einerseits in der Tat gute gesellschaftsdiagnostische Gründe, die sich vor allem aus unzähligen Diagnosen über die Wirkung der neuen Medien und des Internets für das soziale Gedächtnis und das kulturelle Erbe der Menschheit speisen, die eine soziologische Beschäftigung mit dem Gedächtnisbegriff erforderlich machen. Andererseits existiert eine theoretische Leerstelle neben den Konzepten Sozialstruktur und soziale Ordnung, die eine Gedächtnistheorie erfolgreich füllen kann. An dieser Stelle sollen diese beiden Antworten begründet werden, um dann die Arbeitsschritte vorzustellen, mit denen Gedächtnis als theoretisches Konzept in der soziologischen Theorie zu platzieren ist.

Die erste Fragestellung betrifft den gesellschaftsdiagnostischen Wert einer soziologisch fundierten Theorie des Gedächtnisses. Thesen zum Einbruch der digitalen Medien in die Strukturen der Gesellschaft des Buchdrucks finden sich

allerorten. Es geht um den „digitalen Wandel des Wissens"[1] und um die „nächste
Gesellschaft"[2]. Strukturelle Umwälzungen sind überall zu erwarten und da es
sich beim Computer explizit um eine „Gedächtnismaschine"[3] handelt, machen
diese Thesen auch vor der Entwicklung des sozialen oder kollektiven Gedächtnisses nicht halt. Man kann sogar von einer Virulenz des Gedächtnisbegriffs mit
Bezug auf die neuen Medien sprechen. Gerade aus dieser Lage heraus macht
eine erneute theoretische Beschäftigung mit dem Gedächtnisbegriff Sinn. Ermöglicht er doch eine differenzierende Betrachtung des euphorischen oder apo-
kalyptischen interpretativen Umgangs mit den vernetzten Computern als einem
Medium der Kommunikation und des Gedächtnisses. Dieser Zugang mag aktua-
listisch anmuten, doch kann er in einschlägiger Weise demonstrieren, warum es
gerade auch die heutige Gesellschaft mit dem Problem der sozialen Gedächtnisbildung zu tun hat.

Im Folgenden wollen wir uns auf einige ausgewählte Thesen konzentrieren,
die zeigen sollen, wie sehr eine solche Differenzierungsmöglichkeit gebraucht
wird. Wir konzentrieren uns im Folgenden auf Manfred Ostens These von der
„Zerstörung der Erinnerungskultur"[4] durch digitale Systeme der Speicherung,
Achim Brosziewskis These einer Momentarisierung des Wissens[5], Jan Assmanns
These von Verschwinden der Differenz zwischen kulturellen und kommunikativen Gedächtnis[6] und Hartmut Winklers These eines systemisch-krisenhaften
Verhältnisses zwischen den Speichervorstellungen und den Update-
Vorstellungen, die mit dem Computer verbunden werden[7]. Es geht an dieser
Stelle nun nicht darum, die theoretischen Hintergründe der jeweiligen Thesen zu
erläutern, sondern um eine Explikation der Virulenz des Gedächtnisbegriffs in
den Diagnosen zum gesellschaftlichen Wandel auf der Basis des Computermedi-
ums. Gedächtnis zeigt sich dabei als ein von diesen Veränderungen scheinbar
vordringlich betroffener Bereich.

Beginnen wir mit der etwas apokalyptisch gefärbten These von Osten. Für
Osten stellt die Digitalisierung des Gedächtnisses, also die Überführung der
Bestände des kollektiven Gedächtnisses in eine computerisierte Form einen ein-
maligen Vorgang dar. Der beschleunigte Wandel der digitalen Speichermedien
macht einen tatsächlichen langfristigen Erhalt der Bestände äußerst fraglich.
Aktuelle Zugänglichkeit dominiert den langfristigen Erhalt. Dabei wird häufig
übersehen, dass schon die technische Haltbarkeit der digitalen Speichermedien

---

[1] Vgl. Lehmann & Schetsche 2005.
[2] Vgl. Baecker 2007.
[3] Vgl. Winkler 1997, S. 81ff.
[4] Vgl. Osten 2004.
[5] Vgl. Brosziewski 2003, S. 200.
[6] Vgl. J. Assmann 2002b, S. 246f.
[7] Vgl. Winkler 1997, S. 129f.

ausgesprochen schlecht gegenüber Büchern oder Steintafeln abschneidet. Der Speicherplatz nimmt ständig zu aber die Speicherdauer nimmt gleichzeitig ständig ab. Hinzu kommt, dass diese Verluste kaum bemerkt werden, weil immer mehr und mehr gespeichert wird und plötzlich fragt man sich, warum man eine bestimmte Information, einen bestimmten Wissensbaustein nicht mehr wiederfindet. Ein weiterer Punkt ist die Veränderlichkeit der Hardware-Basis dieser Digitalisierung. Speichermedien veralten schon rein technisch hinsichtlich ihrer Benutzbarkeit so schnell, dass ein ständiges Kopieren notwendig wäre, um alle Bestände zu sichern. Den „horror digitales", der mit dieser Entwicklung verbunden werden kann, fasst er folgendermaßen zusammen:

> „... so übertreffen die digitalen Systeme diese Vision durchaus: Sie verbieten die Bücher nicht, sie lösen deren materielles Gedächtnis auf. Ja, sie löschen es sogar aus, denn Memorabilien, die aus dem Netz verschwinden, sind verloren. Weil die Suchmaschinen sie aus ihren Verzeichnissen gestrichen haben, laufen sie Gefahr nicht einmal mehr vermißt zu werden. Ein Auslöschungs-Prozeß, der letztlich für alle digitalen Memorabilien gilt, denn in der Regel werden Veröffentlichungen im Netz nach einer gewissen Frist vom Server gelöscht. Die gefüllte Festplatte fordert ohnehin unerbittlich diesen Prozeß des Auslöschens und Wegwerfens nach Selektionskriterien, die nicht vom Bewahren, sondern von der aktuellen Bedeutung abhängig sind. Was bislang das Publizieren in den Druckmedien verspricht, nämlich das Hinterlassen mittel- oder langfristiger Spuren, verflüchtigt sich im widerstandslosen digitalen Netz: Das Unbeachtete, das nicht im Netz Gepflegte, kann nicht – wie etwa das Buch – überleben; es ist dem Vergessen, der Auslöschung ausgeliefert."[8]

Ein Langzeitgedächtnis kann das digitale Medium nach dieser Einschätzung nicht ausbilden und in dem Maße in dem es sich als dominantes Medium durchsetzen sollte, verschwinden auch die Möglichkeiten ein soziales Langzeitgedächtnis zu erhalten.

Weniger apokalyptisch argumentieren Jan Assmann und Achim Brosziewski, wenn auch von der Tendenz her in eine ähnliche Richtung. So spricht Brosziewski die Differenz von Aufschalten und Wegschalten als zentralen Strukturbildungsmechanismus im digitalen Medium[9] an, wobei jedes Aufschalten eine Transformation der Maschine und damit auch ein Wegschalten impliziert. Damit entsteht ein „Schreib-Lösch-Problem"[10] und jede Bewahrung von Wissensbeständen erfordert Zusatzeinrichtungen, die ein erneutes Aufschalten sichern können. Dies gelingt aber immer nur mehr oder weniger prekär. Daraus

---

[8] Vgl. Osten 2004, S. 90f.
[9] Vgl. Brosziewski 2003, S. 171ff.
[10] Ebd., S. 198.

folgt für ihn eine relativ entmutigende Einschätzung bezüglich des Aufbaus komplexer Wissensbestände im Digitalmedium.

> „Entgegen aller Vorurteile, die das Digitalitätsmedium begleiten, ist *der Aufbau komplexer Information*, die strukturierte Einführung redundanzbildender Variationen, im Prototyp digitalisierter Kommunikation *ein hochgradig unwahrscheinlicher Fall*. Wissen wird unter dem Regime der Aufschalt-Wegschalt-Differenz ein ausgesprochen 'momentanes Phänomen'."[11]

Auch hier können wir also eine These der Präferenz für eher kurzzeitiges Erinnern beobachten mit dem Zusatz einer Unwahrscheinlichkeit des Aufbaus komplexer, zusammenhängender Informationen. Ähnlich bei Assmann, der davon spricht, dass sich die Grenzziehungen innerhalb des kollektiven Gedächtnisses verwischen, weil im Netz auch Unbedeutendes zum Text wird, der Text aber gleichzeitig auch keinen festen Bestand mehr hat.12 Zudem können sich auch die Relevanzsetzungen und Selektionskriterien für Verschriftlichung und Publikation nicht mehr halten.13 Auch entlegene oder abwegige Informationen lassen sich im Netz finden, so dass individuelle gegenüber sozialen und kulturellen Relevanzsetzungen an Dominanz gewinnen. Eine Scheidung des Wichtigen vom Unwichtigen und des kurzfristig vom langfristig Bedeutungsvollen ist nicht mehr möglich bzw. kann nicht mehr erfolgreich auf kollektiver Basis vollzogen werden. Die Präferenz einer eher gegenwartsbezogenen Perspektive wird auch durch die Unterstützung einer viel eher räumlichen als zeitlichen Zerdehnung der Situation durch die Internetmedien deutlich.

> „Bisher betraf die 'Zerdehnung' in allererster Linie die Zeit; die entscheidenden Motive in der Ausbildung eines kulturellen Gedächtnisses waren die Stabilisierung von Erfahrung und die Erschließung lebenszeittranszendierender Zeithorizonte. Das Internet ermöglicht demgegenüber die Transzendierung der räumlichen Beschränkungen; es verheißt nicht Unsterblichkeit, aber weltweite Kommunikation. Die Zeit wird nicht 'zerdehnt', sondern im Gegenteil zum Verschwinden gebracht, indem die schriftgestützte Fernkommunikation wieder auf die 'Echtzeit' mündlicher Interaktion reduziert wird."[14]

Die Kombination dieser drei Thesen Assmanns bestätigt zum einen die Tendenz zu kurzen Fristen, die auch schon Osten und Brosziewski angesprochen hatten und macht darüber hinaus deutlich, dass eine Verdrängung unter den Bedingun-

---

[11] Vgl. Brosziewski 2003, S. 200.
[12] Vgl. J. Assmann 2002b, S. 246.
[13] Ebd.
[14] Ebd., S. 247.

gen nicht durchsetzbarer gesellschaftlicher Relevanzkriterien im Internet nicht mehr möglich ist. Die verschlossenen Räume des Wissens verschwinden.

Hartmut Winklers These zeichnet sich demgegenüber durch eine wesentlich differenzierte Problembetrachtung aus. Das „Docuverse"[15] zeichnet sich für ihn durch zwei zunächst positiv bewertete Tendenzen bzw. eher Visionen aus. Zum einen wird es möglich fast alles zu speichern und erreichbar zu halten; das Idealbild eines totalen Archivs. Zum anderen kann der Datensatz ständig „gepflegt" werden, es können veraltete Informationen gelöscht und durch neue ersetzt werden; das Idealbild eines voranschreitenden Diskurses.[16] Beide Visionen stehen sich aber konträr gegenüber und im Docuverse ist keine endgültige Entscheidung zwischen ihnen gefallen. Es steht also zwischen vollständiger Speicherung und ständiger Transformation des Gespeicherten. Damit ist die Krise schon innerhalb der Ansprüche an die Computermedien angelegt.

> „Das skizzierte Problem deutet darauf hin, daß dieses Verhältnis ein systematisch-krisenhaftes sein könnte. Verglichen mit dem Bücheruniversum, das seine Traditionsbildung über ein System von Auflagen organisiert (über den materiellen Verfall der Exemplare und die bewusste Entscheidung für die Neuauflage besonders wichtiger Titel), muß die Traditionsbildung des Datenuniversums als in destruktiver Weise ungeordnet, ja anarchisch erscheinen. Dem Argument, es könne sich um eine Kinderkrankheit des neuen Mediums handeln, steht die Tatsache entgegen, daß beide Tendenzen in grundlegenden Prinzipien der neuen Technik ihre Wurzel haben; ..."[17]

Aus Winklers Perspektive erscheint also die scheinbare ultimative Gedächtnismaschine Computer zur Traditionsbildung eher ungeeignet.[18] Nirgendwo im Datenuniversum kann sicher bestimmt werden, ob eine Information unverändert gespeichert bleibt oder ob sie stetiger Bearbeitung unterliegt. Wie dabei eine erkennbare Bestandssicherung von Wissen nach eindeutigen Kriterien gelingen kann, ist äußerst fraglich.

Allen hier vorgestellten Thesen gemeinsam ist, dass sie in den Computermedien ein klares Potential für Veränderungen in der gesellschaftlichen Gedächtnisstruktur sehen. Jeder vor dem Hintergrund einer eigenen theoretischen Zugangsweise, sei sie nun kulturwissenschaftlich, system- oder medientheoretisch geprägt. Auffällig ist die Betonung von Problemen die mit dieser Transformation verbunden sind. Eine allgemeine soziologische Theorie des Gedächtnisses kann hier für eine Ausgangsbasis der Beobachtung solcher gedächtnisspezifischer Phänomene sorgen, die nicht vorschnelle Thesen produzieren, sondern

---

[15] Vgl. Winkler 1997.
[16] Ebd., S. 119ff.
[17] Ebd., S. 129f.
[18] Ebd., S, 130.

zunächst einmal gründlich an den Problemen ansetzt, die Gedächtnis immer auf die eine oder andere Art zu lösen hat. Erst dann kann man angemessen untersuchen, wie die neuen Medien diese allgemeinen Probleme transformieren und neue Lösungen erfordern. Wir treten also einen Schritt zurück und begeben uns auf das Gebiet der allgemeinen soziologischen Theorie, um ein Forschungsprogramm für die Untersuchung sozialer Gedächtnisprozesse zu gewinnen, das dann auch dabei helfen kann, den Wandel, der sich im Augenblick vollzieht, in den Blick zu bekommen. Betrachtet man die vorgestellten Thesen, kann man vor allem das Problem der Relevanzbewertungen als entscheidendes Theorieproblem ansehen. Gedächtnis ist dann eine theoretische Formel für Problemlösungen, die eine Unterscheidung von Relevantem und Irrelevantem ermöglicht.

II.

Es sind jedoch vor allem zwei andere allgemeinere Problemstellungen, die eine eingehende soziologische Beschäftigung mit der Theorie des Gedächtnisses nahe legen. Da ist zum einen die konsequente Vernachlässigung des Gedächtnisthemas in den allermeisten klassischen wie modernen soziologischen Theorien. Häufig wird das Gedächtnis dabei nur als ein psychisches Phänomen abgetan, dass man getrost in den Kopf der an sozialen Handlungen beteiligten Subjekte verlegen kann und das man aus diesem Grund einfach als gegeben unterstellen darf.[19] Gedächtnis fällt dann als genuin soziologisches Problem aus. Stattdessen wird auf das Strukturproblem gesetzt und man versucht, Handlungen und Strukturen in ein zirkuläres Wechselverhältnis zu bringen, ohne genau angeben zu können auf welcher Grundlage sich dieses Verhältnis bestimmen lässt. Die Stelle innerhalb der soziologischen Theorie an der Gedächtnis eine wichtige Rolle spielen könnte, lässt sich jedoch genau an dem unbefriedigenden Dual von Handlung und Struktur, Ereignis und Struktur oder Operation und Struktur erläutern. Gedächtnis könnte man an jener Stelle positionieren, an der zu klären wäre, wie diese Duale jeweils ineinander zu transformieren sind und könnte uns so in die Lage versetzen, zu beschreiben, welche Schwierigkeiten und Abweichungen dabei zu erwarten sind. Gedächtnis hat es also mit dem Problem des Trennens und Verbindens von Ebenen, wie von Raum- und Zeitunterschieden zu tun. Immer ist die Bildung einer sozialen Ordnung das Grundproblem der soziologi-

---

[19] Ein gängiges Beispiel hierfür sind etwa alle Theorien der rationalen Wahl, bei denen Gedächtnisleistungen vor allem hinsichtlich des Abwägens von Erfolgswahrscheinlichkeiten und Nutzenerwartungen eine Rolle spielen, die sich ausschließlich im Kopf des jeweils betroffenen Individuums abspielen. Vgl. etwa Coleman 1990, S. 3ff. oder Esser 1993, S. 245ff.

schen Theorie gewesen[20] und immer stand dabei die Frage im Vordergrund, wie eine ständiges dynamisches Fortlaufen in eine kohärente Form gebracht wird bzw. werden kann. Das Verhältnis von Ordnung und Handeln ist demnach das grundlegende Dilemma der soziologischen Theoriebildung.[21] Ordnung, Strukturen und Ereignisse sind in eine Beziehung zu setzen, wo aus dem Bezug der Ereignisse auf Strukturen die Ordnung folgt bzw. umgekehrt, dass es die soziale Ordnung erreicht, dass Ereignisse auf Strukturen Bezug nehmen. Auf dieser Basis werden komplexe Makro-Mikro-Makro-Modelle konstruiert, die sich mit mehrfachen Übergangsproblemen zwischen Makroebene (Strukturen) und Mikro-Ebene (Handeln) auseinander setzen müssen, ohne dabei die Dualität dieser Positionen aufzugeben. Dabei ist der Gedächtnisbegriff unter den Tisch gefallen, obwohl er hier durchaus eine innovative Lösung zu bieten hätte. Natürlich gibt es zahlreiche Vermittlungsversuche, aber Gedächtnis spielt dabei nur im Hintergrund eine Rolle, ohne explizit thematisiert zu werden. Einige wenige Ausnahmen lassen sich herausstellen. So gibt es in der klassischen Soziologie die Arbeiten von Maurice Halbwachs, die versuchen darzustellen, wie soziale Rahmungen die Erinnerungen der Individuen in starkem Ausmaße mitbestimmen, so dass es Sinn macht, von einem kollektiven Gedächtnis zu sprechen, dass diese Rahmen im kommunikativem Gebrauch erhält.[22] Diese Arbeit hat in den Kulturwissenschaften durchaus großen Einfluss gewonnen, aber in der Soziologie führt sie eher ein Schattendasein. Hier wurde eher von Situationsdeutungen gesprochen oder nur von einer Rahmung des Handelns durch situative Elemente. Nur eine moderne soziologische Theorie verwendet den Gedächtnisbegriff: die Theorie sozialer Systeme Niklas Luhmanns. Doch auch hier gehört Gedächtnis nicht zu den Kardinalbegriffen und taucht eher randständig auf.[23] Es gibt Hinweise, dass beim Thema Gedächtnis zentrale Problemstellungen der Theorie berührt werden[24], doch wird dies nur selten weiter ausgeführt. Auch hier gibt es also keine ausgearbeitete soziologische Theorie des Gedächtnisses. Andere moderne Theorien entwickeln zwar ein Problembewusstsein, ohne jedoch explizit Gedächtnis als Begriff und theoretisches Konzept an der entsprechenden Theoriestelle einzusetzen. So spricht Parsons von einer Funktion der Erhaltung latenter Muster, die

---

[20] Vgl. Parsons 1968, S.89ff und darauf bezogen Luhmann 1981a.

[21] So hat es Harald Wenzel in seiner Studie zu Parsons auf den Punkt gebracht. Vgl. Wenzel 1990, S. 69.

[22] Vgl. Halbwachs 1966 und 1967, sowie hier im Kapitel 2, S. 26ff.

[23] Im ersten Hauptwerk „Soziale Systeme" taucht der Gedächtnisbegriff nur an drei Stellen recht kurz auf. In einer Fußnote, mit Bezug auf Personen und mit Bezug auf Zellen. Vgl. Luhmann 1984, S. 102, 158 und 504. Im zweiten Hauptwerk „Die Gesellschaft der Gesellschaft" ist dem Gedächtnis zwar ein eigenes Kapitel innerhalb des Evolutionsteils gewidmet, dass sich jedoch durch mehr Fragen als Antworten auszeichnet. Vgl. Luhmann 1997, S. 576ff.

[24] Vgl. Luhmann 1997, S. 578.

vor allem durch kulturelle Systeme erfüllt wird, Bourdieu vom Habitus und von objektivierter Geschichte als Verkörperungsformen sozialer Strukturen und Giddens von Strukturierung und praktischem Bewusstsein als jenen Prozessen, die ein Transformation von Strukturen in Handeln und zurück gewährleisten. Keiner der Autoren entwickelt jedoch eine Theorie des sozialen Gedächtnisses, die an der Stelle zwischen Struktur und Handlung, an der Stelle der Transformation einhakt.

Eine zweite Beobachtung bezüglich des randständigen Status des Gedächtnisbegriffs in der soziologischen Theorie hat Jan Assmann ausgeführt. Seine Beobachtung zielt auf die besondere Perspektive der Soziologie im Unterschied zu den Kulturwissenschaften, die in recht großem Umfang an die Theorie des kollektiven Gedächtnisses von Halbwachs angeschlossen haben.[25] Der soziologischen Forschung sei durch ihre Geburt als Theorie der Moderne ein perspektivischer „Präsentismus" zu Eigen, der mit Vergangenheit nicht wirklich etwas anfangen könnte.[26] Eine Theorie des Gedächtnisses muss sich aber für die Rolle des Gedächtnisses bei der Stabilisierung von kollektiven Identitäten und von Ordnungen interessieren. Diese Leistung allein im Vergessen zu sehen, wie es von Luhmann und seinen Interpreten häufig vertreten wird[27], greift hier aus kulturwissenschaftlicher Sicht viel zu kurz. Und auch soziologisch muss man zu bedenken geben, dass der Einfluss des Bezugs auf die Vergangenheit, wie immer er dann auch konkret realisiert wird, einen nicht zu unterschätzenden Einfluss auf die gegenwärtige soziale Ordnung hat. Allerdings ist auch diese stark kulturwissenschaftlich geprägte Kritik in ihrer Beobachtungsfähigkeit beschränkt. Denn wie immer der Bezug auf Vergangenes auch realisiert sein mag, immer ist er darauf angewiesen, in der Gegenwart vollzogen zu werden und Gedächtnis bedeutet dann jeweils aus soziologischer Sicht, die Realisierung dieses Bezugs auf der Grundlage der gegenwärtig zur Verfügung stehenden Möglichkeiten.

Der Gedächtnisbegriff kann hier also in wesentlichen Hinsichten einen Unterschied für die soziologische Theoriebildung machen. Er kann zeigen, wie die Struktur in den Ereignissen, die Ordnung in den Handlungen aufzufinden ist und umgekehrt, wie die Ereignisse Strukturen bilden und die Handlungen Ordnungen erhalten. Gedächtnis ist das transformative, (re-)konstruktive Element, dass in diesem Geschehen des Trennens und Verbindens beobachtet werden kann, für das es in der soziologischen Theorie so oft keinen eigenständigen Namen gibt. Die hier vorgelegte Studie soll in erster Linie zeigen, wie der Gedächtnisbegriff an dieser Stelle positioniert werden kann. Die zentrale Leistung eines ausgearbei-

---

[25] Vgl. beispielhaft für die Aktualität von Halbwachs in der kulturwissenschaftlichen Debatte den Sammelband von Echterhoff & Saar 2002.

[26] Vgl. J. Assmann 2002a, S. 400.

[27] Vgl. Luhmann 1997, S. 579 und Esposito 2002, S.28ff.

teten soziologischen Gedächtnisbegriffs besteht darin, deutlich zu machen, wie es möglich ist Strukturen aus dem Zusammenhang von Ereignissen in den Ereignissen selbst zu (re-)konstruieren.

Bei der soziologischen Konzeption eines Gedächtnisbegriffs muss eine Unterscheidung zwischen zwei Formen der soziologischen Theoriebildung berücksichtigt werden, die erheblichen Einfluss auf die Konzeption eines Gedächtnisbegriffs hat. Man kann hier zwischen integrativen Theorien unterscheiden, die versuchen Soziales als nicht von Körperlichen, Symbolischen und Geistigen getrennt zu betrachten, die also keinen prinzipiellen Ebenenunterschied sehen und solchen die eine solche Trennung, eine stärker differenzierende Perspektive für notwendig halten. Auch wenn zunächst einiges dafür spricht Gedächtnis, nach den obigen Ausführungen, für ein eher integratives Theorieelement zu halten, verdunkelt eine integrative Perspektive doch eher das Transformationsproblem, um das es beim Gedächtnisbegriff geht. Als theoretische Ausgangspunkte bieten sich auf der einen Seite Praxistheorien an, die häufig eine enge Bindung an die Kulturwissenschaften unterhalten, in denen die Gedächtnisthematik weit größere Beachtung gefunden hat als in der Soziologie. Auf der anderen Seite bietet sich die Systemtheorie an, weil sie Gedächtnis schon als theoretische Figur benutzt und auch klar die Stelle definieren kann, an der sie zum Einsatz kommen könnte. Beide Theorien erscheinen jedoch aus unterschiedlichen Gründen allein als defizitär. Die Praxistheorien entwickeln kein ausreichendes Bewusstsein für die Trennungen zwischen den beteiligten Ebenen, während die Systemtheorie das Problem der Trennung zwar radikal formuliert, aber wenig zu dessen Bearbeitung bei der Realisierung von Verbindungen zu sagen hat. Es ergibt sich also die Notwendigkeit an die Systemtheorie mit Theorieangeboten anzudocken, die ein größeres Problembewusstsein für die Trennungsproblematik entwickelt haben als die Mehrzahl der Praxistheorien, die aber dennoch Angebote machen können, wie die Idee der Verbindung dann noch zu realisieren ist. An dieser Stelle soll auf Netzwerktheorien zurückgegriffen werden, vor allem auf die Akteur-Netzwerk-Theorie, die ein Angebot zur Einbindung von Materialität, Technik und des Nicht-Sozialen machen kann und auf die phänomenologische Netzwerktheorie von Harrison C. White, der eine Möglichkeit der graduellen Bestimmung von Öffnungs- und Schließungsprozessen anbietet und es so erlaubt, sowohl Trennung, als auch Verbindung in der Gedächtnistheorie gleichrangig zu thematisieren.

Eine Kombination dieser drei Theoriestränge wird dann zeigen, dass auf dieser Grundlage formulierte Gedächtnismechanismen mehr zeigen können, als eine praxistheoretische integrative Betrachtung der Phänomene. Wir wollen das integrative Element von Gedächtnis also nicht aus den Augen verlieren, sondern mit Hilfe der Systemtheorie den Blick dafür schärfen, mit welchen Transformationsmechanismen es möglich ist zu beschreiben, wie in Raum, Zeit und auf anderen qualitativen Unterscheidungsebenen Getrenntes miteinander zu verbinden ist. Das Gedächtnisprozesse dabei auch selbst in Trennungen und Ebenenunterscheidungen resultieren können, soll in dieser Arbeit einen ebenso großen Raum einnehmen wie die Verbindungsproblematik, denn nur dann wird sichtbar, dass eine Theorie des Gedächtnisses mit der dualistischen Sichtweise selbst bricht. Nur wenn es eine Problematik des Trennens, der Grenzen gibt, kann es auch eine Problematik des Verbindens geben. Innerhalb dieser Fragestellung lässt sich eine Diskussion um die Bildung sozialer Ordnung vor dem Hintergrund eines soziologischen Gedächtnismodells führen, dass Elemente verschiedener Theorien produktiv kombiniert und Gedächtnis an der Stelle positioniert, an der Trennen und Verbinden stattfindet. Dies ist Ziel und Aufgabe dieser Arbeit.

III.

Die Arbeit gliedert sich in die folgenden vier Abschnitte. Das 2. Kapitel stellt ausgewählte soziologische und kulturwissenschaftliche Theorien vor, die sich mit sozialen Gedächtnisphänomenen mehr oder weniger explizit auseinander setzen, um die vielfältigen Problemlagen herauszuarbeiten, die mit dem Gedächtnisbegriff verbunden werden können. Vorgestellt werden die Theorie von Maurice Halbwachs zu sozialen Rahmen der Erinnerung und dem kollektiven Gedächtnis, Alfred Schütz' Arbeiten zum gesellschaftlichen Wissensvorrat, Aleida und Jan Assmanns Theorie der Formen des kulturellen Gedächtnisses und schließlich Pierre Bourdieus Konzepte des Habitus und der objektivierten und inkorporierten Geschichte. Es geht hier darum, dass Spektrum der möglichen Problembezüge einer Gedächtnistheorie auszutesten, bevor eine eigene Theorie entwickelt werden soll. Daher wird aus diesen Theorien dann eine Systematik von Problemlagen abgeleitet, deren Bearbeitung die zentrale Aufgabe einer soziologischen Theorie des Gedächtnisses sein sollte.

Im dritten Kapitel liegt der Schwerpunkt auf der Trennungsproblematik, also dem Problem der Grenzziehungen und Ebenenunterscheidungen. Zunächst werden die Praxistheorien im Anschluss an Bourdieu als Kandidat einer soziologischen Theorie des Gedächtnisses angeführt, dann aber wegen der relativ geringen Berücksichtigung der Trennungsproblematik zunächst zurückgewiesen. Daraufhin folgt eine ausführliche Beschäftigung mit der radikalen Trennungsperspektive, die der systemtheoretischen Gedächtniskonzeption zugrunde liegt. Das Verbindungsproblem wird dabei als schwerwiegendes Theorieproblem aufgeworfen, ohne dass die Systemtheorie selbst eine überzeugende Lösung anbieten könnte, da weder im Begriff der strukturellen Kopplung noch im Resonanzbegriff ausformulierte Angebote gemacht werden, wie Verbindungen zustande kommen. Ihre Stärken liegen aber im Ausweis der kommunikativen Grundlagen der Realisierung von Gedächtnis und in der Spezifikation des Verfahrens auf dem Gedächtnisbildung basiert, dem Verfahren der Konsistenz- bzw. Kohärenzprüfung.

Das Verbindungsproblem steht dann im Mittelpunkt des 4. Kapitels, das die theoretischen Angebote von Bruno Latour und Harrison C. White vorstellt, ihre Anschlussfähigkeit an die Systemtheorie prüft und sich dann in einer Kombinatorik versucht, die drei Theorien zu einer Theorie des Gedächtnisses zu verbinden, die sowohl Trennung, als auch Verbindung als Probleme ernst nehmen und bearbeiten kann. Latours Angebot besteht vor allem in der Möglichkeit auch normalerweise als nicht-sozial betrachtete Entitäten und ihre Leistungen in die Gedächtnistheorie einzubinden, während der Ansatz von White die Möglichkeit bietet, Öffnungen und Schließungen nicht als gegeben voraus zusetzen, sondern als graduelle und prozessuale Dimensionen sozialer Ordnungsbildung zu erfassen. Beide Theorien werden jedoch über diese spezifischen Beiträge hinaus dargestellt, um Anschlussmöglichkeiten und Unvereinbarkeiten offen erkennen zu können. Bevor die Zugewinne dieser Kombinatorik sich dann abschließend an den im 2. Kapitel entwickelten systematischen Problemlagen der soziologischen Gedächtnistheorie ausweisen, werden noch einige bestehende Ansätze zur Kombination der hier benutzten Theorien in den Kombinationsprozess eingebunden. Dabei handelt es sich um Jürgen Markowitz Konzept des sozialen Epigramms, Werner Vogds Begriff von systemischen Kontexturen, Armin Nassehis Vorschlag einer Kombination von System- und Praxistheorie, Gunther Teubners Vorschlag Luhmann und Latour als einen „Welle-Teilchen-Dualismus" zu lesen, Stephan Fuchs Programm einer Fundierung der Systemtheorie in der Netzwerktheorie und Jan Fuhses Kombination von Whites Theorie der Identitätsbildung und Luhmanns Theorie der Systembildung in einem Involutionsmodell von Netzwerken.

Im abschließenden 5. Kapitel werden die theoretischen Grundaussagen der Kombination von System- und Netzwerkperspektive noch einmal zusammengefasst und es wird eine Heuristik für die soziologische Analyse von Gedächtnisphänomenen auf der Grundlage der Theoriekombination vorgestellt, die sich in zwei schwerpunktmäßigen Forschungsausrichtungen weiter ausarbeiten lässt. Diese Richtungen werden kurz skizziert. Dabei geht es zum einen um die Analyse gedächtnisspezifischer Settings, die sich eher an einem bestimmten Verbreitungs- bzw. Speichermedium festmachen lassen. Gerade hier lassen sich dann auch Forschungen zu den Neuen Medien und gesellschaftsdiagnostischen Thesen anschließen. Zum anderen geht es um die Analyse funktional spezifizierter Gedächtnisräume, die eine ganz spezifische Ausprägung der allgemeinen Mechanismen aufweisen und vor allem über bestimmte Kohärenzprüfungsverfahren identifizierbar sind. Beides bietet Möglichkeiten, die Theorie anhand von Fallstudien weiter auszuarbeiten. Abschließend soll der Diskussionspfaden mit den Praxistheorien soll noch einmal aufgenommen werden, um Verbindungslinien und kombinatorische Chancen aufzudecken, aber auch um die Abweichungen von einer praxistheoretischen Bearbeitung der Problemlagen deutlich hervorzuheben.

Die Ziele dieser Arbeit bestehen daher in zwei wesentlichen Ergebnissen: Erstens soll eine genuin soziologische Theorie des Gedächtnisses erarbeitet werden, die eine angemessene Heuristik für soziologische Gedächtnisanalysen ebenso anbieten kann wie einen ausgearbeiteten Gedächtnisbegriff und zweitens soll gezeigt werden, dass gerade in der theoriegeleiteten Kombination von System- und Netzwerkperspektive eine produktive Dimension für die soziologische Theoriekonstruktion begründet werden kann. Für beide Ergebnisse gilt es zu zeigen, wie eine Verknüpfung von Trennungs- und Verbindungsphänomenen realisiert werden kann, ohne in theoretische Dualismen zu verfallen und ohne eine Seite stärker zu gewichten als die andere.

2 Gedächtnis als soziologisches Problem

2.1 Auf den Spuren der Sozialität von Gedächtnis

Wir begeben uns also zunächst auf die Spuren des sozialen Gedächtnisses, mit dem Ziel eine allgemeine Theorie zu entwickeln, die es uns dann erlaubt näher zu beschreiben, wie zum Beispiel das Internet als sozio-technischer Gesamtzusammenhang und Suchmaschinen im Besonderen an den Transformationen eines gesellschaftlichen Gedächtnisses beteiligt sind.

In diesem ersten Schritt der Entwicklung einer solchen Theorie geht es um eine möglichst offene Sichtung des ideengeschichtlichen Hintergrunds einer primär sozialwissenschaftlich ausgerichteten Sichtweise auf Prozesse, die als Form von Gedächtnis beschrieben werden können. Diese Offenheit bezieht sich jedoch ebenso auf die Möglichkeiten sich aus ganz unterschiedlichen Perspektiven mit dem Problem der Sozialität von Gedächtnisphänomenen auseinandersetzen zu können. Es geht also auch um eine Erkundung möglicher Ausgangspunkte von denen aus man dann mit spezielleren theoretischen Ansätzen und Modellen arbeiten kann.

Ein erster Ausgangspunkt für die soziologische Beschäftigung mit dem Phänomen Gedächtnis besteht zunächst einmal darin die ideengeschichtliche Entwicklung aufzubereiten, die es zu diesem Thema in den Sozial- und Kulturwissenschaften gegeben hat. Dabei soll weniger die momentane Konjunktur des Gedächtnisbegriffes nachgezeichnet werden, es geht vielmehr darum, anschlussfähige, klassische Bearbeitungen des Themas aufzugreifen und für die eigene Theoriebildung nutzbar zu machen. Diese klassischen Positionen zum Gedächtnisbegriff sollen jedoch nur Ausgangspunkte für die weitere Arbeit sein, sie sollen Schlaglichter auf das Phänomen werfen und gleichzeitig systematische Problemlagen kennzeichnen, deren Bearbeitung man sich nicht entziehen kann. Das Wiederaufgreifen klassischer Bearbeitungen eines Themenkomplexes dient somit dem Aufspannen eines Rahmens gelöster und ungelöster Theorieprobleme, die sich einer soziologischen Theorie vom Gedächtnis ganz grundsätzlich stellen und damit auch für die hier verfolgte Problemstellung einschlägig bleiben. Es geht in diesem Kapitel also weniger darum einen aktuellen Stand der Diskussion zum sozialen Gedächtnis zu präsentieren, noch darum sich in einer ausgiebigen Exegese der Klassikertexte zu engagieren, sondern nur um die Bergung anschlussfähiger Ideen und die Markierung des Rahmens in dem sich die eingehenderen Analysen und Theorievorschläge dann bewegen sollen. Damit kann

eine Vorsortierung des Themenfeldes und der kennzeichnenden Problemstellungen erreicht werden, die notwendigerweise selektiv bleiben muss, aber gerade
dadurch auch eine klarere Beschreibung einzelner theoretischer Ausgangspunkte
ermöglicht.

Sich solcher Ausgangspunkte zu versichern, ist grundlegender Bestandteil
der Theoriebildung in den Sozialwissenschaften. Die Theorie- und Begriffsgeschichte bietet dabei zwei Formen der Bezugnahme: Die affirmative Bezugnahme der Fortschreibung, bei der man von schon vorliegenden Theoriebausteinen
ausgeht, um diese zur erweitern, zu verfeinern oder allgemeiner fortzuentwi-
ckeln; oder die distanzierende bzw. ablehnende Bezugnahme der Neubegründung, um die Defizite eine vorhandenen Theorie zum Ausgangspunkt für ganz
neue Überlegungen zu nutzen. Beide Formen sind hier vereint, da beide Herangehensweisen jeweils allein zu kurz greifen. Theorie- und Begriffsbildung sind
in den Sozialwissenschaften so eng miteinander vernetzt, dass man semantische
Entwicklungspfade in keinem Falle ignorieren kann. Einige ausgewählte Statio-
nen dieser Entwicklung sollen hier nun nachgezeichnet und analysiert werden.
Wir wollen prüfen in welcher Weise sie sich als Ausgangspunkte für eigene
theoretische Arbeiten eignen und welche Form der Bezugnahme am produktivs-
ten für die hier zu entwickelnde Fragestellung erscheint.

Die hier gewählte Form der Bezugnahme auf „klassische" und auch neuere
Positionen zum sozialen Gedächtnis bleibt, wie schon angedeutet, notwendigerweise selektiv und damit auch unvollständig, es soll also keineswegs der vollständige semantische Entwicklungspfad, im Sinne einer Ideengeschichte, für den
Gedächtnisbegriff nachvollzogen werden. Es geht nicht um eine semantische
Studie, sondern um die Darlegung plausibler Anschlussstellen eines weitläufigen
Diskurses über verschiedene Wissenschaftsgrenzen hinweg, um eine systematische Erzeugung von Problemlagen. Die hier im Folgenden präsentierte Auswahl
von Anschlussmöglichkeiten setzt mit dem „Begründer" einer soziologisch fundierten Gedächtnistheorie an, mit den Arbeiten von Maurice Halbwachs zum
kollektiven Gedächtnis und den sozialen Rahmen der Erinnerung. Eine soziologische Analyse von Gedächtnisphänomenen kommt um diese ursprünglichen
und grundlegenden Einsichten nicht herum. Im Anschluss an die Darstellung und
Diskussion von Halbwachs Positionen wenden wir uns den phänomenologischen
Deutungen der sozialen Welt von Alfred Schütz zu, der zwar keinen expliziten
Gedächtnisbegriff verwendet, dessen Darstellung des sozial geformten Wissensvorrats als Struktur der Lebenswelt jedoch zahlreiche instruktive Ideen für die
Auseinandersetzungen mit dem sozialen Gedächtnis liefern kann. Zumindest für
die deutschsprachige Diskussion darf man auch die kulturwissenschaftlichen
Arbeiten von Jan und Aleida Assmann zum kulturellen Gedächtnis nicht ausspa-
ren, vor allem weil hier zahlreiche Unterscheidungsmöglichkeiten zwischen den

verschiedenen Erscheinungsformen von Gedächtnis in seiner sozialen Ausprägung angeboten werden. Zum Abschluss wenden wir uns noch mal einer genuin soziologischen Position zu, für die ähnlich wie schon bei Schütz auch gilt, dass der Gedächtnisbegriff zumeist implizit bleibt. Pierre Bourdieu's Theorie sozialer Felder enthält jedoch wesentliche Elemente für eine soziologisch orientierte Theorie vom Gedächtnis, die hier herausgearbeitet werden sollen. Dazu gehören die Konzepte der objektivierten und inkorporierten Geschichte, aber auch die Rolle spezifischer Feldlogiken für Praxen des Erinnerns und Vergessens. Abschließend sollen aus den vorgestellten Ansätzen systematische Problemlagen für eine soziologische Gedächtnistheorie herausgearbeitet werden.

2.2 Probleme der Trägerschaft von Gedächtnis: Das kollektive Gedächtnis bei Maurice Halbwachs:

Eine explizit soziologische Beschäftigung mit Gedächtnisphänomenen findet sich prominent zum ersten Mal bei Maurice Halbwachs, der den Begriff des „kollektiven Gedächtnisses"[28] etablierte. Ursprünglich von der Philosophie herkommend, legte sein Studium bei Henri Bergson eine Beschäftigung mit dessen Theorie des Gedächtnisses nahe.[29] Über Durkheim kam er dann wenig später zur Soziologie und seine folgenden Arbeiten blieben stark vom Ansatz Durkheims beeinflusst. Vor allem Durkheims Konzepte des „kollektiven Bewusstseins"[30] und der „sozialen Tatsachen"[31] hinterließen einen bleibenden Eindruck in Halbwachs Theorie. Während ein „kollektives Bewusstsein" im Sinne Durkheims darauf hinweist, dass eine Gruppe oder Klasse von Individuen sich als Klasse oder Gruppe versteht und dies zum Ausgangspunkt ihres individuellen und kollektiven Handelns macht, also zum Beispiel gemeinsame Ziele verfolgt und sich an bestimmte Gebräuche hält, die das Handeln jedes einzelnen Gruppenmitglieds wie ein äußerer Zwang bestimmen können, macht sein Konzept „sozialer Tatsachen" darauf aufmerksam, dass die Soziologie nach den sozialen Ursachen sozialer Phänomene Ausschau halten solle, also Soziales aus Sozialem erklären sollte. Ausgehend von diesen Grundlagen entwickelt er nun eine genuin soziologische Perspektive, die ihm vor allem helfen soll, „den Bergsonschen Subjektivismus zu überwinden und das Gedächtnis als ein soziales Phänomen zu interpretieren."[32] Neben seiner Beschäftigung mit den kollektiven Bestimmungsgründen des Ge-

---

28 Vgl. Halbwachs 1967.
29 Hier lag ja auch ein bevorzugtes Beschäftigungsfeld von Bergson, vgl. Bergson 1919.
30 Vgl. Durkheim 1982, S. 94.
31 Vgl. Durkheim 1984, S. 106.
32 Vgl. J. Assmann 1999, S. 35.

dächtnisses interessierte er sich auch für die klassischen Themen der Durkheim-Schule, wie sozialer Morphologie[33], Demographie, Arbeitsteilung und den sozialen Ursachen des Selbstmords[34]. Aber nur seine Arbeiten zum „kollektiven Gedächtnis" haben sich als immer noch bahnbrechende Einsichten einen bleibenden Platz in der heutigen Soziologie gesichert.[35] Wenden wir uns also nun diesen Einsichten zu, die auch in der zeitgenössischen Theoriebildung noch eine Rolle spielen, wenn man sich mit dem Gedächtnis als einem sozialen und damit soziologisch interessanten Phänomen auseinandersetzen möchte.

Mit Jan Assmann können wir die „soziale Bedingtheit des Gedächtnisses"[36] als zentrale These von Halbwachs herausstellen, die gleichzeitig in völligen Einklang mit seinen durkheimschen Wurzeln steht, der ja auch die soziale Bedingtheit des Handelns herausstellen wollte, der das Kollektive als eine Art äußeren Zwang definierte.[37] Das individuelle Gedächtnis benötigt demnach kollektiv gesicherte Rahmen, soziale Rahmen der Erinnerung. Dass dies in der Tat eine Notwendigkeit ist stellt Halbwachs mit aller Klarheit heraus:

> „Zusammengefasst gesagt: es gibt kein mögliches Gedächtnis außerhalb derjenigen Bezugsrahmen, deren sich die in der Gesellschaft lebenden Menschen bedienen, um ihre Erinnerungen zu fixieren und wiederzufinden."[38]

Diese Bezugsrahmen sind sozial vermittelt und werden den Individuen erst im Verlauf ihrer Sozialisation zugänglich gemacht, sie werden in den unterschiedlichsten Kommunikations- und Interaktionsprozessen angeeignet. Ohne die gesellschaftlich präformierten Rahmen kann es nicht gelingen individuelle Erinnerungen zu verorten, es existieren keine Fixpunkte mehr, die Erinnerungsarbeit orientieren könnten. Die Rahmen weisen unterschiedlichste Elementarität und Dauerhaftigkeit auf. Nach Halbwachs bilden die „verbalen Konventionen", also die syntaktischen, semantischen und pragmatischen Regeln der Sprache den sozialen Rahmen mit der größten Generalität und Persistenz.[39] Aber auch diese Rahmen sind nicht unwandelbar. Alle Rahmen verändern sich in der Zeit, durch die Variationen in ihrer Aktualisierung oder dem Ausbleiben neuer Aktualisie-

---

[33] Vgl. Halbwachs 2002.
[34] Vgl. Halbwachs 1978.
[35] So auch Lewis A. Coser in seiner Einführung zu „On Collective Memory": „With the advantage of hindsight one may now assert with some confidence that his work on collective memory is pathbreaking and will have continued impact while his other contributions are not likely to endure." Vgl. Coser 1992, S. 21.
[36] Vgl. J. Assmann 1999, S. 35.
[37] Vgl. Durkheim 1984.
[38] Vgl. Halbwachs 1966, S. 121.
[39] Ebd., S. 124.

rungen. Auf diese Weise erklärt Halbwachs auch das Vergessen. Ist ein Rahmen, der zur Lokalisierung einer Erinnerung nötig war, verschwunden, gibt es keine Möglichkeit mehr diese aufzuspüren und sie fällt dem Vergessen anheim. Die Bedeutung die Halbwachs diesen Rahmen zumisst, betont auch Assmann, wenn er davon spricht, dass dieser eine „Rahmen-Analyse des Erinnerns" vorlege, die durchaus analog zu Goffmans Rahmen-Analyse der Alltagserfahrung aufgebaut sei.[40] Es bietet sich deshalb ein kleiner Vergleich mit dem Konzept des Rahmens bei Goffman an, um die Wirkungsweise der Rahmen der Erinnerung näher zu erläutern und vor allem auch den dynamischen Aspekt, den Aspekt der aktiven Rahmung klarer herauszuarbeiten.

Goffman führt den Rahmenbegriff in Anlehnung an Bateson ein:

> „Ich gehe davon aus, daß wir gemäß gewissen Organisationsprinzipien für Ereignisse – zumindest für soziale – und für unsere persönliche Anteilnahme an ihnen Definitionen einer Situation aufstellen; diese Elemente, soweit mir ihre Herausarbeitung gelingt, nenne ich >>Rahmen<<"[41]

Der Rahmen ist in diesem Sinne also ein Organisationsprinzip zur Einordnung von Ereignissen in Situationsdefinitionen. Er ermöglicht eine sinnvolle Orientierung, indem er Grenzen zieht. Er ist zugleich inklusiv und exklusiv. Bestimmte Handlungen, Verhaltensweisen und Bemerkungen sind ausgeschlossen, während andere dem Rahmen zugehören. Der Rahmen bezieht sich auf die Prämissen, nach denen die Situation bzw. das Ereignis zu deuten ist, und er ist „metakommunikativ" in dem Sinne, dass er „Anweisungen" darüber enthält, wie mögliche Ereignisse innerhalb des Rahmens zu verstehen sind.[42] Wie schon erwähnt, ist der Rahmen als ein Organisationsprinzip definiert, man könnte auch sagen als eine Erzeugungsstruktur.[43] Rahmen bieten durch Grenzziehung die Möglichkeit der Verortung von Ereignissen in einer umfassenderen Situationsdeutung. Als eine soziale Sinnstruktur, die dies ermöglicht, zeichnen sich Rahmen durch „relative Stabilität, Autonomie und Immunität gegenüber faktischen Interaktionen" aus.[44] Demgegenüber bezieht sich Goffman's Begriff der „Rahmung" auf die aktive Praxis der Etablierung und Konstitution geltender Rahmen in konkreten Interaktionen, deren Sinn immer fragil, manchmal sogar umkämpft ist. Darüber hinaus lassen sich Rahmen im Bereich der Rahmung auch in Abwandlungen ihres Sinnes nutzen, wie es Goffman im Hinblick auf Module und Modulationen

---

[40] Vgl. J. Assmann, 1999, S. 36.
[41] Vgl. Goffman 1980, S. 19.
[42] So auch schon die wesentlichen Punkte in Batesons Definition psychischer Rahmen, vgl. Bateson 1985, S. 254f.
[43] Vgl. Willems 1997, S. 46.
[44] Ebd.

beschreibt.[45] Da es diese Möglichkeiten der Sinntransformation von Rahmen als Erzeugungsstrukturen sozialer Situationen gibt, ist es möglich Rahmen zu verändern und ihre Stabilisierung oder Veränderung aktiv zu beeinflussen. Allerdings entfaltet sich der soziale Rahmen interaktiv, d. h. das Verhalten des Einzelnen mag großen Einfluss auf die Etablierung eines Rahmens gewinnen, doch nur die Interaktion mehrerer kann eine Situation stabil rahmen. Man könnte also sagen, dass Rahmen eine Erzeugungsstruktur darstellen, deren „Erzeugnisse" aber von Rahmungsaktivitäten der Beteiligten abhängen. Der Rahmen ist kein Korsett, sondern ermöglicht auch kreativen Umgang mit den durch ihn aufgerufenen Prämissen.

Es scheint in der Tat starke Übereinstimmungen zwischen den sozialen Rahmen der Erinnerung bei Halbwachs und Goffmans Rahmen zu geben. Auch bei Halbwachs dienen die Rahmen der Orientierung, wenn auch weniger der Orientierung des aktuellen Verhaltens in einer sozialen Situation, als vielmehr der Orientierung der Erinnerung, die erst ein Lokalisieren bestimmter Erinnerungen möglich macht. Auch die aktiven und interaktiven Elemente der Rahmung finden sich bei Halbwachs wieder. Die Rahmen finden Verwendung bei der Rekonstruktion der Erinnerungen, doch dabei wird zugleich eine Rahmungsarbeit geleistet von der die Rahmen selbst auch wieder affiziert werden und sich dabei laufend ändern können.

„Jedesmal, wenn wir einen unserer Eindrücke in den Rahmen unserer gegenwärtigen Vorstellungen einordnen, verändert der Rahmen den Eindruck, aber der Eindruck seinerseits modifiziert auch den Rahmen."[46]

Rahmen bauen sich also nicht von selbst auf, auch wenn es manchmal so erscheinen mag, dass sie wie von allein aufgerufen werden, ohne das eine bewusste Entscheidung getroffen worden wäre. Hier stößt man wieder auf den äußeren Zwang, den Durkheim für soziale Tatsachen reklamiert, auch wenn uns der Zwang häufig verborgen bleiben mag. Hierin folgt ihm auch Halbwachs in seiner Theorie. Die sozialen Rahmen der Erinnerung drängen sich uns auf durch Hinweise in der Kommunikation mit anderen, durch die Anwesenheit an bestimmten Orten oder die Ko-Präsenz bestimmter Personen. Aber diese Hinweise, dass hat uns Goffman gezeigt, lassen sich auch zur Arbeit an und mit den Rahmen benutzen. Man kann also sagen, dass die sozialen Rahmen der Erinnerung gleich zwei grundsätzliche Merkmale der Gedächtnistheorie von Halbwachs deutlich machen: Zum einen die Rekonstruktivität jeglicher Erinnerung und zum anderen Notwendigkeit eines orientierenden Rahmens, der diese Rekonstruktion erst

---

[45] Vgl. Goffman 1980, S. 52ff.
[46] Vgl. Halbwachs 1966, S. 189.

erlaubt. Rahmen und Rahmung stehen wie bei Goffman auch schon bei Halbwachs in einem Wechselverhältnis zwischen Rahmungsarbeit und Erinnerung, wobei die Rahmungsarbeit der Erinnerung vorgeht aber dennoch selbst von dieser wiederum affiziert wird.

Mit dem Ausgangspunkt der sozialen Bedingtheit von Gedächtnisleistungen, die einen sozialen Rahmen voraussetzen, in dem sich die Erinnerungen verorten und damit finden lassen, ist also deutlich geworden, dass es der Gedächtnistheorie von Halbwachs nicht um Bewahrung von Vergangenem geht. Speicher und Archive stehen nicht im Zentrum seiner Konzeption. Vielmehr geht es ihm um das Element der Rekonstruktion, die jede Erinnerung darstellt, die in jeweils aktuelle Rahmungen eingebunden ist. Damit wird der Blick abgelenkt von den Methoden der Speicherung, die sicherlich einen wichtigen Einfluss auf die Gedächtnisleistungen von Kollektiven nehmen können, wie später noch in anderen theoretischen Ansätzen zu sehen sein wird. Der Fokus ist darauf gerichtet wie „kollektive Denkströmungen", an denen der Einzelne durch Mitgliedschaft in Gruppen und Zugehörigkeit zu Milieus Teil hat, die Rekonstruktion vergangener Ereignisse in der Erinnerung auslösen und ausrichten. Bewahrung ist schon deshalb in Halbwachs Ansatz ein ganz unmögliches Ziel, weil der Rahmen der Erinnerung nicht mehr derselbe sein kann, wie zum Zeitpunkt des Ereignisses in der Vergangenheit. Zumindest ist die Wahrscheinlichkeit dafür relativ gering. Erinnerungen werden also in dieser Lesart nicht etwa bewahrt oder gar gespeichert, sondern gegenwärtig rekonstruiert. Ein Moment der Bewahrung ist jedoch auch bei Halbwachs vonnöten, denn der Rahmen der Erinnerung muss immer noch genug Übereinstimmungen mit dem Rahmen haben, in dem der Eindruck einmal verortet worden ist, sonst kommt es zum Vergessen. Denn: „(W)enn dieser Rahmen verschwunden ist, so laufen alle daran gebundenen Erinnerungen Gefahr, sich gleichfalls aufzulösen."[47] Die Rekonstruktion kann nur auf der Basis eines „bewahrten" Rahmens gelingen, und der Grund dieser Bewahrung liegt in der Kollektivität des Rahmens, seiner intersubjektiv gestützten Geltung innerhalb einer sozialen Gruppe. Es scheint also durchaus angebracht den Ansatz von Halbwachs als konstruktivistisch zu bezeichnen, wenn auch vielleicht nicht als radikal, sondern als einen Konstruktivismus, der die Konstruiertheit der Gedächtnisleistungen zwar betont, aber dennoch konstatiert, dass eine entsprechende Erinnerungsumgebung bewahrt werden muss, um diese Rekonstruktion überhaupt zu ermöglichen.

> „Wir haben es oft wiederholt: die Erinnerung ist in sehr weitem Maße eine Rekonstruktion der Vergangenheit mit Hilfe von der Gegenwart entliehenen Gegebenhei-

---

[47] Vgl. Halbwachs 1966, S. 143.

ten und wird im übrigen durch andere, zu früheren Zeiten unternommene Rekonstruktionen vorbereitet, aus denen das Bild von ehemals schon recht verändert hervorgegangen ist."[48]

Bislang sind wir jedoch noch nicht zum Eigentlichen der Begriffsbildung bei Halbwachs gekommen. Es gilt folglich zwischen seiner Einsicht in die soziale Bedingtheit des Gedächtnisses und der Begriffsprägung des kollektiven Gedächtnisses zu unterscheiden. Es geht ihm nicht nur darum, zu zeigen, dass das individuelle Gedächtnis durch seine soziale Umwelt präformiert wird, sondern darüber hinaus auch darum, die kollektive bzw. die soziale Ebene als eigenständigen Untersuchungsgegenstand der Betrachtung von Gedächtnisleistungen hervorzuheben. Dennoch trifft sich die These von der sozialen Bedingtheit des Gedächtnisses mit dem Begriff des kollektiven Gedächtnisses im oben schon vorgestellten Rahmenkonzept der Erinnerung. Die Rahmen der Erinnerung bilden die „sozialen Tatsachen" im Sinne Durkheims[49], die wie mit einem äußeren Zwang auf die Individuen wirken.

„Es bestünde also die Veranlassung, tatsächlich zweierlei Gedächtnisse zu unterscheiden, deren eines man, wenn man so will, innerlich oder auch intern und deren anderes man äußerlich nennen würde, oder auch persönliches Gedächtnis und soziales Gedächtnis."[50]

Das kollektive Gedächtnis erscheint dem Individuum äußerlich, die Rahmen werden von außen an es herangetragen und in erster Linie innerhalb der sozialen Gruppe stabilisiert. Mit dieser Abkunft des Begriffes vom „Kollektivbewusstsein" bei Durkheim, scheint auch schon geklärt, dass Halbwachs mit dem kollektiven Gedächtnis eine soziale Tatsache meint, die nicht auf einzelne Individuen zurückgeführt werden kann. Dass es sich hierbei um eine eigenständige Untersuchungsebene handelt, wird auch in den folgenden zwei Zitaten mehr als deutlich:

„Das kollektive Gedächtnis andererseits umfaßt die individuellen Gedächtnisse, aber verschmilzt nicht mit ihnen."[51]
„Wir würden sagen, jedes individuelle Gedächtnis ist ein 'Ausblickspunkt' auf das kollektive Gedächtnis; dieser Ausblickspunkt wechselt je nach der Stelle, die wir darin einnehmen, und diese Stelle selbst wechselt den Beziehungen zufolge, die ich mit allen anderen Milieus unterhalte."[52]

---

[48] Vgl. Halbwachs 1967, S. 55f.
[49] Vgl. Durkheim 1984, S. 106.
[50] Vgl. Halbwachs 1967, S. 36.
[51] Ebd., S. 35.
[52] Ebd., S. 31.

Das kollektive Gedächtnis „verschmilzt" also nicht mit den individuellen Gedächtnissen, die nur perspektivische „Ausblickspunkte" auf das kollektive Gedächtnis darstellen; es ist mehr als eine Sammlung individueller Erinnerung, es ist die Gesamtheit der kollektiv aufrechterhaltenen Rahmen der Erinnerung einer Gruppe oder eines Milieus, die es dem Einzelnen erst möglich machen sich individuell zu erinnern. Das kollektive Gedächtnis ist also eine soziale Erzeugungsbzw. Ermöglichungsstruktur, die interaktiv und kommunikativ in sozialen Gruppen erzeugt und erhalten wird und dem Individuum als äußerer Rahmen seiner Erinnerungen erscheint. Bei Halbwachs ist es immer eine identifizierbare Gruppe die das kollektive Gedächtnis tragen muss und zwar aktiv tragen muss, d. h. durch Gebrauch der Rahmen in Interaktion und Kommunikation. Ist diese harmonisierte Trägerschaft nicht mehr gegeben, zerfallen die Rahmen und nach und nach werden auch die damit verbundenen Erinnerungen unzugänglich, sei es dass sie in neue Rahmen eingeordnet werden und damit ihre Bezüge verändern, sei es dass sie gänzlich verschwinden. Man könnte also sagen, dass ein kollektives Gedächtnis nach Halbwachs eine Erfahrungsgemeinschaft voraussetzt, die die zu erinnernden Ereignisse „erlebt" hat. Von dieser grundlegenden Annahme ausgehend unterscheidet Halbwachs auch sehr pointiert kollektives Gedächtnis und Geschichte.

> „Das bedeutet, daß die Geschichte im allgemeinen an dem Punkt beginnt, an dem die Tradition aufhört – in einem Augenblick, in dem das soziale Gedächtnis erlischt und sich zersetzt."[53]

Geschichte beginnt also erst dort, wo das kollektive Gedächtnis sich auflöst, da sein Träger verschwunden ist. Wenn Halbwachs von Geschichte spricht, geht es nicht mehr um Rahmen der Erinnerung, denn es geht hier überhaupt nicht mehr um Erinnerungen, sondern nur noch um Zeugnisse von vergangenen Ereignissen. So mag auch die Geschichte kollektive Rahmen produzieren, diese dienen jedoch nicht der Verortung von Erinnerungen, sondern nur noch der Verortung von Wissen. Ausgehend von diesem basalen Unterschied gibt es eine Reihe weiterer Differenzen auf die Halbwachs aufmerksam macht. Da ist zum einen die strikte Gruppenbindung kollektiver Gedächtnisse, die der Geschichte abgeht.

> „Die Geschichte kann als das universale Gedächtnis des Menschengeschlechtes erscheinen. Aber es gibt kein universales Gedächtnis. Jedes kollektive Gedächtnis hat eine zeitlich und räumlich begrenzte Gruppe zum Träger."[54]

---

[53] Vgl. Halbwachs 1967, S. 66.
[54] Ebd., S. 73.

Die Geschichte erscheint ungeteilt, es gibt nur eine Geschichte, als durch Zeugnisse gesichertes Wissen um die Ereignisse der Vergangenheit. Auf der anderen Seite kann nur die Geschichte Trennungslinien zwischen Epochen ziehen", während jedes kollektive Gedächtnis eine „kontinuierliche Denkströmung"[55] darstellt. Das bedeutet, dass ein kollektives Gedächtnis keine Grenze kennt denn die Grenzen der Gruppe, die es trägt. Darin liegt wahrscheinlich auch die unterschiedliche Betonung von Diskontinuität und Kontinuität in Geschichte und Gedächtnis wieder. Die Geschichte stürzt sich geradezu auf die Unterschiede, um Einschnitte und Ereignisse zu markieren, während das kollektive Gedächtnis immer auch die Identitätssicherung der Trägergruppe ermöglichen muss und gerade deshalb eher die Kontinuitäten im Blick hat, die diese Dauerhaftigkeit gewährleisten können. Auch perspektivisch resultiert daraus ein gewichtiger Unterschied zwischen Geschichte und kollektivem Gedächtnis. Während die Geschichte immer einen Blick von außen entspricht, stellt ein kollektives Gedächtnis immer einen Blick aus dem Innern einer Gruppe dar. An einer Stelle scheint er jedoch über dieses Konzept doch etwas hinauszugehen:

> „Das Gedächtnis einer Gesellschaft erstreckt sich, so weit es kann, d.h. bis dorthin, wohin das Gedächtnis der Gruppen reicht, aus denen sie sich zusammensetzt."[56]

Hier scheint es ein aggregiertes Gedächtnis der Gesellschaft zu geben, die sich aus Gruppen mit jeweils unterschiedlichen kollektiven Gedächtnissen zusammensetzt, deren Ähnlichkeiten sich zu einem kollektiven Gedächtnis der Gesellschaft verdichten. Es deutet sich damit ein Konzept eines gesellschaftlichen Gedächtnisses an, dessen Trägerschaft auf diverse Gruppen verteilt erscheint, dass aber dennoch genügend Kontinuität der Erinnerungsrahmen transportieren kann.

Fasst man die Einsichten von Halbwachs zusammen, dann zeigen seine Arbeiten, dass man von der sozialen Ebene ausgehend einiges über das Phänomen Gedächtnis lernen kann. Die Erinnerungen des Einzelnen bedürfen kollektiv stabilisierter Rahmen, damit die Lokalisierung auch der persönlichsten Erinnerungen überhaupt gelingen kann. Die kollektive Stabilisierung gelingt immer nur in Gruppen, die einen gewissen Identitätskern aufrechterhalten können, zu dessen Erhaltung auch das kollektive Gedächtnis seinen Beitrag leistet. Deshalb betont es Kontinuitäten und den Gleichklang unter den Mitgliedern der Gruppe. Aber auch wenn dem Einzelnen diese Rahmen als „soziale Tatsachen" gegenübertreten, die wie von außen auf ihn einwirken, muss man deshalb nicht dem Kollektiv die Erinnerungsleistung zurechnen, man sollte seine maßgebliche Rol-

---

[55] Vgl. Halbwachs 1967, S. 68.
[56] Ebd., S. 71.

le dabei jedoch auch nicht unterschätzen. Mit der Ausführung seines Konzeptes der Erinnerungsrahmen, die ein kollektives Gedächtnis ausmachen, hat Halbwachs also erste Spuren von Sozialität in die theoretische Betrachtung des Gedächtnisses eingebracht, doch hat er dieses Konzept bei weitem nicht ausgereizt. Auch die schlichte Reifikation von Kollektiven in Durkheims Begriff des „Kollektivbewusstseins" oder eben auch in Halbwachs „kollektivem Gedächtnis" bleibt problematisch, denn hier handelt es sich streng genommen natürlich nicht um einen Gegenstand im Sinne des menschlichen Gehirns, dem bestimmte Verhaltensweisen zugeschrieben werden können. Dennoch ist zu betonen, dass auch eine völlige Ablehnung einer eigenständigen Ebene des Sozialen hier nicht weiterhelfen würde, denn die von Halbwachs beschriebenen Gruppen sichern ihre Identität und es kann nur der Gruppe gelingen, die Rahmen der Erinnerung zu stabilisieren, nicht dem Einzelnen. Damit sind wir bei einem Kernproblem der Beschäftigung mit dem sozialen Gedächtnis angelangt, dass uns in diesem und den nachfolgenden Kapiteln noch weiter beschäftigen wird. Ein anderes Problem bleibt bei Halbwachs dagegen eher unterbelichtet: Die Frage nach den Medien des Gedächtnisses, die Prozesse des Erinnerns wie Vergessens operativ erst möglich machen.

2.3 Zum Problem der Latenz: Der gesellschaftliche Wissensvorrat bei Alfred Schütz

Auch Alfred Schütz geht von einer sozialen Bedingtheit des subjektiven Wissensvorrats aus, mit dem er das individuelle Gedächtnis umschreibt.[57] Sowohl die Situationen in denen sich der persönliche Wissensvorrat konstituiert, als auch zahlreiche Relevanzkriterien, die der Einzelne zur Ordnung seines Wissensvorrates benötigt, sind in hohem Maße sozial (vor-) strukturiert. Um zu analysieren, in welchem Verhältnis der Schütz'sche Begriff des „Wissensvorrates" zu dem des „sozialen Gedächtnisses" steht, sollten wir uns der grundlegenden Annahmen und Begriffsbildungen bei Schütz versichern, die mit dem Problemen der sozialen Struktur- und damit Gedächtnisbildungen zusammenhängen.

Der grundsätzlich phänomenologische Zugang von Schütz ist deshalb zunächst klärungsbedürftig. Thomas Luckmann skizziert diese spezifische Herangehensweise mit den folgenden Worten:

„Zunehmend war er davon überzeugt, daß eine adäquate Lösung für methodologische Probleme der Humanwissenschaften nur in einer exakten Beschreibung der

---

[57] Vgl. Schütz & Luckmann 2003, S. 331.

spezifisch menschlichen Konstitution des Gegenstandsbereichs dieser Wissenschaften zu suchen sei."[58]

Für diese deskriptive Analyse sollte die von Husserl entwickelte Phänomenologie die konsequenteste Methode sein. Diese Methode nach Husserl erfordert eine phänomenologische Reduktion, bei der man sich von der natürlichen Einstellung lösen muss[59], die objektive Realität der Welt als gegeben hinzunehmen, um zu einer adäquaten Wahrnehmung des erkenntnistheoretisch absolut sicheren Bereichs zu gelangen. Nach dieser Reduktion bleibt nur noch das reine Bewusstsein, das bewusstseinsmäßige Erleben ohne den Inhalt des Erlebnisses als absolut sicheres Wissen bestehen. Die phänomenologische Reduktion führt also zur cartesischen Lösung der Frage nach den absoluten Gewissheiten. Husserl gewinnt somit ein transzendentales Ego ohne jeglichen Inhalt. Von dieser Lösung selbst nicht ganz überzeugt, probiert Husserl noch einen anderen Ansatz aus, um das absolut sichere Fundament der Erkenntnis zu erreichen. In der Krisis-Schrift[60] unternimmt er den Versuch, von der natürlichen Einstellung zur Lebenswelt auszugehen, um dann zu dem Schluss zu gelangen, dass die Geltung der unterstellten Vorgegebenheit immer nur für ein Subjekt möglich ist. Damit wird die Welt zum Bewusstseinskorrelat. Und Husserl erhält das transzendentale Subjekt als konstituierendes Prinzip für die Erscheinungsweisen der Welt. Die phänomenologische Reduktion soll uns also auf den Grund der Erkenntnis führen, von dem aus man frei von jeglichem Vorwissen die subjektiven Erscheinungsweisen der Welt untersuchen kann.

Somit widmete Schütz sich also dieser möglichst exakten, von den Phänomenen der Alltagswelt ausgehenden Beschreibung der sozialen Realität. Die Beschreibung muss an der natürlichen Weltanschauung, der natürlichen Einstellung des Menschen zur ihn umgebenden Realität ansetzen. Diese natürliche Einstellung bringt er seiner wie selbstverständlich gegebenen, das heißt unproblematisierten Umgebung entgegen. Mit Schütz gesprochen: „Diese Wirklichkeit ist die alltägliche Lebenswelt."[61] Damit sind wir beim zentralen Ausgangspunkt der Analysen von Schütz angekommen. Den Startpunkt bildet immer die alltägliche Lebenswelt, die er als jenen Bereich der Wirklichkeit definiert, „den der wache und normale Erwachsene in der Einstellung des gesunden Menschenverstandes als schlicht gegeben vorfindet."[62] Fraglosigkeit und Problemlosigkeit sind die charakterisierenden Merkmale der alltäglichen Lebenswelt. Der phänomenologi-

---

[58] Vgl. Luckmann 2003, S. 15.
[59] Man muss im Rahmen einer „Epoché" alles vorgängige Wissen ausschalten. Das gesamte Vorwissen, das man mitbringt, muss „eingeklammert" bzw. „inhibiert" werden. Vgl. Husserl 1976, § 31.
[60] Vgl. Husserl 1982.
[61] Vgl. Schütz & Luckmann 2003, S. 29.
[62] Ebd.

sche Ansatz schaut nun genau auf die Strukturmerkmale der Lebenswelt und auf ihre intersubjektive Begründung. Was die Menschen in ihrem Handeln und Erleben als schlicht gegeben hinnehmen (unterstellen) wird zum Ausgangspunkt der phänomenologischen Untersuchung. Die Konzentration auf den „Lebenswelt"-Begriff, der ebenfalls der Phänomenologie Husserls entstammt[63], gründet zumindest zu großen Teilen in der Enttäuschung über Husserls Versuch einer transzendentalen Begründung der Intersubjektivität.[64] Nach Schütz Ansicht gelingt dies nicht überzeugend. Denn der rein egologische Ausgangspunkt bei Husserl kann Intersubjektivität nicht begründen. Wenn das „Wir" der Begründung des „Ich" vorangeht, was Schütz mit Max Scheler annimmt, kann eine Begründung dieses „Wir" aus dem transzendentalen Subjekt heraus, also egologisch nicht gelingen. Deshalb wendet er sich den alltagsweltlichen Begründungen der Intersubjektivität zu, in der „natürlich" unterstellt wird, dass auch die Mitmenschen über Subjektivität verfügen, aber gleichzeitig auch die grundlegenden Annahmen zur Lebenswelt teilen. In ausführlicheren Worten bei Schütz beinhaltet diese „funktionierende Unterstellung" die folgenden Annahmen:

> „...: a) die körperliche Existenz von anderen Menschen; b) daß diese Körper mit einem Bewußtsein ausgestattet sind, das dem meinen prinzipiell ähnlich ist; c) daß die Außenweltdinge in meiner Umwelt und der meiner Mitmenschen für uns die gleichen sind und grundsätzlich die gleiche Bedeutung haben; d) daß ich mit meinen Mitmenschen in Wechselbeziehung und Wechselwirkung treten kann; e) daß ich mich – dies folgt aus den vorangegangenen Annahmen – mit ihnen verständigen kann; f) daß eine gegliederte Sozial- und Kulturwelt als Bezugsrahmen für mich und meinen Mitmenschen historisch vorgegeben ist, und zwar in einer ebenso fraglosen Weise wie die >>Naturwelt<<; g) daß also die Situation, in der ich mich jeweils befinde, nur zu einem geringen Teil eine rein von mir geschaffene ist."[65]

Diese schon sehr voraussetzungsreichen Annahmen strukturieren unser Handeln und Erleben in der Lebenswelt bzw. in der natürlichen Einstellung zu ihr. Der besondere kognitive Stil der Bezugnahme auf die alltägliche Lebenswelt be-

---

[63] Auch bei Husserl wird die Lebenswelt als geltender gemeinschaftlicher Horizont des Handelns und Erlebens gefasst, als einstimmige und kohärente Erfahrung, die sich durch wechselseitige Korrekturen bildet. Sie ist die „ursprüngliche" Wahrnehmungswelt der natürlichen Einstellung. Vgl. Husserl 1982.

[64] Auch Husserl begründet die Intersubjektivität im allgemeinen Vorverständnis der natürlichen Einstellung. Ego erfährt den anderen Menschen als gemeinsam Welt mitkonstituierendes Subjekt. Durch eine Übertragung, von Husserl auch „Paarungsassoziation" genannt, erscheint der Andere ebenso als konstituierendes Prinzip von Welt. Durch Nachvollzug der Erfahrungszusammenhänge des Anderen ergibt sich in einem synthetisierenden Prozess der Identifizierung eine intersubjektive Geltung von Welt. Vgl. Prechtl 1998, S. 102.

[65] Vgl. Schütz & Luckmann 2003, S. 31.

stimmt auch den Hintergrund von dem aus die explizite Organisation des Wissens von der sozialen Welt bestimmt wird. In der alltäglichen Lebenswelt findet sich deshalb der Ausgangspunkt aller Thematisierungen und Untersuchungen der Strukturiertheit des sozial verteilten Wissens, der sozial bestimmten Relevanzsysteme und der sozialen Organisation von Aufmerksamkeit. Die natürliche Einstellung äußert sich darüber hinaus in zwei Idealitäten, die Schütz mit Husserl als die Idealität des „Und-so-weiter" und der Idealität des „Ich-kann-immer-wieder" kennzeichnet. Die natürliche Einstellung setzt eine Kontinuität der Lebenswelt voraus, die deren Problemlosigkeit und ihre schlichte Gegebenheit bewahrt. Erst vor diesem Hintergrund kann dann auch das Problematische in den Blick geraten.

Die Kopplung der Lebensweltthematik an das Problem des sozialen Gedächtnisses dürfte im bisher gesagten schon erkennbar sein. Was hier angesprochen wird ist der Latenzbereich des sozialen Gedächtnisses, in erster Linie auf der Ebene der subjektiven Einstellungen und des subjektiven Wissens, aber schon auf der Grundlage einer unterstellten Intersubjektivität dieses Latenzbereichs. Diesem Problembereich wird später noch einige Aufmerksamkeit zu widmen sein.

Die Lebenswelt bleibt also zunächst eine Hintergrundbedingung und das Wissen über sie wird nicht aktuell. Hier stößt Schütz auf das Problem der Relevanz.[66] Die Relevanzstrukturen bestimmen Erwerb und Struktur des Wissens, wie eine Situation zu deuten und ganz allgemein worauf sich die wache Aufmerksamkeit richtet. Welche Bestandteile der Lebenswelt werden situativ bedeutsam und somit gleichsam aus dem Bereich des latenten Hintergrundwissens auf die Vorderbühne der sozialen Interaktion gezogen. Mit den Worten von Schütz:

„Das Relevanzproblem ist vielleicht das wichtigste und zugleich schwierigste Problem, das es in der Beschreibung der Lebenswelt zu lösen gilt."[67]

Die Relevanzstrukturen lassen sich in drei Dimensionen ausdifferenzieren. Zunächst einmal gibt es die thematischen Relevanzen, die beschreiben worauf sich die Aufmerksamkeit gerade richtet. Diese Aufmerksamkeit kann erzwungen sein, wenn etwas Neues oder Unerwartetes die Aufmerksamkeit auf sich zieht, oder sie kann freiwillig zugewendet werden, wenn etwa ein neues Thema angeschnitten wird. Man könnte auch sagen, dass es bei der thematischen Relevanz um das Was der Zuwendung von Aufmerksamkeit geht, welchen Gegebenheiten der Situation wenden wir uns zu. Die thematischen Relevanzen ordnen somit die

---

[66] Vgl. Schütz 1971.
[67] Vgl. Schütz & Luckmann 2003, S. 253.

grundlegende Ebene der Aufmerksamkeit. Die thematische Relevanz ist auch eng an die Problematisierung eines bestimmten Wirklichkeitsausschnitts ge-knüpft, vor allem in der Form der „auferlegten thematischen Relevanz".[68]

> „Einen Gegenstand aber zum Problem, zum Thema oder zur Aufgabe unseres Den-kens zu machen, bedeutet nichts anderes, als ihn als zweifelhaft und fragwürdig zu begreifen, ihn aus dem Hintergrund der fraglosen und unbefragten Vertrautheit, die einfach hingenommen wird, herauszulösen."[69]

Etwas Bestimmtes, häufig etwas Unerwartetes oder etwas absichtlich ins Zent-rum Gerücktes, verlässt den Hintergrund der unbefragten Hinnahme, welche die natürliche Einstellung kennzeichnet. Es wird uns problematisch oder wir prob-lematisieren es und richten die volle Aufmerksamkeit auf dieses Bestimmte. Das System der Relevanzen beinhaltet aber noch mehr als nur eine Ordnung themati-scher Relevanzen, die bezeichnen auf was sich unsere Aufmerksamkeit gerade richtet. Da ist zunächst noch die Auslegungs- oder Interpretationsrelevanz, die den Zusammenhang von Wissensvorrat und Gegenstand der Aufmerksamkeit bestimmt. Welche Elemente meines Wissensvorrates sind für die momentane Situation wichtig und inwiefern ist die Situation für meinen Wissensvorrat, mei-ne Erkenntnis wichtig.[70] Schließlich gibt es auch noch die sogenannten Motiva-tionsrelevanzen, die kurz gesagt bestimmen, warum wir einem bestimmten Ge-genstand oder Geschehnis unsere Aufmerksamkeit zuwenden. Zusammen ergibt sich daraus ein System von Relevanzen, das zum einen stark sozial vorgeprägt ist und zum anderen für jeden ganz einzigartig aus seiner konkreten biographischen Situation erwächst. Was für uns wichtig wird oder was uns wichtig erscheint, ist also in starkem Maße abhängig von den Beständen unseres Wissensvorrates, von den Erfahrungen die wir gemacht haben und den Erwartungen die wir daraus geformt haben. Vermittels der Bestände des subjektiven Wissensvorrates verbin-den sich das Relevanz- und das Intersubjektivitätsproblem. Diese Bestände sind in erster Linie Typisierungen, die durch ihren Abstraktionsgrad erst den Ab-gleich ermöglichen, durch den die Relevanzstrukturen unsere Aufmerksamkeit lenken. Der Abstraktionsgrad der Typisierungen macht es aber auch wahrschein-lich, dass Alter und Ego (bei ausreichender Übereinstimmung ihrer Lebenswel-ten[71]) ähnliche Verwendungsweisen der Typen gegenseitig unterstellen können.

---

[68] Hier nähert sich Schütz stark dem Verständnis des amerikanischen Pragmatismus von James oder Mead an, wie auch Schneider bemerkt. Vgl. Schneider 2002, S. 248.
[69] Schütz 1971, S. 56.
[70] Schütz spricht in diesem Zusammenhang auch von der "doppelten Funktion" der Auslegungsrele-vanz. Ebd., S. 68.
[71] Siehe oben.

Bei Schütz gibt es eine Abfolge von Typen, die durch eine abnehmende inhaltliche Bestimmtheit und gleichzeitig eine zunehmende Anonymität der Zuschreibung gekennzeichnet ist. Mit dem Begriff „Person" sind Typen individualspezifischer Handlungsmuster verknüpft, mit dem Begriff „Rolle" typische Handlungsmuster bestimmter Kategorien von Personen und mit dem Begriff „Typen des Handlungsablaufs" situationsabhängige Handlungsmuster, die nicht an bestimmte Personen oder Kategorien von Personen gebunden sind.[72] Diese Typisierungen haben einen unmittelbaren Bezug zur Relevanzfrage, weil die Typen im Rahmen einer Problemlösung gebildet und verwendet werden. Sie haben aber auch einen unmittelbaren Bezug zur Intersubjektivitätsfrage, denn im Typ liegt eine Abstraktion vor, die vom Bezug auf bestimmte Situationen oder bestimmte biografische Konstellationen absieht und so den Kern für intersubjektive Bedeutungszuschreibungen bilden kann, wie sie prominent in der Sprache vorliegen. Denn die Sprache spielt eine wesentliche Rolle bei der Typisierung der Erfahrung. Zwar kann es Typisierung auch auf vorsprachlicher Ebene geben, aber:

> „Die Sprache ist ein System typisierender Erfahrungsschemata, das auf Idealisierungen und Anonymisierungen der unmittelbaren subjektiven Erfahrung beruht. Diese von der Subjektivität abgelösten Erfahrungstypisierungen sind sozial objektiviert, wodurch sie zu einem Bestandteil des dem Subjekt vorgegebenen gesellschaftlichen Apriori werden."[73]

Erst mit der Sprache ergibt sich die Möglichkeit auch noch Typen weiter zu typisieren und somit aufeinander aufbauende, fortschreitend abstraktere Typen zu bilden. Die Typik des subjektiven Wissensvorrates macht die Unterstellung von intersubjektiven Situationsdeutungen überhaupt erst wahrscheinlich und erfolgreich und in der Sprache erreicht diese Typik sogar den Charakter eines „gesellschaftlichen Apriori", das dem subjektiven Wissensvorrat vorgängig ist und ihm als „soziale Tatsache" im Sinne Durkheims gegenübertritt. Ohne Typisierungsleistungen, die entweder schon vorliegen, wie im Fall der Sprache, oder in eigenen Erfahrungszusammenhängen erst konstituiert werden, kann aber auch keine Erfahrung akkumuliert werden, die dann als Problemlösungswissen im Wissensvorrat zur Verfügung steht. Die grundlegende Relevanz der Typik für eine soziologische Theorie des Wissens hat Schütz damit herausgestellt. Aber welche Verbindung gibt es zur Theorie sozialer Gedächtnisformen? Wenn man sich mit der Typik sozialen Wissens beschäftigt stößt man ganz grundlegend auf das gedächtnisrelevante Problem der Reproduktion, der Wiederholung. Die Typik bietet den Ausgangspunkt für eine Analyse des Wiederholbaren. Jede Erfah-

---

[72] Nach einer Zusammenfassung von Schneider 2002, S. 247.
[73] Schütz & Luckmann 2003, S. 318.

rung eines Subjekts ist zunächst einmal einzigartig und kann sich als Ereignis nicht wiederholen, aber gleichzeitig ist es gar keine Erfahrung, wenn es dem Subjekt nicht gelingt, das Typische an dem Ereignis zu bestimmen, diejenigen Elemente, die es mit anderen Ereignissen vergleichbar machen. Nur dann kann die Erfahrung auch zur Protention genutzt werden, zur Vorhersage zukünftiger Situationen und wahrscheinlicher Ereignisverläufe.

Die Typik des Erfahrungslebens sedimentiert im Wissensvorrat. Der Wissensvorrat ist bei Schütz zunächst einmal rein subjektiv gefasst:

> „Der lebensweltliche Wissensvorrat ist in vielfacher Weise auf die Situation des erfahrenden Subjekts bezogen. Er baut sich auf aus Sedimentierungen ehemals aktueller, situationsgebundener Erfahrungen. Umgekehrt fügt sich jede aktuelle Erfahrung je nach ihrer im Wissensvorrat angelegten Typik und Relevanz in den Erlebnisablauf und in die Biographie ein. Und schließlich wird jede Situation mit Hilfe des Wissensvorrats definiert und bewältigt."[74]

Mit dem Wissensvorrat wird also ein individuelles Gedächtnis beschrieben, dessen Trägerschaft klar geregelt ist. Jeder subjektive Wissensvorrat ist damit einmalig und deutlich vom Wissensvorrat eines anderen Individuums zu unterscheiden. Das Problem der Typik hat uns jedoch schon vor Augen geführt, dass zu dieser subjektiven Komponente noch etwas hinzu kommen muss, um auch das Problem der Intersubjektivität zu lösen, denn zum einen könnten Individuen mit idiosynkratischen Wissensvorräten nicht miteinander interagieren und zum anderen wäre es überhaupt schwierig abstrakte Erfahrungsgehalte rein subjektiv abzubilden.[75] So wichtig eine phänomenologische Bestimmung des subjektiven Wissensvorrates aus der Sicht einer interpretativen Soziologie auch sein mag, als Beitrag zur Beschreibung der grundlegenden Probleme einer soziologischen Gedächtnistheorie greift eine solche Sichtweise zu kurz.[76] Dennoch bietet auch Schütz eine über die subjektive Ebene hinausreichende Perspektive auf den Wissensvorrat. So ist der subjektive Wissensvorrat zum einen sozial bedingt, eine Erkenntnis wie sie auch schon bei Halbwachs formuliert war, wenn er von den sozialen Rahmen der Erinnerung sprach; zum anderen erwähnt Schütz auch einen gesellschaftlichen Wissensvorrat, der sich vom subjektiven Wissensvorrat unterscheidet und einer sozialen Gedächtnisform schon sehr viel näher kommt.

---

[74] Vgl. Schütz & Luckmann 2003, S. 149.
[75] Man erinnere sich hierbei an das Privatsprachen-Argument bei Wittgenstein. Vgl. Wittgenstein 1984, §§ 243-264.
[76] So auch die zentrale Kritik bei Schwinn an der Konzeption von Schütz, die eine subjektivistische Radikalisierung und damit egologische Verkürzung des weberschen Theorieprogramms darstelle. Vgl. Schwinn 1993.

Wenden wir uns der gesellschaftlichen Bedingtheit der subjektiven Wissensvorräte zu, dann stellt Schütz klar, dass der subjektive Wissensvorrat zum weitaus größten Teil in Situationen gewonnen wird, die intersubjektiv konstituiert sind oder „zumindest mittelbar in gesellschaftlich bestimmte Sinnzusammenhänge eingeflochten sind."[77] Zwei Formen der sozialen Bedingtheit können dabei unterschieden werden: Zum einen sind dies die eben erwähnten sozialen Vorgegebenheiten der biographischen Situation des Subjekts und zum anderen kann man von einer gesellschaftlichen Bedingtheit der subjektiven Relevanzstrukturen sprechen. So ist die Sozialstruktur sowohl als kausaler Faktor, als auch als eingeflochtener Sinnzusammenhang in den frühesten Wir-Beziehungen wirksam.

„Von den frühesten Wir-Beziehungen an wird das Kind in einen wechselseitigen Motivationszusammenhang einbezogen, dessen Relevanzstrukturen (Einstellungen, Ziele, Mittel) gesellschaftlich beschränkt, als selbstverständlich vorgezeichnet und gebilligt sind. So erfährt das Kind die historische Sozialstruktur, die eine auferlegte Komponente seiner biographischen Situation ist, zunächst in der Form von unmittelbaren Wir-Beziehungen. In Vorgängen der intersubjektiven Spiegelung >>erlernt<< es relevante Aspekte der Sozialstruktur und >>internalisiert<< die relativnatürliche Weltanschauung. All seine Erfahrungen, auch solche >>privater<< Natur, sind in intersubjektiv relevante und somit gesellschaftlich bestimmte und vorausgelegte Motivations- und Interpretationszusammenhänge eingebettet."[78]

Vor diesem Hintergrund ist es dann auch nicht verwunderlich, dass auch die subjektiven Relevanzstrukturen in starkem Maße gesellschaftlich (vor-)geprägt sind. Dabei unterscheidet Schütz zwei Hauptfälle: aktuelle Prägungen durch die soziale Strukturiertheit der Situation in der sich ein Subjekt gerade befindet und die gesellschaftliche Prägung der subjektiven Relevanzstrukturen innerhalb der Biographie des Einzelnen. Was als relevant zu betrachten ist drängt sich einerseits durch die Gegebenheiten der Situation auf, wie z.b. durch Ansprüche die Andere an uns stellen und folgt andererseits den internalisierten Relevanzzuschreibungen, die der Einzelne durch Erziehung und Erfahrung im Laufe seines Lebens erlernt hat.

Diese sozialen Prägungen des subjektiven Gedächtnisses sind zwar soziologisch interessant, doch zeichnen sie eine eher sozialpsychologisch orientierte Sichtweise vor, die sich vor allem mit der subjektiven Perspektive auseinandersetzt.[79] Ein soziologisch gehaltvollerer Gedächtnisbegriff ist jedoch nur zu erlan-

---

[77] Vgl. Schütz & Luckmann 2003, S. 331.
[78] Ebd., S. 335.
[79] Wie schon erwähnt, gehört es zu den klassischen Kritiken an der Sichtweise von Schütz, dass sie die subjektive Perspektive der objektiven Sichtweise auf Sozialität klar vorordnet und damit unnötig

gen, wenn man auch die objektive Seite der Sozialität näher betrachtet. Dies sieht auch Schütz ein, der dafür den Begriff des „gesellschaftlichen Wissensvorrates" prägt, der von den subjektiven Wissensvorräten verschieden konzipiert ist. Schütz legt dar, dass die übergroße Mehrheit der Elemente innerhalb eines subjektiven Wissensvorrats dem gesellschaftlichen Wissensvorrat entstammen, aber:

„Unbeschadet dieser empirischen Priorität des gesellschaftlichen Wissensvorrats gegenüber jedem beliebigen subjektiven Wissensvorrat ist jedoch subjektiver Wissenserwerb der Ursprung allen gesellschaftlichen Wissens."[80]

Doch diese Ursprünglichkeit des subjektiven Wissens muss sogleich wieder eingehegt werden, um zu verhindern, dass der gesellschaftliche Wissensvorrat als reines Additionsphänomen subjektiven Wissens erscheint und somit keine eigenständige Ebene objektivierter Sozialität ausbilden würde. Vielmehr muss ein andersartiges Selektionsprinzip am Werk sein, dass die Aufnahme subjektiven Wissens in den gesellschaftlichen Wissensvorrat regelt. Auf einer abstrakten Ebene bestimmt Schwinn den gesellschaftlichen Wissensvorrat und sein Selektionsprinzip folgendermaßen:

„Der soziale Wissensvorrat besteht aus solchen Typen, die sich in einer Gruppe oder Gesellschaft durchgesetzt haben bzw. ausdrücklich zum Verhaltensmuster erhoben wurden. Typisierungen können somit die Aufgabe der Wiederholungssicherung von Interaktionen übernehmen."[81]

Diese Fassung ist nun nicht unbedingt geeignet auch schon den Mechanismus hinter dem Selektionsprinzip zu entschlüsseln, macht aber doch mehr als deutlich, auf welcher Ebene dieser Mechanismus liegen würde.[82] Doch wie kommt es in der Theorie von Schütz zur Genese des gesellschaftlichen Wissensvorrates? Genauer gefragt: Wie kommt es zur Vergesellschaftung des subjektiven Wissens, wenn aller Ursprung gesellschaftlichen Wissens subjektives Wissen ist. Wichtigste Voraussetzung der Vergesellschaftung subjektiven Wissens ist die Objektivierbarkeit, die Objektivierung dieses Wissens.

---

verengt. Wir haben oben schon Schwinn mit einer Kritik in dieser Richtung angeführt, vgl. Schwinn 1993, doch schon im Briefwechsel mit Parsons bemerkt man die gänzlich unterschiedliche Ausrichtung auf die subjektive Perspektive bei Schütz bzw. auf die objektive Perspektive bei Parsons, vgl. Schütz & Parsons 1977. Und auch Welz spricht von einer Vergeistigung der Gesellschaft bei Schütz, vgl. Welz 1996.
[80] Vgl. Schütz & Luckmann 2003, S. 356.
[81] Vgl. Schwinn 1993, S. 182.
[82] Ganz klar hätte man hier von der intersubjektiven Ebene auszugehen.

„Die allgemeine und grundlegende Voraussetzung für die Übernahme subjektiver Wissenselemente in den gesellschaftlichen Wissensvorrat ist deren >>Objektivierung<<. Mit diesem Ausdruck wollen wir allgemein die Verkörperung subjektiver Vorgänge in Vorgängen und Gegenständen der Lebenswelt des Alltags bezeichnen."[83]

Schütz unterscheidet dabei verschiedene Objektivierungsformen, wie Anzeichen, Erzeugnisse und Zeichen.[84] Wichtig ist dabei die Externalisierungsleistung, die subjektives Wissen in etwas verwandelt, was potentiell zu vergesellschaften ist. Objektivierung ist der erste Teil eines Übersetzungsprozesses von der subjektiven zur gesellschaftlichen Ebene, vom subjektiven zum gesellschaftlichen Wissensvorrat. Sie stellt jedoch nur eine notwendige und keine hinreichende Bedingung für die Vergesellschaftung des Wissens dar. Welche Mechanismen treten nun neben die Objektivierung, um eine Vergesellschaftung des Wissens herbeizuführen und einen gesellschaftlichen Wissensvorrat zu generieren? Schütz gibt dafür drei weitere Mechanismen an. Der erste Mechanismus basiert auf der sozialen Relevanz des Wissens. Die soziale Relevanz eines Wissens leitet sich nach Schütz davon ab, ob es auf ein Problem reagiert, das für eine ganze Reihe von Personen in gleicher oder zumindest ähnlicher Form besteht. Immer wenn eine Problemlösung für einen breiten Kreis von Individuen von Interesse (also relevant) ist, bestehen gute Chancen, dass aus seiner Objektivierung auch eine Vergesellschaftung dieses Wissens wird. Die soziale Relevanz des Wissens ist also ein Zugangsfaktor, ein Selektionsprinzip des gesellschaftlichen Wissensvorrats. Ein weiterer Mechanismus, der in komplexeren Gesellschaften eine immer wichtigere Stellung einnimmt, ist die soziale Vermittlung des Wissens. Je weiter ein Wissen von den konkreten Erfahrungssituationen des subjektiven Wissenserwerbs abgelöst ist bzw. je weiter es sich von subjektiven Relevanzstrukturen löst, desto größer wird die Wahrscheinlichkeit, dass die Vermittlung dieses Wissens institutionalisiert und auf bestimmte Rollenträger übertragen wird. An wen und durch wen welches Wissen vermittelt wird, ist dann mehr oder weniger streng an die institutionalisierte Rollendifferenzierung einer Gesellschaft gebunden. Von hier aus kann man dann auch von einer Binnendifferenzierung des gesellschaftlichen Wissensvorrats sprechen. Als dritter Mechanismus fungiert die soziale

---

[83] Vgl. Schütz & Luckmann 2003, S. 358.
[84] Diese Differenzierung braucht hier nicht weiter ausgeführt werden. Es handelt sich jedoch wiederum um eine Reihe gesteigerter Ablösung (Anonymisierung) vom handelnden Gegenüber. Während bei Anzeichen noch die Bindung der Objektivierung an die Beobachtung der Handlungen eines anderen gebunden ist, können Erzeugnisse schon unabhängig von der Gegenwart des anderen als Objektivationen subjektiven Wissens betrachtet werden und Zeichen ermöglichen schließlich die Objektivierung von Wissen, das sich gänzlich von den konkreten Erfahrungssituationen gelöst hat. Ebd., 362ff.

Anhäufung des Wissens, die mit einer laufenden Verbesserung von Problemlösungen in der Zeit verbunden ist. Auf der Basis einer bestehenden Problemlösung im gesellschaftlichen Wissensvorrat können z. B. einzelne Schwachstellen
dieser Lösung behoben werden.[85] Für eine solche Anhäufung des Wissens im
gesellschaftlichen Wissensvorrat sind drei Dinge erforderlich: Erstens muss die
soziale Vermittlungskette erhalten bleiben, zweitens muss das Problem auf das
sich dieses Wissen bezieht gesellschaftlich relevant bleiben und drittens muss
das Wissenselement offen genug für Modifikationen sein, um Verbesserungen
der Problemlösung zuzulassen. Auch die Anhäufung des Wissens macht über
kurz oder lang, eine Binnendifferenzierung des gesellschaftlichen Wissensvorrats
notwendig, da eben bestimmte Probleme und Problemlösungen nur für bestimmte Rollenträger von besonderer Relevanz sind. Der Bezug zu Situationen des
Wissenserwerbs ist aufgrund der genannten Aspekte im gesellschaftlichen Wissensvorrat nur mittelbar und nicht unmittelbar wie für jeden einzelnen subjektiven Wissensvorrat. Es müssen intersubjektive Vorgänge (Objektivierung, soziale
Relevanz, Vermittlung, Anhäufung) hinzukommen, die zu einer vollkommen
anderen Struktur des gesellschaftlichen Wissensvorrats führen, die sich fundamental von der Struktur subjektiver Wissensvorräte unterscheidet.

> „Die *Struktur* des gesellschaftlichen Wissensvorrats hat nicht die Dimensionen, die
> denen des subjektiven Wissensvorrats entsprechen. Da die Struktur des gesellschaft-
> lichen Wissensvorrats, die sich in Vorgängen der historischen Anhäufung des Wis-
> sens ausbildet, von den institutionalisierten Vorgängen der Wissensvermittlung be-
> stimmt wird, entspricht sie der jeweiligen sozialen Verteilung des Wissens."[86]

Klar wir in diesen Abgrenzungen, dass wir es beim gesellschaftlichen Wissensvorrat mit einer nicht-subjektiven Ebene zu tun haben, die anderen Selektionsprinzipien
folgt und auch intern anders strukturiert ist als der subjektive Wissensvorrat.
Könnte man also sagen, dass Schütz mit dem gesellschaftlichen Wissensvorrat
ein soziales Gedächtnis vor Augen hat, welches sich nicht durch die rein subjektive Perspektive fassen lässt? Zum einen lässt sich diesbezüglich sagen, dass die
Anbindung an die subjektive Perspektive noch recht stark ist. Der gesellschaftliche Wissensvorrat konstituiert sich auf der Basis des subjektiven Wissenserwerbs und seine Wirkung entfaltet er auf der Basis eines jeweiligen subjektiven
Besitzes, also durch seine Übersetzung in subjektive Wissensvorräte, weshalb
auch die Frage der Vermittlung und Verteilung des Wissens bei Schütz eine

---

[85] Schütz gibt allerdings zu bedenken, dass die grundsätzliche Beharrungstendenz des gesellschaftlichen Wissensvorrats, die aus seiner Funktion erwächst, den Einzelnen von subjektivem Wissenserwerb zu entlasten, diesen Modifikationen häufig auch im Weg stehen kann. Vgl. Schütz & Luckmann
2003, S. 399.
[86] Ebd., S. 411.

herausragende Rolle für die Struktur des gesellschaftlichen Wissensvorrats spielt. Dennoch etabliert sich hier eine eher objektive oder zumindest objektivierte Ebene von Sozialität, die nicht auf individuelle Wissensbestände zurückgerechnet werden kann, da der gesellschaftliche Wissensvorrat nach eigenen Selektionskriterien filtert und dabei eine eigenständige auf der intersubjektiven Ebene liegende Struktur ausbildet. An dieser Stelle berühren wir wieder das Problem der Trägerschaft von Gedächtnis, wenn man einerseits der „Aufbewahrung" von Inhalten nachgeht und andererseits versucht die Selektionsvorgänge zu lokalisieren, die zur Ausbildung von Gedächtnis führen. Interessant ist auch der Rückbezug den Schütz zur natürlichen Einstellung herstellt, wenn er schreibt:

> „Die vom gesellschaftlichen Wissensvorrat abgeleiteten Gewohnheiten sind seine [des Subjekts, E. von mir] Gewohnheiten, die aus dem gesellschaftlichen Wissensvorrat übernommenen expliziten Wissenselemente sind sein Wissen, die dem gesellschaftlichen Wissensvorrat entstammenden Relevanzstrukturen wirken als seine Auslegungskategorien und Motive. ... Wir können uns damit begnügen, zu betonen, daß der gesellschaftliche Wissensvorrat, sofern er in den subjektiven Wissensvorrat eingegangen ist, für den normalen Erwachsenen in der natürlichen Einstellung des täglichen Lebens seines gesellschaftlichen Charakters entkleidet ist und in der Form selbstverständlichen subjektiven Besitzes erscheint."[87]

Was hier durchscheint ist wieder das Problem der Latenz. Das gesellschaftliche Wissen ist nicht ständig in objektivierter Form gefragt, sondern liegt vielen Abläufen im Alltag einfach nur zu Grunde, weil es als subjektiver Besitz behandelt und unterstellt werden kann. Es stellt sich jedoch dann die Frage, wie dieses latente, nicht aufgerufene Wissens im gesellschaftlichen Wissensvorrat erhalten bleibt.

Zwei Fortschreibungen des Ansatzes von Schütz sind für die Gedächtnisproblematik auch weiterführend von Interesse. Zum einen die These von der gesellschaftlichen Konstruktion der Wirklichkeit, wie sie Peter L. Berger und Thomas Luckmann in ihrer Wissenssoziologie des Alltags entwerfen[88] und zum anderen die These von der Indexikalität der Kommunikation oder genereller der Abhängigkeit der sozialen Konstitution von Bedeutung von unexplizierten Hintergrundannahmen und Kontextfaktoren, wie sie Harold Garfinkel in seiner Ethnomethodologie ausgearbeitet hat.[89]

---

[87] Vgl. Schütz & Luckmann 2003, S. 428f.
[88] Vgl. Berger & Luckmann 1977.
[89] Vgl. Garfinkel 1967.

Die gesellschaftliche Konstruktion der Wirklichkeit setzt eine Wechselwirkung zwischen subjektiver und objektiver Ebene von Sozialität voraus, die auch in Schütz Diskussion zum gesellschaftlichen Wissensvorrat schon angedeutet ist.

> „Das bedeutet: der Mensch – freilich nicht isoliert, sondern inmitten seiner Kollektivgebilde – und seine gesellschaftliche Welt stehen miteinander in Wechselwirkung. Das Produkt wirkt auf seinen Produzenten. Externalisierung und Objektivation – Entäußerung und Vergegenständlichung – sind Bestandteile in einem dialektischen Prozess. ... Die fundamentale Aufeinander-Bezogenheit dieser drei dialektischen Elemente [das dritte Element ist die Internalisierung, E. von mir] in der gesellschaftlichen Wirklichkeit ist jedoch schon jetzt zu erkennen. Jedes von ihnen ist ein wesentliches Merkmal der sozialen Welt. *Gesellschaft ist ein menschliches Produkt. Gesellschaft ist eine objektive Wirklichkeit. Der Mensch ist ein gesellschaftliches Produkt.*"[90]

Das bei dieser Wechselwirkung eine objektive soziale Wirklichkeit produziert wird, eine nicht auf die subjektive Ebene zurückführbare Realität, weist noch einmal sehr klar darauf hin, dass Externalisierung und Objektivation wesentliche Elemente für die Konstitution eines sozialen Gedächtnisses sind, dessen Träger dann nicht mehr zwangsweise Individuen sein müssen.

Die ethnomethodologische Weiterentwicklung der phänomenologischen Soziologie ist aber für die Frage nach dem Latenzbereich des sozialen Gedächtnisses noch instruktiver. Garfinkel geht davon aus, dass soziale Ordnung in jedem Moment neu produziert werden muss und zwar durch Interpretationsleistungen der Teilnehmer an einer Interaktion. Es gibt eine Reihe von Methoden, die sogenannten Ethnomethoden, die in der alltäglichen Kommunikation benutzt werden, um die Ordnung in der Form eines „gemeinsamen Verständnisses" von Ereignis zu Ereignis neu zu bestimmen.

> „'Shared agreement' refers to various social methods for accomplishing the member's recognition that something was said-according-to-a-rule and not the demonstrable matching of substantive matters. The appropriate image of a common understanding is therefore an operation rather than a common intersection of overlapping sets."[91]

Was Garfinkel betont, ist die operative Erzeugung der sozialen Ordnung, als quasi mitlaufende Überprüfung, ob ein „shared agreement" besteht, wie er es besonders eindrucksvoll in der Schilderung der Krisenexperimente zum Ausdruck bringt. Was er aber ebenso zeigt, ist, dass eine soziale Situationsdefinition

---

[90] Vgl. Berger & Luckmann 1977, S. 65.
[91] Vgl. Garfinkel 1967, S. 30.

immer von mitlaufenden Hintergrundannahmen getragen wird, die nur selten explizit gemacht werden. Manchmal können sie nicht einmal ohne weiteres offen gelegt werden. Trotzdem haben diese Hintergrundannahmen eine normative Qualität.[92] Dies wird immer dann sichtbar, wenn sie enttäuscht werden. Für die ständig erforderlichen Interpretationsleistungen sind diese Hintergrundannahmen von immenser Bedeutung, denn ohne sie wird es für die Akteure enorm aufwendig die soziale Ordnung wiederherzustellen. Besonders eindrücklich formuliert die Ethnomethodologie und in ihrer Nachfolge auch die Konversationsanalyse diese Bedeutung sowohl der Hintergrundannahmen, als auch der kontinuierlichen Interpretationsleistungen in der These von der „Indexikalität der Kommunikation".

> „The central problem which the indexical term present is that the referents of the terms, and hence the truth values of the statements in which they occur, vary with the circumstances in which they are uttered. Sentences containing these terms are thus highly resistant to techniques of formal analysis. From a sociological point of view, the interest of these terms derives from the fact that they can only be understood by drawing upon contextual knowledge."[93]

Und dies gilt für jede Art von Interpret. Die Indexikalität von sprachlichen Zeichen oder bedeutungsvollen Gesten macht die Interpretation und damit den Fortgang der Interaktion im hohen Maße abhängig von Hintergrundannahmen, die nicht expliziert werden. Die Frage ist nun einerseits, wie dieser ständig im Hintergrund mitlaufende Latenzbereich im sozialen Gedächtnis stabilisiert werden kann und andererseits, wie die Indexikalität der Bedeutung erhalten bleibt, wenn sie doch immer zu einem neuen Festzurren der Bedeutung in jeder neuen Interaktion führt.

Den Ausführungen zu Alfred Schütz und den Weiterentwicklungen seiner phänomenologischen Soziologie ist zu entnehmen, dass die Latenz wesentlicher Hintergrundannahmen sozialer Interaktion ein Problem für eine Erfassung der Leistungen des sozialen Gedächtnisses ist. Es müsste möglich sein die Mechanismen zu identifizieren, die auch latente Bereiche des vergesellschafteten Wissens erhalten und genauer zu spezifizieren, wie die Selektionsprozesse des Gedächtnisses mit diesem Bereich der Sozialität umgehen. Die Trägerschaft von

---

[92] Heritage nennt das die „Morality of Cognition". Vgl. Heritage 1984, 75ff.
[93] Ebd., S. 142.

Gedächtnisleistungen bleibt bei Schütz sehr offen. Durch Externalisierung und Objektivierung entstehen Gedächtnisprozesse, die außerhalb der beteiligten Individuen angesiedelt sind. Fraglich bleibt ob Wissensvorrat und Gedächtnis nicht doch stärker zu trennen wären, da man Gedächtnis eher von Ereignis zu Ereignis denken könnte (wie z. B. bei Garfinkel's sozialer Ordnung) und der Wissensvorrat eher an einen Bestand gemahnt.

2.4 Soziologischer Präsentismus versus Vielfalt sozialer Gedächtnisse: Das „kulturelle Gedächtnis" bei Aleida und Jan Assmann

Mit der Diskussion der Arbeiten von Aleida und Jan Assmann zum „kulturellen Gedächtnis" verlassen wir kurz den Raum der soziologischen Theoriebildung und betreten die Perspektive der Kulturwissenschaften. Dort ist das Gedächtnis schon seit einiger Zeit ein vieldiskutiertes Thema, Jan Assmann spricht gar vom Gedächtnis als einem Paradigma der kulturwissenschaftlichen Forschung.[94] Die Perspektive der Kulturwissenschaften weist einen zentralen Unterschied zur soziologischen Perspektive auf, den Jan Assmann im Nachwort zur Studie „Soziales Vergessen" von Elena Esposito[95] ausführt, in dem er zugleich eine dezidierte Kritik an der soziologischen Beschäftigung mit dem Gedächtnis übt:

> „Ebenso deutlich wird aber der Unterschied zwischen dem soziologischen und dem kulturwissenschaftlichen Gedächtnisbegriff. In den Kulturwissenschaften steht die Verbindung von Vergangenheit und Identität im Mittelpunkt der Gedächtnisforschung. Die vielfältigen Formen der Konstruktion von Vergangenheit und des Bezugs auf diese zum Zwecke der Stabilisierung oder Destabilisierung kollektiver Identität sind nach wie vor kein Thema der Sozialwissenschaften. Der kulturwissenschaftliche Gedächtnisbegriff versperrt sich der Einlinigkeit evolutionistischer Logik, weil er gerade die Anachronismen betont, die Ungleichzeitigkeit des Gleichzeitigen, des Gestern im Heute, die vielschichtige Komplexität kultureller Zeit. Insofern ist die Privilegierung des Vergessens in Espositos Gedächtnistheorie symptomatisch für den Eingangs erwähnten >Präsentismus< des soziologischen Zugangs."[96]

Deutlich werden an diesem Zitat zwei Kritikpunkte an der soziologischen Gedächtnisforschung. Zum einen kann sie der Vielfältigkeit der Formen, die das

---

[94] Vgl. J. Assmann 2002a, S. 400.
[95] Vgl. Esposito 2002. Mit dieser Arbeit werden wir uns im folgenden Kapitel bei der Ausarbeitung einer systemtheoretischen Perspektive auf das Gedächtnis eingehend zu beschäftigen haben. Hier dient sie nur als Projektionsfläche für eine Kritik, die sich an die Sozialwissenschaften insgesamt richtet.
[96] Vgl. J. Assmann 2002a, S. 414.

Gedächtnis annehmen kann, nicht gerecht werden und zum anderen sei sie einem
>Präsentismus< verhaftet, der es verhindert die Bedeutung der Vergangenheit für
die Gegenwart, das „Gestern im Heute"[97], ausreichend zu erfassen. Die Erläute-
rung der Theorie Aleida und Jan Assmans soll hier dazu beitragen, diese Probleme, der sich die soziologische Beschäftigung mit dem Gedächtnis stellen sollte, näher auszuleuchten und schon einige Lösungsansätze der Kulturwissenschaften zu präsentieren, an die man soziologisch anschließen kann. Auch für eine
dezidiert soziologische Theorie des Gedächtnisses ist „die komplexe, widerstän-
dige und >kontrapräsentische< Struktur des kulturellen Archivs"[98] ebenso von
Bedeutung, wie die Mechanismen mittels derer kollektive bzw. sozial relevante
Identitäten stabilisiert und destabilisiert werden. Inwieweit man der Kritik Jan
Assmanns deshalb folgen mag, bleibt von dieser Einschätzung unberührt. Die
Problemlage ist sicherlich anzuerkennen, dennoch sollte aus soziologischer Sicht
betont werden, dass eine Beschäftigung mit den von Assmann angesprochenen
Aspekten auch in der Soziologie eine gewisse Rolle spielt, aber zumeist nicht
unter dem Chiffre „Gedächtnis" diskutiert wird.[99] Eine Parallele zwischen sozial-
und kulturwissenschaftlicher Beschäftigung mit dem Gedächtnis wird an gleicher Stelle jedoch ebenso ausgeführt:

> „Der Gedächtnisbegriff, den Elena Esposito vom Aspekt des Vergessens her entwi-
> ckelt, stimmt mit dem Gedächtnisbegriff der Kulturwissenschaften darin überein,
> dass er die Frage nach den Medien der Speicherung, Kommunikation, Verbreitung
> und Erschließung in den Mittelpunkt stellt. Die Geschichte des Gedächtnisses ist in
> dieser Perspektive die Geschichte seiner Medien."[100]

Dieser Hinweis ist sicherlich gut begründet und wird im Verlauf dieser Arbeit
auch immer wieder aufgegriffen werden. Den Medien, ihrer Funktionsweise und
dem jeweilige Zugriff auf sie, kommt jedenfalls eine Schlüsselrolle in der Gedächtnistheorie zu. Doch wenden wir uns jetzt den zentralen Theorieelementen
des von Aleida und Jan Assmann entwickelten Ansatzes zu.

Ausgangspunkt der begrifflichen Differenzierungen ist dabei das von Maurice Halbwachs entwickelte Konzept des „kollektiven Gedächtnisses".[101] Aus
den Vorarbeiten von Halbwachs werden insbesondere, einige Kriterien übernommen, die als kennzeichnend für das kollektive Gedächtnis betrachtet werden:

---

[97] Vgl. A. Assmann & J. Assmann 1994.
[98] Vgl. J. Assmann 2002a, S. 414.
[99] Eher laufen diese Aspekte unter dem Begriff der sozialen Reproduktion.
[100] Vgl. J. Assmann 2002a, S. 414.
[101] Mit dem Ansatz von Halbwachs haben wir uns weiter oben schon dezidiert auseinandergesetzt. Er
beleuchtet die theoretische Problematik der Trägerschaft von Gedächtnisleistungen, die hier eine eher
untergeordnete Rolle spielt.

es schafft eine soziale Rahmung individueller Gedächtnisleistungen; es bildet Erinnerungsfiguren, die einen konkreten Raum- und Zeitbezug aufweisen (ereigniskonkret), an eine konkrete Gruppe als Träger gebunden sind (identitätskonkret) und in einem rekonstruktiven Verfahren erzeugt werden; und es unterscheidet sich von der Geschichte durch seine Bindung an konkrete Erfahrungen.[102] Aus kulturwissenschaftlicher Sicht ist das Konzept des kollektiven Gedächtnisses jedoch nicht differenziert genug, um allen Facetten sozialer Gedächtnisleistungen gerecht zu werden. Auch Halbwachs trifft die Kritik des soziologischen Präsentismus. Die grundlegende Differenzierung, die nun eingeführt wird, ist die zwischen dem kommunikativen Gedächtnis, das am ehesten mit dem von Halbwachs entwickelten Konzept übereinstimmt, und dem kulturellen Gedächtnis, das weit weniger im alltäglichen Gebrauch erzeugt wird, sondern auf spezifischere Selektionsweisen angewiesen ist, dafür aber größere Dauer und Reichweite beansprucht. Die folgende an Jan Assmann angelehnte Tabelle soll die wesentlichen Unterscheidungen zwischen den beiden Gedächtnis- bzw. Erinnerungsformen kursorisch zusammenfassen:

Abbildung 1: Differenzen zwischen kommunikativen und kulturellem Gedächtnis nach Assmann[103]

	kommunikatives Gedächtnis	**kulturelles Gedächtnis**
Inhalt	Geschichtserfahrungen im Rahmen indiv. Biographien	mythische Urgeschichte, Ereignisse in einer absoluten Vergangenheit
Formen	informell, wenig geformt, naturwüchsig, enstehend durch Interaktion, Alltag	gestiftet, hoher Grad an Geformtheit, zeremonielle Kommunikation, Fest
Medien	lebendige Erinnerung in organischen Gedächtnissen, Erfahrungen und Hörensagen	feste Objektivationen, traditionelle symbolische Kodierung/ Inszenierung in Wort, Bild, Tanz usw.
Zeitstruktur	80-100 Jahre, mit der Gegenwart	absolute Vergangenheit

---

[102] Vgl. J. Assmann, 1999, S. 34-48.
[103] Ebd., S. 56.

	kommunikatives Gedächtnis	kulturelles Gedächtnis
	mitwandernder Zeithorizont von 3-4 Generationen	einer mythischen Urzeit
Träger	unspezifisch, Zeitzeugen einer Erinnerungsgemeinschaft	spezialisiert, Traditionsträger

Die in dieser Tabelle geleistete Systematisierung macht aber nicht nur die wesentlichen Unterschiede zwischen den „zwei Modi" sozialer Erinnerunsformen[104] deutlich, sondern stellt auch die wesentlichen Determinanten dar, mit deren Hilfe sich Erinnerungsformen typisieren lassen: Inhalte, Formen, Medien, Zeitstruktur und Trägerschaften. Der Schwerpunkt der Analyse liegt aus kulturwissenschaftlicher Sicht aber eindeutig auf dem kulturellen Gedächtnis, dessen Dauer und Reichweite, Generalisierungs- und Selektionsfähigkeit, und sein Niederschlag in vielfältigen Objektivationen einen besseren Zugang erlauben. In Anlehnung an die Beschäftigung mit organischen Gedächtnissen kann man auch vom „kommunikativen Kurzzeitgedächtnis" und dem „kulturellen Langzeitgedächtnis" sprechen.[105] Dieses Langzeitgedächtnis kann man mit Jan Assmann in folgender Weise fassen:

> „Unter dem Begriff des kulturellen Gedächtnisses fassen wir den jeder Gesellschaft und jeder Epoche eigentümlichen Bestand an Wiedergebrauchs-Texten, -Bildern und -Riten zusammen, in deren 'Pflege' sie ihr Selbstbild stabilisiert und vermittelt, ein kollektiv geteiltes Wissen vorzugsweise, (aber nicht ausschließlich) über die Vergangenheit, auf das eine Gruppe ihr Bewußtsein von Einheit und Eigenart stützt."[106]

Während also das kommunikative Gedächtnis, der oben ausgeführten Differenzierung entsprechend, aktualitäts- und situationsnah orientiert ist, kann man beim kulturellen Gedächtnis eine Abgrenzung nach funktionalen Gesichtspunkten vornehmen. Bei Aleida und Jan Assmann entspricht dies der weiteren Binnendifferenzierung des kulturellen Gedächtnisses in Funktions- und Speichergedächtnis, das sich mit dem Aufkommen der Schrift als Medium der Kommunikation verbindet. Ein Bereich des kulturellen Gedächtnisses stellt sich demnach als

---

[104] Vgl. A. Assmann 1999, S. 48ff.
[105] Vgl. Holl 2003, S. 175.
[106] Vgl. J. Assmann 1988, S. 15.

„bewohnter" Bereich[107] dar, auf den wiederholt zur Stabilisierung kollektiver Identitäten zugegriffen wird. Er dient expliziten soziale Funktionen und unterhält aller Wahrscheinlichkeit nach engen Kontakt zum kommunikativen Gedächtnis. Erst die Materialisierung von Kommunikation erlaubt den Aufbau eines Speichergedächtnisses, dass weder eine konsistente innere Struktur aufweisen muss, noch der ständigen Wiederholung und engen Einbindung in funktionale Kontexte bedarf. Die innere Strukturiertheit des Funktionsgedächtnisses ergibt sich dabei aus der interessierten Perspektive, von der aus die Rekonstruktion von Vergangenheit erfolgt. Im Funktionsgedächtnis erfolgen die Zugriffe, während das Speichergedächtnis zwar Zugriffe erlaubt, aber ansonsten einfach nur der Erhaltung von Sinnbeständen dient. Damit verweist das Speichergedächtnis auf die Erhaltung latenten Wissens, das momentan nicht zur sozialen Strukturbildung verwendet wird, aber bei Bedarf durchaus wieder instrumentalisiert werden kann. Eine gewisse Ähnlichkeit mit der Grundunterscheidung zwischen kommunikativem und kulturellem Gedächtnis ist augenfällig, zumindest scheint der Austausch zwischen kulturellem Funktionsgedächtnis und kommunikativem Gedächtnis wesentlich stärker ausgeprägt als derjenige zum Speichergedächtnis. Dem Speichergedächtnis entspricht kein Zurechnungssubjekt und es fundiert damit auch keine Identität.[108] Dennoch ist das Speichergedächtnis von einer gewissen sozialen Bedeutsamkeit, da es ein Reservoir ungenutzter Möglichkeiten bietet und als Korrektiv des Funktionsgedächtnisses zumindest zur Verfügung steht. Damit gerät die Grenzziehung zwischen Funktions- und Speichergedächtnis in den Blick:

> „Das Speichergedächtnis kann als ein Reservoir zukünftiger Funktionsgedächtnisse gesehen werden. Das ist nicht nur die Vorbedingung jenes kulturellen Phänomens, das wir <<Renaissance>> nennen, es ist eine grundsätzliche Ressource der Erinnerung kulturellen Wissens und eine Bedingung der Möglichkeit kulturellen Wandels. Ebenso wichtig ist die Bedeutung des Speichergedächtnisses für die Gegenwart der Gesellschaft als Korrektiv für aktuelle Funktionsgedächtnisse. Indem immer mehr erinnert wird, als tatsächlich gebraucht wird, bleiben die Ränder des Funktionsgedächtnisses sichtbar. Wird die Grenze offen gehalten, kann es leichter zu einem Austausch der Elemente und einer Umstrukturierung der Sinnmuster kommen. Im entgegengesetzten Falle droht eine Gedächtniserstarrung."[109]

Ohne den Austausch zwischen Speicher- und Funktionsgedächtnis wird die kulturelle Innovationsfähigkeit in starkem Maße bedroht. Man könnte also auf zwei

---

[107] Die Unterscheidung eines bewohnten und eines unbewohnten Bereichs des kulturellen Gedächtnisses geht auf Pierre Noras Differenzierung von Gedächtnis und Geschichte zurück. Vgl. Nora 1990.
[108] Vgl. A. Assmann 1999, S. 137.
[109] Ebd., S. 140.

Schnittstellen schließen: eine zwischen kommunikativem Gedächtnis und kulturellem Funktionsgedächtnis und eine zwischen Funktions- und Speichergedächtnis. Übersetzungen und Zugriffe die sich zwischen diesen Gedächtnisformen ereignen sind somit eine eminent interessantes Forschungsgebiet für die sozial- und kulturwissenschaftliche Gedächtnisforschung. Doch Aleida und Jan Assmann greifen noch auf eine Reihe weiterer Differenzierungen zurück, um die Vielschichtigkeit kollektiver bzw. sozialer Erinnerungsformen deutlich zu machen.

Eine Unterscheidung die darauf abzielt wie das kulturelle Gedächtnis operiert, ist die Unterscheidung von „heißer" und „kalter Erinnerung"[110]. Jan Assmann schließt hier an die von Lévi-Strauss entwickelte Differenzierung zwischen „heißen" und „kalten Gesellschaften"[111] an, mit der er Gesellschaften ohne Geschichtsbewusstsein von solchen mit Geschichtsbewusstsein abgrenzt. Diese idealtypische Konstruktion greift für Jan Assmann jedoch zu kurz und so entwickelt er sie in folgender Weise weiter:

> „Viel ergiebiger als die bloße Umbenennung primitiver und zivilisierter Kulturen in kalte und heiße, unter Beibehaltung des evolutionären Schemas, scheint es mir daher, sich von diesem Schema zu trennen und Kälte und Hitze im Sinne kultureller Optionen bzw. gedächtnispolitischer Strategien zu verstehen, die jederzeit, unabhängig von Schrift, Kalender, Technologie und Herrschaft, gegeben sind. Es handelt sich um Optionen des kulturellen Gedächtnisses. Im Zeichen der „kalten" Option können auch Schrift und Herrschaftsinstitutionen zu Mitteln werden, Geschichte einzufrieren."[112]

In dieser Sichtweise bezeichnet die „kalte Erinnerung" also eine Zurichtung des kulturellen Gedächtnisses, die geschichtlichen Wandel nicht zulässt, die also Änderungen und/oder Abweichungen nicht erinnert, während die „heiße Erinnerung" das kulturelle Gedächtnis geradezu zur Veränderung benutzt. Man könnte auch von Strategien der Abweichungsverstärkung und der Abweichungsneutralisierung sprechen, die hier eng mit den Selektionsweisen des kulturellen Gedächtnisses verbunden werden. Diese Unterscheidung liegt also in gewisser Weise quer zu den Unterscheidungen der Gedächtnistypen und konzentriert sich mehr auf die Arbeitsweise. Vom Standpunkt der Soziologie ist es jedoch auch gerade die Arbeitsweise der sozialen Gedächtnisformen, die von besonderem Interesse ist. Die Optionen der Erinnerung stehen dabei im engen Zusammenhang mit Herrschaftsfragen, denn sie werden in gewisser Weise als Dimensionen der Instrumentalisierung von Gedächtnis betrachtet, als Möglichkeiten der politi-

---

[110] Vgl. J. Assmann 1999, S. 66ff.
[111] Vgl. Lévi-Strauss 1973, S. 270.
[112] Vgl. J. Assmann 1999, S. 69.

schen Steuerung von Gedächtnisprozessen und damit von Vergangenheitsbe-wusstsein.[113]

Ein weiterer Vorschlag zur Binnendifferenzierung des kulturellen Gedächt-nisses soll hier noch diskutiert werden. Jan Assmann macht darauf aufmerksam, dass man auch den Begriff des Speichergedächtnisses noch weiter differenzieren könnte, wenn man sich darauf konzentriert hier das „Unbewusste" kollektiver Gedächtnisse zu verorten.

„Nun geht es sicher zu weit, das Speichergedächtnis einfach mit dem kulturellen Unbewußten gleichzusetzen. Das Speichergedächtnis ist entgrenzt und amorph, die strukturierenden, form- und horizontbildenden Prinzipien der Funktion sind hier weggefallen, wie sie aus den Bedürfnissen der Gruppe nach Identität, Normativität und Orientierung erwachsen. Damit sind diese Bestände nur an die Peripherie ver-schoben, aber nicht prinzipiell unzugänglich, verdrängt, verbannt oder sonstwie un-verfügbar geworden. Daher ist es nötig, auch auf der Ebene des kulturellen Ge-dächtnisses, und zwar des Speichergedächtnisses, nach Analogien zu dem Ausschau zu halten, was Freud auf der Ebene des individuellen Gedächtnisses als Verdrän-gung bezeichnet hat."[114]

An dieser Nahtstelle sollen die Begriffe „Archiv" und „Krypta" weiterhelfen. Dabei rückt Jan Assmann den Begriff „Archiv" eng an sein Verständnis vom kulturellen Gedächtnis, während das Speichergedächtnis insgesamt und die Krypta im Besonderen eher an die Grenze des kulturellen Gedächtnisses ver-schoben werden. Die Krypten markieren dabei Zonen der Unzugänglichkeit, also Zonen der kulturellen Verdrängung. Speicher und Krypta erlauben dabei das Nicht-Gebrauchte vom Ausgegrenzten zu unterscheiden. Während also das Ar-chiv den Raum des Zugänglichen und Gebrauchten im kulturellen Gedächtnis markiert, kann man die Randzonen des Ungebrauchten als Speicher und die des Verdrängten als Krypta bezeichnen. An dieser Exploration der Binnendifferen-zierungen des Gedächtnisbegriffs in den Forschungen von Jan und Aleida Ass-mann kann man die Problemlage der Vielschichtigkeit des kollektiven Gedächt-nisses, seiner vielfältigen Leistungen und vagen Grenzen sehr gut illustrieren. Auch eine soziologische Theorie des Gedächtnisses kann sich dieser Vielschich-tigkeit nicht entziehen, ohne auf grundlegende Einsichten des sozialen Bezugs auf die Vergangenheit zu verzichten.

Ein weiterer Schwerpunkt der kulturwissenschaftlichen Gedächtnisfor-schung liegt auf dem Gebiet der Erforschung der Literalität, die Frage nach der

---

[113] Weiter unten wird noch einmal auf diese politische Dimension der Gedächtnisthematik zurückzu-kommen sein, wenn sich die Frage nach dem Verhältnis von Gedächtnis und kollektiver Identität stellt.
[114] Vgl. J. Assmann 2002b, S. 245.

Rolle der Schriftkultur für das kulturelle Gedächtnis. Die Frage der Literalität ist dabei eigentlich allgemeiner formuliert eine Frage der Medialität von Gedächtnisleistungen, nicht nur eine Frage nach der Trägerschaft, sondern dezidierter nach dem Einfluss spezifischer Trägerschaften auf Selektions- und Stabilisierungsbedingungen. Für Jan Assmann leitet die Durchsetzung der Schrift eine tief greifende Umstellung der Organisationsformen des kulturellen Gedächtnisses ein. Primär geht es um die Frage der kulturellen Reproduktion. Kulturelle Reproduktion basiert auf der Kohärenz von Identitäten auf der Kontinuität einer kulturellen Gesamtheit. Kulturelle Kohärenz wird also durch Zirkulation des identitätssichernden Wissens gewährleistet. Diese Zirkulation kann durch unterschiedliche Verfahren hergestellt werden: durch Repetition und durch Interpretation.[115] Schriftlose Gesellschaften bewahren ihre kulturelle Kohärenz durch die stetige Wiederholung von Riten, Zeremonien, Feiern usw. Die Schriftkultur ermöglicht nach und nach eine andere Möglichkeit der Sicherung von Kohärenz, die sich nicht durch den Zwang zur Wiederholung auszeichnet. Assmann spricht vom Übergang von „ritueller" zu „textueller Kohärenz"[116].

„In dem Maße nun, wie rituelle in textuelle Kohärenz übergeht, tritt das Element der Wiederholung zurück, weil ja nun ein anderes Gefäß für den Sinn gefunden wurde. Es fragt sich aber, ob dieser Sinn, auf dem die *konnektive Struktur* einer Gesellschaft basiert, in den Riten nicht ein wesentlich festeres, sicheres Gefäß hatte, als in den Texten. Sinn bleibt nur durch Zirkulation lebendig. Die Riten sind eine Form der Zirkulation. Die Texte hingegen sind es von sich aus noch nicht, sondern nur insoweit, als sie ihrerseits zirkulieren. Wenn sie außer Gebrauch kommen, werden sie eher zu einem Grab als zu einem Gefäß des Sinns, und nur der Interpret kann mit den Künsten der Hermeneutik und dem Medium des Kommentars den Sinn wiederherstellen. Natürlich kann auch der Ritus in Vergessenheit geraten. Dann wird der Sinn unvermeidlich substituiert. Die Texte sind nur eine riskantere Form der Sinn-Weitergabe, weil sie zugleich die Möglichkeit bereitstellen, den Sinn aus der Zirkulation und Kommunikation auszulagern, was mit den Riten nicht gegeben ist."[117]

Hier wird deutlich, dass die Freiheit vom Wiederholungszwang auch einen Preis hat, nämlich das Risiko den Sinn im Text zu begraben. Auch das Thema der Externalisierung taucht hier auf. Sinn wird aus der Kommunikation ausgelagert und die Kommunikation muss dann Mittel und Wege finden (Interpretation und Kommentar), um den Sinn „wiederherzustellen". Es scheint so, dass erst die Schriftkultur ein kulturelles Gedächtnis in seiner ganzen Differenziertheit, wie sie weiter oben dargestellt worden ist, möglich macht. In ihrer Angewiesenheit

---

[115] Vgl. J. Assmann 1999, S. 89.
[116] Ebd.
[117] Ebd., S. 91.

auf die stetige Wiederholung ist die Trennung zwischen kommunikativen und kulturellen Gedächtnis kaum merklich. Erst die Schrift macht es möglich, weite Sinnbestände aus der Kommunikation auszulagern und ihre Zugänglichkeit einzuschränken. Die Erfindung der Schrift allein erzeugt jedoch nicht den hier relevanten kulturellen Übergang. Dafür muss sich erst eine Differenzierung zwischen den unterschiedlichen Texten etablieren, eine Zentrum-Peripherie-Unterscheidung, die Texte danach sortiert inwieweit sie das Ziel von Kommentaren und Interpretationen werden. Zu diesem Mechanismus der Kanonisierung wird gleich noch einiges zu sagen sein, doch vorher soll noch einmal die gedächtnistheoretische Brisanz der Medienfrage hervorgehoben werden. Wie schon weiter oben erwähnt, kommen die kulturwissenschaftlichen Ansätze und die soziologische Gedächtnisforschung nach Einschätzung von Jan Assmann darin überein, dass die „Geschichte des Gedächtnisses (...) in dieser Perspektive die Geschichte seiner Medien"[118] ist. Deutlich wird hier jedoch, dass Medien nur als eine spezifische Möglichkeitsbedingung in Erscheinung treten, an die sich kulturelle und kommunikative Praktiken anlagern, die dann zu großen Umstellungen innerhalb des kulturellen Gedächtnisses führen. Es geht also nicht darum eine mediendeterministische Sichtweise auf das Phänomen Gedächtnis zu entwerfen, sondern Medien als Bedingungen der Möglichkeit von strukturellen Transformationsprozessen zu würdigen, die gewisse Pfade eröffnen aber nicht bestimmen können.

Kommen wir zum Mechanismus der Kanonisierung zurück, der dann zur Stabilisierung kultureller Kohärenz herausgebildet wird. Textuelle Kohärenz ist somit auf Kanonisierung ebenso angewiesen, wie rituelle Kohärenz auf Wiederholung. Schauen wir uns den hier ausgearbeiteten Mechanismus etwas näher an.[119] Funktional betrachtet verbindet sich mit der Kanonisierung vor allem eine Bändigung der durch Schrift möglich gewordenen Varianz. Es ist nicht allein die Varianz, die ja auch in der alltäglichen mündlichen Kommunikation zum Ausdruck kommt, sondern die mit Schrift ermöglichte Speicherung dieser Varianz. Kanonisierung hilft die Speicherung der Varianz zu begrenzen, indem bestimmte Texte ausgezeichnet werden und zwar in mehrfacher Hinsicht. Ein kanonisierter Text muss invariant gehalten werden, da er vorbildlichen oder vorschreibenden Charakter hat. Ausgangspunkt ist eine Asymmetrisierung der Texte:

---

[118] Vgl. J. Assmann 2002a, S. 414.

[119] Wir verzichten hier auf Assmanns Wiedergabe der etymologischen Herleitung des Kanonbegriffs, obwohl er auch den Wandel der kanonisierenden Praktiken und damit des Mechanismus der Kanonisierung selbst nachzeichnet. An dieser Stelle soll von diesem Wandel abstrahiert werden, um den Mechanismus umso klarer darzustellen. Vgl. aber J. Assmann 1999, S. 103ff.

„Die „Richtschnur" des Kanons – im Sinne eines generalisierbaren, situationsunab-
hängigen, das Verschiedenartige vergleichbar machenden Maßstabs – zieht eine
scharfe Trennungslinie zwischen A und Nicht-A."[120]

Dabei ist im Prozess der Kanonisierung eine zunehmende Verschärfung der
Grenze, geradezu eine moralische Aufladung zu beobachten. Scheidet man zunächst nur Wesentliches von Unwesentlichen, um Anschlüsse zu dirigieren,
kommt es daraufhin zur Unterscheidung zwischen Orthodoxie und Häresie und
schließlich zwischen Freund und Feind. Hier verbindet sich der Mechanismus
der Kanonisierung mit der Frage der kollektiven Identitäten. Der Kanon bezeichnet nicht mehr nur das anschlussfähigere innerhalb des kulturellen Gedächtnisses, sondern in zunehmendem Maße auch das Erstrebenswerte. Zum präferen-
ziellen Anschluss kommt nun auch noch eine moralische Aufwertung. Der Mechanismus der Kanonisierung ist nun die Bewegung vom Anschlussfähigen zum
Höherwertigen, eine zunehmende moralische Aufwertung des präferierten Anschlusses. Der Kanon impliziert damit immer auch eine Wertperspektive, er
bietet auch noch die Motivationsstruktur für bestimmte Anschlüsse.

„Wir bestimmten Kanon daher als das Prinzip einer kollektiven Identitätsstiftung
und -stabilisierung, die zugleich Basis individueller Identität ist, als Medium einer
Individuation durch Vergesellschaftung, Selbstverwirklichung durch Einfügung in
'das normative Bewußtsein einer ganzen Bevölkerung' (Habermas). Kanon stiftet einen Nexus zwischen Ich-Identität und kollektiver Identität. Er repräsentiert das Ganze einer Gesellschaft und zugleich ein Deutungs- und Wertsystem, im Bekenntnis zu
dem sich der Einzelne der Gesellschaft eingliedert und als deren Mitglied seine
Identität aufbaut."[121]

Verfestigung kultureller Sinnbestände durch Hervorhebung plus moralischer
Aufladung und Bindung an kollektive wie individuelle Identitäten ist ein starker
Mechanismus der Stillstellung textueller oder insgesamt kultureller Variation. Im
Kanon verbinden sich vielfältige Grundmechanismen der Gedächtnisbildung,
wie Asymmetrisierung, moralische Aufladung, Bindung an Identität, Verknüpfung mit Motivationsstrukturen usw., die auch im Einzelnen und als Einzelne zu
berücksichtigen sind, wenn man soziale Gedächtnisbildung analysieren will.
    Schon im Begriff des Kanons klingt bei Jan Assmann die enge theoretische
Verknüpfung von kulturellen Gedächtnis und der Bildung von kollektiven (politischen) Identitäten an. Grundlage dieser Verknüpfung ist eine Identitätstheorie,
die kollektive und individuelle Identität als miteinander verbundene Phänomene
betrachtet. Die individuelle Identität baut sich erst aus der Teilnahme an Interak-

---

[120] Vgl. J. Assmann 1999, S. 124.
[121] Ebd., S. 127.

tions- und Kommunikationsprozessen in Gruppen auf, denen man sich zugehörig fühlt, sie ist wie Assmann sagt „soziogen"[122]. Gleichzeitig existieren jedoch auch die kollektiven Identitäten nur durch die Trägerschaften der Individuen, sie sind „eine Sache individuellen Wissens und Bewußtseins."[123] Trotzdem geht es nun darum, wie diese Soziogenese von Identitäten aussieht und welche Rolle dabei das kulturelle Gedächtnis spielt.

> „Das Bewußtsein sozialer Zugehörigkeit, das wir „kollektive Identität" nennen, beruht auf der Teilhabe an einem gemeinsamen Wissen und einem gemeinsamen Gedächtnis, die durch das Sprechen einer gemeinsamen Sprache oder allgemeiner formuliert: die Verwendung eines gemeinsamen Symbolsystems vermittelt wird."[124]

Der Kulturbegriff wird nun von dieser Definition abgeleitet: Kultur ist ein Komplex symbolisch vermittelter Gemeinsamkeit, wobei alles mögliche[125] Träger der Symbolisierung sein kann. All diese Träger eines gemeinsamen Symbolsystems sind nun Medien des Aufbaus einer kollektiven Identität. Kultur wird dabei als ein Immunsystem der Gruppe oder Gemeinschaft verstanden, dass dabei hilft den Zusammenhalt der Gruppe zu festigen und äußere Bedrohungen abzuwehren. Die Gemeinsamkeit des Symbolsystems und des kulturellen Sinns kann nur durch Zirkulation sichergestellt werden. Das herausragendste Medium der Sinn-Zirkulation ist die Sprache, aber es sind noch viele weitere Medien der Zirkulation vorstellbar. Kultur lässt sich also begreifen als identitätssicherndes Wissen und das kulturelle Gedächtnis dient der Bewahrung dieses Wissens und dem Zugang zu ihm. Zur Bildung von größeren kollektiven Identitäten, die nicht ständig in face-to-face-Interaktionen wiederholt und damit gemeinschaftlich gesichert werden können, ist es notwendig Steigerungsformen für kollektive Identitäten auszubilden, die solch unwahrscheinliche kulturelle Formationen stabilisieren helfen. Jan Assmann spricht in diesem Zusammenhang vom Problem der Integration und vom Problem der Distinktion.[126] Stark integrative kulturelle Formationen, als Beispiel dienen hier die frühen Hochkulturen, müssen eine Meta-Ebene kultureller Reflexion ausbilden, um den Übergang von der „naturwüchsigen" Kultur zur Hochkultur zu realisieren. Damit einher geht ein erhöhter Explikationsbedarf der Kultur, der durch die Schrift begünstigt wird.

---

[122] Vgl. J. Assmann 1999, S. 130.
[123] Ebd., S. 131.
[124] Ebd., S. 139.
[125] Assmann erwähnt neben Wörtern, Sätzen und Texten auch Riten, Tänze, Muster, Ornamente, Trachten, Tätowierungen, Essen, Trinken, Monumente, Bilder, Landschaften, Weg- und Grenzmarken. Ebd.
[126] Ebd., S. 144.

„Aus impliziten Normen, Werten, Axiomen, werden explizite kodifizierbare Gesetze und Lebensregeln. Das ist nicht nur eine Folge der Schrifterfindung, sondern auch des Explikationsdrucks, der durch das Problem der Integration gegeben ist. Das explizit und thematisierbar gewordene Wissen wird *ipso facto* veränderbar, kritisierbar. Auch das erzeugt jene Pluralität und Komplexität, die das Gegenteil alternativloser Selbstverständlichkeit darstellt."[127]

Kultur und kulturelles Gedächtnis sind hier nicht mehr lebensweltlich fundiert, sondern müssen durch anspruchsvolle, explizit gesetzte Vorbilder stabilisiert werden. Allerdings wirkt diese Steigerungsform nicht nur integrierend, denn es bilden sich Unterschiede hinsichtlich des Zugangs, der Bewahrung und der Verkörperung der Kultur heraus. Die Komplexitätssteigerungen, die eine Integration vieler Lebenswelten und damit die Stabilisierung einer weit reichenden kollektiven Identität ermöglichen, führen zu Binnendifferenzierungen zwischen Experten und Laien hinsichtlich des verfügbaren Wissens ebenso, wie zwischen Oberschichten und Unterschichten hinsichtlich der Verkörperung der „feinen Lebensformen". Jan Assmann fasst die kulturellen Mechanismen der integrativen Steigerungsform wie folgt zusammen:

„Um eine solche Integrations- und Assimilationskraft entfalten zu können, muß eine Kultur aus der Grauzone habitualisierter Selbstverständlichkeit heraustreten und durch Verfestigung, Explikation und Stilisierung eine besondere Sichtbarkeit gewinnen. In dieser kernhaft verfestigten Sichtbarkeit kann sie dann zum Objekt bewußter Identifikation und Symbol einer kollektiven, eben „kulturellen" Identität werden."[128]

Das Problem der Distinktion bietet etwas anders gelagerte kulturelle Mechanismen zur Stabilisierung kollektiver Identitäten. Die Festigung der Einheit nach innen wird durch eine Verfestigung der Grenze nach außen erreicht. Kultur wird hier durch Grenzziehungen gesteigert.

„Kultur im Zustand ihrer distinktiven Steigerung oder „limitischen" Aufrüstung ist notwendigerweise mit einem besonderen Zugehörigkeits- und Zusammengehörigkeitsbewußtsein verbunden, ein Wir-Bewußtsein, das seine Intensität durch die Abgrenzung gegen ein „sie" gewinnt, und das seinen Anhalt und Ausdruck in einer primär „limitischen" Symbolik findet."[129]

Kultur verfestigt sich hier in der Gegenüberstellung zu ausgearbeiteten Fremdbildern und nicht in der Ausformung expliziter und anspruchsvoller Selbstbilder.

---

[127] Vgl. J. Assmann 1999., S. 148.
[128] Ebd, S. 151.
[129] Ebd., S. 156.

Der Mechanismus liegt also in der Konstruktion von Fremdheiten und manchmal sogar Feindschaften. Auch hier zeigt sich wieder die Vielfalt der möglichen Gedächtnisformen in ihrer Ausprägung als Mechanismen der Stabilisierung und Verfestigung von Kultur.

Jan und Aleida Assmann zeigen deutlich, dass soziale Gedächtnisformen in vielfältigen Ausprägungen vorliegen, was ihre Bindung an bestimmte Träger und Medien angeht, was ihre Funktion betrifft und ebenso welche Mechanismen überhaupt bei der Ausbildung des kulturellen Gedächtnisses am Werk sind. Zugleich beleuchten sie auch den Zusammenhang zwischen sozialen Identitäten und sozialen Gedächtnisformen, der auch in der soziologischen Bearbeitung der Gedächtnistheorie eine wichtige Rolle spielt. Die Frage der Organisationsform des Gedächtnisses ist von großer Zentralität um diesen Verschiedenartigkeiten Herr zu werden. Denn hier werden die unterschiedlichen Selektionsweisen und Stabilisierungsmaßnahmen deutlich, die eine derart große Binnendifferenzierung von Gedächtnisformationen erst möglich macht und zugleich die Analysekriterien bereitstellt, um sich dezidiert mit Fragen des Wandels von Gedächtnis zu beschäftigen. Wir schließen noch mal mit einen Zitat, das diese Probleme auf den Punkt bringt:

> „Was wir (...) zeigen wollen, ist, daß ethnische Identität und Persistenz eine Frage des kulturellen Gedächtnisses und seiner Organisationsform ist. (...) Wenn man sich diesen Zusammenhang erst mal in all seinen Konsequenzen vor Augen führt, wird klar, daß Veränderungen im Bereich der Kodierung (Schrift), der Zirkulation (Buchdruck, Radio, Fernsehen) und der Tradition (Kanonisierung, Dekanonisierung), tiefgreifendste Neuerungen im Bereich kollektiver Identitäten mit sich führen können."[130]

---

[130] Vgl. Assmann 1999, S. 160.

2.5 Soziale Strukturen und soziales Gedächtnis: „Objektivierte und inkorporierte Geschichte" bei Pierre Bourdieu

Als Ansatz aus der zeitgenössischen soziologischen Theorie bietet sich, neben den Theorien, die später Grundlage der hier zu entwickelnden Theorie des Gedächtnisses werden[131], der theoretische Ansatz von Pierre Bourdieu an, um noch einige weitere grundlegende Probleme einer soziologischen Gedächtnistheorie zu beleuchten. Die Theorie Pierre Bourdieus wird gemeinhin als praxeologisch charakterisiert. Soziale Strukturen sind gemacht, müssen in der Praxis der Akteure aktualisiert und reproduziert werden. Dabei werden die sozialen Regeln nach Maßgabe der Interessen der Akteure auch einmal gebeugt oder gebrochen. Deshalb ist es richtiger von Strukturiertheit zu sprechen als von Strukturen.[132] Wie sich das Verhältnis von Handeln und Strukturen bei Bourdieu ausnimmt, werden wir uns noch genauer ansehen. Einige weitere Grundcharakteristika seines Ansatzes sollen aber noch kurz zur Sprache kommen. Da ist zunächst die stark ökonomisch geprägte Terminologie. Zentrale Begriffe in der von Bourdieu entworfenen theoretischen Heuristik sind Kapital, Interesse und Strategie, aber auch weitere ökonomische Begriffe wie Profit und Investition haben eine prominente Stellung. Man kann also André Kieserling in der Einschätzung zustimmen, dass Bourdieu die Begriffe zur Beschreibung der Wirtschaft generalisiert und respezifiziert, um damit auch andere Teilbereiche der Gesellschaft zu beschreiben und letztlich auch zu entlarven.[133] Der zweite Aspekt, der für uns hier von entscheidender Relevanz ist, betrifft den Bezug auf das Thema Gedächtnis, da dieser Begriff explizit bei Bourdieu keine Rolle spielt. Was aber eine große Rolle spielt, sind die sozialen Mechanismen der Objektivierung (Vergegenständlichung) und Inkorporierung (Verkörperung) von Geschichte, die wir im Folgenden unmittelbar als eine Theorie vom sozialen Gedächtnis interpretieren wollen. Dabei geht es genauer besehen um die soziologisch elementaren Beziehungen von Handlungen und Strukturen bzw. von Ereignissen und Strukturen, also die Form der Übersetzung von Strukturen in Handlungen und die damit erfolgende Reproduktion einer sozialen Strukturiertheit in der ablaufenden sozialen Praxis.

Bourdieus Theorie der Praxis kann durch vier Hauptbegriffe charakterisiert werden: den Begriff des sozialen Raumes, der die objektive Sozialstruktur als Raum von Positionierungen bezüglich bestimmter Ressourcenausstattungen beschreibt; den Begriff der sozialen Praxis, der sich auf die konkreten und situa-

---

[131] Dies sind auf der einen Seite die soziologische Systemtheorie im Anschluss an Niklas Luhmann (Kapitel 3) und auf der anderen Seite die soziologischen Netzwerktheorien (Kapitel 4).
[132] In dieser Grundansicht trifft sich Bourdieu mit dem Ansatz von Anthony Giddens. Diese Einschätzungen finden sich auch bei Müller 2005, S. 23 und Joas & Knöbl 2004, S. 530.
[133] Vgl. Kieserling 2004, S. 131.

tionsspezifischen Strategien, Verhaltens- und Handlungsweisen der Akteure bezieht; und schließlich die Begriffe Habitus und Feld, die zusammengenommen beschreiben und erklären sollen, wie sich zum einen die objektiven sozialen Strukturen in die Praxis der Akteure übersetzen lassen und wie auf der anderen Seite die objektive Struktur in und durch diese Praktiken (meist) reproduziert oder (selten) transformiert wird.

Beginnen wir mit dem Konzept des sozialen Raumes. Es geht hier also um die objektive Ebene der sozialen Struktur, die sich an der Ausstattung bestimmter Akteure oder Akteursklassen mit bestimmten Ressourcen messen lässt. Diese Ressourcen bezeichnet Bourdieu als Kapitalien. Allgemein bezeichnet Bourdieu Kapital als akkumulierte Arbeit in jeder Form und unterscheidet dabei vier Grundformen die nicht mehr aufeinander reduzierbar sind: ökonomisches Kapital (Geld, Wertgegenstände, Immobilien usw.), kulturelles Kapital (Können und Wissen, aber auch kulturelle Güter und Bildungstitel), soziales Kapital (Beziehungen des Kennens und Anerkennens, Zugehörigkeit zu Gruppen) und schließlich symbolisches Kapital (die sozial anerkannten und damit legitimierten Formen der drei anderen Kapitalien). Für die Positionierung von Akteuren oder Akteursklassen lassen sich insbesondere drei Merkmale der objektiven Struktur des sozialen Raumes heranziehen:

> „Kapitalvolumen (Umfang an ökonomischem, kulturellem und sozialem Kapital), Kapitalstruktur (Verhältnis der verschiedenen Kapitalsorten zueinander, bezogen auf das Gesamtvolumen) und soziale Laufbahn (zeitliche Entwicklung von Kapitalvolumen und Kapitalstruktur).“[134]

Der soziale Raum weist neben dieser material-objektiven Strukturebene noch zwei weitere Strukturebenen auf, die soziale Positionierungen kennzeichnen. Da ist zum einen die Ebene der Lebensstile als symbolische Ausdrucksform der material-objektiven Lebensbedingungen und vermittelnd dazwischen die Ebene der Habitusformen, die die objektiven Lebensumstände in der Form von Dispositionen in einen spezifischen Lebensstil transformieren. Durch die Vermittlung des Habitus[135] besteht eine Homologie zwischen den Raum der objektiven Gegebenheiten und dem Raum der symbolischen Repräsentationen. Nähe von Akteuren im sozialen Raum macht eine Gruppe von Akteuren zu einer wahrscheinlichen Klasse, da die Akteure dann unter ähnlichen sozialen Bedingungen sozialisiert werden, ähnliche Dispositionen erwerben und einen entsprechenden Le-

---

[134] Vgl. Schwingel 1993, S. 34.
[135] Dem Habituskonzept werden wir uns weiter unten noch ausführlicher zuwenden, denn hier kommen wesentliche Einsichten Bourdieus in die soziale Gedächtnisproblematik zum Tragen. An dieser Stelle taucht es nur als eine Strukturierungsdimension des sozialen Raumes auf.

bensstil pflegen. Wahrscheinliche Klassen sind aber nur analytische Konstrukte, es liegt noch keine Gruppenidentität vor, die aus der wahrscheinlichen Klasse auch eine praktische Klasse machen würde.

> „Eine theoretische Klasse oder eine >>Klasse auf dem Papier<< kann als eine wahrscheinliche reale Klasse angesehen werden, deren Bildungselemente auf der Basis ihrer Ähnlichkeiten (hinsichtlich des Interesses und der Dispositionen) zusammengebracht und mobilisiert werden können (aber aktuell nicht mobilisiert worden sind). Ebenso kann der soziale Raum als eine Struktur von Wahrscheinlichkeiten der Zusammen- oder Auseinanderziehung der Individuen, eine Struktur der Affinität oder Aversion, konstruiert werden. Nichtsdestoweniger bleibt festzuhalten, daß der Übergang von der Wahrscheinlichkeit zur Wirklichkeit, von der theoretischen zur praktischen Klasse, anders, als die marxistische Theorie unterstellt, niemals etwas Gegebenes ist."[136]

Der Sozialraum ist in dieser Sichtweise also ein rein analytisches Konstrukt, das die Dynamik des sozialen Geschehens ausblendet und lediglich eine Zustandsbeschreibung der sozialen Positionierungen liefern kann. Dennoch kann man mit Bourdieus „Sozialtopologie" sehen, wie sich soziale Geschichte als Akkumulation (von Kapitalien) im sozialen Raum material wie auch symbolisch objektiviert.

Will man der inhärenten Dynamik des sozialen Geschehens gerecht werden, muss man den sozialen Raum mit Leben füllen und dies versucht Bourdieu durch seine praxeologische Handlungstheorie, wobei insbesondere der Strategiebegriff eine wichtige Rolle spielt. Der Strategiebegriff hilft insbesondere dabei die theoretischen Erklärungen von bestimmten Praktiken nicht mit der inneren Logik dieser Praktiken zu verwechseln. Diese Gefahr macht Bourdieu in einer Kritik des Regelbegriffs[137] deutlich:

> „Man weiß nie genau, ob unter >>Regel<< ein juristisches oder quasi juristisches Prinzip zu verstehen ist, daß von den Akteuren mehr oder minder bewußt hervorgebracht und gehandhabt wird, oder eine Gesamtheit von objektiven Regelmäßigkeiten, die sich jedem aufzwingen, der in ein Spiel eintritt. Auf eine der beiden Bedeutungen bezieht sich, wer von >>Spielregel<< spricht. Man kann aber auch noch eine dritte Bedeutung im Kopf haben: >>Regel<< als ein vom Wissenschaftler zwecks Erklärung des Spiels erarbeitetes Modell, Prinzip. Ich glaube, indem man diese Unterscheidungen eskamontiert, setzt man sich der Gefahr aus, einen der unheilvollsten Fehlschlüsse in den Humanwissenschaften zum Opfer zu fallen, nämlich in Marx' Worten: >>die Sache der Logik für die Logik der Sache<< auszugeben. Um dem zu entgehen, muß der Theorie das reale Prinzip der Strategien eingeschrieben werden,

---

[136] Vgl. Bourdieu 1997, S. 113.
[137] Eine ähnliche Kritik lässt sich auch noch allgemeiner für den soziologischen Strukturbegriff formulieren. Eine Aufschlüsselung der Problemlage findet sich bei Reckwitz 1997.

das heißt der >>praktische Sinn<< oder, wenn man will, das, was man auch >>spielerisches Gespür<< nennen könnte: der gekonnte praktische Umgang mit der immanenten Logik eines Spiels, die praktische Beherrschung der ihm innewohnenden Notwendigkeit - ...“[138]

Auf die Spielmetapher kommen wir später noch einmal zurück, wenn wir uns näher mit der Habitus-Feld-Theorie auseinandersetzen, doch zunächst geht es darum die Funktion des Strategiebegriffs für Bourdieus Theorie der Praxis zu erläutern. Soziale Praktiken werden immer in konkreten sozialen Situationen vollzogen, die nicht vorhersehbar sind und deshalb auch keine vorher feststehenden Aktivitäten auslösen. Vielmehr reagieren die Akteure auf der Grundlage ihrer Dispositionen kreativ auf die Situation. Der Strategiebegriff Bourdieus wendet sich also sowohl gegen einen strukturalistisch-objektivistischen Standpunkt, als auch gegen den Standpunkt der rationalen Handlungswahl, der einen bewusst kalkulierenden Begriff der Strategic unterstellt.

„Die Strategie ist vielmehr das Produkt des praktischen Sinns als eines >>Spiel-Sinns<<, eines Sinns für ein historisch bestimmtes, besonderes soziales Spiel, der in frühester Kindheit durch Teilnahme an den sozialen Aktivitäten, nicht zuletzt - ... - an Kinderspielen erworben wird. Der gute Spieler, gewissermaßen das Mensch gewordene Spiel, tut in jedem Augenblick das, was das Spiel verlangt und erfordert. Das setzt voraus, daß man fortwährend erfindet, um sich den unendlich variablen, niemals ganz gleichen Situationen anzupassen.“[139]

Während dieser „praktische Sinn", wie Bourdieu ihn nennt, eng mit dem Habitus-Konzept verknüpft ist, ergibt sich aus dem hier prononcierten Strategiebegriff, dass sich eine soziale Praxis immer in einer konkreten Handlungssituation und in der Bearbeitung eines konkreten Handlungsproblems konstituiert und man von Strategie hier nur sprechen kann, wenn man nicht die Dimension des Kalkulierens betont, sondern vielmehr auf die Dimension eines situativ angemessenen Verhaltens abstellt. Die Praxis ist kreativ und dennoch durch die soziale Position und die spezifische soziale Situation wesentlich mitbestimmt. Man muss also mit Bourdieu die strukturelle Determiniertheit mit der kreativen Anwendung in der sozialen Praxis zusammen denken. Es bedarf also einer Vermittlung zwischen der sozialen Geschichte als Akkumulation von Kapitalien in Relation zu anderen und ihrem Einsatz in jeweils neuen Spielsituationen. Diese Vermittlung soll nun das Habitus-Konzept leisten, dass Bourdieu bei Erwin Panofsky entleiht, um zu zeigen, dass das Kollektive (soziale Strukturen) immer schon im Individuellen

---

[138] Vgl. Bourdieu 1992, S. 81.
[139] Ebd., S. 83.

enthalten ist.[140] Der Habitus-Begriff nimmt deshalb eine zentrale Stellung in der Theorie Bourdieus ein. Er kann zugleich subjektive und objektive Faktoren des Sozialen verbinden, ohne auf Intentionalität oder unmittelbare Strukturdetermination abzustellen. Den Habitus kann man sich als eine Verkörperung der praktischen Logik(en) vorstellen, eine durch Teilnahme an sozialen Situationen erzeugte Konditionierung des Verhaltens, die am besten als System aus Verhaltens-, Wahrnehmungs- und Interpretationsschemata beschrieben werden kann. Diese Schemata fungieren wie eine generative Grammatik im Sinne Chomsky's[141]: Sie erlauben die Generierung einer nicht absehbaren Vielzahl von Handlungen in beliebigen sozialen Situationen. Mit Schwingel könnte man vom Habitus im Sinne Bourdieus als einer Handlungsgrammatik sprechen.[142] Der Unterschied zur generativen Grammatik besteht allerdings darin, dass der Habitus keine biologische Vorprägung ist, sondern vielmehr eine soziale Imprägnierung des Körpers, eine Verkörperung des Sozialen. Der praktische Sinn ist im Habitus verkörpert und dabei geht es nicht darum eine Diskrepanz zwischen Freiheit (der Handlungswahlen) und Zwang (durch die sozialen Strukturen) zu thematisieren, Freiheit und Zwang bilden eher eine Einheit.

> „Der Habitus als >>Spielsinn<< ist das zur zweiten Natur gewordene, inkorporierte soziale Spiel. Nichts ist zugleich freier *und* zwanghafter als das Handeln des guten Spielers. Gleichsam natürlich steht er genau dort, wo der Ball hinkommt, so als führe ihn der Ball – dabei führt er den Ball! Als im Körper, im biologischen Einzelwesen eingelagertes Soziales ermöglicht der Habitus, die im Spiel als Möglichkeiten und objektive Anforderungen angelegten vielfältigen Züge und Akte auszuführen; obwohl in keinem Regelkanon fixiert, setzen sich die Zwänge und Anforderungen denjenigen – und nur ihnen – gegenüber durch, die, weil mit dem >>Spielsinn<<, das heißt mit dem Sinn für die immanenten Notwendigkeiten des Spiels, ausgestattet, präpariert sind, sie zu erfassen und ihnen nachzukommen.“[143]

Die Analogie zum Ballspiel macht sowohl die Körperlichkeit, als auch die die Routinisierung der wesentlichsten Handlungsvollzüge innerhalb einer Praxis deutlich. Man erfährt die Zwänge nicht als Zwänge, sondern als Grundvoraussetzung der Möglichkeiten, die man hat und je besser man diese erfüllt, umso freier kann man die sich bietenden Spielmöglichkeiten nutzen. Die Möglichkeit der Spontaneität ergibt sich also erst aus der Beherrschung der Zwänge und Notwendigkeiten des Spiels. Es fällt schwer spontan zu sein in einer Situation deren Zwängen wir uns zwar bewusst sind, die wir jedoch nicht soweit inkorporiert

---

[140] Vgl. Bourdieu 1974, S. 132.
[141] Vgl. Chomsky 1966.
[142] Vgl. Schwingel 1993, S. 64.
[143] Vgl. Bourdieu 1992, S. 87.

haben, dass wir frei damit umgehen könnten. Die soziale Struktur ist somit in die Dispositionen des Handelnden eingebaut, sie ist durch die Teilnahme an der sozialen Praxis in ihn hineinsozialisiert. Der Habitus beschreibt einen Regelkreis zwischen Struktur und Praxis und deshalb könnte man die Handlungstheorie Bourdieus mit Hans-Peter Müller als kybernetische begreifen.[144] Allerdings gibt es keine vollkommene Schließung dieses Regelkreises, der eine perfekte Reproduktion der sozialen Struktur aus den alltäglichen Praktiken gewährleisten würde. Denn der Habitus hat durch die Verkörperung eine gewisse Dauerhaftigkeit erlangt, die nicht mit der Dauerhaftigkeit äußerer Umstände korrelieren muss. Es entsteht also mit großer Wahrscheinlichkeit eine Diskrepanz zwischen den Entstehungsbedingungen des Habitus und den Bedingungen unter denen er in einer sozialen Praxis zum Tragen kommt. Es entsteht so ein Beharrungseffekt, der zu einem Missverhältnis zwischen inkorporierter Struktur und situativ gegenwärtiger Struktur führen kann. Doch liegt hier auch ein gewisses Innovationspotential, denn auch in solchen Situationen kann der Habitus Handlungen generieren, die eventuell in einer neuen Form der sozialen Praxis kulminieren. Mit Müller kann man auch vier Grundannahmen explizieren, die bei Bourdieu mit dem Begriff des Habitus verbunden werden und damit die wesentlichen Grundzüge verdeutlichen:

> „Das Konzept des Habitus, so können wir zusammenfassen, beruht auf vier Momenten. Er repräsentiert ein Stück verinnerlichter Gesellschaft, deren Strukturen über die Sozialisation einverleibt wurden (*Inkorporationsannahme*); als ein so generiertes System von Dispositionen leitet er unbewußt spezifische Praxisstrategien an (*Unbewußtheitsannahme*); obgleich unbewußt, folgen die Individuen dabei doch nur ihren eigenen Interessen (*Strategieannahme*); diese dauerhaften, in frühkindlicher Sozialisation erworbenen Dispositionen bleiben über die Zeit hinweg stabil und leiten die individuellen Praxisstrategien auch dann noch an, wenn sie zur Struktur einer gewandelten Umwelt gar nicht länger passen (*Stabilitätsannahme*), ein Phänomen, das Bourdieu als Hysteresis-Effekt bezeichnet."[145]

In diesen Annahmen verdeutlicht sich auch der Bezug zu einer soziologischen Gedächtnistheorie. Soziale Strukturen prägen sich menschlichen Körpern auf und erhalten so eine dauerhafte Grundlage von der aus sie auch dann noch weiterwirken, wenn sie längst nicht mehr den „objektiven" strukturellen Gegebenheiten entsprechen. Menschliche Körper sind in dieser Sichtweise also Träger des sozialen Gedächtnisses, aber nicht in einem mentalistischen Sinne, sondern als materiell gegebene Organismen. Eine wesentliche Frage ist dann, wie soziale Praktiken den Körper prägen oder welche Praktiken verwendet werden, um den

---

[144] Vgl. Müller 2005, S. 30.
[145] Ebd., S. 31.

Körper in einer bestimmten Weise zu konditionieren. Allgemein gesprochen behandelt das Habitus-Konzept mit dem Handlungs-Struktur-Problem nicht nur eines der Grundprobleme der Soziologie insgesamt, sondern mit dem Problem der sozialen Reproduktion auch eines der zentralen Probleme einer soziologischen Gedächtnistheorie. Dennoch bleibt der Habitus eine halbierte Sichtweise des Sozialen, wenn man ihn nicht mit Bourdieus Konzept der sozialen Felder verknüpft, über die er den Anschluss an gesellschaftstheoretische Fragestellungen der sozialen Differenzierung gewinnt und eine wichtige Spezifikationsgrundlage für die Ausbildung des Habitus entwickelt.

Was ist also unter dem Konzept eines sozialen Feldes zu verstehen? Auch hier kann wieder die Spielanalogie hilfreich sein. Ein Feld ist ein in bestimmter Weise umgrenzter und relativ autonomen Regeln und Regelmäßigkeiten gehorchender sozialer Raum, innerhalb dessen eine eigene Handlungslogik sich etabliert hat und in dem es um bestimmte Einsätze geht, wie in den offensichtlichen Spielen (Fußball, Schach oder Skat) die wir kennen. Feld ist also ein differenzierungstheoretischer Begriff, wie auch Hans-Peter Müller einleitend bemerkt:

> „In erster Annäherung meint Feld das, was Max Weber unter >>Wertsphären<<, Alfred Schütz unter >>Sinnprovinzen<< und Parsons oder Luhmann unter >>Subsystemen<< verstehen. Ganz allgemein verweist ein soziales Feld auf eine Konstellation oder eine Konfiguration, die einen Markt, die Akteure und ihre Interessen wie Strategien, die institutionelle oder organisatorische Infrastruktur wie die typischen Spannungs- und Konfliktlinien umfaßt. Theoretisch nimmt der Feldbegriff die Schlüsselposition in einem Bereich ein, den in den anderen Theorietraditionen die Differenzierungstheorie umschreibt."[146]

Gegenüber den meisten anderen soziologischen Differenzierungstheorien ist der Feldbegriff jedoch inhärent dynamisch angelegt, da ein Feld immer auch ein Raum sozialer Auseinandersetzungen um die knappen Güter des Feldes, die im Spiel befindlichen Kapitalien und Positionen ist. Nach Bourdieu ermöglicht der Feldbegriff, „die Besonderheit in der Allgemeinheit und die Allgemeinheit in der Besonderheit zu erfassen".[147] Hinter dem Feldbegriff steht eine allgemeine Theorie, nach der sich soziale Felder als Kampffelder oder Märkte auffassen lassen, in denen unter Einsatz bestimmter Ressourcen, um Ressourcen und Positionen gekämpft wird. In allen Felder spielen also Kapital, Interessen, Strategien und positional bestimmte Kräfteverhältnisse eine Rolle. Aber jedes Feld unterliegt auch einer nur ihm eigenen Logik, die es irreduzibel macht. Nicht der gesamte

---

[146] Vgl. Müller 2005, S. 35.
[147] Vgl. Bourdieu 1992, S. 156.

Sozialraum ist nur ein einziges Feld der Macht[148], sondern er gliedert sich auf in verschiedene Felder der sozialen wie kulturellen Produktion, die jeweils nach eigenen Spielregeln funktionieren, in denen es um feldspezifische Einsätze geht und auch die einsetzbaren Kapitalien sich stark unterscheiden. Was aber nicht heißen soll, dass Bourdieu von einer strikten Trennung der sozialen Felder ausginge. Stattdessen gibt es Konvertierungsmöglichkeiten zwischen den feldspezifischen Kapitalien und zahlreiche Beziehungen zwischen den Feldern. Auch Joas und Knöbl betonen diese Differenzen von Bourdieu gegenüber anderen Differenzierungstheorien, insbesondere zu der Luhmanns, also ihre konflikttheoretische Grundierung und die Ermöglichung von Austauschprozessen zwischen den Feldern.[149] Soziale Felder sind wie Spiele stabilisierte soziale Konstruktionen, die sich einer spezifischen Perspektive verdanken, die es erst ermöglicht eine autonome Handlungslogik durchzusetzen. Nach Cornelia Bohn ist es erst diese Ausdifferenzierung einer spezifischen Perspektive, die sich dann als solche selbst unsichtbar machen muss, die ein relativ autonomes soziales Feld hervorbringt.

„Die historische Ausdifferenzierung eines autonomen oder relativ autonomen sozialen Feldes verdankt sich einer Perspektivendifferenzierung. Die Perspektive allerdings, die eine neue Wirklichkeit erzeugt, wird zum blinden Fleck ihres eigenen Funktionierens. Sie ist wirksam aufgrund der Verdrängung ihrer eigenen arbiträren Entstehung. Ist sie aber einmal etabliert, wirkt sie mit >>Aufdringlichkeit<< und ist nicht mehr als Folge ihrer perspektivischen Konstruktion durchschaubar."[150]

Gerade der Verdrängungscharakter der Spezialperspektive, die auch ganz anders ausfallen könnte, weist nun eine explizite Problemlage für eine soziologische Analyse von Gedächtnisphänomenen auf. Schon bei Schütz und den Ethnomethodologen hatten wir gesehen, dass es häufig die latent gehaltenen Hintergrundannahmen waren, die Sozialität stabilisieren und reproduzieren. Ähnliches lässt sich auch an Bourdieu's Feldbegriff zeigen. Um sich in einem sozialen Feld zu bewegen, muss man seine spezifische Wirklichkeitskonstruktion schon anerkennen und nicht als eine arbiträre Möglichkeit die Dinge zu sehen betrachten. Die Feldlogik findet unhinterfragte Anerkennung und ist deshalb wirksam. Aber diese Anerkennung kann sie nur gewinnen in dem sie ihre historischen Entstehungsbedingungen invisibilisiert und die eigene Perspektive absolut setzt. Dazu

---

[148] Obwohl Bourdieu ein solches übergreifendes Machtfeld einführt, in dem dann um die Verrechnungskurse zwischen den in verschiedenen Feldern gültigen Kapitalien gestritten wird. Vgl. Bourdieu 2004.
[149] Vgl. Joas/Knöbl 2004, S. 546.
[150] Vgl. Bohn 2005, S. 63f.

hat Bourdieu ein ganzes Ensemble von Begriffen geprägt, die diesen Verschleierungseffekt beschreiben und dadurch die Feldeffekte hervorbringen.

„Illusio, als Wirklichkeitsunterstellung (und Bedeutungsinvestition), die dem Spielgeschehen zugrunde liegt, aber als solche nicht bewußt ist; croyance, die den präreflexiven, leibgebundenen und automatenhaften Glauben derer bezeichnet, die im Feld engangiert sind; ein enjeu im Sinne eines umkämpften Einsatzes, eine feldspezifische Doxa, schließlich ein nomos, eine Satzung, ein Sicht- und Teilungsprinzip, das die spezifische Weltsicht des Feldgeschehens erzeugt und gleichzeitig die Sinngrenzen des Feldes markiert – die im übrigen so weit reichen, wie die Feldeffekte reichen –, sind konstitutiv für die Herausbildung eines autonomen oder relativ autonomen Feldes."[151]

Feldbegriff und Habitus-Begriff fließen nun in der Habitus-Feld-Theorie zusammen. Die sozialen Felder stellen die Spielfelder dar innerhalb derer sich die Habitusformen einerseits bilden und andererseits ausspielen lassen. Die Teilnahme an bestimmten sozialen Feldern bringt spezifische Habitusformen hervor, die eine leibgebundene Anpassung an die Feldlogiken darstellen und dadurch feldspezifische Interessen und Strategien generieren. Habitus und Feld sind also immer zusammen denkbar, denn sie bedingen einander. Die Entwicklung eines Habitus bedarf eines sozialen Spielfeldes der Teilnahme an sozialen Praktiken um sich auszubilden und die sozialen Felder bedürfen Habitus die ihre spezifische Weltsicht unhinterfragt verkörpern und damit wirksam machen.

Vor diesem theoretischen Hintergrund wollen wir uns nun den Fragen zuwenden, die hier für eine Theorie des sozialen Gedächtnisses aufgezeigt werden. Zum einen sind dies die Thematisierung von Mechanismen der sozialen Gedächtnisbildung, die bei Bourdieu beschrieben sind als Inkorporierung und Objektivierung von Geschichte und zum anderen geht es um das Problem der Struktureffekte von sozialen Gedächtnis, die bei Bourdieu vor allem durch die Konzepte der Verkennung und der Hysteresis angesprochen werden. Rückt man die sozialen Mechanismen der Gedächtnisbildung in den Fokus der Aufmerksamkeit lenkt man den Blick damit auf konkrete Prozesse in denen sich soziale Formen von Gedächtnis beobachten lassen. Bourdieus Habitus-Konzept beinhaltet einen solchen allgemeinen Mechanismus der sozialen Gedächtnisbildung: die Inkorporierung sozialer Geschichte. Der Inkorporationsmechanismus lässt sich in folgender Weise charakterisieren: Der Mensch wird im Verlauf seiner persönlichen, also biographischen Geschichte, ausgehend von seiner sozialen Herkunft, die eng mit der sozialen Position seiner Eltern verknüpft ist, geprägt durch bestimmte soziale Praktiken, an denen er innerhalb der eigenen Familie, dann auch in den

---

[151] Vgl. Bohn 2005, S. 64.

verschiedenen Erziehungsinstitutionen und nicht zuletzt in seinen sich immer wieder neu formenden „peer-groups" teilnimmt. Die häufig wiederholte Teilnahme an strukturell ähnlich gelagerten Praktiken prägt sich ihm habituell auf, d. h. er gewöhnt sich auch und vor allem körperlich an bestimmte Wahrnehmungs-, Bewertungs- und Verhaltensweisen, die ihm „in Fleisch und Blut übergehen". Diese Gewohnheiten wirken präreflexiv, sind manchmal der Reflexion kaum zugänglich und vor allem nicht durch Reflexion über sie ohne weiteres zu verändern. Der Mechanismus der Inkorporierung basiert also auf einer sozialen Konditionierung des Körpers durch wiederholte Teilnahme an sozialen Praktiken. Der menschliche Körper wird so zu einem relativ verlässlichen Träger sozialer Strukturen und man kann formulieren, dass er damit eine soziale Gedächtnisfunktion übernimmt. Bourdieus Analysen zeigen deutlich, dass die Teilnahme an sozialen Praktiken durch die Positionierung im sozialen Raum, also durch die soziale Herkunft wesentlich bestimmt wird. Die Inkorporierung basiert jedoch nicht allein auf dem Prinzip der Wiederholung, denn auch einzelne Ereignisse können körperlich stark prägen, wenn sie mit starken körperlichen Reizen verbunden sind. Aufladung bestimmter Praktiken mit Affekten ist eine wichtige Begleiterscheinung der Inkorporierung sozialer Strukturen, dadurch wird die körperliche Einprägung noch einmal wesentlich gesteigert. Nimmt man den Mechanismus der Inkorporierung ernst, verstetigt sich eine soziale Struktur durch Einprägung in menschliche Körper und bildet so eine soziale Form von Gedächtnis, die bei Bourdieu Habitus genannt wird.

Doch Bourdieu kennt noch einen weiteren Mechanismus der Verstetigung des Sozialen, den Mechanismus der Objektivierung von sozialer Geschichte. Man kann auch die Verkörperung als eine Form der Objektivierung ansehen, aber durch die direkte Verbindung mit dem Habitus-Konzept weist Bourdieu ihr einen besonderen Status als selbst generierendes Prinzip sozialer Praktiken zu. Der Mechanismus der Objektivierung meint die reine Materialisierung von sozialen Strukturen. Also die Materialisierung von kulturellem Kapital in der Form von Büchern, oder die Materialisierung von bestimmten feldspezifischen Institutionen in Gebäuden, Dokumenten und Ähnlichem. Vom Ansatz Bourdieus her gedacht, setzt eine Materialisierung sozialer Strukturen eine soziale Praktik der Materialisation voraus: das Schreiben von Büchern, das Verfassen und Aushändigen von Urkunden, den Bau von Monumenten usw. Der Materialität wohnt eine eigenständige Dauerhaftigkeit inne, auf die soziale Strukturen sich stützen können. Sie dienen der Reproduktion sozialer Strukturen, ermöglichen diese, aber sind in dieser Sichtweise nicht selbst auch Reproduzenten der Struktur. Hier liegt der große Unterschied zum Habitus, der auf dem Mechanismus der Inkorporierung beruht. Als Objektivierung kann man auch die Explikation von Regeln, Recht und Kodifizierungen ansehen. Auch hier gibt es soziale Praktiken, die diese Objektivierungen, die nur teilweise materieller und in höherem Maße symbolischer Art sind, instituieren und ihnen ihren objektivierten Status erst verleihen. Der Mechanismus der Objektivierung dient also auch dazu bestimmten sozialen Strukturen Anerkennung zu verleihen, ihnen einen Status der Unhinterfragbarkeit zu gewähren. Auch hier müssen also die Praktiken aufgezeigt werden, mit denen eine Objektivierung erreicht wird, also im Wesentlichen Praktiken der Materialisierung und Praktiken der Legitimation. Mit der Beschreibung und Analyse der sozialen Praktiken, die über Inkorporierung und Objektivierung eine Form von Gedächtnis erzeugen, dass bestimmte soziale Strukturen verstetigt, lenkt der Ansatz von Bourdieu den Blick auf eine in diesem Sinne mechanismische Herangehensweise an die Gedächtnisproblematik. Soziologische Gedächtnistheorien sollten hinter diese Grundeinsicht nicht mehr zurückfallen und sich mit den konkreten Prozessen der Stabilisierung und Reproduktion auseinandersetzen und versuchen diese so klar wie möglich zu bestimmen. Wie also funktioniert das Gedächtnis eines sozialen Feldes in dieser Lesart Bourdieus? Die Strukturen des Feldes reproduzieren sich durch die zwei oben beschriebenen Verfestigungen: durch Einprägung in die Körper derjenigen, die den zum Feld gehörigen Praktiken ausgesetzt sind und an ihnen teilnehmen und durch die Produktion von objektivierten Strukturen in der Form von materiellen Gegenständen und anerkannten Symbolisierungen.

Gedächtnis hat bei Bourdieu aber noch andere Effekte als die reine Strukturreproduktion, auch wenn es dieser letztlich dient. Zwei Momente lassen sich als wichtigste Struktureffekte der spezifischen von Bourdieu beschriebenen Organisation des sozialen Gedächtnisses eines Feldes herausdestillieren. Da ist zum einen der schon angesprochene Hysteresis-Effekt des Habitus, der mit den Anpassungsfähigkeiten und -geschwindigkeiten menschlicher Körper an soziostrukturellen Wandel zusammenhängt und zum anderen die vielfältigen Verschleierungsstrategien, die den sozialen Praktiken der Gedächtnisbildung eignen und dazu führen, dass soziale Struktur wie natürliche Strukturen wahrgenommen werden und das auch das Vergessen für die Reproduktion von Sozialität eine zentrale Rolle spielt.

Kommen wir zunächst auf den Hysteresis-Effekt zu sprechen. Durch die körperliche Einverleibung der sozialen Strukturen in der praktischen Auseinandersetzung mit ihnen, bildet sich ein Habitus mit relativ dauerhaften Dispositionen. Ihre relative Dauerhaftigkeit ist in der Trägheit der körperlichen Einprägung zu lokalisieren. Dient diese Trägheit einerseits der Reproduktion sozialer Strukturen, da diese in immer neuen habituell geformten Praktiken zum Tragen kommen, kann es andererseits passieren, dass eben diese Trägheit dazu führt, dass sich ein Habitus weit von Strukturgegebenheiten eines Feldes entfernt hat. Dies kann einerseits daran liegen, dass ein bestimmtes Feld weitreichenden oder schnellen Wandlungen ausgesetzt ist oder das der Habitus-Träger in einem Feld längere Zeit nicht aktiv war bzw. nicht mehr in der Lage ist bestimmte Anpassungen seines Habitus vorzunehmen. Der einmal ausgebildete Habitus entwickelt ein gewisses durchaus ausgeprägtes Beharrungsvermögen und erzeugt dadurch Hysteresis-Effekte, die eine perfekte Passung zwischen Habitus und Feld verhindern aber damit auch identische Reproduktion von Strukturen eher unwahrscheinlich werden lassen. In *Die feinen Unterschiede* beschreibt Bourdieu diesen Sachverhalt am Beispiel von Bildungstiteln:

> „Doch das Bemühen der Rettung des Selbstwertgefühls, das die Betroffenen sich an die nominelle Geltung von Titel und Stelle klammern läßt, genügte wohl schwerlich allein zur effektiven Verkennung dieses Entwertungsprozesses ohne den tatkräftigen Beistand objektiver Mechanismen, darunter den beiden wichtigsten: den Hysteresis-Effekt des Habitus, demzufolge auch einem veränderten Stand des Titelmarktes noch die Wahrnehmungs- und Bewertungskategorien appliziert werden, die einem früheren Stand der objektiven Chancen der Einschätzung entsprachen, ...“[152]

Die Dauerhaftigkeit, die mit der Einprägung in lebendige Körper gewonnen wird und damit die Reproduktion sozialer Strukturen erleichtert, führt aber ebenso sicher zu einer „Gleichzeitigkeit des Ungleichzeitigen“[153], zu Dispositionen und Dispositionssystemen die einer früheren Verteilung der objektiven Chancen entsprachen, die dann aber nicht mehr gegeben sein muss. Menschliche Körper sind nur im begrenzten Maße lernfähig und gerade die frühen tiefen Prägungen sind reflexiv durch späteres Lernen nur schwer erreichbar. Der Hysteresis-Effekt produziert also eine Unangepasstheit zwischen verinnerlichter Sozialstruktur und nach „objektiven Maßstäben“ (relationale Positionierung im sozialen Raum, Kapitalverteilung) bestehender Sozialstruktur. Diese Unangepasstheit produziert wiederum unangepasste Strategien, die durchaus zu weiteren strukturellen Transformationen beitragen können. Die Trägheit des sozialen Gedächtnisses in der Form menschlicher Körper und des ihnen eingeprägten Habitus ist somit in der Lage eine ganz spezifische strukturelle Dynamik anzutreiben.[154] Hysteresis ist also eine Form, in der eine bestimmte Organisationsform des sozialen Gedächtnisses, der leibliche Habitus, einen Struktureffekt hervorbringt, der nicht selbst schon in der aktuellen Struktur eines sozialen Feldes angelegt war. Es sind genau diese Effekte, die eine soziologische Gedächtnistheorie ins Zentrum ihrer Analysen rücken muss, damit von ihr wichtige Beiträge für das Verständnis und die

---

[152] Vgl. Bourdieu 1987a, S. 238.

[153] Vgl. Bloch 1973.

[154] Ganz abgesehen davon, dass der Habitus immer schon der grundlegende Träger bzw. Erzeuger der strukturellen Dynamiken ist, da er als generatives Prinzip für die Hervorbringung sozialer Praktiken und Strategien konzipiert ist, als „strukturierende Struktur“.

Erklärung soziostrukturellen Wandels und sozialer Reproduktion erwartet werden können.
   Ein weiterer gedächtnisbezogener Struktureffekt wird von Bourdieu immer wieder als Verkennung oder Verschleierung bezeichnet. So gehört die illusio zu den zentralen theoretischen Kernen zur Beschreibung relativ autonomer sozialer Felder. Ein soziales Feld gewinnt seine Autonomie durch die Durchsetzung einer bestimmten Perspektive auf die Welt, die vorgibt, was relevant ist und was nicht. Die illusio ist zugleich der Gesichtspunkt des Wertes des betroffenen sozialen Spiels und die Verschleierung der Kontingenz auf der diese Weltsicht basiert. Mittels der illusio wird aus der sozialen Konstruktion eine natürliche Evidenz und so reproduziert sich die relative Autonomie des Feldes.

> „Jedes Feld erzeugt seine eigene Form von *illusio* im Sinne eines Sich-Investierens, Sich-Einbringens in das Spiel, das die Akteure der Gleichgültigkeit entreißt und sie dazu bewegt und disponiert, die von der Logik des Feldes aus gesehen relevanten Unterscheidungen zu treffen (das, was für mich *von Gewicht* ist, von dem, was mir *egal, gleichgültig* ist, zu unterscheiden). Aber es ist genauso wahr, daß eine gewisse Form der Identifikation mit dem Spiel, des Glaubens an das Spiel und an das, was auf dem Spiel steht und dessen Wert das Spiel erst spielenswert macht, dem Funktionieren des Spiels vorausgeht, und das die *collusio* der Akteure in der *illusio* der Konkurrenz zugrunde liegt, die sie zueinander in Gegensatz bringt und die das Spiel selbst ausmacht. Kurz, die illusio ist die Voraussetzung für das Funktionieren des Spiels und zugleich, zumindest partiell, auch sein Ergebnis."[155]

Der Glauben an die Evidenz des Spiels basiert auf einer Verkennung der sozialen Konstruiertheit des Spiels, dass die Werte, die innerhalb des Spiels auf dem Spiel stehen, selbst nur durch ihre kollektive Anerkennung zu Werten werden, die es lohnend machen eben dieses Spiel zu spielen. Diese Verkennung führt auch dazu, dass die in einem Feld bestehende Ordnung nicht in Frage gestellt, sondern als gegeben hingenommen wird. Oder wie Bourdieu sagt: „Das Problem besteht nämlich gerade darin, dass die bestehende Ordnung im wesentlichen kein Problem darstellt."[156] Jegliche soziale Ordnung ist zunächst einmal ein kontingenter Sachverhalt, sie könnte auch ganz anders gestaltet sein. In der alltäglichen sozialen Praxis aber, wir hatten dies schon bei Alfred Schütz und Harold Garfinkel gesehen, ist die soziale Ordnung der Welt eine Gegebenheit, deren Konstruiertheit nicht auftaucht, und die gerade deshalb wirksam und im höchsten Maße reproduzierbar ist. Dass gesellschaftliche Unterschiede über den Habitus in die Köpfe und Körper der Akteure wandern, führt dazu, dass diese Unterschiede zu den Klassifikations- und Teilungsprinzipien der sozialen Wahrnehmung wer-

---

155 Vgl. Bourdieu 2001a, S. 360.
156 Vgl. Bourdieu 2001b, S. 229.

den. Die Verkennung ihrer kontingenten Entstehung, ermöglicht ihre Naturalisierung. So wird die herrschende Ordnung zur natürlichen Ordnung, aus den objektiven Grenzen wird ein Sinn für Grenzen, der sie mit unhinterfragbarer Selbstverständlichkeit ausstattet. Und hier sieht Bourdieu auch die sozial stabilisierende Wirkung des Vergessens, denn:

> „Dem *Sinn für Grenzen* eignet das Vergessen der Grenzen. Eine der wesentlichen und primären Auswirkungen der Entsprechung realer Teilungen und praktischer Teilungsprinzipien, sozialer und mentaler Strukturen beruht zweifellos in der Durchsetzung der Doxa: der Verhaftung an Ordnungsbeziehungen, die, weil gleichermaßen reale wie gedachte Welt begründend, als selbstverständlich und fraglos hingenommen werden. Weit entfernt, bloße mechanische Wiederspiegelung zu sein, stellt die Primärwahrnehmung von sozialer Welt vielmehr immer auch schon eine erste Erkenntnisleistung dar, in die Konstruktionsprinzipien eingehen, welche dem konstruierten Objekt in seiner Unmittelbarkeit äußerlich sind; einen Akt der Erkenntnis und zugleich doch auch einen die höchste Form der Anerkennung der Sozialordnung implizierenden *Akt der Verkennung*, da sich ihr jene Prinzipien wie deren Zusammenhang mit der von ihnen reproduzierten realen Ordnung entziehen."[157]

Das Verkennen ist hier also die höchste Form der Anerkennung, eine für die bestehende soziale Ordnung im höchsten Maße stabilisierende Gedächtnisform. Auch hier ist es zum einen die präreflexiv sich vollziehende Einverleibung der sozialen Strukturen und zum anderen auch die symbolische Durchsetzung von Definitionsmacht, die einer bestimmten bestehenden sozialen Ordnung eine Legitimität verleiht, die jener der natürlichen Welt entspricht. Wie das Erinnern ist auch das Vergessen bei Bourdieu ein umkämpfter Wert, da er ebenso die Durchsetzung bzw. Veränderung der legitimen Sichtweise auf die soziale Welt beeinflusst. Verschleiern, Verkennen und Vergessen sind somit soziale Gedächtnisprozesse, das hatten wir schon bei Jan und Aleida Assmann gesehen, die markante Struktureffekte zeitigen können und insbesondere zur Stabilisierung und Legitimierung bestehender Ordnungen herangezogen werden.

Insgesamt bietet die Theorie Bourdieus als Variante der Theorien sozialer Praktiken oder praxeologischer Ansätze eine Vielzahl von Anknüpfungspunkten für eine soziologisch orientierte Gedächtnisforschung, so dass man die Frage aufwerfen kann, ob nicht ein solch praxeologischer Ansatz der theoretische Weg der Wahl wäre. Diese Frage wird im nächsten Kapitel noch eingehend erörtert werden.

---

[157] Vgl. Bourdieu 1987a, S. 734f.

2.6 Grundprobleme einer soziologischen Gedächtnistheorie – eine Zusammenschau

Zum Abschluss dieses Kapitels soll eine Zusammenschau der unterschiedlichen hier aufgezeigten Facetten versucht werden, die das soziologische Problem mit dem Gedächtnis ausmachen. Die hier aufgeführte Vielfalt an Problemlagen bietet einerseits einen unverzichtbaren Steinbruch an Anschlussfragen mit denen sich gedächtnistheoretische Forschungen beschäftigen können, aber sie verlangt zum anderen auch nach einer theoretischen Gesamtkonzeption, die in der Lage ist alle diese Problemlagen heuristisch zu erfassen und die Bildung von Hypothesen zu allen angesprochenen Bereichen unterstützen kann. Die vier gewählten Ausgangspunkte, Halbwachs, Schütz, Jan und Aleida Assmann und Pierre Bourdieu, sollten ein möglichst breites Spektrum der sozialtheoretisch relevanten Aspekte der Gedächtnisproblematik ansprechen und dabei doch eine gewisse Einschränkung plausibilisieren, die von einer sozial emergenten Ebene von Gedächtnis ausgehen will, also zunächst individuelle Gedächtnisse und soziales Gedächtnis zumindest in gewisser Weise trennt. Wir werden sehen, dass eine Reihe von Problemlagen in unterschiedlichen Formulierungen bei allen vier vorgestellten Ansätzen auftaucht, es werden jedoch zugleich ganz unterschiedliche Schwerpunkte gesetzt. So lenkt Pierre Bourdieu zum Beispiel großes Augenmerk auf das Verhältnis der Organisation des sozialen Gedächtnisses zur Reproduktion einer bestehenden Sozialstruktur, während Halbwachs sich mehr für die Trägerschaft des sozialen Gedächtnisses interessiert, dabei aber merkwürdigerweise die unterschiedlichen Medien der Kommunikation völlig ausblendet, die dann aber Jan und Aleida Assmann eine große Rolle spielen. Das die Erhaltung latenter Strukturen eine wichtige Frage darstellt, kann man sowohl bei Schütz beobachten, wenn es um die unhinterfragten Hintergrundannahmen sozialer Interaktionen geht, die er mit dem Begriff der Lebenswelt beschreibt, als auch bei Pierre Bourdieu in seiner Beschreibung der elementaren strukturerhaltenden Akte der Verkennung. Dass soziale Gedächtnisleistungen einen wichtigen Beitrag zur Ausbildung kollektiver Identitäten erbringen, kann man bei allen vier Ansätzen beobachten. Bei Halbwachs in der Diskussion des Gruppengedächtnisses, dass für den Zusammenhalt der Gruppe bürgt und gleichzeitig mit dieser zerfällt; bei Schütz in der Theorie sozialer Typisierungen; bei Assmann/Assmann als Beitrag und Instrumentalisierung des kulturellen Gedächtnisses zur Stützung politischer Identitäten (Nationen, Ethnien etc.); schließlich bei Bourdieu in der Konzeption eines Klassenhabitus, der zur Bildung von Klassen führen kann, deren Angehörige sich ihres gemeinsamen Interesses bewusst geworden sind. Zum Abschluss sollen diese theoretischen Aspekte der soziologischen Gedächtnisproblematik noch einmal etwas abstrakter und abgehoben von den spezifischen Theorien ausgewiesen werden. Sie dienen dann im Folgenden als Leitlinien für eine zu entwickelnde soziologische Theorie des Gedächtnisses, als grundlegende Fragestellungen, die an eine solche Theorie gerichtet werden müssten und um deren Beantwortung sie sich zu kümmern hätte. Abstrakt formuliert sind dies die folgenden Problemlagen:

1. Das Problem des **Trennens und Verbindens** (Kopplungen)
2. Das Problem der **Selektivität** des Gedächtnisses (Filtern und Referenzieren)
3. Das Problem der **Lokalisierung** von Erinnern und Vergessen (Trägerschaften)
4. Das Problem der **Bewahrung** des fraglos Gegebenen (Latenzen)
5. Das Problem der **Inkongruenz** der sozialen Gedächtnisse (Binnendifferenzierung)
6. Das Problem des **Einflusses** der Gedächtnisorganisation auf die soziale Strukturentwicklung (Strukturwirkungen)
7. Das Problem der **Identität** (Wiederholungen)
8. Das Problem der **Modellierung** von Gedächtnisprozessen (Mechanismen)

(1) Kopplungen – Das Problem des Trennens und Verbindens

Gedächtnisleistungen kommen auf unterschiedlichen Ebenen ins Spiel und müssen immer wieder auch unterschiedliche Ebenen miteinander verbinden. Die Gedächtnisleistungen die in sozialen Phänomenen eine Rolle spielen, können sich auf verschiedene Ebenen verteilen. Man müsste demnach von einem Gedächtnispluralismus sprechen. Das Phänomen spielt auch im Bereich des Problems der Trägerschaft von Gedächtnisleistungen eine wichtige Rolle und muss wohl unter dem Schlagwort der Externalisierungsmöglichkeiten von Leistungen untersucht werden. Geht man von einer operativen Abgeschlossenheit dieser Ebenen (oder dann Systemen) aus, wie zum Beispiel die Systemtheorie Luhmanns, dann muss man sich darüber Gedanken machen, wie es dazu kommt, dass die Systeme hier gegenseitig Leistungen füreinander erbringen können. Warum kann sich die Kommunikation auf das „tacit knowledge" der psychischen Systeme verlassen und wie können sich soziale Strukturen in Körper und materielle Gegenstände einschreiben. Die Gedächtnisleistungen die hier erbracht werden, scheinen die Möglichkeit des raschen Ebenenwechsels voraus zusetzen. Der Wechsel von Ebenen geschieht unter diesen Voraussetzungen nicht operativ, sondern wir stoßen auf das Phänomen der „Interpenetration"[158] bzw.

---

[158] Vgl. Luhmann 1984, S. 286ff.

beim späteren Luhmann der „strukturellen Kopplung"[159]. Wir wollen hier aber
nicht eine systemtheoretische Lesart vorwegnehmen, der wir uns später noch
eingehender widmen wollen. Vielmehr geht es an dieser Stelle darum, abzutas-
ten, inwiefern unterschiedliche Gedächtnisträgerschaften oder Gedächtnismedien
dabei zusammenwirken bestimmte Leistungen zu erbringen, die sie nicht einzeln
erbringen könnten. Dabei kommen Ebenenwechsel ins Spiel und es ist von großem theoretischem Interesse zu ergründen, wie diese Ebenenwechsel praktisch
möglich sind, das heißt wie sie in einer sozialen Praxis erfolgen.

Eine andere Form des Ebenenwechsels wird in den Differenzierungen des
sozialen Gedächtnisses bei Assmann und Assmann deutlich. Der Ebenenwechsel
wird eher implizit angemerkt, wenn zwischen kommunikativen und kulturellem
Gedächtnis, zwischen Funktions- und Speichergedächtnis, zwischen heißen und
kalten Erinnerungen etc. unterschieden wird. Hier geht es eher um einen Form-
wechsel des Gedächtnisses, die Organisationsform des sozialen Gedächtnisses
wird pluralisiert. Der Wechsel ist hier jedoch eher mit einem Medienwechsel
verbunden, als mit einem Wechsel der Systemreferenz. Medien- und Systemplu-
ralismus sozialer Gedächtnisphänomene sind eine grundlegender Problemtyp für
die hier zu entwickelnde Theorie.

Trennen und Verbinden, das Wechseln von Ebenen scheint einer der Be-
stimmungsgründe von Gedächtnisphänomenen zu sein und immer ist die Frage
wie dies gelingen kann und welche Folgen eine solche gelungene Verbindung
hat.

(2) Filtern – Das Problem der Selektivität des Gedächtnisses

Wenn man sich mit dem Phänomen Gedächtnis beschäftigt, kommt man nicht
umhin zu erkennen, dass es sich durch Selektivität auszeichnet. Dies kann man
schon am eigenen individuellen Gedächtnis beobachten. Man kann nicht alles
erinnern, es erfolgt eine Selektion. Beim Lernen versucht man die Selektivität zu
steuern, aber manche Dinge kann man sich einfach nicht merken. Auch soziale
Gedächtnisse zeichnen sich durch eine jeweils spezifische Selektivität aus. Auch
hier ist es nicht allein das redundante Auftreten von Ähnlichkeiten oder Gleichförmigkeiten, das ein Gedächtnis ausmacht. Vielmehr gibt es das Problem, dass
man Erinnernswertes aus dem Strom der Ereignisse herausfiltern muss. Dies
kann auf der Grundlage von Relevanzkriterien geschehen. So geht die Sozial-
phänomenologie im Anschluss an Alfred Schütz davon aus, dass das Relevanzproblem die Grundlage für Ablagerungen im gesellschaftlichen Wissensvorrat
bildet. Diese Relevanzkriterien können sehr unterschiedlich aussehen und gerade

---

[159] Vgl. Luhmann 1997, S. 92ff.

in der modernen Gesellschaft muss man von einer Vielfalt mit gänzlich unterschiedlichen Relevanzordnungen ausgestatteter Sozialzusammenhänge ausgehen. Was bleibt, ist das Problem der Filterung, dass durch Stichworte wie „information overload" oder auch der Suche nach einem Kanon und ähnlichem immer mehr Aufmerksamkeit erfährt. Die Prozesse der Einrichtung und das Funktionieren der Filter ermöglichen die Beschreibung der Selektivität sozialer Gedächtnisse und die Analyse ihrer Form. Hier sind es zum einen technische Fragen des Zugriffs auf Medien und den damit verbundenen Möglichkeiten des Speicherns, aber auch Fragen der Selbst- und Fremdzurechnung von Ereignissen und Sinnformen. Welche sozialen Filter können wir beobachten und wie werden diese Filter eingesetzt bzw. wie kommen sie innerhalb sozialer Prozesse zum tragen? Gesucht wird also eine Theorie der Filter, die einer Theorie des Gedächtnisses als Grundlage dienen kann.

(3) Trägerschaften – Das Problem der Lokalisierung von Erinnern und Vergessen

Im Problem der Trägerschaft kulminieren gleich mehrere grundlegende Fragen, an deren Lösung sich eine soziologische Theorie des Gedächtnisses abarbeiten muss. Zum einen ist damit die Frage angesprochen, ob man Gedächtnisfunktionen oder -leistungen auch sozialen Systemen, Kommunikationsprozessen, Gegenständen etc. zusprechen kann oder ob solche Leistungen nur von einem individuellen Gehirn vollbracht werden können. Aus der Sicht einer soziologischen Herangehensweise geht damit die Frage einher, ob man diese Leistungen soziologisch erklären muss oder ob man mit der Unterstellung auskommen kann, dass individuelle Akteure diese Leistung unter bestimmten Umständen erbringen. Geht man von einer grundlegenden Ebenendifferenz zwischen sozialen und mentalen oder gar neuronalen Prozessen aus, kommt man schwer umhin, spezifische Leistungen innerhalb dieser Prozesse als Gedächtnis auszuweisen.[160] Damit soll nicht bestritten werden, dass diese Leistungen über bestimmte kausale Formen miteinander verknüpft sein können, aber ein eigenständiger Kern müsste auf jeder Ebene isoliert werden können. Zumindest müsste es das Ziel einer soziologischen Gedächtnisanalyse sein, eine solche sozial konstituierte Gedächtnisleistung klar zu bestimmen.

Das Problem der Trägerschaft kann daher grundlegend als ein Problem der Lokalisierung bzw. als ein Problem der Zuschreibung von Leistungen betrachtet werden. Die klare Zurechenbarkeit und Verknüpfung von Gedächtnisleistungen wäre demnach zentrales Aufgabengebiet einer soziologischen Theorie vom Ge-

---

[160] Hier stoßen wir wieder auf das Problem der Ebenendifferenzen.

dächtnis. Hiermit wird für eine soziologische Gedächtnistheorie auch ein Grund-
lagenproblem der Sozialtheorie berührt: das Agency-Problem. Es resultiert aus
den gleichen Problemen der Klärung von Zurechenbarkeiten und Trägerschaften.
Wer ist der Träger von sozialen Prozessen, was sind die Grundeinheiten die es zu
beobachten gilt und muss Zurechenbarkeit vorausgesetzt sein oder kann man
Zurechnungsprozesse selbst in den Blick der Analyse nehmen? Diese Fragen
sind auch für die Gedächtnistheorie von eminenter Bedeutung und sie spielen in
jedem der bisher skizzierten Ansätze eine wichtige Rolle.

Eng verbunden mit den Fragen der Trägerschaft ist die Frage nach den Medien des Gedächtnisses. Wenn Gedächtnisleistungen auf unterschiedliche Träger
verteilt sind, kann man auch verschiedene Medien differenzieren, die diese Leistungen ermöglichen. Diese Medien wiederum haben durch ihre je eigene Bin-
nenstruktur jedoch einen gewissen Einfluss auf die Organisation der Gedächtnisfunktion.[161] Verschiedene Prozesse haben nun „Zugriff" auf ganz unterschiedliche Medien und gleichzeitig können sich auch verschiedene Prozesse wechselseitig als Medien „benutzen".[162] Die Medialität der Gedächtnisfunktionen und -
leistungen gehört zu den Kernelementen der hier zu entwickelnden soziologischen Gedächtnistheorie.

(4) Latenzen – Das Problem der Bewahrung des fraglos Gegebenen

Die Latenz sozialer Strukturen ist ein altes soziologisches Problem. Latenz heißt
nicht aktuell abrufbar oder nicht aktuell beobachtbar. Operative Theorien[163]
müssen daher ein Problem mit Latenzen haben, denn nicht-aktuelle Strukturen
kann es hier nicht geben. Man muss wahrscheinlich zwei Formen von Latenz
unterscheiden. Der ersten Form geht es in der Tat um die Nicht-Aktualität einer
Struktur, sie wird nicht durch Operationen reproduziert oder aufgerufen, bleibt
aber dennoch auf irgendeine Art erhalten; in der zweiten Form steht die Unbeobachtbarkeit der Struktur im Vordergrund.[164] Gedächtnis wird in diesem Zusammenhang eng mit dem Bestand an vorhandenen Strukturen verknüpft. Das dieser
Zusammenhang selbst auch ein wichtiges Problem für die soziologische Ge-

---

[161] Damit soll keinem Mediendeterminismus, als Unterfall des klassischen Technikdeterminismus das
Wort geredet werden, denn auch die Bedeutung von Praktiken für die Organisation der Gedächtnisfunktion darf nicht unterschätzt werden. Die Medien schaffen in diesem Sinne nur Bedingungen der
Möglichkeit für bestimmte Praktiken und Leistungen.
[162] So etwa bei Luhmann Bewusstseins- und Kommunikationsprozesse unter dem Stichwort „Interpenetration". Vgl. Luhmann 1984, S. 286ff.
[163] Also sowohl Handlungs- als auch Kommunikationstheorien, die eine spezifisch geformte Operation als grundlegende Analyseeinheit angeben, sind von diesem Problem betroffen.
[164] Dieser Auffassung liegt die von Merton entwickelte Unterscheidung zwischen manifesten und
latenten sozialen Funktionen zugrunde. Vgl. Merton 1957a, S. 73ff.

dächtnisforschung darstellt, wird weiter unten noch näher zu erörtern sein. Das spezifische Problem, dass eine Theorie des Gedächtnisses hier zu bearbeiten hat, wäre, wie eine Bewahrung oder Erhaltung latenter Strukturen möglich ist. Wie kann etwas erinnert werden, das nicht aktualisiert/beobachtet werden kann? Man kann hier zum Beispiel an die mitlaufenden Unterstellungen denken, die jede Kommunikation voraussetzen muss, um überhaupt zu „funktionieren", die mannigfaltigen Bereiche des „tacit knowledge"[165], die nicht explizit werden, manchmal (die andere Bedeutung von latent) nicht ohne weiteres oder überhaupt explizit gemacht werden können. Es stellt sich dann aber mit doppelter Schärfe die Frage nach den Erhaltungsbedingungen dieser „funktionierenden Unterstellungen". Wie erhält sich das fraglos Gegebene, ohne direkt von der Kommunikation oder im Handeln aufgegriffen und bearbeitet zu werden?

Natürlich besteht auch eine enge Verbindung zum Problem der Trägerschaft, da man das „tacit knowledge" häufig personal zuschreibt, also in Akteure verlagert, deren Hintergrundwissen der Kommunikation implizit zur Verfügung steht. Dies verschiebt jedoch nur die Frage nach der sozialen Zugänglichkeit dieser Bestände. Wie virulent das Problem des latenten, schwer explizierbaren Hintergrundwissens immer wieder ist, zeigt sich besonders stark in der Organisationsforschung, die sich damit befasst dieses Hintergrundwissen im Rahmen des Wissensmanagements kommunikativ zugänglich zu machen und zu halten.

Die phänomenologische Analyse der Lebenswelt, wie sie von Alfred Schütz angestoßen wurde widmet sich ebenso diesen oft nicht-expliziten Hintergrundbedingungen gelingender Intersubjektivität; hier geht es jedoch viel stärker um eine Explikation dieses Hintergrundes in der Form einer „Sozialontologie". Für die Ethnomethodologie wird es geradezu zum Forschungsparadigma diese latenten Hintergrundannahmen offen zu legen und mit ihren Krisenexperimenten deutlich zu machen, welche wichtige Rolle dieser Hintergrund für die Aufrechterhaltung der sozialen Ordnung spielt.[166]

(5) Binnendifferenzierung – Das Problem der Inkongruenz der sozialen
  Gedächtnisse

Eine gewisse Form von Pluralismus ist insbesondere für die moderne Konstitution sozialer Gedächtnisse konstitutiv: die funktionaler Differenzierung der Gesellschaft und die zunehmende Differenzierung zwischen der Ebene der Interaktion und derjenigen der gesellschaftlichen Prozesse. Dieser Pluralismus nimmt die Form einer nicht aufhebbaren Binnendifferenzierung des sozialen Gedächt-

---

[165] Vgl. Polanyi 1966.
[166] Vgl. Garfinkel 1967.

nisses in seiner Form als gesellschaftliches Gedächtnis an und wirft eine ganze
Reihe interessanter Forschungsfragen auf: Zum einen ist da die Integrationsfrage
nach den dann voneinander zu differenzierenden Gedächtnisfunktionen.[167] Ist
eine solche Integration noch möglich? Gibt es einen kleinsten gemeinsamen
Nenner oder eine über den Binnendifferenzierungen stehende allgemeine Selek-
tionsfunktion? Ist eine solche Integration überhaupt notwendig? Können nicht
ganz unterschiedliche Selektionsfunktionen nebeneinander bestehen ohne sich
ins Gehege zu kommen oder auch nur einen gemeinsame stabilisierten Kern
aufzuweisen? Die Rede von der „polykontexturalen Gesellschaft"[168] spricht
gegen die Auffassung einer Integrationsmöglichkeit. Gleichzeitig ist es jedoch
erforderlich nach der Möglichkeit einer integrativen Perspektive Ausschau zu
halten, die es überhaupt noch rechtfertigt von einem Gedächtnis der Gesellschaft
auszugehen.

Insgesamt läuft es auf die Frage nach den Wechselwirkungen zwischen unterschiedlichen Selektionsfunktionen (Gedächtnisfunktionen) hinaus und verbunden damit auf die Frage, ob unter den Bedingungen moderner Gesellschaften
eben noch ein Kern oder gar ein Kanon stabilisiert werden kann und worin dieser
besteht? Auch hier ist dann wieder die Lebenswelttheorie angesprochen, die bei
Schütz oder Habermas für eine allgemein stabilisierte Grundlage der Sozialität
steht.

Eine soziologische Theorie von Gedächtnisleistungen muss diese Binnendifferenzierung berücksichtigen und auch versuchen zu zeigen, wie unterschiedliche Funktionen Überschneidungen und auch Irritationen erzeugen. Punktuelle,
auf Ereignisse bezogene, Überschneidungen sind dabei von strukturgenerieren-
den Überschneidungen der Gedächtnisfunktionen zu unterscheiden, um zu zeigen das Mehrfachzurechnungen oder- berücksichtigungen unter verschiedenen
Relevanzkriterien noch nicht zu einer Homologie der daraus resultierenden
Strukturen oder Selektionsfunktionen führen müssen.

*(6) Strukturwirkungen – Das Problem des Einflusses der
    Gedächtnisorganisation auf die Entwicklung sozialer Strukturen*

Weitgehend ungeklärt ist bislang auch das Verhältnis von sozialen Strukturen
und Prozessen der Strukturbildung und des Strukturwandels zur Organisation
von Gedächtnis. So könnte man sich zum Beispiel vorstellen, dass die operativen
Momente der Verfestigung oder der Auflösung von Strukturen an die Selektionskriterien gekoppelt sind, mit denen ein Gedächtnis zwischen Erinnern und

---

[167] So auch bei Luhmann 1997, S. 591f.
[168] Ein Sprachgebrauch, der sich nicht nur in der Systemtheorie findet, vgl. Luhmann 1997, S. 36f.,
sondern auch in akteurszentrierten Ansätzen aufgegriffen wird, vgl. beispielhaft Schimank 2003a.

Vergessen diskriminiert. Demnach sollte eine soziologische Theorie sozialer Gedächtnisleistungen zunächst einmal klären, wie diese Selektionskriterien sich etablieren und wie sie Wirkung im praktischen Vollzug entfalten. Ausgehend von diesen Selektionsrahmen ist dann der Nachweis möglich, welche Strukturwirkung eine bestimmte Organisation von Gedächtnisleistungen hat. So kann man sich vorstellen, dass es einen Unterschied macht, ob sich soziale Strukturen durch Sozialisation, also durch die Einschreibung in den Habitus von Körpern stabilisieren oder über Symbolisierung oder schlicht über Materialisierung in Gegenständen. Hier greifen ganz unterschiedliche Selektionsfunktionen, man muss also von verschiedenartigen Organisationsformen von Gedächtnis ausgehen. Ob und inwiefern dann die Veränderungsbereitschaft bzw. das Beharrungsvermögen der Strukturen von der Gedächtnisform beeinflusst wird, ist aller Voraussicht nach die entscheidende Frage, der eine Theorie des Gedächtnis sich stellen muss, ist doch der Strukturbegriff innerhalb der soziologischen Theorie wesentlich allgemeiner verbreitet und zählt mit den Dualen Handlung/Struktur, Prozess/Struktur und Ereignis/Struktur zu deren elementaren Problemfeldern. Eine Theorie des sozialen Gedächtnisses kann hier andocken und nach den Verbindungslinien zwischen aktuellen Geschehen (in der Form von Handlungen oder anderweitigen Operationen/Ereignissen) und ausgewählten, durch dieses Geschehen angesprochenen, tangierten, beeinflussten und es beeinflussenden Strukturen fragen. Diese These einer Verortung der soziologischen Gedächtnistheorie zwischen den oben angesprochenen Dualen platziert sie auch inmitten der soziologischen Grundlagendiskussionen.

(7) Wiederholungen – Das Problem der Identität

Ein weiteres nicht zu vernachlässigendes Thema ist das Problem der Wiederholung. Wiederholung ist sicher der grundlegende Mechanismus der Bildung von Gedächtnis, aber gerade deshalb ist es notwendig zu fragen, was denn da in immer unterschiedlichen Situationen, mittels unterschiedlicher Operationen und bei zeitlich unterscheidbaren Ereignissen eigentlich wiederholt wird. Was ist die Grundlage der Wiederholung im Unterschiedlichen. Man kann hier zu einer ganzen Reihe von Lösungen kommen, von mimetischen Theorien[169] über typisierende Theorien[170] bis hin zu Formenkalkülen[171] und poststrukturalistischen Dif-

---

[169] Als Beispiel kann hier die Theorie der Meme dienen. Vgl. Dawkins 1976, 1993 und Blackmore 1999.

[170] So in den Lebensweltanalysen von Alfred Schütz, wie wir sie weiter oben dargestellt haben. Vgl. unter anderem Schütz & Luckmann 2003.

[171] So bei Luhmanns Interpretation von George Spencer Brown oder bei Dirk Baecker. Vgl. Luhmann 1990, 73f und Baecker 1993a und 1993b.

ferenztheorien[172] und die Möglichkeiten der Wiederholung damit präziser fassen oder weitgehend bestreiten. Die Frage bleibt jedoch immer die nach dem, was gleich bleibt, wenn man von einem Ereignis zum Nächsten springt, was daran überhaupt wiederholt werden kann? Hier schließt auch das Problem der Bildung von Identitäten oder, wenn man einen anderen Sprachgebrauch vorzieht, von „Eigenwerten" an. Eine Theorie des sozialen Gedächtnisses muss zeigen können, wie Identitäten entstehen. Ob sich dabei bestimmte Formen wiederholen oder Ähnlichkeiten sich überlagern und so einen Kern oder eine „Familienähnlichkeit" erzeugen oder beides, soll hier zunächst noch offen bleiben. Dennoch könnte man die Identitätsfrage als Grundfrage jeder Gedächtnistheorie verstehen. Das Erinnern ist ein Vorgang in dem Identitäten, Gleichheiten, Wiederholungen eben als solche identifiziert werden. Wie dies möglich ist und auf der Basis welcher sozialen Prozesse es sich vollzieht, muss von einer soziologischen Gedächtnistheorie beantwortet werden.

(8) Mechanismen – Das Problem der Modellierung von Gedächtnisprozessen

Schlussendlich gibt es noch ein weiteres Problem; das Problem der Konstruktion theoretischer Modelle von sozialen Gedächtnisprozessen. Diese Modelle müssen vor allem zwei Anforderungen genügen. Zum einen müssen sie aufgeschlossen für Fragen der Temporalität sein. Sie müssen eine prozessuale Form haben, die ein ablaufendes Geschehen, eine Dynamik zu erfassen sucht, die ein Gedächtnis als soziales Phänomen konstituiert. Zum anderen sollte es möglich sein die Stellschrauben des ablaufenden Prozesses zu lokalisieren. An welchen Ereignisstellen werden Möglichkeiten eröffnet und geschlossen und wie würde der Prozess ablaufen, wenn an diesen Stellschrauben etwas verändert würde? Eine Gedächtnistheorie sollte also einen in diesem Sinne „mechanismischen"[173] Ansatz verfolgen.

Es sollen Prozesse der Gedächtnisbildung aufgezeigt werden und es soll nachvollzogen werden, wie bestimmte Organisationsformen des Gedächtnisses, wenn sie sich gebildet haben, Einfluss auf die dann noch möglichen Formen der Wiederholung nehmen, wie die Selektivität der Gedächtnisform auf die Strukturbildung eines sozialen Zusammenhangs einwirkt und ob bestimmte Gedächtnisträger eine spezifische Selektivität begründen können. Auf diese Fragen kann

---

[172] So etwa bei Derrida oder Deleuze. Vgl. Derrida 1974 und Deleuze 1992.

[173] Die Diskussion um soziale Mechanismen und mechanismische Erklärungsansätze ist ein weites Feld, doch liegt eine grundlegende Gemeinsamkeit der durchaus kontroversen Diskussion im Schwerpunkt auf Prozessualität und der Identifikation von Eingriffsmöglichkeiten. Diesem allgemeinsten Verständnis wollen wir uns hier anschließen. Vgl. zur Diskussion die Sammelbände von Hedström & Swedberg 1998 und Schmitt, Florian & Hillenbrandt 2006.

nur eine mechanismische Form einer Theorie des Gedächtnisses antworten und deshalb muss die im Folgenden zu entwickelnde Heuristik auch dieser Problemstellung gerecht werden.

3 Trennungen – Was leistet die systemtheoretische Perspektive auf das Gedächtnis?

3.1 Das Problem der Trennungen

Wenn man sich noch einmal die Liste der im vorigen Kapitel aufgeworfenen Problemlagen anschaut, stellt sich die Frage, von welchem theoretischen Ansatz ausgehend die größten Chancen bestehen, eine möglichst umfassende, im Kern soziologische Theorie des Gedächtnisses zu entwickeln. Ein verführerisches Angebot hierfür haben sicher Praxistheorien zu bieten, wie sie hier schon am Beispiel von Pierre Bourdieu kurz vorgeführt worden sind. Hier hat man es am ehesten mit einem integrativen Theorieangebot zu tun, dass konzeptionell zu all den hier vorgeführten Problemlagen etwas beizutragen hätte und dazu auch noch einen direkten Anschluss an die kulturwissenschaftlichen Forschungen zum Gedächtnis (am Beispiel der Assmanns stellvertretend vorgeführt) bieten kann, da die Praxistheorien aus dem Kontext der Kulturtheorien stammen.[174] Im folgenden soll kurz begründet werden, warum diese Arbeit größtenteils einen anderen Weg wählen wird, der in dem Versuch einer Kombination möglichst differenter und doch auf bestimmte Weise wechselseitig anschlussfähiger Theorien bestehen wird, deren jeweils einzelne Perspektive den Praxistheorien in spezifischer Weise unterlegen ist, die aber in der Kombination einen größeren Bereich detailgenauer ausleuchten können. Vor allem das Problem der Trennungen und der damit verbundenen Eigengesetzlichkeiten des Sozialen, Psychischen und Physischen kommt beispielsweise bei Bourdieu zu wenig in den Blick. Die Brisanz der Gedächtnisthematik entstammt aber primär der Frage nach den Verbindungen unter der Voraussetzung der Trennung, die von den Praxistheorien systematisch unterlaufen wird.

Es soll also im Folgenden gegen eine Konzeption von sozialem Gedächtnis auf der Grundlage von Praxistheorien optiert werden, gerade obwohl einiges für eine solche perspektivische Ausrichtung sprechen könnte. Stattdessen wird für die Kombination einer dezidiert systemtheoretischen Perspektive mit einer netzwerktheoretischen Perspektive plädiert, die nicht auf vollständige Integration beider Perspektiven abzielt, sondern beide für einen möglichst genauen Blick auf bestimmte Arten von Gedächtnisphänomenen verwenden will und sich um die

---

[174] Vgl. für die These einer Konvergenzbewegung der Kulturtheorien hin zur Praxistheorie Reckwitz 2006a.

Konsistenz der Anschlussstellen zwischen beiden Theoriesprachen zu kümmern beansprucht. Die Praxistheorien werden dabei als starker Gegenkandidat aufgebaut, um die heuristische Fruchtbarkeit des kombinatorischen Theorieversuchs noch zu betonen und ihn gleichzeitig einer kritischen Prüfung zu unterziehen.

Die Theorien sozialer Praktiken, auch Praxistheorien oder praxeologische Ansätze genannt, umspannen ein weites Feld oft auch sehr heterogener Theorieansätze. Mit Andreas Reckwitz könnte man formulieren, dass die Form der Praxistheorie aus einer Konvergenzbewegung der kulturtheoretischen Handlungserklärungen entspringt, die vier kulturtheoretische Bewegungen umfasst, die jeweils ein Standbein des „cultural turn" repräsentieren: Phänomenologie und moderne Hermeneutik, Strukturalismus und Semiotik, am späten Wittgenstein orientierte Sprach- und Handlungsphilosophien und schließlich der amerikanische Pragmatismus.[175] Dass eine solche Konvergenzbewegung auf eine Theorie der sozialen Praktiken hin zu beobachten ist, unterstreicht auch die These vom „practice turn", wie sie im Sammelband von Theodore R. Schatzki, Karin Knorr-Cetina und Eike von Savigny vertreten wird.[176] Soziale Praktiken sind hier das Grundelement soziologischer Analysen und lösen damit andere Begriffe, wie Handlung, Interaktion, Kommunikation, Struktur, System und ähnliches als Grundkategorie ab. Im Folgenden sollen die zentralen Gemeinsamkeiten der unterschiedlichen praxeologischen Ansätze hervorgehoben werden, die auf eine Konvergenzbewegung hindeuten und es damit erlauben eine Perspektive zu formulieren, die als Kandidat für eine soziologische Gedächtnistheorie in Frage kommt.

Praxistheorien entwickeln eine eigenständige Perspektive auf das Soziale und konzeptualisieren Handeln in sehr unterschiedlicher Weise im Vergleich zu den klassischen soziologischen Handlungstheorien des zweckrationalen (homo oeconomicus), wie des normorientierten Handelns (homo sociologicus). Reckwitz rechnet die Praxistheorien dem kulturtheoretischen Paradigma zu, innerhalb dessen sie wiederum eine Sonderstellung einnehmen und sich von mentalistischen wie textualistischen Kulturtheorien abgrenzen lassen.[177] Sieht man sich die Vielfalt der Theorien an, die sich praxistheoretisch nennen bzw. nach verschiedenen Klassifikationssystemen dazu zuzählen wären, nimmt es sich zunächst einmal verwunderlich aus, dass es möglich ist hier von einer einheitlichen Perspektive zu sprechen. So weist Barry Barnes darauf hin, dass es in der relevanten Literatur weder einen klaren Begriff von „sozialen Praktiken" gibt, noch seine

---

[175] Vgl. Reckwitz 2006a, S. 21.
[176] Vgl. Schatzki, Knorr-Cetina & Savigny 2001.
[177] Vgl. Reckwitz 2003, S. 284. In ausführlicher Weise leitet Reckwitz diese Charakterisierung der praxistheoretischen Perspektive aus der Entwicklung des Feldes der Kulturtheorien, wie er sie in „Die Transformation der Kulturtheorien" nachzeichnet her. Vgl. Reckwitz 2006a.

Reichweite klar bestimmt werden könnte.[178] Trotzdem kann man einige Grundlinien der praxistheoretischen Perspektive herausarbeiten, die es uns im Folgenden ermöglichen sollen ihre Tragfähigkeit für eine soziologische Gedächtnistheorie zu bestimmen. Wir orientieren uns hier wieder an der synthetisierenden Analyse von Reckwitz, der einige zentrale Gemeinsamkeiten des in sich jedoch stark zersplitterten praxistheoretischen Paradigmas herausgearbeitet hat.[179] Zwei Grundpositionen werden als zentral angesehen:

> „Trotzdem ist es möglich, im Sinne einer synthetisierend-programmatischen Skizze und zum Zwecke einer Verständigung nach 'außen' wie nach 'innen' die wichtigsten Merkmale der praxeologischen Perspektive auf das Soziale und das Handeln zu umreißen. Als ihre beiden wichtigsten Grundpositionen lassen sich die der *Materialität des Sozialen/Kulturellen* und die einer 'impliziten', 'informellen' *Logik* des sozialen Lebens nennen, welche den Rationalismen und Intellektualismen anderer Sozial- und Kulturtheorien entgegengestellt wird. Das Soziale lässt sich aus praxeologischer Perspektive nur begreifen, wenn man seine 'Materialität' und seine 'implizite', nicht-rationalistische Logik nachvollzieht."[180]

Was ist aber nun mit diesen beiden Grundpositionen genau gemeint, wenn man versucht soziale Praktiken zu bestimmen? Die Materialität kann in zwei Formen verortet werden: Zum einen basieren soziale Praktiken auf körperlichem Verhalten, ihre Körperlichkeit ist die eine Seite ihrer Materialität, zum anderen sind häufig materiale Objekte notwendiger Bestandteil der Ausführung sozialer Praktiken, sodass materielle Gegenstände die andere Seite der Materialität sozialer Praktiken ausmachen. Die implizite oder informelle Logik bezieht sich darauf, dass die Wissensformen, die zur Produktion sozialer Praktiken herangezogen werden, häufig nicht in expliziter Form vorliegen. Vielmehr sind sie selbst in den Praktiken beinhaltet oder kommen, wie häufig gesagt wird in ihnen zum Ausdruck.[181] Die praxistheoretisch orientierte Kulturtheorie vollzieht also eine Wendung von der Analyse von Wissenscodes und -systemen im Innern des Bewusstseins, hin zur Analyse der körperlichen Ausdrucksformen von Wissen. Soziale Praktiken sind demnach zunächst einmal körperliche Verhaltensroutinen, in denen kollektive Sinnmuster in der Form individueller Sinnzuschreibungen zum Ausdruck kommen. Oder, in den Worten Schatzkis, etwas anders formuliert: Eine soziale Praxis ist „a temporally unfolding and spatially dispersed nexus of doings and sayings"[182]. Praktiken besitzen als beobachtbares Verhalten einen

---

[178] Vgl. Barnes 2001, S. 18.
[179] Im Folgenden greifen wir in erster Linie auf Reckwitz 2003a, 2004a und 2006, S. 556ff zurück.
[180] Vgl. Reckwitz 2003a, S. 289f.
[181] Vgl. exemplarisch Taylor 1979.
[182] Vgl. Schatzki 1996, S. 89.

Wiedererkennungswert, der durch ihre Öffentlichkeit bedingt ist. Die Unterscheidung von objektivem und subjektivem Sinn wird von den Praxistheorien auf diese Weise zunächst einmal unterlaufen. Immer vollziehen Einzelne die Sinnzuschreibungen durch die eine soziale Praxis sich ausweist, aber diese Sinnzuschreibungen finden gemeinhin in einem öffentlichen Rahmen statt und sind als Ausdruck eines kollektiven Sinnmusters erkennbar, denn erst mit dieser öffentlichen Erkennbarkeit als eine Praxis des Verhandelns, der politischen Wahl oder des Geschenke Kaufens macht es überhaupt Sinn von einer sozialen Praxis zu sprechen. Man kann also mit Reckwitz eine praxistheoretische Perspektive ausmachen, die eine Reihe von theoretischen Umstellungen gegenüber den klassischen Handlungstheorien, wie auch innerhalb eines kulturalistisch verstandenen Paradigmas der sozialwissenschaftlichen Theoriebildung vornimmt[183]: (1) Der Begriff der sozialen Praxis löst sich von der atomistischen und individualistischen Zurechnung des Handlungsbegriffs, indem er darauf verweist, dass eine Praktik ein repetitiver Komplex von Aktivitäten (doings and sayings) ist, die von unterschiedlichen Individuen in unterschiedlichen Situationen (zeitlich und räumlich) vollzogen werden. (2) Eine Praktik ist zunächst einmal nicht mehr als eine körperliche Bewegung, die als sozial angemessene Performanz wahrgenommen wird bzw. werden kann. „Richtiges" körperliches Verhalten ist damit Grundelement jeder sozialen Praxis. Eine Marginalisierung des Körpers in der sozialwissenschaftlichen Theoriebildung ist hier also ausgeschlossen. (3) Innerhalb der sozialen Praktiken sind implizite Verstehensleistungen involviert, die manchmal als „praktisches Bewusstsein"[184] oder als „praktischer Sinn"[185] bezeichnet werden, die nicht außerhalb ihrer praktischen Anwendung bestehen, sondern innerhalb der öffentlichen Verhaltensweisen eingesetzt werden und zum Ausdruck kommen. (4) Artefakten kommt bei der Hervorbringung sozialer Praktiken ein eigenständiger, nicht zu vernachlässigender Stellenwert zu. Dinge sind also ein integraler und konstitutiver Bestandteil sozialer Praktiken. (5) Die Geschichtlichkeit und Kontingenz von Handlungsformen und damit von sozialen Praktiken ist ein Grundbaustein der praxistheoretischen Perspektive, die eine Suche nach universalen Strukturen des Sozialen ablehnt. Soziale Praktiken sind historisch gewachsene Routinen, die auch anders möglich wären, nicht Ausdruck sich immer wiederholender universaler Entwicklungsgesetze. (6) Strukturiertheit und Prozessualität des Sozialen werden in den Praxistheorien zusammen gedacht und kommen in der Routinisiertheit der Praktiken einerseits und ihrer interpretativen Mehrdeutigkeit andererseits zum Ausdruck.

---

[183] Die folgenden Punkte sind eine Zusammenfassung aus Reckwitz 2004a, S. 32.
[184] Vgl. Giddens 1979, S. 49-95.
[185] Vgl. Bourdieu 1987b, S. 147-179.

Diese Zusammenschau der wichtigsten theoretischen Weichenstellungen macht deutlich, dass eine praxeologische Perspektive zu destillieren ist, die zwar noch nicht den Status einer ausgearbeiteten Theorie anbieten kann, aber dennoch als Grundlage, als Paradigma zur Entwicklung von Theorien herangezogen werden kann. In manchen Punkten bleibt die Theorie sozialer Praktiken allerdings noch offen und lässt sich nicht zu einer einheitlichen Perspektive zusammenführen. Exemplarisch nennt Reckwitz[186] die offene Frage nach dem Verhältnis von Repetitivität und Innovativität sozialer Praktiken, also die Frage, ob Reproduktion oder Wandel den Normalfall von Sozialität darstellt; die Frage nach der Stellung von Artefakten, die humanistisch als in Praktiken verwendete Gegenstände interpretiert werden können oder posthumanistisch als eigenständige „Aktanten"[187]; und schließlich die Frage nach dem Verhältnis von Diskursen und Praktiken, die man aus einem anderen theoretischen Kontext mit der Frage nach dem Verhältnis von Kommunikation und Handlung in Verbindung bringen könnte. Hier herrscht weiterhin Diskussionsbedarf, der aber auch zeigt, dass man es mit einem produktiven, in der Entwicklung begriffenen Paradigma der soziologischen Theoriebildung zu tun hat. Dies kann bei der Beantwortung der vielen offenen Fragen, vor denen soziologische Theorien des Gedächtnisses stehen, nur hilfreich sein.

Bevor wir dazu übergehen, die Bezüge einer „Theorie sozialer Praktiken" zu den soziologischen Problemen mit dem Gedächtnisbegriff herzustellen, soll noch einmal Pierre Bourdieu herangezogen werden, um eine konkrete theoretische Ausformulierung einer Praxistheorie in den Blick zu nehmen. Wie wir gesehen hatten[188], kann die Habitus-Feld-Theorie Bourdieus sehr gewinnbringend auf die Gedächtnisproblematik angewendet werden. Insbesondere die Begriffe der inkorporierten und objektivierten Geschichte bieten Anschlussmöglichkeiten zur Ausformulierung einer soziologischen Gedächtnistheorie. Die Verkörperung der sozialen Struktur, der positionalen Relationierungen innerhalb eines Feldes und seiner spezifischen Logik im Habitus des Einzelnen zeigt den oben verallgemeinert aufgeführten Argumentationsgang. Der Habitus ist zugleich eine kollektive, objektive Sinnform, die sich jedoch nur in ihren einzelnen Ausdrucksweisen durch einzelne Körper offenbart und auch nur in diesen besteht. Auch hier wird also der objektive Sinn in unmittelbarer Weise mit den subjektiven Verstehensleistungen verbunden, womit die Differenz von objektiv und subjektiv ausgeschaltet wird. Kollektivität und Subjektivität werden in der körperlichen

---

[186] Vgl. Rechwitz 2003a, S. 297.

[187] Da wir uns später noch dezidierter mit den posthumanistischen Ansatz Latours, der Aktor-Netzwerk-Theorie, auseinandersetzen werden, die auch nicht ganz bruchlos als praxistheoretische Perspektive zu verorten ist, bleibt es an dieser Stelle beim Verweis. Vgl. Latour 1998.

[188] Vgl. die Diskussion der Theorie Bourdieus in Kapitel 2, S. 58-71.

und öffentlichen Ausdrucksform zusammengebracht und -gedacht. Dennoch mag man sich fragen, ob auch die Struktur des Spielfeldes, also diejenige Ausprägung des sozialen Raumes, der als soziales Feld analysiert wird, so bruchlos auf die öffentliche, körperliche Ausdrucksform zurückgeführt werden kann. Man kann argumentieren, dass auch diese soziale Struktur sich nur in den Bewertungskategorien des Habitus ausdrückt, der nach Maßgabe dieser Klassifikationen Akte und Praktiken hervorbringt, von denen man dann auf das zugrunde liegende Klassifikationssystem zurück schließen kann. Aber wird diese Beschreibung tatsächlich der beobachtbaren Eigendynamik dieser Felder gerecht? Ist es nur die Aggregation der Praktiken, die entsprechende Klassifikationen ausdrücken, die hier eine entsprechende Eigendynamik entfaltet? Und wie ist es dann möglich, dass ein Hysteresis-Effekt auftreten kann, wenn Habitus und Feldstruktur nicht mehr zusammenpassen wollen? Hier öffnen sich Nischen für kritische Anschlussfragen, mit denen sich praxistheoretische Ansätze auseinandersetzen müssen.

Bourdieu gibt auch spezifische Antworten auf die paradigmatisch offenen Fragen der Theorie sozialer Praktiken[189], die in gewisser Form, wie wir weiter unten sehen werden, auch schon Antworten auf die zentralen Themen einer soziologischen Gedächtnistheorie beinhalten. So betont Bourdieu eindeutig den repetitiven gegenüber dem innovativen Charakter sozialer Praktiken. Dies heißt natürlich nicht, dass es keine Innovationen gäbe. Bourdieu erörtert auch hierfür Beispiele, wenn er die Herausbildung einer Habitusform des „neuen Kleinbürgertums" aus der Überlagerung von Lebensformen und Sinnmustern aus Ober- und Mittelschicht herleitet[190] oder wenn er beschreibt wie das literarische Feld sich ausdifferenziert[191]. Dennoch liegt der Fokus auf der Reproduktion von sozialen Positionen und den damit verbundenen Lebensformen und Lebenschancen. Dies lässt sich wohl am ehesten auf die unterstellte Einheitlichkeit einer bestehenden Habitusform zurückführen. Unterschiedlichste Praktiken entstehen aus einem einheitlichen Sinnschema, aus einer einzigen Wissensordnung. Bourdieu folgt hier der strukturalistischen „Homogenitätsannahme"[192], die eine strikte Zuordnung von genau einer Wissensordnung zu genau einem Kollektiv vornimmt, die von Archer als „Mythos kultureller Integration"[193] tituliert wird. Den

---

[189] Also für jene Bereiche, bei denen Reckwitz noch keine Konvergenzbewegung ausmachen kann, bei denen sich unterschiedliche Vertreter von Praxistheorien also noch „antagonistisch" gegenüberstehen. Sehr schön entwickelt Reckwitz dies am Beispiel der Theorien Pierre Bourdieus und Judith Butlers, die jeweils das reproduktive bzw. das innovativ-subversive Potenzial sozialer Praktiken stark hervorheben. Vgl. Reckwitz 2004b.

[190] Vgl. Bourdieu 1987a, S. 561-584.

[191] Vgl. Bourdieu 2001b.

[192] So der Sprachgebrauch bei Reckwitz. Vgl. Reckwitz 2006a, S. 344.

[193] Vgl. Archer 1988.

Artefakten wird bei Bourdieu unter dem Stichwort der Objektivierung bzw. Objektivation ein eigenständiger Stellenwert zugeschrieben. So liegen die Kapitalien teilweise in der Form von Gegenständen vor, z.b. kulturelles Kapital in der Form von Büchern und ökonomisches Kapital in der Form von Immobilien, und Gegenstände sind auch wichtige Träger von sozialen Distinktionspraktiken, wie man es z.b. an der Kleidung von Personen leicht erkennen kann. Vergegenständlichung erfüllt hier eine stabilisierende Funktion für soziale Praktiken und eine Möglichkeit der Speicherung von feldspezifischen Profiten und Einsätzen. Eine eigenständige Vollzugsrolle im Sinne eines Aktanten kommt den Dingen bei Bourdieu allerdings nicht zu, hier wird an der humanistischen Trennung zwischen Menschen und Nicht-Menschen festgehalten. Schließlich optiert Bourdieu in entschiedener Weise für den Praxisbegriff. Der Diskursbegriff spielt eine eher nachgeordnete Rolle. Sprachverwendung wird als eine spezifische Form der Praxis verstanden, zwar als diskursive Praxis, aber dennoch eher den Handlungsaspekt betonend.[194] Die soziale Relevanz diskursiver Praktiken im Kampf um die Anerkennung legitimer Praktiken wird aber durchaus betont.

Man sieht jedoch an der spezifischen Theoriesprache Bourdieus und seiner neostrukturalistischen und postmarxistischen Grundorientierung, dass das Feld der Praxistheorien trotz der zu beobachtenden Konvergenzbewegung, noch keine geschlossene Theoriesprache hervorgebracht hat. Dennoch kann man auf abstrakter Ebene theoretische Grundentscheidungen ausmachen, die auch zentrale Konzepte für eine soziologische Gedächtnistheorie markieren. Um die Fruchtbarkeit praxistheoretischer Modelle für eine Theorie des Gedächtnisses einschätzen zu können, wollen wir uns diesen Konzepten nun verstärkt zuwenden.

Zusammenfassend kann man drei konzeptuelle Grundentscheidungen hervorheben, auf deren Grundlage eine soziale Gedächtnisform zu modellieren wäre: Da ist erstens das Konzept „kollektiver Wissensordnungen" oder „kollektiver Sinnmustern"; zweitens scheint die Öffentlichkeit sozialer Praktiken ein Moment von entscheidender Tragweite für eine Gedächtniskonzeption zu sein; und drittens schließlich ist die These von der regelrechten Verkörperung sozialer Strukturen in menschlichen Körpern und ihrer Vergegenständlichung in Artefakten von zentraler Bedeutung für Fragestellungen zum „Ort" des sozialen Gedächtnisses.

Das Konzept „kollektiver Wissensordnungen" ist uns schon in verschiedenen Formen als zentrales gedächtnistheoretisches Problem begegnet. Ob es direkt als „Kollektivgedächtnis" bei Maurice Halbwachs auftaucht, als „gesellschaftlicher Wissensvorrat" bei Alfred Schütz oder in den unterschiedlichen Erinnerungsformen bei Aleida und Jan Assmann. Die Besonderheit der praxis-

---

[194] Vgl. Bourdieus sprachtheoretische Ausführungen in Bourdieu 2005.

theoretischen Herangehensweise an den Begriff der Kollektivität sieht man beim Habitusbegriff Bourdieus. Ein Habitus ist zugleich eine kollektive Wissensordnung und ein individuell verkörpertes System von Wahrnehmungs-, Interpretations- und Verhaltensdispositionen. Die Kollektivität dieser Wissensordnung besteht in erster Linie in der Gleichförmigkeit dieser individuellen Verkörperungen. Die Beschreibung einer sozialen Gedächtnisform müsste die Mechanismen herausarbeiten, die eine solche Gleichförmigkeit erzeugen können.

Der zentrale Mechanismus ist dabei die Öffentlichkeit der sozialen Praktiken. Aus ihrer Öffentlichkeit, ihrer Beobachtbarkeit ergibt sich die Möglichkeit ihrer gleichförmigen Reproduktion. Aus dieser Beobachtbarkeit ergeben sich Kriterien der Gleichförmigkeit, die dann auch prospektiv zur Hervorbringung gleichförmiger sozialer Praktiken herangezogen werden, also die Grundlage der kollektiven Wissensordnung stellen. Praxistheorien bieten damit keine strikte Begründung der Annahme der Kollektivität, sondern sie ergibt sich als pragmatische Beschreibung, da die Wissensordnung nicht jenseits ihrer Erscheinungsformen existiert, also nur auf der Basis gleichförmiger Beobachtungen. Gedächtnistheoretisch formuliert geht es dann um die Anwendung der Gleichförmigkeitskriterien bei der Produktion und Rezeption sozialer Praktiken. Ein soziales Gedächtnis ließe sich dann als die öffentliche, repetitive Anwendung von Gleichförmigkeitskriterien analysieren, als eine Praxis der Anwendung von Klassifikationssystemen. Auch Gedächtnis ist hier nur als eine soziale Praxis der wiederholten Anwendung von Klassifikationen zur Einordnung sozialer Praktiken denkbar.

Als spezifische Besonderheit der praxistheoretischen Gedächtniskonzeption muss das Trägerschaftsmodell von Gedächtnisleistungen hervorgehoben werden. Vor allem die Verkörperung in und durch den Menschen hat eine stabilisierende Funktion für die soziale Ordnung. Zentraler Träger ist nun nicht mehr der menschliche Geist bzw. das Bewusstsein, sondern der menschliche Körper, der für das individuelle Bewusstsein nur bedingt zugänglich ist und dessen Anpassungsbereitschaft in spezifischer Weise beschränkt ist. Der Körper transzendiert in dieser Sichtweise die Unterscheidung von subjektivem und kollektivem Gedächtnis, indem sich die sozialen Strukturen, das soziale Umfeld sich dem Körper größtenteils unreflektiert aufprägt, und ebenfalls unreflektiert in den subjektiven Sinnzuschreibungen und Handlungsakten zum Ausdruck kommt. Während die Bedeutung des menschlichen Körpers für soziale Gedächtnisleistungen also hervorgehoben wird, ist die Bedeutung von Artefakten für die Reproduktion sozialer Praktiken und ihre theoretische Stellung praxistheoretisch umstritten. Auf der einen Seite werden die gegenständlichen Objektivierungen als notwendige Bedingung für viele soziale Praktiken angesehen und auf der anderen Seite des Spektrums wird die symmetrische theoretische Stellung von Artefakten und menschlichen Körpern innerhalb sozialer Praktiken betont. Immer aber muss beachtet werden, dass die Artefakte eine theoretische Stellung haben müssen und eine Theorie sozialer Gedächtnispraktiken ohne sie nicht denkbar wäre.

Die praxistheoretische Konzeption des sozialen Gedächtnisses baut also auf drei Fundamenten auf: der Annahme, dass es gemeinsame Kriterien zur Beobachtung von Gleichförmigkeiten gibt (kollektive Wissensvorräte), der Annahme, dass es gerade die Öffentlichkeit ihrer Anwendung bei der Bewertung wie bei der Hervorbringung sozialer Praktiken ist, die eine solche Kollektivität der Gleichförmigkeitskriterien begründen kann und schließlich der Annahme, dass es vor allem die Einschreibung dieser Wissensformen in den menschlichen Körper und in Artefakte ist, die wesentlich zur Stabilisierung und zum Öffentlichkeitscharakter der Praktiken und der in ihnen zum Ausdruck kommenden Wahrnehmungs-, Bewertungs- und Verhaltensschemata beträgt.

Auffällig für die praxistheoretische Fassung des Gedächtnisproblems ist, dass individuelle und soziale Ebene direkt miteinander verbunden werden. Soziales schreibt sich unmittelbar in die Individuen ein und nur die individuellen Hervorbringungen konstituieren das Soziale. Es gibt keine unterscheidbaren Eigenlogiken der sozialen und der individuellen Sphäre; vielmehr soll gerade diese direkte Bezugnahme vom Individuellen auf Soziales und umgekehrt dabei helfen nicht in die überholte Unterscheidung von subjektiver und objektiver Perspektive zurückzufallen. Dennoch stellt sich die Frage, ob es tatsächlich gelingt, diese unmittelbare Bezogenheit zu plausibilisieren. Genauer betrachtet legen auch die Theorien sozialer Praktiken ihren Schwerpunkt auf die äußere, die öffentliche Seite des Sozialen. Beobachtbarkeit nimmt eine zentrale Stelle im Theoriegerüst ein und die unbeobachtbar ablaufenden Entscheidungsvorgänge spielen eine geringe und zu vernachlässigende Rolle.[195] Die Unterscheidung von Innerem und Äußerem soll in den praxistheoretischen Erwägungen ganz grundsätzlich unterlaufen werden. Inkompatible Eigenlogiken zwischen lebendigen Körpern, Bewusstsein und Kommunikation, wie sie etwa die Systemtheorie unterstellen würde[196], sind nach dieser Auffassung nicht von wesentlicher Bedeutung. Stattdessen bürgt die Repetivität, die beobachtbare Gleichförmigkeit der sozialen Praktiken für eine Übereinstimmung zwischen Individuellem und Sozialen. Wie Reckwitz betont, handelt es sich dabei jedoch nicht um eine Begründung für eine solche Übereinstimmung im strikten Sinne, sondern:

---

[195] Ganz anders etwa als in den zweckrationalen oder normativistischen Handlungstheorien, die immer genau diesen inneren Entscheidungsvorgang modellieren wollen.

[196] Wir kommen darauf weiter unten zurück, wenn wir die soziologische Systemtheorie in der Konzeption Niklas Luhmanns als ersten Grundpfeiler einer soziologisch reichhaltigen Gedächtniskonzeption ausarbeiten werden, die aber dennoch in einigen Hinsichten theoretischen Ergänzungsbedarf offenbart.

„...: Vielmehr geht es allein um eine beschreibungs- und erklärungspragmatisch notwendige Annahme: Um die Gleichförmigkeit von Praktiken konstatieren und verstehen zu können, bedarf es Kriterien der Gleichförmigkeit. Wenn diese Kriterien nicht vollständig in der Beliebigkeit des sozialwissenschaftlichen Beobachters und seiner eigenen Kriterien der Ähnlichkeit liegen sollen – wie es etwa bei der Klassifikation von >natürlichen Arten< der Fall ist -, dann *muß man davon ausgehen, daß die Träger der Verhaltensweisen selbst über Kriterien verfügen, die ihnen eine Hervorbringung dieses gleichartigen Verhaltens ermöglichen.* Diese Kriterien sind nun die konstitutiven Regeln der Wissensordnungen und deren kulturelle Schemata. Dann liegt die Hypothese nahe, dass die gleichförmigen Verhaltensroutinen durch die Gleichförmigkeitskriterien kollektiver Wissensordnungen ermöglicht werden."[197]

Diese Hypothese funktioniert aber in erster Linie als Unterstellung. Im Folgenden soll dafür plädiert werden, dass der Versuch lohnen könnte, noch einmal hinter die unmittelbare Integration von Körper, Bewusstsein und Sozialem zurückzufallen, um die Übersetzungsprobleme aufzudecken, die einen wesentlichen Bestandteil des soziologischen wie interdisziplinären Problems mit dem Gedächtnis ausmachen.

Ein zentrales Thema der soziologischen Theoriebildung war schon immer, also seit den Klassikern, denen die Soziologie ihren Durchbruch verdankte, der Unterschied zwischen der Sphäre oder Ebene der sozialen Sinnbildung als etwas, das außerhalb der menschlichen Psyche stattfindet, und der Sphäre der subjektiven Sinnbildung, die eben genau innerhalb der menschlichen Psyche stattfindet. Ob in dieser Frage dann eher mit Durkheim für das Äußere oder mit Weber für das Innere plädiert wird, kann man zunächst außen vor lassen. Von Bedeutung ist lediglich die Unterscheidung der Ebenen oder Sphären, wie man sie prominent auch noch in den Diskussionen zur Mikro-Makro-Unterscheidung wiedererkennen kann.[198] Die Praxistheorien erklären diese Unterscheidung nun selbst zu einem Problem, das aus der Theoriebildung herausgehalten werden muss, für ein philosophisches Scheinproblem. Beide Sphären können nicht als getrennt betrachtet werden, sondern müssen immer schon zusammengedacht und integriert werden, um Sozialität angemessen erfassen zu können. Sie positionieren sich stets jenseits der Differenz von Objektivismus und Subjektivismus, von Individualismus und Kollektivismus. Die Frage nach der bruchlosen Vereinbarkeit der beiden Ebenen wird dann gar nicht mehr gestellt oder kann zumindest nicht mehr in scharfer Form formuliert werden. Vielmehr ist diese wechselseitige Anschließbarkeit eine Voraussetzung der praxeologischen Theoriebildung. Nur wenn die kollektive Wissensordnung in ihren individuellen Erscheinungsformen

---

[197] Vgl. Reckwitz 2006a, S. 613.
[198] Vgl. Alexander et al. 1987.

zum Ausdruck kommt, also durch das Handeln der Akteure und ihre subjektiven Deutungen der objektive/soziale Sinn der zugehörigen Praxis zum Ausdruck kommt, kann man von der Beobachtung sozialer Praktiken sprechen.

Warum ist dann aber die Unterscheidung der beiden Bereiche ein so konstitutives Problem in der Entstehungsgeschichte des soziologischen Diskurses gewesen, zu dem man sich einfach äußern muss? Zunächst einmal kann man auf philosophische Erblasten verweisen, auf den breiten Korpus der subjektphilosophischen Tradition, ausgehend von Descartes und bis hin zu Husserls Phänomenologie. Doch weshalb haben diese Fragen eine solche soziologische Relevanz entfaltet? Und kann man sich den damit verbundenen Fragen so ohne Weiteres entledigen? Die Relevanz kann zum einen wissenschaftspolitisch aus der Entstehungsphase der Soziologie begründet werden. Die Soziologie musste sich von Überlegungen abgrenzen, die aus der psychischen Verfasstheit der Individuen heraus argumentierten, stattdessen musste der soziale Kontext in sein Recht gesetzt werden, als die der wissenschaftlichen Beobachtung zugängliche Ebene der Erklärung von Handlungen. Grundsätzlich bleibt dies auch der Standpunkt der praxistheoretischen Ansätze, wenn sie an der Öffentlichkeit der sozialen Praktiken ansetzen, als der beobachtbaren Ebene von Sozialität und die Erklärung sich letztlich nur auf diese Beobachtbarkeit stützen kann. Ausgehend davon kann man sich jedoch die Frage stellen, ob man nicht Eigenlogiken zu beachten hat, die auf einem unterschiedlichen Emergenzniveau liegen. Der Praxisbegriff scheint hier Bewusstsein und Sozialität sehr eng zusammenzubinden. Diese Integration ist durchaus Absicht, denn schließlich geht es darum, zu zeigen, dass das Bewusstsein (häufig vermittelt über den Körper bzw. in erster Linie durch körperliche Prägungen) immer schon sozial ist, während die sozialen oder kollektiven Wissensordnungen nur individuell vorliegen, eben nur in individuellen Körpern und Praktiken (manchmal auch in Artefakten) zum Ausdruck kommen. Dass aber die individuellen Körper einer ganz anderen Logik folgen als der soziale Zusammenhang von Praktiken oder Kommunikationszusammenhängen, scheint auch in den Praxistheorien immer wieder durch. Als Beispiel kann hier zum einen der von Bourdieu beschriebene Hysteresis-Effekt dienen, der, wie wir oben gesehen haben besagt, dass es zu mangelhafter Übereinstimmung zwischen Habitusformen und Feldstrukturen kommen kann, weil der menschliche Körper sich auf andere Weise an Änderungen anpasst als der soziale Zusammenhang. Zum anderen kann man kulturtheoretische Überlegungen, wie die von Judith Butler[199], heranziehen, die zum Ausdruck bringen, dass sich in den Praktiken der Einzelnen unterschiedliche kollektive Wissensordnungen verbinden und den Praktiken eine sozial unvorhersehbare, nicht durch eine intern integrierte kollek-

---

[199] Vgl. Butler 1990.

tive Wissensordnung bestimmte, Wendung geben können.[200] Was diese Beispiele veranschaulichen sollen, ist, dass es ein grundlegendes Übersetzungsproblem
zwischen den Bereichen der individuellen Verkörperungen und Deutungen und
dem der sozialen Zusammenhänge gibt, den man nicht so ohne Weiteres integrierend verwischen sollte. Den Praxistheorien soll hier nicht der Vorwurf gemacht werden, sie würden diesen Punkt vollends übersehen, wie die Beispiele
von Bourdieu und Butler zeigen, denen man noch weitere hinzufügen könnte.
Allerdings tut man den praxeologischen Ansätzen kein Unrecht, wenn man an-
merkt und bemerkt, dass hier das Trennen zwischen den beiden eigenlogischen
Sphären weniger Beachtung erfährt als das Verbinden. Folgt man bei der Ausarbeitung einer soziologischen Theorie des Gedächtnisses dieser Linie, gerät man
in die Gefahr die Problematik des scheinbar so bruchlosen Ineinandergreifens
von einzelnen Deutungen und Verhaltensweisen und kollektiven Organisationsformen des Wissens aus den Augen zu verlieren. Hier bestehen Übersetzungsprobleme die eine soziologische Gedächtnistheorie ernst nehmen muss. Will man
soziale Organisationsformen des Gedächtnisses erforschen, muss man sehr klar
herausarbeiten, inwiefern Externalisierungen und Referenzierungen gelingen
können. Dennoch werden uns die Praxistheorien bzw. die praxeologische Ansätze noch ein weiteres Mal begegnen. Im Abschlusskapitel bieten sie noch einmal
eine Vergleichsfolie für die Kombinationsbemühungen zwischen System- und
Netzwerktheorie.

Geht man von einer differenzierenden Perspektive aus, die zunächst einmal
das Trennende betont, handelt man sich später andere Theorieprobleme ein[201],
aber das es ein grundlegendes Übersetzungsproblem zwischen den unterschiede-
nen Ebenen gibt, scheint dann offensichtlich. Hier soll eine solche differenzierende Perspektive zunächst genutzt werden, um diese Probleme klar herauszuarbeiten und gleichzeitig zu zeigen, wie sich die jeweils operativen Eigenlogiken
auf die resultierenden unterschiedlichen Gedächtnisfunktionen auswirken. Für
dieses Vorgehen scheint insbesondere die soziologische Systemtheorie geeignet,
wie sie von Talcott Parsons geprägt wurde. Man könnte hier von der Option
einer analytischen Trennung sprechen. Denn der Ausgangspunkt für Parsons
liegt in seiner analytischen Differenzierung des allgemeinen Handlungssystems
in vier Teilsysteme, die spezifischen Funktionen dienen. Hier verfolgt Parsons
einen auf Whitehead und Henderson gründenden analytischen Realismus, der
eine große Aufmerksamkeit für den Zusammenhang von Analytik und Emergenz

---

[200] Ähnliches beobachtete schon Georg Simmel, wenn er vom Individuum als Punkt der Kreuzung
sozialer Kreise sprach. Vgl. Simmel 1992, S. 456ff.
[201] Im weiteren Verlauf dieses Kapitels wird es eine ausführliche Diskussion der soziologischen
Systemtheorie und ihrem Verhältnis zum Thema Gedächtnis als einer stark differenzierenden Perspektive geben.

zeigt.[202] Ziel ist die Auflösung konkreter Ganzheiten in ihre analytischen Komponenten. Die Relationierung dieser Komponenten in einer emergenten Einheit ist dann die konkrete Handlung. Ein erster Schritt in diese Richtung war die Entwicklung einer voluntaristischen Handlungstheorie auf der Basis der Konvergenzthese bezüglich der Klassiker der Soziologie, wie Parsons sie in seinem Frühwerk „The Structure of Social Action" begründet hatte.[203] Die Konvergenzthese besagt, dass die Klassiker das Dilemma der Handlungstheorie[204] alle auf eine ähnliche Weise gelöst haben, durch den Bezug des Handelns auf Werte, die weder einen Determinismus der Situation noch einen Determinismus der Ziele zur Folge haben, sondern einen solchen Determinismus gerade durchbrechen und damit Handeln zu einem emergenten Ergebnis machen. Die herausragende Bedeutung der Wertorientierung für eine soziologische Theorie des Handelns sollte im gesamten Schaffen Parsons ihre wesentliche Rolle behalten.

Hier ist allerdings die spätere Ausprägung dieser Grundeinsichten im Struktur- bzw. Systemfunktionalismus von größerem Interesse. Parsons baut hier seine Einsicht in die analytischen Komponenten der emergenten Einheit des Handelns weiter aus. Danach gibt es genau vier funktionale Komponenten, die im konkreten Handeln zusammenkommen müssen. Die Funktionen sind im Einzelnen: Adaptation, die Anpassung an eine vorfindliche Umwelt; Goal attainment, das Erreichen vorliegender Ziele oder bestimmter Zustände; Integration, die Koordinierung mit anderen Handelnden oder Handlungen; und schließlich Latent pattern maintenance, die Sicherung aktuell nicht benutzter Strukturelemente. Dies ist das berühmt gewordene AGIL-Schema, als ein analytisches Schema von Systemen deren Zusammenwirken erst Handeln hervorbringt. Im allgemeinen Handlungssystem sind die vier Funktionen durch das Verhaltenssystem (Adaptation), das Persönlichkeitssystem (Goal attainment), das Sozialsystem (Integration) und das Kultursystem (Latent pattern maintenance) besetzt. Zwischen den Systemen gibt es komplexe Relationierungen und das Schema wiederholt sich auch auf den Ebenen der einzelnen Systeme wieder. So müssen auch im sozialen System alle vier Funktionen besetzt sein, um die Integrationsfunktion für das allgemeine Handlungssystem erbringen zu können. Die ganze Theoriearchitektur basiert auf einem Konzept der Selbstähnlichkeit. Nach Parsons sind innerhalb des sozialen Systems die vier Funktionen durch das Wirtschaftssystem (Adaptation), das politische System (Goal attainment), die gesellschaftliche Gemein-

---

[202] So jedenfalls Wenzel 1994, S. 11f.

[203] Vgl. Parsons 1968.

[204] Dieses Dilemma besteht kurz gesagt darin, dass man eine zureichende Theorie des Handelns mit einer zureichenden Theorie der Ordnung verbinden muss, was vorher weder dem Utilitarismus noch dem Positivismus gelungen war, die jeweils nur eine Seite der Handlungstheorie zureichend formulieren konnten.

schaft (Integration) und das Treuhandsystem (Latent pattern maintenance) erfüllt. Die Relationierungen schlagen sich in drei theoretischen Konzepten nieder. Die Erste ergibt sich aus einer doppelten Hierarchie der Funktionen in der Form einer kybernetischen Steuerung vom informationsreichen, aber energiearmen Kultursystem ausgehend und in der Form einer konditionierenden Ermöglichung, die vom energiereichen aber informationsarmen Verhaltenssystem ausgeht. Diese Hierarchisierung widerspricht der analytischen Gleichwertigkeit der Komponenten und stellt nach Wenzel eine unnötige Vereinfachung des Schemas dar.[205] Dies ist jedoch nur dann der Fall, wenn Konditionierung und Kontrolle nicht als gleichwertige Beschränkungsmöglichkeiten zu betrachten sind. Durch die doppelte Hierarchisierung in entgegengesetzter Richtung könnte man ebenso gut sagen, dass hier die analytische Gleichrangigkeit nicht aufgehoben wird. Eine zweite Relationierungsebene bilden die Interaktionsmedien (Geld, Macht, Einfluss, Wertbindung), die zwar einer bestimmten Funktion zugeordnet sind, aber auch für den Austausch zwischen den Systemen zur Verfügung stehen. Schließlich ist noch das Konzept der Interpenetration zu nennen. Hier kommt es zu Zonen der Überschneidung zwischen verschiedenen Systemen, die also gewisse Elemente aufweisen, die beiden Systemen zugehören und über die deshalb eine Verbindung besteht. Beispiele für solche Überschneidungszonen wären die Institutionalisierung von kulturellen Werten in sozialen Prozessen der Normbildung oder die Internalisierung von kulturellen Werten im Prozess der Sozialisation des Persönlichkeitssystems. Dabei kommen in den unterschiedlichen Systemen immer verschiedene Anschlussformen zum Zuge.

Gedächtnis ist bei Parsons ein grundlegendes funktionelles Problem des allgemeinen Handlungssystems. Er situiert es als die Bewahrung latenter Muster, als Problem des Erhalts aktuell nicht benutzter Strukturen. Die L-Funktion wird im allgemeinen Handlungssystem durch das kulturelle System getragen und innerhalb des sozialen Systems, dessen primäre Aufgabe in der Integration besteht, durch das Treuhandsystem. Gedächtnis besteht auch hier in der Realisierung von Zugriffsmöglichkeiten für aktuelles Handeln. In gewisser Weise sichert es die Kontinuität von Handlungszusammenhängen über Zeiträume hinweg.

„In der Funktion der *Strukturerhaltung* von Systemen geht es zum einen um die identitätsbegründenden Wertmuster des Systems in Differenz zu seiner Umwelt, zum anderen um Kontinuität, d. h. um seine relative Unabhängigkeit von zeitlichen Prozessen. Entsprechend ist der Fokus der Strukturerhaltung im allgemeinen Handlungssystem das *Kultursystem*; dessen Beitrag zum allgemeinen Handlungssystem

---

[205] Vgl. Wenzel 1990, S. 453.

ist die Bereitstellung einer *Definition der Situation*. Es grenzt darüber hinaus an die *letzte*, nichtempirische Realität (>>ultimate reality<<)."[206]

Wenn man die L-Funktion als Gedächtnisfunktion von Systemen liest, die Situationsdeutungen ermöglicht und der Identitätswahrung des Systems dient, kommt man sehr schnell auf die Frage nach den Mechanismen und den Trägern dieser Funktion. Für Parsons ist der Mechanismus der Symbolisierung für die Entwicklung eines ausdifferenzierten Kultursystems von entscheidender Bedeutung. Symbolisierung schafft kulturelle Objekte, denen dann ein gewissermaßen zeitloser Charakter zukommt, der es möglich macht, dass eine Kultur die sie tragenden Handlungssysteme, Gesellschaften und Personen überdauern kann. Ein Prüfkriterium ist die Möglichkeit bzw. die tatsächlich vollzogene Verkörperung in symbolischer nicht-menschlicher Form.[207]

Kultur kann deshalb auch nicht selbst als ein Handlungssystem verstanden werden, denn das Kultursystem besteht in erster Linie aus kulturellen Objekten und ihren Verbindungen und nicht selbst aus Handlungen. Anders als die sozialen und die Persönlichkeitssysteme, die selbst aus Handlungen bestehen. Die kulturellen Objekte können deshalb auch von ihrer konkreten Verwendung getrennt werden, ebenso wie die abstrakten symbolischen Codes, die das kulturelle Wertesystem bestimmen. Dies entspricht der üblichen linguistischen Trennung von langue und parole, die auf Saussure zurückgeht. Die Zeitlosigkeit resultiert aus den Möglichkeiten der Isolierung von den laufenden Handlungen, die auf Abstraktion/ Generalisierung der kulturellen Codes ebenso basiert, wie auf der Möglichkeit der symbolischen Verkörperung in Gegenständen. Kultursysteme sind also Symbolsysteme, deren Ordnung in ihrer Kohärenz (Konsistenz und sinnvolle Abgestimmtheit) besteht, aber keiner Ordnung eines konkreten Handlungszusammenhangs entspricht.

Dennoch entspringt die Möglichkeit des voluntaristischen Handelns, also eines weder durch Ziele noch durch situative Elemente determinierten Handelns, wie es Parsons vorschwebte, gerade den Werten, die im kulturellen System erhalten werden. Das Kultursystem ist eine Art Orientierungssystem für das Handlungssystem und wird über Prozesse der Institutionalisierung und Sozialisierung in das Handlungssystem integriert. Es ermöglicht damit das zustandekommen der Handlungseinheit, indem es die Werte liefert, die die integrierende Gemeinsamkeit zwischen Persönlichkeits- und Sozialsystem erzeugen. Wenzel stellt fest, dass es eben diese Wertestandards sind, die eine Überlappung zwischen Bedürfnisdispositionen (Persönlichkeitssystem) und Rollenerwartungen (Sozial-

---

[206] Vgl. Wenzel 1990, S. 27.
[207] Vgl. Parsons & Platt 1990, S.31.

system) herstellen können.[208] Dies ist die Interpenetrationsthese Parsons: Die Ordnung des Handelns wird durch Werte garantiert.[209]

Doch an dieser Stelle macht sich auch die Kritik bemerkbar. Das kulturelle System steht außerhalb des Handelns und garantiert dessen Einheit viel eher von außen als von innen. Der transzendentelle Status der Werte ist nur eine Verdeckung des Problems der Integration der Handlungseinheit und funktioniert nur als Unterstellung und gerade nicht als Garantie der Gemeinsamkeit. Schlimmer noch führt die Idee transzendenteller Werte als zeitlose kulturelle Objekte zu einem kulturellen Determinismus, der die Idee einer voluntaristischen Handlungstheorie letztlich sabotieren muss. Die Selbstreferenz sozialer Prozesse kann nicht mehr dargestellt werden, wenn man nicht auch die Gemeinsamkeiten als Ergebnis des sozialen Prozesses selbst beschreiben kann. Kulturelle Werte sind nicht der Deus ex Machina einer soziologischen Handlungstheorie. Die Option einer nur analytischen Auftrennung der Handlungseinheit muss daher verworfen bzw. radikalisiert werden, da sie letztlich inkonsequent bleibt.

Die Theorie Niklas Luhmanns, die an Parsons anschließt, aber auch den Akzent viel deutlicher auf die Eigengesetzlichkeit sozialer und psychischer Prozesse legt, bietet hier eine radikalere, die Trennung noch weit stärker betonende Option. Luhmann kann den Gedächtnisansatz, der sich in der L-Funktion verbirgt nicht teilen, weil er es nicht erlaubt die systemische Selbstreferenz ernst zu nehmen, in der Luhmann gerade die Stärke neuerer systemtheoretischer Ansätze sieht. Eine Auslagerung in zeitlose symbolische Objekte ist nicht möglich und kann nicht die Gemeinsamkeit von psychischen und sozialen Prozessen begründen. Wenn es hier eine Abstimmung geben sollte, muss diese immer aktuell in den Prozessen selbst vollzogen werden. Das hierbei auch Verkörperungs- und Symbolisierungsformen eine entscheidende Rolle spielen, soll damit nicht bestritten werden. Für die Gedächtnistheorie interessant bleibt die grundsätzliche Problemstellung der L-Funktion, die Erhaltung von Strukturen unter der Bedingung der Latenz. Auch die Erfassung der Handlungseinheit als emergentes Ergebnis einer komplexen Mischung symbolischer Referenzen bleibt ein wichtiges Desiderat, das wieder aufzugreifen ist, wenn man die Selbstreferenz der sozialen Prozesse theoretisch gesichert hat. Das Gedächtnis sozialer Systeme ist ihnen nicht extern, aber es bedient sich externer Bezüge und die Frage ist, wie das gelingen kann? Die Selbstreferenz unterschiedlicher Systeme kann nur gebührend berücksichtigt werden, wenn die theoretische Option nicht nur analytische Trennung heißt, sondern operative Trennung. Dies bietet die soziologische Sys-

---

[208] Vgl. Wenzel 1990, S. 393.
[209] Eine gewisse Nähe zu den Praxistheorien wird an dieser Stelle offenkundig, wenn man diese Wertestandards als kollektive Wissensordnung auffasst, als öffentliches und geteiltes Klassifikationssystem für die Bewertung der sozialen Praxis.

temtheorie Niklas Luhmanns, mit der wir uns im Folgenden ausführlicher beschäftigen wollen.

Die systemtheoretische Perspektive, wie sie vor allem von Niklas Luhmann entwickelt wurde, bietet sich vor allem deshalb für eine Theorie des Gedächtnisses an, weil sie diesen Begriff zum einen expliziert thematisiert und weil sie zum anderen Gedächtnis strikt an operative Vorgänge koppelt, die sie möglichst klar zu bestimmen und voneinander zu trennen versucht. Im vorigen Abschnitt hatte ich dargelegt, dass mithilfe der Systemtheorie vor allem die eigenlogische Dynamik unterschiedlicher an Gedächtnisleistungen beteiligter Ebenen oder Bereiche in den Blick genommen werden kann und dass sie deshalb dazu verhelfen kann, die Probleme klar zu benennen, die sich einstellen, wenn Verknüpfungen zwischen diesen eigen-ständigen Dynamiken relevant werden.

Da mit der Systemtheorie eine ausgearbeitete Einzeltheorie vorliegt, geht es in diesem Kapitel darum die soziologischen Probleme mit Gedächtnisphänomenen von der Warte eines weitgehend ausgearbeiteten Begriffsrahmens zu beleuchten, der das Problem der Trennung zur Grundlage aller Theorieentscheidungen macht. Dabei sind vor allem die blinden Flecken aufzudecken, die dann mit anderen Theorien zu erhellen sind. Zunächst ist es deshalb erforderlich den eben angesprochenen Begriffsrahmen vorzustellen, um die perspektivische Ausrichtung und die theoretischen Grundentscheidungen deutlich machen, die mit einem systemtheoretischen Verständnis des sozialen Gedächtnisses verbunden sind. Wir beschäftigen uns daher mit den systemtheoretischen Ausgangsunterscheidungen, vor allem mit der Unterscheidung von System und Umwelt und der spezifischen Verknüpfung von Geschlossenheit und Offenheit, die durch das Autopoiesis-Theorem mit dieser Unterscheidung impliziert wird. Hier wird die Problematik der Trennung am deutlichsten hervorgehoben. Die Unterscheidungen Operation/Beobachtung und Medium/Form bilden die beiden weiteren Grundsatzentscheidungen, die zum einen Temporalisierung und Kontingenzbewusstsein in die Theorie einführen und zum anderen die Möglichkeiten abstecken, die doch noch als Verbindungen dienen könnten. Insbesondere mit diesen allgemeinen systemtheoretischen Leitunterscheidungen wird die Trennungsperspektive markiert. Erst im Anschluss an diese Weichenstellungen erfolgt eine intensive Auseinandersetzung mit dem Gedächtniskonzept der soziologischen Systemtheorie. Es lassen sich zahlreiche Versatzstücke einer Theorie des Gedächtnisses bei Luhmann finden, aber eine ausgearbeitete Theorie findet man nicht. Nach einer Sammlung dieser verschiedenen Versatzstücke und ihres Bezuges zu den theoretischen Grundsatzentscheidungen soll dann erstens eine kommunikationstheoretische Position der Systemtheorie zum Gedächtnis und zweitens eine gesellschaftstheoretische Position der Systemtheorie zum Gedächtnis herausgearbeitet werden, die sich in ihrem Fokus so deutlich unterscheiden, dass man besser von den zwei Gedächtnistheorien der Luhmannschen Systemtheorie sprechen sollte. Es sollen die weiterführenden Einsichten der Systemtheorie gesichert werden, aber gleichzeitig auch ihre blinden Flecken aufgedeckt werden, die einen Ergänzungsbedarf offenkundig machen. Hier ist dann der Bedarf für jene theoretische Kombinatorik zu sehen, die in den folgenden Kapiteln in Angriff genommen werden soll.

Der weitere Aufbau des Kapitels folgt also der folgenden Logik: Zunächst wird die Trennungsperspektive vor dem Hintergrund der allgemeinen Systemtheorie in der Lesart Luhmanns herausgearbeitet, dann stellen wir sowohl die kommunikationstheoretischen, als auch getrennt davon die gesellschaftstheoretischen Thesen zum Gedächtnis vor, um Anschlussmöglichkeiten für eine soziologische Gedächtniskonzeption ebenso herauszudestillieren, wie die Punkte, an denen die systemtheoretische Perspektive einfach nicht ausreicht, um den komplexen Zusammenhängen des Gedächtnisphänomens gerecht zu werden. Es werden also Ausgangspunkte für die Theoriebildung gesetzt, aber ebenso ein Ergänzungsbedarf formuliert. Dabei ist mit einer gewissen theoretischen Überschussproduktion die Gesamtkonzeption Luhmanns zu würdigen, um die Trennungsperspektive in ihr Recht zu setzen.

3.2 Grundsatzentscheidungen der Systemtheorie

Aus den Grundentscheidungen der Theoriekonstruktion bei Luhmann lässt sich die Option der operativen Trennung von sozialen, psychischen und physisch-materiellen Prozessen herleiten. Das Problem der Trennung lässt sich dadurch in aller Schärfe formulieren und führt letztlich dazu, nicht so sehr die Trennung als problematisch anzusehen, sondern die dann noch möglichen Verbindungen. Dezidierte Trennung wird zur Theoriegrundlage, die auch die Gedächtnistheorie bestimmt. Im Folgenden soll gezeigt werden, aus welchen theoretischen Optionen sich die operative Trennung herleitet und welche Bedeutung sie für eine Theorie des Gedächtnisses hat.

System und Umwelt

Die offensichtlichste und vordergründigste dieser Entscheidungen ist die für ein Anfangen mit der System/Umwelt-Unterscheidung, die auch als Namensgeber der Theorie fungiert. Die Systemtheorie soll in diesem Sinne eine System/Umwelt-Theorie sein und geht damit von einer Differenz aus und nicht von einer Identität, z.B. dem System als Ganzem.[210] Differenzen werden gesetzt, während Identitäten erst erzeugt werden müssen. Man kann also nicht mehr voraussetzungslos von Identitäten als Subjekten oder bestehenden Einheiten ausgehen. Aber dennoch ist der Name Systemtheorie passend, denn die Beschreibung der Systeme nimmt zumeist grundsätzlich mehr Raum ein, als die Beschreibung der relevanten Umwelten. Luhmann geht also bei der Konstruktion seiner Theorie von der System/Umwelt-Differenz aus und beginnt mit einer apodiktischen und folgenschweren Setzung:

> „Die folgenden Überlegungen gehen davon aus, daß es Systeme gibt. Sie beginnen also nicht mit einem erkenntnistheoretischen Zweifel. Sie beziehen auch nicht die Rückzugsposition einer >>lediglich analytischen Relevanz<< der Systemtheorie. Erst recht soll die Engstinterpretation der Systemtheorie als einer bloßen Methode der Wirklichkeitsanalyse vermieden werden. Selbstverständlich darf man Aussagen nicht mit ihren eigenen Gegenständen verwechseln; man muß sich bewußt sein, daß Aussagen nur Aussagen und wissenschaftliche Aussagen nur wissenschaftliche Aussagen sind. Aber sie beziehen sich, jedenfalls im Falle der Systemtheorie, auf die wirkliche Welt. Der Systembegriff bezeichnet also etwas, was wirklich ein System ist, und läßt sich damit auf eine Verantwortung für Bewährung seiner Aussagen an der Wirklichkeit ein."[211]

Dass es Systeme gibt, ist der Ausgangspunkt der Theoriebildung. Man kann hier mit Jetzkowitz und Stark durchaus von „einer sich selbst plausibilisierenden Ontologie"[212] sprechen. Die Frage die sich nun stellt, lautet aber: Was gewinnt man mit diesem Ausgangspunkt und wie wird die Perspektive dadurch ausgerichtet? Was kann man sehen, wenn man Systeme im Unterschied zu ihrer Umwelt beobachtet?

Zunächst einmal gewinnt man einen Sinn für Grenzen, Grenzziehung und Grenzerhaltung. Systeme sind eine Differenz zu ihrer Umwelt und Systemerhaltung bedeutet eine Stabilisierung dieser Differenz, die Erhaltung einer Grenze. Damit ist ein folgenschwerer Bruch gegenüber einem Verständnis von Systemen nach der Unterscheidung von Teil und Ganzem verbunden. Die Unterscheidung zwischen Teil und Ganzem konzentriert systemtheoretische Überlegungen auf eine reine Binnenperspektive, nach der berühmten Formel, wonach „das Ganze mehr als die Summe seiner Teile sei". Nach der Umstellung auf eine System/Umwelt-Unterscheidung kann es keine reine Binnenperspektive mehr geben, denn eine Unterscheidung von innen und außen wird zur Grundlage des Systembegriffs. Ein System wird dann nicht als zusammengesetzt aus Elementen begrif-

---

[210] Vgl. Hierzu auch die differenztheoretische Lesart Luhmanns bei Clam 2002.
[211] Vgl. Luhmann 1984, S. 30.
[212] Vgl. Jetzkowitz & Stark 2003, S. 11.

fen, deren Zusammenspiel ein emergentes Ganzes erzeugt, sondern als etwas, das eine Grenze nach außen stabilisiert. Erst vor diesem Hintergrund kann dann auch der Elementbegriff wieder eine eigenständige Rolle bekommen.[213]

Mit dem Grenzbegriff ist dabei kein Abschneiden von Beziehungen oder Kausalzusammenhängen verbunden, also eine Art absoluter Interdependenzunterbrechung, vielmehr geht es darum Grenzüberschreitungen von inneren Prozessen klar unterscheiden zu können, denn außerhalb des Systems herrschen andere Anschlussbedingungen und Zurechnungen auf die Umwelt haben im System einen anderen Status als Selbstzurechnungen.[214] Die Bestimmung der Grenzen bietet also einen Ansatzpunkt der Spezifikation und Unterscheidung vom im System ablaufenden Prozessen der Verarbeitung von Umwelt- oder Systemkomplexität, wobei gerade die Grenze das Kriterium ist, das aber vom System selbst erzeugt werden muss.[215] Das System ist die stabilisierte Differenz zur Umwelt, es ist in erster Linie Grenzerhaltung. Die grundlegende Methode der Grenzziehung ist die Einrichtung eines Komplexitätsgefälles zwischen System und Umwelt. Systembildung ist zunächst einmal Reduktion von Komplexität. Die Anschlussbedingungen innerhalb des Systems sind begrenzter und enger gefasst, als in der Umwelt des Systems, in der sich nicht zuletzt auch andere Systeme tummeln können. Zentral sind die Aufrechterhaltung des Gefälles an Komplexität zwischen System und Umwelt, die gerade die Grenze markiert und die unterschiedlichen Verarbeitungsweisen, die das System für die jeweils intern oder extern zugerechnete Komplexität bereithält. Hier schließt die Unterscheidung von Selbst- und Fremdreferenz an, die für die gesamte Theorieanlage von Bedeutung ist. Diese Unterscheidung trifft man an vielen Stellen wieder und sie markiert gleichsam die Art und Weise, in der ein System auf sich selbst oder seine Umwelt Bezug nimmt und wie es diese Referenzen organisiert, ohne sie jedoch näher zu spezifizieren. Systeme sind in dieser Hinsicht Komplexitätsfilter und diese Charakterisierung wird später noch folgenreich für ein Verständnis sozialer Formen von Gedächtnis sein.

Die Theorie fundiert sich also in einer Differenz von System und Umwelt, wobei die Theorie sicher den Schwerpunkt auf den Systemaspekt legt, wie wir im Laufe der folgenden Begriffsentscheidungen sehen werden. Die Thematisierung des Grenzziehungsproblems und der Zurechnungs- und Referenzproblematik scheint mir aber einer der wesentlichsten Beiträge einer Theorieanlage, die

---

[213] Wir werden darauf später zurückkommen, wenn wir uns dem Operationsbegriff zuwenden, den man aus dieser Perspektive immer auch als Element und Ereignis betrachten muss.
[214] Vgl. Luhmann 1984, S. 36.
[215] So auch André Kieserling, wenn er schreibt: "Erst anhand von Systemgrenzen kann man die Differenz von Systemkomplexität und Umweltkomplexität als Unterscheidung in das System selbst wieder einführen, und erst dadurch wird es möglich, für beide Arten von Komplexität unterschiedliche Muster der systeminternen Behandlung zu pflegen." Vgl. Kieserling 1999, S. 69.

sich selbst in der Unterscheidung von System und Umwelt fundiert. Doch Luhmann treibt den Trennungsaspekt zwischen System und Umwelt auf die Spitze durch die ungewöhnliche Kombination von Offenheit und Geschlossenheit, die mit der System/Umwelt-Grenze verbunden sein soll. Die Trennungsperspektive wird dadurch weiter radikalisiert.

Geschlossenheit und Offenheit

Während sich eine Theorie geschlossener Systeme lange als eine „Ganzes/Teil"-Theorie beschreiben ließ und eine Theorie offener Systeme sich vor allem für Input/Output-Modelle interessierte, lehnt Luhmann diese beiden Modellvarianten strikt ab. Es geht nicht darum wie unterschiedliche Teile ein Ganzes ergeben und sich dieses Ganze doch von der Summe seiner Teile unterscheidet. Es geht auch nicht darum zu verfolgen, wie ein System aus bestimmten Inputströmen an Energie oder Information bestimmte Outputströme erzeugt. Die Konzentration der von Luhmann nach der autopoietischen Wende konzipierten Systemtheorie liegt anderswo. Sie liegt auf einer spezifischen Kombination von Offenheit und Geschlossenheit, wie sie nur von autopoietischen Systemen realisiert wird.

Sehen wir uns also zunächst einmal an, was Luhmann unter Autopoiesis in abstraktester Form verstehen will, denn er will ja die enge Beschränkung der Autopoiesis auf „Leben" nicht mitgehen und auch nicht schlicht voraussetzen, dass psychische und soziale Systeme „lebende Systeme" sind.

> „Als autopoietisch wollen wir Systeme bezeichnen, die die Elemente, aus denen sie bestehen, selbst produzieren und reproduzieren. Alles, was solche Systeme als Einheit verwenden: ihre Elemente, ihre Prozesse, ihre Strukturen und sich selbst, wird durch eben solche Einheiten im System erst bestimmt. Oder anders gesagt: es gibt weder Input von Einheit in das System, noch Output von Einheit aus dem System. Das heißt nicht, daß keine Beziehungen zur Umwelt bestehen, aber diese Beziehungen liegen auf anderen Realitätsebenen als die Autopoiesis selbst."[216]

Autopoiesis bedeutet also Selbstproduktion systemischer Einheit und nicht Unabhängigkeit, vor allem nicht kausale Unabhängigkeit von der Umwelt, aber dennoch radikale Trennung. Welche Form der Geschlossenheit wird also in autopoietischen Systemen realisiert, wenn nicht kausale Isolierung oder generelle Autonomie? Luhmann spricht in der Regel von „operativer Geschlossenheit". Damit ist im Anschluss an die oben genannten Bedingungen der Autopoiesis gemeint, dass nur Operationen des Systems sich selbst und damit das System reproduzieren. Dabei ist jedoch kein Kopieren oder reines Replizieren gemeint,

---

[216] Vgl. Luhmann 1995a, S. 56.

sondern die Produktion neuer verzeitlichter Systemelemente. Es sind immer nur systemeigene Operationen die diese Selbstreproduktion aufrechterhalten und sie greifen in dieser Hinsicht auch niemals über das System hinaus. Das Autopoiesis-Theorem dient Luhmann also vorwiegend noch einmal dazu, den Gedanken der Grenze und den der Selbstreferenz zu prononcieren. Es stellt Grenzen als operativ nicht überschreitbar vor, weil das selbstreferentielle Moment der Operationen erst die Reichweite der Grenzen beschreibt. Sicher ist der Erklärungswert dieses Konzeptes gering.[217] Da die Operationen ja selbst die Grenzen des Systems durch selbstreferentielle Zurechnungen bestimmen, kommen sie nicht außerhalb des Systems vor, dem sie sich zurechnen. Die Geschlossenheits-These hilft also in erster Linie bei der Bestimmung von Grenzen, die immer wieder operativ gezogen werden müssen.

Hier interessiert uns jedoch vor allem, welche Form der Offenheit mit dieser Geschlossenheit kombinierbar bleibt. Wir hatten gesehen, dass es nicht um systemischen Output gehen kann, wie es eine Theorie offener Systeme formulieren würde. Worin besteht die Offenheit autopoietischer Systeme? Kurz gesagt resultiert die Offenheit aus den Möglichkeiten der Kombination von Selbst- und Fremdreferenz. Mit dieser Unterscheidung gewinnen Systeme Beobachtungskapazitäten, sie können sich auf ihre Umwelt beziehen, ohne in dieser zu operieren und ohne durch diese determinierbar zu sein. Damit gewinnen sie das Potenzial, aus Irritationen Informationen zu machen und für Umweltereignisse resonanzfähig zu werden. Die Geschlossenheit ermöglicht einen konstruktiven Umgang mit der Umwelt, auf die je systemeigene Unterscheidungen appliziert werden, um aus Ereignissen in der Umwelt Informationen zu machen. Diesen konstruktiven Umgang kann man mit Luhmann Kognition nennen[218], um zu sehen das eine bestimmte Art von Offenheit, als kognitiver Umgang mit der Umwelt, erst durch die Geschlossenheit auf der Ebene der Operationen ermöglicht wird. Wir haben hier das Thema Operation und Beobachtung nun schon mehr als nur gestreift, sollten es nun aber noch weiter vertiefen, denn es ist das Kernstück der neueren soziologischen Systemtheorie.

Operation und Beobachtung

Der Operationsbegriff leistet für die Systemtheorie in erster Linie eine strikte Verzeitlichung des Elementbegriffs. Gleichzeitig dient er zur Abgrenzung gegenüber dem in der soziologischen Theoriebildung dominanten Handlungsbegriff. Die Temporalisierung der Elemente ist schon vor dem Hintergrund des Au-

---

[217] Vgl. Luhmann 1997, S. 66 und bestätigend auch Göbel 2000, S. 187.
[218] Vgl. Luhmann 1995b, S. 22f.

topoiesis-Theorems von einiger Wichtigkeit, da ein System nur in seiner operativen Selbst-Kontinuierung besteht. Operationen gleichen Typs schließen aneinander an und aus ihrem selektiven Zusammenhang entsteht Systemhaftigkeit als „eine Operation mit Anschlussfähigkeit."[219] Jede Operation erzeugt damit einen neuen Systemzustand, ist immer ein neues Ereignis, dass nur die Typik (eine grundlegende Selbstreferenz) mit dem vorausgegangenen Ereignis teilt und diese Typik besteht in nichts anderem als der Anschlussfähigkeit des Folgenden an das vorausgegangene Ereignis. Eine Operation ist damit nichts anderes, als der Unterschied, den sie macht.[220] Operationen sind Ereignisse, die aneinander anschließen und dabei laufend Unterschiede machen, also Systemzustände ändern. Die Abgrenzung gegenüber dem Handlungskonzept bleibt häufig eher implizit, immerhin kann man auch Handeln operativ verstehen. Vom Operationsbegriff ausgehend dekonstruiert Luhmann jedoch den Handlungsbegriff, da er nicht die Voraussetzungen für eine autopoietische Selbstfortsetzung erfüllt und auf starken ontologischen Grundlagen beruht. Auf den ersten Blick ist der Operationsbegriff viel allgemeiner und daher abstrakter gelagert als der Handlungsbegriff, er kann auf unterschiedliche Anschlusstypiken, also unterschiedliche Systeme appliziert werden. Andererseits muss er nicht viel mehr unterstellen als eben diese fortlaufenden Anschlüsse, die Unterschiede machen und Grenzen setzen. Ganz anders der Handlungsbegriff, der immer von einem autonomen Subjekt ausgehen muss, das nach Maßgabe seiner Präferenzen und Motivlagen in spezifischen sozialen Kontexten handelt. Die Handlungstheorie stellt sich damit als „intrinsisch ontologisch"[221] dar und kann nicht die Entstehung spezifischer Ontologien beobachten. Sie ist eine immer schon „fungierende Ontologie" im Sinne von Peter Fuchs.[222] Will man wie Luhmann davon absehen bzw. noch dahinter sehen, muss man vom Handlungsbegriff abstrahieren und stattdessen den weit abstrakteren Operationsbegriff ins Spiel bringen, der nur spezifizierbare Anschlussfähigkeit und Unterschiedsproduktion impliziert.

Hier kommt bei Luhmann der Beobachtungsbegriff und damit das Formenkalkül Spencer Browns ins Spiel.[223] Beobachtungen sind spezielle Operationen, die nicht nur einen Unterschied machen, sondern eine Unterscheidung treffen. Spencer Browns Diktum „Draw a distinction", „Triff eine Unterscheidung"[224] wird zum Ausgangspunkt der Beobachtungstheorie gemacht. Eine Beobachtung wird sodann als Bezeichnung nach Maßgabe einer Unterscheidung definiert, also

---

[219] Vgl. Luhmann 2002, S. 78.
[220] Ganz im Sinne der batesonsschen Informationstheorie "a difference that makes a difference". Vgl. Bateson 1981, S. 582.
[221] Vgl. Clam 2004, S. 246.
[222] Vgl. Fuchs 1999, S. 71ff.
[223] Vgl. Spencer Brown 1997.
[224] Ebd., S. 3.

als Unterscheidung zweier Seiten, von denen eine markiert ist. Oder: „Beobachten ist das Handhaben einer Unterscheidung zur Bezeichnung der einen und nicht der anderen Seite."[225] Beim Beobachten geht es also nicht nur um den Unterschied, den eine Operation macht und damit den Zustand eines Systems ändert, sondern die Beobachtung trifft eine Unterscheidung, um etwas bezeichnen zu können. Hier kann man auch sehen, wie nach dieser Theorielage Fremdreferenz auf der Basis von Selbstreferenz realisiert wird. Als Operation muss eine Beobachtung anschlussfähig sein, sie muss Anschluss generieren können, während sie sich mit dem Treffen einer Unterscheidung auf die Welt, auf andere Operationen oder was auch immer beziehen kann. Da jede Beobachtung nur als Operation vollzogen werden kann, also in der Zeit stattfinden muss, kann sie sich nicht selbst beobachten. Die Handhabung der Unterscheidung ist der blinde Fleck, den erst nachfolgende Beobachtungen aufdecken können.

Luhmann spricht an dieser Stelle von Beobachtungen zweiter Ordnung, von Beobachtungen die Unterscheidungen bezeichnen. Dabei ist auch eine Beobachtung zweiter Ordnung eine ganz gewöhnliche Operation, sie bezeichnet nur eben den Unterscheidungsgebrauch einer anderen Beobachtungsoperation. Damit sieht sie nicht mehr als andere Beobachtungen, aber wenn Beobachtungen zweiter Ordnung Anschlussfähigkeit gewinnen, also Systembildung betreiben, kann dies dazu führen, dass die Kontingenz des Unterscheidungsgebrauchs deutlich wird. Es sind immer auch andere Unterscheidungen möglich, und wie etwas bezeichnet wird, hängt von der zugrunde liegenden Unterscheidung ab. Mit der Möglichkeit der Beobachtung zweiter Ordnung entsteht auch die Möglichkeit eines „re-entry"[226]. Ein solcher Wiedereintritt der Unterscheidung in das Unterschiedene basiert darauf Unterscheidungsgebrauch zu beobachten, hier den Unterscheidungsgebrauch eines Systems. Auf der Seite des Systems tritt die System/Umwelt-Unterscheidung, auf der das System basiert, wieder auf und ermöglicht eine interne Unterscheidung von Selbst- und Fremdreferenz, also genau jene Form der Kognition, die wir oben schon kennengelernt haben. Beobachtungsoperationen sind also die Basis von Erkenntnisprozessen, die nicht operativ in die Umwelt eingreifen, sondern nur eigene Markierungen in die Welt legen und so eine je eigene Umwelt konstruieren. Auf der Ebene vermehrter Beobachtungen zweiter Ordnung kann ein System dann auch die Kontingenz des Unterscheidungsgebrauchs von Beobachtungen diagnostizieren und lernen, dass auch die eigenen Beobachtungen kontingent sind und eine jeweils eigene Realität erzeugen.[227]

---

[225] Vgl. Luhmann 2002, S. 143.
[226] Ein ebenfalls von Spencer Brown entlehnter Begriff. Vgl. Spencer Brown 1997, S. 61ff.
[227] Dies wird wahrscheinlich nur auf der Ebene von Sinnsystemen erreicht.

Abschließend muss noch auf eine wichtige Unterscheidung hingewiesen werden, die Luhmann mit der Abgrenzung von Beobachtung und Referenz trifft. Beim Begriff der Referenz tritt der Kognitionsaspekt in den Hintergrund:

> „Der Begriff >>Referenz<< soll in einer Weise bestimmt sein, die ihn in die Nähe des Begriffs der Beobachtung rückt. Wir wollen damit eine Operation bezeichnen, die aus den Elementen der Unterscheidung und der Bezeichnung (distinction, indication im Sinne von Spencer Brown) besteht. Es handelt sich also um die Bezeichnung von etwas im Kontext einer (ebenfalls operativ eingeführten) Unterscheidung von anderem. Das Referieren wird zum Beobachten, wenn die Unterscheidung zur Gewinnung von Informationen über das Bezeichnete benutzt wird (was im allgemeinen enger gefaßte Unterscheidungen erfordert). Normalerweise wird das Referieren durch ein Beobachtungsinteresse, also ein Informationsgewinnungsinteresse geleitet sein; wir wollen aber trotzdem die terminologische Trennung beibehalten, um die Möglichkeit zu haben, Begriffe wie Systemreferenz und Selbstreferenz ohne Implikation von Beobachtungsmöglichkeiten oder Beobachtungsinteressen verwenden zu können."[228]

Wird der Referenzbegriff verwendet, geht es nicht um Informationsgewinnung, sondern ausschließlich um das Bezeichnen im Rahmen einer Unterscheidung, das man schlicht als eine Art Bezugnahme, daher Referenz, interpretieren könnte. Mit dem Referenzbegriff sind Anschlüsse bezeichnet, die nicht allein Operationen verknüpfen, sondern operativ auch auf anderes verweisen können. Diese Schlüsselstellung des allgemeinen Referenzbegriffs wird bei Luhmann nicht ganz deutlich, aber man sollte sich immer vor Augen halten, dass Anschlüsse in erster Linie eine bestimmte Form der Referenz darstellen und die Form des Referenzierens daher eine vernachlässigte Schlüsselstellung innerhalb des Theorierahmens einnimmt. Einen explizit zentralen Stellenwert hat bei Luhmann jedoch in erster Linie der Fall der Selbstreferenz, die verschiedene Formen der operativen Kopplung bezeichnet. Hier werden drei immer voraussetzungsreichere Formen unterschieden: (1) basale Selbstreferenz, (2) Reflexivität und (3) Reflexion. Von Selbstreferenz ist immer dann zu sprechen, wenn „die Operation der Referenz in das von ihr Bezeichnete eingeschlossen ist."[229] Bei basaler Selbstreferenz liegt nur eine Element/Relation-Unterscheidung zugrunde. Ein Element bezeichnet sich selbst als ein eben solches Element, eine Kommunikation weist sich beispielsweise selbst als Kommunikation aus. Bei Reflexivität oder prozessualer Selbstreferenz bezieht sich die Referenz auf einen Prozess, dem sie selbst zugehört. Dazu wird die Vorher/Nachher-Differenz benutzt, es wird über Kommunikationen kommuniziert oder es werden Beobachtungen beobachtet. Das bezeich-

---

[228] Vgl. Luhmann 1984, S. 596f.
[229] Ebd., S. 600.

nete Selbst ist hier der Prozess, dem eine Vielzahl von Elementen zugehört, die nicht einzeln bezeichnet werden müssen. Schließlich kommt es im Falle der Reflexion zu einer Referenz auf ein System, dem die Referenz selbst zugehört, zu einer Systemreferenz. Die Unterscheidung von System und Umwelt wird auf der Seite des Systems wieder eingeführt. Das Selbst, das hier referiert wird, ist ein System, dem die Operation der Referenz sich zurechnet. Erst an diese Stelle wird dann auch das Gesamtverhältnis zur Umwelt aufgreif- und bearbeitbar. Die Formen der Selbstreferenz liegen also auf unterschiedlichen Ebenen, der eines Elementes, eines Prozesses und eines Systems und immer geht es darum Zugehörigkeit zu markieren, nämlich eine bestimmte Form von innen und außen zu etablieren.

Was könnte die Unterscheidung von Operation und Beobachtung nun für eine systemtheoretische Gedächtniskonzeption bedeuten, welche Bedingungen stellt sie auf, unter denen man von Gedächtnis überhaupt sprechen kann? Es stellen sich zumindest zwei zentrale Fragen: Kann ein Gedächtnis auf der Basis der reinen Operativität entstehen oder muss man von referenzierenden und vor allem beobachtenden Operationen ausgehen, bevor man von einem Gedächtnis sprechen kann? Vor allem aber: Wie kann es auf der Basis strikter Operativität überhaupt zu dem Phänomen kommen, dass auf Vergangenes zugegriffen wird und wie hat man sich diesen Zugriff vorzustellen? Wir werden den Antworten in den Gedächtnisabschnitten näher auf den Grund gehen müssen, aber im Verhältnis von Operation und Beobachtung (Referenz) liegen die theoretischen Optionen der Systemtheorie begründet, die operative Trennung mit referentieller Verbindung vermitteln muss. Die dritte theoretische Grundentscheidung betrifft die Einführung der Differenz von Medium und Form in die Systemtheorie.

Medium und Form

Im Zuge der Entwicklung seiner soziologischen Systemtheorie wird die Differenz von Medium und Form für Luhmann immer wichtiger. Neben die Unterscheidungen System/ Umwelt und Operation/Beobachtung tritt jetzt eine weitere theoretische Perspektive. Zwei theoretische Anschlüsse sind für diese Perspektiverweiterung hervorzuheben: Da ist zum einen die von Fritz Heider formulierte Unterscheidung von Ding und Medium und zum anderen das von George Spencer Brown entwickelte Formenkalkül. In der Unterscheidung von Medium und Form werden beide Anschlusspunkte miteinander verbunden.

Kommen wir zunächst zum Medienbegriff von Fritz Heider.[230] Dinge existieren nach Heider nicht per se, sondern bedürfen immer etwas Vermittelndem,

---

[230] Von Heider in seinem Aufsatz "Ding und Medium" entwickelt. Vgl. Heider 1926.

dass sie als Dinge hervorhebt. So brauchen visuell wahrnehmbare Gegenstände das Licht und das gesprochene Wort den Schall. Das Vermittelnde ermöglicht die Dingkonstitution in einem spezifischen Sinne. Luhmann schließt an diesen Medienbegriff an und generalisiert den Ausgangspunkt über die Wahrnehmungsmedien hinaus, mit denen Heider sich explizit beschäftigte. Was bleibt ist, dass Ding und Medium auf der Grundlage derselben Elemente gebildet werden, sich also Elemente teilen. So schreibt Luhmann:

„Bestimmte Medien und Formen verwenden dieselben Elemente, unterscheiden sich aber unter dem Gesichtspunkt der losen bzw. festen Kopplung."[231]

Das Medium ist also charakterisiert als eine lose Kopplung von Elementen. Lose Kopplung meint hier, dass die Elemente als Gleichartige zusammengehören und auch grundsätzlich verknüpfbar sind, aber diese Verknüpfungen liegen nur in der Form der Potentialität vor. Keine der möglichen Verknüpfungen ist im Medium schon realisiert, die Elemente bleiben noch unsichtbar. Man kann nicht das Licht selbst beobachten, sondern spezifische Formen des Lichts, spezifische Wellenlängen, bestimmte Farben. Medien kann man immer „nur an der Kontingenz der Formbildungen" erkennen, die durch sie ermöglicht werden.[232] Formen dagegen sind die festen Kopplungen derselben Elemente, bei Heider die Dinge, wie sie einem Beobachter im entsprechenden Medium erscheinen. Die Medium/Form-Unterscheidung impliziert also, wie Maren Lehmann sagt, immer ein Drittes, das in dem Ausdruck der „gekoppelten Elemente" zum Vorschein kommt, nämlich einen Beobachter.[233] Lose gekoppelt heißt in diesem Sinne, Möglichkeiten der Kopplung anbietend, während eine feste Kopplung sich auf eine bestimmte Auswahl aus diesen Möglichkeiten bezieht, die im Gegensatz zu anderen, nicht realisierten, gerade operativ verwirklicht wird.

Luhmann löst jedoch den Formbegriff von den Dingimplikationen bei Heider und beruft sich dazu auf Spencer Brown.

„Formen werden in einem Medium durch feste Kopplung seiner Elemente gewonnen. Auch dabei sind zwei Seiten der Form vorausgesetzt. Unser Begriff der Zwei-Seiten-Form bleibt also auch in diesem Kontext erhalten. Formen, die durch feste Kopplung der Möglichkeiten eines Mediums gebildet werden, unterscheiden sich selbst (Innenseite) von den anderen Möglichkeiten, die das Medium bietet (Außenseite)."[234]

---

[231] Vgl. Luhmann 1995e, S. 167.
[232] Ebd., S. 168.
[233] Vgl. Lehmann 2002.
[234] Vgl. Luhmann 1997b, S. 169.

Im Formenkalkül wird Form als eine Unterscheidung mit zwei Seiten verstanden, von denen die eine bezeichnet wird.[235] Eine Form weist also immer beides auf: eine Unterscheidung und eine Bezeichnung ihrer inneren Seite. Die bezeichnende Unterscheidung koppelt bestimmte Elemente fest in einer Zwei-Seiten-Form, innerhalb der Möglichkeiten, die das Medium anbietet. Nicht alles ist bei der Formbildung möglich, denn die lose Kopplung des Mediums tritt als konditionierender Kontext auf, der die Möglichkeiten der Formbildung beschränkt. Der Formbegriff ist in dieser Fassung abstrakter und weit weniger ontologisch eingebunden als der von Heider verwendete Dingbegriff. Auch wenn man die spezifische Lesart Luhmanns von Spencer Brown kritisieren mag[236], kann ihr in jedem Falle ein hochabstrakter, stark verdichteter Formbegriff entnommen werden, dessen Anwendung sich auf zahlreiche Theoriestücke bei Luhmann durchaus bewährt hat.[237]

Auf dieser Basis wird nun die Unterscheidung von Medium und Form als Unterscheidung von loser (Potenzialität) und fester (Aktualität) Kopplung als theoretische Perspektive entwickelt. Darin kann man einen direkten Rückbezug auf Luhmanns Fassung des Sinnbegriffes sehen, was sich auch deshalb anbietet, weil Sinn von Luhmann explizit als Medium begriffen wird.[238] Am Medium Sinn lässt sich vielleicht die Quintessenz des Medium/Form-Duals bei Luhmann am deutlichsten beschreiben.

Der Sinnbegriff der Systemtheorie entstammt letztlich dem Erbe der Phänomenologie Edmund Husserls. Dessen Analysen des transzendentalen Subjekts haben als Kern der Subjektivität eine intentionale Grundstruktur identifiziert, ein ständiges Gerichtetsein-auf-etwas-als-etwas.[239] Für Luhmann ist an dieser Grundstruktur jedoch vornehmlich ein weiteres Moment der husserlschen Analysen von Interesse. In der aktuellen Gerichtetheit der Intention zeigt sich nach Husserl immer ein Überschuss an Verweisungen. Immer ist zusätzlich zum Aktualitätskern des Gemeinten eine Potenzialität gegeben, die weitere Möglichkei-

[235] Bei Spencer Brown wird dieses Zusammenspiel durch die Begriffe "distinction" und "indication" bezeichnet, wobei die distinction die zwei Seiten aufruft und die indication anzeigt, welches die Innenseite und welches die Außenseite darstellt. Vgl. Spencer Brown 1997.

[236] So stellt Thomas Hölscher wohl zurecht fest, dass Luhmann sich für die Kernintention Spencer Brown nicht ausreichend interessiert und gerade die radikale mathematische Vereinfachungsstrategie nicht mitgeht, aber hier kann man einwenden, dass es Luhmann eben um eine andere Kernposition geht und dass er den Formbegriff Spencer Browns vor allem für die Fassung seines stark abstrahierenden Beobachterkonzepts verwenden möchte. Vgl. Hölscher 2004, S. 245ff.

[237] Wir kommen später noch einmal ausführlicher auf die Möglichkeiten des Formenkalküls für die Beschreibung der Mechanismen der Gedächtnisbildung zurück. Hier ging es nur um den kurzen Hinweis auf die Anreicherung der Medium/Form-Unterscheidung mit dem abstrakten Formbegriff Spencer Browns, der dann keinerlei ontologische Komponente mehr aufweist.

[238] Vgl. Luhmann 1997, S. 44ff.

[239] Vgl. Knudsen 2006, S.16ff.

ten impliziert. „Es ist immer mehr gemeint, als gegeben ist.“[240] bringt Rainer Schützeichel dieses Phänomen auf den Punkt. Es ist diese Unterscheidung von aktuell Gegebenen und potenziell Möglichem oder kürzer von Aktualität und Potenzialität, die Luhmann als Sinn und als Grundform menschlichen Erlebens bezeichnet.[241]

> „Das Phänomen Sinn erscheint in der Form eines Überschusses von Verweisungen auf weitere Möglichkeiten des Erlebens und Handelns. Etwas steht im Blickpunkt, im Zentrum der Intentionen, und anderes wird marginal angedeutet als Horizont für ein Und-so-weiter des Erlebens und Handelns. Alles, was intendiert wird, hält in dieser Form die Welt im Ganzen sich offen, garantiert also immer auch die Aktualität der Welt in der Form der Zugänglichkeit.“[242]

Sinn verbindet also Aktuelles mit Möglichem und konstituiert so einen universalen Weltzugang in der Form sinnhaften Verweisens. Die Benutzung von Sinn konstituiert immer einen Horizont, der zum einen eine inhärente Instabilität des Sinns nach sich zieht, die immer über das aktuell Gegebene hinaus will und der zum anderen aber dafür sorgt, dass es immer Anschlussmöglichkeiten für weiteren Sinn gibt, dass der Sinn nicht erschöpft werden kann. Am Horizont des aktualisierten Sinns gibt es immer noch weitere Möglichkeiten und der Sinn tendiert inhärent dazu, diesen Verweisungen zu folgen und anderen Sinn zu aktualisieren. Aus dieser Eigentümlichkeit der menschlichen Erlebnisverarbeitung, der ständigen über das aktuelle Erleben hinausweisenden Möglichkeiten, resultiert eine kontinuierliche Überforderung der Sinnverarbeitung:

> „Die Problematik dieser Selbstüberforderung des Erlebens durch andere Möglichkeiten hat die Doppelstruktur von Komplexität und Kontingenz. Durch den Begriff Komplexität soll bezeichnet werden, daß es stets mehr Möglichkeiten des Erlebens und Handelns gibt, als aktualisiert werden können. Der Begriff der Kontingenz soll sagen, daß die im Horizont aktuellen Erlebens angezeigten Möglichkeiten weiteren Erlebens und Handelns nur Möglichkeiten sind, daher auch anders ausfallen können, als erwartet wurde; ... Komplexität heißt also praktisch Selektionszwang. Kontingenz heißt praktisch Enttäuschungsgefahr und Notwendigkeit, sich auf Risiken einzulassen.“[243]

Der Sinnbegriff und die ihm zugrunde liegende Unterscheidung von Aktualität und Potenzialität dient Luhmann damit zur Begründung zweier grundlegender

---

[240] Vgl. Schützeichel 2003, S. 33.
[241] Vgl. Luhmann 1971, S. 31.
[242] Vgl. Luhmann 1984, S. 93.
[243] Vgl. Luhmann 1971, S. 32f.

Problembezüge der Systemtheorie: Komplexität und Kontingenz. Sinnverarbeitung ist eine Überschussproduktion, die ständig zu riskanten (enttäuschungsanfälligen) Selektionen zwingt. Reduktion von Komplexität und Absorption von Unsicherheit werden damit zu bestimmenden Themen einer auf dem Sinnbegriff fußenden soziologischen Systemtheorie.

Luhmann orientiert sich in dieser Darstellung zwar an Husserl, weicht aber dennoch von ihm ab. Weder beschränkt er sich auf eine psychische Systemreferenz[244], noch folgt er den theoretischen Voraussetzungen der phänomenologischen Analyse in den Formen einer eidetischen oder transzendentalen Reduktion[245]. Sinn bezieht sich bei ihm nicht auf das Gemeinte, wie bei Husserl, sondern „auf den Verweisungszusammenhang von aktuellem Vermeinen und potenziellen Vermeinen-Können selbst."[246] Er strebt auch nicht nach phänomenologischer Tiefe in der Bewusstseinsanalyse[247], orientiert sich aber an der theoretischen Rigorosität und an einigen konzeptuellen Grundpositionen Husserls.

Problematisch wird eine Verortung des Luhmannschen Sinnbegriffs nach Webers Unterscheidung von objektivem und subjektiv gemeintem Sinn[248] und damit überhaupt innerhalb eines soziologischen Verständnisses des Sinnbegriffs, wie Schützeichel konstatiert:

„Der Ausdruck wird oftmals synonym mit 'Bedeutung' oder 'Relevanz' benutzt und kann sich auf unterschiedliche Sinnträger beziehen, auf Handlungen oder auf ein Bewußtsein, auf Sprache, Zeichen, Symbole oder kulturelle Objektivationen."[249]

und im nächsten Absatz:

„Luhmanns Verständnis ist von den angeführten zu unterscheiden. 'Sinn' ist nicht das, was erlebt oder intendiert oder im Bewußtsein vermeint werden kann. Sinn ist nicht identisch mit Information – Informationen veralten, Sinn nicht. Luhmanns phänomenologisch orientierter Sinnbegriff ist auch nicht mit 'Bedeutung' gleichzusetzen."[250]

Sinn geht es nicht um den konkreten Inhalt, die aktuelle Ausprägung, sondern immer um die Differenz dieser Ausprägung von dem Hintergrund weiterer Möglichkeiten. Sinn ist diese Unterscheidung und damit ein Medium der Bedeu-

---

[244] Vgl. Luhmann 1984, S. 93, Fn. 3.
[245] Vgl. Schützeichel 2003, S. 34.
[246] Ebd.
[247] Hier stimme ich Knudsen zu, auch wenn daraus meiner Ansicht nach nicht eine völlige Verfehlung der husserlschen Einsichten resultiert. Vgl. Knudsen 2006, S. 167f.
[248] Vgl. Weber 1904.
[249] Vgl. Schützeichel 2003, S. 31.
[250] Ebd.

tungsgebung, aber nicht diese Bedeutungsgebung selbst. Luhmann geht es deshalb gar nicht um Webers „subjektiv gemeinten Sinn", sondern zum einen um die soziologische Erschließung der Problemformeln Komplexität und Kontingenz und zum anderen um die Klärung eines Mediums, dass sowohl soziale als auch psychische Prozesse der konkreten Sinngebung ermöglichen kann und so Verbindungsmöglichkeiten realisiert.

An diesen grundlegenden Befund schließt sich Luhmanns Dimensionierung des Sinnbegriffes an. Sinn kann demnach in drei Dimensionen aufgespalten werden, die ein jeweils eigenes Verhältnis von Aktualität und Potenzialität konstituieren. Die Differenz von Aktualitätskern und Möglichkeitshorizont wird also in weitere Differenzen (Formen) dekomponiert. Luhmann dimensioniert den Sinnbegriff sachlich, zeitlich und sozial.[251] Alle Sinndimensionen sind ebenso universal wie der Sinnbegriff insgesamt. Sachlicher Sinn bezieht sich auf die Unterscheidung von diesem und anderem. In dieser Sinndimension geht es um gegenständliche oder thematische Bezugspunkte, es geht darum, auf was der Sinn gerichtet ist vor dem Hintergrund anderer Möglichkeiten. Zeitlicher Sinn bezieht sich auf die Unterscheidung von vorher und nachher bzw. deren Verlängerung in der Unterscheidung von Vergangenheit und Zukunft. Die Horizonte der Gegenwart verlängern sich in dieser Sinndimension in die Zeit hinein. So greift Sinn über das Jetzt hinaus und kann Bezüge zu abgeschlossenen Vergangenheiten und offenen Zukünften herstellen. Nach Luhmann konstituiert sich an der Schnittstelle zwischen Vergangenheit und Zukunft die Gegenwart, als „das Irreversibelwerden einer Veränderung"[252]. Genauer gesagt unterscheidet er hier zwei Formen des Erlebens von Gegenwart: Zum einen wird Gegenwart als ein punktuelles Ereignis erfahren, als eben eine irreversible Veränderung; zum anderen kann auch an der Gegenwart eine Dauer erfahren werden, die noch nicht vollkommen Vergangenes und das gerade vor der Tür stehende Zukünftige miteinander verbindet. An dieser Differenz zweier Gegenwarten er-fahren wir nach Luhmann die Zeit als ein Fließen.[253] Zentral ist die Erfahrung von gleichzeitiger Irreversibilität und Reversibilität in der Zeit. Wie wir noch sehen werden ist dieses Konzept zweier Gegenwarten für eine systemtheoretische Gedächtnistheorie von einiger Bedeutung, denn die Frage des Bezugs auf Vergangenheit und Zukunft, wie auch das Verhältnis von Reversibilität und Irreversibilität sind entscheidende Facetten des Gedächtnisproblems. Luhmann zieht den Problemrahmen in der folgenden Weise auf:

---

[251] Einige neuere Ansätze innerhalb der Systemtheorie fügen auch noch eine räumliche Sinndimension ein. Vgl. Nassehi 2006, S. 433.
[252] Vgl. Luhmann 1984, S. 117.
[253] Ebd.

„Diese beiden Gegenwarten polarisieren sich wechselseitig als Differenz von Ereignissen und Beständen, von Wandel und Dauer, und das wiederum ermöglicht das Präsentwerden einer am irreversiblen Ereignis noch sichtbaren Vergangenheit und schon sichtbaren Zukunft in einer noch dauernden Gegenwart."[254]

Sozialer Sinn schließlich bezieht sich auf die Unterscheidung der Perspektiven Alters und Egos. Für den gegebenen Sinn gibt es immer mehr als eine Auffassungsmöglichkeit und dieser Horizont anderer Auffassungen ist im Sinn immer mitgegeben. Besonders deutlich wird dies in der Möglichkeit des Dissenses. Immer wenn Dissens möglich ist, muss schon mit unterschiedlichen Sinnauffassungen gerechnet werden und dieser Horizont begleitet als Verweisung jeden Sinn. Nimmt man über Luhmann hinausgehend auch eine räumliche Sinndimension in den Blick, kann man mit Nassehi zu folgender Auffassung über die Dekomponierbarkeit des Sinns kommen, den er hier auf die Gesellschaft als Horizont bezieht:

„Die Horizonthaftigkeit der Gesellschaft findet nicht nur in der Sachdimension als funktionale Differenzierung von Unterschiedlichem statt, nicht nur in der Sozialdimension als Wechselseitigkeit unterschiedlicher Akteure mit zurechenbaren Interessen und Zugehörigkeiten, nicht nur in der Zeitdimension als Unüberwindbarkeit von konkreten Gegenwarten, sondern auch in der Sinndimension des Räumlichen als Anwesenheit/Abwesenheit anderer Orte."[255]

Abschließend muss noch eine weitere Facette des systemtheoretischen Sinnbegriffs beleuchtet werden, da sie ebenfalls einen unmittelbaren Bezug zum Gedächtnisproblem aufweist. Sinn ist nach Luhmann inhärent instabil, da er immer über sich hinausweist, kann die aktuelle Sinnbestimmung nie festgehalten werden. Mit dem Sinn ist eine konstitutive Unruhe gegeben, die besondere Vorkehrungen zur Stabilisierung impliziert. Mit Luhmann kann der Sachverhalt folgendermaßen bestimmt werden:

„Die Instabilität des Sinnes liegt in der Unhaltbarkeit seines Aktualitätskerns; die Restabilisierbarkeit ist dadurch gegeben, daß alles Aktuelle nur im Horizont seiner Möglichkeitsanzeigen Sinn hat. Und Sinn haben heißt eben: daß eine der anschließbaren Möglichkeiten als Nachfolgeaktualität gewählt werden kann und gewählt werden muß, sobald das jeweils Aktuelle verblaßt, ausdünnt, seine Aktualität aus eigener Instabilität aufgibt. Die Differenz von Aktualität und Möglichkeit erlaubt mithin

---

[254] Vgl. Luhmann 1984, S. 117.
[255] Vgl. Nassehi 2006, S. 433. Im Auslassen dieser Sinndimension kann eine Schwäche Luhmanns gesehen werden, da die kommunikative Anwesenheitskonstruktion nicht nur soziale, sondern immer auch räumliche Bezüge aktualisiert.

eine zeitlich versetzte Handhabung und damit ein Prozessieren der jeweiligen Aktualität entlang von Möglichkeitsanzeigen."[256]

Damit wird deutlich, dass der Charakter des Sinns, Möglichkeitsanzeigen immer mit zu transportieren, entscheidend für das selektive Anschlussgeschehen ist. Wie diese „anschließbaren Möglichkeiten" aktuell angezeigt werden, ist eine der Grundfragen der Beobachtung von Anschlussgeschehen und damit auch von Gedächtnis. Denn wie wir noch sehen werden bezeichnet der Gedächtnisbegriff gerade das Hinausgreifen des Aktuellen in Vergangenheit und auch in die Zukunft. Ein weiterer Punkt ist hier schon angedeutet, auch wenn er später noch vertieft werden muss. Sinnbestimmungen erfolgen immer erst im Nachtrag, weil nur bestimmte der angezeigten Möglichkeiten auch realisiert werden. Hier stoßen wir wieder auf die beiden grundlegenden mit dem Sinnbegriff eingeführten Bezugsprobleme: Komplexität und Kontingenz. Diese beiden Probleme begleiten jede Kombination des Duals von Medium (als potentiell möglichen Formen) und Form (als aktuell strikt gekoppelten Elementen des Mediums).

Das Verhältnis von loser und strikter Kopplung müssen wir dennoch etwas weiter explizieren, da es bei der Entwicklung einer Theorie des Gedächtnisses von ebenso großer Bedeutung ist wie die Unterscheidung von Aktualität und Potenzialität. Dies wird auch von Luhmann selbst hervorgehoben:

„Lose Kopplung, die Offenheit einer Vielzahl möglicher Verbindungen, kann in sachlicher und in zeitlicher Hinsicht verstanden werden. Sachlich ist dann gemeint, daß viele festere Kopplungen in Betracht kommen und jede Formbildung eine Selektion erfordert. Zeitlich wird unter einem Medium oft eine Bedingung der Möglichkeit von Übertragungen verstanden. *Auch besteht ein enger Zusammenhang mit der Theorie des Gedächtnisses, wenn man Gedächtnis als Verzögerung von Reaktualisierung von Sinn begreift.* In jedem Fall muß ein Beobachter, der Medien beschreiben will, modaltheoretische Formulierungen verwenden."[257]

Mit den Begriffen Medium und Form werden noch einige andere Unterschiede betont, die eine gewisse Abhängigkeit von deren Charakterisierung als loser und fester Kopplung aufweisen. Betont werden vor allem die größere Durchsetzungskraft von Formen und die höhere Persistenz des Mediums. Die feste Kopplung sticht aus dem Medium heraus, wird sichtbar und setzt sich durch. Es gibt mit anderen Worten keinen Widerstand des Mediums gegen die in ihm mögliche Formbildung. Diese Einprägekraft wird aber nur möglich durch die Instabilität der Formen. Sie müssen das Medium durch ihren sofortigen Zerfall regenerieren, sonst würden sie es über kurz oder lang aufbrauchen und zerstören. Eine Zahlung

---

[256] Vgl. Luhmann 1984, S. 100.
[257] Vgl. Luhmann 1997b, S. 168. Hervorhebung von mir.

wird in den Händen des Empfängers wieder zu einem Geldbetrag, den dieser nach eigenem Gusto verwenden kann. Formen sind daher flüchtig[258] und eng mit dem Begriff der Operation verknüpft, denn nur Operationen generieren und verwenden Formen. Durch diese stetige Regeneration wird das Medium stabil gehalten, immer kann auf lose gekoppelte Elemente zur Formbildung zurückgegriffen werden. Allerdings, und dies ist für eine Gedächtnistheorie eminent wichtig, trägt das Medium auch die Verzögerungsfunktion, auf der viele Gedächtnisformen basieren.[259] Mit Verzögerungsfunktion ist gemeint, wie lange Wiederholungen in einem Medium verschoben werden, also wie schnell der Regenerationsprozess von statten gehen kann. „Hinausschieben der Wiederholung"[260] nennt Luhmann diesen Aspekt, der die Möglichkeiten von Gedächtnisleistungen präformiert. Damit kommen wir zur Frage des Gedächtnisses bei Luhmann. Bevor wir die systemtheoretische Gedächtnistheorie aufschlüsseln, sollen ein paar Vorbemerkungen zu den Anschlüssen an theoretische Vorläufer und den Implikationen der grundlegenden Theorieentscheidungen gemacht werden, die eine Verortung und Bewertung der theoretischen Optionen ermöglichen.

Die Frage des Gedächtnisses – Anschlüsse und Implikationen

Der Kybernetik zweiter Ordnung Heinz von Försters hat die soziologische Systemtheorie einige zentrale Ideen[261] zu verdanken und gerade im Hinblick auf von Försters intensiver Beschäftigung mit dem Phänomen Gedächtnis[262], mag es Sinn machen, kurz auf seine Überlegungen einzugehen und sich dann deren Abwandlungen durch Luhmann bei der Beschreibung sozialer Gedächtnisse zuzuwenden.

Für von Förster ist es zunächst bedeutsam Gedächtnis als einen „kognitiven Prozess"[263] auszuweisen. Dazu setzt er sich mit gängigen gedächtnisspezifischen Begriffsbildungen auseinander, wie Speichern und Abrufen oder Erkennen und Erinnern. Beim Speichern und Abrufen geht es um eine „Invarianz der Qualität"[264] dessen, was gespeichert und wieder abgerufen werden soll. Zum Beispiel wird in eine Bibliothek ein Buch eingestellt, und wenn jemand das Buch bestellt, bekommt er genau dieses vorher archivierte Buch. Von Försters Punkt ist nun, dass dies bei kognitiven, also informationsverarbeitenden Prozessen nicht der

---

[258] An dieser Charakterisierung wird auch schon eine Anlehnung an den Ereignisbegriff deutlich. Formbildungen sind immer auch Ereignisse, die sofort wieder verschwinden. Doch im Gegensatz zu den Ereignissen können Formen durchaus wiederholt werden.

[259] Vgl. Luhmann 1997b, S. 170f.

[260] Ebd., S. 171.

[261] So die Beobachtung zweiter Ordnung oder die Bildung von Eigen-Values in rekursiven Prozessen.

[262] Vgl. von Förster 1948, 1965, 1967a, 1967b und 1991.

[263] Vgl. von Förster 1991, S. 61.

[264] Ebd., S. 58.

Fall ist. Es geht hier nicht darum eine Invarianz der Qualität zu reproduzieren, sondern darum Informationen zu verarbeiten. Deshalb muss man Träger von Informationen (wie z. B. Bücher) streng von Informationen unterscheiden. Erkennen und Erinnern dagegen bezeichnen die „wahrnehmbaren Ergebnisse"[265] von gedächtnisspezifischen Operationen, die streng von den ihnen zugrunde liegenden Operationen und Mechanismen zu trennen sind. Kognitive Prozesse sind genau diejenigen Prozesse, die es erlauben Informationen von ihren Trägern abzuheben und zu trennen, um mit den Informationen weiterzuarbeiten, ohne ihre Träger immer bereithalten zu müssen. Kognition zeichnet sich nun nach von Förster durch drei Merkmale aus: die Fähigkeit, wahrzunehmen, die Fähigkeit, sich zu erinnern, und die Fähigkeit, Schlüsse zu ziehen.[266] Lässt man nur eine dieser drei Fähigkeiten weg, so kann nicht mehr von Kognition gesprochen werden:

> „Streichen wir Wahrnehmung, dann fehlt jede Erfahrung. Streichen wir Gedächtnis, dann kennt das System nur Durchsatz. Streichen wir die Fähigkeit, Schlüsse zu ziehen, dann degeneriert Wahrnehmung zu Sinnesreizung und Gedächtnis zu einem Speicher."[267]

Gedächtnis ist in dieser Perspektive nur analytisch von Kognition zu trennen, besteht aber genau betrachtet allein aus diesen kognitiven Prozessen, die Rückgriffe (Wahrnehmungen) und Vorgriffe (Schlussfolgerungen) durch eine rekursive Transferfunktion miteinander verbinden. In Anlehnung an Forschungen Konorskis zum konditionierenden Stimulus[268] glaubt auch von Förster, dass es im Wesentlichen zwei Prinzipien sind, auf denen kognitive Prozesse beruhen: einem Prinzip der Selektion und einem Prinzip der Untrennbarkeit von Information und ihrer Verwendung. Wenn kognitive Prozesse Rückgriffe und Vorgriffe verschalten, dann geschieht das immer vor dem Hintergrund einer Auswahl des Bedeutsamen (Selektion) und einer direkten Heranziehung bzw. Bildung der Information für ihre Verwendung. Nur als ein solcher kognitiver Prozess macht also Gedächtnis Sinn, als gegenwärtiger selektiver Rückgriff und gleichzeitig als ebenfalls gegenwärtiger antizipativer Vorgriff, der schon die Konstruktion der Information bestimmt.

Vor diesem Hintergrund ist Gedächtnis also ein mitlaufendes Moment kognitiver Prozesse und ohne diese nicht denkbar. Dieses Moment besteht gerade in der rekursiven Verknüpfung von etwas Vorliegendem (z.B. einer Wahrnehmung,

---

[265] Vgl. von Förster 1991, S. 60.
[266] Ebd., S. 62.
[267] Ebd.
[268] Vgl. Konorski 1962.

aber auch eines vergangenen Zustandes) mit etwas Nachfolgendem (der Verwendung der generierten Information), bei der Zustände rückgekoppelt werden und so Erfahrung und Lernen möglich machen. Das ist dann der Fall, wenn zum Beispiel der Erfolg einer Antizipation, eines Vorgriffs, dazu führt, dass er beim nächsten Mal noch wahrscheinlicher erwartet wird. Allerdings entwickelt von Förster sein Modell sehr explizit im Hinblick auf das Gehirn und seine neuronale Verschaltung bzw. mit einer psychischen Systemreferenz. Dies wird schon deutlich an der Definition der drei Momente eines kognitiven Prozesses: Wahrnehmung, Gedächtnis und Schlussfolgerung. Von einer soziologischen Systemtheorie aus betrachtet, die eine dezidiert soziale Systemreferenz veranschlagt, müssen hier einige Begriffe zu kurz greifen. So kann man das allgemeine Modell einer momenthaft mitlaufenden rekursiven Transferfunktion, die Rückgriffe und Vorgriffe miteinander verbindet, wohl übernehmen. Aber man kann diese Rückgriffe und Vorgriffe nicht einfach als Wahrnehmungen und Schlussfolgerungen definieren, ohne in schwieriges Fahrwasser zu geraten. Denn soziale Systeme verfügen nicht über die Möglichkeit der Wahrnehmung und auch das Moment des Schlussfolgerns fügt sich nicht ohne Weiteres in Prozesse der Kommunikation. Wir werden sehen, wie die Systemtheorie hier anders optiert als der von Förstersche Konstruktivismus, freilich ohne dessen Grundidee aufzugeben.

Wenn wir kursorisch noch mal die grundsätzlichen Theorieentscheidungen durchgehen, lassen sich einige Anforderungen und Leitvorstellungen für eine Theorie des Gedächtnisses formulieren, die damit impliziert sind. Hieraus kann man auch die wichtigsten systemtheoretischen Fragestellungen für eine Gedächtnistheorie ableiten. Es ergeben sich die folgenden Implikationen und damit verbundenen Fragestellungen:

1. Die theoretische Bearbeitung des Gedächtnisproblems verlangt immer die Angabe einer Systemreferenz. Man muss klar und deutlich zwischen sozialen, psychischen und organischen Gedächtnisleistungen unterscheiden. Für eine Soziologie des Gedächtnisses bedeutet dies eine Fokussierung auf kommunikative Formen des Gedächtnisses. Wie kommt Gedächtnis innerhalb von Kommunikation zustande und wie trägt jede einzelne Kommunikation zur Gedächtnisbildung bei?

2. Systeme sind nur die verketteten Operationen auf denen sie beruhen. Daher kann auch Gedächtnis nur ein Moment dieser operativ vorgenommenen Verkettung sein. Gedächtnis ist ein Moment der Operation, muss also an der Operation selbst aufzuzeigen sein. Dafür könnte der Beobachtungsbegriff in Frage kommen, der die Möglichkeiten der Verkettung von Operationen in den Vordergrund rückt. Gedächtnis fungiert

in dieser Hinsicht als eine besondere Form der Beobachtung, die in jeder Operation mitläuft.

3. Durch den Bezug auf Sinn wird der Umgang mit Kontingenz zu einem zentralen Thema. Kontingenz muss eingeschränkt werden, um Anschlüsse wahrscheinlicher zu machen, aber sie wird auf der anderen Seite auch immer wieder reproduziert, weil das Sinnsystem nur auf diese Weise in Bewegung gehalten werden kann. Wie Gedächtnis an dieser stetigen Umwälzung und Bearbeitung von Kontingenz in der Kommunikation beteiligt ist, gehört zu den fundamentalen Problemen einer system-theoretischen Fassung des Gedächtnisbegriffes.

4. Geht man von der Unterscheidung zwischen Medium und Form aus, kann man das Gedächtnisproblem als eines der Wiederholbarkeit und Wiederauffindbarkeit von Formen beschreiben. Diese Fassung macht es evident, dass eine Theorie des Gedächtnisses sich in besonderer Weise mit Medien beschäftigen muss, die einerseits solche Formen immer wieder neu ermöglichen und andererseits einen aktualisierenden Rückgriff auf Formen zulassen, die schon einmal erzeugt wurden. Wie das jeweils geschieht und wie dies durch das entsprechende Medium unterstützt wird muss eine Gedächtnisanalyse aufzeigen.

5. Systemhaftigkeit und Operativität sind also die Grundpfeiler der Theorie. Beide müssen streng zusammengedacht werden, wie Luhmann selbst immer wieder deutlich macht. Operation und System sollen letztlich nicht voneinander unterscheidbar sein, sie ergeben erst zusammen eine operative Geschlossenheit, die ein Reden von operativen Trennungen plausibel macht. Dennoch scheint der Fokus „System" eine andere Theorieoption zu betreiben als der Fokus „Operation". Während es der Systemhaftigkeit um die Geschlossenheit eines Operationszusammenhangs geht, um die Frage der Grenzziehung und der Grenzerhaltung eines wie immer selektiven Anschlussgeschehens, geht es bei der Operativität um die augenblickliche Verkettung von Ereignissen, die der Frage der systemischen Schließung zunächst mehr oder weniger neutral gegenüberstehen. In den Ausarbeitungen zu einer systemtheoretisch fundierten Theorie sozialer Gedächtnisse lassen sich diese beiden Foki ebenfalls beobachten, sodass man letztlich sogar von zwei systemtheoretischen Gedächtnistheorien sprechen kann, deren Verzahnung nur lose über einen gemeinsamen Ausgangspunkt gelingt, der hauptsächlich von der funktionalen Analyse des Phänomens Gedächtnis geliefert wird. Es muss sich zeigen, ob dieser gemeinsame Ausgangspunkt ausreicht, eine

einheitliche Theorie zu begründen oder ob die unterschiedlichen Foki Systemhaftigkeit und Operativität zu zwei unterschiedlichen Theorien führen, die sich nur schwer aufeinander beziehen lassen.

Wir halten also als systemtheoretischen Rahmen einer Theorie sozialer Gedächtnisformen Folgendes fest: (1) von Försters Argument Gedächtnis als Moment eines kognitiven Geschehens aufzufassen; (2) ihm eine systemische Referenz zu unterlegen; (3) es auf Operationen zurückzuführen; (4) die Formen in unterschiedlichen Medien erzeugen und (5) achten wir dabei auf die theoretische Spannung zwischen Konzepten, die sich eher auf die Systemhaftigkeit beziehen und solchen, die sich eher auf die Operativität von Gedächtnis beziehen.

3.3 Der Gedächtnisbegriff der Systemtheorie – ein Ausgangspunkt

Der Gedächtnisbegriff gehört nicht zu den auffälligsten Vokabeln der soziologischen Systemtheorie, die starke Debatten innerhalb der Soziologie ausgelöst hätten. Dennoch taucht der Begriff im Spätwerk Luhmanns immer häufiger auf und auch in einigen anderen systemtheoretischen Arbeiten spielt er eine recht prominente Rolle.

Ein erster gemeinsamer Bezugspunkt für eine einerseits auf Systeme, wie andererseits auch auf Operationen fokussierte Theorie bietet sich in der Perspektive der funktionalen Analyse. Sie interessiert sich nicht primär dafür aus einer Funktion bzw. deren Erfüllung ein kausales Argument abzuleiten, dass dann etwa besagen würde, weil das Problem (a) gelöst werden muss, gibt es das Verhalten (x). Das wäre ein teleologischer Funktionalismus.[269] Die Systemtheorie verfolgt einen solchen Funktionalismus nicht, vielmehr interessiert sie sich für den Funktionsbegriff, weil er Vergleiche ermöglicht.[270] Mit der Funktion ist lediglich ein Bezugsgesichtspunkt bestimmt für den man dann unterschiedliche Lösungswege vergleichen kann. Luhmann formuliert dies folgendermaßen:

> „Die funktionale Analyse benutzt Relationierungen mit dem Ziel, Vorhandenes als kontingent und Verschiedenartiges als vergleichbar zu erfassen. Sie bezieht Gegebenes, seien es Zustände, seien es Ereignisse, auf Problemgesichtspunkte, und sucht verständlich und nachvollziehbar zu machen, daß das Problem so oder auch anders gelöst werden kann. Die Relation von Problem und Problemlösung wird dabei nicht

---

[269] Diese klassische Variante einer Begründung der Zweckmäßigkeit der sozialen Welt ist in den 70er Jahren zunehmend in Kritik geraten und wurde durch einen kontingenztheoretischen Funktionalismus, wie ihn auch Luhmann verwendet, ersetzt. Vgl. Reckwitz 2003b.
[270] Vgl. Luhmann 2005, S. 17.

um ihrer selbst willen erfaßt; sie dient vielmehr als Leitfaden der Suche nach funktionalen Äquivalenten."[271]

Perspektivisch ist an dieser Aussage interessant, dass es bei einer funktionalen Analyse nicht um eine Erklärung eines Sachverhalts in einem strengen Sinne geht, wie sie etwa die Theorie der soziologischen Erklärung von Hartmut Esser[272] in ihrem letztlich streng kausal-wissenschaftlich orientierten Ansatz verfolgen würde. Stattdessen wird ein Problem als Bezugsgesichtspunkt isoliert auf den man sich mit möglichen Lösungen beziehen kann. Mit der Methode der funktionalen Analyse eröffnet man einen begrenzten Möglichkeitsraum von dem aus man durch immer weitergehende Spezifikation, dann auch zu kausalen Zusammenhängen gelangen kann. Ziel ist es aber zunächst einmal nur diesen Raum von Vergleichsmöglichkeiten aufzuspannen. Hauptertrag der funktionalen Analyse ist deshalb auch nicht eine Erklärung eines Sachverhalts, sondern die Konstruktion anspruchsvoller Problemlagen.[273] Mit der Festlegung auf funktionale Analyse vollzieht die Systemtheorie eine Schwerpunktsetzung auf die Konstruktion von Bezugsproblemen und den dann möglichen Problemverarbeitungsstrategien und Lösungswegen.

Die erste Frage, die sich eine systemtheoretische Forschungsarbeit stets stellen sollte, ist also die Frage nach einem Bezugsproblem. Wenn man sich mit der Selbsterhaltung von Systemen, der Reproduktion von Strukturen, der Wiederholung von Prozessen oder Ähnlichem beschäftigen möchte, stellt sich immer zuerst die Frage nach dem Bezugsgesichtspunkt, der hier relevante Folgefragen zu identifizieren erlaubt. Damit ist eine grundsätzliche Fragerichtung verbunden, die von der Konstruktion eines Problems ausgehend den Möglichkeitsraum erkundet, der durch diesen Fokus erzeugt und eingeschränkt wird. Kausale Rekonstruktion ist dann nur eine Möglichkeit unter anderen mit funktionaler Analyse umzugehen, nur ein Beobachtungsschema unter anderen, um Zusammenhänge zu erkennen. Diese Grundausrichtung der Systemtheorie sollte man im Hinterkopf behalten, wenn man sich der Theoriekonstruktion und -anwendung nähern will. Bezugsgesichtspunkte sind offen zu legen und alternative Beobachtungsmöglichkeiten sind in Rechnung zu stellen. Ausgehend von dieser allgemeinen Perspektive dient die funktionale Analyse des Problems Gedächtnis als gemeinsamer Ausgangspunkt der hier geführten theoretischen Überlegungen. Es ist also ein Bezugsproblem zu formulieren, vor dessen Hintergrund bestimmte Einrichtungen dann als Lösungen erscheinen können und miteinander vergleichbar werden, hier das Bezugsproblem des Gedächtnisses.

---

[271] Vgl. Luhmann 1984, S. 83f.
[272] Vgl. Esser 2002.
[273] Vgl. Luhmann 1984, S. 86.

Eine offensichtliche, der alltagssprachlichen Verwendung des Gedächtnisbegriffs sehr naheliegende Deutung wäre die des Bewahrens von Vergangenem,
des Speicherns. Aber hier sieht Luhmann nicht das maßgebende Problem. Vielmehr glaubt er, wie andere vor ihm[274],

> „daß das Gedächtnis psychischer wie sozialer Systeme nicht einfach als Speicherung
> und Verfügbarhalten vergangener Zustände oder Ereignisse begriffen werden kann.
> Vergangenes ist und bleibt operativ unverfügbar. Auch das Gedächtnis kann nur in
> jeweils aktuellen Operationen, also nur in der Gegenwart benutzt werden. Die ei-
> gentliche Funktion des Gedächtnisses liegt denn auch nicht in der Bewahrung des
> Vergangenen, sondern in der Regulierung des Verhältnisses von Erinnern und Ver-
> gessen; oder mit einer Formulierung von Heinz von Foerster: in einer ständigen se-
> lektiven Re-Imprägnierung der eigenen Zustände.‟[275]

Gedächtnis ist in dieser Perspektive also keine Lösung für Probleme des Bewahrens der Vergangenheit, sondern eine Lösung für ein Unterscheidungsproblem:
die Diskrimination zwischen den Leistungen des Vergessens und des Erinnerns.
An dieser funktionalen Bestimmung von Gedächtnis sind zunächst die beiden
Leistungen interessant. Gedächtnis wird gerade nicht ausschließlich mit Erinnerungsleistungen gleichgesetzt, wie es sicherlich in der Umgangssprache der Fall
wäre. Stattdessen tritt neben die Erinnerung die Leistung des Vergessens und
Gedächtnis hat es in erster Linie mit der Zuordnung bzw. der Regulierung dieser
beiden Leistungen zu tun. Bei der Leistung der Erinnerung geht es um das Erkennen von Wiederholungen. Bei der Leistung des Vergessens geht es dagegen
eher um das Freimachen bzw. Freihalten von Kapazitäten. Führt man sich diese
beiden Leistungen noch einmal vor Augen bemerkt man ihren inneren Zusammenhang, denn da sich Ereignisse der Kommunikation nicht identisch wiederholen, wird die Wiederholung nur auf der Grundlage von Abstraktion erkennbar
und Abstraktion basiert auf der Leistung des Vergessens (dem sogenannten
„schlechten Gedächtnis") von den konkreten Bestimmungen des Ereignisses.
Deshalb spricht Luhmann auch häufig vom Vergessen als der Hauptfunktion des
Gedächtnisses, denn die Erinnerungsleistung baut auf dem Vergessen auf und ist
nur möglich, weil immer wieder Kapazitäten freigemacht werden, um mit neuen
Ereignissen umzugehen.

> „Die Funktion des Gedächtnisses besteht deshalb darin, die Grenzen möglicher Kon-
> sistenzprüfungen zu gewährleisten und zugleich Informationsverarbeitungskapazitä-
> ten wieder frei zu machen, um das System für neue Irritationen zu öffnen. Die

---

[274] Die Liste wäre lang. Sie reicht von Halbwachs bis Assmann, wie man im vorigen Kapitel studie-
ren konnte.
[275] Vgl. Luhmann 1997, S. 270.

Hauptfunktion des Gedächtnisses liegt also im Vergessen, im Verhindern der Selbstblockierung des Systems durch ein Gerinnen der Resultate früherer Beobachtungen."[276]

Hier wird eine weitere Funktion des Gedächtnisses hervorgehoben, die sich von den Einzelleistungen Erinnern und Vergessen unterscheiden lässt. Luhmann spricht von der Funktion der Konsistenzprüfung, die im Wesentlichen in der Unterscheidung von Bekanntem und Unbekanntem besteht, oder in eher kybernetischen Sprachgebrauch in der Unterscheidung von Varietät und Redundanz. Es ist eine Zuordnungsfunktion, die Schützeichel im Anschluss an Luhmann folgendermaßen beschreibt:

„Die Gedächtnisleistungen bestehen in erster Linie in Konsistenzprüfungen. Bestimmte Dinge oder Informationen werden als bekannt und konform mit den vorgesehenen Schemata betrachtet und damit bestätigt, oder sie können – immer vor dem Hintergrund spezifischer Erwartungsstrukturen – als Abweichung, als Überraschung, als Irritation identifiziert werden. Dann steht das Gedächtnis vor der Möglichkeit, diese Irritation als einmalig, als Abweichung, zu bestimmen und sie zu vergessen, oder es kann sie als bedeutsam, als Neuheit ansehen, als „des Gedächtnisses" wert behandeln und für weitere Erinnerungen selektiv erfassen."[277]

Diese Funktion geht nicht in den Erinnerungsleistungen bzw. Vergessensleistungen auf, sondern zeigt sich in erster Linie als Diskrimination zwischen Erinnern und Vergessen. Damit wird insbesondere die Sortier- oder Filterleistung als eigentliche Funktion des Gedächtnisses deutlich gemacht.

Aus dem Vorrang der Sortierleistung bei der funktionalen Bestimmung des Gedächtnisses, die eng mit der Frage der Anschlussfähigkeit verbunden ist, ergibt sich eine weitere abgeleitete Gedächtnisfunktion, die enger mit dem Alltagsverständnis von Gedächtnis korrespondiert. Die ständige Konsistenzprüfung produziert als ein Nebenprodukt die gegebene Realität des Systems, die sich als Widerstand der Resultate vergangener Operationen gegen neue Operationen zeigt.

„...: das Gedächtnis kontrolliert den Widerstand der Operationen des Systems gegen die Operationen des Systems. Es hält mit Konsistenzprüfungen das fest, was dem System nach Bearbeitung dieses inneren, selbstorganisierten Widerstandes als >>Realität<< (im Sinne von >>res<<) erscheint."[278]

---

[276] Vgl. Luhmann 1997, S. 579.
[277] Vgl. Schützeichel 2003, S. 209.
[278] Vgl. Luhmann 1997, S. 581.

Halten wir die Problembestimmungen des Gedächtnisses fest, so stoßen wir einmal auf das Problem der Anschlussfähigkeit (oder dem Problem der Filterung) und auf das Problem des Ausgriffs gegenwärtiger Operationen in die nicht erreichbare Vergangenheit bzw. Zukunft (oder dem Problem der Referenz). Beide Probleme sind eng verbunden und so muss es auch ihre Lösung sein. Die auf diesen Problemkreis ausgerichteten Funktionen sind die laufende Konsistenzprüfung, die Erinnerungs- und Vergessensleistungen des Systems sortiert und die damit verbundene Erzeugung einer Realität, einer Ordnung der bekannten Welt, die durch Gedächtnis ebenso mitproduziert wird, wie die durch Vergessen ermöglichte Freimachung operativer Kapazitäten, die nur auf bestimmte Resultate und nicht auf alles Vorhergehende rekurrieren müssen. Wie Gedächtnisse diese Funktionen erfüllen, wie der Sortiermechanismus im jeweiligen System (vor allem in sozialen Systemen) realisiert wird, wie er arbeitet und auf welchen Grundlagen er beruht, dazu mehr in den folgenden Abschnitten dieses Kapitels.

Ein zweiter Pol der Gemeinsamkeit ist die Frage nach der Trägerschaft von Gedächtnisleistungen, denn die Bezeichnung und theoretische Erfassung eines sozialen Gedächtnisses macht nur in zwei Formen Sinn. Zum einen als soziale Einprägungen in das psychische Gedächtnis (im Anschluss an die Vorstellungen von Halbwachs, aber auch den meisten strukturindividualistischen Ansätzen) und zum anderen als außerhalb der psychischen Ebene vorfindbare Gedächtnisfunktion. Mit dieser zweiten Variante ist bei Luhmann jedoch weniger die Externalisierung von Gedächtnisleistungen gemeint, also die bei Parsons oder auch bei Assmann beschriebene, Auslagerung des Gedächtnisses auf physische Objekte. Vielmehr macht Luhmann, wie oben ausführlich dargestellt, die Kommunikation als emergente Ebene der Sozialität aus und postuliert so auch für soziale Systeme eine Gedächtnisfunktion, die also durch die Kommunikation getragen sein muss. Luhmann macht das unmissverständlich deutlich:

> „Ein soziales Gedächtnis muß sich außerhalb von (was nicht heißt: unabhängig von) psychischen Gedächtnisleistungen bilden. Es besteht denn auch allein in der Verzögerung von Wiederverwendungen der Worte und des mit ihrer Hilfe gebildeten Aussagesinns. Psychische Systeme werden gleichsam nur als Zwischenspeicher benutzt. Entscheidend für das soziale Gedächtnis ist das Abrufen von Gedächtnisleistungen in späteren sozialen Situationen, wobei das psychische Substrat über längere Zeiträume hinweg durchaus wechseln kann."[279]

Mit dem Begriff der Trägerschaft kann jedoch Unterschiedliches gemeint sein. Zum einen kann es um die Aufbewahrung der Formen gehen, die zur Wiederverwendung zur Verfügung stehen. Das Archiv wäre hiernach das maßgebliche

---

[279] Vgl. Luhmann 1997, S. 217.

Bild eines sozialen Gedächtnisses und die Trägerschaft wäre hier material vermittelt, wie bei der Zurechnung von Gedächtnisinhalten auf die Akteure. Luhmann legt jedoch mit seinem Insistieren auf dem Primat der Konsistenzprüfung als Hauptfunktion jedes Gedächtnisses den Schwerpunkt anders. Das Gedächtnis ist weniger mit der Aufbewahrung von Formen und Inhalten beschäftigt, sondern mit der laufenden Konsistenzprüfung von Operationen. Trägerschaft müsste sich dann auf den Träger dieser Funktion beziehen, also nicht auf den Ort der Aufbewahrung von Formen und Inhalten, sondern auf den Ort, an dem diese Konsistenzprüfung laufend stattfindet. Wenig überraschend ist dieser Ort die Kommunikation selbst.

Wir haben es also mit drei paradigmatischen Lösungswegen zu tun, dem sozialen Gedächtnis Trägerschaften zuzuordnen. Zwei dieser Lösungen bestehen im Wesentlichen in einer Externalisierung der relevanten Leistungen. Einmal in die neuronalen Fähigkeiten des Gehirns bzw. die psychische Fähigkeit des Erinnerns und Vergessens und einmal in die materiell vorliegenden Artefakte. Die systemtheoretische Lesart des Problems Gedächtnis optiert hier jedoch anders, ohne den Einfluss solcher Externalisierungen bestreiten zu wollen.[280] Sicher finden auch in psychischen Systemen Konsistenzprüfungen statt, aber diese gewinnen nur manchmal und unter gewissen Umständen eine soziale Relevanz. Auch materielle Gegenstände führen eigenständige Konsistenzprüfungen durch, aber von sozialer Relevanz sind nach Luhmann eben vor allem die laufend in der Kommunikation stattfindenden Konsistenzprüfungen, denn die Kommunikation muss immer wieder neu Verstehen und damit Anschluss organisieren und kann dies nur, wenn laufend geprüft wird woran angeschlossen werden kann. Kommunikation braucht und schafft sich daher ihr eigenes Gedächtnis. Konsistenz ist dabei ein noch zu füllender Begriff. In den Variationen muss zumindest genug Redundanz gefunden werden, um kommunikativ an eine Mitteilungsäußerung anzuschließen. Gelingt dies nicht, ist die Anschlussfähigkeit im höchsten Maße gefährdet.[281] Wie wir im Anschluss sehen werden, sind dies die gemeinsamen Ausgangspunkte der systemtheoretischen Optionen einer Theorie des Gedächtnisses. Der Fokus auf Operativität kommt vor allem in der Theorie der Kommunikation zum Tragen, innerhalb derer eine Theorie des Gedächtnisses formuliert werden kann. Der Fokus der Systemhaftigkeit kommt dagegen eher in einer Gedächtniskonzeption zum Tragen, die sich auf die Theorie der Gesellschaft

---

[280] So betonen auch Luhmann und ebenso Esposito in ihrer Studie zum "Sozialen Vergessen" die Bedeutung der technischen (also auf bestimmter Materialität beruhenden) Medien für die Transformationen des sozialen Gedächtnisses. Vgl. Luhmann 1996 und Luhmann 1997, S. 249ff sowie Esposito 2002.
[281] Vgl. zur Problematik des Anschließens in der Systemtheorie auch die Studie von Lübcke 2008 am Beispiel von Diskussionsforen im Internet.

stützt. Im Folgenden sollen diese beiden Theoriestränge getrennt behandelt werden, bevor das Kapitel mit einer zusammenfassenden Betrachtung und kritischen Verortung der systemtheoretischen Gedächtniskonzeption schließt.

3.4 Zuschreibungen, Anschlüsse und Referenzen – Gedächtnis in der Theorie der Kommunikation

Der Gedächtnisbegriff in der Theorie der Kommunikation baut vor allem auf der strikten Trennung von Kommunikation und Bewusstsein auf und auf der Basis einer operativen Strukturtheorie, die sich eigenständig nur auf der Ebene der Kommunikation vollzieht. Die Gedächtniskonzeption kristallisiert sich dabei an drei zentralen Anknüpfungspunkten heraus. Zunächst sind es die Begriffe Schema und Schematisierung (1), die einen ersten Einblick in Luhmanns Verständnis der kommunikativen Gedächtnisbildung bieten. Dann lässt sich das besondere Strukturgewinnungsmoment in jeder Operation (2) mit Begriffen aus den Gesetzen der Form von George Spencer Brown unterfüttern und man könnte diese Momente geradezu als den operativen Mechanismus der Gedächtnisbildung bezeichnen. Schließlich kann man im Anschluss an Schneiders Konzeption der Produktion von Intersubjektivität (3) in der Kommunikation beschreiben, wie es durch die laufende Konsistenzprüfung zur laufenden Produktion kommunikativer Bedeutungsfestlegungen kommt und so weit über Schematisierung hinausgehende Strukturproduktion in Gang kommt. Wir starten aber zunächst mit der Voraussetzung der strikten Trennung von Kommunikation und Bewusstsein, die so jeweils eigenständige Konsistenzprüfungsmechanismen entwickeln und anwenden müssen.

Kommunikation und Bewusstsein

Aufbauend auf den vorherigen Unterscheidungen (System/Umwelt, Operation/Beobachtung) kommt Luhmann zu dem Schluss, dass es, wenn man die Prämissen der bisher entwickelten Theorie teilt, unvermeidlich sei, zwei operativ geschlossene, beobachtungsfähige und Sinn prozessierende Systeme zu unterscheiden: Bewusstsein und Kommunikation. Es gibt keinen operativen Durchgriff von dem einen System in das andere und auch keine Determination der Operationen des einen durch Operationen des anderen. Dies macht Luhmann ganz unmissverständlich klar:

„Es ist eine Konvention des Kommunikationssystems Gesellschaft, wenn man davon ausgeht, daß Menschen kommunizieren können. Auch scharfsinnige Analytiker sind durch diese Konvention in die Irre geführt worden. Es ist aber relativ leicht, einzusehen, daß sie nicht zutrifft, sondern nur als Konvention und nur in der Kommunikation funktioniert. Die Konvention ist erforderlich, denn die Kommunikation muß ihre Operationen auf Adressaten zurechnen, die für weitere Kommunikation in Anspruch genommen werden. Aber Menschen können nicht kommunizieren, nicht einmal ihre Gehirne können kommunizieren, nicht einmal das Bewußtsein kann kommunizieren. Nur die Kommunikation kann kommunizieren."[282]

Dass nur die „Kommunikation kommunizieren kann" bedeutet, dass es sich um ein operativ geschlossenes System handelt, das sich nur mit eigenen Operationen reproduziert. Kein Gedanke kann als Gedanke die Kommunikation beeinflussen. Mit dieser theoretischen Ausgangsentscheidung distanziert sich Luhmann weit von den meisten anderen soziologischen Theorien, die sich in aller Regel als Handlungstheorien konstituieren. Nimmt man zum Beispiel Essers Modell der soziologischen Erklärung[283], wird schnell deutlich, dass die psychischen Präferenzen und Motive eine Handlungswahl erzeugen, die dann soziale Aggregationseffekte auslösen kann. Das Psychische und das Soziale müssen in der soziologischen Erklärung als Makro- und Mikro-Ebene verbunden werden. Die soziologischen Praxistheorien gehen sogar noch weiter und formulieren die These, dass man Körper, Bewusstsein und Sozialität als Einheit denken müsste und nicht als strikt getrennte Ebenen (wie bei Esser) oder gar Systeme (wie eben bei Luhmann).[284]

Dennoch oder gerade aufgrund dieser strikten Trennung von Bewusstsein und Kommunikation, stellt das Verhältnis von Bewusstsein und Kommunikation ein systemtheoretisches Problem erster Güte dar. Jenseits der funktionalen Analyse gesellschaftlicher Konventionen des Rückrechnens und Attribuierens der Kommunikation auf Menschen (ein Gedächtnisproblem höchster Relevanz) besteht das theoretische Problem auch darin, klar zu bestimmen, wie Kommunikation und Bewusstsein sich zueinander verhalten und auf welcher Grundlage ihr Zusammenhang zu konzeptualisieren ist. Bevor wir uns mit dieser Frage beschäftigen, müssen wir zunächst das Bewusstsein und dann auch die Kommunikation in ihrer jeweiligen Eigenständigkeit als operativ geschlossene Systeme beschreiben.

Bewusstsein ist im Verständnis der Systemtheorie also genau wie Kommunikation ein operativ geschlossenes System. Es reproduziert sich auf der Basis eigener (selbst produzierter) Operationen, also temporalisierter Elemente, die aneinander anschließen und so einen Bewusstseinsstrom erzeugen. Die Operationen des Bewusstseins nennt Luhmann Gedanken, während er die Beobachtun-

---

[282] Vgl. Luhmann 1995c, S. 38.
[283] Vgl. Esser 1993.
[284] Vgl. Reckwitz 2006a.

gen des Bewusstseins als Vorstellungen bezeichnet. Gerade im Bewusstsein lässt sich der Dauerzerfall der Elemente beobachten, die dann augenblicklich durch einen neuen Gedanken ersetzt werden müssen. Dabei muss jeder einzelne Gedanke zwischen Selbstreferenz und Fremdreferenz unterscheiden, er schließt an Elemente gleicher Form an und hat gleichzeitig einen intentionalen Bezug auf etwas, dass häufig nicht selbst ein Gedanke ist. Allerdings kann dieses etwas auch ein Gedanke sein und deshalb ist das Bewusstsein auch ein „sich selbst beobachtendes System."[285] Gedanken werden als Vorstellungen beobachtet, als eine „Einheit von Fremdreferenz und Selbstreferenz"[286], hier wird also der autopoietische Fluss von einem Gedanken zum anderen, der nur aus der Notwendigkeit der Fortsetzung, der ständigen Ersetzung eines Gedankens durch den Nächsten, gespeist wird, interpunktiert. Mit den Vorstellungen werden die Einheiten des Bewusstseins, als diskrete Einheiten, durch Beobachtung erst erzeugt. Auch das Bewusstsein wird somit von seiner Umwelt nur irritiert und muss auf der Basis von selbstreferentieller Fortsetzbarkeit durch die Erzeugung von Fremdreferenz (intentionaler Bezugnahme) daraus erst Information machen, die sich zwar auf die Umwelt bezieht, aber nicht aus der Umwelt stammt.

Diese Fassung des Bewusstseins schließt so in gewisser Hinsicht an die Erkenntnisse der Bewusstseinsphilosophie (vor allem Husserls) an, ohne mit dieser ein gemeinsames Erkenntnisinteresse zu teilen. Auch deshalb setzt sich die systemtheoretische Beschreibung von den Versuchen einer transzendentalen Letztbegründung des Bewusstseins ab, wie noch Husserl sie anstrebte.[287] Vielmehr geht es um eine Demonstration der Reichweite einer systemtheoretischen Analyse, die also auch Bewusstsein angemessen beschreiben kann und um ein Abtasten der Gemeinsamkeiten mit sozialen Systemen. Hier steht dann die strikte operative Trennung einerseits einer deutlichen Gleichartigkeit andererseits gegenüber. Bewusstsein und Kommunikation sind operativ geschlossene Systeme, die sich nicht nur selbst reproduzieren, sondern sich auch selbst beobachten können und beide operieren im Medium des Sinns und verweisen deshalb immer auf weitere Operationen und sichern somit ihre Reproduktion.

Das systemtheoretische Verständnis von Kommunikation setzt sich damit deutlich ab von anderen verbreiteten Kommunikationsvorstellungen, wie der Sprechakttheorie oder dem Modell der Informationsübertragung. Während die Sprechakttheorie den Handlungsaspekt des Sprechens betont und damit eng an die Intentionen des Erzeugers von Mitteilungen bindet[288], und das Übertra-

---

[285] Vgl. Luhmann 1995a , S. 69.
[286] Ebd., S. 70.
[287] Und verfehlt damit natürlich die genuinen Intentionen Husserls, um die es ihr aber auch gar nicht geht. Vgl. Knudsen 2006.
[288] Vgl. Austin 1962 und Searle 1974.

gungsmodell meint, es gehe bei Kommunikation darum Informationen von einem Sender an einen Empfänger zu übermitteln[289], setzt die Systemtheorie grundsätzlich anders an. Für Luhmann ist die Kommunikation notwendig die Einheit dreier Selektionen und weil sie aus diesen einzelnen Selektionen eine operative Einheit formt, ist sie „eine emergente Realität, ein Sachverhalt sui generis."[290] Diese drei Selektionen bezeichnet Luhmann als Information, Mitteilung und Verstehen. Wir wollen kurz nachzeichnen, was diese Selektionen im Einzelnen bedeuten sollen, um dann die Frage nach ihrer operativen Einheit aufzugreifen. Da ist zunächst die Informationsselektion, die Auswahl eines Bezugspunktes mit Neuigkeitswert, einer Differenz, die einen Unterschied macht[291], die den Zustand des Systems ändert. Sie etabliert dabei eine bestimmte Form des Außenkontakts, den wir weiter oben schon angesprochen hatten. Kommunikation ist, wie auch Bewusstsein, ein System, dass ständig, innerhalb jeder einzelnen Operation, zwischen Selbst- und Fremdreferenz unterscheiden muss. Die Selektion einer Information konstituiert nun die Fremdreferenz innerhalb der Kommunikation, sorgt also für den Außenkontakt durch Bezugnahme. Sie ist das „Einfallstor der Umwelt"[292], eine „(E)xterne Anregung"[293] in systemeigener Form. Demgegenüber steht die Mitteilungsselektion für die selbstreferentielle Komponente des Kommunikationsgeschehens. Sie bezeichnet in aller Regel die „Wahl" eines Verhaltens, um die Information eben mitzuteilen. Mit der Mitteilung wird deutlich, dass es sich nicht um irgendeine Information handelt, sondern um Kommunikation. Die Mitteilung verweist darauf, dass es sich um Kommunikation handelt. Etwas ist gesagt worden, aufgeschrieben worden oder auch als Website in das Internet gestellt worden. Besonders Sprache (wie man an den genannten Beispielen erkennen kann) dient der eindeutigen Identifikation von Mitteilungshandlungen. Die sprachliche Verfasstheit von Informationen verweist immer deutlich auf eine dahinter stehende Mitteilungsabsicht. Schließlich gibt es noch die Selektion des Verstehens, die sich explizit als Beobachtung ausweist. Das Verstehen wird dabei rein funktional und sehr formal bestimmt und ist nicht mit hermeneutischen Gehalten aufgeladen. In der Verstehensselektion werden die Mitteilungs- und die Informationsselektion voneinander unterschieden. Es wird verstanden, dass eine Information mitgeteilt wurde. Das mitteilende Verhalten ist nicht die Information, und die Information teilt

---

[289] Vgl. die Grundform dieses Modells bei Shannon und Weaver 1949.
[290] Vgl. Luhmann 1995d, S. 111.
[291] Nach dem Diktum Batesons: Information ist ein Unterschied, der einen Unterschied macht. Vgl. Bateson 1985, S. 488.
[292] Vgl. Göbel 2000, S. 188.
[293] Vgl. Luhmann 1984, S. 557.

sich nicht von selbst mit. Beide Selektionen können Anschluss provozieren, aber nur wenn sie in ihrer unterschiedlichen Selektivität verstanden wurden.

An den bisherigen Ausführungen wird schon deutlich, dass im Verstehen der Grund für die Einheitsbildung der drei Selektionen als Kommunikation gelegt wird. Aber man muss noch etwas weiter ausholen, um diese Einheit näher zu bestimmen. Grundlage für das Zustandekommen von Kommunikation ist für Luhmann das Problem doppelter Kontingenz, dass er von Parsons übernimmt.[294] Eine Situation ist dann als doppelt kontingent zu bestimmen, wenn sowohl Ego als auch Alter Ego ihr Handeln an den Erwartungen des jeweils anderen orientieren wollen, diese Erwartungen aber letztlich unbestimmt sind. Es kann dann keine Handlung zustande kommen, weil jeder darauf wartet, dass der jeweils andere deutlich macht, in welche Richtung es gehen soll. Vom Problem der doppelten Kontingenz nimmt jegliche Sozialität ihren Ausgangspunkt, es geht um den „Nullpunkt sozialer Koordination"[295], dessen Lösung Handeln erst ermöglicht. Kontingenz ist für Luhmann ein eminent wichtiger Begriff, der jegliches sinnhafte Operieren oder Prozessieren durchzieht.[296] Dabei bestimmt Luhmann Kontingenz als den Modus zwischen Notwendigkeit und Unmöglichkeit. Etwas ist also dann kontingent, wenn es weder notwendig noch unmöglich ist. Das Problem doppelter Kontingenz und damit eine grundlegend soziale Ebene entsteht nun, weil die Kontingenz auf beiden Seiten auftritt. Alters Handeln ist ebenso kontingent wie das von Ego und doch ist der Handlungserfolg beider von den Handlungswahlen des jeweils andern abhängig. Handeln kommt also nur zustande, wenn es zur Auflösung der doppelten Kontingenz kommt. An dieser Stelle kommt nun die Kommunikation ins Spiel, die eine Situation doppelter Kontingenz löst und gleichzeitig reproduziert, da sie die Intransparenz zwischen den „beteiligten" psychischen Systemen nicht aufhebt, sondern zum Ausdruck bringt. Zentral ist die Erkenntnis, dass Sozialität nicht schon auf der Ebene der einzelnen Handlung, klassisch Weberianisch durch deren Orientierung am Anderen emergiert, sondern erst auf der Basis einer Wechselseitigkeit von „Unterstellungen von Unterstellungen"[297], an der mindestens zwei füreinander undurchsichtige Sinnprozessoren beteiligt sind.[298] In der Kommunikation kommen nun die Leistungen beider Sinnprozessoren zusammen und es entsteht eine neue Einheit, die von keinem der beiden allein hervorgebracht wird oder kontrolliert werden kann.

---

[294] Vgl. Parsons & Shils 1951, S. 16.
[295] Vgl. Schützeichel 2003, S. 75.
[296] Bei der Beschreibung des Sinnbegriffes der Systemtheorie ist dieser Punkt ebenfalls schon zum Ausdruck gekommen. Siehe oben, S. 108ff.
[297] Vgl. Schützeichel, 2003, S. 79.
[298] Als Vorläufer kommen damit nicht der Begriff des "sozialen Handelns" in Frage, sondern eher der Begriff der "Wechselwirkung" bei Georg Simmel oder der Interaktionsbegriff.

Kommunikation als eine eigenständige Einheit zu betrachten, führt uns zurück zur Frage nach der Synthese der drei beteiligten Selektionen. Das Verstehen
nimmt dabei eine gewisse Vorrangstellung ein, um die Beteiligung des zweiten
Sinnprozessors hervorzuheben. Jeweils sind Handeln und Erleben gleichzeitig
impliziert, wenn man von Sozialität ausgeht und von Kommunikation spricht.
Die Synthese wird also vom Verstehen geleistet, obwohl das Verstehen doch
auch Teil der Synthese ist.[299] Die Selektion des Verstehens ist eine spezifische
Differenzsetzung, die etwas als Mitteilung und etwas anderes als Information
aufweist. Diese Differenzsetzung ist die selektive Leistung des Verstehens und
zieht damit die kommunikative Synthese der drei Selektionen zusammen. Dass
verstanden wurde und vor allem wie verstanden wurde, zeigt sich immer erst in
Anschlussoperationen, sodass der Eindruck eines Kommunikationsflusses entsteht (ganz analog dem des Bewusstseinsstromes), indem Kommunikationen als
diskrete Einheiten oder Ereignisse immer erst durch Beobachtung erzeugt werden. Diese Beobachtungsergebnisse, die Resultate von kommunikativen Zurechnungsprozeduren nennt Luhmann dann Handlungen. Dies führt Wolfgang Ludwig Schneider zu der These, dass es immer zwei Äußerungen sind, die die
kleinste kommunikative Einheit bilden.[300] Oder anders und mehr im Sinne Luhmanns formuliert: Aus zwei Verhaltensweisen, Ereignissen in der Umwelt des
sozialen Systems, macht die Kommunikation selbst eine operative Einheit, aber
immer erst im Fortgang, also rückblickend.

Die Erzeugung einer solchen Einheit betrachtet Luhmann zunächst als unwahrscheinlichen Vorgang.[301] Es sind insbesondere drei Unwahrscheinlichkei-
ten, die die Bildung kommunikativer Einheiten erschweren. Da ist zunächst, die
Unwahrscheinlichkeit des Verstehens. Bei vielen Verhaltensweisen ist nicht
ohne Weiteres zu erkennen, ob es sich um die Mitteilung einer Information handelt. Dann die Unwahrscheinlichkeit den Adressaten der Kommunikation zu
erreichen, wenn sich dieser in zeitlicher oder räumlicher Entfernung befindet,
also den Mitteilenden nicht wahrnehmen kann. Schließlich ist auch die Annahme
der Kommunikation als Prämisse eigenen Verhaltens unwahrscheinlich, denn
wie sollte sie die entsprechenden Verhaltensweisen motivieren. Alle drei Un-
wahrscheinlichkeiten wirken als Hemmschwellen für die Kommunikation und
können nicht nur den Abbruch von Kommunikation nach sich ziehen, sondern
verhindern, dass Kommunikation überhaupt zustande kommt. Die Unwahr-
scheinlichkeiten der Kommunikation wirken demotivierend auf die Beteiligung

---

[299] Diese Position hat berechtigterweise Kritik auf sich gezogen, da sie nicht deutlich genug macht,
wie das eigentlich geschieht. Vgl. hierzu Malsch 2005, S. 95f.
[300] Vgl. Schneider 2002, S. 279f.
[301] Vgl. Luhmann 1981a, S. 29.

der psychischen Systeme. In der gesellschaftlichen Evolution entstehen deshalb Einrichtungen, um auf diese Probleme zu reagieren. Diese Einrichtungen nennt Luhmann Medien der Kommunikation. Sprache reagiert zunächst auf das Problem des Verstehens, da dass Medium der Sprache ganz unmissverständlich deutlich macht, dass seine Verwendung nur in der Form von Mitteilung möglich ist und so ein Differenzieren zwischen Information und Mitteilung nahelegt. Das Problem der Erreichbarkeit von Adressaten wird durch Verbreitungsmedien wie Schrift, Buchdruck, elektronische Medien und Ähnlichem bearbeitet. Diese Medien ermöglichen Kommunikationsformen, die über zeitliche und räumliche Grenzen hinweg stabil bleiben und damit auch Adressaten außerhalb des engen Kreises der körperlichen Anwesenheit ansprechbar machen. Schließlich sollen die symbolisch generalisierten Kommunikationsmedien (Geld, Macht, Recht, Wahrheit, Liebe) das Problem der Annahme von Kommunikationsangeboten entschärfen. Diese Medien machen die Annahme wahrscheinlicher, da sie einen generalisierten Motivationsanreiz an die Selektion koppeln.[302]

Von den drei Selektionen, deren Synthese Kommunikation konstituiert, unterscheidet Luhmann damit eine vierte wesentliche Selektion, die nicht zur Einheitsbildung beiträgt, sondern das für sinnbezogen operierende Systeme zentrale Moment der Negation mit einbezieht: die Annahme oder Ablehnung einer Kommunikation. Grundsätzlich gibt es damit immer zwei Formen des kommunikativen Anschlusses. Man kann eine Zahlung annehmen und damit etwas verkaufen oder man kann sie ablehnen, man kann die Wahrheit einer Theorie durch ein Experiment unterstützen oder falsifizieren usw. An der vierten Selektion entscheidet sich der „Erfolg" einer Kommunikation, wobei Erfolg als Übernahme der Information oder als Verhalten gemäß der Kommunikation definiert wird. Durch die kommunikativen, vor allem durch Sprache gesteigerten, Möglichkeiten der Negation erreichen soziale Systeme Bistabilität. Dadurch dass immer zwei (und nur zwei) Anschlussformen bereitstehen, wird Anschluss wahrscheinlicher und die Fortsetzung des Systems sicherer.

Kommunikation teilt somit eine Reihe von Gemeinsamkeiten mit dem Bewusstsein, wobei gerade ihre größte Gemeinsamkeit ihre strikte Trennung begründet – die eigenständige Operativität ihres systemischen Zusammenhangs. Gleichzeitig gibt es jedoch eine starke wechselseitige Verwiesenheit des Bewusstseins und der Kommunikation. Beide operieren im Medium des Sinns, beide benötigen Leistungen des jeweils anderen Systems zum eigenen Komple-

---

[302] Auf die immanenten Schwierigkeiten des Theorems der Steuerung der Annahmewahrscheinlichkeit durch symbolische Generalisierung kommen wir später im gesellschaftstheoretischen Abschnitt zurück. Hier ist zunächst nur die allgemeine Einbindung in die Kommunikationstheorie von Interesse.

xitätsaufbau und nicht zuletzt ist Kommunikation funktional auf die Lösung eines Problems bezogen ("Doppelte Kontingenz"), dass sich eigentlich nur psychischen Systemen stellt. Bei dieser Ausgangslage stellt sich die Frage nach den Verbindungslinien zwischen Kommunikation und Bewusstsein nochmals verstärkt, insbesondere wenn man bedenkt, dass zu den benötigten Leistungen auch Gedächtnisleistungen des jeweils anderen Systems gehören.

Ereignisse

Beginnt man mit Kommunikation als der grundlegenden Operation sozialer Systeme, muss sich jegliche soziale Strukturbildung kommunikativ entfalten. Kommunikation generiert somit jene Strukturen, die den Selbstorganisationsprozess sozialer Systeme steuern. Dabei wird der Kommunikationsbegriff an den Ereignisbegriff gebunden, in den Kommunikationen ereignet sich alles, was die Systeme ausmacht, sie gehen von einem Zustand zum nächsten mit jeder neuen Kommunikation. Schon im Operationsgedanken ist dieses Moment der Ereignisförmigkeit der Systemelemente enthalten. Operationen werden vollzogen und verschwinden danach. Sie müssen Platz machen, für neue Operationen, die das System am Laufen halten, denn wäre nach einer Operation Schluss, wäre auch mit dem System Schluss. Es ergibt sich also die theoretische Notwendigkeit die Strukturen sozialer Systeme strikt als operative Strukturen zu beschreiben, sie sind den Operationen, den Kommunikationen nicht vorgängig oder erzeugen diese, sondern sind immer nur in den Operationen greifbar, als Aktualisierungen. Kommunikationen als Operationen, die nur als Ereignisse auftreten und sich sodann verketten müssen, also Anschluss gewinnen müssen, sind also das Material, die Elemente, aus denen soziale Systeme, soziale Prozesse und soziale Strukturen gleichermaßen bestehen. Ereignisförmige Kommunikationen sind aus dieser theoretischen Perspektive die Betriebsmittel der Sozialität. Das Postulat der Ereignisförmigkeit der Kommunikation ist also zentral für die Theorie. Um welche Art von Ereignissen handelt es sich aber, wenn Kommunikationen gemeint sind? Geht es um Zeitpunkte im Sinne der datierbaren Abfolge? Oder geht es vielmehr um die Verzeitlichung des Elementbegriffs, ohne unmittelbar auf Datierungsmöglichkeiten und Chronologien Bezug zu nehmen?

Der Ereignisbegriff der Systemtheorie bringt einige Probleme und Unklarheiten mit sich.[303] Die konsequente Temporalisierung, die mit seiner Einführung verbunden ist, muss sicherlich begrüßt werden, aber dennoch bleibt eine genauere Definition dessen, was als Ereignis zu gelten hat im Dunkeln. Kommunikation

---

[303] Vgl. In erster Linie Malsch 2005, insbesondere Kap. 3, S. 87ff, der diese Probleme zum Anlass nimmt, einen eigenständigen Theorieentwurf vorzulegen. Ebd., Kap. 4, S. 143ff.

ist eine Synthese dreier Selektionen, wobei die einzelnen Selektionen sich
scheinbar auf unterschiedliche Zeitstellen verteilen können. Tatsächlich ist es
jedoch die Zeitstelle der Synthese, die den Ereignischarakter der Kommunikation
begründet. Diese Synthese durch Differenzierung wird im Verstehen geleistet,
der chronologisch letzten der drei Selektionen, weshalb man davon sprechen
kann, dass sich Kommunikation gegen den Zeitverlauf (der beteiligten Selektionen) als Kommunikationsereignis konstituiert. Erst die Reaktion ermöglicht es,
ein Kommunikationsereignis zu identifizieren. Deshalb definiert Luhmann auch
ein elementares Ereignis der Kommunikation „als kleinste noch negierbare Einheit"[304]. Ein Kommunikationsereignis ist eine durch Offerte und Reaktion konstituierte Einheit, die weitere, auch ablehnende Anschlussmöglichkeiten eröffnet.
Also ohne Inklusion der Reaktion keine Einheit und ohne Einheit kein Ereignis.
Dass dabei dennoch Offerte und Reaktion auseinandergehalten, unterschieden
werden müssen, bestreitet auch Luhmann nicht. Schreibt die Kommunikation
doch gängigerweise die entstandene Einheit auf die Offerte zu, während die
Reaktion schon der Abstoßpunkt einer neuen Einheitsbildung ist. Diese Attribution bezeichnet Luhmann als Handeln. An dieser Stelle erscheint es notwendig
zwischen Ereignis und Interpunktion zu unterscheiden und gleichzeitig auf die
Verbindung zwischen beiden Konzepten hinzuweisen, um die Unschärfe sichtbar
zu machen, die an dieser Stelle der Theorie auftaucht. Kommunikation als pro-
zessuales Geschehen interpunktiert sich selbst, um Beobachtungs- und damit
Anschlussmöglichkeiten zu gewinnen. Diese Interpunktion ist aber nur als Beobachtung zu verstehen, weil es einer Unterscheidung bedarf, die das betreffende
Ereignis, den Punkt von allem anderen unterscheidet. Vor diesem Hintergrund
sind es Beobachtungsoperationen die Ereignisse konstituieren, und Kommunikationsereignisse kommen somit nur als Beobachtungsergebnisse vor. In dieser
Fassung kann man aber nicht mehr davon sprechen, dass der Ereignisbegriff als
Grundlage und Abstoßungspunkt der Theoriebildung anzusehen ist.[305] Er stellt
sich als ein nachgelagerter Begriff dar, der die temporale Kurzlebigkeit der Operationen betonen soll.

Prozesse

Also übernimmt der Prozessbegriff die Führung, der deutlich machen soll, dass
Kommunikation nie als Einzelelement vorliegen kann und es deshalb auch kei-

---

[304] Vgl. Luhmann 1984, S. 212.
[305] Von hier aus muss man auch Luhmanns Plädoyer für Konstitution statt Emergenz verstehen, denn
wenn erst der schon laufende Prozess die kleinsten Einheiten, aus denen er bestehen bzw. emergieren
soll, konstituiert, wird daraus ein rekursives Modell, indem der Prozess (bzw. das System) den Vorrang erhält. Ebd., S. 43.

nen Sinn macht von den Einzelelementen auszugehen. Der Prozessbegriff zieht vielmehr eine erste Grenze, die bestimmt was an Elementen dazugehört und welchen Platz (zeitlich, sachlich und sozial) diese im Prozessgeschehen einnehmen. Nach Luhmann ist die Differenz von vorher und nachher maßgeblich zur Bestimmung von Prozessen. Einen Prozess gibt es nur, wenn Ereignisse in eine zeitliche Relation des nacheinander überführt werden können und dabei trotzdem untereinander relationiert sind. Man könnte sagen, dass das reine Anschlussgeschehen den Prozess von parallel laufenden Kommunikationen abgrenzt. Dennoch konstituiert der Prozessbegriff auf der Basis der Vorher/Nachher-Unterscheidung eine Einheit, an die selbst auch wieder angeschlossen werden kann. Man kann hier nicht von systemischer Schließung ausgehen, aber trotzdem wird hier eine Grenze für Zurechenbarkeiten gezogen. Der Prozessbegriff macht deutlich, dass die Grenzziehung erst auf der Grundlage von Anschlussgewinnung möglich wird, es also einfach keinen Sinn macht bei Kommunikation von einzelnen einfach vorliegenden Elementen auszugehen, die sich irgendwie reproduzieren. Es ist vielmehr dieser Prozess der Selbstreproduktion, der in den Mittelpunkt des Interesses gerät. Damit ist nicht zeitliche Interpunktion voraussetzbar, sondern nur ein Prozess der Anschlussgewinnung, des Weitergehens, der sich interpunktiert, um die Anschlussgewinnung aufrecht zu erhalten. Die Betonung des Prozessbegriffs bereitet den Boden für eine durchgängige Temporalisierung der grundlegenden Begrifflichkeiten bei Luhmann, die sich dann auch in seinem strikt „operativen Strukturkonzept"[306] zeigen. Wie sich diese strikte Operativität des Strukturkonzeptes äußert, kann in seiner kommunikationstheoretischen Fassung von Gedächtnis nachgezeichnet werden.

Schematisierung und Gedächtnis

Kommunikation steht immer vor dem Problem Anschlüsse generieren zu müssen und das vor einem offenen Horizont von Möglichkeiten. Wenn jedoch ein solcher unbeschränkter Horizont besteht, kann er Kommunikation eher behindern, da nicht klar ist, woran angeschlossen werden kann. Es gibt keinen Ort für das Setzen der Referenz und deshalb müssen die Optionen eingeschränkt werden. An dieser Stelle spielt Gedächtnis und seine Ausdrucksform als Schematismus eine große Rolle. Schematismen bieten vorstrukturierte Optionen, die sich in der Kommunikation als Anschlussgeneratoren bewährt haben. Genau betrachtet handelt es sich bei Schematismen um stark vereinfachende Zurechnungsprozeduren. Der Begriff des Schematismus „bezeichnet ein operatives Dual, das zur Kontingenzbehandlung benutzt wird und dazu zwingt, die Erfahrungen in der

---

[306] Vgl. Schmitt 2002, S. 29.

Interaktion auf die eine oder die andere von zwei Formen zu beziehen."[307] Damit ergeben sich vorstrukturierte Optionen für die kommunikative Fortsetzung, für den Anschluss. Gleichzeitig erfüllen Schematismen die Voraussetzungen zur Bildung eines Gedächtnisses in der Operation, weil sie es erlauben von konkreten Ereignissen zu abstrahieren. Schemata sind folglich eine Sinnform, die in Kommunikationen anfällt und zum Wiederaufgreifen geeignet ist. Das Gedächtnis schematisiert das Ereignis und macht so gewisse Bezugspunkte des Ereignisses zugänglich für eine Verwendung in anderen Kontexten.

> „Das Gedächtnis transformiert konkrete Ereignisse in schematische. Von Ereignissen oder Sachverhalten in ihrer konkreten Gestalt wird das ihnen Typische abstrahiert. In ihrer Konkretheit können sie vergessen werden, wenn sie auf ein Schema gebracht werden. Schemata sind also Reduktionsformen konkreter Ereignisse und Sachverhalte. Ihre Genese verdankt sich dem Vergessen der konkreten Umstände und Ereignisse. Und sie werden generiert, damit die konkreten Operationen vergessen werden können."[308]

Wir müssen uns diesen Vorgang nun etwas genauer ansehen. Luhmann will zeigen, dass Schematisierung ein Mechanismus ist, um Kontingenz einerseits zu absorbieren, aber andererseits immer noch Selektionen zu prozessieren, also Anschluss zu erzeugen, der nicht vollkommen festgelegt ist und die Kontingenz nicht vernichtet. Er zeichnet drei Schematismen, drei Duale (also Zwei-Seiten-Formen) als besonders grundlegend für das Interaktionsgeschehen aus: Ego/Alter, konstant/variabel und external/internal.[309] An der Auswahl dieser Schematisierungen wird schon deutlich, dass es in der Tat vor allem um die Anschlussfähigkeit im Hinblick auf Zurechenbarkeit geht. Gleichzeitig wird deutlich das diese Schemata explizit an die drei Sinndimensionen anknüpfen. Ego und Alter repräsentieren das basale Schema für die Sozialdimension des Sinns. Ego und Alter stehen hier nicht für konkrete Personen, sondern für die schematische Zurechnung von Autorschaft, Verantwortung, Kausalitäten und Intentionalitäten. Konstant und Variabel sind die Bezugspunkte für das grundlegende Schema in der Zeitdimension. In jeder Interaktion ist es erforderlich zwischen konstanten und variablen Bezugspunkten zu unterscheiden. Welche Bezugspunkte konstant gehalten und welche als variabel eingestuft werden, ist dabei zunächst einmal offen, aber immer werden die einen (variablen) als vorgenommene Selektionen zugerechnet, während die anderen (konstanten) als Konditionierungen erscheinen, auf die kein Einfluss genommen werden kann. In der Sachdimension lässt sich schließlich internale von externaler Zurechnung unter-

---

[307] Vgl. Luhmann 1981b, S. 94.
[308] Vgl. Schützeichel 2003, S. 206.
[309] Vgl. Luhmann 1981b, S. 95.

scheiden oder in einem etwas anderen Vokabular Erleben und Handeln. Beim Erleben wird die Ursache eines Ereignisses, eines bestimmten Verhaltens external zugerechnet, sie liegt in der Umwelt des Systems. Beim Handeln liegt die Ursache für dieses oder jenes Verhalten in der Selektivität des Systems selbst. Alle diese spezifischen Zurechnungen können dann wieder vergessen werden, aber das Schema der Zurechnungen wird bei jeder Verwendung erneut stabilisiert und das macht es so wertvoll für Gedächtnis. Die Schematisierung reagiert auf ein Problem aller sozialen Systeme, das einerseits ein Zurechnungsproblem, vor allem aber ein Fortsetzungsproblem ist:

> „Zurechnungsprobleme werden im Hinblick auf Relationierungen binär schematisiert, weil dies eine Voraussetzung ist für eine Verknüpfung selektiver Ereignisse, die als Verknüpfung ihrerseits erforderlich und vorteilhaft ist angesichts der offenen, verweisungsreichen Struktur von Sinn schlechthin."[310]

Luhmann weist auf die Künstlichkeit dieser Vorgänge hin, denn die Schematisierung entspricht keineswegs den Abläufen, sondern ist einfach eine Notwendigkeit bei der Konstruktion von Bezugspunkten, ohne die eine Rekrutierung von Anschlussereignissen sehr unwahrscheinlich wäre. Schematismen sind hochabstrakte, künstliche Zurechnungsprozeduren, um Abstoßungspunkte für die Fortsetzung der Kommunikation zu gewinnen. Dabei ist auch gerade ihre Form entscheidend. Sie sind immer als Zwei-Seiten-Formen im Sinne von Spencer Brown konzipiert. Damit stellen sie bistabile Optionen der Fortsetzung von Kommunikation dar. Es gibt immer zwei Möglichkeiten der Zurechnung, zwischen denen auch gewechselt werden kann. Dass gerade die Verwendung dieser basalen Schemata dann nicht kommunikabel erscheint, führt uns direkt zu weiteren Gedächtnisproblemen mit der Latenz von Kommunikationsstrukturen. Wenden wir uns also der Bedeutung der Schemata für die Gedächtniskonzeption zu.

Schematisierung bildet also den Kern des Gedächtnisaufbaus und zwar in einem doppelten Sinne. Zum einen sind die oben beschriebenen Zurechnungsprozeduren als Dekontextualisierungseinrichtungen unabdingbar, um ein Gedächtnis operationsfähig zu halten und zum anderen basiert der Konsistenzprüfungsvorgang selbst auf einer Schematisierung, auf dem Schema von Varietät und Redundanz bzw. Konformität und Abweichung. Gedächtnis entfaltet sich so als schematisierende Zweitbeobachtung aller Operationen des Systems. Dies ist die genauere Bedeutung der Bezeichnung seiner Funktion als Konsistenzprüfung.[311] Auch geht es um Zuordnungs- bzw. Zurechnungsfragen. Die Schemata sind jeweils derart abstrakt und damit künstlich, dass sie in jeglichen Kontexten

---

[310] Vgl. Luhmann 1981b, S. 81.
[311] Vgl. Schützeichel 2003, S. 209.

einsetzbar sind, um einerseits Zurechnungspunkte zu generieren und andererseits auch noch deren Konsistenz mit dem bisherigen Operieren zu überprüfen. Doch es stellt sich immer noch die Frage, welches Moment der Kommunikation diese Zweitbeobachtung erzeugt und ob es sich um ein rein operatives oder ein reflexives Moment handelt.

Operatives Gedächtnis – Kondensieren und Konfirmieren, Kreuzen und Negieren

An dieser Stelle hakt das zweite Kernstück des Gedächtniskonzepts in die kommunikationstheoretischen Ausführungen ein, denn nach Luhmann sind es basale Momente des Operierens, die einen notwendigen Strukturaufbau ermöglichen. Diese Momente schließen an die Schemata an, die als Grundlage des kommunikativen Gedächtnisses fungieren. Luhmann leitet sie insbesondere aus Spencer Browns „Gesetzen der Form"[312] ab. Bei Spencer Brown lassen sich vier Möglichkeiten eines grundlegenden Kalkülaufbaus unterscheiden: Kondensation, Konfirmation, Aufhebung und Kompensation. Immer geht es dabei um den Bezug zweier Operationen aufeinander. Kondensation beschreibt eine Verdichtung, beide Operationen können als das Gleiche gelesen werden, die unterscheidende Bezeichnung taucht in beiden auf und wird dadurch als Bezeichnung verdichtet. „Wieder-Nennen ist Nennen." schreibt Spencer Brown in seinem Gesetz des Nennens.[313] Konfirmieren oder Bestätigen beschreibt denselben Vorgang mit umgekehrter Richtung. Die verdichtete Nennung kann wieder genannt werden und wird dadurch bestätigt. Während Spencer Brown hier den Aufbau eines mathematischen Kalküls im Sinn hat, benutzt Luhmann die beiden Begriffe explizit zur Kennzeichnung seiner Sicht auf den Struktur- und Identitätsaufbau:

> „Wichtig an aller Wiederholung ist, daß sie an zeitverschiedenen Stellen, also unter jeweils etwas anderen Umständen erfolgen muß. Das erzeugt einen Doppeleffekt, den wir mit den Begriffen *Kondensierung* und *Konfirmierung* bezeichnen wollen. Mit Kondensierung ist die Reduktion auf Identisches gemeint, die erst nötig wird, wenn man aus der Fülle des gleichzeitig Aktuellen etwas Bestimmtes zur wiederholten Bezeichnung herauszieht. ... Genau diese Reduktion auf Identisches hat jedoch die andere Seite: daß sie in einer anderen Situation erfolgen und deren Andersheit einarbeiten muß. Das geschieht durch generalisierende Konfirmierung. Das Identische nimmt im Vollzug der Wiederholung und dadurch, daß es in der Wiederholung konfirmiert wird, neue Sinnbezüge auf."[314]

---

[312] Vgl. Spencer Brown 1997.
[313] Ebd., S. 2.
[314] Vgl. Luhmann 1992, S. 108.

Kondensierung und Konfirmierung sind so das doppelte Moment eines operativen Strukturaufbaus. Sie beschreiben das Moment der Dekontextualisierung und das der dann erfolgenden Rekontextualisierung, dass zur Wiederholung erforderlich wird. In genau diesem Wechselspiel operativer Momente werden Sinnfiguren als systemische Eigenwerte geformt, die wiederholbar sind. Sie greifen als Sinnfiguren über die je gegenwärtige Operation hinaus und erlauben so eine Form des Vor- und Rückgriffs, der mit der strikten Aktualität des Operierens vereinbar bleibt. Man könnte sogar sagen in der Konfirmierung zeigt sich der Rückgriff auf die Sinnfigur, während sich in der Kondensierung der Vorgriff auf weitere Verwendungsmöglichkeiten zeigt. An jeder Operation können beide Momente festgemacht werden. Die Momente der Kondensierung und Konfirmierung erzeugen Redundanz, in der Form von Sinnfiguren, die als wiederholbare Eigenwerte vorliegen. Unter Rückgriff auf das zweite von Spencer Brown formulierte Gesetz, dem Gesetz des Kreuzens, führt Luhmann nun Kreuzen und Negieren als weitere operative Momente des Gedächtnisses ein, denn um das Schema von Varietät und Redundanz zum Arbeiten zu bringen, muss nicht nur verdichtet und bestätigt werden, vielmehr müssen auch operative Momente der Produktion von Varietät isolierbar sein. Hier entfernt er sich, wie in anderen Anknüpfungspunkten, von Spencer Brown.[315] Wenn man in einer Zwei-Seiten-Form die Seite wechselt, also kreuzt, ist nicht garantiert, dass ein weiteres Kreuzen, den ursprünglichen Wert bestätigt. „Wieder-Kreuzen ist nicht Kreuzen."[316] Macht man die Außenseite einer Unterscheidung durch Kreuzen zur Innenseite kann ein weiteres Kreuzen zu beliebigen anderen Außenseiten führen und gilt so nicht als Bestätigung der ursprünglichen Unterscheidung. Spencer Brown spricht dann von Aufhebungsoperationen. Mehrfaches Kreuzen nacheinander führt in den unmarkierten Raum. Luhmann nimmt diese Idee einerseits auf, wenn er im Kreuzen und Negieren die Momente der operativen Varietätserzeugung lokalisiert, aber bei ihm bleibt der Raum nicht unmarkiert, kann letztlich nicht unmarkiert bleiben. Schematisierung verhindert das. Die Verwendung und Stabilisierung von Zwei-Seiten-Formen macht ein Oszillieren zwischen den beiden Seiten möglich, den man als Kreuzen beschreiben kann. Häufig ist dieses Kreuzen in der Form des Negierens möglich, wenn die andere Seite der Unterscheidung schlicht eine Nicht-Fassung ihrer Gegenseite enthält (also etwa in Dualen wie Zustimmung/Ablehnung oder Richtig/ Falsch). Hier zeigt sich das ein Gedächtnis nicht nur eine Gedächtnisfunktion enthält (die verdichtet und bestätigt), sondern immer auch eine Oszillationsfunktion (die negiert und kreuzt). So können an jeder Operation Momente der Redundanz und Momente der Varietät unter-

---

[315] Vgl. Hölscher 2004 für einen Überblick über Luhmanns sehr selektive Wahrnehmung Spencer Browns.
[316] Vgl. Spencer Brown 1997, S. 2.

schieden werden, die dann als Selektion zwischen Erinnern und Vergessen zu entziffern sind.

Kommunikative Kohärenzprüfung

Dies führt uns schließlich unmittelbar zur genaueren Beschreibung des Prozesses der kommunikativen Kohärenzprüfung[317] selbst, dem dritten Kernstück einer Theorie des Gedächtnisses als Kommunikation. Schneider beschreibt diesen Vorgang als einen der Konstitution intersubjektiver Bedeutungen in der Interaktion selbst.[318] In einer Abfolge von Mitteilungen wird immer wieder das Schema des richtigen oder falschen Verstehens aufgerufen bzw. unterschwellig mittransportiert. Wir sehen hier ein weiteres Mal einen ganz grundlegend ansetzenden binären Schematismus, der verwendet werden kann, um wesentlich komplexere Strukturen nach und nach aufzubauen und zu stabilisieren. Dies führt dazu, dass sich innerhalb eines Interaktionsprozesses ein gesicherter Bestand von unterstellbarer geteilter Bedeutung herausbildet, den Schneider als Intersubjektivität kennzeichnet. Für den Begriff der Intersubjektivitätsproduktion soll hier aber der Begriff der kommunikativen Kohärenzprüfung eingesetzt werden, denn als Fiktion mag Intersubjektivität in diesen Fällen erzeugt werden, aber letztlich testet die Kommunikation nur den Widerstand eigener Operationen gegen eigene Operationen und die Fiktion der Intersubjektivität ist dabei nur ein Abfallprodukt. Dennoch ist es instruktiv dem Weg zu folgen, auf dem diese fortwährenden Kohärenzprüfungen Bedeutungen generieren können, die dann eine Verbindlichkeit und eine unterstellte Geteiltheit im Interaktionssystem darstellen. Das wird durch ein weiteres binäres Schema erreicht, dass automatisch in Interaktionssequenzen aufgerufen wird. Das Regelschema, welches im Wesentlichen besagt, dass eine Reaktion als richtig oder falsch eingeschätzt wird. Da es sich auf eine Reaktion bezieht, wird es typischerweise an der dritten Sequenzposition einer Interaktionssequenz ausgelöst und läuft dann unterschwellig, wie die meisten grundlegenden Schematismen im Hintergrund mit.[319] Genau jene Art von Opera-

---

[317] Auch wenn Luhmann hauptsächlich von Konsistenzprüfung und Konsistenzsicherung spricht, wollen wir hier lieber auf den von Esposito benutzten Begriff "Kohärenz" umstellen, da dies der weitere und mit weniger strengen logischen Konnotationen belegte Begriff zu sein scheint. Vgl. Esposito 2002. Der Kommunikation reicht also gesicherte Kohärenz für die Anschlussgewinnung und sie ist nicht auf die Herstellung von Konsistenz angewiesen.

[318] Vgl. Schneider 1994, 1997, 2000, 2002 und 2004. Schneider versucht hier durch eine Verbindung von Systemtheorie und Konversationsanalyse (teilweise auch objektiver Hermeneutik) die Bedeutungsproduktion durch Interaktionsprozesse genau nachzuzeichnen, sehr viel genauer jedenfalls, als man es bei Luhmann ausgeführt sieht.

[319] Dies kann man als einen kommunikativen Mechanismus fassen, der über Gedächtnis hinausgeht, weil er auf Struktursicherung gerichtet ist. Er basiert aber ganz zentral auf der ständigen mitlaufenden

tionsweise, die wir oben schon für das Gedächtnis festgehalten hatten. Richtiges Verstehen, richtiges Reagieren an der zweiten Sequenzposition, wird daher meistens nicht mal zum Thema der Kommunikation und dennoch wird dadurch ein Bedeutungsbestand erzeugt auf den die Interaktion und vielleicht auch spätere Interaktionen dann wieder zurückgreifen können. Falsches Verstehen ruft jedoch Struktursicherungsoperationen auf den Plan, die dann versuchen trotzdem einen geltenden Bedeutungsbestand zu erzeugen und zu sichern. Hier wird die mitlaufende Kohärenzprüfung sichtbar. Eine Operation, das Verstehen an der zweiten Sequenzposition, erzeugt an der dritten Sequenzposition Widerstand, der Interaktionsverlauf hat keine Kohärenz erreicht und die Bedeutung der Kommunikation ist auf der Systemebene fraglich. An Schneiders Beispiel lässt sich also soziales Gedächtnis im Sinne der Kommunikationstheorie Luhmanns „at work" beobachten. Es ist ein weiteres Schema, welches das Gedächtnis hier anleitet, das eine weitere Form der Zurechnung erlaubt. Das Regelschema Richtig/Falsch erlaubt die Konstruktion von Zurechnungen auf geltende Bestände von Sinnzuschreibungen in der Form von für das Interaktionssystem geltenden Bedeutungen. Zunächst bezieht sich diese Bedeutungskonstruktion auf die Mitteilungsäußerung an erster Sequenzposition selbst, das Regelschema kann jedoch auch auf die Verwendung von Regeln und auf die Einigkeit über Kontexte angewandt werden. Es erfolgt also ein kontinuierlicher Test der Kohärenz von Sinnzuweisungen[320] jeder Art, wie ihn die Funktion der Kohärenzprüfung voraussetzen würde.

Wie wir gesehen hatten, besteht Gedächtnis also in erster Linie in der Verwendung von Schemata, die es ermöglichen abstrakte Strukturpotenziale aus konkreten Ereignissen zu ziehen und so Anknüpfungspunkte für weiteres Operieren zu gewinnen. Die Schemata gehören zum Grundgerüst des Gedächtnisses, denn sie ermöglichen erst die Erfüllung der Funktion der Kohärenzprüfung. Sie ermöglichen eine kontinuierliche Selbstbeobachtung der Kommunikation, deren Resultate dann als Strukturen anfallen, während die gesamte Sinnfülle der Kommunikation vergessen werden kann. Hierbei fällt ein Zusatz zum je nur augenblicklichen Operieren an, den die operativen Momente des Gedächtnisses (Kondensieren, Konfirmieren, Kreuzen und Negieren) oben einfangen helfen sollten. Im Verlauf des Operierens fallen eben neben den Schemata immer komplexere kommunikative Strukturwerte an, die dann ebenfalls zur Kohärenzprüfung herangezogen werden können. Luhmann spricht hier ganz allgemein von Erwartungen. Erwartungen liegen in unterschiedlichen Abstraktions- und Komplexitätsgraden vor. Dieser gesamte Bestand an Strukturen muss jedoch nicht ständig von jedem Gedächtnis mitgeführt werden. Der Charme dieser Gedächt-

---

Kohärenzprüfung innerhalb der Kommunikation und verweist damit unmittelbar auf Gedächtnis. Zur Betrachtung von Schneiders Konzept als kommunikativen Mechanismus vgl. Schmitt 2006, S. 215ff.
[320] Vgl. Schneider 2004, S. 428.

niskonzeption liegt gerade im hohen Wert des Vergessens, der es ermöglicht von minimalen Voraussetzungen aus einen prozessualen Strukturaufbau voranzutreiben, der dann immer mehr an Komplexität gewinnen kann, die sich nach dem Ende der Interaktion zu großen Teilen wieder auflöst. Wenige Schemata, die basale Zurechnungsprozesse steuern, liegen dem komplexen Strukturaufbau sozialer Systeme zugrunde.

Struktur und Gedächtnis

Strukturen müssen demnach operativ verstanden werden, sie existieren nicht außerhalb der operativen Vorgänge, sondern äußern und aktualisieren sich in ihrem Vollzug, der immer ein Vollzug von Anschlüssen ist.

> „Es gibt, anders gesagt, keine >>Wesensverschiedenheit<< oder >>Materialverschiedenheit<< von Operation und Struktur."[321]

Luhmann begreift den Strukturbegriff daher auch eher funktional: Strukturen dienen eben der operativen Anschlussgewinnung, als „Selektion von Einschränkungen"[322]. Vor diesem Hintergrund kann jede Operation Strukturwert erlangen, insofern sie als Selektion von Einschränkungen für weitere Operationen begriffen werden kann, und gerade als diese Selektion einer Einschränkung immer wieder aufgegriffen und damit aktualisiert wird. Luhmann verbindet daher den Strukturbegriff ganz explizit mit dem Ereignisbegriff, denn nur im Fortgang der Ereignisse entsteht eine Struktur, die letztlich nichts anderes ist als eine Ausrichtung dieses Fortgangs.

> „Der Strukturbegriff ist mithin ein Komplementärbegriff zur Ereignishaftigkeit der Elemente. ... Struktur kann deshalb, auch das ist mit >>Komplementärbegriff<< gesagt, nie als Summe oder als Häufung von Elementen begriffen werden."[323]

Als Komplementärbegriff ist Struktur in diesem Verständnis kein Kumulations- oder Aggregationsphänomen, wie z.B. in strukturindividualistischen Ansätzen mit ihren die Makro-Mikro-Makro-Erklärung abschließenden Aggregationslogiken.[324] Vielmehr liegt die Komplementarität darin, dass es neben den Ereignissen, die den Fortgang, die Autopoiesis eines Systems sicherstellen, auch eine Beschreibungsebene geben muss, die es möglich macht die Richtung dieses

---

[321] Vgl. Luhmann 1993, S. 49.
[322] Vgl. Luhmann 1984, S. 385.
[323] Ebd., S. 392f.
[324] Vgl. Coleman 1990 und Esser 1993.

Fortgangs, d.h. die Wahrscheinlichkeit von Anschlüssen zu erfassen. An genau dieser Stelle rastet der Strukturbegriff zusammen mit dem Gedächtnisbegriff funktional in die Theorie sozialer Systeme ein.

In sozialen Systemen müssen Strukturen jedoch noch ein weiteres Erfordernis erfüllen. Sie müssen Unsicherheit absorbieren, ohne sie zu vernichten. Sie muss mit dem Postulat der doppelten Kontingenz kompatibel sein, also Anschlüsse gerade auch unter der Bedingung erhöhter Unsicherheit auf der Basis wechselseitiger Intransparenz sicherstellen.

> „Die Selektion von Einschränkungen gewinnt nur dann Strukturwert, wenn sie Reproduktion unter den Bedingungen von doppelter Kontingenz ermöglicht. Das heißt nicht zuletzt, daß die Vorwegnahme von Enttäuschungsmöglichkeiten in die Struktur eingearbeitet sein muß."[325]

Mit diesem Merkposten Luhmanns wird deutlich, dass nur eine bestimmte Form der Einschränkung mit der Fortsetzung der sozialen Autopoiesis kompatibel sein kann. An dieser Stelle greift dann der Erwartungsbegriff, der zugleich auch als ein Kopplungsbegriff psychischer und sozialer Systeme verstanden werden muss.[326] Erwartungen können enttäuscht werden, da sie auf die Zukunft gerichtet sind, ohne diese operativ determinieren zu können. Erwartungen sind eine Form von Struktur, die es ermöglicht in gegenwärtigen Operationen Anschlussmöglichkeiten in die Zukunft zu projizieren, ohne die Kontingenz der Zukunft dabei zu vernichten. Man könnte sagen Erwartungen erkunden die Kontingenz der Zukunft und mildern sie eben dadurch.

> „Eine Erwartung sondiert ungewisses Terrain mit einer an ihr selbst erfahrbaren Differenz: Sie kann erfüllt oder enttäuscht werden, und dies hängt nicht von ihr selber ab."[327]

Zugleich sind sie aber auch enttäuschungsresistent, weil sie die Enttäuschungsgefahr auf zwei Wegen absorbieren können. Während eine Erwartung also erfüllt oder enttäuscht werden kann, reagiert sie auf diese Enttäuschung mit einer Änderung der Erwartung oder mit einer kontrafaktischen Bestätigung der Erwartung. Luhmann spricht von einer kognitiven bzw. normativen Modalisierung der Erwartung, je nachdem welche Enttäuschungsreaktion mit ihr verbunden ist. Kog-

---

[325] Vgl. Luhmann 1984, S. 388.
[326] Weil beide Systeme Sinn verarbeiten, müssen sie auch mit einem ähnlichen Problem der Unsicherheitsabsorbtion umgehen. Beide müssen ihre Selbstfortsetzung über Strukturen sicherstellen, die Enttäuschungsgefahren inkludieren können, also Enttäuschungen so verarbeiten können, dass die Selbstreproduktion nicht abbricht.
[327] Vgl. Luhmann 1984, S. 363.

nitiv bedeutet also änderungs- oder anpassungsbereit und ist mit einer Zurechnung des Fehlers auf die Erwartung verbunden, während Normativität für Ände-
rungsresistenz steht und mit einer Zurechnung der Enttäuschung auf das Verhalten arbeitet. Für soziale Systeme ist dabei der reflexive Typ von Erwartungen
kennzeichnend. Während psychische Systeme auch über einfache Verhaltenserwartungen Strukturen aufbauen können, stehen soziale Systeme vor dem Problem doppelter Kontingenz (wechselseitiger Intransparenz), weshalb nur Erwartungserwartungen den Strukturaufbau tragen können. Die Kommunikation orientiert sich also an der Erwartbarkeit von Erwartungen. Für Luhmann bieten Erwartungen somit keine Stabilitätsgarantie für die soziale Ordnung, sondern dienen eher dem Informationsgewinn (Schuldzurechnung und Lernbedarf) bzw. der
Bewältigung von Krisensituationen.[328] Sie sind Ergebnis einer spezifischen Form
der Selbstbeobachtung, ein Resultat von Gedächtnis, das die Rekursivität des
Operierens prospektiv und prokursiv wendet. Erwartungen sind genau jene Sinnfiguren, die markieren, was an bestimmten Operationen wiederholbar ist und
gerade diese Markierung gewinnt dann auch wieder einen herausgehobenen Wert
für das was an Konsistenzprüfungen, also an Gedächtnis möglich ist.

Erwartungen können auf unterschiedlichen Abstraktionsebenen liegen. Luhmann unterscheidet in der Regel vier Erwartungsebenen, die sich durch eine
immer höhere Stufe der Generalisierung auszeichnen: Personen, Rollen, Programme und Werte. Der Personenbegriff bezeichnet ein ganzes Bündel an Erwartungen, die jedoch nur einzeln zurechenbar und deshalb nur über verschiedene Situationen hinweg, also zeitlich und sachlich generalisierbar sind aber nicht
sozial. Personen sind also jeweils konkrete und nicht abstrakte Adressen der
Kommunikation. Sie sind das Resultat einer geteilten Interaktionsgeschichte
zwischen den Kommunikationsteilnehmern. Bei Rollenerwartungen ist diese
Bindung weit weniger eng. Eine Rolle ist nicht an eine konkrete Kommunikati-
onsadresse gebunden, sondern bezeichnet nur eine formale Kommunikationsad-
resse, die von den verschiedensten Personen bekleidet werden kann. Rollenerwartungen erreichen deshalb einen höheren Abstraktionsgrad. Persönliches und
Privates wird in Rollenerwartungen systematisch ausgeblendet. Eine noch abstraktere Fassung von Erwartungen bietet der Programmbegriff, der auch noch die
Rollen austauschbar hält. In Erwartungsprogrammen geht es vor allem um Ablaufschemata, um Kommunikationspfade, die zu bestimmten Ergebnissen zu
beschreiten sind. Schließlich gibt es auf der höchsten Abstraktionsstufe noch den
Begriff der Werterwartungen. Hier wird sogar über unterschiedliche Situationen
hinweg generalisiert und Werte symbolisieren somit einfach nur die Vorzugs-
würdigkeit einzelner Ereignisse und Zustände. Der Abstraktionsgrad lässt nun

---

[328] So auch die Interpretation von Schneider, vgl. Schneider 2002, S. 263.

keine Feststellung der Richtigkeit von einzelnen Handlungen oder Kommunikationen mehr zu. Werte dienen somit als Kontingenzformeln, die es ermöglichen bestimmte wünschenswerte Zustände auf ganz unterschiedlichen Wegen zu erreichen.

Diese Auftrennung der Erwartungen nach ihrem Abstraktionsgrad ermöglicht es, Änderungen auf einer Abstraktionsstufe zu isolieren, so dass nicht andere Bereiche davon betroffen werden. Dies ermöglicht den Aufbau hoher Komplexität und dient auch der Gedächtnisbildung, da z.B. der Kontakt mit einem Rollenträger nicht auf personale Erwartungsbildung angewiesen ist. Diese Erwartungsbündelungen werden von Luhmann später auch als Formen beschrieben. Am eingänglichsten wird die „Form Person"[329] ausgearbeitet, die „... als individuell attribuierte Einschränkung von Verhaltensmöglichkeiten"[330] definiert wird. Als Form betrachtet gehören also bestimmte Verhaltenserwartungen zur Person und andere nicht. Die Form Person ist dann genau diese Unterscheidung. In solcher Art und Weise sind alle Erwartungsbündel auf den unterschiedlichen Abstraktionsebenen dann solche Formen, die als Formen auch kondensiert und konserviert werden können. Erwartungserwartungen als Formen zu verstehen, die in kommunikativen Ereignissen zum Ausdruck gebracht und damit aktualisiert werden, bietet eine vielversprechende Schnittstelle zwischen Struktur- und Gedächtnistheorie. Diese Formen sind genau jene Sinnfiguren, die dann den Rück- und Vorgriff der Kommunikation leiten. Strukturproduktion ist ein Abfallprodukt des Gedächtnisses der Kommunikation und dessen basalen operativen Formen.

Diese Sinnfiguren kann man dann als Eigenwerte der Kommunikation bestimmen, als Artefakte der Kommunikation, die auf der Grundlage bestimmter Selbstbeobachtungsformen, vor allem bestimmter Zurechnungsprozeduren in der Kommunikation ständig produziert werden. Dabei sind vor allem die Schemata hervorzuheben, die als Sinnfiguren mit Zwei-Seiten-Formen eine erhebliche Kanalisierung der Zurechnungsprozesse einleiten. Die Verwendung der Schemata kann deshalb auch als Filterung verstanden werden, die Referenzen leitet, aber eben deshalb vor dem Hintergrund unabschließbarer Kontingenz auch erst die Möglichkeit bietet, Anschlüsse zu generieren, für die man Anschlusspunkte braucht. Die Schemata des Gedächtnisses, auf der die kommunikative Kohärenzprüfung basiert, kann man als operative Selektionsfilter begreifen, von denen ausgehend man dann auch komplexe Differenzierungsdynamiken innerhalb der Kommunikation prozessual beschreiben kann. Eine solche prozessuale Beschreibung, ausgehend von den erfolgenden Zuschreibungen in konkreten Prozessen der Kommunikation, den verwendeten Schemata und den erfolgten Konsistenz-

---

[329] Vgl. Luhmann 1991.
[330] Ebd., S. 171.

prüfungen, müsste es möglich machen, die Systemtheorie auch für die empirische Forschung anschlussfähiger zu gestalten. Luhmann verlässt jedoch deutlich vor dieser kleinschrittigen Ausarbeitung einer Kommunikationstheorie der Differenzierung diese Beschreibungsebene. Die zentralen Selektions- und Filterprozesse lassen sich für ihn nicht von unten her beschreiben, man kommt von der interaktionsnahen Kommunikationstheorie nicht ohne Weiteres zu den gesellschaftlichen Differenzierungsstrukturen und auch das Gedächtnis, das diese Strukturen mit hervorbringt, lässt sich besser „von oben", aus der gesellschaftstheoretischen Perspektive beleuchten. Dass ihm dabei die Bindung zwischen Kommunikations- und Differenzierungstheorie nicht recht gelingen will[331], führt in eine Differenzierung der kommunikationstheoretischen Ebene und der gesellschaftstheoretischen Ebene der Beschreibung von Gedächtnis, der wir nun nachgehen wollen.

3.5 Kommunikationsmedien, Gesellschaftsstrukturen und Semantik – Gedächtnis in der Theorie der Gesellschaft

Dazu müssen wir jedoch die Systemebene der Kommunikation deutlicher ansprechen als bisher, nachdem wir uns schon mit der Ebene der Ereignisse (interpunktierte Kommunikation), sowie der Ebene der Prozesse (irreversibler Anschluss von Kommunikationen an Kommunikationen) und Strukturen (reversible Erwartungen) beschäftigt haben. Schließlich firmiert die Theorie als Systemtheorie und betrachtet die Kommunikation daher vordringlich weder als Ereignis (wie zum Beispiel die Theorie der Sprechakte), noch als Prozess (wie zum Beispiel die Konversationsanalyse), sondern als einen systemischen sich selbst erhaltenden Zusammenhang. Eine ereignisorientierte prozessuale Lesart von Kommunikation schwebt ihr also gar nicht primär vor, wenn auch die allgemeine Theorie der Kommunikation bei Luhmann den Systembegriff weniger vordringlich braucht, als man annehmen könnte.[332]

---

[331] Göbel beschreibt eine Reihe theorieinterner Umstellungen im Bereich der Theorie symbolisch generalisierter Medien, die eine Verbindung von Kommunikations- und Differenzierungstheorie erlauben sollen, gibt sich aber auch vom Erfolg dieser Umstellungen nicht vollends überzeugt. Vgl. Göbel 2000, S. 240ff.

[332] In der Kommunikationstheorie Luhmanns wird Systembildung zwar angesprochen und steht für die operative Trennung von Kommunikation und Bewusstsein, spielt aber keine herausgehobene Rolle für das Selektivitätsverständnis. In der Regel hilft der Rekurs auf Interaktionssysteme bei der Plausibilisierung und meist ist eine prozessuale Darstellung vollkommen ausreichend. Es existiert allerdings ein Gedächtnismodell bei Luhmann, das weniger an dieses Grundgerüst anschließt und mehr die besonderen Selektivitäten größer-skalierter Sozialsysteme in den Mittelpunkt stellt.

Kommunikationssysteme

Die Kommunikation bildet also verschiedene Systemformen aus, die sich vor allem hinsichtlich ihrer Reichweite bzw. ihrer Beschränkungen unterscheiden. Interaktionen sind Kommunikationssysteme mit stark beschränkter Reichweite, da sie körperliche Anwesenheit voraussetzen. Durch diese starke Bindung an außerkommunikative Faktoren, vor allem an Wahrnehmungsleistungen der strukturell gekoppelten psychischen Systeme, bleiben Interaktionen sowohl zeitlich als auch räumlich und sozial eng begrenzt. So sind Interaktionen immer nur „Kommunikation unter Anwesenden", wie André Kieserling schreibt.[333] Allerdings ist es wichtig zu betonen, dass nicht allein die physische Präsenz ausschlaggebend für die Inklusion in Interaktionssysteme ist. So kann man trotz physischer Präsenz und mitlaufender Wahrnehmung aus der Interaktion ausgeschlossen und in diesem Sinne als abwesend behandelt werden. An diesem Punkt wird sehr schön deutlich, dass die Kommunikation in dieser Theorieperspektive ihre Grenzen selbst zieht und sich dabei an Angeboten aus der Umwelt orientiert, ohne dadurch determiniert zu sein. Das Konstrukt „Anwesenheit" ist also ein kommunikatives, wenn es auch nur auf der Basis von Wahrnehmungsleistungen möglich ist. Was die strikte Grenzziehung jedoch deutlich macht, ist die dadurch gewährleistete Ignoranz gegenüber anderen Umweltfaktoren. Die Systemgrenze „Anwesenheit" wirkt in der Interaktion gleichzeitig wie ein Filter, der nur bestimmte Relevanzen aus der Umwelt zu Informationen verarbeitet und weiter prozessiert. Diese Filterfunktion jeglicher Systemgrenze hat auch eine entscheidende Bedeutung für die Konzeption einer systemtheoretischen Fassung des Gedächtnisbegriffs.

Die nächste Systembildungsebene nennt Luhmann Organisation. Das Grenzbildungsprodukt ist hier nicht die wahrnehmungsgestützte Konstruktion von Anwesenden, sondern die operative Ausweisung von Entscheidungen. Entscheidungen sind Kommunikationen mit einer besonderen Form: Sie sind Kommunikation von Festlegungen. Entscheidungen machen daher Kontingenz gleichzeitig deutlich und transformieren sie dennoch in eine leichter handhabbare Form. Vor der Entscheidung liegt die Kontingenz offen, denn es gibt verschiedene Möglichkeiten der Festlegung. Nach der Entscheidung bleiben die nicht gewählten Möglichkeiten erhalten, aber die Kontingenz ist geschlossen, denn sie sind nicht gewählt worden. Die Kommunikation trifft also Festlegungen, sie mutet Entscheidungen und damit auch Entscheidungsdruck zu und sie kann dies nur in Organisationen, die diesen Entscheidungsdruck kanalisieren und kompen-

---

[333] Vgl. Kieserling 1999.

sieren. Denn Entscheidungen implizieren eine explizite Übernahme von Risiken, wie Dirk Baecker feststellt:

> „Entscheidungen reagieren auf (eigene und/oder fremde) Erwartungen; Erwartungen bestimmen sich in einer Differenz zu Informationen, die als Risiko reflektiert wird: Wenn diese Vermutungen zutreffen, wird man Entscheidungen als explizite Übernahme von Risiken verstehen können. Entscheidungen zielen auf die Differenz von Erwartungen und Informationen. Sie reagieren informiert auf Erwartungen und riskieren, daß die Informationen nicht richtig, sondern falsch sind oder werden, und daß die Erwartungen enttäuscht werden."[334]

Dies gelingt vor allem durch die Festlegung von Mitgliedschaften in der Organisation. Mitglieder müssen dem Entscheidungsdruck standhalten und erhalten dafür ebenfalls festgelegte Kompensationen, wie Lohn (in Unternehmen) oder Anerkennung (in Vereinen). Der Filter, das Grenzziehungskonstrukt sind hier Entscheidungen, die an Entscheidungen anschließen, also Entscheidungen auf der Basis früherer Entscheidungen, Festlegungen, die vorher getroffene Festlegungen übernehmen, darauf aufbauen, sie verfeinern oder sie aufheben. Nur diese aneinander anschließenden kommunikativen Festlegungen konstituieren ein Organisationssystem. Alles andere taucht nicht auf dem Schirm der Organisation auf. Gerade daher versuchen Organisationen auch, auf vielfältige und komplexe Art Entscheidungen zu dokumentieren. Dass dies maßgeblich in Organisationssystemen passiert sollte man im Hinblick auf Konstitutionsprozesse des sozialen Gedächtnisses berücksichtigen.

Schließlich gibt es mit der Gesellschaft eine dritte Systembildungsebene. Gesellschaft ist per Definition das umfassende System aller möglichen Kommunikationen.[335] Es ist durchaus strittig ob hiermit wirklich ein Systembegriff beschrieben werden kann, wie es bei Luhmann sicherlich der Fall ist oder ob man es hier nicht vielmehr mit einem „Horizontbegriff"[336] zu tun hat, der auf der Ebene der Potentialität des Sinnes zu verorten ist und nicht einem aktuellen systemischen Geschehen entspricht. Diese Betonung der Potentialität ist in der oben gegebenen Definition auch schon enthalten, wenn von „möglichen Kommunikationen" die Rede ist. Systemisch müssen dazu immer die aktuellen Kommunikationen hinzukommen und hier ist dann die schiere Gesamtzahl aller aktuell, also gleichzeitig ablaufenden Kommunikationen gemeint. Sie alle sind Gesellschaft.

---

[334] Vgl. Baecker 1989, S. 131.
[335] Vgl. Luhmann 1984, S.555f.
[336] Vgl. für diese Auffassung Nassehi 2006, S. 425ff.

Die Frage ist dann was auf dieser Ebene noch Retention bedeuten kann.[337] Abgesehen von dieser Kontroverse kann man auf einer anderen Ebene schneller Einigkeit erzielen: Die gesellschaftliche Ebene zeigt sich in der Moderne vor allem in der Form funktional differenzierter Teilsysteme wie Wirtschaft, Politik, Wissenschaft etc. Sie zeigt sich in gleichzeitig inklusiven (Universalitätsanspruch) und streng selektiven Kommunikationsformen, in denen Adressierungen eine letztlich stark untergeordnete Rolle spielen. An dieser Stelle rasten auch die symbolisch generalisierten Kommunikationsmedien in eine Theorie der Gesellschaft ein und sollen als Bindeglied zwischen Kommunikationstheorie und Gesellschaftstheorie fungieren. Damit wird den Medien jedoch eine große Begründungslast auferlegt und das Problem der Selektivität schon im Vorwege theoretisch eliminiert. Dabei ist es doch sowohl von allgemeinem kommunikationstheoretischen wie auch spezifisch gedächtnissoziologischem Interesse herauszufinden, wie sich die Filterung und Reinigung der Kommunikation vollzieht und diese letztlich zu einer funktional ausdifferenzierten Kommunikationsform der Zahlung oder der wahren Aussage macht. An genau dieser Stelle werden Gedächtnisse von gesellschaftlicher Relevanz erzeugt und die Form dieser Erzeugung sollte nicht vorschnell unter eine Theorie symbolisch generalisierter Medien subsumiert werden. Ebenso deutlich wird an dieser Stelle sichtbar, wie eng das Grenzziehungsphänomen, das für die Systemtheorie von so immenser Bedeutung ist, an die Ausbildung von Gedächtnis gekoppelt ist, denn um eine Grenze zu erhalten, muss man die Grenze auch erinnern und die Form, in der dies geschieht, sollte möglichst genau und dezidiert untersucht werden. Gerade Organisationen und gesellschaftliche Funktionssysteme weisen eine jeweils sehr spezifische Gedächtnisform auf, die sich nicht unmittelbar aus der Gedächtniskonzeption der Kommunikationstheorie ergibt. Die Filtereffekte sind ausgeprägter und gehen in ganz andere Richtungen als in der Beschreibung kommunikativer Anschlussdynamiken. Überspitzt könnte man formulieren, dass in der Kommunikationstheorie der Fokus auf Referenz liegt, wie organisiert sich der kommunikative Vor- und Rückgriff im Zuge kommunikativer Konsistenzprüfungen, während es gerade auf der gesellschaftstheoretischen Ebene vielmehr um strenge Filtereffekte geht.

Neben der Verstärkung der Systemperspektive gegenüber einer rein prozessualen Lesart sind es vor allem drei Theoriestücke, die in der Systemtheorie herangezogen werden, um diese besonderen Filtereffekte auf der gesellschaftlichen Ebene des Gedächtnisses zu beschreiben:

---

[337] Wie wir sehen werden, versucht Luhmann hierfür eine evolutionstheoretische Lösung anzubieten. Denn es gehören zwar alle kommunikativen Ereignisse zur Gesellschaft, aber nicht alle Ereignisse sind auch gesellschaftlich relevant.

(1) Mediengebrauch
(2) Identitätsgebrauch
(3) Semantik und Selbstbeschreibungen

(1) Mediengebrauch

Beginnen wir mit der Relevanz des Mediengebrauchs für eine gesellschaftstheoretische Fassung des Gedächtnisbegriffs. Die Bedeutung der Medientheorie bei Luhmann ist hier schon mehrfach betont worden und gerade die Organisation der Gedächtnisformen auf gesellschaftlicher Ebene ist stark vom Einsatz und den spezifischen Verwendungsweisen von Medien geprägt. Mit Jörg Brauns kann man formulieren, dass der Medienbegriff auf den Möglichkeitshorizont der Formbildung verweist.[338] Denkt man dabei in erster Linie an die Verbreitungsmedien, die das Problem der Erreichbarkeit bearbeiten, kommt sogar leicht ein gewisser technizistischer Zug in die Systemtheorie. Denn in letzter Instanz sind die Verbreitungsmedien technische Installation, ja schon im Falle des Buchdrucks großtechnische Systeme[339], die ihre ganz eigene Mischung aus technischen Infrastrukturen und sozialen Einrichtungen realisieren. Luhmanns Theorie der Medien ist jedoch viel allgemeiner angelegt[340], denn auch Sprache und symbolisch generalisierte Medien spielen bei der kommunikativen Gedächtniskonstitution eine entscheidende Rolle. Die Medien sollen ja auch einiges leisten, denn es ist in erster Linie dieses Theoriestück, das eine Scharnierstellung zwischen Kommunikationstheorie und gesellschaftlicher Differenzierungstheorie einnimmt.[341] Wie wir oben gesehen hatten, basiert die Medium/Form-Unterscheidung auf der Unterscheidung von loser und strikter Kopplung bestimmter Elemente. Dieses Phänomen gleicher Elemente, die zur operativen Formbildung zur Verfügung stehen und gleichsam durch diese Formbildung auch regeneriert werden, bietet einen Ansatzpunkt für die Formulierung gedächtnisvermittelter Anschlussdynamiken. Luhmann spricht davon, dass das Medium im System durch die stetig neue Formbildung zirkuliere.[342] Die Form setzt sich durch ist aber gleichzeitig flüchtig, die Elemente aber, auch mediales Substrat genannt, bleiben im Prozess der Zirkulation erhalten. Hier kann und muss die Gedächtnistheorie unmittelbar anschließen. Wenn die Formen flüchtig sind, also

---

[338] Vgl. Brauns 2002, S. 20.
[339] Wie man es in ausführlicher Darstellung bei Giesecke bewundern kann. Vgl. Giesecke 1998.
[340] Ihrer allgemeinsten Form in der Medium/Form-Unterscheidung und ihrer engen Verbindung mit dem Sinnbegriff haben wir uns weiter oben schon eingehend als einem der Grundpfeiler der Systemtheorie Luhmanns gewidmet.
[341] Vgl. Göbel 2000, S. 88ff und 240ff für eine längere Ausführung zur besonderen Stellung der Medientheorie in Luhmanns Gesamtkonzeption.
[342] Vgl. Luhmann 1997, S. 199.

nur für kurze Zeit bestehen bleiben, kann man dann noch davon sprechen, dass sich die Sinnfiguren (Erwartungen, Schemata), die wir aus der kommunikations-theoretischen Fassung des Gedächtnisses kennen, kondensieren lassen, als Eigenwerte der Kommunikation fortbestehen. Muss man nicht viel eher davon ausgehen, dass diese Möglichkeit nicht besteht? Der Begriff des medialen Substrats bietet hier einen Teil der Lösung. Denn das mediale Substrat bestimmt die Verweildauer der Formen zu wesentlichen Teilen mit. Neben den referentiellen Vor- und Rückgriffen, die eine Form sozusagen im stetigen Gebrauch halten, kann es auch ganz einfach eine gewisse Zeit dauern, bis Formen aus dem medialen Substrat verschwinden, bis die festen Kopplungen wieder gelöst werden bzw. bis sie vollkommen verschwunden sind. Diese Auflösungsverzögerung des medialen Substrats realisiert die Möglichkeit bestimmte Formen und Sinnfiguren auch über Latenzphasen, über Phasen der Nichtaktualisierung hinweg zu erhalten. Im medialen Substrat lassen sich Formungsspuren entdecken, die als Kerne neuer Formbildungen herangezogen werden können. Sowohl Verbreitungsmedien als auch Erfolgsmedien, die auf ganz unterschiedliche Kommunikations-probleme (Erreichbarkeit versus Annahme) reagieren, haben eine jeweils spezifische Form der Auflösungsverzögerung im medialen Substrat, so dass die Medienselektion einen ganz entscheidenden Einfluss auf die dann möglichen Gedächtnisleistungen gewinnt. Wie lange Formen beobachtbar bleiben um Anschlüsse zu generieren, bestimmt in entscheidender Hinsicht die Möglichkeiten von Gedächtnis mit. Anschlussfähigkeit hängt in entscheidender Weise von Beobachtbarkeit ab, und Beobachtbarkeit hängt wiederum in entscheidender Weise von der Auflösungsverzögerung durch das mediale Substrat ab. So macht auch Luhmann diesen Zusammenhang unmissverständlich deutlich:

> „Zeitlich wird unter einem Medium oft eine Bedingung der Möglichkeit von Übertragungen verstanden. Auch besteht ein enger Zusammenhang mit der Theorie des Gedächtnisses, wenn man Gedächtnis als Verzögerung der Re-aktualisierung von Sinn begreift."[343]

Hier wird deutlich, dass Gedächtnis gerade in dieser Verzögerungsmöglichkeit besteht. Man könnte nun allgemein die These vertreten, dass Medien deren Auflösungsverzögerung nicht sehr ausgeprägt ist, eine hohe Zirkulationsgeschwindigkeit entwickeln und auf die stetige Reproduktion redundanter Sinnfiguren setzen müssen. Medien deren Auflösungsverzögerung dagegen besonders ausgeprägt ist, kommen mit geringeren Zirkulationsgeschwindigkeiten aus und können eine größere Vielfalt von Sinnfiguren hervorbringen, da die Anschlussfähigkeit jeder einzelnen auch über längere Latenzphasen erhalten bleiben kann. Doch ein

---

[343] Vgl. Luhmann 1995e, S. 168.

Kurzschluss von der Auflösungsverzögerung zur Zirkulationsgeschwindigkeit oder zur Pluralität an Sinnformen lässt sich nicht in dieser Weise rechtfertigen. Medien kennzeichnen, wie schon mehrfach ausgeführt, nur einen Möglichkeits-horizont, während es der kommunikative Gebrauch ist, die tatsächlichen Form-bildungsprozesse, die über Zirkulationsgeschwindigkeit und Formenpluralität entscheiden. Versucht man die Auflösungsverzögerung in eine engere Verbin-dung zu den einzelnen Verbreitungs- und Erfolgsmedien zu setzen, wird schnell deutlich, dass die jeweilige Problemvorgabe und die damit verbundene Problem-lösung einen starken Einfluss auf den Verzögerungseffekt haben. Während die Erfolgsmedien vor dem Hintergrund der Annahmeproblematik arbeiten und gerade eine Annahme von Kommunikation wahrscheinlicher machen sollen und damit auf eine rasche Zirkulation angewiesen sind, die eine möglichst geringe Verzögerung der Formauflösung impliziert, zeichnet sich schon das Problem der Erreichbarkeit dadurch aus, Zugänglichkeiten zu maximieren. Dies kann unter anderem durch eine deutliche Verzögerung der Formauflösung erreicht wer-den[344], wie sie für die Schrift typisch ist. Diese Ausgangspositionen kann man aber nicht verabsolutieren, da es für viele Erfolgsmedien auch typisch ist, dass sie eine enge Anbindung an die Entwicklung der Verbreitungsmedien aufweisen. Luhmann führt ihre Ausdifferenzierung sogar auf den durch die Verbreitungs-medien (wieder vor allem die Schrift) erhöhten Ablehnungsdruck auf die Kom-munikation zurück. Luhmann verfolgt aber diese enge Verknüpfung nur unter funktionalen Gesichtspunkten und weniger unter der für eine Gedächtnistheorie relevanten Frage, was diese Verquickung im Mediengebrauch für die Frage der Auflösungsverzögerung bedeutet. Wie man sich denken kann, macht das die genaue Aufschlüsselung dieser Frage äußerst schwierig. Sie muss von Fall zu Fall entschieden werden. Es gibt in dieser Hinsicht keinen Medienpurismus der Kommunikation, sondern eine seltsame Verbindung verschiedener Medien im aktuellen Gebrauch zur Formbildung. Medienselektion heißt eben häufig auch Selektion der Verbindung verschiedener Medien und dies beeinflusst die Ge-dächtnisbildung, da die Auflösungsverzögerung in gewisser Weise „hybrid" bestimmt wird.[345] Medienselektion hat aber auch in einer anderen Hinsicht ent-scheidende Auswirkungen auf die Gedächtnisbildung. Denn gerade wenn man eine systemische Betrachtung des Gedächtnisses anstrebt, muss eine weitere Funktion der Erfolgsmedien angesprochen werden. Die symbolisch generalisier-

---

[344] Dies ist jedoch nicht die einzige Möglichkeit, da neben der zeitlichen Reichweite auch die räumli-che Reichweite und die Fähigkeit zur Anziehung von psychischer Aufmerksamkeit eine Rolle spielt.
[345] Diese Vorstellung weist sicher zum Teil schon über eine streng systemtheoretische Konzeption des Gedächtnisses hinaus, denn wie kann sich eine Theorie der radikalen Trennung für eine solche Vermischung interessieren? Aber gerade hieran kranken die vielfach wegweisenden Ansichten zum Gedächtnisproblem, die die Systemtheorie anzubieten hat.

ten Medien sind eng mit der Ausdifferenzierung der Funktionssysteme der Gesellschaft verbunden. Die Erhöhung der Annahmewahrscheinlichkeit bezieht sich dann nämlich nicht nur auf die konkrete Annahme eines kommunikativen Angebots, sondern immer auch auf die Übernahme einer teilsystemischen Referenz, die dann als Kontext der Kommunikation mitläuft.[346] Das bedeutet gedächtnistheoretisch den Bezug auf ganz bestimmte Schemata, die sehr streng diskriminieren, was kommunikativen Anschlusswert gewinnen kann. Hier geht es nicht um das Medium als Grundlage für die Auflösungsverzögerung von Formen, sondern hier gewinnt das Medium viel stärker seine gedächtnisspezifische Relevanz als Möglichkeitshorizont der Formbildung, aber auch als Möglichkeitshorizont von Kohärenzprüfungen. An dieser Stelle lassen sich dann allerdings Auflösungsverzögerungen und systemische Referenz wieder zusammenziehen, denn beide bedingen die Möglichkeiten von Kohärenzprüfungen entscheidend mit. Die Auflösungsverzögerung gestattet Bezugnahmen auf schon einmal gebildete Formen, während die systemische Referenz konkrete Schemata evoziert, anhand derer die Kohärenz aktueller Operationen überprüft werden kann. Maren Lehmann sieht daher den Unterschied zwischen Medium und Form auch im Wesentlichen bestimmt durch die Rigidität der Verweisung.[347] Während eine Form immer eine rigide Verweisung aktuell realisiert, also an bestimmte andere Formen anschließt, bestimmt das Medium durch lose aber dafür vielfältige Verweisungsmöglichkeiten, welche Formen überhaupt für Anschlüsse zur Verfügung stehen. Die Möglichkeit der Kohärenzprüfung, die das Gedächtnis ausmacht ruht also auf dem Verweisungshorizont, den das gebrauchte Medium ermöglicht und dieser Verweisungshorizont beruht wiederum auf der Viskosität, der Auflösungsgeschwindigkeit des Mediums und seiner Verbindung mit spezifischen Systemreferenzen. Ungeklärt bleibt jedoch die direkte Vermittlung mit der Theorie der Kommunikation in der Form beschreibbarer Kommunikationsprozesse. Es wird nicht klar herausgearbeitet, ob der Horizont erst nach und nach im Kommunikationsprozess mit aufgebaut werden muss oder ob mit der Systemreferenz zugleich und sofort ein latentes Strukturgewebe im Hintergrund aufgerufen wird. Eine Theorie sozialer Gedächtnisse wird sich jedoch genau auf diese Prozesse konzentrieren müssen, um nachverfolgen zu können, wie durch fortgesetzte Kohärenzprüfungen Horizonte der Formbildung ausgefaltet und auch wieder zusammengefaltet werden können und wie der Horizont als Verweisungsmöglichkeit in die aktuellen Operationen hereingezogen wird. Es geht also um eine Theorie des kommunikativen Mediengebrauchs, die eine Verbindung zwischen Medienselektion und Gedächtniskonstitution im Kommunikationspro-

---

[346] So zumindest Göbels Interpretation der späteren theoretischen Umstellungen Luhmanns in seiner Medientheorie. Vgl. Göbel 2000, S. 240ff.
[347] Vgl. Lehmann 2002, S.42.

zessen derart konzipiert, dass sie darstellen kann, wie in Kommunikationsprozessen ein Verweisungshorizont aufgebaut wird und welchen Anteil spezifische Medien an diesem Aufbau haben.

(2) Identitätsgebrauch

Die Frage des Identitätsgebrauchs lässt sich zu weiten Teilen mit der oben vorgestellten Theorie kommunikativer Kohärenzprüfungen erläutern. Den immer unterschiedlichen Operationen wird Kondensationsfähiges abgezogen bzw. Konfirmationsfähiges wird durch sie wiederholt. Hierfür ist die Beobachtung der eigenen Operationen mit spezifischen Schemata erforderlich und diese Beobachtungen kann man als Kohärenzprüfungen bezeichnen, die in der Kommunikation ein Gedächtnis erzeugen. Dies geht noch in keiner Weise über die kommunikationstheoretische Entfaltung von Gedächtnis hinaus. Eine erste Verkomplizierung ergibt sich aus der Tatsache, dass die dabei anfallenden Eigenwerte ebenfalls zu Kohärenzprüfungen herangezogen werden können. Es vollzieht sich ein Komplexitätsaufbau, in dem die dabei entstehenden Eigenwerte immer wieder auch als Kommunikationsfilter eingesetzt werden. Da dies aber noch von beliebigen Unterscheidungen aus starten kann, sind hier ganz unterschiedliche Kaskaden des Eigenwertaufbaus denkbar. Identitätsgebrauch zeigt sich also vornehmlich in einer spezifischen Weise des Beobachtens, die es erlaubt in Operationen das simultane Prozessieren des Kondensierens und Konfirmierens von Eigenwerten zu unterscheiden und dabei eben diese Eigenwerte als Resultate des Operierens zu gewinnen. Diese Eigenwerte sind im alltäglichen Gebrauch zunächst einmal Referenten, deren Identität dann als Ding (wenn sie von allem anderen unterschieden werden) oder als Begriff (wenn sie von etwas Spezifischen unterschieden werden) bezeichnet werden kann.[348]

Systemische Referenzen ergänzen diese basale Theorie jedoch auf ganz spezifische Weise. Zunächst einmal starten sie mit der System/Umwelt-Unterscheidung. Damit wird auch die Unterscheidung von Selbst- und Fremdreferenz möglich und damit eine Identitätsproduktion, die sich nicht nur auf äußere Referenten, wie Dinge und Begriffe bezieht, sondern auch und gerade auf innere Referenten, wie die eigenen Operationen (basale Selbstreferenz), die eigenen Prozesse (Reflexivität) oder sich selbst als System (Reflexion). Identitäten können also nun, wenn man mit der System/Umwelt-Unterscheidung startet, im Innern ebenso wie nach außen generiert werden und beides kann als Filter für die Kommunikation benutzt werden, um die Konsistenz der Anschlüsse zu überprüfen. Inkonsistenzen können nun intern repariert werden, wie wir es oben im

---

[348] Vgl. Luhmann 1990, S. 22f.

Anschluss an Schneider beschrieben haben oder sie können nach außen verlagert werden, z.b. in die psychische Konstitution des Autors von Äußerungen. Gewinnen Inkonsistenzen im ersten Falle an Anschlusswert, können sie im zweiten Fall zum völligen Verlust von Anschlusswert führen. Zentrale strukturelle Eigenwerte auf gesellschaftlicher Ebene zeichnen sich durch binäre Codierung aus. Schon in der kommunikationstheoretischen Fassung der Gedächtnistheorie liegen die Schemata in der Form einer binären Codierung vor. Diese durch Sprache ermöglichte Form der Codierung von Kommunikation, die zu jeder Ja-Fassung eine passende Nein-Fassung anbietet, erweist sich als ultrastabil und sichert damit in besonderer Weise die Anschlussfähigkeit von Kommunikationen. Binäre Codierung überführt analoge Situationen, in denen Mehrwertigkeit die Regel ist, in digitale Situationen, die nur mit einer harten Entweder/Oder-Entscheidung fortsetzbar sind. Dritte Werte werden effektiv ausgeschlossen.[349] Eine gesellschaftstheoretische Erweiterung binärer Codierung stellen die funktionssystemischen Präferenzcodes dar, deren eine Seite den Anschlusswert für weitere Operationen (Designationswert) ausweist, während die andere Seite auf die Kontingenz der Bedingungen aufmerksam macht (Reflexionswert). Das Kreuzen innerhalb des Präferenzcodes wird dadurch erheblich erleichtert, weil man schnell darauf schließen kann, was auf der jeweils anderen Code-Seite zuzuordnen wäre. Damit sind erhebliche Gedächtniserleichterungen, in der Form von Vergessensmöglichkeiten verbunden. Allerdings wird das Operieren innerhalb solcher Präferenzcodes in einem Maße kontextfrei, dass zusätzliche Strukturen benötigt werden, um die Zuweisung zur einen oder zur anderen Code-Seite zu kanalisieren. Diese Programme müssen dann jedoch neben dem Code erinnert werden und werden zu einer eigenen Belastungsquelle für das Gedächtnis der auf den Code bezogenen Funktionssysteme. Die Programme werden zu Eigenwerten der Kommunikation, die durch Systembezüge aktualisiert werden müssen. Es ergeben sich so für jedes Funktionssystem bestimmte zentrale Eigenwerte, die als ihre primäre Gedächtnisform gelten können: Zensuren im Erziehungssystem, Kredite im Wirtschaftssystem, Werte und Interessen in der Politik, Objekte in der Kunst, Publikationen, Methoden und klassische Theorien in der Wissenschaft und Rechtsgeltung im Recht.[350] Diese Gedächtnisformen weisen stark unterschiedliche Ausprägungen hinsichtlich ihrer Externalisierungsmöglichkeiten und Anschlussgenerierung auf, die eine starke Differenzierung und Inkongruenz zwischen den Gedächtnissen der Systeme implizieren.

Eine weitere Besonderheit der System/Umwelt-Unterscheidung ist ihre Fähigkeit zum re-entry. Auf der Seite des Systems kann die Unterscheidung wieder verwendet werden, dann geht es um die Identität des Systems selbst. Dies wird

---

[349] Vgl. Luhmann 1997, S. 356.
[350] Vgl. Luhmann 1996, S. 319f.

von Luhmann als Reflexion bezeichnet.[351] Dadurch gewinnt ein System die Fähigkeit, auf sich selbst als eine Einheit, einen möglicherweise weitverzweigten Operationszusammenhang zuzugreifen. Für uns ist an der Reflexion jedoch etwas anderes besonders spannend. In Reflexionsprozessen werden Zuordnungsprozeduren nach innen und außen expliziert und dargestellt, sie werden also in besonderer Weise der Beobachtung zugänglich. Diese Zuordnungsprozeduren sind, wie wir schon gesehen hatten für das Gedächtnis von zentraler Bedeutung, da man es ja selbst als spezifische Zurechnungsform beschreiben kann. Unter der Bedingung der Reflexion können dann auch Externalisierungsleistungen der Kommunikation beschrieben werden, die mit der operativen Schließung vollkommen in Einklang zu bringen sind. So ist klar, dass die Kohärenzprüfungen immer noch kommunikativ durchgeführt werden müssen, aber ihr Möglichkeitshorizont kann auch durch externe Leistungen, die sich die Kommunikation gerade nicht selbst zurechnen muss, mitbestimmt werden. Externalisierung von Leistungsbeziehungen ist also mit der Zuweisung der Trägerschaft für die Kohärenzprüfung an die Kommunikation selbst nicht ausgeschlossen. Vielmehr ist die kommunikative Konsistenzprüfung häufig angewiesen auf die Leistungen anderer Systeme oder das Vorhandensein nicht-systemischer Umweltfaktoren. So liegen die Erhaltungsbedingungen für Mitteilungen nicht in der Kommunikation allein. Ständiges Referieren mag eine Mitteilung in der Kommunikation erhalten, aber es erleichtert die Kohärenzprüfungen ungemein, wenn als Resultate der Mitteilung etwas Schriftliches zurückbleibt oder wenn wenigstens psychische Erinnerungen an die Mitteilung vorliegen. Schon am Beispiel des Mediengebrauchs und vor allem am Begriff des medialen Substrats haben wir gesehen, dass eine solche Externalisierung auftritt und auch eine beträchtliche Auswirkung haben kann. Interne oder externe Zurechnung basiert also auf der System/Umwelt-Unterscheidung und in der Reflexion werden die Einschließungsbzw. Ausschließungsprozeduren explizit festgehalten oder es wird ein expliziter Bezug zu ihnen hergestellt. Die Einheit des Systems kann dann vor dem Hintergrund ihrer Umweltbeziehungen zum Thema werden und so kann das System selbst regulieren auf welche Umweltleistungen es zurückgreifen kann. Diese Rückbezüge auf die Einheit des Systems sind ein wichtiger Pfeiler für reflexive Formen von Gedächtnis, denn hier kann zum kommunikativen Thema werden, wie im System das Verhältnis von Erinnern und Vergessen reguliert wird. Wann insbesondere diese Form der Reflexionsprozesse aufgerufen wird, ist ein leider vernachlässigtes Thema der systemtheoretischen Gedächtniskonzeption, wenn man bedenkt, dass es sich bei Reflexionen um eine ganz besondere Art der Rekursion handelt und Gedächtnis als „Rekursivität von Operationen"[352] begriffen

---

[351] Vgl. Luhmann 1984, S. 601f.
[352] Vgl. Esposito 2002, S. 24.

werden kann. Man könnte das Einschalten von Reflexionsprozessen als einen kommunikativen Mechanismus verstehen, als einen Umschaltprozess zwischen Normal- und Reflexionskommunikation, der durch besondere Problemlagen aufgerufen wird.[353] Dabei müsste weiter spezifiziert werden bei welchen Problemlagen sich die Reflexionskommunikation der Zuordnung von Erinnern und Vergessen bedienen muss, um die Einheitsbildung zu stabilisieren.

Eigenwerte und Reflexion als Kommunikationsfilter sind ein zentrales Thema für die Analyse von Gedächtnisbildungsprozessen und ein bisheriges Versäumnis der systemtheoretischen Beschäftigung mit dem Gedächtnis scheint gerade darin zu liegen, dass diesen Prozessen selbst zu wenig Aufmerksamkeit geschenkt wird. Luhmann arbeitet zumeist mit dem direkten Schritt auf höhere Aggregationsebenen und spricht gleich von Reflexionstheorien, die dann aber zu selten an Problemlagen der Aktivierung von Reflexionsprozessen angebunden sind. Oder er weist den Programmbegriff als Komplement zum Codierungsbegriff aus, ohne die Prozesse nachzuzeichnen, wie in codierter Kommunikation auf bestimmte Programme zugegriffen wird und wie in der Kommunikation eine Stabilisierung solcher Programme in Bezug auf den Code erfolgt. Auch hier fehlt dem Ansatz Luhmanns zumeist eine wichtige Scharnierstelle, die es erlauben würde, von solchen Prozessen auf kumulative Bildung von Theorien systemischer Einheit zu schließen. Doch mit der Erwähnung der ausgearbeiteten Reflexionstheorien als Eigenwerte und Stabilisatoren von Einheit sind wir schon beim dritten Faktor, der Semantik und ihrer Bedeutung für das gesellschaftliche Gedächtnis angekommen.

(3) Semantik und Selbstbeschreibungen

Begriffe und Theorien, oder spezifischer, sprachliche Eigenwerte spielen eine besondere Rolle in Luhmanns Konzeption. Dies kann man schon daran erkennen, dass der Semantik der Funktionssysteme und der Gesellschaft jeweils eigene umfangreiche Kapitel in den entsprechenden Publikationen gewidmet sind. Zunächst sind Semantiken jedoch kommunikative Eigenwerte, wie andere Strukturen auch. Allerdings basieren sie auf der Verfestigung von Beobachtungen, dem Kondensieren und Konfirmieren von sprachlichen Sinnfiguren.

> „Semantik umfasst als >>das gleichsam offizielle Gedächtnis der Gesellschaft<< die durch den wiederholten Gebrauch gleicher Begriffe in unterschiedlichen Situationen >kondensierten< Identitäten, also die Themen, über die kommuniziert werden kann, und die Begriffe, die man in der Erwartung benutzen kann, verstanden zu werden. In

---

[353] Vgl. Für einen ersten programmatischen Versuch Luhmann so zu lesen Schmitt 2006, S. 220ff. Vgl. auch Malsch 2005, Kap. 7, S. 278ff.

die Semantik finden all die Formen Eingang, die auf der Basis der Rekursivität aller Beobachtung zu einer gewissen Stabilität gelangt sind und als Identitäten >konserviert< werden: Ideen, Begriffe, Formeln, Rituale oder Prozeduren – die Formen, die vor dem Hintergrund eines Restes, der vergessen wird, allein erinnert werden."[354]

Esposito fasst damit Semantik ganz klar als Ergebnis von Gedächtnis[355] als Eigenwerte, die auf ganz bestimmten Operationen, auf ausgewiesenen Beobachtungen basieren. Die sprachliche Verfasstheit der Semantik scheint bei ihr allerdings keinen so großen Stellenwert einzunehmen. Wenn alle kondensierten Identitäten zur Semantik zu zählen sind, geht jedoch unter Umständen ihre Spezifik verloren. Es handelt sich bei der Semantik jedoch vordringlich um begriffliche Strukturen, im Sinne von Beschreibungsstrukturen. Wären auch die allgemeineren Gesellschaftsstrukturen als Identitäten Semantiken, würde diese grundlegende Unterscheidung Luhmanns tendenziell keinen Sinn machen. Nun könnte man sagen, dass ein Eigenwert erst durch seine Benennung Identität gewinnen kann, die einen reflexiven Bezug möglich macht. Gesellschaftsstrukturen wären so operative Eigenwerte, die aber erst zu einer Identität gerinnen würden, wenn sie auf den Begriff gebracht worden wären. In dieser Trennung von operativer und beschreibender Strukturebene scheint sich ein Problem für die Gedächtniskonzeption zu ergeben, dem man einige Relevanz zusprechen muss. Vielleicht kann ein Blick auf den Ursprung von Luhmanns Semantikkonzeption hier weiterhelfen. Luhmann schließt mit seinem Semantikbegriff explizit an Kosellecks begriffsgeschichtlichen Ansatz an. Seine Trennung von operativer und beschreibender Struktur hat hier ihren Ursprung. Für Kosellek kennzeichnet die Semantik die begriffliche Ebene der Geschichte. In der Begriffsgeschichte geht es eben darum, zu beschreiben und zu analysieren wie sich bestimmte Begriffe, die soziale Strukturen im weitesten Sinne erfassen sollen im Laufe der Zeit gewandelt haben. Begriff ist dabei von Wort klar zu unterscheiden. Während Wörter mit klarer Bedeutung ausgestattet sind, erfassen Begriffe größere Sinnzusammenhänge und stellen damit auch ein eher umkämpftes Gebiet dar.[356] Ein Begriff wird in diesem Zusammenhang definiert durch seine geschichtliche Dauer, seine wiederholbare Anwendung und seine empirische Einlösbarkeit, also seinen Bezug auf geschichtliche oder soziale Phänomene.[357] Gleichzeitig diagnostiziert Kosellek eine grundlegende Spannung zwischen Wirklichkeit und ihrer sprachlichen Erfassung über Begriffe, immer bleibt ein Rest der Wirklichkeit, der sprachlich nicht zu erfassen ist und immer produziert die Sprache einen Über-

---

[354] Vgl. Esposito 2002, S. 21 mit einem Verweis auf Luhmann 1997, S. 627.
[355] Ebd., S. 22.
[356] Vgl. Kosellek 1979, S. 119.
[357] Ebd., S. 154.

schuss, der nicht in der Wirklichkeit begründet liegt.[358] Allerdings ermöglicht nur die Sprache den Rückbezug auf schon vergangene Ereignisse.[359] Die Begriffsgeschichte versucht nun diese Spannung zu nutzen, weil Sprache und geschichtliche Wirklichkeit unterschiedliche Wiederholungsstrukturen und Änderungsgeschwindigkeiten aufweisen.[360] Zusätzlich ist auch davon auszugehen, dass das Verhältnis von Sprache und geschichtlicher Wirklichkeit ein anderes bei der Stiftung von Ereignissen ist, als beim Rückblick auf schon vergangene Ereignisse. Ein wesentliches Faktum ist dabei die langsamere Wandlungsgeschwindigkeit der Sprache gegenüber den Ereignissequenzen die sie mitauslöst und beschreibt. Aus diesem geringeren Wandlungstempo speist sich die Stabilisierungsfunktion der Semantik. An diese Grundansichten schließt auch Luhmanns Semantikbegriff an, der dazu noch während aller Wandlungen des allgemeinen theoretischen Rahmens kaum verändert worden ist.[361] Semantik ist das Resultat und das Mittel wiederholter Beschreibungsoperationen und steht in einer gewissen Spannung zu den operativen Gesellschaftsstrukturen. Beschreibungen zeichnen sich bei Luhmann durch eine lineare Nachträglichkeit[362] aus. Ausgehend von seiner Beobachtungstheorie können Beobachtungen nur auf schon vergangene Ereignisse bezogen werden und die Semantik ist die sprachliche Kondensation von solchen Beobachtungsergebnissen. Letztlich präformieren diese Sinnfiguren aber auch die Beobachtungsmöglichkeiten der Kommunikation und können strukturelle Änderungen zumindest für eine gewisse Zeit unsichtbar halten. Dennoch ist bei Luhmann die Gesellschaftsstruktur durchsetzungsstärker, weil semantische Variationen ihre Selektionsbedingungen nur bedingt selbst kontrollieren können. Es gibt bei ihm, wie bei Kosellek, keine eigenständige Ideenevolution, auch wenn es "preadaptive advances" geben kann, die gesellschaftsstrukturelle Wandlungen befördern können. Trotzdem kommt der Semantik ein spezifischer Erinnerungswert zu, da es sich um ausgezeichnet bewahrenswerte Sinnfiguren handelt, die in immer weitere Sinnzusammenhänge eingebettet werden können und in denen sich auch Theorien und Selbstbeschreibungen verdichten und zusammenziehen. Die Semantik bietet der Kommunikation darüber hinaus die Möglichkeit sich direkt und explizit auf gesellschaftliche Strukturen zu beziehen, sie macht die Strukturebene referenzierbar indem sie Strukturen benennt. Aus der linearen Nachträglichkeit folgen dann aber auch einige weitergehende Thesen. Zum einen reicht es nun aus sich für den Ausdruckswert der Semantik zu interessieren, nur ihre Visibilisierungsleistung hin-

---

[358] Vgl. Kosellek 1979, S. 128.
[359] Vgl. Kosellek 2006, S. 19.
[360] Ebd., S. 30.
[361] Vgl. hierzu kritisch Stäheli 1998 und 2000.
[362] Vgl. Stäheli 1998.

sichtlich der Sozialstrukturen zu thematisieren. Und zum anderen schließt Luhmann auf eine geringe Bedeutung der Semantik für die Entwicklung der gesellschaftlichen Strukturen wie der konkreten Verkettungen von Operationen, da immer nur ein geringer Teil der Operationen mit Beschreibungen betraut wäre. Eine strikt lineare Nachträglichkeit der Semantik ist jedoch weniger plausibel, als Luhmann es mit diesen Thesen darstellt, denn auf der Ebene der Strukturen lassen sich Operations- und Beobachtungsverhältnisse noch schwerer trennen, als auf der Ereignisebene.[363] So können strukturelle Änderungen durchaus auch auf semantische Änderungen reagieren. Die Semantik ist nicht nur hinsichtlich ihres Ausdruckswertes für die Gesellschaftsstrukturen interessant, sondern auch bei der Hervorbringung von Ereignissen als Ereignissen. Auch Kosellek sieht diesen Zusammenhang, wenn er davon ausgeht, dass sich bestimmte Ereignisse nur sprachlich stiften lassen.[364] Stäheli spricht an dieser Stelle von „konstitutiver Nachträglichkeit"[365] der Semantik bzw. von der „Operativität von Selbstbeschreibungen"[366]. Er ist der Auffassung, dass man die Semantik nicht auf ihren Ausdruckswert für Gesellschaftsstrukturen beschränken kann, es also nicht nur um die Angemessenheit der Beschreibung oder Sichtbarmachungsleistung der Begriffe gehen kann, sondern dass die Semantik einen eigenständigen operativen Wert besitzt, dass sie selbst Anschlussmöglichkeiten vorzeichnet und damit auch selbst eine keineswegs bedeutungslose Randstruktur des Sozialen darstellt, sondern ein konstitutiver Faktor bei der Reproduktion von kommunikativen Zusammenhängen ist. Diese Form der Nachträglichkeit ist in die Sinnprozessierung eingelassen. Stäheli schließt an Fuchs psychoanalytische Lesart des Verhältnisses von Beobachtung und Operation aus der „Umschrift"[367] an, wenn er darlegt,

> „In unserem Diskussionszusammenhang ist interessant, daß sich die zeitliche Struktur dieser Nachträglichkeit (in Freuds Analyse, Einf. d. Autors) grundlegend von der zuvor diskutierten >linearen Nachträglichkeit< unterscheidet. Zwar wird hier ebenfalls mit zeitlichem Verzug ein Ereignis beobachtet, diese Beobachtung selbst *konstituiert* aber erst die beobachtete Operation in ihrer vollständigen Wirksamkeit. ... Verspätung wird hier konstitutiv und verliert ihren Charakter eines akzidentiellen Zusatzes; vielmehr schreibt sie sich in die Funktionsweise von Sinnerzeugung von vornherein ein."[368]

---

[363] Schon auf der Ebene der Kommunikationsereignisse ist diese Unterscheidung eher perspektivisch zu verstehen, weil jede Kommunikation als operative Einheit eine Beobachtung beinhaltet, denn sie muss ja Information und Mitteilung unterscheiden.
[364] Vgl. Kosellek 2006, S. 32ff.
[365] Vgl. Stäheli 2000, S. 214ff.
[366] Ebd., S. 184.
[367] Vgl. Fuchs 1995.
[368] Vgl. Stäheli 2000, S. 215.

Es wird deutlich, dass sich Luhmann aus dieser Perspektive betrachtet, nicht angemessen mit dem Verhältnis von operativen und Beschreibungsstrukturen und den Mechanismen der Durchsetzung von Semantiken beschäftigt. Hier nur von der Angemessenheit oder Unangemessenheit der Semantik im Hinblick auf die operativen Strukturen zu sprechen, greift wohl zu kurz. Ebenso muss eine Vernachlässigung der alltäglichen Semantik konstatiert werden, die aus der isolierten Betrachtung herausgehobener Begriffe resultiert. Stäheli mahnt hier die stärkere Einbeziehung der semantischen Netzwerke an, also der operativen Bezugnahmen auf bestimmte Begriffe und den operativen Verbindungen zwischen bestimmten Begriffen.[369] Gerade wenn man die Semantik als Grundlage für die Wiederholbarkeit von Formen ansieht, als Ausprägung der Wiederholbarkeit in operativen Zusammenhängen, kann man nicht einfach davon ausgehen, dass nur die „gepflegte Semantik" mit erheblicher zeitlicher Überlebensfähigkeit der Begriffe für eine Theorie des Gedächtnisses von Bedeutung ist. Denn es ist ja gerade die alltägliche Semantik die Wiederholbarkeit in der ständig ablaufenden Kommunikation gewährleistet. Alltägliche Begriffe werden immer wieder und wieder wiederholt und es gibt starke Austauschbeziehungen zwischen dem, was Luhmann die „gepflegte Semantik" nennt und der alltäglichen Semantik, die es der Kommunikation erlaubt Wiederholbarkeiten zu implementieren. Hier spielen Durchsetzungsmechanismen und kommunikative Formen der Zugriffsgestaltung eine Rolle, die weitaus stärker in eine Theorie des Gedächtnisses eingearbeitet werden müssen, als dies bei Luhmann der Fall ist. Auch diese Unterlassung in der Theoriebildung hängt eng mit Luhmanns spezifischer Variante des Mikro/Makro-Problems zusammen. Luhmann springt von der Kommunikationstheorie zur Gesellschaftstheorie, ohne den Weg dazwischen zu klären. Er interessiert sich für die semantischen Eigenwerte erst auf der Ebene der „gepflegten Semantik", der langlebigen Begriffe von hohem Selbstbeschreibungswert, kann aber wenig zu deren Durchsetzung oder Ablösung sagen, außer das sie Wandlungen der Gesellschaftsstruktur nachzeichnen. Und ebenso für den Bereich der Reflexionstheorien, die die höchsten Formen gesellschaftlicher und teilsystemischer Selbstbeschreibungsformen darstellen, die aber im Falle der funktional differenzierten Teilsysteme keine Verbindung mehr aufweisen, zum symbolisch generalisierten Kommunikationsmedium, dass die funktionale Differenzierung in die Kommunikation hineintragen soll. Hier bleiben Zurechnungsprobleme offen und ungelöst, die eine Theorie sozialer Gedächtnisformen beschäftigen müssen.

Das hier immer wieder aufscheinende Kernproblem der radikalen Trennungsperspektive, eines Ignorierens von Verbindungslinien, ohne die eine Gedächtnistheorie nicht auskommen kann, soll nun nochmals zusammenfassend

---

[369] Vgl. Stäheli., S. 217.

überprüft werden. Zum einen ist an Luhmanns Verortung der Gedächtnisproblematik im Rahmen einer Theorie gesellschaftlicher Evolution[370] und zum anderen an Elena Espositos Studie zu den gesellschaftlichen Gedächtnisformen, als eine Verbindung von Differenzierungsprinzip, Leitmedium und Gedächtnissemantik[371]. Beide Verortungen des Gedächtnisses in der gesellschaftlichen Evolution sollen nun zusammen diskutiert werden.

Gedächtnis und sozio-kulturelle Evolution – Die Evolution von Gedächtnis

Beginnen wir mit Luhmanns Einbettung des Gedächtnisbegriffs in seine Theorie gesellschaftlicher Evolution. Die Veränderung sozialer Systeme, ihr struktureller Wandel kann nach Luhmann am besten mit einer Theorie der Evolution beschrieben werden.[372] Er geht davon aus, dass es eine allgemeine Evolutionstheorie gibt, deren Anwendung sich nicht auf den biologischen Bereich beschränkt, auch wenn sie dort ihren Entdeckungskontext hat. Die Evolutionstheorie richtet sich vom Ansatz her vor allem gegen zwei andere Entwicklungskonzepte: Schöpfungstheorien, die von einem Design ausgehen und Phasentheorien, die von einer abgestuften Entwicklung ausgehen. Evolutionstheorien schließen also sowohl Design als auch eine Unterteilung des Entwicklungsprozesses in Phasen aus.[373] Positiv lässt sich eine allgemeine Evolutionstheorie über die trennende Verschränkung von drei Mechanismen beschreiben. Zunächst benötigt man einen Variationsmechanismus, der dazu führt, dass etwas Neues passiert und sich nicht immer nur das gleiche wiederholt. In der Biologie spricht man von Mutation und für die Soziologie würde man überraschende abweichende Kommunikationen veranschlagen, die vor allem durch Negationen ermöglicht werden.[374] Negation ist der soziale Mechanismus der Variationserzeugung und er erzeugt sie auf der Ebene der einzelnen kommunikativen Operationen. Dann benötigt man einen Selektionsmechanismus, der bestimmt ob eine so erzeugte Neuerung Anschluss- und Wiederholungswert besitzt. Dieser Mechanismus muss eine gewisse Unabhängigkeit vom Variationsmechanismus aufweisen, sonst kann Evolution nicht in Gang kommen, da keine Variation Wiederholungswert gewinnen könnte. Vielmehr muss hier bestimmt werden, ob an den Variationen Strukturwert gewonnen werden kann und sich im Zuge dessen Erwartungen mit

---

[370] Vgl. Luhmann 1997, S. 575ff.
[371] Vgl. Esposito 2002.
[372] Vgl. Luhmann 1997, S. 413: "Gesellschaft ist das Resultat von Evolution."
[373] Und das, obwohl Luhmann dann selbst eine Terminologie verwendet, die sich durchaus an Phasenmodelle anlehnt, wenn er primitive Gesellschaftsformen (segmentäre, Zentrum/Peripherie und stratifikatorische Differenzierung) von der modernen Gesellschaft (funktionale Differenzierung) unterscheidet.
[374] Vgl. Luhmann 1997, S. 459.

diesen Variationen verbinden. Insofern wird jede Variation selektiert, in dem ihr entweder Strukturwert beigemessen wird oder eben nicht. Selektion findet damit erst auf der Ebene der Strukturen statt. Die Trennung beider Mechanismen wird durch die Trennung von Interaktion und Gesellschaft eingeleitet. Erst diese Trennung kann ein unabhängiges Wirken von Variation und Selektion gewährleisten, da nun nicht mehr alles, was in der Interaktion passiert auch gesellschaftlichen Strukturwert entfalten muss und vor allem auch nicht in der Interaktion selbst darüber entschieden werden kann. Der Selektionsmechanismus wird getragen durch Selektionsverstärker, die es erlauben positives oder negatives Feedback zu erzeugen. Hierzu gehören nach Luhmann Religion, Moral und insbesondere die symbolisch generalisierten Kommunikationsmedien. Sie alle wirken als Selektionsverstärker für Annahmewahrscheinlichkeiten von Variationen und erfüllen damit die Rolle von Selektionsmechanismen in der Kommunikation. Schließlich kann man auch noch einen Restabilisierungsmechanismus von den Selektionsmechanismen unterscheiden. Restabilisierung wird auf der Systemebene verortet und macht darauf aufmerksam, dass Strukturselektionen sich auch als mit der Systemfortsetzung kompatibel erweisen müssen. Dabei erweist sich Systembildung selbst als ein höchst erfolgreicher Mechanismus der Restabilisierung. Können Kompatibilitätsanforderungen zwischen bestimmten Strukturänderungen nicht mehr erfüllt werden, können immer noch durch Binnendifferenzierung isolierte Bereiche als Systeme stabilisiert werden.[375] Inkompatibles kann so gleichermaßen externalisiert werden. Der Übergang zur funktionalen Differenzierung der Gesellschaft wird von Luhmann vor diesem Hintergrund interpretiert, als eine Ausdifferenzierung der Kohärenzansprüche.[376] Damit Evolution sich vollziehen kann, muss die Trennung zwischen drei Mechanismen gewährleistet sein. Es gibt jedoch immer Probleme der Trennung, die nach Luhmann für eine bestimmte Gesellschaftsform charakteristisch sind. Während primitive Gesellschaften kaum zwischen Interaktion und Gesellschaft trennen und deshalb Variation und Selektion nur schwer unterscheiden können, haben hochkulturelle Gesellschaften, die über Schrift verfügen, hier keine Schwierigkeiten. Sie richten jedoch ihre Selektionen stark auf Stabilisierung ein und können deshalb Selektion und Restabilisierung nicht trennen. In der funktional differenzierten Gesellschaft stellt sich dieses Problem nun wiederum anders, da hier zwar Selektion und Restabilisierung auseinander gezogen werden, daraus aber eine Dynamik folgt, die es schwer macht Restabilisierung und Variation noch voneinander zu unterscheiden. Die Restabilisierung zeigt sich nun gerade in der Dynamik, sie

---

[375] Vgl. Luhmann 1997, S. 488f.
[376] Wir kommen weiter unten noch mal auf diesen Punkt zurück, wenn es um die Polykontexturalität der modernen Gesellschaft geht.

muss „auf Flexibilität, Änderbarkeit, Entscheidbarkeit gegründet werden."[377] Damit einher geht die These einer enormen Beschleunigung der gesellschaftlichen Evolution.[378] Diese These hat einige Relevanz für die Beschäftigung mit Gedächtnis, wenn man annimmt, dass sich hierdurch auch das Verhältnis von Erinnern und Vergessen verschiebt.[379]

In Espositos Studie sieht man wie diese Verbindungslinie systemtheoretisch zu ziehen ist.[380] Sie formuliert diesen Zusammenhang in folgender Weise:

> „Die Leithypothese dieser Arbeit besteht in der Annahme, dass im Verlauf gesellschaftlicher Evolution zwischen den Differenzierungsformen der Gesellschaft und den Kommunikationstechnologien ein gegenseitiger Anpassungsdruck und eine ständige Wechselwirkung herrschen. Das Gedächtnis der Gesellschaft ist jeweils das Ergebnis dieser Dynamik."[381]

Es wird deutlich, dass Esposito sich explizit an Luhmanns Vorstellungen zum Verhältnis von Gesellschaftsstruktur und Semantik orientiert, wenn Gedächtnis als semantische Ausdrucksform einer tiefer liegenden strukturellen Dynamik betrachtet wird. Die Dynamik wird durch die Wechselwirkungen zwischen dominanter Struktur der Gesellschaft und der Verfügbarkeit von Kommunikationstechnologien erzeugt, während das Gedächtnis, mit seiner Funktion der Kohärenzprüfung, die eine Unterscheidung zwischen Varietät und Redundanz ebenso erlaubt, wie eine Diskrimination zwischen Erinnern und Vergessen, ein direktes Resultat dieser Dynamik ist. Heißt dies aber nun, dass die Gedächtnisform komplett durch die Gesellschaftsstruktur und die Kommunikationsmedien definiert ist? Ganz so weit würde Esposito nicht gehen, denn einerseits bestehen ältere Gedächtnisformen fort, wie auch ältere Differenzierungsformen – zum Beispiel in Segmenten, Zentren und Peripherien oder stratifikatorischen Hierarchien – fortstehen. Sie werden also nicht komplett durch die neue Form ersetzt, aber ihre gesellschaftliche Bedeutung wird reduziert, eine neue Form wird dominant. Auf der anderen Seite muss man jedoch davon ausgehen, dass die Wechselwirkungsdynamik weit weniger determinierbar sein könnte, als das man ihr Resultat so klar erfassen könnte. Diese Unschärfe findet bei Esposito aber keinen Ausdruck. Es ergibt sich bei Esposito sogar eine scheinbar sehr klare Systematik

---

[377] Vgl. Luhmann 1997, S. 499.
[378] Ebd. Mit dieser These steht Luhmann keineswegs allein. Vgl. Rosa 2005, der allerdings noch eine Reihe weiterer Bezugspunkte für die Beschleunigungsthese liefert und auch nicht primär evolutionstheoretisch argumentiert.
[379] Dies begegnet uns in den zeitdiagnostischen Thesen vom kulturellen Gedächtnisverlust immer wieder. Vgl. den kurzen Aufriss von Thesen hierzu in der Einleitung.
[380] Vgl. Esposito 2002.
[381] Ebd., S. 38.

vom Zusammenhang zwischen dominanter Differenzierungsform, kommunikativer Basistechnologie, Leitunterscheidung der Konsistenzprüfungen, resultierender Gedächtnisform und leitender Gedächtnissemantik.

Abbildung 2: Systematik des Zusammenhangs von Gedächtnisform, Basistechnologie und Differenzierungsform nach Esposito[382]

Differen- zierungsform	Basis- technologie	Leitunter- scheidung	Gedächt- nisform	Gedächt- nismetapher
Zentrum/ Peripherie (räumlich)	Nicht- alphabetische Schrift	Oberfläche/ Tiefe	Divinatorisches Gedächtnis	Wachsmasse
Stratifikation	Alphabetische Schrift	Sein/ Nicht-Sein	Rhetorisches Gedächtnis	Speicher
Funktionale Differenzierung I	Buchdruck und Massenmedien	Subjekt/ Objekt	Kultur	Archiv (Spiegel)
Funktionale Differenzierung II	Computer und Telematik	Keine	Telematisches Gedächtnis	Netz

Innerhalb dieses Prozesses hat noch ein wichtiges Konzept innerhalb von Luhmanns Theorie sozio-kultureller Evolution einen hervorzuhebenden Stellenwert. In Anlehnung an Parsons „evolutionary universals"[383] formuliert Luhmann das Konzept „evolutionärer Errungenschaften", das strukturelle Komplexitätsgewinne bezeichnen soll.

> „Auch auf dieser Ebene (der Strukturen, Einf. v. A.) braucht man einen Begriff, der ein Resultat von Evolution bezeichnen kann, einen Begriff für ein strukturelles Arrangement mit deutlicher Überlegenheit über funktionale Äquivalente. Man denke an das Auge oder an Geld, an bewegliche Daumen oder an Telekommunikation. Konsolidierte Gewinne dieser Art, die besser als andere mit komplexen Verhältnissen kompatibel sind, wollen wir *evolutionäre Errungenschaften* nennen."[384]

---

[382] Frei nach Esposito 2002.
[383] Vgl. Parsons 1964.
[384] Vgl. Luhmann 1997, S. 506.

Da es sich um strukturelle Komplexitätsgewinne handelt, um Arrangements, die besser in der Lage sind mit Komplexität umzugehen, gewinnen sie eine gewisse Irreversibilität, das heißt, sie machen es schwer auf sie zu verzichten, wenn sie einmal durchgesetzt worden sind. Evolution gewinnt dadurch eine Tendenz der zunehmenden Komplexität. Diese kann katastrophisch natürlich auch wieder zerstört werden, auch dies ist mit Evolution kompatibel, aber die Tendenz geht in die Richtung zunehmender Komplexität. Damit ist aber kein „Fortschrittssyndrom"[385] bezeichnet, sondern eher eine zunehmende Abhängigkeit von selbst geschaffenen Einrichtungen. Und hier kommen dann mit einer tragenden Rolle die selbst nicht kommunikativen Medientechnologien zum Zuge und gerade diese Abhängigkeiten vom schon Erreichten deuten auf die Gedächtnisproblematik hin. Eine zunehmende Abhängigkeit von Einrichtungen zur Verarbeitung größerer Komplexität drängt sich also den laufenden Operationen der sozialen Systeme auf und kann nicht einfach ignoriert werden. Wird die Kommunikation in evolutionärer Hinsicht abhängig von ihren evolutionären Errungenschaften, wird sie abhängig von bestimmten Formen (und Technologien) des Erinnerns und Vergessens. Wie sieht nun Luhmann den genauen Zusammenhang?

Gedächtnis und Evolution sozialer Systeme berühren sich bei Luhmann auf drei Ebenen. Auf einer ersten Ebene geht es darum festzustellen, wie die Möglichkeit der Beschreibung und Kommentierung von Strukturentwicklungen auf diese Entwicklungen zurückwirkt. Luhmann spricht hier auch von einer Wiedereinführung der Evolution in die Evolution.[386] Wir hatten gesehen, dass Luhmann mit dem Hinweis auf das Durchsetzungsgefälle zwischen Semantik und Gesellschaftsstruktur, den Einfluss der Semantik auf die Strukturentwicklung eher gering einschätzt. Semantik ist eher ein Epiphänomen der sozialen Evolution, die durch ihre Beschreibung nicht unter Kontrolle gebracht werden kann, sie kommt zu selten vor, um erheblichen Einfluss zu gewinnen. Hier tut sich jedoch ein Spalt in der Argumentation auf, wenn man für das Gedächtnis zu anderen Schlüssen kommt. Denn das Gedächtnis wirkt ja an allen Operationen mit, die soziale Systeme vollziehen, kann also gerade nicht als selten gebrauchtes Epiphänomen behandelt werden. Hat also das Beschreiben und Kommentieren doch einen entscheidenderen Einfluss auf die Strukturentwicklung, weil nur vor dem Hintergrund von Beschreibungen die Kohärenzprüfung vollzogen werden kann? Luhmann beantwortet diese Frage nicht direkt, also müssen wir versuchen, diese Frage auf die evolutionären Mechanismen zu beziehen. Das Gedächtnis wirkt also an jeder Operation mit und eine Variation wäre ohne Gedächtnis auch gar nicht feststellbar, weil es nichts gäbe, wovon sich die Variation unterscheiden könnte. An dieser Stelle spielt die Kohärenzprüfung die Rolle des

---

[385] Vgl. Luhmann 2005, S. 216.
[386] Vgl. Luhmann 1997, S. 577.

einfachen Unterscheidens von Varietät und Redundanz, noch ohne mit der weitergehenden Frage der Anschlussfähigkeit beschäftigt zu sein. Allerdings muss schon ein Anschluss erfolgt sein, denn die Variation muss ja beobachtet worden sein, um als Variation zu erscheinen. Die Formel der Kohärenzprüfung bringt aber eine weitere Dimension ins Spiel, wenn es darum geht, dass damit auch Reparaturprozesse der Kommunikation beschrieben werden sollen. In den Reaktionen auf eine Variation kann sich Widerstand oder Übernahme zeigen. Dies sind Anschlussreaktionen, die jenseits der einfachen Unterscheidung von Varietät und Redundanz liegen und weitere Unterscheidungen ins Spiel bringen, die Kohärenzprüfungen ermöglichen. Dies ist zum einen die Unterscheidung von richtig und falsch, die wie wir oben gesehen hatten für Interaktionen geradezu das Paradigma der Kohärenzprüfung darstellt. Solche Unterscheidungen implizieren kommunikativen Widerstand gegen Operationen. Auf dieser Ebene zeigen sich nun schon die selektiven Facetten der Gedächtnisfunktion. Steht die Variation für die weitere kommunikative Verwendung zur Verfügung oder wird ihre Verwendung durch den kommunikativen Widerstand, den sie hervorruft, entmutigt? Kohärenzprüfung beinhaltet also immer ein Erkennen von Variation und Reaktion auf die Variation und wirkt dementsprechend immer zumindest auf zwei Ebenen der Evolution ständig mit. Erkennen von Abweichungen und Behandeln von Abweichungen werden in der Gedächtnisfunktion der Kommunikation also zusammengezogen. Kohärenzprüfung ist als Moment der operativen Fortsetzung, als Anschlussgeschehen also immer zugleich Variationsantenne und Selektionsfilter. Der Stabilisierungsmechanismus fällt hier etwas aus der Rolle, aber zumindest für den Fall der Systemdifferenzierung kann man davon sprechen, dass nun Inkonsistenzen nicht mehr zu Destabilisierungen führen müssen, denn es gibt Zurechnungsprozeduren, die sie einem anderen System zuweisen. Damit wird nach dieser Theorie auch das Gedächtnis differenziert und zwar in zwei Hinsichten. Zum einen hat jedes System seine eigene Form der Kohärenzprüfung und zum anderen erzeugt so jedes System einen jeweils eigenständigen Realitätsentwurf, vor dessen Hintergrund Kohärenzen zu überprüfen sind. Das Gedächtnis stabilisiert dabei also jeweils auch ein bestimmtes System, weil es die entsprechenden Zurechnungsprozeduren für Ereignisse in den Ereignissen mitlaufen lässt. Wenn also das Gedächtnis stets an allen Mechanismen der Evolution beteiligt ist und man von der Semantik als dem Resultat von Gedächtnis sprechen kann[387], dann kann man schlecht von einer operativen Bedeutungslosigkeit der Semantik sprechen. Vielmehr muss man davon ausgehen, dass es hier nicht um Kontrolle der Evolution gehen kann, aber dafür um einen Faktor, der in der sozio-kulturellen Evolution eine erhebliche Rolle spielt. Es ist nur ein theore-

---

[387] Vgl. Esposito 2002, S. 22.

tisches Manöver denkbar, dass diese Rolle zumindest für die Semantik schmä-
lern könnte. Dieses Manöver entspricht einer Trennung der Schemata, also der
grundlegenden Zurechnungsprozeduren von der Semantik, als zwei Formen von
Ergebnissen der Gedächtnisfunktion, von der die eine einen erheblichen Einfluss
auf die Evolution sozialer Systeme gewinnt, während die andere ein Epiphänomen darstellt, das als Ausdruck von strukturellen Änderungen interessant zu
untersuchen ist, aber selbst keine erhebliche Rolle spielen kann. Es ist jedoch
nicht ganz klar, wie dieses Manöver kommunikationstheoretisch einzuholen
wäre, denn es ist schwerlich vorstellbar das Sprache und Begriffe nicht einen
ganz erheblichen Einfluss auf die Fortsetzung von Kommunikationen gewinnen.
Ebenso ist es nicht recht nachvollziehbar, wie die zentralen Zurechnungsprozeduren nicht sprachlich verfasst sein sollen. Vielleicht hält Luhmann einfach die
Kontrollfrage für zu gefährlich. Erlaubt man den Beschreibungen einen zu großen Einfluss auf die Fortsetzbarkeit und evolutionäre Fortsetzung von Kommunikation, könnte man denken, man gewänne durch Beschreibungen einen Einfluss, eine Kontrolle über den Gang der Evolution. Auch hier verwischen sich
wieder gesellschaftstheoretische und kommuni-kationstheoretische Fragestellungen, denn von einer gesellschaftlichen Kontrolle der Kommunikation über Beschreibungen kann keine Rede sein, solange es unterschiedliche und widerstrei-
tende Beschreibungen gibt, während es auf der Ebene von Kommunikationsprozessen durchaus möglich ist, das bestimmte Beschreibungen eine gewisse Ver-
laufskontrolle gewinnen.[388]

Auf einer zweiten Ebene kommt mit dem Gedächtnis die Unterscheidung
von Vergangenheit und Zukunft ins Spiel, deren Zusammenhang mit der Evolution sehr klar zu beschreiben ist, da es sich bei Evolution eben um eine Beschreibung des temporalisierten Aufbaus (auch Abbaus) von Komplexität handelt, der sich nur in der Zeit vollziehen kann. Nach Luhmann evoziert die Gedächtnisfunktion diese Unterscheidung, weil sie zwar immer nur gegenwärtig
operiert, aber als explizite Kopplung von Vergangenheit (Anschluss an Resultate
der Kommunikation) und Zukunft (abgeleitete Erwartungen[389]) fungiert. Luhmann spricht auch davon, dass der Unterschied von Vergangenheit und Zukunft
durch das Gedächtnis verwaltet wird[390]. Diese Verwaltung besteht eben darin, an
Resultate anzuschließen, und von einem dadurch gegebenen Realitätsverständnis
in die Zukunft zu schauen. Im Gedächtnis fließen also Rekursion (erfolgte An-

---

[388] Diese Einschätzung wird im nächsten Kapitel noch einen größeren Raum einnehmen, da hier eine
zentrale Lücke bei Luhmann klafft, die allerdings auch innertheoretisch häufig nicht nachzuvollziehen ist, da er durchaus sieht, dass z. B. Reflexionstheorien der Stabilisierung von Systemen dienen.
[389] Hier kommt auch wieder von Försters Vorstellung vom Gedächtnis als Teil eines kognitiven
Prozesses zum Tragen, der auch Schlüsse aus den vergangenen Ereignissen beinhaltet. Siehe oben.
[390] Vgl. Luhmann 1997, S. 581.

schlüsse) und Prokursion (erwartbare Anschlüsse) zusammen, als gegenwärtige Kopplung von Vergangenheit und Zukunft. Hier macht Luhmann einen wichtigen Unterschied zur Evolution aus, die Vergangenheit und Zukunft zufällig über die Mechanismen Variation/ Selektion/Stabilisierung verbindet, ohne sie explizit unterscheiden zu müssen. Dagegen macht die Gedächtnisfunktion diese Unterscheidung explizit und nimmt in das aktuelle Operieren auch einen Zukunftsbezug auf. Der gesellschaftstheoretisch interessante Aspekt ist hier darin zu sehen, dass eine Ausdifferenzierung der Gedächtnisfunktion, eine Differenzierung der Eigenzeiten von Systemen nach sich zieht, die sich z.B. in entsprechenden Reaktions- und Entwicklungszeiten der Systeme äußert. Beschleunigung und Verlangsamung von Evolution werden damit auch gedächtnisabhängig. Hier lässt sich eine Verbindung zur Medientheorie herstellen, da hier wichtige Bedingungen für die Umlaufgeschwindigkeiten der Formen zu finden sind. Dabei ist entscheidend was jeweils als Resultate der Kommunikation zur Kohärenzprüfung heranzuziehen ist und wie umstandslos dadurch auf die Zukunft geschlossen werden kann. In stark technisierten Kommunikationszusammenhängen ist mit einer eher hohen Umlaufgeschwindigkeit zu rechnen, da hier wenig erinnert werden muss und der Schluss auf die Zukunft stark kanalisiert werden kann.[391]

Eine dritte Ebene auf der Luhmann Gedächtnis und Evolution gesellschaftstheoretisch zusammenzieht, ist die Ebene der Diagnose von gedächtnisspezifischen Entwicklungen der Gesellschaft. Zunächst einmal formuliert Luhmann in Kürze eine Entwicklungsgeschichte des gesellschaftlichen Gedächtnisses, die es eng mit der Medienevolution und dem Primat der gesellschaftlichen Differenzierung verknüpft. Während Ersteres vor allem durch die Unterscheidung der Gedächtnisfunktionen schriftloser und schriftverwendender Gesellschaften aufgegriffen wird, erscheint Letzteres maßgeblich für die Möglichkeiten einer gesellschaftlichen Integration über Gedächtnis nach der Umstellung auf funktionale Differenzierung. Schriftlose Gesellschaften bauen ein „topographisches Gedächtnis"[392] auf, das Interaktionen vor allem über die Einbindung von Orten und Bauwerken voneinander unterscheidbar macht. Im Tempel gelten andere Verhaltensanforderungen als auf dem Markt oder im eigenen Haus. Hinzu kommt eine Leitunterscheidung, die wir bei der kommunikationstheoretischen Analyse von Gedächtnisprozessen schon näher betrachtet hatten, die Unterscheidung von Richtig und Falsch. Dabei geht es in erster Linie um die korrekte Bezugnahme auf Gegenstände, ihre richtige Benennung und damit ihre kommunikative Kontrolle. Interaktive Kohärenzprüfungen verfahren noch immer häufig nach diesem

---

[391] Dies kann man bei Luhmann immer wieder mit Bezug auf die durch bestimmte symbolisch generalisierte Kommunikationsmedien technisierte Kommunikation (vor allem im Falle des Geldes) nachlesen. Vgl. einführend Luhmann 1975, S. 212ff.
[392] Vgl. Luhmann 1997, S. 585.

Muster, wie man in der Rahmentheorie Goffmans wunderbar beobachten kann.[393] Sie sind zugleich ein Grundmodell der kommunikativen Kohärenzprüfung, wie wir oben gesehen hatten. Dieses Grundmodell erfährt durch die Einführung von Schrift einen erheblichen Wandel.

> „Schrift ergänzt nun das objektgebundene Gedächtnis durch ein mobileres Gedächtnis, das laufend neu erzeugt werden kann, aber im Aufschreiben auch Entscheidungen zwischen Erinnern und Vergessen erfordert, für die Kriterien und Kontrollen nachentwickelt werden müssen."[394]

Was man hier erkennen kann, ist ein Problem der Reorganisation der Gedächtnisfunktion. Die kommunikativen Kohärenzprüfungen, die ein topografisches Gedächtnis benutzen konnte, sind im Bereich der Schriftkommunikation nicht mehr ohne Weiteres anwendbar. Es entsteht ein Bedarf für andere Formen der kommunikativen Kohärenzprüfung, da direkte Reparaturmaßnahmen, wie in der Interaktion nun nicht mehr greifen. Da nun mehr und mehr erinnert werden kann, müssen Mechanismen entwickelt werden, die auch ein immer stärkeres Vergessen ermöglichen. Die Medienevolution wirkt also auf die Gedächtnisentwicklung ein, da sie neue Möglichkeiten anbietet, kommunikative Formen zu bewahren bzw. auf solche Formen zuzugreifen und stellt somit die Gedächtnisfunktion, der immer aktuell mitlaufenden Kohärenzprüfung vor neue Probleme, die nur mit einer Reorganisation der Funktion zu beantworten sind. Ähnliches gilt auch für die modernere Diagnose, die Gedächtnis mit dem Differenzierungsprimat einer Gesellschaft verknüpft. Das beginnt mit einer Umstellung der Kohärenzprüfungen von Gleichheit auf Vergleichbarkeit, die Luhmann mit dem Kulturbegriff assoziiert.[395] Dieser ermöglicht eine Beobachtung, die immer mehr Gleichheiten erzeugt, die aber immer weniger Orientierung für Anschlussmöglichkeiten gewähren kann. Alles, worüber kommuniziert werden kann, wird kontingent.[396] Über Kultur wird Vergessen in enormen Ausmaßen inhibiert, „alles Mögliche"[397] wird vor dem Vergessen bewahrt und dadurch für den weiteren Gebrauch zugänglich gehalten. Hier kann man mit Luhmann wieder ein semantisches Korrelat zur gesellschaftlichen Strukturentwicklung sehen, der Durchsetzung eines Primats funktionaler Differenzierung. Kultur als Gedächtnis verliert die Möglichkeit Orientierung für die Kommunikation zu bieten, sie kann keine Kohä-

---

[393] Vgl. Goffman 1980. Wobei goffmansche Rahmen sich durch eine größere Breite auszeichnen, da sie auch moderne Strukturierungsebenen in die Interaktion aufnehmen können, die aber auch im topografischen Gedächtnis schon vorformuliert sind.
[394] Vgl. Luhmann 1997, S. 586.
[395] Vgl. Luhmann 1995f, S. 31ff und Luhmann 1997, S. 587ff.
[396] Vgl. Luhmann 1995f, S. 51.
[397] Vgl. Luhmann 1997, S. 591.

renzprüfung in den laufenden Kommunikationen mehr gewährleisten und gesellschaftliche Anschlussmöglichkeiten nicht mehr integrieren.[398] Dies müssen nun zunehmend die gesellschaftlichen Funktionssysteme und ihre Spezialgedächtnisse übernehmen, wobei dann zunächst einmal Zuständigkeiten geklärt werden müssen. Wann welches Gedächtnis, welches System betroffen ist, wird wiederum über Schematisierung (binäre Codierung) und Mediengebrauch bestimmt, die dann doch gesellschaftliche Kohärenzanforderungen stellen. Eine gesamtgesellschaftlich verbindliche Realitätsunterstellung kann nicht mehr erzeugt werden. Stattdessen wird auch noch diese Produktion von Realitätsunterstellungen auf ein funktionales Subsystem übertragen. Das System der Massenmedien produziert einen Hintergrund an Wissen, der gesamtgesellschaftliche Realitätskonstruktionen fingiert, die jedoch am Widerstand anderer Funktionssystem schnell scheitern können.[399] Es gibt keine Gesamtformel für die kommunikative Kohärenzprüfung mehr.[400] Diese Diagnose korreliert mit einer anderen zentralen Zeitdiagnose Luhmanns, in der das Gedächtnis keine direkte Erwähnung findet. Dies ist seine These von der immer stärkeren Ausdifferenzierung von Interaktion und Gesellschaft in der Moderne.[401] Ausgehend von dieser These, muss man damit rechnen, dass die herkömmliche Form der kommunikativen Kohärenzprüfungen nicht mehr ausschließlich in der interaktiven Form erfolgen kann, sondern auch andere Formen herangezogen werden müssen. Wie weit geht jedoch diese Trennung? Wie erfolgt nun Konsistenzprüfung unter diesen Bedingungen? Die Vielfalt sich überlagernder Kohärenzprüfungsvarianten wird zunehmend unübersichtlich und es ist nun einerseits doch wieder an der Interaktion, sich auf spezifische Formen festzulegen oder an den gesellschaftlichen Subsystemen, ihre Beobachtungen aus interaktiven und anderen Kommunikationszusammenhängen abzuziehen bzw. auszulesen. Gedächtnis wird hierbei zu einem multiplexen Phänomen, dem man systemtheoretisch nur noch schwer habhaft werden kann.

Zwei Abweichungen gegenüber der Beschreibung der gesellschaftlichen Gedächtnisentwicklung bei Luhmann fallen bei demgegenüber bei Esposito ins Auge. Erstens fehlt die typische Gedächtnisform interaktiver Kommunikation, die zumindest für segmentäre Gesellschaften ohne Schrift die maßgebliche Form der Gedächtnisorganisation darstellt. Luhmann spricht vom „topographischen Gedächtnis", dessen Kohärenzprüfungsoperation mit der Unterscheidung von richtig und falsch vollzogen wird. Esposito würde an dieser Stelle jedoch noch nicht von einem gesellschaftlichen Gedächtnis sprechen,

[398] Vgl. Luhmann 1997, S. 591.
[399] Vgl. Luhmann 1995g.
[400] Vgl. Luhm ann 1997, S. 592.
[401] Vgl. Luhmann 1987.

„Damit von einer Form von Gedächtnis überhaupt gesprochen werden kann, muss, ..., eine gewisse Autonomie der Beobachtung von den Operationen bzw. von den einfachen Prozessieren von Kommunikation gegeben sein – eine Autonomie, die wir in Abhängigkeit von der Verfügbarkeit über *nicht-alphabetische Schriftarten* gesetzt hatten."[402]

Sie setzt eine gewisse Differenzierung von Beobachtungsebenen voraus, aber es stellt sich die Frage, wie dann das Gedächtnis einfachen Prozessierens von Kommunikation gehandhabt wird. Die tiefer liegende Prozessualität von Gedächtnis aus der Theorie der Kommunikation wird durch diese Umstellung fast unsichtbar. Demgegenüber ist es aber höchst plausibel von einer gesellschaftlichen Form des Gedächtnisses erst ab einer gewissen Trennung von der Interaktion zu sprechen, die ohne Schrift nur schwer erreichbar ist. Die zweite Abweichung besteht in der Unterscheidung von zwei Formen von funktionaler Differenzierung oder anders ausgedrückt dem Unterschied zwischen einer funktionalen Differenzierung der Gesellschaft auf der Grundlage von Buchdruck und Massenmedien und einer funktionalen Differenzierung der Gesellschaft auf der Basis von Computern und Telematik. Der zweite Typ könnte als radikalisierte funktionale Differenzierung bezeichnet werden, da sich hier erst die letzte gesellschaftsweite Kohärenzprüfungsunterscheidung endgültig auflöst, die Unterscheidung von Subjekt und Objekt. Während Luhmann schon für die Gedächtnisform der Kultur schlussfolgert, das durch die Umstellung von Gleichheit auf Vergleichbarkeit, keine gesellschaftlichen Leitunterscheidungen für die Orientierung von Operationen mehr zur Verfügung stehen, geht Esposito hier davon aus, dass die Subjekt/Objekt-Unterscheidung hier immer noch eine gewisse Grundlage für Kohärenzprüfungen und Realitätskonstruktionen bietet, die dabei hilft, Beobachter und ihre Perspektiven vom Beobachteten zu unterscheiden. Esposito zieht so eine Zäsur zwischen die Thesen Luhmanns zur Veränderung des Gedächtnisses in der Moderne. Die frühe Moderne mit Kultur als Gedächtnisform zeichnet sich durch eine Umstellung auf ein in Texten begründetes „virtuelles Gedächtnis" aus, in dem der „rekursive Zirkel – Beobachtung des Gesprächspartners, Antwort, Antizipation der Reaktion und Reaktion auf diese Antizipation -, der alles, was explizit gesagt wird, kontinuierlich begleitet und moduliert"[403] nicht mehr funktioniert. Der Beobachter kann sich in eine Außenposition gegenüber dem Beobachtetem versetzen, es entsteht so eine Vielheit von Beobachtern, deren einzige Einheit nun nur noch durch die Zeit, durch punktuell zu bestimmende Gegenwarten gewährleistet ist. Esposito spricht auch von einer Umstellung von

---

[402] Vgl. Esposito 2002, S. 44f.
[403] Ebd., S.192.

einer Topo-Logik zu einer Chrono-Logik des Gedächtnisses.[404] Die Strukturen des modernen Gedächtnisses der Gesellschaft werden für Esposito durch die Massenmedien gebildet. Das moderne Gedächtnis arbeitet nicht mehr mit einem Kohärenzkriterium (Konsistenzkriterium), das auf dem Fehlen von Widersprüchen basiert, sondern auch Widersprüche noch in einem abstrakten Kohärenzmodell koordinieren kann. Diese abstrakte Form der Kohärenzkontrolle nimmt das System der Massenmedien wahr. Die Realität der Massenmedien (denn erfolgreiche Kohärenzprüfungen erzeugen Realität) ist eine nicht-konsenspflichtige Realität, sie ist nicht verbindlich. Die leitenden Unterscheidungen der massenmedialen Kommunikation sind Konflikt (dafür/ dagegen; soziale Dimension), Quantität (mehr/ weniger; sachliche Dimension) und Neuheit (vorher/ nachher; zeitliche Dimension). Mit der Radikalisierung der funktionalen Differenzierung geht dann jedoch jede gesamtgesellschaftliche Regulierung und Fundierung eines nicht-kontingenten Verhältnisses von Kontingenzen verloren, und wird stattdessen in den jeweils einzelnen Funktionssystemen und in Organisationen wieder hergestellt. Hier bietet nicht einmal mehr der Vergleich (das Kulturmodell) eine einheitsstiftende Perspektive. Die funktionsspezifischen Gedächtnisformen sind eng an die ausdifferenzierten symbolisch-generalisierten Kommunikationsmedien bzw. deren besondere mediale Eigenschaften gekoppelt. Alle Funktionssysteme prozessieren ein Gedächtnis hochgradig unterschiedlicher Selektivität mit der sie zwischen Erinnern und Vergessen diskriminieren. Das operative Gedächtnis der Gesamtgesellschaft erscheint dadurch als ein fragmentarisches, dem jeglicher Gesichtspunkt selektiver Einheit fehlt. Zusätzliche Redundanzen werden durch die Strukturen formaler Organisationen bereitgestellt, die somit als funktionales Äquivalent der symbolisch-generalisierten Medien hinsichtlich der Redundanzerzeugung fungieren. Während die Medien eher auf das Vergessen ausgerichtet scheinen, erinnern Organisationen Entscheidungen. Durch Entscheidungen strukturieren Organisationen eine noch unbekannte Zukunft, indem sie die Kontingenz in die Alternativität der Entscheidungssituation, also in die Vergangenheit verlegen. Die Gedächtnisse der Funktionssysteme etablieren sich nach Esposito somit auf zwei Ebenen, wobei ausdifferenzierte Medien die primäre Ebene bilden und Organisationen eine spezifische stark zirkuläre und netzartige zweite Ebene aus Alternativen und Zielen, Erinnerungen und Erwartungen, die Vergangenheit und Zukunft in der gegenwärtigen Entscheidungssituation verkoppeln. Im Netzmodell, dem kybernetischen oder autologischen Modell von Gedächtnis, wird die Sedimentation von Daten ersetzt durch eine ununterbrochene Zirkulation der Prozesse, durch die stets neue Berechnung von Verknüpfungen. „Die Metapher vom Netz steht für eine von einer

---

[404] Vgl. Esposito 2002, S. 249.

prästabilierten Ordnung unabhängige Kohärenzform ein, die mit der zeitgleichen Steigerung von Integration und Dezentralisierung kompatibel ist."[405] Das Gedächtnismodell ist nun als ein „networked storage model"[406] beschreibbar. Für diese Gedächtnisform zählt nicht mehr der Inhalt, sondern nur noch der Kontext; denn Inhalte müssen erst wieder für den Kontext gewonnen werden. „Das telematische Gedächtnis behält keine Informationen, sondern nur die eigenen Entscheidungen."[407] Es entsteht ein komplett auf Autologie umgeschaltetes Gedächtnis, dem keine Externalisierungsmöglichkeiten mehr zur Verfügung stehen. Ein Gedächtnis also, das der rein systemtheoretischen Analyse von Kommunikationsprozessen, ohne notwendigen Rekurs auf Gegenstände oder die inneren Zustände von Subjekten zugänglich ist.

Betrachtet man die ausführliche Schilderung der gesellschaftlichen Gedächtnisentwicklung bei Esposito, fällt auf, dass hier alle Elemente der Systemtheorie des Gedächtnisses der Gesellschaft zusammengeführt werden. Es wird aber auch deutlich, dass hier ganz absichtlich ein starker Kontrast zum basalen Prozessieren von Kommunikation aufgebaut wird, die allerdings ebenfalls nicht ohne Gedächtnis auskommen kann, wie wir oben schon gesehen hatten. Das Modell des Gedächtnisses als Netz, wie es Esposito beschreibt, bestimmt Kontext als wichtigste Komponente für die Durchführbarkeit von Kohärenzprüfungen. Ein einheitlicher Gebrauch von letzten Unterscheidungen zur Absicherung von Kohärenz ist nicht mehr zu beobachten, stattdessen muss ein Verweisungsnetzwerk, sich jeweils autologisch um Kohärenzsicherung bemühen, in jedem Augenblick die Zufälligkeiten des Kontextes eines Ereignisses zum Strukturaufbau heranziehen.[408]

Die Gesellschaftstheorie des Gedächtnisses stellt sich also bei beiden als eine Theorie des Zusammenhangs von dominanten Gesellschaftsstrukturen (dem Differenzierungsprinzip), dominanten Kommunikationstechnologien und dadurch dominierenden Gedächtnisformen heraus, denen in einer spezifischen Semantik Ausdruck verliehen wird. Das Gedächtnis ist ein Resultat der Evolution von Gesellschaft und somit ist seine (dominierende) Form gesellschaftlich determiniert. Eine Rückwirkung auf die Strukturentwicklung wird typischerweise nicht beobachtet, obwohl doch Resultate der Kommunikation immer wieder in die Kommunikation eingeführt werden müssen, um die Kommunikation fortzu-

---

[405] Vgl. Esposito 2002, S. 340.
[406] Ebd.
[407] Ebd., S. 345.
[408] Es bleiben jedoch die Fragen, ob sich dieser Befund als ein Unterscheidungskriterium eignet, weil es hier nun wieder sehr genau der allgemeinen kommunikationstheoretischen Fassung des Gedächtnisbegriffes entspricht. Nährt sich damit die Perspektive der Systemhaftigkeit (gesellschaftstheoretisch) wieder einer Perspektive der Operativität (kommunikationstheoretisch) an, ohne es zu bemerken?

setzen. Die Theorie macht eine Verbindung zwischen dem Gedächtnis der Kommunikation in ihrem konkreten operativen Vollzug, also in der Form beobachtbarer kommunikativer Prozesse und der gesellschaftlich dominierenden Form von Gedächtnis durch bewusste Theorieentscheidungen sehr schwierig. Zu diesen Theorieentscheidungen gehören die strenge Trennung von Semantik und Struktur, die These einer zunehmenden Differenzierung von Interaktion und Gesellschaft und schließlich die Entscheidung für eine Konzentration auf dominante Formen von Strukturen, Kommunikationsmedien und Gedächtnisformen. Wenn diese Verbindung jedoch nicht gelingt, wird jede Operationalisierung der Theorie zur Beobachtung von Kommunikationsprozessen und der in ihnen stattfindenden Gedächtnisbildung sehr schwierig, weil sie entweder nicht die Ebene gesellschaftlicher Relevanz erreichen können oder aber über ihre Relevanz schon von vornherein entschieden ist, weil sie sich nicht auf die dominanten Formen beziehen. Darüber hinaus zeigt sich hier die hohe Abhängigkeit kommunikativer Abläufe von bereitstehenden Medientechnologien, deren Einbindung in die gedächtnistheoretischen Grundpositionen nur schwer gelingen will. Gibt es innerhalb der Systemtheorie Möglichkeiten diese Defizite zu beheben?

3.6 Filtern und Referenzieren – Die einseitige Betonungen der Trennung in der Systemtheorie

In der Systemtheorie ist Gedächtnis als operativ mitlaufende Kohärenzprüfung konzipiert, deren Gestalt bzw. deren Organisationsprinzip von gesellschaftlichen und technologischen Entwicklungen abhängig ist, die sich in der Verwendung bestimmter grundlegender Schemata widerspiegeln. Was im Gedächtnis der Kommunikation zusammengezogen wird, sind die operativen Momente des Filterns von zukünftigen Anschlussmöglichkeiten und des Referenzierens auf vorliegende Anschlussmöglichkeiten, Prokursion und Rekursion des aktuellen Operierens. Gedächtnis ist damit ein kognitiver Prozess im Sinne von Försters, der in der Kommunikation realisiert wird. Dieses Mitlaufen von Momenten der Rekursion und Prokursion mit der Funktion der Kohärenzprüfung wird zum einen basal kommunikations-theoretisch ausgearbeitet. Gedächtnis bildet sich durch Kohärenzsicherungsoperationen im prozessualen Verlauf der Kommunikation. Zum anderen ändert sich der gesellschaftlich dominante Modus der Kohärenzsicherung als Resultat des komplexen Zusammenwirkens von gesellschaftlichen Strukturentwicklungen auf der Ebene des grundlegenden Differenzierungsprinzips einer Gesellschaft und den Möglichkeiten und Restriktionen, die verfügbare Kommunikationstechnologien der Kommunikation auferlegen. Dieser dominante Modus der Kohärenzsicherung wird dadurch aber auf der Ebene der

Beobachtung der Gedächtnisbildung in den ablaufenden kommunikativen Prozessen schwer nachweisbar. Es fehlt ein Theoriestück mit dem sich nachzeichnen ließe in welcher Form gesellschaftliche Relevanzen in den Kommunikationsprozess hineingenommen werden, welche Arten von Referenzen hier zum Einsatz kommen und, welche Filterungen dabei aufgerufen bzw. nicht hintergangen werden können.

Als vorläufiges Fazit ist festzuhalten, dass der systemtheoretischen Gedächtniskonzeption vor allem zwei Versäumnisse vorzuwerfen sind. Erstens die Vernachlässigung einer Theorie der Intersystembeziehungen, eine Ausarbeitung der Funktionsweise der Fremdreferenz in der Kommunikation, obwohl gerade ein Fokus auf das Trennende hier das Problembewusstsein schärft; und zweitens den Re-Import eines Mikro/Makro-Problems, durch die Trennung von gesellschaftstheoretischen und grundlegenden kommunikationstheoretischen Einlassungen zum Gedächtnis. Dabei macht das erste Problem vor allem darauf aufmerksam, dass eine Theorie des Referenzierens sich ebenso mit der Fremdreferenz auseinanderzusetzen hätte wie mit der Selbstreferenz, selbst und gerade wenn man zugesteht, dass diese nur auf der Basis von Selbstreferenz möglich ist. Das zweite Problem zeigt dagegen sehr deutlich, dass es der Systemtheorie selbst bisher nicht recht gelingen will, das Trennende und Verbindende in der Kommunikation selbst aufzuzeigen, denn nur die Beachtung beider Momente lässt Filtern und Referenzieren als diejenigen gedächtnisbildenden Aspekte der Kommunikation hervortreten, die es möglich machen, Gedächtnis ohne Re-Import einer Mikro/Makro-Problematik zu modellieren.

Nun hat aber die Systemtheorie auch hier einige Theoriebausteine entwickelt, die sich insbesondere den Problemen der kommunikativen und nichtkommunikativen Intersystembeziehungen widmen. Bislang ist es versäumt worden, diese Theoriestücke nachdrücklich in die Gedächtnistheorie einzuarbeiten, obwohl Luhmann selbst davon spricht, dass Gedächtnis einen starken Zusammenhang mit Intersystembeziehungen aufweist:

> „Offenbar ist ein Gedächtnis also auf ein Zusammenwirken mehrerer autopoietischer Systeme angewiesen, ohne dass dies Zusammenwirken die Autonomie und selbstbestimmte Rekursivität der Systeme einschränkt."[409]

Wenn es möglich ist, mithilfe dieser Theoriebausteine eine systemtheoretische Gedächtniskonzeption auszubauen, die nicht den Problemen der Trennungsperspektive aufsitzt und gleichzeitig deren Stärken beibehalten kann, sollte es möglich sein, eine soziologische Gedächtnistheorie auf der Basis der soziologischen Systemtheorie zu entwickeln. Hier kommen nun drei Bausteine in Betracht, die

---

[409] Vgl. Luhmann 1996, S. 314.

bei Luhmann für eine Theorie der Intersystembeziehungen zur Verfügung stehen: der in Anlehnung an Maturana konzipierte Begriff der strukturellen Kopplung (früher im Anschluss an Parsons auch der Interpenetrationsbegriff), der Resonanzbegriff und schließlich das Konzept der Polykontexturalität.

Interpenetration und strukturelle Kopplung

Zunächst war für die Charakterisierung des Verhältnisses von sozialen und psychischen Systemen der Interpenetrationsbegriff maßgeblich, den Luhmann aus dem Kontext der Parsonschen Theorie herauslöst, also aus dem Kontext der Konstruktion eines allgemeinen Handlungssystems, das personale und soziale Systeme in einem System integrieren kann. An die Möglichkeit einer solchen Integration glaubt Luhmann nicht mehr. Allerdings bewahrt er den Anschluss an das Problem doppelter Kontingenz. Die wechselseitige Intransparenz der psychischen Systeme, verbunden mit der Kontingenz ihrer Handlungsmöglichkeiten und ihrer wechselseitigen Abhängigkeit führt zur Emergenz sozialer Systeme. Genau an dieser Stelle passt sich auch der Interpenetrationsbegriff in die von Luhmann veränderte Theorielage ein:

> „Von Interpenetration soll immer dann die Rede sein, wenn die Eigenkomplexität von Umweltsystemen als Unbestimmtheit und Kontingenz für den Aufbau eines mit ihnen nicht identischen Systems aktiviert wird."[410]

Die eigenständige Komplexität psychischer Systeme dient als Quelle von Unbestimmtheit, deren Bestimmung dann im sozialen System erfolgt, diesem also einen eigenen selektiven Komplexitätsaufbau ermöglicht. Interpenetration beschreibt somit einen „Konstitutionszusammenhang"[411], der genau genommen besagt, dass Bewusstseinssysteme Bedingung der Möglichkeit sozialer Systeme sind. Umgekehrt gilt jedoch dasselbe. Von Interpenetration kann man nur sprechen, wenn dieser Konstitutionszusammenhang wechselseitig gegeben ist, ansonsten wäre nach Luhmann der Penetrationsbegriff angemessener, der von einer einseitigen Beziehung, einem einseitigen Konstitutionszusammenhang ausgeht. Bewusstsein und Kommunikation bilden demnach einen wechselseitigen Konstitutionszusammenhang, indem sie sich gegenseitig Kontingenz zur Verfügung stellen, die dann vom jeweils anderen System zum Komplexitätsaufbau genutzt werden kann. Instabilität wird als Stabilitätsbedingung genutzt.[412] Dabei bleiben die unterschiedlichen Systeme füreinander Umwelten. Sie können die Komplexi-

---

[410] Vgl. Luhmann 1981c, S. 178.
[411] Vgl. Luhmann 1984, S. 295.
[412] Vgl. Luhmann 1981c, S. 182.

tät des jeweils anderen Systems nicht erfassen oder intern Punkt für Punkt abbilden. Die Komplexität dieser Systeme in der Umwelt stellt vielmehr eine Unordnung bereit, die zur Basis des Ordnungsaufbaus innerhalb des Systems wird: „order from noise". Dabei kann es in dem Sinne zu Überschneidungen von Elementen kommen, dass identische Ereignisse von beiden Systemen in unterschiedliche Anschlussketten eingeordnet werden und unterschiedlichen Selektivitäten ausgesetzt sind.

Dieses ältere Konzept wird später zunehmend durch das Konzept der strukturellen Kopplung ersetzt, das besser an das Theorem der operativen Geschlossenheit angepasst ist. Dabei bleiben jedoch wesentliche Facetten des Interpenetrationskonzepts erhalten. Strukturelle Kopplung ist wie Autopoiesis ein Begriff, den Luhmann der Theorie Maturanas entnimmt und der schon deshalb einfacher mit operativ geschlossenen Systemen zusammengedacht werden kann als der von Parsons entliehene Interpenetrationsbegriff.

> „Der Begriff [der strukturellen Kopplung, Einf. v. m.] ist auf die Autopoiesis des Systems abgestimmt, das heißt, die strukturelle Kopplung interferiert nicht mit der Autopoiesis des Systems."[413]

Autopoiesis ist daher die Grundlage, die das System eigenständig aufrechterhalten muss, erst dann können über den Strukturaufbau spezifische Kopplungen zur Umwelt entstehen. Diese Kopplungen sind nach Luhmann stark selektiv und führen zu einer beträchtlichen Reduktion von Umweltkomplexität. An dieser Stelle begegnet uns also wieder das spezifische Verhältnis von Geschlossenheit und Offenheit, einer Offenheit auf der Basis von Geschlossenheit, Fremdreferenz auf der Basis von Selbstreferenz, die mit Komplexitätsreduktion einhergeht. Es gibt also zunächst zwei Bedingungen, die der Begriff der strukturellen Kopplung mit sich bringt: Zum einen bleibt die operative Geschlossenheit des Systems unberührt, es gibt also keine Operationen, die von außerhalb des Systems in dieses hineinoperieren. Zum anderen geht es um ein Selektionsverhältnis des Systems gegenüber seiner Umwelt, das durch eine weitgehende und radikale Reduktion des relevanten Bereichs dieser Umwelt ausgezeichnet ist. Aber was heißt das nun für das besondere, mit dem Interpenetrationsbegriff ausgezeichnete Verhältnis von Kommunikation und Bewusstsein? Interpenetrationsverhältnisse scheinen ein besonderer Fall struktureller Kopplung zu sein, weil sie ein wechselseitiges Verhältnis struktureller Kopplung bezeichnen, bei dem sich der Strukturaufbau des jeweiligen Systems an den Kontingenzen des jeweils anderen orientiert.

---

[413] Vgl. Luhmann 2002, S. 120.

Wie aber kann man sich dieses Verhältnis zwischen Kommunikation und Bewusstsein nun genauer vorstellen und über welche „Elemente" gelingt es hier eine strukturelle Kopplung zu etablieren, die als ein Interpenetrationsverhältnis aufgefasst werden kann? Oder genauer: Wie kombinieren sich Offenheit und Geschlossenheit im Verhältnis psychischer und sozialer Systeme? Oder mit Luhmann gefragt: „Wie ist Bewusstsein an Kommunikation beteiligt?"[414]

Bei der Erörterung dieser Frage kommen zum einen zwei Medien in den Blick: Sinn und Sprache. Zum anderen gilt es, die Leistungsbeziehungen zu thematisieren, auf denen die Systeme beruhen. Da ist in erster Linie an die Wahrnehmungsleistungen der psychischen Systeme zu denken, ohne die Kommunikation nicht möglich wäre. Kommen wir zunächst zu den medialen Gemeinsamkeiten. Beide Systeme bilden ihre Operationen im Medium des Sinns und häufig, wenn auch nicht immer im Medium der Sprache. Während das Sinnmedium dazu führt, dass in beiden Systemarten eine innere Unruhe erzeugt wird, der den Prozess am Laufen hält, indem ein aktuelles Ereignis immer schon über sich hinausweist, macht das Sprachmedium, wie wir oben gesehen hatten, deutlich, dass ein bestimmtes Verhalten als Mitteilung einer Information anzusehen ist. Im Falle des psychischen wie des sozialen Systems sind die Operationen der Systeme also sinnhaft und teilen somit ein mediales Substrat. Dabei ist zu bemerken, dass es das Sinnmedium ohne die Operationen psychischer und sozialer Systeme und ihrer wechselseitigen Bezugnahme auch nicht geben würde. Das Medium ist emergentes Produkt der Ko-Evolution psychischer und sozialer Systeme und damit auch Ausdruck ihrer wechselseitigen Verschränkung. Sinn ist also ein Medium, aus dem unterschiedliche Formen gewonnen werden können: als Gedanken und als Kommunikationen. In den Systemen differiert, was aus diesen lose gekoppelten Elementen des Sinnmediums gemacht wird und sie organisieren eine jeweils eigenständige Anschlussfähigkeit, aber nur durch die immer weitere Generation von Formen wird das Medium Sinn reproduziert. Damit sind zwei Dinge klar. Auf einer sehr grundlegenden Ebene teilen sich soziale und psychische Systeme das „Material" aus denen sie ihre Elemente erzeugen und sind damit Erscheinungsweisen Sinn prozessierender Systeme, die sich dadurch auszeichnen, dass sie Kontingenz sowohl reduzieren als auch reproduzieren. Dies geschieht aber nicht nur intern, also nur für die Systeme selbst, sondern jeweils auch für andere Sinn prozessierende Systeme. So entsteht zum Beispiel erst die Problematik der doppelten Kontingenz, wo jeweils intransparente Systeme sich wechselseitig mit Kontingenz konfrontieren und jeweils eigene Wege zu deren Reduktion finden müssen.

---

[414] Vgl. Luhmann 1995c, S. 38. Dies ist mit Sicherheit die soziologisch relevante Frage, auch wenn das Postulat der Wechselseitigkeit impliziert, dass man ebenso nach der Beteiligung der Kommunikation am Bewusstsein zu fragen hätte.

Auf der Basis des gemeinsamen Sinnmediums, was nicht etwa heißt auf der Basis geteilter Bedeutungen, geteilten Wissens oder gar einer geteilten Lebenswelt, kommen dann andere Medien ins Spiel, die ebenfalls beiden Systemformen Elemente anbieten können. In erster Linie ist hier an Sprache zu denken. Das Medium Sprache ist einerseits ein dezidiertes Medium der Kommunikation, denn Sprache leistet eine eindeutige Identifizierbarkeit von Kommunikationsereignissen als sprachlichen Mitteilungen. Andererseits ist es aber schwer zu übersehen, dass Sprache auch Medium von Gedanken und Vorstellungen sein kann. Sprachliche Elemente spielen eine wichtige Rolle beim Prozessieren psychischer Systeme, wenn auch nicht in so markanter Weise, wie im Falle sozialer Systeme. Zentral bleibt aber die Verfügbarkeit der lose gekoppelten Elemente der Sprache für beide Systeme und damit die Unterstellbarkeit des psychischen Verstehens sozialer Ereignisse. Sinn und Sprache sind also die Medien, die eine strukturelle Kopplung psychischer und sozialer Vorgänge möglich machen, die wechselseitige Irritierbarkeit begründen und selbst erst durch diese Kopplungen zustande kommen.

Es scheint an dieser Stelle vielmehr wichtig noch auf zwei Begriffe einzugehen, die auch aus systemtheoretischer Sicht eine starke Verbindung zwischen Psychischem und Sozialem begründen: Ko-Evolution und konditionierte Ko-Produktion. Beide Begriffe meinen etwas ganz Ähnliches, wie die Begriffe Interpenetration und strukturelle Kopplung, legen der Schwerpunkt aber noch deutlicher auf das Zusammenspiel der beiden getrennten Systeme. Hier sind die Systeme mehr füreinander als Bedingungen der Möglichkeit, sie stellen vielmehr notwendige Kontexte dar, die immer auch gewisse Beschränkungen des Möglichen mit sich bringen. Ko-Evolution ist dabei der weitere und weniger spezifizierte Begriff und wird von Luhmann eher synonym mit dem Begriff der strukturellen Kopplung verwendet. Aus evolutionstheoretischer Sicht versorgen sich psychische und soziale Systeme laufend mit Variationsanlässen (die Variation müssen sie auch selbst produzieren), die dann jeweils nach den systemeigenen Anschlussbedingungen zu selektieren sind. Der von Peter Fuchs eingeführte Begriff der konditionierten Ko-Produktion geht da schon etwas weiter.[415] In ein Einheitsgeschehen müssen demnach erst durch Beobachtung Unterscheidungen eingezogen werden, die es dann ermöglichten von einer Geteiltheit auszugehen. Während das Bewusstsein durch und durch auf sozialen Beständen prozessiert, gilt selbiges auch umgekehrt. Auch die Kommunikation prozessiert durchgängig nur auf der Grundlage einer stetigen Beteiligung von Bewusstsein. Darin besteht die wechselseitige Konditionierung, im Zur-Verfügung-stellen von Leistungen und Kontingenzen, die gleichzeitig (immer gegenwärtig) erbracht werden. Damit

---

[415] Vgl. Fuchs 2002 und 2003, S. 61ff.

ist nicht gesagt, dass nicht auf beiden Seiten der Grenze mit ganz unterschiedlichen Anschlussbedingungen zu rechnen wäre, denn auch die konditionierte Ko-Produktion erfolgt unter der Annahme einer operativen Geschlossenheit. Dennoch macht gerade dieser Ausdruck deutlich, wie sehr es Sinn macht, sich wesentlich vordringlicher mit den Inter-Systembeziehungen auseinanderzusetzen, wenn man sich des Problems der operativen Abgeschlossenheit bewusst ist. Dies gelingt mit dem Begriff der strukturellen Kopplung bzw. dem der Interpenetration nicht. Auch ihre Ersetzung durch den Begriff der konditionierten Ko-Produktion führt nur bedingt weiter, wenn nicht abschließend zu klären ist, was darunter prozessual genau zu verstehen ist. Es müssten die genauen Verbindungen stärker in den Vordergrund treten, die Leistungsbeziehungen müssten genauer unter die Lupe genommen werden. Die Idee eines Einheitsgeschehens in das operativ erst Grenzen eingezogen werden müssen, dreht dabei die Fragestellung, die sich aus der systemtheoretischen Perspektive ergibt wieder um und führt damit zwar in eine interessante Richtung, kann aber wenig zur Frage beitragen welche Verbindungen auf der Basis operativ geschlossener Bereiche tragfähig sind, um die kommunikative Kohärenzprüfung durch verschiedene Leistungen möglich zu machen. Der Verweis auf ein Einheitsgeschehen oder geteilte Medien ist hier nicht mehr als eine Richtungsangabe in der man nach Mechanismen und Verbindungslinien suchen mag und kann wenig dazu beitragen, welche Fremdreferenzen auf der Basis welcher Formen von Selbstreferenz eingerichtet werden können, die dann Gedächtnis als kognitiven Prozess in der Kommunikation zum Laufen bringen. Alle hier aufgeführten Begriffe stehen also eher für abstrakte Behelfsmittel um eine Leerstelle, einen blinden Fleck der Systemtheorie abzudecken, aber tragen nicht dazu bei ihn tatsächlich auszufüllen.

Resonanz

Mehr Potenzial hat hier meiner Ansicht nach ein Begriff, der von Luhmann und anderen Systemtheoretikern allerdings wesentlich seltener verwendet wird als der Begriff der strukturellen Kopplung. Dies ist der Begriff der „Resonanz"[416] Luhmann setzt ihn im Rahmen seiner Schrift „Ökologische Kommunikation"[417] ein und bezeichnet ihn als eine Vereinfachung für kompliziertere Zusammenhänge.

> „Mit Begriffen wie Komplexität und Reduktion, Selbstreferenz und Autopoiesis, oder rekursiv-geschlossene Reproduktion bei umweltoffener Irritierbarkeit sind komplizierte theoretische Fragen aufgeworfen, die wir in den folgenden Überlegun-

---

[416] Bei anderen wird auch von Interferenz gesprochen, vgl. Teubner 1989, S. 106ff.
[417] Vgl. Luhmann 1988.

gen nicht ständig im Blick behalten können. Wir vereinfachen uns die Darstellung dadurch, daß wir das Verhältnis von System und Umwelt mit dem Begriff der *Resonanz* beschreiben."[418]

Die Vereinfachung besteht im offensichtlich metaphorischen Gebrauch des Resonanzbegriffs, der es erlaubt einen komplizierten Zusammenhang von Offenheit und Geschlossenheit, Fremd- und Selbstreferenz im Bild des in-Schwingung-versetzens zusammenzufassen. Auf den Punkt gebracht, bedeutet Resonanz, dass nur ganz spezifische, sehr selektiv gewonnene Variationsanlässe aus der Umwelt in der Lage sind, operative Variationen im System zu zeitgen. Nur Schwingungen, um im Bild zu bleiben, die eine gewisse Kompatibilität mit den Eigenfrequenzen des Klangkörpers aufweisen, können ihm Töne entlocken. Auch der Resonanzbegriff, als ein Verdichtungsbegriff, wird von Luhmann nur sehr abstrakt benutzt, aber dennoch versucht er am Beispiel der ökologischen Kommunikation darzustellen, welche Möglichkeiten einer Abstimmung zwischen den Eigenfrequenzen der unterschiedlichsten Sozialsysteme denkbar wäre und wie es kommt das bestimmte Umweltereignisse zu wenig oder auch zu viel Resonanz produzieren.[419] Mit dem Resonanzbegriff kann man konkrete Fragen nach der Anschlussfähigkeit von Umweltereignissen formulieren und Überlegungen anstoßen, wie es der Kommunikation gelingt, Ereignisse in der Umwelt einzubinden. Der Resonanzbegriff deutet zugleich an, dass Bezugnahmen selektiv und auf die Prozesse des Systems abgestimmt sein müssen und dass man es mit einem zweiseitigen Phänomen zu tun hat, mit den Übergängen von Fremdreferenz in Selbstreferenz aber auch mit dem Übergang von Selbstreferenz in Fremdreferenz. Im Resonanzbegriff findet man eine Richtungsangabe für die Analyse von Prozessen intersystemischer Beziehungen, die man aufgreifen kann, um eine prozessuale Gedächtnistheorie der Kommunikation zu entwerfen, die es dann ermöglicht die kommunikative Einbindung von Umwelt bei der sozialen Gedächtnisbildung zu modellieren. Bei einem reinen Fokus auf die Phänomene der Trennung, der Differenzierung hilft der Begriff dagegen wenig weiter, weshalb Luhmann ihn recht selten verwendet, aber gerade beim Problem der Einstellung der modernen Gesellschaft auf die ökologischen Gefährdungen, spielen dieselben Problemlagen der kommunikativen Einbindungsmöglichkeiten eine Rolle, die auch in einer Theorie des sozialen Gedächtnisses nicht ignoriert werden können. Schließlich ist es nicht möglich auf die Einbindung von Technologien, psychischen Systemen und auch materiellen kulturellen Artefakten zu verzichten, wenn man Gedächtnisphänomene soziologisch angemessen beleuchten und modellieren will. Der Resonanzbegriff hilft hier jedoch ebenfalls nur als Richtungs-

---

[418] Vgl. Luhmann 1988, S. 40.
[419] Ebd., S. 218ff.

angabe weiter, da ihn keine Modelle des In-Schwingung-versetzens begleiten, die man theoretisch nutzen könnte.

Polykontexturalität

Ein letzter Begriff der soziologischen Systemtheorie, der eher diagnostischen als theoretischen Gehalt hat, kann nun als Behelfskonstruktion angeführt werden, um sich dem Einbindungsproblem zu nähern. Der Begriff der Polykontexturalität beschreibt das Phänomen einer Gesellschaft, die eigentlich „eine Mehrzahl einander überlappender Gesellschaften"[420] ist. Diese Einsicht ist auf die Gleichzeitigkeit der operativen Geschlossenheit und des universalen Geltungsanspruchs der funktionalen Teilsysteme der Gesellschaft gegründet, die sich nicht mehr in einer Form integrieren lassen, so dass man von einer monokontexturalen Gesellschaft, zum Beispiel der kapitalistischen Gesellschaft sprechen könnte. Polykontexturalität heißt notwendige Mehrfachbeschreibbarkeit der Gesellschaft. Ein Kommunikationsereignis kann in ganz unterschiedliche Anschlusszusammenhänge eingebettet sein bzw. eingebettet werden, die man erst durch das Einsetzen unterschiedlicher beobachtungsleitender Unterscheidungen auseinanderhalten kann. Nach Schimank ist es ein großes Verdienst der soziologischen Systemtheorie Luhmanns, diese Diagnose der modernen Gesellschaft so klar herausgearbeitet zu haben.[421] Was kann uns dieser diagnostische Befund aber nun theoretisch sagen und wie könnte er beitragen zu einem Theorieprogramm, dass die Einbindungsfähigkeit der Kommunikation bei der Konstitution und Konstruktion ihres Gedächtnisses zum Thema hat?

Polykontexturalität kann zunächst einmal heißen, dass ein Ereignis zu ganz unterschiedlichen Anschlusssequenzen führen kann und dann auch von ganz unterschiedlichen Kommunikationssystemen vereinnahmt werden kann. Jede Kommunikation bietet unterschiedliche Anschlussfacetten und bei einer polykontexturalen Gesamtlage kann nicht schon im Vorwege, z.B. über eine dezidierte Mitteilungsabsicht bestimmt werden, in welche Anschlussmuster sie eingebettet wird, wie sie überhaupt erst als Kommunikationsereignis konstituiert wird und ob es nicht sogar mehrere Ereignisse sind, wenn sie in unterschiedliche Beobachtungszusammenhänge eingeordnet wird. Wenn die Gesellschaft polykontextural bestimmt ist, kann man auch davon sprechen, dass Ereignisse selbst polykontexturale gefärbt sind. Es sind dann die Beobachtungen der Ereignisse, die eine solche Einbindung erlauben und gleichzeitig immer neue Einbindungen möglich machen. Damit wären wir wieder beim Einheitsgeschehen, aus dem multiple Beobachtungen Mehrfachereignisse machen. Gedächtnistheoretisch

---

[420] Vgl. Schimank 2005, S. 50.
[421] Ebd., S. 51 und Schimank 2003b.

bedeutet das, dass ein Ereignis im Fortgang der Kommunikation mit vielfältigen Kohärenzprüfungen konfrontiert wird und an einigen dieser Kohärenzprüfungen scheitert, andere besteht und je nach dem dann in unterschiedlichen Anschluss-sequenzen weiter benutzt werden kann. Dies gilt zunächst einmal für jegliche Ereignisse, jegliches Geschehen. Denn die erste Kohärenzprüfung liegt immer schon in der Frage Kommunikation oder keine Kommunikation. Die Einbindungen für unterschiedlichstes Weltgeschehen müssen immer erst aufgebaut werden und dies gelingt systemtheoretisch auf der Grundlage selbstreferentieller Operationen, doch auf der Ebene des Geschehens kommt es zu Überlappungen und multiplen Einbindungen, deren Stabilisierung immer von weiteren Kohärenzprüfungen abhängt. Auch mit dem Begriff der Polykontexturalität liegt also eine Richtungsangabe aus der Systemtheorie vor, dass man nach Mechanismen für solche Einbindungsprozesse suchen sollte. Die Mechanismen selbst werden jedoch nicht beschrieben. Ohne solche prozessualen Fassungen der Einbindungsvorgänge ist aber eine tragfähige Gedächtnistheorie für die Soziologie nicht zu entwerfen.

Der Ergänzungsbedarf der Trennungsperspektive

Den systemtheoretischen Gedächtniskonzeptionen gelingt es sehr gut deutlich zu machen, dass Kommunikation eine eigenständige Beobachtungsebene konstituiert und Vorgänge auf dieser Ebene nicht reduktiv durch eine Rückführung auf Intentionen von Handelnden oder Ähnlichem zu analysieren sind. Es gelingt ihr auch hervorzuheben, welche Momente der Kommunikation besonders zu betrachten sind, wenn man Gedächtniskonstitution beobachten will. Diese Momente lassen sich abstrakt als Kohärenzprüfungen auf der Basis von Filtern und Referenzen identifizieren, wobei Zurechnungsschemata eine entscheidende Rolle spielen. Das Postulat einer rein kommunikativen Gedächtniskonstitution lässt sich jedoch schon für die gesellschaftstheoretische Lesart von Gedächtnis nicht mehr aufrechterhalten. Zu deutlich treten nun die Probleme einer strikten Trennungsperspektive hervor. Kommunikative Einbindungsleistungen werden nicht zureichend modelliert, die Möglichkeiten der Fremdreferenz auf der Basis von Selbstreferenz nicht ausreichend beschrieben. Schon am Beispiel der Kommunikationsmedien und Kommunikationstechnologien zeigt sich eine Angewiesenheit kommunikativer Leistungen auf das Vorhandensein bestimmter Vorleistungen, die jedoch in der Trennungsperspektive unterbelichtet bleiben müssen. Wenn auch eine Reihe von Begriffen, angefangen beim Medienkonzept, über den Beobachtungsbegriff, die Verbindungskonzeptionen der strukturellen Kopplung und der Resonanz, bis zum Begriff der Polykontexturalität, der nicht nur gesellschaftsdiagnostische Relevanz hat, sondern auch im Bezug auf die kommunikativen Letztereignisse zum Tragen kommt, auf die Verbindungsproblematik hinweisen, wird diese doch niemals umfassend in die Theorieanlage eingearbeitet. Das hängt mit einem grundlegenden Problem einer solchen Theoriearbeit zusammen, denn die Schwierigkeit besteht ganz offensichtlich darin, dabei nicht hinter die relevanten Einsichten des Trennungs- bzw. Differenzierungsfokus zurückzufallen und umstandslos von der Vereinnahmung des Materiellen, Körperlichen und Psychischen durch Soziales auszugehen.

Neben der Systemtheorie muss daher auf eine weitere Theorie zurückgegriffen werden, mit deren Hilfe man die Verbindungslinien zwischen den im Sinne der Systemtheorie operativ getrennten Bereichen besser in den Blick bekommt. Die Praxistheorien, wie sie zu Beginn dieses Kapitels dargestellt wurden, wären so ein Kandidat, da sie eine Perspektive prononcieren, die einen ganz anderen Schwerpunkt setzt als die soziologische Systemtheorie. Allerdings ist es hier der stark integrative Fokus praxeologischer Theorieansätze, der nicht so recht zum hier verfolgten Programm passen will. Wir wollen die Verbindungslinien zwischen dem Getrennten ja nicht nur als Prämisse mitführen, also immer schon davon ausgehen, dass sich Soziales zum Beispiel in Körperliches einschreibt, sondern die Art und Weise, in der diese Verbindung zustande kommt und auf beiden Seiten der Grenze stabilisiert wird, ist von entscheidender Bedeutung. Neben einer Theorie, die operative Eigenständigkeiten betont (wie die soziologische Systemtheorie), brauchen wir eine Theorie, die sich explizit mit der Verknüpfung und Verknüpfbarkeit heterogener Einheiten beschäftigt. Man sieht unschwer, dass es hier um zwei weit auseinander liegende Foki geht, die aber durchaus Anschlussstellen bieten, wenn man die Überwindung der Trennungen nur auf der Basis der Trennungen untersuchen kann. Nehmen wir sowohl den Fokus der operativen Eigenständigkeit, als auch den Fokus der Verbindungslinien ernst, brauchen wir zwei Theoriesprachen, die sich einerseits sehr fremd sein müssen, aber andererseits auch vielfältige Anschlusspotenziale aufweisen. Als Gegenpart zur systemtheoretischen Betonung operativer Eigenlogiken bieten sich netzwerktheoretische Ansätze an, die aber noch in einer sehr heterogenen Form vorliegen, sodass eine Integration mehrerer Netzwerkansätze geboten scheint, um eine Netzwerktheorie des sozialen Gedächtnisses zu formulieren, die dann einen besonderen Fokus auf die Verbindungslinien zwischen unterschiedlichen Formen operativer Gedächtnisbildungen legt. Ansätze, die dabei in erster Linie von Interesse sein könnten, sind die neuere amerikanische Netzwerktheorie im Gefolge von Harrison C. White[422], die das theoretische Potenzial der Netzwerkanalyse begrifflich ausformuliert und die aus der Technik- und Wissenschaftssoziologie stammende Aktor-Netzwerk-Theorie von Bruno Latour und

---

[422] Vgl. White 1992.

anderen, die von einem symmetrischen Handlungsmodell von Menschen und Nicht-Menschen ausgeht und so Erklärungen aus dem netzartigen Zusammenhang von Menschen, Dingen und Texten/Symbolen anfertigt.[423] Beide Theorien können als Vertreter eines immer stärker aufkommenden relationalem Paradigmas angesehen werden, das sich methodisch stark aus der sozialen Netzwerkanalyse speist und erkenntnistheoretisch anti-essentialistisch[424] argumentiert. Allerdings muss die hier gewünschte Perspektive aus diesen Ansätzen noch herausgearbeitet werden, wozu man die betreffenden Gesamtkonzeptionen der Theorien wie bei der Systemtheorie gebührend berücksichtigen muss. Gleichzeitig soll die netzwerktheoretische Position jedoch auf die hier identifizierten blinden Flecken der Systemtheorie hin befragt werden, so dass sich ein Modell von Gedächtnisbildungs- und Gedächtnistransformationsprozessen konstruieren lässt, dass Antworten auf die zentralen Problemstellungen soziologischer Gedächtniskonzeptionen gibt und dabei Einsichten der puristisch systemischen und der vermischenden Netzwerkperspektive zu kombinieren erlaubt.

---

[423] Vgl. Latour 1998 und Callon & Law 1997.
[424] Vgl. für diesen erkenntnistheoretischen Impetus St. Fuchs 2001.

4 Verbindungen – Die netzwerktheoretischen Perspektiven auf das Gedächtnis

4.1 Suche nach Verbindungen – der Relationalismus

Perspektivisch ist der Relationismus solch ein Kandidat für die Ausleuchtung der blinden Flecken der Systemtheorie, mit seiner eher strukturellen oder sogar strukturalistischen Herangehensweise an Sozialität. Dies begründet sich vor allem in der Fokussierung des Blicks auf Beziehungs- und damit auf Verbindungsstrukturen. Bevor wir uns ausgewiesenen Theorieentwürfen widmen, soll in diesem ersten Abschnitt herausgearbeitet werden, welche grundlegenden Einsichten und Herangehensweisen mit einer relationistischen Perspektive verbunden sind. Dabei ist es in erster Linie die Bezeichnung Relationismus selbst, die für eine mehr oder minder einheitliche Theoriebewegung innerhalb der Sozialwissenschaften stehen soll, erklärungsbedürftig. Dann muss geklärt werden, warum der Netzwerkbegriff für die relationale Perspektive eine so herausgehobene Stellung einnimmt. Die Hinführung wird abgerundet durch einen kurzen Verweis auf eine äußerst erfolgreiche Anwendung der relationalen Perspektive für die Erforschung des Gedächtnisses kognitiver Systeme (neuronale Netze), die auch eine gewisse Anschlussfähigkeit an systemtheoretische Fragestellungen bietet.

Den Begriff einer relationalen Soziologie hat Mustafa Emirbayer in Abgrenzung zu substanzialistischen Sozialontologien ins Feld geführt.[425] Seiner Ansicht nach ist das zentrale Problem der gegenwärtigen Soziologie nicht mehr primär in den Gegensätzen zwischen Struktur und Handlung, Materialismus und Idealismus oder Individuum und Gesellschaft begründet, sondern in der Gegenüberstellung von solchen Substanzialismen und einer relationalen Herangehensweise.[426] Ein substanzialistischer Ansatz zeichnet sich dadurch aus, dass er annimmt, es würde Substanzen geben, die das Fundament der soziologischen Forschung bilden. Man könne von gegebenen Einheiten – z.B. Individuen – ausgehen, deren Analyse dann zu sinnvollen Forschungsergebnissen führen würde. Relationistische Ansätze teilen diese Grundannahme nicht. Hier gibt es keine grundlegenden Elemente oder Dinge, von denen man einfach so ausgehen könnte. Vielmehr ergeben sich die Einheiten erst aus der Relationierung. Ohne Rela-

---

[425] Vgl. Emibayer 1997.
[426] Ebd., S. 282.

tionierung gibt es also keine Einheiten, von denen man die Analyse starten könnte.

> „In this point of view, which I shall also label 'relational,' the very terms or units involved in a transaction derive their meaning, significance, and identity from the (changing) functional roles they play within that transaction. The latter, seen as a dynamic, unfolding process, becomes the primary unit of analysis rather than the constituent elements themselves."[427]

Als klassische Vorläufer eines relationalen Denkens in der Soziologie können Georg Simmel und seine formale Soziologie[428], Norbert Elias und seine Figurationsanalyse[429] sowie George Herbert Mead und überhaupt der amerikanische Pragmatismus[430] gelten. Schaut man sich die von Simmel der Soziologie als Forschungsgegenstand zugedachten Formen der Vergesellschaftung an, stellt man sehr schnell fest, dass hier im Wesentlichen an Modi der Relationierung gedacht worden ist. Ein Moment ist die zentrale Bedeutung, die dem Wechselwirkungskonzept bei der Entstehung von Sozialität zukommt. Ein weiteres Moment liegt darin, dass die Formen direkt bestimmte Relationen widerspiegeln. Simmel erläutert diesen relationalen Modus der soziologischen Beobachtung am Beispiel der Konkurrenz:

> „Aus diesen Tatsachen gilt es nun festzustellen, was denn die Konkurrenz, als reine Form des menschlichen Verhaltens, bedeute, unter welchen Umständen sie entstehe, wie sie sich entwickle, welche Modifikationen sie durch die Sonderart ihres Objektes erfahre, durch welche gleichzeitigen, formalen und materialen Bestimmungen einer Gesellschaft sie gesteigert oder herabgesetzt wird, wie sich die Konkurrenz der Individuen von der zwischen Gruppen unterscheidet – kurz, was sie als Beziehungsform der Menschen untereinander sei, die alle möglichen Inhalte in sich aufnehmen kann, aber durch die Gleichheit ihrer Erscheinung bei großer Verschiedenheit der letzteren beweist, daß sie einem nach eignen Gesetzen geregelten und abstrahierungsberechtigten Gebiet angehört."[431]

Die formale Soziologie beschäftigt sich also mit den Formen der Vergesellschaftung, die im Wesentlichen Beziehungsformen sind, die sich in ganz unterschiedlichen Materialien und bezüglich ganz unterschiedlicher Inhalte identifizieren lassen. Wir werden später noch sehen, dass ein moderner Netzwerksoziologe einen vom Ansatz her ganz ähnlichen Weg verfolgt.

---

[427] Vgl. Emirbayer 1997, S. 287.
[428] Vgl. Simmel 1992.
[429] Vgl. Elias 1991.
[430] Vgl. Für die Kritik an Substanzialismus Dewey & Bentley 1949.
[431] Vgl. Simmel 1992, S. 26f.

Auch die Figurationen von Norbert Elias stellen eine grundsätzlich relational gedachte Soziologie vor. Isolierte Elemente zu betrachten führt nicht weiter, sondern man muss immer die Beziehungsformen berücksichtigen, die sich in der Form von Machtbalancen als Beziehungsnetzwerk realisieren. Elias spricht in diesem Zusammenhang auch von Figurationen als Verflechtungszusammenhängen und will damit vor allem eine Perspektive überwinden, die sich Individuum und Gesellschaft als jeweils eigenständige Entitäten vorstellt. Vielmehr zeichnet sich eine Figuration dadurch aus, dass alle Elemente nur durch ihre Interdependenzen (hier Simmels Wechselwirkungen vergleichbar) mitbestimmt sind und sich ein fließendes Gefüge bildet, indem Positionen nicht ein für alle Mal feststehen, sondern in einer Machtbalance immer wieder neu austariert werden müssen.

Der Relationismus wird so als eine Perspektive präsentiert, die das Substanzdenken aus der Soziologie verabschieden soll. Transaktion als Kernmerkmal der Abgrenzung gegenüber Selbst-Aktion von Einheiten und Interaktion zwischen feststehenden Einheiten, führt zu einer Sichtweise, die Einheiten erst über das transaktionelle Prozessgeschehen bestimmbar machen will. So ist die Fähigkeit zu handeln nicht etwas, was irgendeinem Akteur einfach aufgrund seines Akteur-Seins zukommt, vielmehr ist seine Handlungsfähigkeit situational eingebettet und pfadabhängig.[432] Und Gesellschaft ist aus dem relationalen Blickwinkel nichts anderes als multiple, sich mal mehr, mal weniger stark überlappende und durchdringende sozialräumliche Netzwerke[433]. Man erkennt das Muster des Ansatzes, das daraus besteht, von einem sich relational entfaltenden Prozessgeschehen auszugehen und aus diesem Geschehen heraus zu bestimmen, was überhaupt als Einheit in Frage kommt und welche Bedeutung sie für das Geschehen besitzt. Emirbayer entwickelt aber auch eine Sammlung von bedeutenden Forschungsproblemen, die in einem solchen Ansatz, der Identitäten erst aus Prozessen wechselseitiger Anerkennung und Benennung entstehen lässt, zu Eigen sind. So konstatiert er Schwierigkeiten bei der Bestimmung von Grenzen und Entitäten, die ein solcher Ansatz nicht einfach voraussetzen kann, sondern immer verfolgen und erklären muss, wie diese entstehen. Beim Grenzziehungsproblem wird dies besonders deutlich, implizieren relationale Ansätze doch unterschwellig immer auch Relationen über Grenzen hinweg. Ein weiteres Problem sieht er im Wechselverhältnis von Relationen und dem prozessualen Geschehen, dass der Relationalismus stark zusammenbinden möchte. Dennoch begnügen sich relationale Forschungen noch häufig mit einer statischen Sichtweise, die dann aber nur schwer die Prozesse beschreiben kann, in denen sich die Identitäten bilden. Schließlich gibt es ein Problem mit der einfachen kausalen Zurech-

---

[432] Vgl. Emirbayer 1997, S. 294.
[433] Vgl. Mann 1986, S. 1.

nung in relationistischen Ansätzen, da man hier eine starke multikausale Verflechtung unterstellen muss. Hier liegen auch die theoretischen Problemzonen, an denen sich moderne relationistische Konzepte besonders abarbeiten. Insgesamt verhält sich diese perspektivische Verortung nicht grundsätzlich konträr zur Systemtheorie, wenn diese auch nicht generell in das relationalistische Lager eingeordnet wird. Allerdings wird man der Systemtheorie auch nicht umstandslos substanzialistisches Denken unterstellen können. So gibt sich Luhmann hinsichtlich der Bestimmung von Element und Relation ebenfalls relationistisch:

> „Ebenso unhaltbar ist jedoch die traditionelle Gegenposition: die Vorstellung eines letztlich substantiellen, ontologischen Charakters der Elemente. Anders als Wortwahl und Begriffstradition es vermuten lassen, ist die Einheit eines Elementes (zum Beispiel einer Handlung im Handlungssystem) nicht ontisch vorgegeben. Sie wird vielmehr als Einheit erst durch das System konstituiert, das ein Element als Element für Relationierungen in Anspruch nimmt."[434]

Allerdings nimmt die Systemtheorie in diesem Zitat doch eine gewisse Abwandlung zur reinen relationistischen Perspektive vor. Diese Abwandlung ist vor allem im Systembegriff begründet, der in seiner Zuspitzung als operativ geschlossenes System eine radikale Trennungsperspektive begründet. Es gibt hier etwas, das die inneren Relationierungen bestimmen kann und zwar das System. Auch Systeme sind jedoch letztlich relational und nicht ontologisch zu bestimmen, es sind operative Verknüpfungen, die sich im eigenen Prozessieren immer wieder von der Umwelt abgrenzen. Auf dieser Ebene kann man sich einen intensiven Austausch zwischen Relationalismus und Systemtheorie vorstellen, denn während Abgrenzung ein grundlegendes Theorieproblem relationstischer Ansätze darstellt, bietet hier gerade die Systemtheorie eine Möglichkeit, das Ziehen von Grenzen selbst als ein operationales und relationierendes Geschehen zu betrachten.

Man kann den Relationalismus als ein sehr breites, vielleicht sogar zu breites Forschungsfeld betrachten, dem man selbst noch nicht genug theoretische Trennschärfe abgewinnen kann, um die spezifischen Theorieprobleme zu lösen, auf die wir mit der Systemtheorie des sozialen Gedächtnisse gestoßen waren? Schließlich kann man mit etwas gutem Willen auch noch Luhmanns soziologische Systemtheorie unter die relationalistischen Ansätze subsumieren. Wir müssen uns also einer spezifischen Variante des Relationalismus zuwenden, die gleichermaßen in dessen Kern beheimatet ist, was man von der Theorie operativ geschlossener Sozialsysteme sicher nicht behaupten kann. Im Kern des Relatio-

---

[434] Vgl. Luhmann 1984, S. 42.

nalismus lässt sich der Netzwerkbegriff verorten, der zurzeit sowohl theoretisch als auch zeitdiagnostisch einige sozialwissenschaftliche Relevanz für sich beanspruchen kann.

Wenden wir uns zunächst kurz der zeitdiagnostischen Bedeutung des Begriffs zu. Manuel Castells hat in einem dreibändigen Werk zum Informationszeitalter[435] vom „Aufstieg der Netzwerkgesellschaft" geschrieben und den Netzwerkbegriff damit zu einem die Struktur der Gesellschaft heute überhaupt definierenden Begriff erhoben. Die Netzwerkgesellschaft entsteht durch das Zusammenwirken dreier unabhängig voneinander startender Prozesse, deren Wechselwirkung jedoch in der Durchsetzung dessen, was Castells die Netzwerkgesellschaft nennt, kulminiert. Diese Prozesse sind die informationstechnologische Revolution, die wirtschaftliche Krise der industriellen Produktion und ihre Umstrukturierung, sowie das Aufblühen zahlreicher neuer kultureller sozialer Bewegungen. Der Netzwerkgedanke ist vor allem deshalb für Castells so nahe liegend zur Beschreibung der heutigen Gesellschaftsform, weil die neuen Informations- und Kommunikationstechnologien eben insbesondere „Vernetzung, als dynamische, selbstexpandierende Organisationsform menschlicher Tätigkeit (...) ermöglichen."[436] Netzwerke sind nun die flexibelste, robusteste und gleichzeitig ausbaufähigste soziale Organisationsform, da die technologischen Erneuerungen, die mit ihr verbundenen Nachteile des hohen Abstimmungsbedarfs und der Schwierigkeit, Ressourcen zu zentralisieren, aufheben. Die Logik der Netzwerke wird nun zum Leitmotiv der Reorganisation der Gesellschaft. Es entstehen Netzwerkunternehmen, Netzwerkstaaten und auch die neuen sozialen Bewegungen, die eine Gegenbewegung zur globalen Logik der Netzwerke darstellen, bedienen sich doch auch dieser Logik selbst. Die Logik besteht darin, einen anderen Raum für soziale Praktiken bereitzustellen, als den Raum der Orte und ebenso eine andere Zeit, als die sequentielle Zeit der Industriegesellschaft. Castells spricht hier vom „space of flows", der nicht an bestimmte Orte gebunden ist, sondern den Strömen von Informationen folgt, die sich rund um die Welt bewegen, und von einer „timeless time", die nicht mehr sequentiell getaktet ist, sondern sich durch eine intrinsische Gleichzeitigkeit aller Vorgänge auszeichnet.[437] Die Netzwerkgesellschaft wird explizit als Kontrastposition zu den ubiquitären Diagnosen der heutigen Gesellschaft als Wissens- oder Informationsgesellschaft aufgebaut, weil diese nur eine technologische Weiterführung der Industriegesellschaft benennen, während Castells eben eine andere, neue Logik in der Gesellschaft am Werk sieht, auf die sich die soziologische Forschung einzustellen hat.

---

[435] Vgl. Castells 2001, 2002 und 2003.
[436] Vgl. Castells 2003b, S. 387.
[437] Vgl. Castells 2003a, S. 36ff.

„In sum, the notion of the information or knowledge society is simply a technologi-
cal extrapolation of the industrial society, usually assimilated to the Western culture
of modernization. The concept of the network society shifts the emphasis to organizational transformation, and to the emergence of a globally interdependent social
structure, with its processes of domination and counter-domination. It also helps us
to define the terms of the fundamental dilemma of our world: the dominance of the
programs of the global network of power without social control or, alternatively, the
emergence of a network of interacting cultures, unified by a common belief in the
use value of sharing."[438]

Netzwerke als die dominante Form der sozialen Organisation in der heutigen
Gesellschaft zu betrachten, trägt sicher dazu bei, eine stärkere soziologische
Beschäftigung mit Netzwerken zu rechtfertigen und sie aus der Randexistenz als
soziale Zwischenform zwischen Markt und Hierarchie zu lösen.[439] Darüber hinaus liefert Castells eine vielfach untermauerte These zur Bedeutung des Netz-
werkbegriffs zur Definition unserer Zeit, die trotz ihrer theoretischen Schwächen
(eines anklingenden technischen Determinismus und einer nicht voll ausgearbeiteten und nicht überzeugenden Theorie des Handelns, der Kommunikation und
auch der Netzwerke), dabei hilft, den Begriff des Netzwerks ins Zentrum soziologischer Analysen zu rücken.

Andererseits kann man aber auch theoretisch und methodologisch die For-
mierung eines Paradigmas beobachten, das vor allem von der methodischen Seite
der sozialen Netzwerkanalyse her angetrieben ist, aber zunehmend auch theoretisch weiterentwickelt wird.[440] Ein wichtiger Vorläufer der heutigen Netzwerkanalyse waren die soziometrischen Arbeiten von Moreno[441], in denen zwei zentrale Elemente der späteren sozialen Netzwerkanalyse vorbereitet wurden. So
setzte Moreno schon eine visuelle Darstellung von Gruppenstrukturen ein und
verwendete Wahrscheinlichkeitsmodelle für die strukturellen Ergebnisse. Die
grundlegenden Annahmen entsprechen denen des allgemeinen Relationismus
und können mit Faust und Wassermann folgendermaßen zusammengefasst werden: 1. Akteure und ihre Handlungen werden als interdependent betrachtet und
nicht als unabhängige, autonome Einheiten; 2. Beziehungen zwischen Akteuren
sind Kanäle für den Austausch von Ressourcen; 3. Netzwerkmodelle mit einem
Fokus auf Individuen betrachten die Netzwerkstruktur als Umwelt, die Opportu-
nitäten und Beschränkungen des Handelns bietet; 4. Netzwerkmodelle betrachten
Struktur als bleibendes Muster von Beziehungen.[442] Aus der Einsicht in die zent-

---

[438] Vgl. Castells 2003a, S. 42f.
[439] Vgl. für eine solche Sichtweise Hayek 1991 und Powell 1990.
[440] Vgl. Diaz-Bone 2007, S. 2.
[441] Vgl. Moreno 1953.
[442] Vgl. Wassermann & Faust 1997, S. 4.

rale Bedeutung der Beziehungen für soziale Analysen folgt in dieser Perspektive also der Rekurs auf Netzwerkmodelle. Als zentraler Wegbereiter der sozialen Netzwerkanalyse auf solider mathematischer Basis, mit einem theoretischen wie methodischen Anspruch und einer Vielzahl von empirischen Anwendungen kann Harrison C. White gelten, der zugleich eine ganze Schule, die diesen Ansatz verfolgt begründet hat.[443] Die Netzwerkanalyse dieser Richtung wendet sich explizit sowohl gegen Strukturfunktionalismus und seine Betrachtung von sozialen Strukturen als prästabilierten Norm- und Wertsystemen als auch gegen eine gänzlich atomistisch vorgehende empirische Survey-Forschung:

> „First, social structure is regularities in the patterns of relations among concrete entities; it is not a harmony among abstract norms and values or a classification of concrete entities by their attributes. Second, to describe social structure, we must aggregate the regularities in a fashion consistent with their inherent nature as network."[444]

Anhand dieses Zitats wird schnell klar, warum der Netzwerkbegriff so eine enorme Bedeutung für das relationale Paradigma gewonnen hat, warum er zum Inbegriff relationalen Denkens in der Soziologie geworden ist. Soziale Strukturen sind immer Beziehungen und sie sind immer Beziehungen in einem Netzwerk vielfältiger Beziehungen. Der Netzwerkbegriff gewinnt seinen paradigmatischen Wert durch seine Stellung als ein Begriff, der methodisch die Aggregation von Beziehungen in einer Weise erlaubt, dass man sie als soziale Struktur interpretieren kann. Die enge Verwobenheit von Strukturkonzept und Netzwerk als Grundbegriff der Theorie und Methodenbildung rechtfertigen eine Selbstbezeichnung der Position der sozialen Netzwerkanalyse als „strukturale Analyse".[445] Deren Erklärungsprinzip resultiert aus der Betonung von Beziehungen zur Erklärung gleichen Verhaltens, der Erklärung von Handlungsfähigkeit aus der Position von Akteuren innerhalb eines Netzwerks und der Erklärung von Verhalten ganzer Netzwerke durch ihre Einbettung in und ihre Durchdringung durch andere Netzwerke. Netzwerke und Netzwerke in Netzwerken kennzeichnen insgesamt die Dimension sozialer Strukturen.

In den letzten Jahren ist zusätzlich zur weiteren Ausfeilung der Methoden der strukturalen Analyse auch eine Öffnung zu beobachten, die an den zentralen Kritikpunkten ansetzt, denen sich die strukturale Analyse ausgesetzt sieht. Insbesondere der „strukturale Determinismus" ist aus den Reihen netzwerkanalytisch Arbeitender kritisch betrachtet worden.[446] Der strukturale Determinismus geht

---

[443] So übereinstimmend Azarian 2005 und Diaz-Bone 2007.
[444] Vgl. White, Boorman & Breiger 1976, S. 733f.
[445] Vgl. Burt 1982, White 1992, Freeman 2004 und Mützel 2006.
[446] Vgl. Emirbayer & Goodwin 1994.

dieser Ansicht nach zu weit, wenn er die Bedeutung von den internen Vorgängen innerhalb von Akteuren ebenso vollständig negiert, wie diskursive Praktiken und die historische Herbeiführung der aktuellen Netzwerkkonfigurationen. Vielmehr müssten auch diese Dimensionen von Sozialität in einer relationalen Theorie berücksichtigt werden. Man kann hier dann von einem „strukturalen Konstrukti-vismus"[447] sprechen oder von „relational pragmatics"[448]. Diese theoretischen Integrationsbemühungen versuchen die strukturale Analyse um narrativ-kulturelle, historische und agentiale Dimensionen zu erweitern, ohne dabei die spezifischen Stärken einer netzwerkbezogenen Theorie und ihrer Möglichkeiten der Formalisierung und Präzisierung aufzugeben. Die Einbettung sozialen Handelns muss demnach deutlich umfassender konzipiert werden, als nur durch die Beziehungsstrukturen zwischen Akteuren. Man muss nun berücksichtigen, dass es eine kulturelle Ebene der Relationierungen gibt und dass es Unsicherheiten und Freiheitsräume gibt, die durch Setzungen der Akteure ausgefüllt werden können.

Der Netzwerkbegriff impliziert also sowohl auf der Ebene zeithistorischer Deutungen als auch aktueller Theorieentwicklungen liegende Position, mit der in der theoretischen Debatte heute zu rechnen ist. Aber wie verhält er sich zur sys-temtheoretischen Lesart von Gedächtnis und den damit verbundenen Problemen eines unverbundenen, kommunikativen Gedächtnisses? Der Relationismus ist nun schon dem Namen nach ein Ansatz, der nach den Verbindungen sucht, der die Einbettung auch gedächtnisspezifischer Prozesse betonen sollte und so ein Gegenstück zur Systemtheorie bilden kann, das dann aber nicht wie die Praxis-theorien von der Verbundenheit ausgeht und diese einfach setzt, sondern sich auch immer fragen muss, wie bestimmte Verbindungen stabilisiert und als solche aufrecht erhalten werden. Dies sind exakt die Fragen, die auch die Systemtheorie aus einer Perspektive der radikalen Trennung vernachlässigt hat und ohne die eine soziologische Theorie des Gedächtnisses unvollständig bleiben muss. Bevor wir uns zwei Theorien zuwenden, die als zentrale Kandidaten für die Ergänzung systemtheoretischer Schwachstellen anzusehen sind, wollen wir noch einen kur-zen Exkurs in das Feld der Erforschung neuronaler Netze wagen, weil man hier die Verbindungslinien zwischen systemtheoretischen und netzwerktheoretischen Positionen an einem anderen Gegenstand gut nachvollziehen kann.

---

[447] Vgl. Emirbayer & Goodwin 1994.
[448] Vgl. Emirbayer & Mische 1998.

Exkurs zu neuronalen Netzen: eine Netzwerktheorie des Gedächtnisses

Es gibt schon eine ausgearbeitete Netzwerktheorie des Gedächtnisses, allerdings nicht in der Soziologie. Vielmehr haben kognitivistische und neurophysiologische Forschungen eine Netzwerktheorie von Gedächtnisleistungen begründet, die auf der Basis der Vernetzung von Neuronen (Nervenzellen) Bedeutungen konstituiert und Erinnerungs- wie Vergessensleistungen erbringt. Neuronale Netze repräsentieren Verbindungen zwischen Nervenzellen, die aufgrund von gemeinsamer Erregung dieser Zellen entstehen und stabilisiert werden. Neuronale Netze zeichnen sich durch ihre Konnektivität aus, durch ihren Netzwerkcharakter selbst. Die Konnektivität der Neuronen wird sowohl durch Erfahrung als auch durch genomische Festlegungen bestimmt.[449] Auf der Grundlage dieser Konnektivität ermöglichen die neuronalen Verschaltungen eine Verteilung von Prozessen, die auf der Basis der bestehenden Netzwerke und der möglichen Verbindungen realisiert werden. Dabei stellt sich für eine Gedächtnistheorie die Frage, ob es ausreicht, Gedächtnis an bestimmten Punkten des Netzwerks zu lokalisieren, da man eine Aktivierung bestimmter Areale beim Ablauf bestimmter Prozesse nachweisen kann. Die Verbundenheit dieser Areale macht jedoch gerade eine genaue Lokalisierung von bestimmten Prozesselementen, die man als Lern- oder Gedächtnisvorgänge beschreiben würde, äußerst schwierig.

> „Offenbar sind materielle >>Verschaltungen<< von Neuronen und Hirnarealen die neuronale Grundlage bzw. die Voraussetzung für Lern- und Gedächtnisprozesse, nicht aber deren genau lokalisierbarer Ort. Erst das überaus komplexe funktionale Zusammenwirken verschalteter Areale, das offenbar vom limbischen System gesteuert wird, läßt einen vom Gehirn selbst organisierten Funktionszusammenhang entstehen, den wir als Gedächtnis bzw. als Lernen bezeichnen.“[450]

Gedächtnis beschreibt also einen einheitlichen Prozess, der funktional bestimmt ist, stark selbstorganisierend abläuft und auf einem Netzwerk durchaus heterogener Hirnareale und ihren verschalteten Neuronen beruht. Nach Roth kann man das Gehirn deshalb nur als ein gleichermaßen durch neuronale Erregungen, wie durch Bedeutungen definiertes kognitives System verstehen, dass im Wesentlichen holistisch organisiert ist.[451] Bestimmte neuronale Erregungszustände erhalten ihre Bedeutung nur vor dem Hintergrund von anderen Erregungszuständen im neuronalen Netzwerk, was dazu führen kann, dass bestimmten gleich ausse-

---

[449] Vgl. Schmidt 1991, S. 17.
[450] Ebd., S. 29.
[451] Vgl. Roth 1991, S. 369.

henden Mustern von Erregungszuständen in einem veränderten Kontext auch eine andere Bedeutung zugewiesen wird.

Was kann man aus diesen kurzen Einlassungen zur Theorie neuronaler Netze und ihrem Verhältnis zum Gedächtnis über mögliche Verbindungslinien zwischen Systemtheorie des Gedächtnisses und einer möglichen Netzwerktheorie des Gedächtnisses lernen? Zum einen kann man feststellen, dass sich in dieser Lesart Netzwerk- und Systembegriff nicht widersprechen. Allerdings ist der Systembegriff stärker holistisch auf das Gesamtgefüge orientiert, während die jeweils realisierten Netzwerke mehr aktuellen Erregungszuständen entsprechen. Zweitens macht der Ansatz deutlich, dass man die Rolle von Selbstorganisationsprinzipien sehr hoch einschätzen sollte. Und schließlich muss man sich vor dem Hintergrund der Hirnforschung fragen, ob es ausreicht, formale Mechanismen des Gedächtnisses auf sozialer Ebene zu entwerfen, wenn man nicht immer auch noch weitere Kontexte mit einbeziehen müsste.

Wir suchen also nach Theorien, die zum einen den Netzwerkbegriff prominent führen, um den blinden Fleck der Verbindungen in der Systemtheorie auszugleichen, die dennoch ein geschärftes Bewusstsein für Selbstorganisationsprozesse aufweisen und sich mit einem kommunikativen Paradigma vereinbaren lassen. Zwei Netzwerktheorien bieten hier Anschlusspotentiale und werden diesen Anforderungen gerecht: die Akteur-Netzwerk-Theorie von Bruno Latour und anderen, sowie die phänomenologische Netzwerktheorie von Harrison C. White.

4.2 Einbindung der Referenten – Akteur-Netzwerk-Theorie des Gedächtnisses

Kommen wir zunächst zur Akteur-Netzwerk-Theorie (ANT), die sowohl stark relationistische Züge trägt, als auch eine gewisse Genauigkeit bei der Verfolgung von Prozessen an den Tag legt. Vor allem aber macht sie sich um die Einbindung von unterschiedlichsten Akteuren in diese Prozesse verdient. Wir hatten in der Theorie Luhmanns festgestellt, dass es keine gleichgewichtige Theorie der Fremdreferenz gibt, die den starken selbstreferentiellen Theorierahmen gegenübergestellt werden könnte. Die Einbindung der Referenten, die mit der ANT möglich wird, kann an dieser Stelle in eine soziologische Theorie des Gedächtnisses einrasten. Es reicht aber nicht aus, sich einfach nur passgenau bestimmte Theoriestücke herauszupicken, die dann umstandslos in die systemtheoretische Gedächtniskonzeption integriert werden könnten. Dies würde weder der Systemtheorie noch der ANT gerecht werden. Auch kann man nicht einfach einen Theorievergleich anstreben und dann hinterher feststellen, wo Übereinstimmungen und wo Divergenzen festzustellen sind. Sicher ist ein solcher Vergleich Bestandteil dieser Ausführungen, aber da wir uns mit einem bestimmten Problem ausgehend von der Systemtheorie an den Relationalismus in zwei Ausprägungen gewandt haben, müssen wir den Anschluss an diese Problemstellung wahren. Wie müssen uns also mit den Grundlagen und der Perspektive der ANT ebenso beschäftigen, wie mit ihrem spezifischen Beitrag zu einer Theorie des Gedächtnisses und ihrem Problemlösungspotential für das Verbindungsproblem in seinen verschiedenen Ausprägungen.

Wir beginnen mit einer perspektivischen Verortung der ANT, die jene Problemgesichtspunkte hervorheben soll, denen sie sich in erster Linie widmet. Dabei werden auch einige theoretische Grundpositionen deutlich werden, die als Prämissen der Theoriebildung zu betrachten sind. Im daran anschließenden Abschnitt wird der Frage nach den Referenten genauer nachgegangen. Dazu ist es nötig, das Handlungsmodell der ANT nachzuvollziehen und zu bestimmen, wie Handlungsträgerschaft entsteht. Um der hier verfolgten kommunikationstheoretischen Orientierung der Gedächtnistheorie gerecht zu werden, muss dabei auch das Verhältnis dieser Bestimmungen zum Kommunikationsbegriff klargestellt werden. Danach geht es um die Prozessmodelle, die von der ANT vorgeschlagen werden, um zu verfolgen, wie sich „soziale" Strukturen verfestigen, wie also aus ihrer Sicht Erinnern und Vergessen zu bestimmen wären. Abschließend soll eine kurze Einschätzung zum resultierenden Gedächtnismodell gegeben werden, die auch eine Überprüfung der Anschlussfähigkeit an ein systemtheoretisches Gedächtnismodell enthält.

Heterogenität des Sozialen

Der Ausgangspunkt der ANT – ihr spezifischer Entstehungskontext – ist in der Wissenschaftsforschung zu suchen. In der Erforschung des sozialen Gebarens der Wissenschaft schien Latour etwas gundlegend falsch zu laufen.[452] Die „Erklärung" der Durchsetzung wissenschaftlicher Erkenntnisse in den Naturwissenschaften auf der Basis von gesellschaftlichen Interessen- und Machtkonstellationen, stieß auf einen erheblichen Widerstand in den Selbstbeschreibungen der Naturwissenschaftler. Bloors „strong programme"[453] der Wissenschaftssoziologie wurde von den Akteuren, die er untersucht hatte, entschieden zurückgewiesen. Die ANT startete exakt von dem Problem aus, dass die soziologische Wissenschaftsforschung keine befriedigende oder überzeugende soziale Erklärung für die Entstehung wissenschaftlicher Fakten liefern konnte. Latour beschreibt diese Situation folgendermaßen:

---

[452] So zumindest schildert er seinen Eindruck von den "science wars". Vgl. Latour 1999a, S. 1ff.
[453] Vgl. Bloor 1991.

„ANT is not the branch of social science that has succeeded in extending its methods to scientific activity and then to the rest of society, but the branch (or rather the twig) made of those who have been thoroughly shaken when trying to give a social explanation of the hard facts of science. ANT scholars are mainly defined as those who have drawn, from the thirty odd years of sociology of science, a completely different conclusion than those of their best and closest colleagues. Whereas the later have decided that social theory works even on science, we have concluded that, overall and in the details, social theory has failed on science so radically that it's safe to assume that it had always failed elsewhere as well."[454]

Warum aber dieses Gefühl, dieser Eindruck des Scheiterns? Für Latour gibt es eine ganz einfache Erklärung: die soziologische Analyse traf bei der Analyse der Praktiken anderer Wissenschaftler erstmals auf wissenschaftlich ernst zu nehmenden Widerstand. Konnte man Akteure in anderen Zusammenhängen noch von oben (studying down) analysieren, weil man den wissenschaftlichen Anspruch auf seiner Seite wusste, musste man sich nun mit Wissenschaften auseinandersetzen, deren Fakten gemeinhin als höher, stabiler und stärker eingeschätzt wurden als „soziale Erklärungen".[455] Mit der Phrase „when things strike back"[456] lässt sich diese Position gut beschreiben. Die Dinge leisten einer Ersetzung durch soziale Funktionen oder Faktoren Widerstand und zeigen so, dass das Soziale nur eine Füllstelle gewesen ist, die ihrem Erklärungsanspruch nicht gerecht werden konnte. Es war nicht das Explanans, sondern viel eher das Explanandum. Diese Einsicht führte zum Versuch einer Umdefinition dessen, was eine Soziologie zu leisten hätte, die sich nicht im Substitutionsgeschäft befindet und jedweden Effekt durch soziale Kräfte mehr oder weniger weg erklärt. Einer Soziologie, die dennoch aber etwas beizutragen hätte zur Untersuchung der Entstehung wissenschaftlicher Tatsachen. Denn ebenso wenig wie die Deutung seiner ehemaligen Kollegen innerhalb der Wissenschaftsforschung, teilt Latour die Deutung vieler Naturwissenschaftler, dass eine soziologische Analyse wissenschaftlicher Tatsachen nicht möglich ist, weil es hier eben um objektive Tatsachen gehe, die keine sozialen Bezüge aufweisen.

Diese Sichtweise führte zunächst zu einer Kritik der Moderne. Die Moderne basiert demnach auf einer Trennung von Natur und Gesellschaft, die immer weniger haltbar ist, weil sich in der Wissenschafts- und Technikentwicklung immer mehr zeigt, dass beide auf vielfältige immer schwerer zu trennende Weise miteinander verwoben sind und nicht aus unterschiedlichen Bestandteilen bestehen. Die Moderne ist ein Opfer ihres eigenen Erfolgs[457], der vor allem darin

---

[454] Vgl. Latour 2005, S. 94.
[455] Ebd., S. 98f.
[456] Vgl. Latour 2000.
[457] Vgl. Latour 1998, S. 68ff.

bestand, möglichst unsichtbar eine Vielzahl von Hybriden zu produzieren. Solche Mischkonstrukte lassen sich nicht mehr eindeutig auf der Seite der Gesellschaft freier Subjekte oder der Seite der universellen Naturgesetze der Objekte einordnen. Die Ordnung der Moderne bricht auseinander, weil die schiere Masse der Hybriden sich nicht mehr verstecken lässt. Diese Hybriden, im Anschluss an Serres auch „Quasi-Objekte"[458] genannt, sind Mischformen von Natürlichkeit und Sozialität, aber nicht einfach ein Mittelding zwischen Objekt und Subjekt, sondern eine spezifische Verbindung heterogener Elemente.

> „Quasi-Objekte sind zwischen und unterhalb der beiden Pole, an der Stelle, um die Dualismen und Dialektik endlos gekreist sind, ohne etwas damit anfangen zu können. Quasi-Objekte sind sehr viel sozialer, sehr viel fabrizierter, sehr viel kollektiver als die >>harten<< Teile der Natur; aber deswegen sind sie noch lange kein abiträrer Gegenstand für eine auf sich gestellte Gesellschaft. Andererseits sind sie sehr viel realer, nicht-menschlicher und objektiver als jene gestaltlosen Projektionsflächen, auf welche die Gesellschaft – aus welchen Gründen auch immer - >>projiziert<< werden müßte."[459]

Mit Nina Degele lässt sich dieser Ansatz damit auch als „postsozial" definieren.[460] Sozialität ist für ihn keine Ebene eigenständiger Elemente oder Faktoren, die sich klar von anderen Elementen unterscheiden ließen und eine soziale Erklärung heißt nicht irgendetwas auf soziale Faktoren zurückzuführen. Aber wie sieht dann die Perspektive der ANT aus? Wie muss eine Soziologie arbeiten, die sich nicht mehr auf die „Verfassung der Moderne"[461] zurückziehen kann?

Die Soziologie sollte sich dafür auf eine frühe Weggabelung zurück besinnen. Latour bezieht sich auf eine Kontroverse in der frühen französischen Soziologie zwischen Emil Durkheim und Gabriel Tarde.[462] Während Durkheim, der Gewinner dieser Kontroverse, auf der Erklärungskraft sozialer Faktoren beharrte, auf der Maxime Soziales nur durch Soziales zu erklären, behauptete Tarde, dass das Soziale nicht eine spezielle Domäne oder Ebene von Realität sei, sondern eine besonderes Prinzip der Verbindung von Elementen. Die Soziologie sollte sich in erster Linie bei der Verfolgung dieser Verbindungen hervortun. Die ANT will genau diesen Weg wieder aufnehmen, wie auch John Law es zum Ausdruck bringt:

---

[458] Vgl. Serres 1987 und darauf verweisend Latour 1998, S. 71ff.
[459] Vgl. Latour 1998, S. 76f.
[460] Vgl. Degele 2002, S. 126.
[461] Vgl. Latour 1998, S. 22ff.
[462] Vgl. Latour 2001 und Latour 2005, S. 13

„This, then, is the crucial analytical move made by actor-network writers: the suggestion that the social is *nothing other than patterned networks of heterogeneous materials*. This is a radical claim because it says that these networks are composed not only of people, but also of machines, animals, texts, money, architectures – any material that you care to mention. So the argument is that the stuff of the social isn't simply human. It is all these other material too. Indeed, the argument is that we wouldn't have a society at all if it weren't for the heterogeneity of the networks of the social. So in this view the task of sociology is to characterize these networks in their heterogeneity, and explore how it is that they come to be patterned to generate effects like organizations, inequality, and power."[463]

Die ANT beschäftigt sich damit, wie Netzwerke heterogener Materialien Effekte produzieren, die vormals als soziale Faktoren oder wissenschaftliche Tatsachen zu Ursachen von Erklärungen gemacht wurden. Es steht also für eine radikale Reform der Zugangsweise der Soziologie zu ihrem Gegenstand. Will man ein Programm dieser neuen Soziologie formulieren, sollte man sich nach Latour an die produktiven Grundeinsichten oder Intuitionen der Soziologie halten, aber zu deren Klärung nicht auf eine strikte Verengung des Sozialen zurückfallen. Nach Latour können diese Intuitionen in der Form von fünf grundlegende Unsicherheiten zusammengefasst werden[464]: (1) Gruppen sind nicht einfach gegeben, es gibt viele Arten Identitäten hervorzubringen, die sich manchmal auch widersprechen und immer ist Arbeit und Aufwand erforderlich, um eine Gruppe als Identität aufrecht zu erhalten.[465] (2) Hinter jeder Handlung stecken eine Vielzahl von Agenten, die alle zu einer Verschiebung der ursprünglichen Ziele beitragen können.[466] (3) Wer als Agent in Frage kommt, ist zunächst einmal offen, keinesfalls trifft diese Attribuierung jedoch ausschließlich auf Menschen zu. Dies wird häufig auch als Symmetrieprinzip bezeichnet, weil jeder Beitrag zu einer bestimmten Interaktion zunächst einmal als gleichwertig anzusehen ist.[467] (4) Tatsachen sind immer das Ergebnis von Kontroversen und können nicht erklären, warum die Kontroverse in dieser Weise beendet worden ist. Die Soziologie sollte sich mehr für Angelegenheiten als Auslöser von Kontroversen interessieren als für Tatsachen.[468] (5) Texte über soziale Zusammenhänge zu konstruieren ist immer eine riskante Angelegenheit und je riskanter der Text ist, je mehr Möglichkeiten seine Gegenstände haben, ihm zu widersprechen, desto empirischer ist er.[469]

---

[463] Vgl. Law 1992, S. 381.
[464] Die folgende Aufzählung stammt im Wesentlichen aus Latour 2005, S. 22.
[465] Ebd., S. 27ff.
[466] Ebd., S. 43ff.
[467] Ebd., S. 63ff.
[468] Ebd., S. 87ff.
[469] Ebd., S. 121ff.

Es bestehen also für jede soziologische Analyse unhintergehbare Unsicherheiten, die zum Ausgangspunkt der Analyse gemacht werden müssen. Jede Analyse muss also im Verlauf ihrer Untersuchungen klären, welche Identitäten entstehen, welche Handlungsträgerschaften wie zu verteilen sind, welche Angelegenheiten Gegenstand der Aushandlungsprozesse sind und in welcher Form diese angemessen zu beschreiben sind. Diese Forderungen sind sehr weitreichend, verlangen sie doch die Aufgabe wesentlicher Vorannahmen und zwingen den Forscher dazu, ohne einen theoretischen Rahmen im eigentlichen Sinne ins Feld zu gehen. Dennoch ist die Bezeichnung Theorie, wenn sie auch von den Protagonisten selbst nicht gerne gesehen wird[470], nicht gänzlich unbegründet. Denn weist die ANT auch substantielle Vorannahmen gegenüber dem zu untersuchenden Feld ab, so stattet sie den Forscher doch mit einer Reihe von rahmenden Bestimmungen aus, wenn es um die Frage geht, wonach dieser denn Ausschau halten sollte. Sie ist also eine Theorie im Sinne einer ausgewiesenen Beobachtungsheuristik. Akteur-Netzwerke müssen zusammengestellt werden aus Akteuren, also streng nach dem vorgeschlagenen Symmetrieprinzip, aus Einheiten, denen agentiale Möglichkeiten im Prozess zugeschrieben werden und sie ergeben eine Konfiguration, also ein Netzwerk, das ein fortlaufendes und nicht feststehendes Ergebnis von Aushandlungsprozessen ist, dessen Einbindungskraft und Assoziationsfähigkeit, die Hervorbringung von Tatsachen und Handeln erklären kann. Es geht um einen prozessualen, relationalen, hybridisierenden und ebenenübergreifenden Ansatz, der schlicht als „Ko-Konstruktionismus"[471] zu bezeichnen wäre. Diese Perspektive weist eine starke Übereinstimmung mit dem relationalen Ansatz auf und geht auf einige der Problemlagen ein, die bei der Analyse der systemtheoretischen Gedächtnisposition angefallen sind. Erstens erfordert das Symmetrieprinzip eine starke Ausformulierung des Bereichs, der bei Luhmann schlicht unter das Label der Fremdreferenz sozialer Prozesse fällt. Die ANT ist eine Theorie der starken Einbindung der Referenten, die hier nicht nur als externe Referenten relevant sind, sondern als „Mediatoren"[472], die erkennbaren Einfluss auf die Ausgestaltung und das Ergebnis sozialer Prozesse nehmen. Zweitens kann der prozessual wie relational argumentierenden Form der Einbindung der Referenten bzw. Akteure in die Netzwerke eine Idee darüber entnommen werden, wie man das systemtheoretische Konzept der Resonanz mit Leben füllen könnte, die eine alleinige Konzentration auf die Selbst-Referentialität nicht herbeiführen kann. Einer soziologischen Theorie des Gedächtnisses hilft dies vor allem bei der Ausarbeitung von Prozessen der Zuweisung von Gedächtnisleistungen. Für eine genauere Auseinandersetzung mit die-

---

[470] Vgl. Latour 2006a, S. 561ff.
[471] Vgl. Murdoch 2001.
[472] Vgl. Latour 2005, S. 39.

sen Möglichkeiten der ANT für die soziologische Gedächtnistheorie müssen wir uns im Folgenden vor allem um vier Fragen kümmern. Erstens muss die Zuweisungsfrage geklärt werden: Welche Möglichkeiten der Handlungsträgerschaft sieht die ANT, wer kommt als Handlungsträger in Frage und wie lassen sich diese differenzieren? Zweitens ist die prozessuale Konstruktion der Netze genauer zu beschreiben: Welche Prozesse führen zur Einbindung bzw. zur Ausgliederung aus einem Netzwerk und wie kann ihre Ablauflogik erhoben werden? Drittens muss man sich ebenso mit den Prozessen beschäftigen, die ein konstruiertes Netzwerk stabilisieren oder gar unsichtbar machen: Wie lassen sich diese Prozesse erfassen und inwiefern kann man dann auch Machtphänomene und die Skalierung sozialer Prozesse untersuchen? Schließlich gilt es viertens zu analysieren, wie in solchen Netzwerken „Dinge" entstehen und ein mögliches Gedächtnis geformt wird.

Menschen und Nicht-Menschen – Aktanten

Das Handlungskonzept der ANT basiert auf dem Prinzip der symmetrischen Behandlung von Menschen und Nicht-Menschen. Auch Nicht-Menschen – also technische Gerätschaften, Mikroben und Texte – können im Sinne der ANT handeln. Doch wie ist das möglich? Schließlich ist es doch eine der klassischen soziologischen Grundüberzeugungen, dass nur Menschen handeln können, weil nur sie mit ihrem Verhalten einen subjektiven Sinn verbinden können. Die ANT ähnelt hierin Luhmanns Systemtheorie[473], weil auch sie Handeln als ein Zurechnungsprodukt betrachtet. Handlungsträgerschaften sind immer Ergebnis eines „accounts", der sie bestimmten Entitäten zuweist. Luhmann würde sagen, dass Handlungen Selbstvereinfachungen des Kommunikationssystems sind, die sich aus Zurechnungsprogrammen oder -schemata ergeben. Dies scheint nicht so weit von Latour entfernt, wenn dieser schreibt:

> „First, agencies are always presented in an account as doing something, that is, making some difference to a state of affairs, transforming some As into Bs through trials with Cs. Without accounts, without trials, without differences, without transformation in some state of affairs, there is no meaningful argument to be made about a given agency, no detectable frame of reference. An invisible agency that makes no difference, produces no transformation, leaves no trace, and enters no accounts is not an agency. Period. Either it does something or it does not."[474]

---

[473] Vgl. Bellinger & Krieger 2006, S. 33ff.
[474] Vgl. Latour 2005, S. 52f.

Dieser Begriff von Handlungsträgerschaft, Latour spricht im Anschluss an
Greimas[475] auch von „Aktanten", ermöglicht eine performative Definition des
Akteursstatus. Bestimmte Teilaspekte eines Handlungsvollzuges können der
Performanz unterschiedlicher Beteiligter zugerechnet werden, die Spuren hinterlassen und so den Handlungsvollzug prägen. Dass auch Gegenstände im Handlungsvollzug solche Spuren hinterlassen und in den alltäglichen Berichten und
Erzählungen auch Erwähnung finden, spricht dann für Latour eine deutliche
Sprache. Hier findet Handeln statt und es handeln nicht nur die Menschen. Viel-
mehr muss mit der ANT der Aspekt der Verteilung betont werden, einer relational aufeinander bezogenen Verteilung von Handlungsbeiträgen, die im emergenten Produkt der Handlung resultiert. Ein Handelnder ist immer auch ein Netzwerk[476], denn er setzt sich immer aus den auf verschiedene Träger verteilten
Handlungsbeiträgen zusammen. Das Auftauchen von Handlungszuweisungen in
Berichten und Erzählungen ist jedoch nicht das einzige Bestimmungsmittel, um
Handlungen und ihre Trägerschaften zu bestimmen. In solchen Berichten zählt
nicht allein die Zuweisung. Immer wird diese durch eine Beschreibung der Figuration begleitet, eine Beschreibung der Relationen zwischen den Aktanten, die
erst die Handlung ermöglichen. Dabei werden nicht nur anthropomorphe Figurationen angesprochen, sondern auch andere Morphismen, die auf gleicher Stufe
stehen. Die Figuration deutet in viel stärkerem Maße auf den Netzwerkcharakter
der Handlung hin. Sie ist nicht nur verteilt, sondern auch in spezifischer Weise
relationiert. A bringt B dazu C zu tun, obwohl D sich dagegen stemmt. Die Entitäten werden mit ihren unterschiedlichen Performanzen nicht nur ins Spiel gebracht, sondern auch positioniert. Dabei werden sie auch einander gegenübergestellt oder ihnen werden abwechselnd ihre Handlungsfähigkeiten abgesprochen.
Handlungsfähigkeit zu verneinen, ist ebenso Teil der Aushandlungen, wie eine
implizite oder explizite Theorie des Handelns.[477] Die Theorie des Handelns, die
sich in einem Handlungsbericht ausdrückt, darf jedoch nicht mit der Figuration
der Handlungsträgerschaft verwechselt werden. Vielmehr kommt in der Theorie
des Handelns zum Ausdruck, welche Formen der Handlungsträgerschaft etwas
zum Resultat beitragen, also Veränderungen bewirken und welche nur Überträ-
ger kausaler Effekte sind. Bei Latour wir dieser Unterschied in der Unterscheidung von Mediatoren und Intermediären zum Ausdruck gebracht:

> „An intermediary, in my vocabulary, is what transports meaning or force without
> transformation: defining its inputs is enough to define its outputs. For all practical
> purposes, an intermediary can be taken not only as a Blackbox, but also as a Black-

---

[475] Vgl. Greimas 1971.
[476] So bei John Law: "... - an actor is also, always, a network." Vgl. Law 1992, S. 384.
[477] Vgl. Latour 2005, S. 56ff.

box counting for one, even if it is internally made of many parts. Mediators, on the other hand, cannot be counted as just one; they might count for one, for nothing, for several, or for infinity. Their input is never a good predictor of their output; their specifity has to be taken into account every time. Mediators transform, translate, distort, and modify the meaning or the elements they are supposed to carry."[478]

Immer wenn eine Entität als Mediator betrachtet wird, spielt sie eine entscheidende Rolle beim Zustandekommen der betreffenden Handlung. Intermediäre reduzieren die Zahl der in der Analyse zu betrachtenden Akteure beträchtlich, da viele Beiträge nun vernachlässigt werden können, da sie nur das Eigentliche, soziale Strukturen, den Willen der Person oder Ähnliches transportieren, ohne ihm etwas hinzuzufügen. Mediatoren stehen dagegen für Transformationen, die einen Unterschied machen. Einen Mediator zu ignorieren, kann sich als ausgesprochen gefährlich erweisen, ganz gleich ob es sich um einen Menschen, ein Naturphänomen, einen Text oder einen Laborapparat handelt. Das Symmetrieprinzip der ANT verpflichtet sie also dazu, jede Ursache von Wirkungen als Aktanten zu behandeln und nicht auf intentionale Eigenschaften der Akteure zurückschließen zu müssen. Man kann gewissen Akteuren solche inneren Eigenschaften unterstellen, aber auch wenn man das nicht tut, kann man sich auf ihre Performanz verlassen. Man braucht keine autonomen und rationalen Subjekte, um Akteure zu bekommen. Betont man die Notwendigkeit der Zurechnung von Handlungsfähigkeit in Berichten und Erzählungen, wie die ANT es tut, kommt man nicht daran vorbei, sie als eine stark kommunikationsorientierte Theorie zu lesen. Mit Krieger und Bellinger ließe sich zumindest feststellen, dass die Systemtheorie die Möglichkeit offen lässt, auf wen Handeln zugerechnet wird und damit enger mit der ANT verbunden werden kann, als individualistische Handlungstheorien.[479]

Das Handlungskonzept der ANT ist also sowohl weitreichend, als auch höchst abstrakt. Handeln ist eine Fähigkeit zur Selektion, die eine Transformation von Wirkungen erzeugt, also Ursache einer solchen Transformation ist. Diese Selektionsfähigkeit, diese Fähigkeit Unterschiede zu machen, ist nicht an die Fähigkeit zu bewusstem Denken, zu intentionaler Bezogenheit oder zu rationalen Entscheidungen gebunden. Vielmehr können ohne Schwierigkeiten lange Listen von Mediatoren erzeugt werden. Der akribische Aufbau von Versuchslaboren legt ein beredtes Zeugnis davon ab, wie viele Mediatoren eingebunden werden müssen, um einen bestimmten Handelnden, wie Pasteurs Mikroben oder die Elementarteilchen der Mikrophysik sichtbar zu machen. Aber auch der rational kalkulierende Käufer oder Produzent ist mit seinen Kalkulationen erst von einer

---

[478] Vgl. Latour 2005, S. 39.
[479] Vgl. Bellinger & Krieger 2006, S. 35ff.

ganzen Reihe von Mediatoren hervorzubringen.[480] Ihr Vorhandensein ist also aus der Sicht der ANT weniger erklärungsbedürftig, als ihr Verschwinden, ihre Verwandlung in Intermediäre, oder die Reinigung sozialer Prozesse von gegenständlichen Mediatoren. Dies sind die Prozesse, die man erklären müsste.

Das Handlungskonzept der ANT ist eng an eine narrative Konstruktion von Handeln und Handelnden gebunden und weist damit eine starke Kommunikationsorientierung auf. Gleichzeitig betont es die Notwendigkeit der jedenfalls zunächst einmal gleichberechtigten Einbindung zahlloser Mediatoren, die als Referenten, als Träger kommunikativer Zuweisungen von Handlungsbeiträgen und Handlungsfähigkeiten gelten müssen. Diese konstruktivistische Lesart des Handelns steht jedoch nicht allein. Gegenüber den Zuweisungen in der Kommunikation (Erzählungen und Berichte) kommt eine Widerständigkeit der Mediatoren ins Spiel, die man mit Latour schon als realistisch bezeichnen muss.[481] Die Einbindung der Referenten muss nämlich auch gelingen. Immer gibt es Gegenkonzeptionen, immer wird die Handlungsträgerschaft, das Zustandekommen der Handlung oder ihre stabile Reproduktion auch in Frage gestellt. Diese Unsicherheit lässt sich nie vollends abstellen. Deshalb ist Handlungsträgerschaft auch nichts, was man von vornherein festlegen könnte, man muss es aus den Berichten und Erzählungen extrahieren, muss diese miteinander vergleichen und Tests entwerfen, die Antworten auf die Frage liefern, ob ein Aktant die ihm zugewiesene Rolle auch ausfüllen kann. Konstruktivismus ja, aber nicht jede Konstruktion kann sich durchsetzen und ob sie sich durchsetzen kann, hängt von ihrer Fähigkeit ab, viele andere Aktanten einzubinden.

Für eine soziologische Gedächtnistheorie gewinnen wir mit dem Handlungskonzept der ANT eine Möglichkeit, viele Referenten einzubinden, die aus der Systemtheorie zunächst scheinbar ausgeschlossen waren. Archive mit ihren tausenden von Büchern, Computer und ihre Festplatten, Bauwerke, aber auch Menschen mit den Erinnerungsleistungen ihrer Gehirne sind nun Bestandteile der sozialen Erbringung von Gedächtnisleistungen. Auch müssen wir deshalb nicht von der zentralen Rolle der Kommunikation Abstand nehmen. Schließlich basieren die Zuweisungen von Leistungen auf Menschen und Nicht-Menschen auf kommunikativen Berichten und Erzählungen. Es scheint jedoch bisher so, dass wir mit der ANT wieder im Bereich der Praxistheorien landen, die dem Menschen bzw. dem Subjekt keinen exzeptionellen Status zubilligen wollen.[482] Alles ist im Sozialen miteinander verwoben und es sind die öffentlichen Prakti-

---

[480] Vgl. Callon & Muniesa 2003.
[481] Vgl. Latour 1999a, S. 1. Mit Latours Antwort auf die Frage "Do you believe in reality?" "But of course!"
[482] Wir hatten diese Diskussion zu Beginn des 3. Kapitels kurz erwähnt. Vgl. auch Reckwitz 2006b, S. 713ff.

ken, die bestimmen, wer oder was zu einer spezifischen sozialen Leistung beiträgt. Die Nähe der ANT zur Praxistheorie ist hier unbestreitbar. Jedoch soll im Folgenden gezeigt werden, dass sich die ANT sehr wohl stärker mit dem Problem der Verbindungen auseinandersetzt und diese nicht einfach postuliert oder unterstellt und damit die oben formulierte Aufgabe ernst nimmt, Trennung und Verbindung als problematischen Gesichtspunkt einer soziologischen Theorie des Gedächtnisses aufzugreifen und nicht schon in den Prämissen zu verarbeiten. Hier greift das Konzept des Akteurs als eines Mediators. Wenn die eingebundenen Referenten einen Unterschied machen und die Möglichkeit ihrer Einbindung kontingent bleibt, dann muss man sich für jedes zu konstruierende oder zu erhaltende Netzwerk fragen, wie es denn zusammengehalten und stabilisiert wird? Die Antwortversuche der ANT zeigen hier ein deutliches Problembewusstsein.

Übersetzungsprozesse – Die Bestimmung von Sprechern

Von entscheidender Wichtigkeit ist es für die ANT also zu klären, wie und warum ein Netzwerk zustande kommt, wie „heterogenes Engineering"[483] gelingen, wie man heterogene Materialien assoziieren kann, um stabile Netzwerke zu bekommen. Der Assoziationsbegriff selbst bildet dabei den ersten Kernpunkt. Die Soziologie kann nicht mehr auf das Soziale als einen bestimmbaren Gegenstand verweisen, sie kann also keine „Soziologie des Sozialen"[484] mehr sein. Sie muss zu einer Soziologie werden, die den Assoziationen folgt, also eine „Soziologie der Assoziationen"[485]. Sozialität liegt also für Latour in der Verbundenheit der Dinge, nicht in einer ontologischen Bestimmung von sozialen Faktoren, Kräften oder Tatsachen, wie der Gesellschaft oder dem Vorhandensein von Macht. Dennoch ist die Verbundenheit der heterogenen Materialien nicht einfach vorauszusetzen. Könnte man dies, würde eine Soziologie der Assoziationen, die den Verbindungen folgt, unnötig. Einbinden, Verbindungen schaffen, Hybriden konstruieren ist ein aufwendiger Prozess, der sich mit dem Trennungsproblem ebenso auseinandersetzen muss, wie mit der Schaffung von Verbindungen. Assoziation ist nur der hinreichend allgemeine Begriff, der jede Verbindungsart zwischen Menschen und Nicht-Menschen zum Gegenstand der Soziologie erhebt. Wenn man den Spuren der Verbindungen folgen will, muss man sich die Prozesse und Mechanismen anschauen, die zur Etablierung von Verbindungen führen. In welcher Form wird Einbindung erreicht?

Die ANT beschreibt den zentralen Mechanismus der Einbindung von Akteuren in ein Netzwerk als Übersetzung. Das Modell der Übersetzung knüpft an

---

[483] Vgl. Law 2006, S. 213ff.
[484] Vgl. Latour 2005, S. 9.
[485] Ebd.

die oben erwähnte Unterscheidung von Mediatoren und Intermediären an. Am Beispiel der Macht unterscheidet Latour ein Modell der Diffusion, indem Intermediäre nur eine einmal angestoßene Initialkraft möglichst störungsfrei übertragen, von einem Modell der Übersetzung, bei dem Mediatoren an jeder Stelle der Weitergabe Energien aufwenden müssen und dabei das Weiterzugebende Schritt für Schritt transformieren.[486] Folgt man dem Modell der Übersetzung, ist Macht folglich nicht eine Ursache, sondern eine Konsequenz des Handelns verteilter Akteure.

> „Menschen, denen >>gehorcht<< wird, entdecken, woraus ihre Macht tatsächlich besteht, wenn sie sie zu verlieren beginnen. Sie erkennen (jedoch zu spät), dass sie aus dem Willen der anderen >>gemacht ist<<."[487]

Übersetzung heißt also Transformation. Aber wie geschieht diese Transformation und warum folgt aus ihr die Einbindung heterogener Elemente in ein Netzwerk? Übersetzung ist ein kommunikationsnah gewählter Begriff und das ist kein Zufall. Schon bei der Diskussion der Handlungsfähigkeit von Aktanten aus der Sicht der ANT hatten wir gesehen, dass kommunikative Zuschreibungen letztlich über Handlungsfähigkeiten disponieren. Genau dies geschieht nun in den Übersetzungsprozessen. Der Übersetzungsbegriff wird von Callon in die ANT eingeführt[488] und ist von Michel Serres geprägt[489]. Übersetzungsversuche zeichnen sich dadurch aus, dass sie unterschiedliche Akteure in ein Handlungsprogramm einbinden, indem sie diese für die Resultate des Handlungsprogramms interessieren. Übersetzungsversuche gehen von den unterschiedlichsten Mediatoren aus und deshalb kann ihr Ergebnis auch selten durch einen Akteur bestimmt werden, ganz in Übereinstimmung mit basalen kommunikationstheoretischen Annahmen bei Luhmann. Es handelt sich um einen komplexen Kommunikationsprozess, der wechselseitig, multilateral und verteilt abläuft und eine dynamische Netzwerkentwicklung beschreibt.[490] Callon hat ein Vier-Phasenmodell des Übersetzungsprozesses entwickelt, dem man den Mechanismus der Übersetzung entnehmen kann. Er unterscheidet Problematisierung, Interessement, Enrolment und Mobilisierung als Phasen eines erfolgreichen Übersetzungsprozesses.[491]

Jede einzelne dieser Phasen kann wieder als ein eigenständiger Kommunikationsprozess aufgefasst werden. Beginnen wir mit der *Problematisierung*. Hier

---

[486] Vgl. Latour 2006b, S. 198f.
[487] Ebd., S. 200.
[488] Vgl. Callon 1986 und Callon 2006.
[489] Vgl. Serres 1992.
[490] Vgl. Bellinger & Krieger 2006, S. 39.
[491] Vgl. Callon 1986, S. 196.

hat man einen fast schon funktionalistischen Ausgangspunkt der Überlegungen. Netzwerke bilden sich dann, wenn es ein Problem gibt, wenn etwas als problematisch empfunden wird. Dies ist aber nur der Startanreiz für den Übersetzungsversuch, der damit beginnen muss, dass Problem so zu definieren, dass es von anderen Akteuren geteilt wird. Es werden Akteure definiert, die in das Netzwerk eingebunden werden sollen und auch an der Problemlösung interessiert sind. Nach Callon kann man eine allgemeine Struktur der Problematisierung herausarbeiten.[492] Zunächst muss eine Grenze definiert werden, die das für das Problem Relevante vom Nicht-Relevanten trennt. Hinzu tritt ein Bezug auf möglichst feststehende, nicht in Frage gestellte Voraussetzungen zur Problemlösung und einem Bereich des Unbekannten, der das Problematische repräsentiert. In Callons Terminologie unterscheidet der Übersetzer zwischen dem Bereich des Nicht-Analysierten, dem Bereich der Gewissheit und einem Bereich des Zweifels.[493] Vieles wird ausgeschlossen, auf manches wird zurückgegriffen und es wird ein Problem formuliert, das von den heterogenen Elementen auf die man zurückgreift als gemeinsames Problem betrachtet werden soll. Anders ausgedrückt: Formuliert ein Akteur ein Handlungsproblem und weist unterschiedliche Einheiten darauf hin, dass auch sie durch die Lösung dieses Problems profitieren. Sie sollen seine Einschätzung der Problemlage nicht nur teilen, sondern auch für sich übernehmen. Der Übersetzer macht sich unentbehrlich für die Problemlösung. Er platziert sich an einer Stelle im Netzwerk an der die anderen nicht vorbeikommen, wollen sie ihre Probleme lösen. Die Problematisierung definiert also vom Problemzusammenhang betroffene Akteure und „obligatory passage points"[494], das heißt, Stellen des Prozesses, die durchlaufen werden müssen, um das Problem für jeden der betroffenen Akteure zu lösen. Wer auch immer sich an diesen Schlüsselstellen positionieren kann, macht sich tendenziell unentbehrlich.

Die Phase des *Interessement* schließt an das gemeinsame Problembewusstsein an, und bindet die betroffenen Akteure jetzt direkt als Träger bestimmter Rollen und Funktionen in den Problemlösungsprozess ein. Ähnlich der Problematisierung gilt es auch hier zunächst, diese Rollen und Funktionen aus der Sicht der Übersetzung zuzuweisen. Wie immer kann auch diese Zuweisung scheitern, setzt sie doch voraus, dass identifizierte Einheiten aus schon bestehenden Netzen gelöst werden müssen, um die ihnen zugewiesene Rolle zu spielen. Beim Interessement geht es also um Formulierungen von Erwartungen an die bezeichneten Handlungsträger und die Mittel, mit denen die Übernahme dieser Erwartungen durch die Rollenträger erreicht werden können. Die Einbindung in das neue Netzwerk muss also in einer Weise unterstützt werden, die vormalige Einbin-

---

[492] Vgl. Callon 2006, S. 61ff.
[493] Ebd., S. 62.
[494] Vgl. Callon 1986, S. 202f.

dungen löst oder zumindest neu ordnet.[495] Wichtig ist, dass es beim Interessement noch nicht um eine tatsächliche Einbindung der Akteure geht. Es geht darum, Erwartungen so darzustellen, dass sich Mittel konstruieren lassen, um diese Erwartungen zu testen, also Mittel, die einen Anreiz zur Übernahme und Erfüllung der Erwartung bieten. Es kann eine Bezahlung angeboten werden, es kann ein Gerät erfunden werden, das bestimmte Elementarteilchen sichtbar macht oder es können rhetorische Fähigkeiten eingesetzt werden. Interessement heißt, sich mit der Konstruktion von Anreizen zu beschäftigen, die Rollenträger dazu führen sollen, ihnen zugewiesene Erwartungen zu erfüllen.

Bis hierhin bleibt das Netzwerk ein hypothetisches, ein Konstruktionsplan, ein abstrakt vorformuliertes Handlungsprogramm. Erst mit der Phase des Enrolment beginnt das Netzwerk Gestalt anzunehmen und an Wirklichkeit zu gewinnen. Hier erfolgt die tatsächliche Übernahme der zugeschriebenen Rollen durch die betroffenen Entitäten. Dabei ergeben sich zahlreiche Transformationen der Beteiligten und ihrer Konstruktionspläne, denn die betroffenen Akteure müssen als Mediatoren verstanden werden, die mit eigenen mehr oder weniger ausgearbeiteten Konstruktionsplänen (Übersetzungsvorschlägen) in den Prozess der Übersetzung einsteigen. Es muss also mit Widerständen und wechselseitigen Anpassungsvorgängen gerechnet werden, wenn das Enrolment stattfindet.

> „To describe enrolment is thus to describe the group of multilateral negotiations, trials of strength and tricks that accompany the interessement and enable them to succeed."[496]

Beim Enrolment kommt es zum Vergleich und zum Angleichen der unterschiedlichen Übersetzungsvorschläge, einer Transformation, die alle Beteiligten und das gesamte Netzwerk betrifft.

Der letzte Schritt eines erfolgreichen Übersetzungsvorgangs ist die Mobilisierung. Es geht nun um die tatsächliche Ausführung des in der Transformation entstandenen Handlungsprogramms. Die Mobilisierung ist damit der entscheidende Punkt innerhalb der Übersetzung. Vermittlungsinstanzen werden zwischen den Akteuren zum Zirkulieren gebracht und mit ihrer Hilfe werden die Interessen des einen Akteurs in die eines anderen Akteurs übersetzt.[497] Vermittlungsinstanzen sind in der Lage, für einen bestimmten Akteur zu sprechen, sie geben den Interessen des Akteurs einen Ausdruck, der von anderen Akteuren verstanden wird. Mit der Metapher des „Sprechens-für" wird wieder eine kommunikative Basis des Mobilisierungsmoments hervorgehoben. Vermittlungsinstanzen er-

---

[495] Callon spricht hier von einen "triangle of interessement", vgl. Callon 1986, S. 204.
[496] Ebd., S. 205.
[497] Vgl. Bellinger & Krieger 2006, S. 41.

möglichen die kommunikative Assoziation heterogener Elemente, indem man sie als Delegierte betrachtet, die für etwas anderes sprechen, dabei jedoch auf das verweisen, in dessen Namen sie sprechen.

> „Zirkulierende Referenz setzt eine Kette von Delegationen voraus. Die Delegation von Vermittlern, die Inskription von Information in Vermittler und ihre Verteilung und Stabilisierung im Netzwerk wird als Mobilisierung bezeichnet."[498]

Die entscheidende Frage ist, ob dieses „Sprechen-für" repräsentativ ist. Kann die Vermittlungsinstanz für das Sprechen, auf das sie verweist? Wenn die Übersetzung gelingt, sprechen die Delegierten für denjenigen oder dasjenige auf das sie verweisen. Je mehr solcher Fürsprecher gefunden werden können, desto stärker ist die Mobilisierungsfähigkeit der Übersetzung, desto größer der Erfolg der Einbindung.

Man kann am Vier-Phasen-Modell der Übersetzung gut nachvollziehen, wie man Referenzen zirkulieren lassen kann. An jeder Vermittlungsinstanz kann man rekonstruieren, wie aus einem Skript (einer Problemdefinition und einem Konstruktionsplan), Inskriptionen werden, die dann für andere eine Präskription darstellen und schließlich von Beobachtern in einer Deskription wiedergegeben werden können. Dieses Zirkulieren der Referenz macht den Übersetzungsprozess aus.[499] Offensichtlich sind es der Begriff der Vermittlung und der Begriff der Inskription, die wesentlich zum Verständnis von Übersetzung und Netzwerkbildung sind. Beide sind stark mit dem Übersetzungsbegriff verwoben und beschreiben zum Teil ähnliche Prozesse oder Teilprozesse, die diesen ausmachen.

Kommen wir zunächst zum Begriff der Vermittlung. Nach Latours Verständnis ist Übersetzung nur eine der möglichen Lesarten von Vermittlung[500], die sich dadurch auszeichnet, dass es zu Zielverschiebungen kommt, wenn zwei Akteure sich verbinden, um ihre jeweils eigenen Ziele zu verwirklichen. Es kommt zu einer Abstimmung, zu einer Vermittlung zwischen den beiden Zielen und damit wird eine Abweichung produziert. Eine zweite Form der Vermittlung liegt für ihn im Begriff der Komposition.[501] Hier deutet schon mehr auf eine netzwerkartige Vermittlung der Elemente als beim Übersetzungsbegriff. Es geht bei dieser Darstellungsform nicht mehr so sehr um die Aushandlungen zwischen verschiedenen beteiligten Akteuren, sondern um die Form die der hybride Akteur, der sich aus der Verschiebung ergibt, selbst annimmt. In der Komposition verbinden sich verschiedene Unterprogramme zu einem Handlungsprogramm, in

[498] Vgl. Bellinger & Krieger 2006, S. 41.
[499] Vgl. Latour 1999b, S. 24ff.
[500] Vgl. Latour 2006c, S. 486ff.
[501] Ebd., S. 488ff.

dem die Verantwortung für die Durchführung der Handlung verteilt wird. Die Zusammensetzung der Handlung ist hier interessanter als die Verschiebung der Ziele, aber beides ist eine Form der Vermittlung. Eine weitere Bedeutung von Vermittlung nennt Latour Delegation.[502] Hier kommt der Begriff der Inskription zum Tragen, denn bei der Delegation lässt man einen anderen Akteur für sich handeln oder sprechen. Dazu muss man ihn mit der entsprechenden Fähigkeit ausstatten, man muss das eigene Skript in ihn inskribieren. Bei Fragen der Delegation liegt der Fokus nun nicht auf der Verschiebung (wie im Falle der Übersetzung) und auch nicht auf der Zusammensetzung (wie im Falle der Komposition), sondern der Fokus liegt auf der Repräsentation. Ist der Vermittler in der Lage, das Skript zu repräsentieren? Will man verstehen, wie Menschen und Nicht-Menschen in Akteur-Netzwerken miteinander verwoben sind, muss man alle drei Foki durchlaufen. Wie schreiben sich Skripte bestimmter Akteure in andere Akteure ein? Repräsentiert die Inskription das Skript? Wie setzt sich das Skript aus unterschiedlichen Beiträgen zusammen? Und schließlich: Welche Verschiebungen ergeben sich dadurch für das anfängliche Skript? Folgt man dieser Bewegung, den Übersetzungsvorgängen und den damit verbundenen Transformationen, kann man eine Deskription von Akteur-Netzwerken finden, die für diese Netzwerke einstehen kann. Man kann erkennen, dass Latour den Vermittlungsbegriff abstrakter ansetzt als den Übersetzungsbegriff von Callon. Dennoch entspricht sein Verständnis von Übersetzung nicht dem komplexen Prozessmodell von Callon oder er reduziert es zumindest sehr stark. Für Latour ist Übersetzung nur ein Fokus zur Beobachtung von Vermittlung unter anderen, für Callon dagegen ist es der Mechanismus der Netzwerkbildung selbst.

Auch für die Ausführungen zur Vermittlung ist der Inskriptionsbegriff maßgebend. Vermittlung und Übersetzung basieren grundsätzlich auf der Möglichkeit der Einschreibung, der Erzeugung von Vermittlern. Zunächst einmal ist eine Inskription tatsächlich nichts anderes als die Transformation eines Skripts in eine andere Form, dadurch ermöglichen die Inskriptionen jedoch eine Kaskade zunehmender Abstraktion, immer stärker vereinfachter Inskriptionen, die immer mehr umfassen und am Ende aufwendiger Mobilisierungsprozesse stehen. Sie können immer größere Mengen von Ereignissen und Identitäten an einem Ort versammeln und gewinnen gerade dadurch an argumentativer Kraft. Sie werden zu „immutable mobiles"[503], unveränderbare Mobile, die es ermöglichen, Inskriptionen regelrecht zu kapitalisieren.[504] Diese Form der Inskription akkumuliert eine ganze Reihe von Vorzügen bei der Mobilisierung und wird dadurch selbst

---

[502] Vgl. Latour 2006c, S. 495ff.
[503] Vgl. Latour 1999c, S. 306f.
[504] Vgl. Latour 2006d, S. 285.

akkumulierbar.[505] (1) Sie sind mobil und können deshalb an einem Ort versammelt werden. (2) Sie verändern sich aber nicht, wenn sie bewegt werden und können so überall in gleicher Weise verwendet werden. (3) Sie sind flach und deshalb leichter beherrschbar und leichter zu manipulieren. (4) Auch Maßstabsänderungen ändern nicht die Proportionen, Verkleinerungen oder Vergrößerungen ändern nicht ihren Gehalt. (5) Ihre Reproduktion und damit Verbreitung wird immer günstiger. (6) Sie können beliebig und schnell miteinander kombiniert werden, sich sogar (7) überlagern und (8) schließlich zum Bestandteil eines Textes gemacht werden, ohne ihren (9) Bezug zum dreidimensionalen Raum völlig zu verlieren und so selbst diesen manipulieren zu können. All diese Vorteile müssen mit immer aufwendigeren Mobilisierungsprozessen erkauft werden, können dann aber auch für neue immer stärkere Mobilisierungen genutzt werden. Die Kaskaden der Vereinfachung erlauben Dominanz und deshalb ist der Inskriptionsbegriff so relevant für die Prozesse der Netzwerkkonstruktion.[506]

Netzwerke kommen also zustande, wenn es gelingt, Vermittlungsinstanzen zu konstruieren, die es erlauben, einen Ausgleich in den Skripten beteiligter Akteure derart herzustellen, dass diese Akteure am selben Problem orientiert sind, zu dessen Bearbeitung bestimmte Rollen übernehmen und dann für den Erfolg der Handlung mobilisiert werden können. Da dieser Ausgleich nur durch die Einbeziehung von Vermittlungsinstanzen gelingen kann, die häufig erst konstruiert werden müssen, ist die Einbindung der Referenten in der ANT immer problematisch. Es gibt keine vorausgesetzte Verbundenheit heterogener Elemente, diese Verbundenheit muss konstruiert werden und welche Vermittlungsinstanzen dabei eingesetzt werden, kann ein Beobachter verfolgen. Jede dieser Vermittlungen zeichnet sich durch Zielverschiebungen (Übersetzung), Zusammengesetztheit (Komposition) und Fürsprecher-Beziehungen (Delegation) aus. Entscheidenden Anteil haben dabei Inskriptionen, die dafür sorgen, dass Skripte oder Handlungsprogramme in andere Formen überführt werden können und diese Formen damit in das ursprüngliche Handlungsprogramm einbinden können. „Inskriptionen gestatten Konskription!"[507] Ein Akteur-Netzwerk – und damit auch jeder Akteur – muss deshalb eher als ein fortlaufender Prozess betrachtet werden, dessen Stabilisierung immer prekär ist, dessen Übersetzungserfolg immer auch kontingent bleibt, weil auch Dissidenz[508] zum Konstruktionsprozess

---

[505] Vgl. für die nun folgende Aufzählung ihrer Vorzüge auch Latour 2006d, S. 285ff.
[506] Wir kommen später noch einmal auf diese Frage zurück, wenn es darum geht zu zeigen, welche Lösung die ANT für das Problem der Mikro/Makro-Unterscheidung anbietet, denn dabei spielen die Kaskaden der Vereinfachung, die Mobilisierungsprozesse antreiben, eine zentrale Rolle.
[507] Vgl. Latour 2006d, S. 291.
[508] Vgl. Callon 1986, S. 210.

gehört. Es ist gerade der Widerstand bestimmter Elemente, der den Prozess der Netzwerkbildung – das heterogene Engineering – so interessant macht.[509]

Was in der ANT als Übersetzungsprozess firmiert, kann als kommunikatives Phänomen gelesen werden, das allerdings sehr stark als Möglichkeit der Assoziation heterogener Elemente betrachtet wird. Die Einbindung in das Netzwerk gelingt nur nach der Maßgabe von transformierenden Übersetzungen, die auf unterschiedlichen Vermittlungsinstanzen beruhen können, von denen die entscheidende als Inskription bezeichnet wird. Vor allem in Callons ausführlichem Prozessmodell der Übersetzung wird ihr Charakter als ein ablaufender kommunikativer Prozess einsichtig. Einbindung, bei Luhmann würde man von Fremdreferenz sprechen, wird also zu einem ganz entscheidenden Faktor bei der Konstruktion der Netzwerke, den man nicht durch einen Rekurs auf selbstreferentielle Schließung aufheben kann. Auch Gedächtnisphänomene müssen vor diesem Hintergrund als auf verschiedene Leistungsträger verteilt angenommen werden, deren spezifische Assoziation man in die Analyse mit einbeziehen muss, wenn man das Phänomen klären will. Allerdings impliziert die Beschäftigung mit Gedächtnis auch die Stabilisierung der Netzwerke selbst, also die Mechanismen mit denen es gelingt Netzwerke, Handlungsprogramme und Akteure zu stabilisieren und etwas wie ein Moment der Ordnung zu erhalten. Diesem Problem müssen wir uns nun noch etwas eingehender widmen.

Stabilisierung und Blackboxing – Kollektive und Individuen

Netzwerke sind also zunächst einmal kontingente Konstruktionen, deren Realität niemals als vollkommen abgesichert angenommen werden kann. Wie ist unter diesen Umständen der Eindruck von Ordnung und gefestigter Realität zu begründen, der jedem von uns täglich vor Augen steht? Die ANT will die Kontingenz nicht auflösen, sie ist sowohl hier, als auch in der Systemtheorie fester Bestandteil des Theoriedesigns. Also beschäftigt sie sich mit den Prozessen, die eine solche Stabilisierung von einmal erzeugten Netzwerken bewerkstelligen können. Drei Bedingungen sind hierfür zu erfüllen. Erstens muss das Problem in der einen oder anderen Form fortbestehen, denn ist eine bestimmte zusammengesetzte Handlung abgeschlossen und das Problem damit verschwunden, löst sich das Netzwerk auf. Zweitens muss die Mobilisierung auf Dauer gestellt werden, d.h. die Vermittlungsinstanzen müssen immer weiter zirkulieren, sie dürfen nicht

---

[509] Das dies immer ein komplexer und widersprüchlicher Vorgang ist, wurde auch schon in Studien zur Überführung von Erfahrungswissen menschlicher Akteure in in ein allen zugängliches technisches Planungswissen deutlich. Diese Überführung, als ein Übersetzungs- und damit Transformationsprozess, kann nicht restlos aufgehen, da der Akteur doch immer wieder auch eingebunden werden muss, wenn es um die Erzeugung und die Ausführung des Planungswissens geht. Vgl. Malsch 1984.

brach liegen. Schließlich muss Dissidenz verhindert und entmutigt werden. Andere Handlungsprogramme, die bestimmte Elemente des bestehenden Netzwerks einbinden wollen, müssen abgewiesen werden, um eine Transformation dieser Akteure und damit auch des bestehenden Netzwerkes zu verhindern. Die ANT kennt drei Mechanismen, um Dissidenz und das damit verbundene Abebben der Mobilisierung zu verhindern. Zwei davon versuchen das Netzwerk als Netzwerk unkenntlich zu machen, die Verteiltheit unsichtbar werden zu lassen. Dies sind einmal Mechanismen der Reinigung[510], die nur bestimmte Typen von Elementen und Assoziationen zulassen und so „vollkommen getrennte ontologische Zonen"[511] schaffen. Die andere Methode liegt im Mechanismus des „Blackboxing"[512] bzw. der Schließung, die das Netzwerk als nicht auflösbare Einheit erscheinen lässt, dessen einzelne Bestandteile, dessen verteilte Zusammensetzung nicht mehr erkennbar ist. Den dritten Mechanismus haben wir in Gestalt der unveränderlichen Mobilen schon kennen gelernt. Durch das Durchlaufen von Vereinfachungskaskaden der Inskriptionen wird Dissidenz immer schwieriger gemacht, weil das Mobilisierungspotenzial der Vermittlungsinstanzen ständig erhöht wird. Durch Vereinfachung der Inskription mit immer aufwendigeren und kostspieligeren Methoden, können immer mehr Akteure eingebunden werden und diese machen das Netzwerk so nicht nur größer, sondern auch immer schwerer auflösbar.[513]

Beschäftigen wir uns zunächst mit den Mechanismen oder Praktiken der Reinigung, denen Latour eher kritisch gegenübersteht. Reinigungspraktiken sind ein Erkennungsmerkmal der Moderne oder der „modernen Verfassung"[514]. Um die moderne Trennung von Natur und Gesellschaft aufrecht zu erhalten, musste genau festgelegt werden, welche Elemente sich wie verbinden durften und welche nicht. Die Reinigungspraktiken sind also letztlich Zuordnungsmechanismen, die es erlaubten, Träger von naturgesetzlicher Notwendigkeit oder Objekte von Trägern autonomer Rationalität oder Subjekten zu trennen. Wir hatten bei der Konstruktion der Netzwerke gesehen, dass Reinigungspraktiken dem Konstruktionsprozess immanent sind. Eine Vermischung kann nur gelingen, wenn man gleichzeitig vieles für irrelevant erklärt. Der große Erfolg der Moderne ist es gewesen, die Reinigungspraktiken radikal von den Übersetzungspraktiken zu trennen. Damit wurde es möglich, quasi im versteckten Hinterzimmer immer mehr Hybriden ohne jede Beschränkung zu produzieren, da diese auf der Vorderbühne nicht als miteinander verbunden erkennbar waren. Die Reinigung hatte

---

[510] Vgl. Latour 1998, S. 19.
[511] Ebd.
[512] Vgl. Latour 1999d, S. 183.
[513] Vgl. Latour 2006d.
[514] Vgl. Latour 1998, S. 22ff.

nichts mit der Vermischung zu tun, sie setzte auf dieser auf. Beide Praktiken waren strikt getrennt und so ermöglichte die Moderne einen ungeheuren Handlungsspielraum bei der Schaffung von Hybriden.[515] An dieser Stelle interessiert uns jedoch weniger die Kritik an der Moderne, als die Mechanismen der Reinigung zur Stabilisierung von Netzen herauszuarbeiten. Reinigungspraktiken benutzen Zuordnungsschemata, um zu klären, ob etwas relevant für einen bestimmten Problembereich ist oder nicht. Hier wird wieder eine gewisse Nähe zur Systemtheorie deutlich, die sich in ausgiebiger Weise mit diesen Filterprozessen, vor allem durch binäre Schematisierung beschäftigt. Für die ANT bleibt jedoch festzuhalten, dass man Reinigungsprozesse nicht isoliert betrachten sollte, da sie immer Bestandteil der Übersetzung und damit der Schaffung von Hybriden, von Akteur-Netzwerken sind.[516]

Prozesse des „Blackboxing" haben eine neutralere Stellung innerhalb der ANT und sind die Stabilisierungsmechanismen par excellence. Dabei beschreibt das Blackboxing zunächst nur die zunehmende Stabilisierung eines Netzwerks. Im normalen Übersetzungsprozess ist hier der Bereich der Gewissheit angesiedelt, auf den man sich unproblematisch beziehen, den man als vorliegend unterstellen kann.[517] Für die ANT ist das, was man als Objekt oder Identität betrachtet, ein Ergebnis eines Prozesses des Blackboxing. Immer dann, wenn man Elemente oder Einheiten definieren will auf die sich etwas verteilt, setzt diese Bewegung ein Blackboxing voraus, da auch diese Einheiten sich mit den entsprechenden Programmen immer wieder auflösen lassen. Auf den Bereich der Gewissheit werden diese Programme jedoch nicht angewendet, es sei denn sie werden problematisch. Erst der Techniker, der einen kaputten Fernseher reparieren soll, interessiert sich für dessen elektronische Bestandteile, nicht der Zuschauer eines Fußballspiels. Blackboxing gelingt, wenn die Verbindungen zwischen den Elementen in der Blackbox sich gegenseitig schützen und ihre Einbindung immer neu durch das Zirkulieren von Vermittlungsinstanzen gefestigt wird. Die Zikulation selbst ist ein Maß für die Festigkeit des Netzwerkes, die weiter erhöht wird, wenn es gelingt, diese Festigkeit dazu zu nutzen, das Netzwerk in den unproblematischen Bereich der voraussetzbaren Gewissheiten zu verschieben. Blackboxing reduziert die Komplexität eines Netzwerks (nach außen) und

---

[515] Vgl. Latour 1998.
[516] Der Reinigungsgedanke wird bei der Diskussion der Stabilisierung von Netzwerken durch Kaskaden der Vereinfachung noch einmal aufzunehmen sein, da es durchaus vorstellbar erscheint, in der Vereinfachung eine Form von Reinigung zu sehen, die Luhmann wohl am ehesten als "Reduktion von Komplexität" fassen würde.
[517] Vgl. Callon 2006, S. 61f.

schon allein diese Vereinfachung macht es weniger angreifbar.[518] Man kann Blackboxing also einerseits als Resultat erfolgreicher Netzwerkbildung betrachten, man kann aber im Blackboxing ebenso eine Strategie sehen Netzwerkkonstruktionen zu stabilisieren. Denn Blackboxing ist nicht nur der Endpunkt der Netzwerkbildung, sondern wenn man den Prozess der Übersetzung ernst nimmt auch der Startpunkt. Eine Strategie des Blackboxing aus der Sicht bestehender, schon konstruierter Netzwerke besteht also eben darin, sich für andere Netzwerke als Leistungsträger unentbehrlich zu machen. Das Netzwerk wird so „punktualisiert"[519]. Die Einheit des Netzwerkes wird selber zu einem Element, mit dem man bei der Konstruktion weiterer Netzwerke arbeiten kann, es wird zu einer Ressource, deren Verteiltheit nicht mehr berücksichtigt werden muss. Dennoch bleibt auch dieser Prozess umkehrbar. Treten Krisen auf und wird die Einheit des Netzwerkes dadurch problematisch, wird seine Verteiltheit erneut offensichtlich und die Mobilisierung kann dann sogar zusammenbrechen und das Netzwerk auflösen. Blackboxing betreibt also eine scheinbare Irreversibilität, die nur so lange funktioniert, wie es zu keinen gravierenden Störungen kommt.

Reinigung und Blackboxing hängen auf der Ebene des dritten Prozesses enger zusammen, als man denken könnte. Denn beide wirken mit an der oben beschriebenen Kaskade vereinfachender Inskriptionen. Wie wir oben gesehen hatten, führt die Kaskade der Vereinfachung zu Inskriptionen, die es erlauben sie mitzunehmen, sie zu horten und sich derart mit Blackboxes zu umgeben, dass die eigene Position fast unangreifbar wird. Ein wesentlicher Weg der Stabilisierung von Netzwerken liegt also in der Reduktion ihrer Komplexität, der Verpackung von Einheiten aus denen sie konstruiert sind in Blackboxes. Nicht jede Verteilung von Handlungsträgerschaft wird bei der Konstruktion relevant, vieles wird einfach vorausgesetzt und muss nicht zum Thema gemacht, also nicht problematisiert werden. Stabilität – könnte man zusammenfassend sagen – ist ein Resultat funktionierender Vereinfachungen, für die jedoch erhebliche Übersetzungsleistungen erst mal aufgewendet werden müssten. Die Kosten der immer weitergehenden Vereinfachung sind sehr hoch und gerade in diesen Kosten liegt ein Moment der Stabilisierung von Realität. Auch Reinigungsformen spielen dabei eine Rolle, denn immer geht es bei der Vereinfachung darum, dass ein mobilerer, weniger komplexer und weniger veränderlicher Aktant für einen anderen spricht und dabei von vielen überschüssigen Informationen „gereinigt" werden muss. Auf was kann man verzichten und dennoch einen repräsentativen Sprecher erhalten, der eine Mobilisierung der hinter ihm stehenden Aktanten im Notfall er-

---

[518] Auch hier deutet wieder einiges in der Argumentation daraufhin, dass es letztlich die Kaskade der Vereinfachung ist, die durch Blackboxes befördert wird und gleichzeitig die Erzeugung von Blackboxes nach sich zieht.

[519] Vgl. Latour 1999e, S. 184 und Law 1992, S. 385.

laubt? Dies unterscheidet sich von den Reinigungspraktiken der Moderne, doch unverkennbar geht es bei den Übersetzungen, die eine Konstruktion von „unveränderlichen Mobilen" ermöglichen, um eine Reinigungspraxis, die von Zuordnungsschemata Gebrauch macht, um Referenzen zirkulieren zu lassen, die Repräsentativität erhalten, aber gleichzeitig von vielen lokalen Zusammenhängen absehen. Die Trennung gehört zum Prinzip der Verbindung, beide bedingen einander und bestimmte Trennungen festigen gerade andere Verbindungen.

Sieht man sich die stark verbundenen Mechanismen an, durch die Netzwerke Stabilität gewinnen, fällt auf, dass man es fast mit einem Latenzphänomen zu tun hat. Die stabilsten Netzwerke scheinen aus der Sicht der ANT genau jene zu sein, die ihren Netzwerkcharakter invisibilisieren können. Es handelt sich um ein Phänomen latenter Gedächtnisgehalte, die unterstellt werden und auch kapitalisiert, also angehäuft werden können, aber nicht in der Komplexität ihrer verteilten Handlungsträgerschaft aktualisiert werden. Vielmehr ergibt erst ihre kompromisslose Vereinfachung die Möglichkeit einer höheren Stabilität, weil sie die Einbindungsfähigkeit erhöht und weniger Angriffspunkte für Dissidenz erlauben. Man sieht an dieser Stelle, dass auch die ANT dem Vergessen einen hohen Rang einräumt. Vereinfachungskaskaden sind die Basis für mobile Formen von Gedächtnis, die versammelt werden können und so den Status einer Ressource annehmen. Die Überschneidungen mit der Systemtheorie sind hier sehr deutlich und auch was die Verfahren angeht weitgehend kompatibel mit systemtheoretischen Vorstellungen. Die Bedeutung des Vergessens und das Moment einer Reduktion von Komplexität auf der Basis von Schließungsprozessen sind deutliche Indizien für Analogien zur Systemtheorie. Was über die Systemtheorie hinausgeht, ist die Wahrnehmung des hohen Konstruktionsaufwandes, den diese Schließungen, dieses Blackboxing voraussetzen und der Möglichkeiten aus diesem Mechanismus Kapital zu schlagen.[520] Es ist gerade hier so, dass durch Reduktion von Komplexität Einbindungsfähigkeit und Repräsentativität gewonnen werden. Ein Netzwerk trägt einerseits immer nur soviel Gedächtnis mit sich, wie zur Mobilisierung der relevanten Aktanten notwendig ist, andererseits sind aber in den Punktualisierungen und Blackboxes so viele latente Möglichkeiten für die Reaktivierung weiterer Gedächtnisleistungen versteckt, dass die Zugänglichkeit hier nicht grundsätzlich verbaut scheint. Die Lösung des Stabilitätsproblems durch die ANT hat noch eine andere gewichtige Folge, denn sie bietet auch eine Lösung für die Mikro/Makro-Problematik der Soziologie. Sucht man nach Ver-

---

[520] Zwar gibt es auch bei Luhmann die Vorstellung, die Reduktion von Komplexität ermögliche dann einen eigenständigen Komplexitätsaufbau auf dieser Grundlage, aber damit ist nicht die Einbindung der erfolgten Vereinfachungen gemeint, die für die ANT zentral ist. Es ist hier nicht die Einbindungen von "Umweltleistungen", sondern der Gewinn einer Möglichkeit innere Relationierungsmöglichkeiten auszutesten.

bindungen zwischen Kohärenzprüfungen auf der Ebene der Gesellschaft, wie auf der Ebene einer Interaktion, sollte man nach der ANT nicht eine Ebenendifferenz postulieren, sondern auf die Reichweite der Mobilisierungen und auf das Wachstum von Netzwerken achten.[521] Wir werden diesem Vorschlag im Folgenden nachgehen, da er helfen könnte, die Verbindungen zwischen gesellschaftlichen und interaktionsnahen Gedächtnisphänomenen zu beleuchten.

Lokalisierung des Globalen und Verteilung des Lokalen

Die ANT behauptet, dass sich aus den Mechanismen des Aufbaus und der Stabilisierung von Netzwerken auch eine Lösung für das Problem der Mikro/Makro-Unterscheidung in der Soziologie anbietet. Dazu muss man nicht die Realität von Makrophänomenen leugnen, aber man kann sie auch nicht als ursächliche Kräfte in sozialen Erklärungen gebrauchen. Stattdessen muss man sich mit dem Wachstum und der Einbindungsfähigkeit von Netzwerken, mit dem Erfolg „heterogenen Engineerings" beschäftigen. Eine irgendwie eigenständige makrosoziale Sphäre kann nur postulieren, wer keinen Weg sieht, um von den interaktiven Zusammentreffen zur sozialen Ordnung zu gelangen. Eine nur in interaktiven Zusammentreffen organisierte soziale Ordnung bleibt notwendig instabil und ihre Erhaltung erfordert eine konstante Arbeit. Latours beliebtestes Beispiel hierfür sind die Forschungen von Shirley Strum zur sozialen Organisation von Pavianhorden.[522] Diese Paviane sind die perfekten Untersuchungsgegenstände einer Soziologie, die sich tatsächlich auf gereinigte soziale Beziehungsformen konzentrieren will. Die Hauptbeschäftigung der Paviane scheint in der Pflege und Stabilisierung ihrer sozialen Beziehungen zu liegen, denn nur so sind sie in der Lage, ihre soziale Ordnung aufrecht zu erhalten. Sie verwenden dazu exakt die (nicht-sprachlichen) Reparaturmethoden, die in der Ethnomethodologie beschrieben werden. Fortwährend werden die sozialen Bindungen dadurch stabilisiert, dass Körper auf andere Körper einwirken.[523] Die Körper sind Form und Materie der sozialen Ordnung oder des Leviathans, wie von Hobbes in seinen Beschreibungen vorgezeichnet.[524] Einen Leviathan oder Makro-Akteur erhält man auf diese Weise nicht. Nach den Vorstellungen der ANT muss man Bindungen ins Spiel bringen, die die Dauer der Interaktionen zwischen Körpern überdauern.[525] Die geformten Bindungen müssen in andere Materialien übersetzt werden, die möglichst weder die Anwesenheit der Körper erfordern, noch ihre

---

[521] Vgl. Callon & Latour 2006, S. 82f.
[522] Vgl. Callon & Latour 2006, S. 79ff. bezogen auf Strum 1975a, 1975b und 1982.
[523] Ebd., S. 81.
[524] Vgl. Hobbes 2000.
[525] Vgl. Callon & Latour 2006, S. 82.

ganze Komplexität in sich repräsentieren müssen. Blackboxes und unveränderliche Mobile scheinen hierfür sehr geeignet. Das Wachstum der Netzwerke zu Makro-Akteuren, zu wirklichen Leviathanen, wird also durch die Einbeziehung von weiteren Materialien über die interagierenden Körper hinaus möglich und verständlich. Die Netze auf soziale Beziehungen im herkömmlichen Sinne zu reduzieren, macht die Entstehung von Makro-Akteuren letztlich unverständlich.

„Die Ethnomentodologen vergessen, den Sachverhalt in ihre Analyse zu integrieren, dass kontextuelle Mehrdeutigkeit in menschlichen Gesellschaften teilweise reduziert wird durch ganze Arsenale von Werkzeugen, Bestimmungen, Wänden und anderen, nur ansatzweise analysierten Objekten. Wir müssen nun hinzufügen, was ihre Analyse ausgelassen hat, und mit denselben Methoden die Strategien untersuchen, die Körper, Materialien, Techniken, Gefühle, Gesetze und Organisationen einbinden. Statt den Untersuchungsgegenstand in Dichotomien von sozial oder technisch, menschlich oder tierisch, mikro oder makro zu teilen, behalten wir für unsere Analyse nur Gradienten der Widerstandsfähigkeit und betrachten lediglich die Variationen relativer Solidität und Dauerhaftigkeit von verschiedenen Materialien."[526]

Netze wachsen, indem sie Materialien einbinden, bestimmte Beziehungen in andere Materialien übersetzen, die eine größere Haltbarkeit und Reichweite haben. Sie werden von der unmittelbaren Interaktion zwischen Körpern getrennt und können so den Eindruck erwecken, es mit Makro-Akteuren zu tun zu haben. Und da der Realitätsgehalt von Netzen mit ihrer Einbindungsfähigkeit wächst, muss man aus Sicht der ANT in der Tat von Makro-Akteuren ausgehen. Dabei sind zwei Beobachtungen der ANT interessant. Zum einen können Netze nur durch Vereinfachungen wachsen, so dass man davon ausgehen muss, dass Makro-Akteure häufig sehr viel einfacher strukturiert sind als Mikro-Akteure, da hier die Kaskade der Vereinfachungen viel weiter fortgeschritten ist.[527] Zum anderen rechtfertigt nach dem Verständnis der ANT nichts die Annahme Mikro-Akteure oder ihre Interaktionen seien irgenwie realer als Makro-Akteure, denn Realität bemisst sich nach ihrer Vorstellung gerade nach der Einbindungskraft, also nach dem Widerstand, den sie Dissidenzen entgegensetzen können. Geht man von dieser Perspektive aus, spricht viel für eine große Realität der Makro-Akteure. Aus diesen Beobachtungen stammt dann auch die Vorstellung von Technik als einem „Härter der Gesellschaft"[528]. Die relative Einfachheit und Realität der Makro-Akteure resultiert aber nicht aus einem Ebenenunterschied und sie ist reversibel, wenn auch nur unter Aufbietung erheblicher Ressourcen. Wie sollte

---

[526] Vgl. Callon & Latour 2006, S. 83.
[527] Ebd., S. 98.
[528] Vgl. Latour 2006e.

also eine Soziologie vorgehen, die diese Momente der Konstruktion von Gesellschaft ernst nehmen will?

Zunächst einmal muss man den Ebenenunterschied zwischen Mikro und Makro restlos beseitigen. Es geht hier nicht um unterschiedliche Sphären oder distinkte Realitätsbereiche, sondern man bewegt sich in einem Kontinuum unterschiedlich weitreichender und stabiler Netzwerke. Sowohl die lokale Interaktion als auch der globale Kontext sind Abstraktionen, die nur verdecken, wie die Konstruktion einer Gesellschaft aus sich überlagernden Netzwerken vonstatten geht. Die meisten Bestandteile einer Interaktion werden nicht vor Ort innerhalb der Interaktion erzeugt, sondern sind auf die eine oder andere Art und Weise schon vorher da.

> „So, it is perfectly true to say that any given interaction seems to overflow with elements which are already in the situation coming from some other time, some other place, and generated by some other agency. This powerful intuition is as old as the social sciences. As I have said earlier, action is always dislocated, articulated, delegated, translated. Thus, if any observer is faithful to the direction suggested by this overflow, she will be led away from any given interaction to some other places, other times, and other agencies that appear to have molded them into shape."[529]

Aber Kontext ist kein wirklicher Ort, um sich dieser anderen Zeiten, Orte und Handlungsträger zu versichern. Er ist zu abstrakt und bleibt auch zu sehr im Hintergrund.[530] Die Soziologie wird dadurch Opfer einer ewigen Pendelbewegung, die man als „actor/system quandary"oder Mikro/Makro-Debatte kennt.[531] Latours Vorschlag ist es nun, dieses Grundproblem der Soziologie nicht als Quelle zu benutzen, sondern als ein Thema, das zu untersuchen und für das eine Lösung zu finden ist, wenn man beschreibt wie es zustande kommt. Der grundlegende Ansatz ist eben nicht von jenen zwei Seiten auszugehen, lokale Interaktion und globaler Kontext, sondern das Soziale flach zu halten, um keine Ebenenunterschiede in die soziale Landkarte hinein zu projizieren.[532] Nur dann ist es möglich, die Produktion von Räumen, Größen und Skalierungen nachzuvollziehen. Es sind drei Bewegungen, die Latour vorschlägt, um diesen Weg für die Soziologie zu öffnen:

> „we will first relocate the global so as to break down the automatism that leads from interaction to 'Context'; we will then redistribute the local so as to understand why interaction is such an abstraction; and finally, we will connect the sites revealed by

---

[529] Vgl. Latour 2005, S.166.
[530] Ebd., S. 168.
[531] Ebd., S. 169.
[532] Ebd., S. 165ff.

the two former moves, highlighting the various vehicles that make up the definition of the social understood as association."[533]

Diesen drei Bewegungen zu folgen, könnte sehr nützlich sein um zu erkennen, welchen Platz Gedächtnis in der ANT einnehmen kann, wenn es nicht auf der Seite des Kontextes oder direkt als Moment der Interaktion selbst verstanden werden soll.

Die erste Bewegung ist die (Zer-)Störung der Vorstellung vom globalen Kontext. Der Kontext muss aufgelöst werden in all jene Verbindungen, die eine lokale Interaktion tatsächlich mit jenen Orten, Zeiten und Handlungsträgern verbinden, durch die an der lokalen Stelle Handlungen durchgeführt werden. Diese Verbindungen müssen hergestellt werden, es stellt sich eine Konstruktionsaufgabe, die vom Beobachter nachvollzogen und beschrieben werden kann. Die ANT stellt für jede Struktur, die in einer Interaktion ausgespielt wird die Frage, an welcher Stelle diese Struktur denn produziert wird. Die Möglichkeit von Ebenensprüngen wird dadurch hinfällig. Stattdessen muss man die „vollen Kosten"[534] für die Überbrückung von Distanzen tragen. Man muss sich mit den Möglichkeiten des Transports von einer Stelle zur anderen beschäftigen, ebenso wie mit den Transformationen die dadurch notwendig werden. Eine Struktur, die aus dem Hintergrund oder von einer anderen Ebene aus wirkt, wird ersetzt durch die Verfolgung der Verbindungen zwischen den verschiedenen Orten, die diesen Effekt erzeugen. Alle Ereignisse sind lokal, sie können nur Bedeutung für andere Orte oder andere Ereignisse erlangen, wenn sie zu diesen Orten und Ereignissen transportiert werden. Sie müssen von einem Ort zum anderen bewegt werden und die tatsächliche Fragestellung ist, wie das geschieht. Deshalb ist ein Akteur-Netzwerk immer die Beobachtung von zwei Dingen, von einem Akteur, als einem kleinen Bereich, bei dem verteilte Leistungen zusammenlaufen und von einem Netzwerk, das die Wege und Transportmittel beschreibt, die es möglich machen, all diese Informationen und Handlungsbeiträge am entsprechenden Ort zu versammeln. So fasst auch Latour die beiden Komponenten zusammen, wenn er die zwei Teile einer ANT-Beschreibung zusammenfasst:

„The first part (the actor) reveals the narrow space in which all of the grandiose ingredients of the world begin to be hatched; the second part (the network) may explain through which vehicles, which traces, which trails, which types of information, the world is being brought inside those places and then after having been transformed there, are being pumped back out of its narrow walls."[535]

---

[533] Vgl. Latour 2005, S. 172.
[534] Ebd., S. 176.
[535] Ebd., S. 179f.

Führt man diese Bewegung gewissenhaft aus, verschwindet in der Tat jede Form eines globalen Kontextes und man sieht nur noch die einzelnen Orte und die Transportmittel, die sich zwischen ihnen bewegen. Dennoch kann man in diesen Netzwerken herausgehobene Positionen ausmachen, die man als gut-verbunden bezeichnen könnte. Jene Stellen eben, an denen eine große Menge an Informationen zusammenlaufen, an denen viele Transportmittel zusammentreffen, die man mit Latour einmal „centers of calculations"[536] nennen könnte oder im Anschluss an eine neuere Publikation auch „oligopticon"[537]. Diese Oligoptica sind spezialisiert auf ganz bestimmte Bereiche und keine Panoptica, die alles zu sehen erlauben, sie sehen aber in ihrem Bereich sehr gut, da bei ihnen viele Verbindungen zusammenlaufen. Gängige Beispiele für Oligoptica sind der Börsenhandelsraum der Wallstreet, eine militärische Kommandozentrale oder ein wissenschaftliches Labor. Bei der Verfolgung der Verbindungen zwischen den verschiedenen Orten ist aber noch eine andere Art von Ort besonders zu beachten. Während die Oligoptica eher als Spezialisten bezeichnet werden können, sind Panoramen eher mit Generalisten zu vergleichen.[538] Mit dem Panoramabegriff nimmt die ANT zur Kenntnis, dass Akteure ständig den Kontext bemühen, um bestimmte Handlungen zu rechtfertigen. Sie rahmen die Situation, ganz im Sinne Goffmans[539], aber die ANT regt an, sich weniger auf den Rahmen als Repräsentanz eines Kontextes zu konzentrieren, sondern die Rahmungsaktivität selbst zu betrachten und wie dabei ein Panorama produziert wird, dass so ebenfalls lokalisiert werden kann. Panoramen evozieren einen „zoom effect", der beansprucht alles zu sehen, sind dabei aber dennoch nur ein Bild dieser Gesamtsicht, eine Zusammenfassung ohne Versammlung. Panoramen geben ein Gefühl der absoluten Kontrolle über eine Gesamtheit von Zusammenhängen, doch sind sie immer nur die kohärente Darstellung eines Gesamtzusammenhanges und nur über die Darstellung üben sie Kontrolle aus.[540] Denn auch Panoramen sind nur lokal, lokale Konstruktionen eines totalisierenden Blicks. Man sollte sie eher als Konstruktionsvorschläge für das Kollektiv lesen, denn als treffende Beschreibungen. Ihre prophetischen Möglichkeiten sind zu berücksichtigen, aber man darf nicht vergessen, dass es immer noch der Konstruktion bedarf, der Übersetzungen und der Einbindung, um ihnen Realität zu verleihen. Berechnungszentren, Oligoptica und Panoramen können beschreiben helfen, dass auch Größe und Reichweite an bestimmten Orten erzeugt wird und man immer mit den typischen ANT-Fragen anschließen kann:

---

[536] Vgl. Latour 1987. Allerdings möchte Latour diesen Begriff heute für tatsächlich kalkulierende Akteure verwendet wissen. Für die Ansicht das auch Kalkulation als verteilte Leistung betrachtet werden muss vgl. Callon & Muniesa 2003.
[537] Vgl. Latour 2005, S. 181.
[538] Ebd., S. 187.
[539] Vgl. Goffman 1980.
[540] Vgl. Latour 2005, S. 188.

„'In which building? In which bureau? Through which corridor accessible? Which colleagues has it been read to? How has it been compiled?'"[541]
„'In which room? In which panorama? Through which medium? With which stage manager? How much?'" [542]

Nachdem man nun jeden Sprung in den Kontext vermieden und alle Aktivitäten an bestimmten Orten lokalisiert hat, steht man vor einer zweiten Bewegung, der Neuverteilung des Lokalen.[543] Denn das Lokale existiert ebenso wenig wie der globale Kontext. Auch das Lokale ist eine Konstruktion. Um dies zu verstehen, muss man sich die emsige Rede von der Verteiltheit des Handelns vor Augen führen, die als elementarer Grundsatz der ANT zu gelten hat. Wie kann Handeln an einem lokalen Ort produziert werden, wenn es gleichzeitig Resultat eines relationierenden Prozesses ist? Diese Bewegung ist der symmetrische Kontrapunkt zur Auflösung des Globalen, denn erst wenn es weder eine lokale Interaktion noch einen globalen Kontext gibt, kann der Fokus der Soziologie neu ausgerichtet werden auf die „connectors"[544], die Vermittlungsinstanzen und Transportmittel der zirkulierenden Referenzen. Ein wichtiger Punkt, um das Lokale ebenso aufzulösen wie das Globale, ist zu zeigen, dass die Face-to-Face-Interaktion, trotz all ihrer scheinbaren Konkretheit, kein geeigneter Ausgangspunkt für die soziologische Analyse sein kann. Sie kann ihr nicht den Ort bieten, der die Lokalität repräsentiert. Es sind fünf Ansatzpunkte mit denen Latour zeigen will, dass Interaktionen, die in sie gesetzten Erwartungen nicht erfüllen können. (1) Interaktionen sind nicht isotopisch, sie kommen nur durch die Mitwirkung vieler anderer Orte, entfernter Materialien und Akteure zustande.[545] (2) Interaktionen sind nicht synchron, die Leistungen, die zu ihnen beitragen, können zeitlich ebenso von ihnen entfernt sein, wie sie an anderen Orten erbracht worden sind.[546] (3) Interaktionen sind nicht synoptisch, weil nur wenige Beteiligte an einem gegebenen Handlungsverlauf tatsächlich die ganze Zeit präsent oder sichtbar sind.[547] (4) Interaktionen sind nicht homogen, weil die Übersetzungsvorgänge ständige Materialwechsel implizieren.[548] (5) Schließlich sind Interaktionen auch nicht isobar, da sich unterschiedliche Akteure mit einer unterschiedlichen Stärke und Sichtbarkeit in den Vorgang einbringen.[549] Jede Interaktion wird

---

[541] Vgl. Latour 2005, S. 183.
[542] Ebd., S. 190.
[543] Ebd., S. 191ff.
[544] Ebd., S. 193.
[545] Ebd., S. 200.
[546] Ebd.
[547] Ebd., S. 201.
[548] Ebd.
[549] Ebd., S. 201f.

bei genauerer Betrachtung zu einem Akteur-Netzwerk und Struktur und Interaktion werden zu prä-relativistischen Begriffen, die sich nur auf bestimmte Situationen anwenden lassen.[550] Zwei Mechanismen sind für die Konstruktion von Lokalitäten kennzeichnend. Zum einen gibt es „localizers" und „articulators"[551], genau jene Transportmittel, die es möglich machen, andere Orte am Ort der Untersuchung zu versammeln. Es sind Handlungsträger, die es einem Ort ermöglichen, einen bestimmten Handlungsverlauf zu erlauben, der bei einer anderen Konstruktion des Ortes nicht möglich wäre. Artikulatoren und Lokalisierer konstruieren den Rahmen, den es braucht, um eine bestimmte Form von Interaktion durchzuführen. Sie bestimmen nicht den Verlauf der Interaktion, wohl aber, ob sie überhaupt in einer bestimmten Form stattfinden kann. Zum anderen gibt es „plug-ins"[552], aus denen sich individuelle Akteure zusammensetzen. Durch solche Plug-ins individualisiert sich eine Person, weil sie aus verschiedenen solcher zugreifbaren Virtualitäten aufgebaut ist. Kompetenzen, Wünsche usw. sind der Form nach Dinge die man sich als Einzelpakete „heruntergeladen" hat. Sie müssen langsam und verbunden mit bestimmten Übersetzungsarbeiten aufgebaut werden. Diese Plug-ins sind wiederum nichts anderes als zirkulierende Referenzen und man muss sich dieses Equipments bemächtigen, es sozusagen abonnieren, um als kompetenter Akteur in einem bestimmten Setting fungieren zu können. Alles was man dem Innenleben eines Akteurs zurechnen kann, kommt ursprünglich von außen und muss durch Transformationen und Übersetzungsprozesse in das Innenleben eingeschrieben werden. Damit ist aber keine Determination durch das Außen im strengen Sinne gemeint, vielmehr eine Aneignung von Möglichkeiten.

„Ins and outs, like ups and downs, are results not causes.The sociologist's job is not to fix their limits in advance."[553]

Dies heißt Grenzen ernst zu nehmen, aber nicht als Ausgangspunkt der Analyse zu verwenden, sondern nachzuzeichnen wie und in welcher Weise sie produziert werden. Hier kommen wir wieder zur These des Realitätsgewinns durch Verbundenheit. Je mehr Verbindungen eine Identität, ob Akteur oder Ereignis unterhält, desto stärker ist ihre Realität, desto mehr kann man sagen „sie existiere".

---

[550] Vgl. Latour 2005, S. 202. "..., a 'structure' is simply an actor-network on which there is scant information or whose participants are so quiet that no new information is required. An 'interaction' is a site so nicely framed by localizers behaving as intermediaries that it can be viewed, without too much trouble, as 'taking place locally'."
[551] Ebd., S. 193ff.
[552] Ebd., S. 204ff. Von Latour auch wahlweise als "subjectifiers", "personalizers" oder "individualisers" bezeichnet.
[553] Ebd., S. 215.

Die Verbundenheit kommt vor der Erkennbarkeit von Akteuren oder Handlungen: „attachments are first, actors are second."[554]

Damit kommen wir zur letzten Bewegung, die sich nun auf die konstruktive Funktion der Soziologie bezieht und weniger mit der Auflösung alten Ballastes beschäftigt ist. Wenn die Verbundenheit als erstes kommt, ist die wichtigste Aufgabe der Soziologie, nach den Verbindungen zu suchen, die relevante Örtlichkeiten und Ereignisse miteinander verknüpfen. Drei Fragen sind deshalb für die neue Soziologie zentral:

> „The first is to detect the type of connectors that make possible the transportation of agencies over great distance and to understand why they are so efficient at formatting the social. The second is to ask what is the nature of the agencies thus transported and to give a more precise meaning to the notion of mediator that I have been using. Finally, if this argument about connections and connectors is right, it should be possible to come to grips with a logical consequence that readers must have already puzzled about: What lies in between these connections?"[555]

Die Soziologie sollte sich nach Latour darauf konzentrieren, was denn nun da zwischen den Orten und Zeiten zum Zirkulieren gebracht werden kann und die Verbindung herstellt und erhält. Hier kommen wieder die unveränderlichen Mobilen zum Einsatz. Etwas wird in eine Form gebracht, die eine Zirkulation, eine Bewegung, die Seiten verbindet, ermöglicht. Die paradigmatischen Formen der Verbindung entstammen der Metrologie, den Standards der Vermessung, die irgendwo entwickelt und bewahrt werden, die es aber ermöglichen, eine unzählbare Menge von Aktivitäten zu ordnen. Es wird nun deutlich, was wir in Latours Kritik der Moderne weiter oben schon angedeutet hatten. Es ist ebenso wichtig den Übersetzungen zu folgen, die mehr und mehr Entitäten erschaffen, wie den Reinigungsbemühungen, die die Zahl der beteiligten Entitäten in einem kontrollierbaren Rahmen halten. Der einzige Weg führt deshalb über das Sammeln von Beschreibungen („collecting statements")[556], in denen genau das passiert. Mit dem Sammeln von Beschreibungen lässt sich erst das Kollektiv versammeln. Die Beschreibungen sind zugleich formatierend und eine Vorgabe, wie etwas formatiert sein sollte, im Sinne von Standards, die in der Kommunikation zum Zirkulieren gebracht werden. Es existiert eine immense Bandbreite an Zirkulationsarten und beteiligten Mediatoren und man muss ihren Bewegungen und den Transformationen folgen, wenn man sehen will, wie die pluralen, die polykontexturalen Sozialitäten entstehen. Es gibt einen rechtlichen Weg Entitäten zu verbinden,

---

[554] Vgl. Latour 2005, S. 217.
[555] Ebd., S. 221.
[556] Ebd., S. 231.

einen wissenschaftlichen, einen ökonomischen, einen politischen und viele andere Wege mehr, die sich nicht durch die betroffenen Entitäten unterscheiden,
sondern durch die besondere Art der Verbindung, durch die Mediatoren, die in
ihnen zirkulieren.[557] Nur indem man den Aussagen folgt und sie sammelt, kann
man diese Zirkulationswege entziffern und doch fehlt immer etwas. Wenn nur
das Formatierte, also das mit einer Inskription versehene zirkulieren und verfolgt
werden kann und mit der Formatierung immer auch Vorgänge und Praktiken der
Reinigung verbunden sind, dann bedingt die Konstruktion des Sozialen, der
Akteur-Netzwerke eine Masse des Unformatierten, der unsichtbaren Rücklagen
auf die Formatierungen zugreifen. Es gibt einen unsichtbaren Hintergrund, der
aber nicht das Soziale ist, sondern das was die Konstruktion ermöglicht. Diese
„unsichtbaren Massen"[558] stehen für die Kontingenz aller Konstruktionen, für die
Diskontinuität, die immer wieder die Kontinuitäten des Zirkulierens stört, aber
gleichzeitig die Basis dieser Formatierungsarbeit darstellt.

    Die ANT zeigt sich als kontingenzbewusste Theorie, die Fragilität und Sta-
bilität sozialer Erscheinungen gleichberechtigt nebeneinander stellt und die Herstellung von zirkulationsfähigen Formen in den Vordergrund der Analyse rückt.
Das Sammeln von Äußerungen, das Verfolgen von Kommunikation dient als
Methode um aufzudecken, wie und was formatiert wird, um bestimmte Handlungen zu vollbringen, bestimmte Akteure entstehen zu lassen und Netzwerke zu
konstruieren. Der Begriff der Formatierung gestattet reibungslose Anschlüsse an
die Medium/Form-Unterscheidung der Systemtheorie, wobei die Betonung der
Verwendung unterschiedlichster Materialien zur Formatierung einen entscheidenden Unterschied zur Systemtheorie aufzeigt. Auch noch die Konstruktionspläne für die Vorgabe des Formats, lassen sich der Kommunikation entnehmen.
Zirkulationsfähige Formate sind jedoch der interessanteste Teil der ANT für eine
soziologische Theorie des Gedächtnisses. Man kann beobachten, wie Zugriffe
auf andere Orte und Zeiten durch die Herstellung zirkulationsfähiger Formate
sichergestellt werden, deren Sichtbarkeit sich nach ihrer Einbindungskraft richtet. Die Formatierung ist jedoch eine Methode des Vergessens, die besonders
wichtig für die Zirkulationsfähigkeit zu sein scheint. Praktiken der Reinigung,
der Standardisierung und Messung erhöhen die Zirkulationsfähigkeit ungemein,
genauso wie das Einschließen weit verteilter Leistungsträger in Blackboxes. Die
unveränderlichen Mobilen und die Mediatoren sind grundlegende Elemente einer
Gedächtnistheorie, denn ihre Formatierung erlaubt das Erinnern der Inskriptionen, während sie gleichzeitig durch das Vergessen der Einschreibungsvorgänge
und -herkünfte deren enorme Mobilität gewährleisten. Es sind eben diese zirkulationsfähigen Elemente, die Inskriptionen transportabel machen, die dafür sor-

---

[557] Vgl. Latour 2005, S. 239.
[558] Vgl. Latour 1992.

gen, dass jene Verbindungen entstehen, die über die jeweils aktuelle Lokalität hinausreichen. Daher wird die Mikro/Makro-Unterscheidung für die ANT belanglos. Man muss diese Ebenen nicht scharf unterscheiden, sondern man muss sich für diejenigen Konstrukte interessieren, die Verbindungen vieler lokaler Netze in weiter reichenden Netzen möglich machen. Für eine abschließende Bewertung des Beitrags der ANT zur soziologischen Gedächtnistheorie, ist es angebracht noch ein paar Worte zu ihrer konstruktiv-politischen Dimension zu verlieren und zur Rolle von Gedächtnis in Akteur-Netzwerken gegenüber gedächtnisspezifischen Akteur-Netzwerken.

Dinge und politische Ökologie

Ein zweites großes Anliegen der ANT ist es, neue Impulse für die Konstruktion eines politischen Kollektivs zu geben, in denen auch die nicht-menschlichen Aktanten einen Platz finden. Dazu bemüht Latour den Dingbegriff, der streng vom Objektbegriff zu unterscheiden ist. Dinge sind nach seiner Definition Angelegenheiten, die es zu entscheiden gilt, die kontrovers sind und deshalb in Verhandlungen geregelt werden müssen. Dinge sind in diesem Sinne keine Tatsachen (matters of fact), sondern eben Streitfragen (matters of concern) zu denen man sich versammelt.[559] Dinge sind genau die Orte, an denen Versammlungen zusammengezogen werden, um Streitfragen zu lösen. Befolgt man den Vorschlag der ANT sich vor allem aus Kontroversen zu bedienen, um die Konstruktion von Akteur-Netzen zu beobachten, muss man diese Kontroversen zumindest verfolgen. Auf keinen Fall kann man sie durch theoretische Annahmen vorentscheiden. Den Dingbegriff kann man also als Punkt verwenden, von dem aus man sowohl wissenschaftliche Analysen starten kann als auch politische Prozesse in Gang setzen. Entscheidender Vorschlag der ANT ist Politik als genuin ökologisch zu verstehen.[560] Angelegenheiten im Sinne von Dingen kann man nur regeln, wenn man auch wirklich alle Betroffenen zur Angelegenheit versammeln kann. Deshalb kann man nicht vorschnell nur menschliche Akteure in die Verhandlungen einbeziehen. Nimmt man die Perspektive der ANT ernst, ist das Kollektiv immer breiter aufgestellt und man kann es erst als "gut artikuliert"[561] bezeichnen, wenn es gelingt, auch betroffene nicht-menschliche Aktanten angemessen zu repräsentieren. Auch hier hat man es wieder mit Kommunikation und Einbindungskraft zu tun. So bezeichnet Latour diejenigen, die für die Versammlung in Frage kommen, auch nicht mehr als Bürger, sondern als Propositionen.

---

[559] Vgl. Latour 2005b, S. 29ff.
[560] Vgl. Latour 2001.
[561] Ebd., S. 116ff.

„Wir brauchen einen neuen Ausdruck, der nicht nach Ancien Régime riecht und mit dem wir in einem die Sprachverlegenheiten, die Ungewißheiten über Handlungsträgerschaft sowie die variablen Realitätsgrade zusammenfassen können, die von nun an das Zivilleben definieren. Wir haben hierfür das Wort Propositionen gewählt; wir werden demenstprechend sagen, daß ein Fluß, eine Elefantenherde, ein Klima, El Nino, ein Bürgermeister, eine Kommune, ein Park dem Kollektiv Propositionen unterbreiten (oder Vorschläge machen)."[562]

Diese Propositionen wollen im Kollektiv versammelt werden, um sich zu artikulieren. Dabei werden einige Stimmen mit mehr Einbindungskraft sprechen als andere, sie können sich mit mehr Propositionen assoziieren und gewinnen so einen größeren Realitätsgehalt. Dies ist der Sachverhalt der Artikulation, des Verbindens der Propositionen zu immer längeren Listen, die für das Kollektiv sprechen. Auch bei der Konstruktion von Netzwerken sind die betroffenen Propositionen zu berücksichtigen, denn je besser ein Kollektiv artikuliert ist, desto größer ist nicht nur sein Realitätsgehalt, sondern desto größer sind seine Freiheitsgrade. Auch Latours politische Ökologie beruft sich auf die zwei Schritte, die wir nun schon in verschiedenen Varianten kennengelernt haben, auf die Einbindung und auf die Anordnung. Er unterscheidet eine einbindende Gewalt, die auf den Verfahren der Perplexität und der Konsultation beruht, die die Betroffenen Propositionen identifizieren und versammeln soll, und eine ordnende Gewalt, die auf den Verfahren der Hierarchie und der Institution beruht und letztlich zu einem Verhandlungsergebnis kommen, die versammelten Propositionen in eine Reihenfolge bringen und im Zweifel auch bestimmte Propositionen aus dem Kollektiv ausschließen soll.[563] Dies hat insofern eine Bedeutung für das Gedächtnis weil damit genau genommen ein sehr explizites und aufwendiges Verfahren zur Kohärenzprüfung vorgestellt wird. Es beinhaltet die dafür zentralen Fragen des Verbindens (Einbeziehens) und des Trennens (Auschließens) ebenso wie den Gesichtspunkt der Ordnung in die ein Netzwerk gebracht werden muss. Man könte formulieren, dass Latour ein abgestuftes Verfahren vorstellt, dass sowohl die Kohärenz der Grenze als auch die Kohärenz der Ordnung prüft. Die politische Ökologie scheint sich kaum von der Ingenieurskunst oder der Gestaltung wissenschaftlicher Experimente zu unterscheiden und tatsächlich kann man Latours politische Ökologie als der Wissenschaft abgeschaut bezeichnen.

---

[562] Vgl. Latour 2001, S. 117.
[563] Ebd., S. 229f.

Gedächtnis der Akteur-Netzwerke und Akteur-Netzwerke des Gedächtnisses

Auch in diesem letzten Rahmen ist schnell deutlich geworden, dass man es mit einer Theorie zu tun hat, die Kontroversen über Streitfragen bis ins Letzte ausnutzen möchte, um zu klären, wie weit die Einbindungsfähigkeit bestimmter Kollektive reicht. Zwei Fragestellungen werden immer wieder quasi symmetrisch aufgegriffen: Die Frage der Einbindungsfähigkeit oder woraus setzt sich ein Kollektiv zusammen? Und die Frage Abgrenzung oder was gehört nicht dazu? Zentral bleibt die Einsicht, dass man beide Fragen in der Analyse, die ja auch nur eine spezifische Art von Konstruktion ist, nicht vor Beginn des Prozesses beantworten sollte, sondern alle Propositionen zu Wort kommen lassen sollte, um ein gut artikuliertes Kollektiv, ein stabiles Akteur-Netzwerk zu schaffen. Eine soziologische Theorie des Gedächtnisses, die systemtheoretische Vorgaben ernst nimmt, sich also an kommunikativen Prozessen maßgeblich orientiert und insbesondere Verfahren der Kohärenzprüfung für gedächtnisrelevant hält, kann von der ANT vor allem lernen, was es bedeutet, die fremdreferentielle Komponente der Kommunikation ernster zu nehmen. Dies kann nur gelingen, wenn man anders als Luhmann auch nicht-menschliche Propositionen in der Kommunikation ernst nimmt und sich genau damit befasst, wie sich die Leistungen verteilen, die an möglichen Kohärenzprüfungen beteiligt sind. Diese Fragen stehen innerhalb der Systemtheorie auf etwas verlorenem Posten, was wir auf die stiefmütterliche Behandlung der kommunikativen Fremdreferenz bezogen hatten. Mit der ANT können wir diese Fragen in die Analyse von Gedächtnisprozessen einbeziehen und dabei zwei interessante Anschlussfragen produzieren. Zum einen kann man den Beitrag von Gedächtnisleistungen zur Konstruktion von Akteur-Netzwerken aller Art diskutieren. Wer übernimmt Stabilisierungsfunktionen? Was fördert oder behindert die Zirkulation? Oder wie werden Inskriptionen dauerhaft? Zum anderen kann man versuchen, Akteur-Netzwerke zu bestimmen, die sich speziell mit Gedächtnisprozessen befassen, die Gedächtnis als eine verteilte Leistung erbringen. Wie organisiert sich ein Archiv? Wie kommt es zur kumulativen Wissensproduktion in der Wissenschaft? Oder wie macht man verteiltes Wissen zugänglich?

Wendet man sich der ersten Frage zu, findet man in der ANT häufig die Antwort „Technik". Besonders prominent ausgedrückt im Slogan „Technik ist stabilisierte Gesellschaft"[564]. Dies hat viel Kritik auf sich gezogen, weil es scheinbar nicht den eigenen Symmetrie-Grundsätzen der ANT gehorcht.[565] Wenn die Hybriden in der Moderne außer Kontrolle geraten, wie können sie dann eine Härtung, eine Stabilisierung der Gesellschaft erreichen? Die Antwort

---

[564] Vgl. Latour 2006e.
[565] Vgl. Schimank 2000, S. 160.

der ANT könnte schlicht lauten, dass Technik immer schon ein funktionierendes Netzwerk, vielleicht sogar eine funktionierende Blackbox impliziert. Hier wiederum nah an Luhmanns Definition von Technik als „funktionierender Simplifikation"[566] gebaut. Technik übernimmt eine stabilisierende Funktion, weil man sie leicht in Blackboxes verpacken kann, da die verteilten Leistungen gut verbunden sind und sich nur sehr selten eigenständig artikulieren. Verkürzt ist häufig die reine Rückführung auf materielle Eigenschaften bestimmter Aktanten. Wichtig ist vielmehr zu zeigen, wie eine bestimmte Vereinfachung für längere Listen der Verbundenheit sorgen kann. Allerdings sind auch die Gedächtnisleistungen in Akteur-Netzwerken verteilt, denn außer in einer Blackbox (und auch diese kann ja mit spezifischen Mitteln immer geöffnet werden), werden Beiträge als auf verschiedene Aktanten verteilt begriffen und, was noch wichtiger ist, auch beschrieben. Aber sicherlich würde die ANT technischen Artefakten, gut artikulierten Hybriden einen großen Anteil an den Stabilisierungs- und Gedächtnisleistungen zubilligen. So hatten wir gesehen, dass Inskriptionen es ermöglichen, Skripte zeitlich und örtlich übertragbar zu gestalten, was ihre Erinnerungsfähigkeit beträchtlich erhöht. Andererseits konnten wir beim Blackboxing auch den Vorgang des Vergessens beobachten, der eine umfangreiche Reduktion von Komplexität ermöglicht und so zur möglichen Verlängerung der Handlungsketten beiträgt. Getrennt von den Leistungen müssen wir allerdings noch auf die Funktion achten, die Gedächtnis in Akteur-Netzwerken spielt. Stabilisierung ist der gängigste Funktionsbegriff in der ANT. Aber worauf beruht diese Funktion? In der Systemtheorie hatten wir von Kohärenzprüfung gesprochen, die im Wesentlichen auf Schematisierung, Codierung und Programmierung beruht. Innerhalb der ANT kann Kohärenzprüfung sich eigentlich nur auf den Vorgang der Übersetzung beziehen. Die Aktanten leisten den Übersetzungsversuchen Widerstand, es muss eine Transformationsarbeit geleistet werden, um ihre Einbindung zu realisieren und Latour zieht explizite Parallelen zu Garfinkels Ethnomethodologie.[567] Kohärenzprüfung meint nun das Testen des Widerstands eines Aktanten gegen Übersetzungsversuche, ganz ähnlich dem kommunikativen Verfahren, in dem ja auch Reaktionen geprüft werden. Getragen wird diese Kohärenzprüfung von den in der politischen Ökologie beschriebenen Verfahren, die in der einen oder anderen Weise wiederum kommunikativ zu realisieren sind. Durch Verfahren der Perplexität werden Abweichungen und Neuheiten entdeckt, im Verfahren der Konsultation wird überprüft wer in welcher Weise betroffen ist, im Verfahren der Hierarchisierung wird eine Ordnung in die zugelassenen Propositionen gebracht, es werden Ketten der Verbindung gebildet und schließlich geht es in den Verfahren der Institutionalisierung darum zu zeigen, welche Verbindungen

---

[566] Vgl. Luhmann 1997, S. 524.
[567] Vgl. Latour 2005, S. 54, Fn. 54.

sich verfestigen lassen und welche Propositionen nicht in das Kollektiv gehören. Hier werden unterschiedliche Kohärenzen geprüft, die schließlich zur Etablierung eines Kollektivs führen, die ein Akteur-Netzwerk bilden. Ähnliches lässt sich über die Phasen der Übersetzung sagen, die auch Kohärenzprüfungen beinhalten. In dieser Hinsicht geht die ANT vor allem in ihrem Fokus auf die Einbindungsfähigkeit heterogener Elemente über die systemtheoretische Fassung des Gedächtnisses hinaus. Und gerade in diesem Fokus liegt ein kombinatorischer Gewinn. Denn die Einbindung heterogener Elemente ist gerade eine Dimension der gedächtnistypischen kommunikativen Vorgänge, denen die Systemtheorie durch die Trennungsperspektive keine Aufmerksamkeit schenken kann.

Eine zweite Perspektivanreicherung bietet die ANT durch die Möglichkeit, sich auf gedächtnisspezifische Akteur-Netzwerke zu konzentrieren. Sicher konnte man auch in der Systemtheorie Kommunikationsprozesse analysieren, die in direkter Weise mit Wissensbewahrung oder Wissenstransformation beschäftigt waren, aber die Perspektive der ANT macht es möglich, solche Kommunikationsprozesse vor dem Hintergrund der Einbindung heterogener Leistungsträger zu analysieren und so genauer kenntlich zu machen, welche Umweltleistungen aus der Sicht der Systemtheorie in solche Prozesse einzubinden und wie diese Einbindung auch kommunikativ letztlich bewerkstelligt wird. Ohne die Leistungsträger zu identifizieren, auf denen die kommunikative Kohärenzprüfung letztlich beruht, kann man keine überzeugende soziologische Theorie des Gedächtnisses aufbauen. Eine Kombinatorik aus Systemtheorie und ANT hat hier größere Aussichten, auch diesem Aspekt Rechnung zu tragen.

Allerdings bietet auch die ANT noch keinen hinreichenden Formalismus, um Einbindungsformen trennscharf bestimmen zu können. Einbindung bezieht sich auf die heterogensten Materialien und kann auf der Grundlage verschiedenartigster Formatierungsvorgänge realisiert werden. Auch sind Einbindung und Grenzziehung noch nicht in einer Weise aufeinander bezogen, dass es möglich wäre zu bestimmen, wie weit die Unabhängigkeit oder Abhängigkeit von Netzwerken letztlich geht. Hier kann die Theorie von Harrison C. White Anschlussstellen bieten, da sie Trennung und Verbindung symmetrisch zu betrachten erlaubt und durch eine starke formale Basis in der Netzwerkanalyse auch mit Vorarbeiten zu einem Kalkül ausgestattet ist, der es erlauben könnte, Trennung und Verbindung weniger radikal anzusetzen, sondern mit graduellen Verschiebungen zwischen Einbettung und Auskopplung zu arbeiten.

4.3 Öffnungen und Schließungen als Ergebnis von Relationierungen – Der Ansatz von Harrison C. White

Mit Harrison White treffen wir auf eine Theorie, die wieder stärker auf eine Abgrenzung zwischen dem sozialen Bereich und anderen Bereichen setzt. Was ihn gegenüber der Systemtheorie auszeichnet, sind die Möglichkeiten, die er bietet, Schließungen und Öffnungen mehr graduell als Netzwerkeigenschaften zu betrachten und nicht einfach aus Grundprämissen abzuleiten. Gegenüber der ANT kann man eine stärkere Konzentration auf die Formalisierung von Mechanismen erkennen, die eingesetzt werden, um bestimmte Netzwerkeigenschaften sichtbar zu machen. Die Theorie von White erlaubt es somit, trennschärfer zwischen Einbindungen und Abkopplungen zu unterscheiden und macht auf die Strukturen aufmerksam, die solche Einbindungen oder Abkopplungen stabilisieren.

Whites Theorie gewinnt erst in ihren jüngeren Ausprägungen eine höhere Anschlussfähigkeit an sinnorientiert (Luhmann) oder semiotisch (Latour) argumentierende soziologische Theorien. In seinen frühen Werken[568] stellt er vielmehr eine theoretische Position vor, die fest mit beiden Beinen in der sozialen Netzwerkanalyse steht und die man mit Emirbayer und Goodwin durchaus als „structuralist determinism"[569] bezeichnen kann. Eine solche Position zeichnet sich dadurch aus, dass sie auf statischen Repräsentationen sozialer Strukturen basiert, also die Prozessualität des Sozialen konsequent vernachlässigt und darüber hinaus auch eine „Reifikation"[570] sozialer Strukturen betreibt, denen ein deutlich stärkeres Gewicht bei der Erklärung eines sozialen Zusammenhangs zugewiesen wird als der kulturellen Dimension. Letztere stellt nur Abstraktionen, schlimmstenfalls Verschleierungen der tatsächlichen sozialen Netzwerke dar. Ein solcher strukturalistischer Determinismus kann eine starke methodische Fortentwicklung beschleunigen, wie sie die soziale Netzwerkanalyse seit den siebziger Jahren erlebt hat. Er verhindert jedoch ebenso die Anschlussfähigkeit dieser elaborierten Modelle an die soziologische Theoriebildung, mit deren Fragen hinsichtlich der Handlungsfähigkeit von Entitäten, der Prozessualität sozialer Beziehungen und des Einflusses von kulturellen und diskursiven Formationen sie sich nicht ausreichend beschäftigen kann. So bleibt eine solche streng netzwerkanalytische Theorie verkürzt, kann selbst wenig zur Klärung ihrer zentralen Begriffe Akteur und Beziehung beitragen und findet sich auch nicht in der Lage, andere Begriffe ihrer methodischen Arbeit wie Zentralität oder Dichte in einer

---

[568] Vor allem in den Blockmodel-Analysen, vgl. White, Boorman & Breiger 1976 und Boorman & White 1976.
[569] Vgl. Emirbayer & Goodwin 1993, S. 1427f.
[570] Ebd.

für die soziologische Theorie anschlussfähigen Weise zu konzeptualisieren. Vor allem die Definition von Grenzen für Netzwerkpopulationen bleibt arbiträr und widerspricht den grundlegenden Intuitionen, die mit dem Begriff des Netzwerks verbunden sind. Es ist daher wenig verwunderlich, dass die soziale Netzwerkanalyse eine zwar bedeutende aber stark spezialisierte Methode innerhalb der Soziologie geblieben ist, die kaum Verbindungen zur Hauptströmung der soziologischen Forschung aufgenommen hat.[571]

In den neueren Arbeiten und vor allem seit der Publikation seines bisherigen theoretischen Hauptwerks „Identity and Control" im Jahre 1992 bemüht sich White jedoch darum aufzuzeigen, dass eine netzwerkanalytisch orientierte soziologische Theorie die Prozessualität sozialer Formationen ebenso wenig ignorieren kann, wie den Einfluss der kulturellen Dimension, den White vor allem in der Sprache verortet. Dies muss aber nicht dazu führen, dass man die Einsichten der netzwerkanalytischen Position über Bord werfen müsste. Vielmehr geht es White darum zu zeigen, wie sehr die Hauptströmung der Soziologie von ihrer Zur-Kenntnisnahme profitieren könnte.[572] Es wird von einer „new cultural theory of networks"[573] gesprochen, von einer „phänomenologischen Netzwerktheorie"[574] oder einem „structuralist constructionism"[575].

Mit Reza Azarian kann man jedoch mehrere Kontinuitätspfade im Werk von White identifizieren.[576] Zunächst hat White seine grundlegende akademische Bildung in den Naturwissenschaften genossen und immer wieder begegnen uns auch in seinem soziologischen Werk naturwissenschaftliche Analogien. Gelegentlich orientiert er sich sogar an bestehenden naturwissenschaftlichen Modellen. So vergleicht er die komplexen Netzwerke sozialer Beziehungen in einem frühen Aufsatz[577] mit der Theorie elektronischer Schaltungen und ihrer mathematischen Modellierung. An anderer Stelle bezieht er sich auf die Knotentheorie und ihrer möglichen Anwendung auf die Modellierung sozialen Handelns.[578] Insbesondere übernimmt er eine, wie Azarian es formuliert, wissenschaftliche Grundhaltung ein, die er aus den Naturwissenschaften entnimmt:

---

[571] Vgl. für eine ähnliche Einschätzung Knox, Savage & Harvey 2005.

[572] Daher erklärt sich wohl auch die Enttäuschung Whites über die Rezeption von "Identity and Control", die er 2001 in einem Interview mit Alair MacLean und Andy Olds zum Ausdruck bringt. Er sucht durchaus den Anschluss an die soziologische Theorie, jedoch mit eigenen Vorschlägen, die sich weniger an bisherigen Theorien und mehr an seinen netzwerkanalytischen Vorarbeiten orientieren.

[573] Vgl. Knox, Savage & Harvey 2005, S. 11.

[574] Vgl. Fuhse 2006, S. 254.

[575] Vgl. Emirbayer & Goodwin 1993, S. 1431ff.

[576] Vgl. Azarian 2000 und 2005.

[577] Vgl. Lorrain & White 1971, S. 53.

[578] Vgl. White 1997, S. 62f.

> „Rather than dealing with abstract theoretical issues his work is, in other words, characterized by an analytical focus on concrete, tangible and empirically accessible social phenomena, aimed at providing detailed and exact accounts of these, joined with a true scientific humbleness which finds expression in his openness, sensitivity, and adjustment to empirical findings rather than paying a lip service to them only."[579]

Dabei verliert er jedoch nie die Bedeutung der Generalisierungsfähigkeit von Modellen und Mechanismen aus den Augen. Die aus den empirischen Untersuchungen zu entwickelnden Modelle müssen eine gewisse De-Kontextualisierbarkeit aufweisen.[580] Ein weiterer Zug der Theorie besteht in ihrer Bewegung zur Mitte, zu „middle-range theories" im Sinne von Merton.[581] Dabei geht es ihm, wie wir noch sehen werden, nicht um einen neuen Vorschlag der Verknüpfung von Mikro und Makro, sondern um eine gleichberechtigte Ablehnung individualistischer wie holistischer Ansätze und ihrer unhintergehbaren Vorkonstruktionen. Schließlich bleibt für White der Ansatz einer strukturalen Analyse maßgeblich, wenn er diese auch um eine kulturelle und eine agentiale Dimension zu erweitern versucht und zunehmend stärker die Kontingenz sozialer Phänomene und Prozesse betont.

Wie werden uns im Folgenden an der Theorie des späten White orientieren, da nur in dieser um die kommunikative Dimension angereicherten Version von netzwerkanalytischer Theorie genug Anschlusspotential begründet ist, um sinnvoller Weise einen kombinatorischen Gewinn aus der Verbindung mit Systemtheorie und ANT erwarten zu können. Wichtigstes Ziel dieser Auseinandersetzung mit White ist es, Theoriepotentiale zu identifizieren, die es uns erlauben, Schließungs- und Öffnungsprozesse graduell zu beschreiben und klar zu bestimmen, ohne die Eigenständigkeit einer kommunikativen Dimension auszuhöhlen. Dies ist insbesondere für eine Theorie des Gedächtnisses relevant, in der immer ein bestimmtes Verhältnis von Verbundenheit und Getrenntheit im Raum steht, dessen Realisierung erst bestimmte Gedächtnisphänomene angemessen beschreib- und analysierbar macht. Auch Whites Ansatz ist dafür zunächst einmal in sein eigenes argumentatives Recht zu setzen, so dass wir mit den theoretischen Grundlagen beginnen und uns dann vorarbeiten zu den entscheidenden Weichenstellungen für eine soziologische Theorie des Gedächtnisses.

---

[579] Vgl. Azarian 2000, S. 10.
[580] So charakterisiert jedenfalls Azarian schon White's frühe Arbeiten, vgl. Azarian 2005, S. 20ff.
[581] Vgl. Merton 1957b.

Unsicherheit und Kontrolle

White startet mit dem Anspruch eine Theorie vorzulegen, die mit zwei bestimmenden „Trugbildern"[582] der soziologischen Theoriebildung brechen soll und damit eine wissenschaftliche Erforschung sozialer Phänomene möglich macht. Diese Trugbilder sind für White die Vorstellung von Personen als sozialen Atomen, die man bei der Theoriebildung als gegeben voraussetzen kann, und die Vorstellung einer Gesellschaft als einer ganzheitlichen Entität, die sozusagen als Gegenposition zu den atomistischen Individuen geschaffen worden ist. Beides sind lediglich Vorkonstruktionen, die soziologischen Theorien zugrunde gelegt werden, ohne von diesen erklärt zu werden. Für diese Vorkonstruktionen spricht nach White jedoch lediglich ihre kulturelle Gegebenheit, aber es gibt keine wissenschaftlichen Gründe die ihre Verwendung nahe legen.[583] Wenn man weder Personen noch eine Gesellschaft als Ausgangspunkte einer Theorie sozialer Phänomene nutzen kann, stellt sich die Frage nach den Grundlagen von denen ausgehend man starten kann. Bei White ist dieser Ausgangspunkt die Kontingenz, die Unsicherheit. Kontingenz war auch schon bei Luhmann ein wichtiger Begriff zur Auszeichnung sinnhaften Geschehens. Bei White dienen Unsicherheit und Kontingenz, ganz ähnlich der Doppelten Kontingenz bei Parsons und Luhmann, als Antriebsfaktoren für den Aufbau von Identitäten und sozialer Organisation. Zunächst ist jede Situation durch Kontingenzen geprägt, immer passiert etwas anderes, etwas Unvorhergesehenes und immer muss ein passendes Verhalten erzeugt werden, dass sich an diesen Kontingenzen abarbeitet. Kontingenzen liegen nach White in unterschiedlichen Formen vor. Es gibt eine vorsoziale Kontingenz, die durch zufällige Ereignisse in der Umwelt bestimmt wird, aber dann auch soziale Formen der Kontingenz, die von White als „ambage"[584] bezeichnet werden, und kulturelle Kontingenz, die er als „ambiguity"[585] bezeichnet. Ambage kennzeichnet die soziale Form der Kontingenz, weil hier nicht feststeht, welche Beziehungen einzugehen sind. Ambage ist vor allem dann hoch, wenn eine Gruppe nach außen hin sehr gefestigt ist und im Innern sehr homogen. Es gibt keine ausdifferenzierten Rollen und Positionen, so dass soziale Verbindungen immer wieder neu gebündelt werden können und müssen. Eine Extremform für

---

[582] Vgl. White 1992, S. 3.

[583] White führt an, dass Soziologie und ökonomische Theorie das Konstrukt Person häufig bedenkenlos verwenden, es aber nicht erklären und dafür auf die Psychologie verweisen, die mit diesem Konstrukt eher wenig anfangen kann und es mehr oder weniger schnell aufzulösen beginnt: "..., but work of high scientific status tends to shun the 'person' construct as polluting. This paradox, the shunning of a construct which is central in the axioms of current social science, suggests that social action is induced before actors, who derive from the action and need not be persons." Vgl. White 1992, S. 3.

[584] Ebd., S. 106ff.

[585] Ebd., S. 103.

hohes Ambage sind liminale Ereignisse, Feste also, bei denen alle kulturellen Vorstrukturierungen entfallen und es deshalb zu Begegnungen aller Art kommen kann. Ambiguity dagegen ist vor allem hoch in Netzwerken, die sozial eher porös sind und nicht den ständigen Aufbau neuer Beziehungen erlauben. Ihre Sicherheit muss kulturell gestützt werden durch vorgegebene Rollen, Positionen und Konventionen. Die Unsicherheit liegt dann eher darin, wie diese Positionen besetzt werden und wer sich an welche Regeln hält. Ein extremes Beispiel sind für White Turniere, bei denen alle Positionen schon vorher feststehen, aber ihre Besetzung und Ausfüllung erst zum Abschluss klar wird. Während Umweltkontingenzen außen vor bleiben, existiert ein Kalkül für die Umrechnung von kultureller und sozialer Unsicherheit. Nach White lässt sich die grundlegende Unsicherheit nicht auflösen, nur umrechnen.

> „Thus amabage is dual to ambiguity: fuzz in the concrete embodiment as opposed to fuzz in the rules of perception and interpretation. One can see there should be some kind of tradeoff between ambage and ambiguity. Blockmodeling treats ambage reduction, measured through zero-blocks, and ambiguity increase from adjoining larger numbers of initial identies into corporate nodes of a partition."[586]

Später werden wir sehen, dass man soziale Formationen danach unterscheiden kann, wie sie sich bezüglich dieses Kalküls positionieren. Jetzt ist jedoch vor allem interessant, dass White der Unsicherheit eine zentrale theoretische Stellung zuspricht, die sich darin ausdrückt, dass er Unsicherheit als ständig vorhanden und nie völlig auflösbar beschreibt und auf dieser Basis sogar einen Kalkül entwickelt, der sich mit spezifischen Transformationen von Unsicherheit beschäftigt. Die Kontingenz wird dadurch zum universellen Antriebsmodus für die Bildung von Identitäten, die aus den Versuchen der Kontingenzkontrolle, die in jeder Situation erneut aufgerufen werden, entstehen.

Kontrolle wird damit zum ersten Zentralbegriff von Whites Theorie, der sich aus der allgegenwärtigen Präsenz der Unsicherheit ableiten lässt. Kontrolle definiert er als Antizipation und Reaktion auf Umweltprozesse.[587] Jede Auseinandersetzung mit Kontingenzen ist als Kontrollversuch zu lesen. Die Suche nach Kontrolle steht nicht im Belieben, sie ist eine Gegebenheit, die im Prozess der Identitätsbildung als gegeben angenommen werden muss. Unsicherheit und der Versuch ihrer Kontrolle sind somit jene Konstanten, mit denen eine soziologische Theorie rechnen muss. White setzt hier bei den Grundbedingungen also deutlich tiefer an, als viele andere soziologische Theorien, die Entitäten wie Personen oder Identitäten einfach voraussetzen. Auf der Ebene auf der White

---

[586] Vgl. White 1992, S. 107.
[587] Ebd., S. 9.

beginnt, gibt es weder Personen, noch ausgebildete Intentionen oder ähnliches, es gibt nur Versuche Unsicherheit zu begrenzen. In der Umgebung von Kontrollversuchen gibt es immer auch andere Kontrollbemühungen durch andere sich bildenden Identitäten, die einen sicheren Grund innerhalb einer kontingenten Umwelt suchen. Soziale Organisation beginnt mit dieser Verknotung unterschiedlicher Kontrollbemühungen miteinander, die zur Ausbildung von Beziehungen führen.

„**Social organization**, as distinguished from social structure, is the main object for theorizing. The two primitives of the theory are **identity** and **control**, the former being triggered into efforts at the latter by **contingencies** which bridge physical with social. Identities are various, and include events. Once triggered, identities seek control and continue to seek it, first here and then there, while several other identities in contact with any given identity are doing the same. Social organization is both means and bar to control. The concrete physical and biological settings in which actions occur are crucial. It is thus the outcomes of contentions among identities which is what cumulates into social organization."[588]

Kontrolle ist in der Interpretation von White durch Azarian deshalb in erster Linie „Beziehungsmanagement"[589]. Auch hier lassen sich zwei Modi der Kontrolle im Hinblick auf das oben angesprochene Unsicherheitskalkül bestimmen. Sie können sich einerseits auf die Ebene der Ambiguität beziehen, also die Mehrdeutigkeit kulturell definierter Regeln und Positionen ausnutzen und andererseits auf die Ebene des Ambage, von Azarian auch „social maneuver"[590] genannt, also das Ausnutzen vorhandener Beziehungen zur Beeinflussung eines anderen Akteurs. Azarians Wahrnehmung von Whites Theorie ist dabei stark strategisch geprägt, was Whites Theorie aber nicht unbedingt impliziert. Kontrollbemühungen können zwar strategisch erfolgen, sie müssen es aber nicht. Häufig sind es spontane Reaktionen auf Änderungen der Situation, die zunächst einmal nur auf Absicherung gerichtet sind. Die vorschnelle Einbeziehung rational kalkulierender Akteure ist Whites Theorie insoweit nicht zu entnehmen.[591] Dennoch sind die Modi und der Einsatz des Ambage/Ambiguity-Kalküls bei White vorgezeichnet. Die Kontrollbemühungen können jeweils nur versuchen, die Ambiguität oder den Ambage zu reduzieren, was in der Konsequenz aber zu

---

[588] Vgl. White 1992, S. 16.
[589] Vgl. Azarian 2005, S. 69.
[590] Ebd., S. 71.
[591] Vielmehr gibt es am Ende von "Identity and Control" ein Kapitel, das sich explizit mit Rationalität beschäftigt und hervorhebt, dass ihre Annahme manchmal theoretisch hilfreich sein kann, man aber nicht vergessen sollte, dass Rationalität häufig erst nach den Kontrollbemühungen aufgerufen wird. Wir werden uns weiter unten noch mal intensiver mit Whites Wahrnehmung des Rationalitätsproblems auseinandersetzen. Vgl. Aber White 1992, S. 297ff.

einer Vergrößerung der jeweils anderen Unsicherheit führt. Kontrolle ist deshalb nie etwas Feststehendes, sie muss auch in ausbalancierten Beziehungen aufrecht erhalten werden, sonst bieten sich Möglichkeiten der Kontrollausdehnung für andere und Beziehungen nehmen eine andere Form an. Es gibt also soziale und kulturelle Möglichkeiten für Kontrolle, die man jedoch nicht einfach trennen kann, weil sie durch das Kalkül verbunden sind.

Kontrolle ist noch nicht Handeln, so wie White es definieren würde. Kontrolle liegt auch an dieser Stelle tiefer und Handeln ist der theoretisch deutlich voraussetzungsreichere Begriff, der immer erst auf der Grundlage von Zuschreibungsprozessen zum Tragen kommt. Kontrolle dagegen ist so allgegenwärtig wie Unsicherheit. Während White Kontrolle und Identitäten als gleichursprüngliche Bausteine seiner Theorie ansieht und dies auch in seiner Kritik an Rational-Choice und Strukturalismus deutlich macht[592], ist hier die Kontrolle vorgezogen dargestellt worden, da Identität erst als Resultat von Kontingenzen und Kontrollbemühungen beobachtbar zum Vorschein kommt. Bei der Analyse der Identitätsproduktion spielt also immer schon deutlich mehr soziale Organisation eine Rolle, da es sonst wenig Sinn macht, von Identitäten zu sprechen. Kontrolle dagegen liefert bezogen auf Kontingenz und Unsicherheit die Basis für die Etablierung und Formung von Beziehungen, die den Aufbau sozialer Organisation sichtbar machen.

Der Bezug auf eine nicht endgültig reduzierbare Kontingenz in sozialen Situationen und den darauf bezogenen Kontrollversuchen macht einige wichtige Anschlussstellen an Systemtheorie und ANT deutlich. Auch in der Systemtheorie stehen Systeme vor der Aufgabe, Komplexität zu reduzieren und Kontingenz umzuformen, um sich selbst fortzusetzen. Es gibt also eine vergleichbare Antriebsfeder. Die ANT macht ebenfalls zahlreiche Unsicherheiten zum Ausgangspunkt ihrer Überlegungen für eine Neubegründung der Soziologie. Kontingenzbewusstsein scheint auf einer sehr basalen Ebene die drei Theorien miteinander zu verbinden und führt zur Erkenntnis, Weniges im sozialen Bereich einfach als gegeben hinzunehmen. Aus der Perspektive einer soziologischen Theorie von Gedächtnisprozessen ist es ein Merkmal der Unsicherheit, dass sie nach Verfestigungen ruft, die eine gewisse Sicherheit geben, während der ständige Versuch Kontrolle aufrecht zu erhalten bzw. die ständige Ausübung von Kontrollversuchen daran gemahnt, dass Gedächtnis eine immer aktuell zu realisierende Funk-

---

[592] Kurz gesagt wirft er beiden Ansätzen vor, jeweils einen dieser beiden Grundbausteine nicht ernst zu nehmen. Während die RC-Theorie Identität als gegeben hinnimmt und Kontrolle leugnet, begeht der Strukturalismus den genau entgegengesetzten Fehler und nimmt Kontrolle als gegeben hin und leugnet Identität. Identität und Kontrolle bedingen sich aber wechselseitig und können isoliert voneinander nicht betrachtet werden. Identitäten sind die Kontingenzreduktion, die aus Kontrollbemühungen resultiert, wobei diese Kontrollbemühungen wiederum nur Sinn machen, wenn es etwas gibt, dass dieser Kontingenzreduktion bedarf. Vgl. White 1992, S. 8f.

tion ist und Stabilisierung nicht von selbst erfolgt. An dieser Stelle sind also vor allem Gemeinsamkeiten festzustellen, auch wenn der Kontingenzkalkül mit seiner Unterscheidung von Ambiguity und Ambage über allgemeine Kontingenzdarstellungen hinausgeht und Gewicht darauf legt, welche Art von Kontingenz reduziert wird.

Disziplinen – Identitäten aus Netzwerken

Whites zweiter zentraler Grundbegriff lautet Identität. Dabei unterstellt er jedoch keine einfache Gegebenheit von Identität im Sinne von etwas Vorhandenem, dass man quasi als Prämisse der Theoriebildung verwenden könnte. Es geht ihm vielmehr darum, dass sich in „control struggles" feste Zurechnungseinheiten herausbilden, dass diese Herausbildung notwendig geschieht, da ohne Zurechnungspunkte keine soziale Organisation hervorgebracht werden kann. Wie diese wechselseitige Produktion von Identität und sozialer Organisation bei White gedacht ist, soll im Folgenden geklärt werden, denn Identität ist nicht nur zentraler Theoriebegriff bei White, sondern eine grundbegriffliche Kategorie jedweder Gedächtniskonzeption, denn die Hervorbringung von stabilen Vereinfachungen (eben Identitäten) ist der Modus der Unterscheidung von Erinnern und Vergessen. Gleichzeitig stellen Identitäten das Erklärungsproblem par excellence für differenztheoretische Theorien des Sozialen dar, für die Identität eben immer nur ein Produkt der beobachtbaren Abfolgen ist und niemals deren Ursache.

White argumentiert hier an seinem Ausgangspunkt durchaus differenztheoretisch oder befindet sich mit seiner Argumentation zumindest in der Nähe differenztheoretischer Ansätze.[593]

„A central claim of the theory is that identities are triggered by contingencies."[594]

Und das heißt, dass es primär Zufälle sind, die eine Identität hervorbringen. Ständig gibt es Änderungen, ständig kommt es zu situativen Differenzen, zu Differenzen zwischen Kontrollbemühungen und erst durch diesen ständigen Zwang zur Reaktion auf die einströmenden Kontingenzen der physikalischen Umwelt oder auch anderer Kontrolbemühungen kommt es zu einer immer stärkeren Verdichtung von Identität. Dieser Prozess kann nie als abgeschlossen betrachtet werden und er ist in seiner Richtung auch nicht eindeutig. Identitäten

---

[593] Luhmann ist innerhalb dieser Arbeit wohl der entscheidenste Referenzpunkt für eine dezidiert differenztheoretisch argumentierende Theorie, aber auch die meisten semiotisch argumentierenden Theorien, wie die poststrukturalistische Theorien von Derrida und Deleuze oder die ANT von Latour sind unter diesem Label zusammenzufassen.
[594] Vgl. White 1992, S. 5.

können sich durch den Einsturm von Kontingenzen auch auflösen oder neu zuordnen. Deshalb ist es aus der Perspektive von White einfach unsinnig, von feststehenden Identitäten auszugehen und von hier aus soziale Erklärungen zu starten.

> „Identity here does not mean the common-sense notion of self, nor does it mean presupposing consciousness and integration or presupposing personality. Rather, identity is any source of action not explicable from biophysical regularities, and to which observers can attribute meaning. An employer, a community, a crowd, oneself, all may be identities. An identity is perceived by others as having an unproblematic continuity. Identities add through contentions to the contingencies faced by other identities. Social organization is the cummulation of these processes. When contending counteractions result in a dynamic equilibrium, we perceive social structure."[595]

White zeigt hier deutlich, dass es ihm nicht um Identitäten als Ausgangspunkte im Sinne von Prämissen der Theoriebildung geht, sondern um den Ausgangspunkt der Theoriebildung in einem permanent zu bearbeitenden Problem der Bildung von Identitäten. Zugleich erwähnt er an dieser Stelle die enge Verwicklung von Identitätsbildung und sozialer Organisation. Wir hatten oben schon gesehen, dass es diese Verbindung von Kontrolle, Identität und sozialer Organisation ist, von der White bei der Formulierung aller weiteren theoretischen Bemühungen ausgeht. Letztlich stehen die drei Begriffe in einem zirkulären Verhältnis, denn keiner kann ohne den anderen zustande kommen. Während Identitäten aus der Kumulation von Kontrollbemühungen resultieren, sind sie doch auch der Grund für die Suche nach einem „social footing", der Antrieb der Kontrollbemühungen. Diese Sicherheit kann jedoch nur innerhalb organisierter Sozialität gefunden werden, die ebenfalls ein Ergebnis der Kontrollbestrebungen ist. Nun gibt es jedoch eine gewisse Spannung innerhalb dieses Grundtheorems. Denn wenn Kontrollbemühungen immer in einem Identitäten bewahrenden „social footing", also einer sozialen Organisation resultieren, wird es mehr als fraglich, wie es zu den Kontingenzen als den Hervorbringern der Identität kommen kann, wenn dieser Prozess einmal angelaufen ist. Warum kommt es nicht zu einem sozialen „Kältetod"? White sieht diese Gefahr durchaus und wir werden später noch darauf zurückkommen, dass er sich mit der Möglichkeit solcher Entwicklungen beschäftigt. Dennoch ist für ihn das Zentralproblem nicht der soziale Stillstand, denn für ihn stellt die soziale Welt ein durch und durch chaotisches Durcheinander dar. Soziale Organisation ist für ihn ein eine unwahrscheinliche Leistung, denn eine wechselseitige Stabilisierung von Kontrollversuchen innerhalb von Beziehungen ist selbst erklärungsbedürftig. Deshalb kann man

---

[595] Vgl. White 1992, S. 6.

nicht soziale Ordnung oder Identitäten einfach voraussetzen, sondern beides gerinnt erst in sozialen Molekülen, die White als Disziplinen bezeichnet.[596] Moleküle zeichnen sich durch eine stärkere Kopplung nach innen denn nach außen aus. Etwas hält sie im Innern stärker zusammen, obwohl sie auch ins Äußere Verbindungen unterhalten können. Soziale Organisation ist deshalb nur auf der Basis solcher Moleküle denkbar, unterhalb der Molekülebene mit ihrer stärkeren Verbundenheit im Innern ist keine soziale Organisation denkbar. Für White sind soziale Moleküle damit der Ausgangspunkt für die Untersuchung, wie auch der Entstehung sozialer Ordnung.

> „But molecules are unavoidable. These are distinctive units of mutually constraining effots at control, which survive contentions among identities that were triggered by happenstance. These identities survive with some uniformity and regularity only as they fall into self-reproducing configurations. Each such configuration is a discipline for social action which inducts as it embeds an identity into still further social organization."[597]

Interessant ist dabei zunächst die Wahl des Begriffs Disziplin selbst, um soziale Moleküle zu fassen. Die Vorstellung der sozialen Ordnung als dynamisch stabilisiert durch wechselseitige Beschränkungen in kleinformatigen Netzwerken, ergibt sich so als Grundeinheit des Sozialen. Soziale Ordnung ist demnach Disziplinierung des sozialen Handelns durch die stabilisierte Verschränkung multipler Kontrollversuche und erst die damit implizierte stärkere Verschränkung nach innen macht die Unterscheidung von Identitäten möglich. Die einfachste Form sozialer Moleküle sind für White „Hackordnungen" (pecking orders[598]).

Diese Form sozialer Moleküle ist nicht auf die Mitwirkung von Menschen beschränkt. Schon das Wort bezieht sich auf den Hühnerstall und welches Huhn dort die besten Krumen aufpicken kann bevor auch die anderen fressen dürfen. Nimmt man eine gewisse Mehrzahl sozialer Lebewesen, die sich beständig einen gemeinsamen Lebensraum teilen müssen, ist die Etablierung einer Hackordnung unausweichlich. Auch Hühner, Wölfe und Affen bilden soziale Moleküle. In Kontrollkämpfen werden die Positionen in der Hackordnung verteilt, die eine Dominanzordnung in Reinform ist. Zuerst fressen kann derjenige, der andere erfolgreich daran hindert ihm die besten Stücke wegzuschnappen und schnell ist das soziale Molekül so hinreichend stabilisiert, dass die Hackordnung nicht permanent in Frage gestellt wird. Dies ist die allgemeinste und gleichzeitig einfachste Form sozialer Ordnung.

---

[596] Vgl. White 1992, S. 22ff.
[597] Ebd., S. 23.
[598] Ebd.

Hackordnungen sind Dominanzordnungen, die sich leicht auf der Basis bio-physikalischer Unterschiede bilden lassen. Jemand ist größer und stärker als jemand anderes und ist so in der Lage seine Kontrolle über das zugängliche Futter stärker auszudehnen als ein kleinerer und schwächerer Vertreter. Eine andere Frage ist die Selbst-Reproduktion solcher Einheiten. Ordnung besteht nur, wenn eine wechselseitige Stabilisierung gelingt, die internen Beziehungen in ein Gleichgewicht gebracht werden können und nicht ständig die Dominanzordnung umgeschmissen werden kann. Dies heißt nicht, dass ein solches Umkippen nicht immer noch möglich wäre, aber es wird unwahrscheinlicher. Reproduktion der Einheit gelingt aber auch dann, wenn es Umbrüche gibt, soweit sich eine neue Ordnung etablieren lässt. Selbst-Reproduktion heißt also hier nicht identische Strukturreproduktion, sondern ist viel allgemeiner angesetzt. In Analogie zur Systemtheorie kann man also sagen, dass es ihm eher um die Reproduktion der Grenze geht und weniger um die Reproduktion der spezifischen Struktur einer bestimmten Dominanzordnung. Die Reichweite dieser Einheiten ist notwendig beschränkt, wie auch Azarian ausführt:

„That is, disciplines are conceived and conceptualized by White as tiny islands or enclaves of order, regularity, and predictability in world that is otherwise chaotic, disorienting and confusing. And since the scope of human control is limited, these social orders are limited in their scope."[599]

Es gibt jedoch nach und nach komplexitätssteigernde Entwicklungen für den Fall der Bildung sozialer Moleküle unter Mitwirkung von Menschen. Schon die größeren kognitiven und manipulativen Kapazitäten des menschlichen Körpers ermöglichen die Entwicklung von arbeitsteilig unterscheidbaren Disziplinen, die nicht mehr der reinen umfassenden Form der Hackordnung entsprechen. Darüber hinaus machen es immer elaboriertere Formen des Signalegebens[600] möglich, Sequenzen von zusammengehörenden Antwortverhalten wahrzunehmen und gemeinsam als eine solche typische Sequenz zu erkennen.[601] Auch mehrere solcher Sequenzen können wieder miteinander verbunden werden und ergeben dann die Möglichkeit, neue lineare Ordnungen auf der Basis von Bewertungen zu erzeugen. Solche Bewertungsordnungen sind dann letztlich die Grundlage für die Ausdifferenzierung unterscheidbarer Disziplinen, die sich dann auch zu weiter

---

[599] Vgl. Azarian 2005, S. 101.
[600] White spricht von signaling, vgl. White 1992, S. 25.
[601] Ebd. White spricht schon an dieser einfachen Form der zusammengehörigen Sequenz von Gesten davon, dass eine solche öffentlich wahrnehmbare Sequenz als "story" in seinem Sinn zu verstehen ist. Wir kommen später noch ausführlicher auf das Konzept der Story zu sprechen.

reichenden Zusammenhängen verbinden lassen und neue Einheiten erzeugen können.

Zwei Überlegungen bilden den Ausgangspunkt von Whites Beschreibung der Hervorbringung von Disziplinen. Der erste Punkt bezieht sich auf ihre Relation zu biophysikalischen Prozessen und stellt fest, dass sich die Bildung von stabilen Disziplinen im Gegensatz zu flüchtigen, nicht-reproduktionsfähigen Hackordnungen[602] immer ausgehend von Arbeit vollzieht.[603] Irgendetwas muss hergestellt werden, Nahrung muss gefunden werden usw. Arbeit ist eine direkte Verbindung zu den biophysikalischen Grundlagen der Sozialität und garantiert somit einen bleibenden Zusammenhang, weil bestimmte Aufgaben erfüllt werden müssen. Der zweite Punkt bezieht sich auf die Bedeutung von Vergleichsgesichtspunkten für die Ordnungsleistungen. Jede Dominanzordnung ist darauf angewiesen, Vergleichbarkeit hinsichtlich eines bestimmten Kriteriums oder auch mehrerer Kriterien zu gewährleisten. Dies geschieht vor allem durch die Linearisierung der Ordnungen.

> „Inducing a dominance ordering is also establishing comparability. This is a necessary paradox. It is a paradox because comparability is equality, here being established through the strictest inequality. ... Achievements and their orderings are constructs of social disciplines. Mutual comparability is easiest established in terms of a strict linear ordering which overawes completely, even though individual positions may be arbitrary."[604]

Linearisierungen sind ein wichtiges Mittel der Beobachtung eben, weil sie Vergleiche sehr einfach machen. Diese Bedeutung schlägt auch auf die Sprache durch, so dass man eine Linearität des Sprechens als ein Nebenprodukt dieser immensen Bedeutung für die Etablierung von Vergleichbarkeiten ansehen kann. Soziale Ordnung erfährt also ihre kleinteilige lokale Stabilisierung vor allem durch ihre Anbindung an materielle Produktion, also an Arbeit. Sie kann ebenfalls nur erhalten werden, wenn sich Vergleichsmöglichkeiten zwischen Positionen etablieren lassen und damit eine meist lineare Dominanzordnung entstehen kann.

---

[602] Wir werden später noch sehen, dass auch diese schnell wieder verschwindenden Ordnungen bei White eine große Bedeutung für soziale Zusammenhänge bekommen, wenn man von den sozialen Molekülen übergehen will zu den umfangreicheren Netzwerken. Denn ein Überbleibsel dieser kurz aufflackernden Ordnungen sind die einfachen "ties" aus denen ganze Netzwerkpopulationen aufgebaut werden können. Die gedächtnistheoretische Relevanz dieses Überbleibsels soll an dieser Stelle jedoch schon einmal angedeutet werden.
[603] Vgl. White 1992, S. 26.
[604] Ebd., S. 27.

Kommen wir noch einmal zur Identitätsfrage zurück, bevor kurz skizziert werden soll, welche Typen von Disziplinen White als heutige Sozialformen, als mögliche und bestehende soziale Moleküle ausarbeitet. Identitäten kommen also nur zustande, wenn in einem Zusammenspiel von unvorhersehbaren Ereignissen (Kontingenzen) und sozialen Ordnungsleistungen, solche sozialen Moleküle entstehen, die nach außen eine bestimmte Identität ausbilden können und im Innern Positionen innerhalb einer Dominanzordnung zuweisen, die dem jeweiligen Positionsinhaber ein gewisses „social footing" verschaffen und damit für ihn Kontingenz reduzieren helfen. White unterscheidet hier zwei elementare Prozesse der Bildung von Identitäten in denen dieser Zusammenhang verdichtet ist. Der erste Prozess funktioniert als immer neues operatives Problemlösen. White spricht von „accident-and-control processes"[605], Prozessen also, die Unfälle und Versuche ihrer Einhegung bzw. ihrer Bearbeitung koppeln. Dies sind die energetischen Prozesse, die soziale Ordnungsbildung antreiben, die sich vor allem in der Auseinandersetzung mit der natürlichen Umwelt beobachten lassen.[606] Daran schließt jedoch immer ein zweiter Prozess an, ohne den die Bildung von Identitäten und sozialen Molekülen nicht möglich wäre und der letztlich auf der Vergleichbarkeit beruht. Hier spricht White von „friction-and-matching processes"[607], Prozessen also, die unterschiedliche Bearbeitungsweisen und Reaktionen in Bezug auf die Unfall-Kontroll-Prozesse erkennen und vergleichen. In diesem Prozess werden dann auch die Positionen innerhalb der Ordnung des sozialen Moleküls geklärt.

Azarian macht deutlich, dass die Identifizierbarkeit dieser sozialen Moleküle in übergeordneten Netzwerkpopulationen auf der Basis von Blockmodellen[608], also auf der Beobachtung von strukturellen Äquivalenzen[609] beruht.[610] Dies kommt bei White jedoch an späterer Stelle, weil die sozialen Moleküle und die

---

[605] Vgl. White 1992, S. 27.

[606] Mit zunehmender Ausdifferenzierung sozialer Kontexte und ihrer Vernetzung resultieren allerdings auch bei White immer mehr dieser "Unfälle" aus dem Zusammentreffen sozialer Identitäten.

[607] Vgl. White 1992, S. 19.

[608] Blockmodelle, wie sie im Aufsatz von White, Boorman und Breiger entwickelt wurden, sind Modelle eines multirelationalen Netzwerks, die generelle Eigenschaften des Netzwerks, vor allem die Verbindungen zwischen Positionen und nicht zwischen spezifischen Akteuren darstellen. In einem Blockmodell werden die Akteure in verschiedene Untergruppen eingeteilt, die man als Positionen bezeichnet und bestimmt für jedes Paar von Positionen das Vorhandensein einer Verbindung innerhalb bzw. zwischen den Positionen für jede mögliche Relation. Vgl. Wassermann & Faust 1997, S. 395 und White, Boorman & Breiger 1976.

[609] Strukturelle Äquivalenz kann nach Lorrain und White als eine mathematische Eigenschaft von Knoten in einem Graph (oder Akteursgruppen in einem Netzwerk) bestimmt werden, die sich aus der Identität ihrer Verbindungen zu anderen Knoten des Graphen ergibt. Vgl. Wassermann & Faust 1997, S. 356 und Lorrain & White 1971.

[610] Vgl. Azarian 2005, S. 102.

sie hervorbringenden Prozesse erst für die Produktion von Netzwerkpopulationen sorgen können. Der Nachweis einer reproduzierbaren Disziplin mag nur in Netzwerken möglich sein, doch als Bausteine des Sozialen sind die Disziplinen grundlegend.

White unterscheidet drei Formen oder Spezies von Disziplinen, deren wichtigstes Unterscheidungskriterium im Vergleichsgesichtspunkt liegt, der herangezogen wird, um die Ordnung festzustellen. Dieser Vergleichsgesichtspunkt basiert auf Wertungen, die erst durch elaborierte Kommunikationsmöglichkeiten unterscheidbar und damit anwendbar werden. Im Anschluss an Kommunikationsstudien von Argyle[611] und Bales[612] spricht White von drei affektiven Dimensionen nach denen Kommunikationen sich interpretieren lassen. Die erste Dimension unterscheidet freundlich/feindlich, eine zweite dominant/unterwürfig und die dritte Dimension basiert auf einem instrumentellen Zugang.[613] White entnimmt diesen affektiven Dimensionen der Kommunikation Werte, die zur Etablierung von Bewertungsordnungen als Disziplinen herangezogen werden, die also ein Anordnung hinsichtlich dieser Werte erlauben. Diese Bewertungen werden also durch Kommunikationsmöglichkeiten ausdifferenziert und lassen sich in kommunikativen Zusammenhängen beobachten. Aus dem instrumentellen Zugang lässt sich der Wert der Qualität (quality) ableiten, die Anordnung erfolgt hier also nach Qualitätsgesichtspunkten, wobei White hier sehr stark auf Produkt- oder Leistungsqualität abstellt. Aus dem Freund/Feind-Schema lässt sich ein Reinheitswert (purity) extrahieren, letztlich erfolgt die Anordnung hier als Inklusion und Exklusion. Schließlich leitet White aus dem Donimanz/Unterwerfungs-Schema einen Prestigewert (prestige) ab, aus dem eine Anordnung nach dem Durchsetzungsvermögen oder dem Einbindungsvermögen erfolgt. Diese Bewertungsmodi kombiniert White mit den folgenden drei Prozessen der Identitätsproduktion zu den drei Spezies der Disziplinen:

„There are also three abstract modes of triggering identities. In one mode an existing set of entities is triggered into an embedding whole. This mode embeds discrete entities all together into a discipline. A second mode is the converse, the splitting up of an identity into constituents, with differential rejections and retentions among identities. The third mode is when identities cross or intersect, that is, when constituents from several disciplines crosscut to also combine into other distinct disciplines, ..."[614]

---

[611] Vgl. Argyle 1975.
[612] Vgl. Bales 1970.
[613] Vgl. White 1992, S. 29.
[614] Ebd., S. 30.

Die erste und die von White am stärksten ausgearbeitete Form[615] ist das „Interface", das eine an Qualität ausgerichtete Bewertungsform benutzt und Identität durch die Einbettung von Identitäten in ein Ganzes realisiert. Interfaces haben zumeist eine enge Anbindung an biophysikalische Gegebenheiten, da sie häufig im Rahmen materieller Produktion entstehen. Das von White am stärksten ausgearbeitete soziale Phänomen, das der Interface-Disziplin entspricht, sind Produktionsmärkte.[616] Der Interface-Begriff steht für einen transformierenden Durchfluss, wie er in einem Produktionsmarkt verwirklicht wird. Vorprodukte strömen über Lieferantenbeziehungen zu den Produzenten und diese versuchen, ihre Produkte an Kunden „downstream" zu veräußern. Die Anordnung der Produzenten erfolgt schwerpunktmäßig auf der Grundlage der „Qualität" ihrer Produkte und ihrer Produktionsmöglichkeiten, wobei die Anordnung durch die Besetzung von Produktionsnischen erfolgt, die sich aus der Beobachtung der anderen Firmen innerhalb des Produktionsmarktes ergibt. Der Prozess, den solche Interfaces vollziehen ist die Produktion eines „commited flow"[617], der die Ströme in das Interface transformiert in einen Ausstrom, der dann in gewisser Weise erwartbar ist. Genau diese „commitments" der einzelnen Produzenten sind es dann auch, die als Signale aufgefasst werden können, nach denen die Anordnung erfolgt. Interfaces zeichnen sich also durch einen Qualitätswettbewerb aus und durch eine Form der wechselseitigen Beobachtung, häufig in der Art einer Supervision. Bei interfaces muss man einen Fluss nach unten und einen Fluss nach oben unterscheiden. Es gibt Varianzen in den Fähigkeiten der Produzenten, die mit einer Varianz in den Bewertungen der Produkte und damit der Produzenten durch die Kunden verbunden ist. Die Varianzen im Fluss nach unten sind dann qualitativ unterscheidbare Produkte und unterschiedliche Produktionsmengen, während die damit korrelierenden Varianzen in der Bewertung von unten durch die Kaufentscheidungen der Kunden repräsentiert werden, also durch die Erlöse, die die Produzenten erzielen können. Eine wichtige Eigenschaft von Interfaces liegt für White in ihrer Robustheit gegenüber Kontrollversuchen von innen (z.B. durch einzelne Firmen innerhalb des Produktionsmarktes) wie von außen (z.B. durch die Zulieferer). Das macht Interfaces zu starken und widerstandsfähigen Disziplinen, weil die Entitäten im Innern sehr gleichartig sind und immer danach streben, es ein bisschen besser zu machen als ihre Konkurrenten. Weitere Beispiele für Interfaces sind Diskussionsgruppen, Amateur-Theatergruppen,

---

[615] Vgl. den Hinweis von Azarian 2005, S. 106, der darauf hinweist, dass White eigentlich bislang ausschließlich zu Interfaces gearbeitet und fast nichts zu den beiden anderen Disziplinen vorgelegt hat.
[616] Vgl. White 1981a, 1981b, 1993 und 2002.
[617] Vgl. White 1992, S.30 und White 2002, S. 7.

Kampfeinheiten an der Front, Nachbarschaften einer Stadt u.ä.[618] Man sieht, dass sich Interfaces keineswegs auf Märkte beschränken lassen und manchmal auch weniger unmittelbar an die materielle Produktion gekoppelt sind.

Demgegenüber bezeichnet White die zweite Spezies von Disziplinen als Arenen. Diese kombinieren die Reinheitswertung mit einer Identitätsproduktion, die zur Aufteilung bestehender Identitäten führt. Jede Arena besteht also letztlich vor allem aus einen Selektionsmechanismus, der Inneres von Äußerem oder dichter an der affektiven Dimension formuliert Freundliches von Feindlichem trennt. In Arenen gibt es also immer einen Auswahlmechanismus mit dem man das Feld der Entitäten durchgehen kann, um dann festzustellen, wer dazugehört und wer nicht. Dabei stellt sich immer die Frage wie man Reinheiten erzeugen kann. Die Definition der Reinheit muss sich an irgendeinem Merkmal festmachen lassen. Ruhm ist ein Beispiel, weil es am leichtesten zu einer universellen Maßeinheit der Reinheit gemacht werden kann, aber zahlreiche andere sind ebenso vorstellbar. Arenen sind sehr robust bezüglich des plötzlichen Aufbrechens von Kontrollprojekten im Innern und außerhalb und dem Auftauchen unerwarteter Akteure, da sie flexibel reagieren können und eine Struktur mehrfacher Zentren aufweisen.[619] Arenen habe jedoch große Schwierigkeiten stabile Identitäten zu produzieren, weil sie nur episodisch auftauchen und vor allem mit der Exklusion von Identitäten beschäftigt sind. Als Filter oder Reiniger unvorhergesehener Ereignisse und Akteure sind die Arenen als Disziplin unverzichtbar. Sie neigen jedoch dazu Zentrum-Peripherie-Differenzierungen zu erzeugen, die zum Kern hin eine immer größere Reinheit besitzen. Die Darstellung der Beispiele umfasst wieder einen recht umfassenden Bereich sozialer Entitäten. White erwähnt Professionen, Kommittees, Kulte, Tauschmärkte und multiple Hierarchien.[620]

Schließlich müssen als dritte Form noch die „Councils" erwähnt werden. White spricht von der am reinsten sozialen Form von Disziplin.[621] Sie sind besonders weit von Vorgängen der materiellen Produktion entfernt. Councils kombinieren die Bewertungsform des Prestiges (der Anerkennung) mit dem Identitätsbildungsprozess der Einbettung von Identitäten aus anderen sich überkreuzenden Disziplinen in einer neuen Disziplin. Hier kann man in gewisser Hinsicht die Umkehrung des Arena-Typs beobachten. Es geht nicht um Auswahlmechanismen, sondern um Einbindungsmechanismen. White spricht an dieser Stelle

---

[618] Vgl. White 1992, S. 47.
[619] Ebd., S. 50.
[620] Ebd.
[621] Ebd., S. 54.

von Mobilisierungsprozessen.[622] Mobilisierung setzt die Erzeugung von Gleichheiten voraus und steht in einem zirkulären Verhältnis zu Macht.

> „Power, for example over engrossment and disbursement of social and physical ma-
> terial, is what mobilizing aims toward. Without mobilization there is no power, but
> without anticipation of power there is no mobilization. Trust presupposes power;
> power is built out of trust in mobilizer disciplines."[623]

Darüber hinaus führt Mobilisierung immer zu Gegenmobilisierungen und trägt
so zur Stabilisierung und Reproduktion der Mobilisierung bei. Beispiele für die
Council-Disziplin sind Filmproduktionen, Autokratie, der Ständestaat, Parlamen-
te und Klientelverbindungen.[624]

Zusammenfassend kann man sagen, dass Interfaces erwartbare Ströme produzieren, Arenen Ungleichheiten und Councils Gleichheiten. Zentral für White
ist jedoch bei aller Konzentration auf die sozialen Moleküle als Bausteinen der
sozialen Ordnung, dass diese als Identitäten auch nicht ohne Einbindung in weiterreichende Netzwerke vorkommen. Netzwerke entstehen ebenfalls aus den
Prozessen der Kontingenzbewältigung (accident-and-control) und den Prozessen
des Vergleichens (friction-and-matching), allerdings resultieren sie aus den weitaus chaotischeren und weniger geordneten Überbleibseln „verfehlter Disziplinen"[625]. Solchen verfehlten Disziplinen gelingt es nicht, eine Ordnung zwischen
den Positionen zu stabilisieren oder sich zu reproduzieren, dennoch sorgen sie
für Verbindungen zu anderen Disziplinen, ohne die es keine Durchströmung des
Interfaces gebe, es gäbe auch keine Populationen für die Inneres von Äußeren zu
trennen wäre und schließlich könnte es auch keine Mobilisierung unterschiedlicher Einheiten aus verschiedenen Disziplinen geben. Identitäten und damit auch
Disziplinen gibt es deshalb nicht ohne die Einbettung in weiterreichende Netzwerke, die sich letztlich aus den misslungenen Versuchen ergeben, eine wechselseitige Stabilisierung in den Kontrollbemühungen zu erzeugen. Was bestehen
bleibt, ist nur die Verbindung von Paaren, deren gegenseitige Kontrollprojekte in
einem Gleichgewicht ausbalanciert sind. Dass die Einbettung sozialer Moleküle
in weitreichendere Netzwerke von so immenser Bedeutung ist, ergibt sich aus
dem Einfluss, den indirekte Verbindungen auf die Kontrollchancen einzelner
Akteure ausüben können. Netzwerke sind über die sozialen Moleküle hinaus
bedeutsam, weil Beziehungen, die aus dem sozialen Molekül hinaus führen,

---

[622] Vgl. White 1992, S. 54.
[623] Ebd., S. 59f.
[624] Ebd., S. 56.
[625] Ebd., S. 66.

interne Bedeutung erlangen können. Schwierig wird im Bereich der Netzwerke deshalb vor allem die Bestimmung einer Grenze.[626]

Disziplinen entstehen auf der Grundlage kommunikationsgenerierter Bewertungsordnungen, die nicht mehr eine reine Dominanzordnung im Sinne einer Hackordnung abbilden, sondern mit Sinn aufgeladen sind. Mit den Bewertungen ist zugleich ein sozialer Ordnungsmechanismus verbunden. Diese Mechanismen kann man grob als Einbettung (Interface), Exklusion (Arena) und Verbindung (Council) beschreiben. Diese Ordnungsmechanismen sind stark kommunikativ geerdet und immer nur lokal begrenzt verfügbar. Man könnte auch sagen, dass soziale Ordnung im strengen Sinne bei White nur lokal gelingen kann. Nur in Disziplinen gelingt die stabile Bildung von Identitäten. Was hier gedächtnistheoretisch besonders interessant ist, deutet sich in der starken Orientierung auf Ordnungsmechanismen an. Diese Mechanismen basieren auf der Kombination eines energetischen Mechanismus (accident-and-control) mit einem Gedächtnismechanismus (friction-and-matching) oder anders formuliert: aus der Orientierung von Kontrollprojekten an Bewertungsordnungen. Dies mutet in mancher Hinsicht parsonianisch an, in dessen Theorie der kybernetischen Kontrollhierarchie ja ebenfalls energetische Elemente mit informationellen Elementen verbunden wurden. Bei White bauen diese Prozesse aufeinander auf und werden durch den Reproduktionsgedanken, der für soziale Moleküle zum Tragen kommt, in einer zirkulären Figur verbunden. Ohne diese Verbindung kann bei White soziale Ordnung nicht erzeugt werden. Eine gedächtnislose soziale Ordnung kann es also nicht geben.

Zwischenbemerkungen zu Selbstähnlichkeit und Verteilung

Bevor wir uns der stärkeren Ausarbeitung der zentralen Mechanismen in Whites Theorie zuwenden wollen, müssen wir noch zwei Grundprinzipien seiner Theorie kurz ausführen, da in ihnen ein gewisser Charme für die Lösung des alten Mikro/Makro-Problems der soziologischen Theorie begründet liegt. Diese Grundprinzipien sind zum einen das Prinzip der Selbstähnlichkeit und zum anderen das Prinzip der Verteilung. Ihre Bedeutung wird schon am Beginn seiner Ausarbeitung einer allgemeinen soziologischen Theorie in Identity and Control hervorgehoben:

---

[626] Eine solche Charakterisierung hatten wir schon bei der Diskussion der sozialen Netzwerkanalyse gesehen, die ebenfalls von einem "boundary specification problem" heimgesucht wird. Vgl. Unter anderem Lauman et al. 1983, Marsden 1990 und Breiger 2004. Wir kommen später auf den Lösungsansatz von White für dieses Problem zu sprechen.

„This book asserts and highlights self-similarity of social organization, as a first principle, acording to which the same dynamic processes apply over and over again across different sizes and scopes. The importance of identity and control as primitives of the theory is manifest. The spread of a given identity plays off in control efforts against the spreads among other identities to enable some degree of balance and continuity to develop. The principle of self-similarity then suggests that dispersions are the key measures for all observed social formations. Dispersions are the sources of identities and control, which are the sources of social organization. Let this be a second principle: It is not averages which are crucial, but rather spreads across locale and degree of social connections. Particularly important is how events are spaced. These two master principles, dispersion and self-similarity, recur and complement each other throughout all chapters."[627]

White verwendet diese Prinzipien also in der Form einer Basis der Basis. Identitäten und mögliche Kontrollversuche speisen sich aus Verteilungen, aus der Spreizung von Positionen. Und diese Verteilungen enthalten ein Moment der Selbstähnlichkeit, welches letztlich darauf basiert, dass diese Verteilungen skalenfrei sind. Wenn also bestimmte Verteilungen uns in unterschiedlichen Kontexten und bei scheinbar unterschiedlichen sozialen Phänomenen wieder begegnen, können wir annehmen, dass ähnliche Kontrollprojekte mögliche sind und vergleichbare Identitäten zum Vorschein kommen. Darüber hinaus speist sich die Selbstähnlichkeit auch aus der Anbindung sozialer an biophysische Prozesse, auch wenn bei White unklar bleibt, ob er damit schlicht auf einen Impuls durch die Selbstähnlichkeit der biophysikalischen Prozesse verweisen will oder ob es hier tiefer greifende Gesetzmäßigkeiten gibt, die zur Selbstähnlichkeit sozialer Prozesse führen.

Was diese beiden Prinzipien so interessant macht, ist die Implikation die White daraus für die Analyse sozialer Phänomene ziehen kann. Während viele soziologische Theorien sich also über die Verschränkung der Mikro-Ebene handelnder Akteure mit der Makro-Ebene gesellschaftsweiter Strukturbildung den Kopf zerbrechen, kann Whites Theorie darauf hinweisen, dass es hier um selbstähnliche Prozesse geht, die man unabhängig von vorgängigen Ebenen- oder Größenunterschieden behandeln kann. Vielmehr sollte man sich die in diesen Prozessen vollzogenen Mechanismen und Verteilungen anschauen, die einen besseren Einblick erlauben, als schlichte Ebenen-Unterscheidungen, die als theoretische Konstruktionen an die Prozesse herangetragen werden, ohne in diesen Prozessen eine erklärende Rolle zu spielen.

---

[627] Vgl. White 1992, S. 5.

Coupling plus Decoupling gleich Embedding oder Embedding vs. Decoupling?

Ausgehend von den basalen Prozessen kommt es zu einer Einbettung der sozialen Moleküle und überhaupt aller Identitäten. Nur innerhalb einer solchen Einbettung ist die Selbstreproduktion des sozialen Moleküls möglich und nur durch seine Einbettung wird es über die grundlegenden Reproduktionsmechanismen hinaus definiert. Einbettung hat für Disziplinen dabei zwei Seiten. Einerseits führt sie eine Gleichförmigkeit in der Beobachtung des Handelns zwischen den Entitäten, die sich innerhalb der Disziplin befinden, herbei, weil alle Beobachtungen sich auf die gleiche Bewertungsgrundlage stützen. Andererseits bedeutet die Zusammenfassung innerhalb einer Disziplin auch eine Gleichheit der Beziehungen nach außen, also eine gemeinsame Form der Situierung der Disziplin.[628] Oben hatten wir gesehen, dass Disziplinen scheinbar vollkommen unterschiedliche soziale Phänomene umfassen, also auf einer Ebene der Generalisierung liegen, die man als recht hoch bezeichnen muss. Eine nähere Spezifizierung dieser Disziplinen ist deshalb nur möglich, wenn man ihre Einbettungsverhältnisse in die Analyse miteinbezieht. Wodurch lassen sich aber diese überaus wichtigen Einbettungsverhältnisse systematisieren?

Die Idee ist, einen Indexraum zu entwerfen, der alle Unterschiede innerhalb von Disziplinen abdecken kann, indem er bestimmt in welchen Bereichen die Disziplinen voneinander abweichen bzw. untereinander variieren. Es lassen sich auf einer wiederum stark generalisierten Ebene drei Aspekte der Einbettung differenzieren, die White als „involuteness", „dependence" und „differentiation" bezeichnet.[629] Involuteness kann vielleicht am besten mit „Selbst-Bezüglichkeit" umschrieben werden, denn bei diesem Aspekt geht es darum, wie stark die innere Bewertungsordnung der Disziplin auf Bewertungen, die außerhalb von ihr anzutreffen sind, referiert bzw. inwieweit sie solche Bewertungen voraussetzt. Dies kann man auch als Spezialisierung einer Disziplin auffassen, denn je eigenständiger und selbstbezüglicher die Bewertungen einer Disziplin sind, desto eher kann man davon sprechen, dass sie eine starke Spezialisierung aufweist. Es geht also darum, ob eine gegebene Disziplin mit allgemeinen auch außerhalb von ihr anzutreffenden Bewertungsmaßstäben arbeitet oder ob sie ganz eigene Bewertungsmaßstäbe hat, die außerhalb von ihr keine Entsprechungen finden. Der Aspekt der Dependence oder Abhängigkeit bezieht sich auf die Ströme, die eine Disziplin durchfließen, also externe Bezüge herstellen und betrifft die Art und Weise, wie die Bewertungen von Einheiten, die von stromaufwärts kommen, mit der Bewertung von stromabwärts fließenden Einheiten korreliert. Abhängigkeit bedeutet hier also, dass es eine mehr oder weniger große Abweichung in den

---

[628] Vgl. White 1992, S. 32.
[629] Ebd., S. 35.

Bewertungen durch die transformative Leistung der Disziplin geben kann. Schließlich gibt es noch den Aspekt der Differenzierung, der bezeichnen soll, wie erheblich die Unterschiede zwischen den Entitäten innerhalb der Disziplin ausfallen. Sie bezieht sich jedoch vor allem auf deren Beobachtbarkeit von außen. Hohe Differenzierung bedeutet demnach, dass auch in den Außenbeziehungen wahrgenommen werden kann, wie sich die unterschiedlichen Positionierungen innerhalb der Disziplin darstellen. Es geht also um die Wahrnehmbarkeit der inneren Anordnung durch Andere. Alle drei Aspekte werden im Indexraum für Disziplinen zusammengefasst. Eine Vereinfachung der Analyse wird dadurch erreicht, dass ein bestimmter Einbettungsaspekt dazu neigt in bestimmten Disziplinen fixiert zu werden.[630] Für diesen Zusammenhang wird jedoch keine überzeugende Erklärung angeboten. Technisch ermöglicht es die Unterscheidung von verschiedenen Ebenen innerhalb des Indexraums, die bei White als „shepard planes" identifiziert und modelliert werden.[631] Wichtig ist an diesem Instrument seine formale Unterscheidungsfähigkeit der vielfältigen Ausprägungen sozialer Disziplinen. Im Indexraum werden sie differenzierbar hinsichtlich ihrer unterschiedlichen Einbettung, obwohl ihre grundlegenden Ordnungsmechanismen vergleichbar bleiben. Damit konstatiert White letztlich, dass ihre Unterschiedlichkeit nicht auf der Grundlage essentieller Unterschiede der beteiligten Entitäten basiert, sondern abhängig ist von den Außenkontakten, die eine Disziplin unterhält und wie sie sich innerhalb einer Netzwerkpopulation situiert. Der Unterschied zwischen einer Diskussionsgruppe und einem Produktionsmarkt für Zucker besteht also nicht in einem unterscheidbaren Ordnungsprinzip, sondern darin, dass die Bewertungen in spezifischer Verbindung zu anderen Wertungen außerhalb des jeweiligen sozialen Moleküls stehen und zwar über die Verbindungen, die sie mit ihrer Umgebung unterhalten.

Doch worauf basiert diese Einbettung eigentlich? Was führt zu bestimmten Abhängigkeiten der internen Bewertungen von äußeren oder wie werden die inneren Wertungen nach außen hin sichtbar? Um hier eine Klärung herbeizuführen, müssen wir noch mal auf den Kontrollbegriff verweisen. Kontrolle besteht immer im Ausgriff von Identitäten, um Kontingenzen zu bearbeiten. Da viele Entitäten solche Kontrollprojekte starten und sich so auch gegenseitig mit immer neuen Kontingenzen versorgen, kommt es zwischen bestimmten Entitäten zu einer Kontrollbalance, die man als Beziehung bezeichnen könnte. Wie man hieran sieht, ist Kontrolle immer eine wechselseitige Angelegenheit. Nun hat Kontrolle aber deshalb auch zwei Seiten. Einmal kann ein Kontrollprojekt darin bestehen eine Kontingenz einzubeziehen und dadurch Kontrolle auszuüben. Man

---

[630] White spricht davon, dass normalerweise die "involution" in Interfaces fixiert sei, die "dependence" in Arenen und "differentiation" in Councils. Vgl. White 1992, S.44, 47, 50 und 56.
[631] Vgl White 1992, S. 43.

könnte dann von einer Kopplung[632] (coupling) sprechen. Es wird hier Kontrolle investiert, um eine Beziehung zu stabilisieren. Ein Kontrollversuch kann aber auch in der gegenteiligen Bewegung aufgehen, sich von einer bestimmten Kontingenzquelle unabhängig zu machen. An dieser Stelle spricht White von „decoupling"[633]. Kontrolle führt häufig sogar eher ein Entkoppeln herbei, weil man sich von Kontingenzquellen unabhängig machen will. Da es ständig zu Verkopplungen kommt, ist man ständig damit beschäftigt solche Kopplungen auch wieder zu aufzulösen, um nicht in einer totalen Erstarrung zu enden. Entkopplung erbringt nach White vor allem die Leistung Spielräume offen zu halten und wirkt so als eine Art „lubrication"[634] zwischen den sozialen Molekülen unterschiedlicher Größenordnungen. Die sozialen Moleküle selbst realisieren Einbettung und Entkopplung zugleich, wie White es am Beispiel von Produktionsmärkten am eindrücklichsten demonstriert.[635] Man kann eine Einbettung nach innen von einer Einbettung nach außen unterscheiden. Im Innern bettet der Produktionsmarkt Firmen entlang eines Rivalitätsprofils ein, das ihnen Produktionsnischen auf der Grundlage einer spezifischen Qualitäts-Volumen-Kombination anbietet. Nach außen bettet der sich der Markt selbst in andere Märkte ein, von denen er sich jedoch gleichzeitig auch in der Form abkoppelt, als er eine Disziplin realisiert, die eine eigenständige Identität bildet. Damit werden auch die Produzenten von ihren Zulieferern und Kunden entkoppelt und gewinnen Bewegungs- und Entscheidungsfreiheit.

„Firms caught up in a given market are also thereby decoupled from having to be bound to habitual ties downstream. This is because the firms' rivalry in and as a market in part insulates their commitments to particular deliveries of production flows. All this has to find expression in a common idiom among them."[636]

Embedding entspricht demnach einer Kombination von Schließung und Öffnung, wobei sich die Schließung auf die innere Ordnung (überwiegende Orientierung an den Mitbewerbern) und die Bildung einer eigenständigen Identität bezieht, während die Öffnung auf der Einbettung des Moleküls in ein übergreifendes Netzwerk beruht.

Kopplungen und Entkopplungen stellen also unterschiedliche Ergebnisse von Kontrollprozessen dar und können gegenübergestellt werden. Häufig ge-

---

[632] Der Kopplungsbegriff taucht bei White eher selten auf. Vielleicht liegt das an seiner Gleichsetzung mit dem Einbettungsbegriff und auf der anderen Seite seiner Nähe zum Begriff des "ties", der einfachen Verbindung.
[633] Vgl. White 1992, S. 12f.
[634] Ebd., S. 12.
[635] Vgl. White 2002, S. 200ff.
[636] Ebd., S. 201.

braucht White jedoch den Ausdruck der Entkopplung im Gegensatz zur Einbettung.[637] Dies wird aber dem Charakter der Einbettung, wie er im Indexraum der Disziplinen zum Ausdruck kommt, nicht gerecht. Sicher kann man sagen, dass Einbettung eine bestimmte Art von Kopplung darstellt, allerdings stellt sie, so wie sie sich im Indexraum präsentiert auch eine bestimmte Art von Entkopplung dar. Die „embedding ratios" auf der Grundlage der drei Aspekte der Einbettung, geben vielmehr auch ein Verhältnis von Kopplung und Entkopplung einer beliebigen Disziplin wieder. Es macht also wenig Sinn von einem Gegensatz von Einbettung und Entkopplung auszugehen. Einbettung ist vielmehr überall, während Kopplung und Entkopplung als auf sehr konkrete Beziehungen bezogen betrachtet werden können. Die Art ihrer Kopplungen und Entkopplungen entscheidet über die Einbettung eines sozialen Moleküls, so dass man Entkopplung und Einbettung nicht gegeneinander ausspielen sollte. Mit der Formel „Einbettung gleich Kopplung und Entkopplung" kommt man hier weiter.

Mit dieser Formel wird auf basaler Ebene deutlich, dass sich soziale Disziplinen immer in ganz spezifischer Weise als durch Kopplungen und Entkopplungen ausgezeichnet präsentieren und dieses spezifische Einbettungsprofil dabei hilft sie zu identifizieren und ihre Möglichkeiten auszuloten. Einbettung ist der wesentlich umfassendere Begriff, der eher das Gesamtprofil der bestehenden Kopplungen repräsentiert und gleichzeitig damit auch ein Entkopplungsprofil. Weite Teile der Identität von sozialen Molekülen werden aus ihrer Einbettung gespeist, aus der Art und Weise wie die Disziplin mit anderen Identitäten innerhalb des Netzwerkes verbunden ist. Als Begriff eines Profils hat Einbettung eine Menge mit Gedächtnis zu tun. Nur über die Einbettung erklärt sich, was die Disziplin ausmacht und auf welche Leistungen sie zum Identitätsaufbau zurückgreifen kann. Das „embedding ratio" einer Disziplin gibt also gedächtnistheoretisch an, inwieweit die hier ausgebildeten Identitäten sich nach außen tragen lassen und auf wieviel Äußeres sie bei ihrer Bildung und Reproduktion zurückgreifen können. Was bei White über Luhmann und Latour hinausgehend hier vorliegt, ist die Möglichkeit einer formalen Bestimmung der Einbettung und damit der Bezüglichkeiten. Einbettung kann als ein jeweils graduelles Maß für die Kombination von Öffnung und Schließung eines sozialen Moleküls interpretiert werden. Durch die Platzierung im Indexraum lässt sich also herausfinden, wie sehr Kohärenzprüfungen innerhalb des Moleküls abhängig sind von Einflüssen aus dem sie einbettenden Netzwerk.[638]

---

[637] Vgl. White 2002, S. 32.
[638] Im Vergleich der Theorien wird dieser Punkt aufzugreifen sein. Denn worum es hier bei White geht ist offensichtlich die Kombination struktureller Offenheit und Geschlossenheit. Eine Entsprechung zu Luhmanns operativer Geschlossenheit kann man nicht so ohne weiteres erkennen. Später werden wir jedoch sehen, dass Kontrolle als operatives Element verstanden werden kann und starke

Erster „communicative turn" – Geschichten und Verbindungen, Institutionen und Stile

Auch wenn schon mehrfach erwähnt wurde, dass White eine phänomenologische Netzwerktheorie vorlegt, die sich um die Einbindung sprachlicher und kultureller Phänomene in die sozialen Strukturen der Netzwerke bemüht, haben wir davon bislang noch wenig gesehen. Nur im Kontingenzkalkül zwischen Ambage und Ambiguität kam durch die Möglichkeit der Mehrdeutigkeit eine Ebene ins Spiel, die nicht unmittelbar auf die harte Ebene der Beziehungsstrukturen zurückgeführt werden konnte. White vollführt aber in der Tat mit Identity and Control einen „communicative turn" innerhalb der sozialen Netzwerkanalyse. Dieser besteht nicht in einer prononcierten Umstellung von Handeln auf Kommunikation, wie bei Luhmann, sondern durch die Einführung der Ebene der Stories oder Erzählungen, die der Ebene der Ties oder Verbindungen zur Seite gestellt wird.

Disziplinen sind zwar die Bausteine der Sozialität, aber dennoch sind Verbindungen deutlich weitreichender, denn als „verfehlte Disziplinen" bleiben sie überall dort bestehen, wo sich eine stabile soziale Ordnung nicht durchsetzen konnte. Netzwerke bestehen deshalb nicht hauptsächlich aus sozialen Molekülen, sondern aus Verbindungen zwischen Identitäten.

„Ties among disciplines are themselves failed disciplines and, together with disciplines, constitute social space. Ties as failed disciplines may in particular derive as residuals from complete linear orderings in disciplines that abort or break up, but ties become a distinct form, not mere degenerate cases of discipline. Ties reflect but also are implicated in activity for actors as well as for observers. Every identity continually seeks control to maintain itself, and in that struggle breaks, as well as establishes, ties with other such identities. Ties are protrayals of connections, but these are not once-and-for-all objective interconnections among fixed identities."[639]

Verbindungen sind also nicht etwas Stabiles und Unveränderliches, das man als feststehende Struktur des Sozialen interpretieren könnte. Verbindungen müssen immer neu stabilisiert werden. Als allgemeiner Ausdruck der Verbindung von zwei Identitäten sind solche Verbindungen „multiplex ties"[640]. Solche Verbindungen saugen alle möglichen Beziehungen zwischen zwei Knoten auf, die sich im Laufe gemeinsamer Aktivitäten gebildet haben. Sie können sich auf den Austausch von Ressourcen beziehen, von Informationen, auf affektuelle Bindungen oder Vertragsabschlüsse. Häufig impliziert eine Verbindungsart mehrere andere

---

Anklänge an den Kommunikationsbegriff aufweist, vor allem wenn man die immer stärkere Berücksichtigung kommunikativer Elemente in Whites Theorie nachvollzieht.
[639] Vgl. White 1992, S. 66f.
[640] Ebd., S. 79.

und ebensohäufig impliziert sie bestimmte Erwartungen hinsichtlich der weiteren Verbindungen des anderen Knotens. Aus dieser Kumulation von Verbundenheiten und Beziehungen im multiplex tie resultiert die Unabschließbarkeit von Netzwerken und Verbindungssträngen[641] und auch das schon mehrfach erwähnte Problem der Grenzspezifikation[642] bei Netzwerken. Allerdings ist die simple Verbundenheit nicht die einzige Fundierung eines Netzwerkes. Darüber hinaus ist es nicht verwunderlich, dass White auch in besonderem Maße auf die Bedeutung positionaler Analysen hinweist. Strukturelle Äquivalenzen sagen häufig mehr über eine spezifische Netzwerkkonfiguration aus als die reine Verbundenheit von Elementen. Strukturell äquivalente Positionen müssen nicht mal durch Beziehungen miteinander verbunden sein und doch haben sie einiges gemeinsam, vor allem ähnliche Handlungsmöglichkeiten, die sich aus ihrer Position im Netzwerk ergeben. Die Diskussion um Verbindungen bleibt noch stark auf die klassische Analyse von Netzwerken, einer strukturellen Analyse, in der die Beziehungen zwischen Identitäten die soziale Struktur wiedergeben. Aber schon der Hinweis auf die laufende Konstruktion und Rekonstruktion von Verbindungen und die Möglichkeiten der Auflösung von Verbindungen durch Kontrollprojekte gehen über eine klassische strukturelle Analyse hinaus. Mit der Einführung des Story-Konzepts geht White jedoch noch ein ganzes Stück weiter und bewegt sich im Raum einer konstruktionistischen Netzwerktheorie, die die kommunikative und kulturelle Dimension von Identitäten und Verbindungen ernst nimmt. Er vollzieht eine erste „kommunikative Wende" innerhalb des Netzwerkparadigmas.

Als Vorlauf zum Story-Konzept muss darauf hingewiesen werden, dass die Bedeutung von Netzwerken für White aus der Beobachtung von Identitäten gespeist wird, dass auch indirekte Beziehungen entlang von „strings of ties" und eben „Stories" Einfluss auf sie haben. Whites Netzwerkkonzept impliziert drei Dinge: Beziehungen sind in sozialen Molekülen (Disziplinen) fundiert, diese muss man als Kontrolldynamiken verstehen und nicht als feste Verbindungen und schließlich darf man nicht den Einfluss weiterer Kontexte ausblenden. Wo situieren sich hier also die Erzählungen (Stories) und damit die kommunikativ-kulturelle Dimension der Netzwerke? Darauf kann man zwei Antworten geben. Die erste bezieht sich auf die direkte Applikation des Story-Konzepts, auf die sozialen Beziehungen und die zweite auf eine Erweiterung bzw. Umstellung des Kontrollkonzeptes auf Kommunikation.

Beginnen wir mit dem zweiten Aspekt, da man diesen in aller Kürze vorstellen kann. Die menschliche Sprache und die mit ihr verbundenen komplexen Formen der Kommunikation erlauben eine weitgehende Ausdifferenzierung von

---

[641] Vgl. Azarian 2005, S. 41.
[642] Vgl. Laumann et al. 1983.

Wertordnungen und damit Beobachtungschancen. Aus diesen zusätzlichen Beobachtungschancen kann man neue Kontrollmöglichkeiten ableiten, die sich aus der jetzt zugänglichen Interpretationsoffenheit des Geschehens ergeben. Kontrolle wird in immer größerem und bedeutenderem Ausmaß kommunikativ realisiert und Kontrollprojekte sind in immer stärkerem Ausmaß Kommunikationsprojekte. Kontrolle wird ausgeübt durch Bewertungen und Verortungen, die kommunikativ zugänglich werden. Kontrolle wird zu Kommunikation.

Damit zusammenhängend ergibt sich eine immer stärkere Möglichkeit, den „multiplex tie" aufzulösen und damit Netzwerke voneinander zu differenzieren. Es werden Typen von Verbindungen getrennt und als unterschiedliche Netzwerke beobachtbar. Stories definieren bestimmte Beziehungen als Kollegen, Intimbeziehungen, Bekanntschaften und Freundschaften. Und es können problemlos weitere Beziehungsformen zwischen anderen Identitäten als Personen isoliert werden. Darüber hinaus können Stories immer weitere Kreise von indirekten Beziehungen der Beobachtung zugänglich machen, denn die Stories können im Gegensatz zu den einzelnen Beobachtungen der jeweiligen Identität im Netzwerk zirkulieren. Dadurch werden „strings of ties" sichtbar und können ausgenutzt werden. Verbindungen und Stories definieren sich wechselseitig und gehen doch zugleich immer übereinander hinaus. In einer Beziehung kumulieren sämtliche Geschichten zwischen dem Knotenpaar, so dass sich nach und nach eine immer komplexere Beziehung, ein multiplex tie ausbildet. Aber in Geschichten wird normalerweise eine ganze Reihe von Beziehungen angesprochen und so folgen Geschichten oft eher den Strängen von Verbindungen, als nur auf einer Beziehung zu basieren. Ähnliches behauptet White für die Beziehung von Verhalten und Stories, wobei Verhalten hier als direkte Ausdrucksform von Kontrolle verstanden werden kann.

> „Stories cite behavior. Behavior guides stories. But behavior is actions on specific occasions involving essentially external and sometimes superficial relationships. Story goes beyond behavior to weave interpretations into relationships, which is what generates recognition of indirect ties, and thus of network as population."[643]

Zentral ist jedoch das Ausdifferenzierungsargument. Denn wenn es möglich ist die Beziehungen zwischen den Knoten zu unterscheiden und zu typisieren, und genau das leisten Stories und Story-sets, werden viele Verfahren der Netzwerkanalyse erst plausibel, die sich nicht nur für die reine Verbundenheit innerhalb eines Netzwerks interessieren, sondern auch dafür, wie bestimmte Positionen zustande kommen und wie sie miteinander verglichen werden können. Hierzu sind „types of tie" unerlässlich, die erst durch stereotype Erzählungen und sozia-

---

[643] Vgl. White 1992, S. 83.

le Zurechnunsprozeduren möglich gemacht werden. In diesen Verbindungstypen fallen Differenzen zwischen Beziehungen mit den Differenzen der Rahmung
dieser Beziehungen zusammen. Nach White kann man drei Möglichkeiten der
Identifizierung von Verbindungstypen unterscheiden: (1) durch die Beobachtung
von Überlappungsmustern zwischen Disziplinen und korporierten Gruppen, (2)
durch Asymmetrien in den Relationen und (3) auf der Basis von Institutionalisie-
rungen von indirekten Beziehungen.[644]

Es lassen sich insbesondere in zwei Hinsichten interessante Ableitungen
feststellen. Erstens hinsichtlich der von Mark Granovetter eingeführten Unterscheidung von „strong" und „weak ties"[645]. Man kann demnach Verbindungen
nach ihrer Intensität unterscheiden. Werden sie in einem ständigen Austausch
und sich stetig erneuernden Kontrollkämpfen immer weiter verfestigt und stets
mit neuen Stories versorgt, handelt es sich um starke Verbindungen, die aber
eben auch nicht ohne diese ständige Bearbeitung auskommen und deshalb zeitin-
stabil sind. Sie neigen zu einer Verfestigung nach innen und sind selten offen für
neue Informationen bzw. können keine neuen und innovativen Kontrollprojekte
hervorbringen. Schwache Verbindungen dagegen können lange Zeitspannen
auch ohne Aktualisierungen überbrücken und sorgen für frische Inputs. Allerdings sieht White hier nicht zwei Extremformen der Intensität, sondern fließende
Übergänge, die sich eben auch aus den sie begleitenden Stories ableiten lassen.
In einer zweiten Hinsicht ist Whites Übersetzung des Problems in die Möglichkeit der Erstellung von Blockmodellen interessant. Blockmodelle ergeben sich
aus der Überlagerung von Netzwerken. Aus dieser Überlagerung lassen sich
dann Cluster identifizieren, die über mehrere Netzwerke hinweg gleich bleiben,
also Blöcke ergeben, die man auf der Grundlage unterschiedlicher Verbindungstypen erkennen kann. Mit diesen Blöcken werden dann mögliche stabile Balan-
cen zwischen Kontrollprojekten identifiziert, aus denen sich mögliche Unterteilungen einer Netzwerkpopulation ableiten lassen. Jede dieser Unterteilungen
definiert ein Set möglicher Identitäten, aus denen Disziplinen werden können.
Die Rolle der Stories bleibt hier zwar eher im Hintergrund, weil sie eher eine
Grundlage der Möglichkeit zur Identifikation dieser Blöcke ist. Andererseits
wäre es ohne die Differenzierung der Verbindungstypen, die sich nur aus der
Beobachtung von Verbindungen auf der Basis von Geschichten ergeben, gar
nicht möglich Blöcke zu unterscheiden. Die grundlegende Verknüpfung von Ties
und Stories ist es also, die erst verständlich macht, wie die Analyseinstrumente
der Netzwerkanalyse zum Funktionieren gebracht werden. Ties und Stories sind
eng verbunden, weil sie sich wechselseitig definieren, aber gleichzeitig liegen sie
auf zwei getrennten Ebenen der Analyse. Dadurch ist es möglich, Beziehungs-

---

[644] Vgl. White 1992, S. 94f. Institutionen werden uns gleich noch etwas intensiver beschäftigen.
[645] Vgl. Granovetter 1973.

und Kommunikationsstrukturen getrennt zu beobachten, obwohl sie erst zusammen eine soziale Netzwerkstruktur ausmachen und diese erst ausfüllen. Diese enge Verbindung und gleichzeitige Ebenenverschiebung haben wir am Anfang unserer Beschäftigung mit White auch schon am Unsicherheitskalkül gesehen. Auch hier kann man eine eher auf die Beziehungsstruktur der reinen Verbindungen gerichtete Unsicherheit (Ambage oder Verwobenheit), von einer auf die Erzählungs- bzw. Beschreibungsstrukturen ausgerichtete Unsicherheit (Ambiguity oder Mehrdeutigkeit) unterscheiden. Beide können in Kontrollprojekten gegeneinander ausgespielt werden, weil sie miteinander verbunden sind. Auch hier ergibt sich das Bild einer jeweils graduellen Schwerpunktsetzung.

Ein ähnliches Bild ergibt sich auch auf höheren Aggregationsstufen als den sozialen Molekülen und den Verbindungen zwischen ihnen. Hier unterscheidet White zwei bedeutsame Formen. Zum einen gibt es Institutionen, die sich dadurch auszeichnen, dass sie in Story-sets eine größere Anzahl von Disziplinen miteinander verbinden; zum anderen Stile, die Verhalten über verschiedene Netzwerkkontexte hinweg integrieren können. Auch hier sieht man jeweils die Verbindung von kommunikativer Dimension und Beziehungsdimension in einem Konzept. Befassen wir uns zunächst mit Whites etwas eigenwilligem Institutionenkonzept.[646] Da Institutionen immer eine Vielzahl sozialer Moleküle integrieren, kann man nicht alle möglichen institutionellen Formen einfach ableiten. White benennt jedoch einige stabile Formen, die man recht häufig im Verlauf der sozialen Entwicklung beobachten kann. Explizit erwähnt er den Korporatismus, den Klientelismus, den Feudalismus und Kastensysteme[647]. Die Ebene der Stories und Beziehungen ist in Institutionen eng verwoben, weil es sich bei ihnen um „robust articulations of network populations"[648] handelt. Artikulation kann man hier wörtlich nehmen. Die Institution ist ein Ausdruck der Verbundenheit verschiedener Disziplinen und sie drückt sich in Stories aus; genauer gesagt in Theorien, die klare Grenzen ziehen. Dabei muss diese Grenzziehung der Institution jedoch mit den Inhomogenitäten des Netzwerkes abgestimmt sein. Hier gibt es so etwas wie eine Korrelation von Ausdrucksform und Beziehungsform, die

---

[646] White macht jedoch in einer Fußnote darauf aufmerksam, dass sein Konzept gängigen Definitionen von Institution nicht widersprechen würde: "There are several other connotations for the term 'institution' in social science usage: the broad architecture of functional areas (e.g. education, the arts, health, business as institutions); a special kind of organization infused by values (...); any social routine of behavior, such as handshake; and so on. These alternatives are not hostile to my usage, as will become apparent. Vgl. White 1992, S. 116, Fn. 1.

[647] Die Institution der Wissenschaft wird dabei mit der Institution des Kastensystems gleichgesetzt, dessen hervorragendste Eigenschaft nach White darin besteht, auch beim Eindringen fremder Elemente (fremder Subkasten oder neuer wissenschaftlicher Disziplinen) für Stabilität zu sorgen. Ebd., S. 118ff.

[648] Ebd., S. 116.

sich in einer Institution realisiert.[649] Man darf dabei nicht übersehen, dass es Grenzen nicht als gegebene vorfindbare Tatsachen gibt, sie sind immer komplexe und häufig auch subtile Produkte des sozialen Handelns bzw. der kommunikativ realisierten Kontrollprojekte. Allerdings bietet die angesprochene Korrelation eine Möglichkeit, die Ausbildung und Entstehung von Institutionen zu beobachten, denn immer wenn eine Übereinstimmung in den Grenzziehungen sichtbar wird, kann man vom Vorliegen einer Institution ausgehen, die auf dieser Grenzziehung basiert. Man darf sich jedoch von der Geordnetheit der Stories nicht täuschen lassen, denn in den Beschreibungen der sozialen Welt ist mehr Ordnung, als man den sozialen Zusammenhängen entnehmen kann. Hier wird sozusagen zusätzliche soziale Organisation geleistet. Allerdings lassen sich Grenzen auch physisch absichern. Dies geschieht auf der Grundlage von Lokalitäten. In Lokalitäten wird eine Übereinstimmung von physischem und sozialem Raum konstruiert. Dadurch werden Grenzen konkretisiert, die ansonsten nur in der Theorie bestehen. Eine weitere Dimension, in denen sich funktionierende Institutionen auszeichnen, ist die Hegemonialität bestimmter Werte. Diese Werte sind dann ebenso dominant, wie in einzelnen Disziplinen. Gerade der Wertaspekt ist es hier, der sich in einem weiteren Rahmen ausdehnen kann und damit ein verbindendes Element zwischen den Stories herstellen und als Maßgabe der Grenzziehung fungieren kann.[650] Werte haben dabei einen durch und durch hybriden Charakter, denn sie sind Mediatoren zwischen individualistischen und strukturalistischen Ansätzen, weil sie aus einzelnen Disziplinen herausgezogen und über diese hinaus generalisiert werden können.

> „Goals are a device that bridges contradictions, goals stereotyped in terms of values. Values derive ultimately from the valuation orderings in molecular disciplines. Values are a peculiar hybrid between socially programmed reproduction of institution, on the one hand, and idiosyncratic actions by identities on the other."[651]

---

[649] Hier könnte man sich an Luhmanns Korrelationsthese zwischen Gesellschaftsstruktur und Semantik erinnert fühlen, die als lineare Nachträglichkeit beschrieben worden ist. Vgl. Stäheli 1998 und 2000, S. 196ff oder auch unsere Ausführungen in Kap. 3, S. 157ff. Eine solche klare Definition der Korrelation gibt es bei White nicht. Vielmehr ist hier an die Grundaussage des Unsicherheitskalküls zu erinnern, der beide Aspekte eng miteinander in der Form eines Trade-offs verbindet.

[650] Die starke Bedeutung von Werten bei der Integration von Disziplinen in Institutionen erinnert an Talcott Parsons und tatsächlich markiert White einige Anschlüsse an Parsons, die zeigen, dass er hier ein verwandtes Verständnis sozialer Ordnung benennt. Vgl. White 1992, S. 138f, Fn. 22. Die Integration über Werte ist bei White jedoch deutlich beschränkter, denn das soziale Geschehen ist bei ihm erstens weniger geordnet als seine kulturellen Beschreibungen und zweitens können Institutionen auch in einem direkten Widerspruch zueinander stehen. White gibt hier als Beispiel den Gegensatz von Klientelismus und Korporatismus (der paradigmatischen Institution) an. Vgl. White 1992, S. 150.

[651] Ebd., S. 138.

Erst Werte verbinden Stories zu Story-sets, weil sich die Geschichten um den Wert herum anlagern. Auch hieran erkennt man, dass Stories nicht etwa die subjektive Seite von Netzwerken bilden, sondern ihre kommunikative Seite. Stories sind, genau wie Sprache, immer Gemeinschaftsproduktionen, die nicht im Kopf von Einzelnen entstehen können.[652] Gerade die Möglichkeiten der Anlagerung von Stories an Abstraktionen von Wertordnungen in Werten zeigt deutlich die soziale Dimension des Story-Konzeptes. Zwei wichtige Beobachtungen zum Institutionenkonzept Whites sind an dieser Stelle noch nachzutragen, da sie einige Bedeutung für die gedächtnisspezifische Interpretation dieses Konzeptes haben. Zum einen betont White die Wichtigkeit der Entkopplung für den Aufbau solch umfangreicherer Formen sozialer Organisation. Entkopplungen sorgen dafür, dass sich die verschiedenen in der Institution integrierten Disziplinen nicht verhaken und zerbrechen. Die Kopplung muss in gewisser Hinsicht locker bleiben, sonst kann die Integration nicht gelingen. Wir hatten im vorigen Abschnitt gesehen, dass Entkopplungen die unsichtbare Seite der Einbettung darstellen. Sie tragen zum jeweiligen Einbettungsprofil bei, können aber nicht wie die Beziehungen direkt beobachtet werden. Nur Ereignisse der Auflösung von Kopplungen können beobachtet werden und die beteiligten Mechanismen, etwa die Exklusionen einer Arena-Disziplin. Zum anderen bezieht White eine Erkenntnis Udys direkt auf den Institutionenbegriff. Kurz gefasst lautet Udys Theorem: Je länger und vollständiger ein sozialer Kontext von Produktion sich entwickelt hat, desto weniger effizient und effektiv verlaufen die Arbeitsprozesse.[653] Die wichtigste Eigenschaft von Institutionen liegt für White demnach im Blockieren von Handeln[654], durch die Festschreibung und Erhaltung von Bedeutungen. Dadurch gewinnt der soziale Kontext an Stabilität, aber die Weiterentwicklung und Verbesserung von Produktions- und Arbeitsprozessen leiden darunter. Man könnte auch formulieren, dass Institutionen eine wichtige Erhaltungsfunktion für das soziale Gedächtnis übernehmen, die Erhaltung von Bedeutungen und von Positionen. Aber diese Gedächtnisfunktion blockiert zugleich die Erneuerung durch die Erschwerung von Veränderungen.

Die andere Form Disziplinen übergreifender Form sozialer Organisation, die den Story- und den Verbindungsaspekt zusammenschließt, bezeichnet White als Stil. Stile zeichnen sich durch eine direktere Anbindung an bestimmte Ver-

---

[652] Hier müssen wir der Interpretation von Azarian ganz entschieden widersprechen, der in den Stories die subjektive Dimension der sozialen Beziehungen verortet, also sie als Ergebnis subjektiver Beobachtungen und Beschreibungen ansieht. Vgl. Azarian 2005, S. 51. In den Stories ist vielmehr das kommunikative Gedächtnis der sozialen Netzwerke zu verorten (s. u.).

[653] Vgl. Udy 1970 und White 1992, S. 143.

[654] Das White einen sehr eingeschränkten Handlungsbegriff im Vergleich mit anderen Handlungstheorien verwendet, dürfte an dieser Darstellung schon aufschimmern. Wie dieser Handlungsbegriff zu deuten ist, soll Thema des nächsten Abschnitts sein.

haltensweisen aus als Institutionen. Insgesamt ist der Vergleich mit dem Institutionenkonzept instruktiv. Sie sind anpassungsfähiger als Institutionen, da ein Stil immer flüssiger bleibt als eine Institution und Raum für Interpretationen lässt. Es geht im Stil gerade nicht um eine Festsetzung von Bedeutungen, sondern um Integration von Verhalten durch die Kombination von Signalen und sozialen Mustern oder auch um die Signalisierung sozialer Muster durch Verhalten. Genauer gesagt integrieren Stile eine gewisse Menge von Kontrollversuchen. White bezeichnet sie auch als „envelope"[655], als Umschläge, in denen unterschiedliche Verhaltensweisen gesammelt sind, die als Signale für eine bestimmte Position in einem sozialen Muster oder für ein bestimmtes Muster insgesamt anzusehen sind. Während Institutionen also Bedeutungen festschreiben und dadurch Ambiguität reduzieren und gleichzeitig Ambage vergrößern müssen, reduzieren Stile Ambage und vergrößern im gleichen Moment die Mehrdeutigkeit. Stile sind also weniger mit dem Ziehen von Grenzen beschäftigt und können sich deshalb schneller über Netzwerkpopulationen hinweg ausdehnen. Sie individuieren sich eher in Personen, während sich Institutionen eher in korporativen Akteuren ausdrücken. Schließlich liegt die Generalisierungsleistung eines Stils auf einer anderen Ebene als der einer Institution. Wie wir gesehen hatten, generalisieren Institutionen den Wertaspekt von Disziplinen. Stile dagegen generalisieren den Aspekt der Dominanzordnung, die in Disziplinen ausgedrückt wird. Personalität und formale Organisation sind nach White deshalb als Stile zu betrachten. Personalität bringt die unterschiedlichen Positionierungen in verschiedenen Disziplinen in einer konsistenten Weise zum Ausdruck und kann deshalb als Umschlag aufgefasst werden, der diese Positionierung in bestimmten Verhaltensweisen in unterschiedlichen Situationen zum Ausdruck bringt. Die formale Organisation ist dagegen ein Stil, weil der hierarchische Aufbau wie eine Schablone über unterschiedlichste korporative und auch andere Institutionen gelegt werden kann und damit Über- und Unterordnungen signalisiert. Stile sind somit das generalisierte Gegenstück der Institutionen und ihre jeweiligen Generalisierungsleistungen beziehen sich genau auf jeweils einer der beiden basalen Aspekte der sozialen Organisation in Disziplinen. Einmal auf die Werte anhand derer die Ordnung vorgenommen wird und das andere Mal auf die Dominanzordnung, die sich daraus ergibt. In Stilen werden mehr Möglichkeiten der Reaktion offen gehalten, da sich kohärente Identitäten dadurch über verschiedene Netzwerkpopulationen hinweg stabilisieren lassen. Stile bewähren sich in der Form einer Persistenz in der Krise, als Verhaltensangebote für wechselnde Situationen.[656]

---

[655] Vgl. White 1992, S. 184ff.

[656] Die Rede von der Hülle, die eine gewisse Verfügbarkeit von Verhaltensweisen beinhaltet, die eine spezifische Positionierung in wechselnden Situationen zum Ausdruck bringen, weist eine gewisse Nähe zum Habitusbegriff bei Bourdieu auf. Auch dieser betont ja das auch kreative Potential des

Institutionen und Stile können im Regimebegriff verbunden werden, den White mit explizitem Verweis auf Foucault aufbaut. Dessen „regimes of truth"[657], die definieren welche Diskurstypen akzeptabel sind und diese als Wahrheiten zum Funktionieren bringen, sind Vorbild für einen Regimebegriff, der eine Theorie bezeichnet, die ein Ensemble von Stilen beschreibt, die sich an eine bestehende Institution anlagern.

„The larger views of explicit social order beyond the institution seem clear. Institutions and the rhetorics they come to agree upon both are open-ended and can be extrapolated beyond present local disciplines and networks. Call the product, which is a native statement combining styles around institutions, a regime. A regime is native theory for middle-range order."[658]

Als eine solche Theorie ist ein Regime jedoch eine fortgesetzte Errungenschaft, die immer wieder neu aufgebaut und aufrecht erhalten werden muss. Regime sind also (Selbst-)Beschreibungen, die definieren welche Stile mit einer spezifischen Institution kompatibel sind und welche soziale Ordnung auf diese Weise zustande kommt. Die Bedeutung dieser Theorieeffekte für die Erhaltung sozialer Ordnung sollte nicht unterschätzt werden.

Versucht man die Ausbaustufen sozialer Ordnung über die sozialen Moleküle hinaus gedächtnistheoretisch zu beschreiben, wird schnell deutlich, dass der Story-Aspekt hier eine besondere Rolle spielt. Es sind gerade die Stories in denen Identitäten und ihre Verbindungen transportabel werden und damit sind sie Kernstück einer an White orientierten Gedächtnistheorie. Institutionen und Stile sind als Generalisierungsleistungen ebenfalls von Bedeutung, denn sie sind Ausdruck der Mobilität von bestimmten Ordnungsgesichtspunkten, die aus ihren Entstehungszusammenhängen heraustreten. Was bei White scheinbar völlig fehlt, ist die materielle Dimension dieser Ausdehnung. Die Mobilität entstammt scheinbar vollkommen den Möglichkeiten der Sprache. Dies kann für moderne Gesellschaften als unzulänglich betrachtet werden, wie sich sowohl in den Ausführungen zu Luhmann, als auch insbesondere bei Latour gezeigt haben sollte. Ein wichtiger Gesichtspunkt ist Whites Standpunkt, dass voll entwickelte durchgreifende soziale Kontexte Möglichkeiten der Erneuerung eher einschränken. Sie sind auf Erinnerung ausgerichtet, weil sie der Stabilisierung von sozialer Ordnung dienen. Doch die wichtige Funktion des Vergessens darf gerade bei der Ausdehnung von Ordnungsgesichtspunkten nicht vergessen werden, was das

---

Habitus, das White wohl auch für seinen Stilbegriff veranschlagen würde. Vgl. die Ausführungen zu Bourdieu in Kap. 2.

[657] Vgl. Foucault 1980, S. 131.

[658] Vgl. White 1992, S. 226.

Insistieren auf Entkopplung immer wieder bestätigt. Ohne Vergessen gibt es keine Generalisierung und auch keine Stabilisierung über die Form des sozialen Moleküls hinaus. Die Bedeutung von Generalisierungsleistungen bei der Kohärenzprüfung sozialer Ordnung sollten wir im Auge behalten. Neben der graduellen Bestimmung von Öffnungen und Schließungen und dem noch folgenden Aspekt der zeitlichen Ordnung liegt hier der wohl wichtigste Bezug von Whites Theorie zum soziologischen Problem mit dem Gedächtnis.

Robustes Handeln – blocking und getting action

Der Handlungsbegriff bei White hat eine sehr enge Fassung. Handlungsfähigkeit beinhaltet für White die Möglichkeit kontingenten Verhaltens, die Möglichkeit etwas anders zu machen. Teilweise betont er diese Sichtweise noch durch die Vorsilbe „fresh"[659]. Der Begriff der Handlungsfähigkeit scheint für White in diesem Zusammenhang bedeutsamer als der Handlungsbegriff selbst. Kontrollprojekte, also grundlegende Formen der Produktion von sozialen Zusammenhängen, müssen nicht als Handlungen attribuiert werden. Durch soziale Organisation wird die Handlungsfähigkeit der Identitäten beschränkt. Sie sind miteinander in wechselseitigen Kontrollprojekten verhakt, die immer weniger Raum lassen, um kontingentes Verhalten auszuspielen. „Agency" oder wie White es nennt „getting action"[660] wird dadurch zum Problem. Whites Problemlösung beginnt mit der Unterscheidung von zwei Sichtweisen auf soziale Organisation. Die erste Sichtweise entspricht dem Blockieren von Kontingenz und damit auch dem Blockieren von Handeln. In einem sozialen Molekül sind die Positionen bestimmt und eine Wertordnung für deren Vergabe etabliert. Die Kontrollversuche sind so miteinander verhakt, dass es innerhalb der Disziplin kaum Möglichkeiten gibt, eine durchgreifende Änderung durchzuführen und dazu neue Kontrollversuche einzusetzen. Die zweite Sichtweise zielt auf die Beobachtung der Handlungsmöglichkeiten, die sich innerhalb der sozialen Organisation ergeben. Höhere Aggregationsformen der sozialen Organisation, wie Stile und Institutionen sind auf Entkopplung angewiesen. Sie können nur zum Funktionieren gebracht werden, wenn es ausreichend „geschmierte" Zonen zwischen den Disziplinen gibt, die eine direkte stabile Verhakung der Disziplinen untereinander verhindern. Genau an diesen Nischen setzen neue Kontrollprojekte und damit die Erlangung von Handlungsfähigkeit an. Nur in diesen Nischen des sozialen Raums ist die Möglichkeit gegeben etwas anderes zu machen. Hier hat noch keine wechselsei-

---

[659] Vgl. White 1992, S. 230.
[660] Ebd., S. 230ff.

tige Verhakung der unterschiedlichen Kontrollprojekte stattgefunden und neue Formen sozialer Organisation können entstehen.

Woher kommt diese Sichtweise auf das Handeln? Den Hinweis auf kontingentes Verhalten könnte man auch anderen Handlungstheorien entnehmen, die auf die Entscheidungsförmigkeit des Handelns hinweisen. Ein gutes Beispiel sind Theorien, die Handlungskalküle verwenden. Sie beschreiben Handeln als Zusammenhang aus Situationsdeutung und einer Handlungswahl auf der Basis dieser Deutung und eines Kalküls, der zumeist eine Kalkulation des Nutzens des Akteurs beinhaltet.[661] Es gibt Alternativen zwischen denen gewählt wird und dann kann man von Handeln sprechen. Der unterlegte Kalkül einer Nutzen maximierenden Handlungswahl reduziert diese Kontingenz jedoch praktisch sofort wieder. Hier findet sich also nicht das Modell des Handelns, welches White vorschwebt. Viel eher hält er Rationalität für eine theoretische oder rhetorische Beschreibungsfigur, die man eher als einen Stil auffassen, aber nicht zur Grundlage der Entstehung von Handlungsfähigkeit machen kann.[662] Viel eher orientiert sich White an der Formulierung von „robust action"[663] durch Padgett und Ansell, am Beispiel der Durchsetzung der Medici im Florenz der Renaissance. Robustes Handeln wird hier als ein Stil aufgefasst, dessen Kern in der Bewahrung von Handlungsfähigkeit besteht.

> „We use the term 'robust action' to refer to Cosimo's style of control. The key to understanding Cosimo's sphinxlike character, and the judge/boss contradiction thereby, we argue is multivocality – the fact that single actions can be interpreted coherently from multiple perspectives simultaneously, the fact that single actions can be moves in many games at once, and the fact that public and private motivations can not be parsed. Multivocal action leads to Rorschach blot identities, with all alters constructing their own distinctive attribution of the identity of ego. The 'only' point of this, from the perspective of ego, is flexible opportunism – maintaining discretionary options across unforeseeable futures in the face of hostile attempts by others to narrow those options."[664]

Robustes Handeln in diesem Sinne hat strukturelle Vorbedingungen, denn die Multivokalität entspringt nicht allein aus dem mehrdeutigen Verhalten von Ego. Es gehört vielmehr auch die entsprechende Attribution von Seiten der Anderen dazu. Padgett und Ansell gelten wie Whites Identity and Control als Vorbereiter eines netzwerkanalytischen Paradigmas, das Handlungsfähigkeit und die kulturelle Dimension nicht negiert oder vernachlässigt, sondern vielmehr zum Aus-

---

[661] Vgl. beispielhaft für diese Theorieform Coleman 1990 und Esser 1993.
[662] Vgl. White 1992, S. 297ff.
[663] Vgl. Padgett & Ansell 1993.
[664] Ebd., S. 1263.

druck bringt, dass gerade die Analyse der sozialen Einbettung neue Einsichten zur Handlungsfähigkeit produzieren und dabei ihre Lokalität, ihre Mehrdeutigkeit und schließlich ihre Widersprüchlichkeit ernst nehmen kann.[665]

White hat hier allerdings weniger die Handlungsfähigkeit einzelner Identitäten im Sinne, sondern argumentiert vielmehr aus der Perspektive der sozialen Organisation selbst, die Handlungsfähigkeit ebenso reproduzieren muss wie gesicherte Ordnung. Die Möglichkeiten für Handeln ergeben sich also vor allem an den Grenzen von Disziplinen und Institutionen und durch die Vermischung von Stilen. Dies sind die Nischen in denen sich neue Kontrollprojekte mit hohem Kontingenzgehalt einnisten können. Man sieht, die Konstruktion von Handlungsfähigkeit ist nicht das Projekt einer einzelnen Identität, sondern entsteht aus erneuerten Kontrollversuchen und entsprechenden Reaktionen darauf. Aus dieser Lage folgert White, dass sozialer Wandel von einer Form sozialer Organisation zu einer anderen eher nicht einem schleichenden Übergang entsprechen würde, denn innerhalb sozialer Organisationsformen wird Handeln und damit die mögliche Erneuerung eher blockiert. Vielmehr bildet sich die neue Organisationsform an der Grenze, in der Nische zwischen zwei oder mehr bestehenden Organisationsformen, die dann einen Sprung von oder einen Bruch mit der alten Organisationsform auslösen. Dass dies durchaus häufig geschieht, liegt an der ständigen Suche von Identitäten nach neuen Kontrollmöglichkeiten. Ergibt sich die Chance eine Nische zu besetzen, wird früher oder später eine Identität versuchen diese Nische auszufüllen. Handlungsfähigkeit wird von White also in großen Dimensionen gedacht und auch in seinen Beispielen direkt an sozialen Wandel geknüpft. In diese Richtungen gehen auch die vier Aussagen, die White bezüglich der definierenden Merkmale von „getting action" macht. Die erste Aussage bezieht sich auf die Notwendigkeit bestehende Grenzen zu überschreiten und abgegrenzte soziale Kontexte zu vermischen, um Handlungsfähigkeit zu realisieren. Ohne aus bestehenden sozialen Organisationsformen auszubrechen, sich zwischen sie zu schieben, kann sich keine neue Handlungsfähigkeit ergeben.[666] Die zweite Behauptung tritt der Annahme entgegen, Handlungsfähigkeit sei an bestimmte soziale Positionen gebunden oder sie sei eine neue Spezialisierung. Nach Whites Ansicht ist das genaue Gegenteil der Fall. Handlungsfähigkeit wird in erster Linie über Generalisierung gewonnen, über die Lösung von vordefinierten Positionen, da es vor allem Generalisierung ist, die es erlaubt, über bestehende Formen der sozialen Organisation hinauszugehen.[667] Die dritte Aussage betrifft den strukturtransformativen Aspekt der Erlangung von Handlungsfähigkeit. Ein soziales Muster muss sich durch den Gewinn von Handlungsfähigkeit verän-

---

[665] Vgl. Padgett & Ansell 1993, S. 1310.
[666] Vgl. White 1992, S. 255
[667] Ebd., S. 256.

dern und weiter ändern lassen.[668] Die letzte Behauptung bezieht sich auf eine andere Folge des „getting action", die Erzeugung von Ungleichheit. Es sind gerade die Versuche der Erlangung neuer Kontrollmöglichkeiten, die immer neue Ungleichheiten generieren, deren Kumulation dann als Stratifikation bzw. als soziale Ungleichheit im umfassenden Sinne ein Synonym für die Blockade von Handlungsfähigkeit wird.[669]

Bei White kommen auch verschiedene Mechanismen zur Sprache, die zur Erzeugung von Handlungsfähigkeit immer wieder ausgespielt werden. Eine gängiger Mechanismus ist die Ausbildung einer Agenda, die häufig darin besteht, Interessen auf Akteure zuzurechnen, d.h. eine Story-line zu kreieren, oder Themen auf Ereignisse, also eine Rhetorik auszubilden. Akteure mit Interessen zu belegen reduziert den Ambage, da nun nicht mehr jeder mit jedem zusammen etwas unternehmen kann, sondern eine Gleichheit der Interessen vorausgesetzt werden muss. Ereignisse auf Themen zu beziehen reduziert dagegen die Mehrdeutigkeit dieser Ereignisse, so dass sie nur noch in einer bestimmten Hinsicht eine Rolle spielen. Beide Formen der Agenda-Setzung interferieren miteinander. Auch hier müssen die Abstimmungen des Unsicherheitskalküls beachtet werden. Die Reduktion der Mehrdeutigkeit erhöht den Ambage und umgekehrt. Das Setzen einer Agenda lenkt die Aufmerksamkeit auf bestimmte Nischen und trägt zur Wahrscheinlichkeit von deren Besetzung bei.

Ein weiterer Mechanismus ist der Durchgriff (reaching through), die Grenzüberschreitung. Grenzüberschreitungen führen immer in den Bereich des Zwischenraums und halten so die Möglichkeit bereit, neue Kontrollprojekte zu starten. Ein Nebenprodukt der Grenzüberschreitung ist die Erzeugung von Ebenenunterscheidungen, die es dann erlauben, der Grenzüberschreitung eine Richtungsangabe zuzuweisen[670]. Die Möglichkeiten des Durchgriffs beruhen immer auf strukturellen Äquivalenzen, die in Kontrollversuchen ausgenutzt werden können, indem z.B. Zwischenebenen aufgelöst oder eingerichtet werden. Immer wird in der Grenzüberschreitung ein Zwischenraum geschaffen und gefüllt, der auf struktureller Äquivalenz innerhalb der Netzwerkpopulation beruht. Durchgriff wird häufig durch die Auszeichnung einer Krise möglich, die alte Grenzziehungen gefährdet erscheinen lässt und die Wahrscheinlichkeit von Blockaden reduziert. Das Ausspielen von Krisen, um Veränderungen möglich zu machen, ist in den Stories heute allgegenwärtig.

Ein dritter Mechanismus wird von White als „Annealing"[671] bezeichnet und analog zur Aushärtung von Stahl verwendet. Bei diesem Beispiel wird deutlich,

---

[668] Vgl. White 1992, S. 256.
[669] Ebd., S. 257.
[670] White spricht dann von "reaching up" und "reaching down".Ebd., S. 262ff.
[671] Ebd., S. 281ff.

dass die Konstruktion von Handlungsfähigkeit nicht mit geplanter Veränderung gleichgesetzt werden kann. Annealing kann man besser als wiederholtes Stören der Stabilisierung einer Ordnung begreifen, bei dem man auf eine wünschenswerte Veränderung der Eigenschaften hofft. Dabei muss verhindert werden, dass die Störungen durch eine nachträgliche Erzeugung von Kohärenz wieder still gestellt wird, denn sonst kann die Handlungsfähigkeit ebenso schnell wieder verschwinden, wie sie sich ergeben hat. Das Annealing arbeitet dabei primär mit dem Mechanismus der Hybridisierung von Stilen oder Institutionen. Verschiedene Stile oder Institutionen werden miteinander verschmolzen und man hofft auf eine Reaktion, die zur Bildung eines neuen Stils oder einer neuen Institution führt. Dass dies geschieht, kann man jedoch nicht gewährleisten. Annealing stellt die soziale Kontingenz also keineswegs still, sondern versucht eher von ihr zu profitieren, ohne sie in zureichendem Maße kontrollieren zu können.

Generell lässt sich festhalten, dass Handlungsfähigkeit sich aus der jeweiligen Struktur der Netzwerke ergibt, aus der Anzahl der Nischen und Löcher zwischen den sozialen Molekülen. In dicht verknüpften Netzen mit geringen Zwischenräumen ist eine Blockade von Handlungsfähigkeit einfach und ein Generieren von Handlungsfähigkeit dementsprechend schwierig, während es in löchrigen Netzen mit großen Zwischenräumen relativ einfach ist, „getting action" zu ermöglichen. Formal kann dies durch die Einbettungsprofile der jeweiligen Disziplinen bestimmt werden.

Bei White ist das Handlungsmodell keine Ausgangspunkt der Theoriebildung, sondern eine aus den Grundlagen abgeleitete Figur, der aber dennoch einige Bedeutung zukommt. White geht es darum, wie Handlungsfähigkeit in sozialen Netzwerken erst generiert wird, man kann sie nicht einfach bei der Herleitung sozialer Ordnung voraussetzen. Dennoch sieht er einen engen Zusammenhang zwischen der Theoriegrundlage Kontrolle und dem Erzeugen von Handlungsfähigkeit. Kontrolle ist jedoch der weitere und grundlegendere Begriff, der genauso gut auch auf die Blockade von Handeln ausgerichtet ist. White's Handlungsmodell ist deshalb relevant, weil es enge Verbindung mit systemtheoretischen Diskussionen zum Handlungsbegriff aufweist und auch zur weiteren Fassung des Handlungsbegriffs bei Latour. Auch „robustes Handeln" basiert weitgehend auf entsprechenden Attributionen und ist keine den Identitäten gegebene essentielle Eigenschaft. Der andere zentrale Punkt, der dieses Handlungskonzept für unsere Diskussion relevant macht, ist seine enge Verknüpfung mit Formen des sozialen Wandels. In Whites Darstellung bestimmen Netzwerkeigenschaften die Möglichkeiten der Erneuerung und der Innovationen innerhalb eines sozialen Settings. Ohne entsprechende Nischen und Zwischenräume gibt es keine Möglichkeit der Erneuerung. Aber auch umgekehrt gilt, ohne soziale Absicherung gegen die allgegenwärtige Kontingenz, kann es keine Bildung von tragfähigen

Identitäten geben, die in der Lage sind, diese Nischen zu nutzen,. Aus der Sicht einer Gedächtnistheorie müsste hier die Frage nach Formen der Balance zwischen Erinnern und Vergessen in Netzen einsetzen. Jedes Netzwerk wird so als eine Stabilisierungsfunktion beschreibbar, die Möglichkeiten der Öffnung und Grenzüberschreitung ebenso bereithält wie sichere Ordnungskerne für die Bildung von Identitäten. Die Beschreibbarkeit dieser Funktion hängt ab von der Ausweisung der Einbettungsprofile, der in ihr vorhandenen Disziplinen. Öffnung und Schließung, Einbindung und Ausgrenzung, Grenzüberschreitung und Grenzstabilisierung sind so Ergebnisse der Einbettung von Disziplinen in einer Netzwerkpopulation.

Zweiter „communicative turn" – Ereignisse, Cross-Talk und Switchings

Wenn man das Story-Konzept als einen ersten „communcative turn" in der Theorie von White beschreiben kann, dann gibt es in der Nachfolge zu Identity and Control noch eine weitere „kommunikative Wende", die sich mit den Begriffen des „switchings"[672] bei White und dem Konzept des „cross-talk"[673] bei Ann Mische verbindet. Doch zunächst müssen wir noch ein paar Bemerkungen zum Verständnis der Bedeutung von Zeit verlieren, wie es sich bei White ausdrückt. Die Bedeutung der Zeit scheint an mehreren Stellen von Identity and Control durch, es gibt jedoch keinen systematischen Zeitbegriff. Drei Begriffe sind eng mit dem Zeitverständnis und einer grundlegend dynamischen Theorieanlage bei White verbunden. Da ist zum einen der Begriff der sozialen Zeit bzw. das Modell einer sozialen Raumzeit, dann ein Ereignisbegriff, der eng mit dem Identitätsbegriff verbunden wird, und schließlich die Resultate aus seinen Studien zur Karriere und zu „vacancy chains"[674], die zum Begriff der Story-line führen.

Beschäftigen wir uns zunächst mit dem Ereignisbegriff, der ja auch bei Luhmann eine wichtige Stellung innerhalb des Theorierahmens einnimmt. Ereignisse müssen nach White als Identitäten gedacht werden und deshalb auch als eingebettet.

„Identities and events are similar. Identities emerge out of turbulences in social process that do not appear accountable within any particular Story. Events may be precursors to or consequences from identity formation, but they may substitute as a parallel to identities. Events are actors and so like identities are to be sited."[675]

---

[672] Vgl. White 1995 und Mische & White 1998.
[673] Vgl. Mische 2003.
[674] Vgl. White 1970a, 1970b, 1974 und White & White 1965.
[675] Vgl. White 1992, S. 76.

Ereignisse und Akteure sind also gleichrangige Kandidaten für Netzwerkknoten, für Identitäten, die nur in einer spezifischen Einbettung bestehen können. Für ein Ereignis gilt also alles, was oben schon für Identitäten ausgeführt wurde. Sie kommen durch Kontrollprojekte zustande und sind Ergebnis von Ungleichheiten beim Vergleichen. Die soziale Produktion von Identitäten schließt also Ereignisse ebenso so wie Akteure ein. Insbesondere in den Stories können Ereignisse eine ausgeprägte Rolle einnehmen, da sich die Entwicklung eines Plots einer zeitlichen Abfolge stark an verschiedenen Ereignissen orientiert und sich an ihnen entlang entwickelt. Hier kommt dann der Begriff der Story-line zum Tragen. Story-lines sind diejenigen organisierenden Beschreibungen, die auch multiple Stories in eine Abfolge bringen können und damit Pfade beschreiben, entlang derer man soziale Dynamiken beobachten kann. Strory-lines sind deshalb beschränkte Stories, weil sie nicht alles vorgeben und fixieren können. Vielmehr versuchen sie breite Entwicklungslinien anzubieten, da jede konkrete Story sonst schnell unbrauchbar in der konkreten Situation wäre. Kontingente Ereignisse können in Story-lines eingeordnet werden und so werden eine soziale Ordnung und beteiligte Identitäten geschützt.

> „A story line of stories is analogous to a path of ties, is in a way an expansion of the path in words of that language. Each position generates at least one recurring path in a story line as part of its continuing reproduction across distinct identities. Sets of stories become partitioned into story lines able to accommodate whatever occurs with that position, in the reality of a stochastic, fluid context."[676]

Positionen werden in solchen Story-lines zu historischen Aussagen. Sie werden in der Zeit beweglich gehalten, so dass Änderungen abgefedert und inkludiert werden können. Story-lines sind also Kontingenzketten im Sinne von Whites „vacancy chains"[677]. Eine Karriere ist so als eine Verbindung von Story-lines zu betrachten, die von Kontingenzen lebt und diese miteinander verknüpfen kann. Karrieren entsprechen damit einer zeitlich gedachten Form von Disziplinen. Sie betten Identitäten in Verläufe von Kontingenzketten ein und fungieren somit als ein „anticipated memory"[678]. Sie projektieren Verläufe in die Zukunft und sind in der Lage, durch die Kombination verschiedener möglicher Verlaufsformen multiple Identitäten in der zeitlichen Entwicklung einzufangen. Soziale Zeit entsteht nach White letztlich aus diesen Story-lines und ihrer weiteren Abstraktion in Plots. Beides sind Kumulationsformen von verschiedenen Stories in der Zeit und fungieren als zentrale Gedächtnisfunktion zur Bewahrung von Identitäten, denen

---

[676] Vgl. White 1992, S. 214.
[677] Vgl. White 1970a.
[678] Vgl. White 1992, S. 221.

sie eine gewisse Persistenz über kontingente Entwicklungen hinweg anbieten können. Die soziale Zeit ist somit ein Nebenprodukt der Produktion, Kumulation und vor allem der Projektion von Geschichten. Da sie aber auch von physikalischen Bedingungen abhängig ist, bleibt sie gleichzeitig ein formendes Element in den Kontrollkämpfen. Sie ist formativ (eine zeitliche Einbettungsform), aber auch Ergebnis der Konstruktion von Geschichten. Die soziale Zeit weist deshalb nicht nur lineare Abfolgen, sondern auch Rekursivität und Nicht-Linearität auf und kann nur verstanden werden, wenn man dies im Hinterkopf behält. Allerdings sind die Arbeiten hierzu in Identity and Control noch nicht ausgereift bzw. White konstatiert hier einen Mangel an Modellen, die diese Charakteristiken der sozialen Raumzeit wirklich einfangen können. Diese Raumzeitmodelle könnten seiner Ansicht nach an Forschungen aus dem Lager des Parallel Distributed Processing (PDP) orientiert werden, die mathematische Modelle dafür entwickeln, wie anfängliche Ströme die Übertragungsmöglichkeiten von Netzwerkverbindungen mitbestimmen.[679] Zwei weitere Probleme müssen aber bei solchen Konstruktionen berücksichtigt werden; zum einen die reine „messiness"[680] des sozialen Kontextes, die es erfordert eine Ordnung vor der Beobachtung einzuführen, um überhaupt etwas zu sehen und zum anderen die Bedeutung von „rhetorics", die besagt das Wahrnehmungen oder Beobachtungen über die man eine Einigung erzielen konnte, die soziale Realität und damit auch die soziale Raumzeit durchdringen. Die soziale Raumzeit ist deshalb durchtränkt mit Bedeutungen und Sinnzuschreibungen und von diesen auch gar nicht zu trennen.[681] Durch diese Bemerkungen zur Zeitdimension bei White, die sich mit den Formulierungen von Ereignissen als Identitäten, Story-lines als antizipierenden Gedächtnis und Raumzeit als grundlegenden Problem der soziologischen Modellbildung zusammenfassen lassen, haben wir nun die Möglichkeit geschaffen, die kommunikative Wende bei White und anderen einzufangen, die erst nach Identity and Control realisiert worden ist. Eine zweite kommunikative Wende, die jedoch auf der ersten, die sich maßgeblich mit dem Story-Konzept verbinden lässt, aufbaut.

In diesen Arbeiten geht es um die kommunikativen Möglichkeiten zwischen Netzwerken zu wechseln und damit kommunikative „switching dynamics"[682] in die Theorie mit einzubeziehen. Die Zentralität einer kommunikativen Wende für

---

[679] Vgl. White 1992, S. 335f.

[680] Ebd., S. 337f.

[681] Das Hauptproblem liegt hier in der möglichen Verschleierung durch die Rhetorik, denn Beschreibungen und Geschichten werden ja in den Kontrollkämpfen zum Einsatz gebracht, sie sollen Kontrolle ausüben. Gleichzeitig sind sie aber Teil der sozialen Realität, sie bauen diese mit auf. Dieses Problem scheint ähnlich den Problemen in Luhmanns Diskussion des Verhältnisses von Sozialstruktur und Semantik, für das eine überzeugende Lösung ebenfalls noch aussteht. Vgl. Luhmann 1980, Stäheli 1998 und Göbel 2000, S. 156ff.

[682] Vgl. Breiger 2004, S. 520.

die Weiterentwicklung von Whites Theorie deutet sich in den Sätzen „Talk comes first. Talk comes much before persons"[683]und „discourse is the stuff of social networks"[684]mehr als eindrücklich an. Nur die Kommunikation, also „talk" bietet die Möglichkeit des Wechsels von einem sozialen Kontext zum anderen in einem Moment. Diese Wechsel liegen nicht primär auf der Beziehungsebene, sie werden kommunikativ ausgespielt. Doch was kann man unter einem solchen „switching" verstehen? Die Entwicklung von Sprache und Kommunikation lässt sich für White auf die Zunahme des dynamischen Kontextwechsels zurückführen. Dies kann man sich als rekursive Figur vergegenwärtigen. Durch die Übertragbarkeit von sprachlichen Formen ergeben sich erste Möglichkeiten des beschränkten Kontextwechsels, aus diesen Möglichkeiten folgen eine immer weitere Differenzierung der sprachlichen Register und schließlich die zunehmende Nutzung des Wechsels der Kontexte in jeder Form von Unterhaltung. Diese sozialen Kontexte zwischen denen gewechselt werden kann, beschreibt White als „netdoms", als hybride Formen aus Netzwerken von Verbindungen und Domänen akzeptabler sprachlicher Register. Eine Domäne ist demnach stärker abstrahiert als eine Story, dennoch kann man sie als Ausprägung eines bestimmten Sets and Stories betrachten. Ohne an dieser Stelle tiefer in das Netdom-Konzept einzudringen[685], werden hier Ties und Stories endgültig in einem Begriff verbunden. Schon in Identity and Control hat White Ties und Stories im Begriff der „types of tie" zu verbinden versucht. Die multiplexe Beziehung konnte nur differenziert werden, wenn es Stories gab, die diesen Beziehungen unterschiedliche Bedeutungen unterlegen konnten. Deshalb funktioniert die Bestimmung von Typen der Verbindung auch erst in triadischen Relationen und nicht innerhalb der Dyade. Jedes Netdom entwickelt seine eigenen Zeitvorstellungen und Dauern, die jedoch nur innerhalb dieses sozialen Kontextes gelten. Switchings dagegen unterlaufen die Erfahrung einer Dauer. Der Wechsel der Einbettungsform unterbricht den dauernden Charakter der zur Verfügung stehenden Zurechnungsprozeduren, da auch diese möglicherweise ausgewechselt werden.

> „Switching is cross-sectional. It especially concerns and negotiates coordinations, rather than durations. It is a challenge to see how times cast up from tie-events interdigitate, or not, across switches between network-domains, as well as across ties of a network. Results become embedded in narrative reaching across switchings. But the texture of time is experienced within the network-domain."[686]

---

[683] Vgl. White 1995, S. 1037.
[684] Vgl. Mische & White 1998, S. 695
[685] Wir kommen im folgenden Abschnitt darauf zurück.
[686] Vgl. White 1995, S. 1045.

Es sind also erneut Stories, die eine Verbindung von Switchings gewährleisten müssen, die es also erlauben, auch den Kontextwechseln noch eine gewisse soziale Ordnung unterzuschieben. Denn Switchings stellen ein Ambiguitätsproblem dar. Vielfältige Deutungen werden möglich, wenn verschiedene sprachliche Register und unterschiedliche Beziehungsebenen im schnellen Wechsel in eine Interaktion, eine Kommunikation eingebaut werden. Allerdings kann diese Öffnung auch wieder als Chance für Kontrollprojekte wahrgenommen werden, die ein Management der Ambiguität erlauben. White entwickelt auf der Basis der Idee der Switchings ein Modell des Diskurses als interaktive Selektion. Hier kommen die „Bayesian Forks" ins Spiel. White benutzt die statistischen Inferenzen der Bayesianischen Theorie, um Switches als Disjunktionen beschreiben zu können, an denen mit hoher Wahrscheinlichkeit ein solcher Kontextwechsel erfolgen kann. Damit erfolgt an einer solchen Stelle der Übergang von einer Netzwerkdomäne zu einer anderen. Es erfolgt ein Abschluss und gleichzeitig ein Übergang, eine Schließung und eine Öffnung. Eine Bayesian Fork kann dafür wahrscheinliche Übergangspunkte angeben. Damit machen Switches Periodisierungen deutlich, die verbunden mit dem Selbstähnlichkeitsprinzipien auf allen Ebenen der Sozialität zu Tragen kommen können, von der Beendigung eines Tischgesprächs bis zum Ende der frühen Neuzeit. Auf allen Ebenen können jedoch häufig chaotische Ergebnisse erwartet werden.

Eine Möglichkeit Switchings zu erleichtern stellen Öffentlichkeiten dar. Öffentlichkeiten fungieren als Entkoppler in der Kommunikation, die sich nicht direkt einer Netzwerkdomäne zurechnen lassen und damit den Übergang erleichtern. Für einen Switch muss nun nicht mehr sofort geklärt werden in welche neue Netzwerkdomäne gewechselt wird, wenn man die alte verlässt.

> „Entries and exits through publics ease switches between network domains which encourages further differentiation of types of network ties. Any network-domain is only concerned in the switch to or from public, rather than in the negotiation of switching to and from a whole set of other particular network-domains."[687]

An anderer Stelle wird ausgeführt, wie Öffentlichkeiten und die durch sie ermöglichten Switches zur Ausbildung von Situationen und Konversationen führen, die sich durch ihr Verhältnis von Öffnung und Schließung unterscheiden.[688] Während Situationen, den von White angesprochenen durch Switchings geschlossenen Disjunktionen entsprechen, stehen die Konversationen für das Offenhalten des Gesprächs durch Nicht-Festlegung. Während Situationen sich durch eine unsichere Zukunft, vielfältige Reinterpretationsversuche und Gewinn- und Ver-

---

[687] Vgl. White 1995, S. 1056.
[688] Vgl. Mische & White 1998.

lustmöglichkeiten auszeichnen, gibt es in Konversationen keine Orientierung an ihrer eigenen Zukunft oder einem zu erzielenden Ergebnis, sie bieten dafür eine weite Palette von auszuwählenden Stories und es gibt keine persönlichen Einsätze. Öffentlichkeiten bieten in diesem Kontext die Möglichkeiten Situationen voneinander zu trennen, sie bilden eine neutrale Zone, die einen Wechsel wahrscheinlicher macht.

Mische's Konzept des „cross-talk" schließt genau hier an.[689] Cross-Talk thematisert die Möglichkeit, Verbindungen zwischen unterschiedlichen Netzwerkdomänen herzustellen, um z. B. eine Mobilisierung von unterschiedlichen politischen Bewegungen zu realisieren. Cross-Talk wird durch die Einrichtung von Öffentlichkeiten unterstützt, denen damit auch eine wichtige Funktion bei der Verbindung von Netzwerken zukommt. Cross-Talk macht von den sprachlichen Möglichkeiten des Switchings Gebrauch und bietet, ohne direkte Schließungen herbeizuführen, damit dem Aufbau neuer Netzwerke erheblich größere Chancen.

Die zweite kommunikative Wende scheint eine breiter angelegte Umstellung innerhalb von Whites Theorie einzuläuten, die sprachliche Kommunikation und ihre Möglichkeiten weit ernster nimmt, als die Einbeziehung des Story-Konzeptes zur Definition der Types of Tie. Kommunikation ist nun sowohl die Basis der Netzwerkbildung als auch der Navigation von Kontrollprojekten durch unterschiedlichste Netzwerkdomänen. Anschlüsse an das systemtheoretische Paradigma mit seiner Umstellung von Handlung auf Kommunikation sind nun noch leichter herzustellen. Gedächtnistheoretisch kann man nun kommunikative Kohärenzprüfungen anhand des Wechsels und mit Bezug auf unterscheidbare Netzwerkdomänen beobachten, die in unterschiedlichen Konstruktionen von Verbindungstypen, Erzählungen und erzählerischen Entwicklungslinien begründet sind. Insbesondere bietet die Theorie nun Möglichkeiten Öffnungen und Schließungen, Verkopplungen und Entkopplungen als kommunikativ entfaltete Netzwerkdynamiken zu lesen. Allerdings ergibt sich auch die offensichtliche Schwierigkeit der Organisation und Koordination dieser Wechsel, den soziale Gedächtnisse leisten müssen, wenn die Kommunikation mit ständig wechselnden Kohärenzanforderungen konfrontiert wird.

Drei Arten von Netzwerken und vier Formen der Identität – Gedächtnis bei White

Wir kommen zum Ende unserer Ausführungen zu White und wollen noch einmal auf die Netzwerk- und Identitätsformen zurückkommen, die man als diejenigen

---

[689] Vgl. Mische 2003.

prozessualen Gebilde in seiner Theorie definieren kann, die von der Gedächtnisfunktion getragen werden müssen.

Wenn man mit den Netzwerkformen beginnt, muss man nochmals auf die einfachste Netzwerkform zu sprechen kommen, die sich aus der Kopplung von Bewertungen und darauf bezogenen Anordnungen ergibt: den Disziplinen. Wie wir gesehen hatten, sind diese sozialen Moleküle als Minimalnetzwerke konzipiert, die sich um eine Bewertungsform, einen Wert herum schließen. Die beteiligten Entitäten können nicht in großer Zahl vorliegen, da sonst die wechselseitige Beobachtung nicht mehr gegeben ist, auf der die bewertende Anordnung der Entitäten basiert. White gibt die Zahl fünf als ungefähre Richtgröße.[690] Diese kleinsten Bausteine sozialer Ordnung, sind zugleich Kerne der Bildung von Identitäten. Nur hier kann Kontrolle derart ausgeprägt realisiert werden, dass sich eine sehr eindeutige Ordnung ergibt. Gedächtnistheoretisch könnte man formulieren, dass Disziplinen Netzwerke sind, die eine Kohärenzprüfung maximaler Klarheit durchführen können. Die Bewertungsordnung gibt die Prüfkriterien vor, die für eine Kohärenz der Verbindungen und Stories sorgen und der ganzen Disziplin eine eigene Identität verleihen. Diese Ordnungskerne liegen in den Netzwerkpopulationen verstreut vor und haben auch miteinander mehr oder weniger ausgeprägte Verbindungen. Sie sind immer eingebettet zwischen andere soziale Moleküle und umfangreichere soziale Ordnungsformen, wie Institutionen und Stile, die aber nicht dieselbe Ordnungskraft aufweisen können, wie die Disziplinen. Sie stellen Generalisierungen bestimmter, in den Disziplinen erbrachter Leistungen dar, und daher verliert die Kohärenzprüfung in ihnen an Klarheit und definitorischer Leistungskraft. So konzentrieren sich institutionelle Prüfungen auf die Generalisierung von Werten und Stilprüfungen auf die Generalisierung der Dominanzfrage. Soziale Netzwerkdynamiken sind deshalb so unübersichtlich, weil nur in der permanenten wechselseitigen Beobachtung der sozialen Moleküle eine Ordnung erhalten werden kann, die Kohärenzfragen klar und eindeutig entscheidet. Immer gibt es Kontrollbemühungen, die über diese Disziplinen hinausgehen, ohne in gleicher Weise Stabilität zu gewinnen und deshalb sind Netzwerkdynamiken häufig so unvorhersehbar und entsprechen vielfältigen mehr oder weniger ge- und entkoppelten parallelen Prozessverläufen.

White spricht zwar von den umfassenderen sozialen Organisationsformen der Institution und des Stils, die jedoch nicht mehr selbst rein als Netzwerke zu beschreiben wären, sondern eher als ordnende Mechanismen in Netzwerkpopulationen, die sich natürlich in der Netzwerkstruktur ausdrücken, aber selbst keine Netzwerke sind bzw. abgegrenzte Netzwerkpopulationen nur bedingt definieren können. Man könnte gedächtnistheoretisch formulieren, dass Institutionen und

---

[690] Vgl. White 1992, S. 19.

Stile Mechanismen des Gedächtnisses von Netzwerken sind, weil sie Kohärenz-prüfungen erlauben, während eine Netzwerkpopulation ein in bestimmter Weise strukturiertes Netzwerk ist, in dem durchaus mehrere Ordnungsformen miteinan-der konkurrieren können. Wie lassen sich dann aber Netzwerkpopulationen un-terscheiden und voneinander abgrenzen? Institutionen bearbeiten dieses Problem, weil sie in der Lage sind, korporierte Akteure zu erzeugen, die sich nach außen hin abgrenzen. Allerdings können auch sie keine klaren Abgrenzungskriterien liefern, da auch sie Verbindungen nach außen unterhalten müssen. So können Korporationen durch Klientelismus unterwandert werden und verlieren ihre klaren Grenzen. Netzwerkgrenzen sind also niemals essentiell zu bestimmen[691], sondern bedürfen einer bestimmten trennenden Beobachtung. Bei White finden sich zwei Möglichkeiten einer solchen trennenden Beobachtung und damit auch zwei Möglichkeiten Netzwerkpopulationen einzugrenzen. Er unterscheidet „cat-nets"[692] und „netdoms"[693]. Immer sind es jedoch kulturelle Konstrukte, Stories, die solche Grenzen setzen und erhalten.

Catnets[694] oder kategoriale Netzwerke, werden durch bestimmte Attribute der Knoten abgegrenzt. Im Indexraum der Einbettungsprofile gibt es eine Zone, die von White als „black hole"[695] bezeichnet wird, weil es dort nicht zur Bildung stabiler Disziplinen kommt. Diese Zone definiert er als Bereich, an dem sowohl Involution, als auch Dependenz und Differenzierung gleich eins sind. Genau an dieser Stelle gewinnen kategoriale Netze an Bedeutung.

> „When clear-cut disciplines do not emerge, in situations indexed around the black hole, one can expect not only a profusion of identities of limited endurances but also much more prominence for aspects of social organization not captured in discipline representation. There are other representations as space and contingency, where identities cannot be grounded in terms of niches of disciplines. Ties and social net-works may be all that is perceived. Attributes, of actors or of events, also becoming more prominent in the absence of place and articulated mechanism of discipline. Stereotypes, that is to say categorical attribution of character, appear among actors and events."[696]

Die Verbindung verschiedener Identitäten läuft dann über geteilte Attribute, deren Wahrnehmung zur Bildung einer Identität auf dieser Basis führen kann, ohne dass es eine direkte Beziehung zwischen den so attribuierten Knoten gege-

---

[691] Apodiktischer formuliert White: "networks do not have boundaries." Vgl. White 1995, S. 1039.
[692] Vgl. White 1992, S. 60ff.
[693] Vgl. White 1995, S. 1038ff
[694] Den Terminus übernimmt White von Schwartz. Vgl. Schwartz 1966/67.
[695] Vgl. White 1992, S. 62.
[696] Ebd., S. 62f.

ben hätte. Die Organisation solcher Identitäten ist deutlich loser als in Disziplinen, aber fest genug für die Bildung von Netzwerken. Durch die Attribution wird
eine Vergleichbarkeit geschaffen und auf der Basis dieser Vergleichbarkeit eine
neue Form von Verbindung und dann auch von Verbundenheit. Kohärenzprüfungen berufen sich in diesem Fall auf die Attributionsmöglichkeiten eines bestimmten Stereotyps, dessen Anwendbarkeit darüber bestimmt, ob eine Entität
zum Netzwerk gehört oder nicht. Über solche Stereotypbeobachtungen kann die
Kohärenz einer Netzwerkpopulation gesichert und damit nach außen hin abgegrenzt werden.

Netdoms oder Network-Domains sind sicherlich der elaboriertere Fall ab-
grenzbarer Netzwerke. In Identity and Control wird die Definition von Netdoms
vorbereitet, wenn White erklärt, dass über die Stories eine Ausdifferenzierung
von Verbindungen gewonnen wird, die es möglich macht, Netzwerke auf der
Basis bestimmter Verbindungstypen zu konstruieren und zu beobachten. Diese
Verbundenheit von Beziehungs- und kommunikativer Dimension wird mit dem
Begriff „netdom" nochmals unterstrichen.

> „Domains and networks are but abstractions, mutual analytic abstractions from the
> sociocultural goop of human life. Networks catch up especially the cross-sectional
> patterns of connection and resonance in interaction. Domains catch up especially the
> menaings and interpretations which are the phenomenology of process as talk. These
> two, networks and domains, come together for the type of tie and, as I hope to show,
> for constructions of meanings and times."[697]

Die Domäne umfasst sprachliche Register, anwendbare Stories und mögliche
Entwicklungslinien, während das Netzwerk Beziehungen umfasst und relationale
Positionen definiert. Eine operative Definition von Netzwerken wie Domänen
kann es nach White jedoch nur geben, wenn man beide Konzepte koppelt, da sie
sich wechselseitig definieren. Ohne Spezifikation einer Domäne ist keine Spezifikation eines Netzwerks möglich und umgekehrt. Eine klare Grenzziehung resultiert nur aus dieser Verbindung. Kohärenzprüfungen werden im Bereich der
netdoms chronisch kompliziert, gleichzeitig aber auch absolut notwendig, weil
die kommunikative Möglichkeit des Wechsels (switchings) zwischen Netzwerkdomänen als Möglichkeit immer mittransportiert wird. Letztlich bedeutet das,
dass in der Kommunikation ständig die Prüfungskriterien gewechselt werden
können mit denen sich Gedächtnis konstituieren lässt. Systemtheoretisch könnte
man formulieren, dass die Anschlussfähigkeit der Kommunikation nicht auf die
Anschlussfähigkeit innerhalb der Netdoms beschränkt ist. Andererseits weisen
diese Netdoms doch jeweils eigene Formen akzeptabler Anschlüsse auf, die,

---

[697] Vgl. White 1995, S. 1038.

solange man sich innerhalb einer solchen Netzwerkdomäne bewegt, in gewisser Weise Geltung beanspruchen können. Öffentlichkeiten bieten hier, als kommunikative Entkopplungsmechanismen mit eigenen, aber viel weniger beschränkten Anschlussregeln, eine Möglichkeit die Sphäre spezifischer Kohärenzanforderungen zu verlassen. Mit dem Begriff netdom nähert sich White auch der Ausarbeitung einer eigenen Differenzierungstheorie, die kommunikationstheoretisch untermauert ist. Netdoms sind sowohl Netzwerke auf der Grundlage einer bestimmten kulturell gefärbten Beziehungsform, als auch eine Domäne spezifischer Kommunikationsformen, die mit der Beziehungsform korrelieren. Allerdings ist es schwierig, nicht als Netzwerke konzipierbare Differenzierungsstrukturen mit zu berücksichtigen. Denn immer sind die Phänomene der kulturellen Ausdifferenzierung von Kommunikationsmöglichkeiten an soziale Ausdifferenzierung von Netzwerken einer spezifischen Beziehungsform gebunden. Damit ist innerhalb der Theorie die abstrakte Ebene gesamtgesellschaftlicher Strukturen nicht zu erreichen, wie Holzer White vorwirft.[698] White bietet kein Instrumentarium der Beschreibung der Gesamtgesellschaft. Auch die Netdoms erreichen diese Ebene nicht. Man könnte jedoch auch sagen, dass die Herausbildung von Netdoms zu einer polykontexturalen Gesellschaft führt, ohne diese im strikten Sinne als funktional differenziert zu beschreiben. Integrationsleistungen müssen dann jeweils über spezifische Prüfungen erfolgen, also über ausdifferenzierte Formen von Gedächtnis. Die Kohärenzanforderungen sind hier weniger klar als im Bereich der Disziplinen, bieten also hinreichenden Raum für das Ausspielen von Ambiguität oder Ambage. Auch bei White und seiner Vorstellung von Beziehungen als ineinander verhakten Kontrollprojekten könnte der Widerstand ein Indikator für Kohärenz oder Kongruenz der Auffassungen sein. Wenn jede Beziehung ein „negotiated order"[699] ist, die über die Anerkennung und Platzierung innerhalb von Stories definiert wird, kann nur Widerstand gegen bestimmte Kontrollprojekte in der Form von Kommunikationsanmutungen ein Gradmesser für die Kongruenz mit der bestehenden Beziehungsform sein. Dieser Widerstand kann sich auch gegen das plötzliche Switching richten. Dies wird jedoch umso unwahrscheinlicher, je klarer und einfacher der Zugang zu einer Form der Öffentlichkeit geregelt ist. Solch ein Widerstand kann sich bei White immer auf die Einbindung in Stories richten oder auch gegen die Festlegung der Beziehungsform. Kongruenz muss immer auf beiden Ebenen hergestellt werden, auf der Ebene der erwartbaren Entwicklungen und auf der Ebene der Beziehungen. Balance ist das Wort, das White zur Beschreibung dieser Kongruenz benutzt. Der Netzwerkbegriff betont in seinen unterschiedlichen Formen bei White also eher den Aspekt der Offenheit sozialer Prozesse. Netzwerke können keine klaren

---

[698] Vgl. Holzer 2006, S. 93.
[699] Vgl. Strauss 1993.

Grenzen haben und Kontrollversuche schaffen immer neue Beziehungen, die bislang abgetrennte soziale Einheiten verbinden. Dies kommt insbesondere in der Allgegenwärtigkeit von Einbettungsprofilen zum Ausdruck. Einbettung widerspricht der totalen Entkopplung. Zudem betont White auch die kommunikativen Öffnungsmöglichkeiten des Switchings und die Bedeutung von Öffnung für den Erhalt von Weiterentwicklungsmöglichkeiten.

Für die Grenzziehung und Schließung steht dagegen der Identitätsbegriff. Identitäten gibt es für White in vier Formen. Die einfachste Ausprägung ist die Suche nach einem sicheren, einem kontrollierbaren Platz, die Suche nach Reduktionsmöglichkeiten für Kontingenz. Auf dieser ersten Stufe lässt sich Identität als eine solche reine Suchbewegung, als ein unstillbares Kontrollstreben beschreiben. Persistenz ist nur durch Kontrolle zu haben, und Identitäten sind der soziale Ausdruck des stetigen Verlangens nach Persistenz. Schließung bedeutet hier nur Persistenz einer Einheit, die sich in Kontrollbestrebungen ausdrückt, die Reaktionen auf einstürmende Kontingenzen sind. Betrachtet man diese Identitätsform gedächtnistheoretisch geht es um eine ganz simple Prüfoperation der Zurechnung auf eine Einheit, die als fortbestehend betrachtet werden kann. Mit Luhmann würde man formulieren, es geht um die Prüfung der Kongruenz von Adressen. Auf einer höheren Stufe bilden sich Identitäten als „Gesichter"[700]. Gesichter sind ein direkter Ausdruck von Identität als Bestandteil einer sich selbstreproduzierenden Disziplin. Es kommt zu einer Verhakung von Kontrollbemühungen, die zur Ausbildung eines Gesichts führen, einer wiedererkennbaren Form von Identität. Dies ist offensichtlich mehr als eine Adresse, der bestimmte Kontrollbemühungen zugerechnet werden können. Diese Identität festigt sich in der Besetzung einer Nische, aus deren Positionierung sich erwartbare Reaktionsformen ergeben. Der Identität können dann bestimmte Ziele zugeschrieben werden, weil sie in bestimmter Weise in permanente Kontrollkämpfe eingebunden ist. Eine Kohärenzprüfung solcher Identitäten setzt dann immer auch voraus, dass solche Ziele verfolgt und solche Erwartungen erfüllt werden. Die enge Einbindung in eine Disziplin macht diese Kohärenzprüfungen so scharf und durchsetzungsstark. Die Abhängigkeiten zwischen den Gesichtern als Identitäten sind so stark ausgeprägt, dass auch das Gedächtnis eine ausgesprochen feste Form annimmt, allerdings auch in seiner Reichweite begrenzt bleibt. Nur innerhalb der Disziplin sind die Gesichter erkennbar, die durch stetige wechselseitige Beobachtungen konsolidiert werden und durch stetige wechselseitige Kontrolle ausbalanciert sind. Diese ersten beiden Formen von Identitäten entstehen auch schon in nicht-menschlichen sozialen Settings, weil sie noch nicht auf ausdifferenzierte Kommunikationsmöglichkeiten angewiesen sind. Erst die beiden folgenden

---

[700] Vgl. White 1992, S. 312f.

anspruchsvolleren Identitätsformen machen von den erweiterten Kommunikationsmöglichkeiten des Menschen Gebrauch bzw. setzen diese voraus. Erst die Möglichkeiten des Wechsels zwischen verschiedenen Disziplinen ermöglicht es, eine Identität aus „frictions and errors"[701] zu erzeugen. Die ausgefeilten Kommunikationsmöglichkeiten einer voll entwickelten Sprache machen es möglich, eine Identität über verschiedene Disziplinen und auch netdoms hinweg zu stabilisieren, d.h. Antworten auf Kohärenzprüfungen zu geben, die über verschiedene Kontexte hinweg halten. Wir hatten diesen Prozess weiter oben schon als „friction-and-matching" kennen gelernt. Es gibt Friktionen und Spannungen zwischen den verschiedenen Einbindungsformen, denen sich die Identität gegenübersieht. Trotzdem muss ihr in den Augen der anderen ein matching gelingen, das bestimmt, ob es sich um dieselbe Identität handelt. Es finden auf dieser dritten Ebene der Identitätsbildung ständige Prozesse des „matchings" statt, die versuchen mit den widersprüchlichen Einbindungen umzugehen, ohne dabei den Einheitsgesichtspunkt zu verlieren. Kongruenz bezieht sich hier nicht auf die Adresse oder das soziale Gesicht, sondern auf eine innere Einheit über wechselnde Kontexte hinweg, die allerdings auch immer nach außen abgesichert werden muss. Die ständige Aufgabe ist die Bearbeitung von Widersprüchen, des Widerstandes unterschiedlicher Einbettungsformen gegeneinander. Dieser Widerstand muss durch Vergleichs- und Entkopplungsmanöver überwunden werden. Die vierte Ebene der Identitätsbildung befindet sich schließlich auf der Ebene der Stories und kohärenten Lebensberichte. Hier wird eine Ordnung in diese Friktionen gebracht, die dann dem alltäglichen Verständnis von Identität sehr nahe kommt. Dabei sind Generalisierungs- und Abstraktionsleistungen gefragt, die Widersprüchlichkeiten einfach ausschalten oder verdecken. Häufig bestehen diese Berichte und Selbstbeschreibungen aus vorliegenden sozial abgesicherten Story-sets und Story-lines. Und die Identität ergibt sich hauptsächlich aus einer spezifischen Form ihrer Kombination, die ein möglichst kohärentes Bild ergeben sollte. Identität erscheint dann als ein geordnetes Gebilde, dessen Einheit kaum in Frage gestellt werden kann. Ihre Kohärenz kann geprüft werden, indem die Kohärenz der Geschichte geprüft wird und es ist eine große Identitätsbedrohung, wenn in diesen Geschichten Inkohärenzen auftauchen. Was in den Netdoms zusammen gedacht wird, liegt hier wieder in zwei Formen der Identitätsbildung vor. Man könnte jedoch annehmen, dass Friktionen und ihre Einbindung nur schwer von der konsistenten Geschichtsbildung zu unterscheiden sind, denn gerade die Einordnung der stetigen Kontingenz und Zufälligkeiten in den geordneten Ablauf einer Geschichte, wirken in einer Weise stabilisierend, die andere Formen des Vergleichens übertrifft.

---

[701] Vgl. White 1992, S. 313.

Zusammenfassend kann man sagen, dass mit Whites phänomenologischer Netzwerktheorie der Versuch vorliegt, die Produktivität einer übergreifenden Betrachtung des Trennens und Verbindens zu zeigen. Kontrolle ist hier der übergreifende Begriff, den man in Richtung Schließung ebenso ausführen kann, wie in Richtung Öffnung. Während man dabei Schließung im Sinne des Identitätsbegriffs als starke Verbindung nach innen und Trennung nach außen betrachten kann, wird im Netzwerkbegriff verdeutlicht, dass man es auch genau umgekehrt lesen kann. Das Netzwerk ist im Innern löchrig und mit Trennungen durchsetzt, hat aber gleichzeitig kein Außen von dem es tatsächlich getrennt wäre. Trennung und Verbindung sind gleichberechtigt zu berücksichtigen und es macht keinen Sinn eine Seite zu verabsolutieren. Auch die Gedächtnistheorie kann von dieser Betrachtungsweise profitieren. Geht man vom Verfahren der Kohärenzprüfung aus, macht es Sinn die Möglichkeit zu thematisieren, dass hier die Prüfkriterien sehr schnell wechseln können und man sich immer wieder fragen muss, in welchem Gedächtnisbereich man sich gerade bewegt. Auch beim Gedächtnis, also der stetigen Absicherung von Konsistenzen, Kohärenzen und Kongruenzen gibt es immer wieder Öffnungen und Schließungen. Das Testen von Widerstand ist bei White schon in den grundlegenden Kontrollbegriff eingebaut, der eine Art soziale Gedächtnisoperation inkludiert, bei der Gedächtnis immer im Widerstand des Anderen gegen die eigenen Bemühungen gelesen werden kann. Solche wechselseitige Widerständigkeit stabilisiert dann Bedeutungen und Beziehungen gleichermaßen, aber immer auf der Grundlage fortgesetzter Bemühungen und immer unter dem Vorbehalt der Auflösbarkeit. So betrachtet lassen sich auch bei White Ordnungs- und Gedächtnisproblem nicht voneinander trennen und beide hängen von einer stetigen wechselseitigen Kontrolle ab. Wobei diese wechselseitige Kontrolle nicht im Sinne der Dyade missverstanden werden darf. Immer sind es ganze Gewebe wechselseitiger Kontrolle, die Gedächtnis und Ordnung hervorbringen. Gegenüber den Beziehungen ist im Story-Aspekt der Theorie ein besonderer Gedächtnisbezug zu erkennen. Denn in ihrer sprachlichen Verfasstheit machen sie Positionierungen und Beziehungsformen beweglich und schaffen damit die Grundlage für Generalisierungen bestimmter Entwicklungslinien und Identitätsformen, insbesondere aber auch die Möglichkeit der weiter reichenden sozialen Ordnungsformen Institution und Stil. In dieser Übertragbarkeit in der Form von Geschichten liegt eine wesentliche Möglichkeit Konsistenzen und Kohärenzen festzustellen. Dabei muss man aber berücksichtigen, dass hier auch eine Menge vergessen wird. Die Stories tragen nur bestimmte Elemente weiter und lassen die sozialen Netzwerkdynamiken geordneter erscheinen als sie sind. Die Prüfform Gedächtnis führt auf dieser Grundlage zum Anschein von mehr Ordnung als tatsächlich in den Netzwerken vorhanden ist. Trotzdem sind die Stories und ihre Zusammenfassungen in Sets, Entwicklungslinien und Plots diejenigen Elemente, die es erlauben, Kohärenzprüfungen durchzuführen und die gleichzeitig immer wieder eingesetzt werden, um Kohärenz herzustellen. Verbinden und Trennen könnte man als Hauptaufgabe der Stories anführen, wenn auch auf der Basis von Definitionen von Formen der Beziehung und der Identität. Mit White könnte man also formulieren, dass ein soziales Gedächtnis nicht nur die Kohärenz prüft, sondern immer auch mit der (nachträglichen oder auch gleichzeitigen?) Erzeugung von Kohärenz beschäftigt ist. Beides ist in der ordnenden Funktion von Gedächtnis nicht mehr klar zu unterscheiden. White bietet für die Kombinatorik mit Luhmanns Gedächtnistheorie also vor allem zwei Dinge an: (1) einen Sinn für die gleichzeitige Wichtigkeit von Trennendem (Schließendem) und Verbindendem (Öffnendem) in Prozessen sozialer Ordnungsbildung, als den Ort für ein soziales Gedächtnis, dass Öffnungen und Schließungen prüft und (2) die Beobachtung, dass Kohärenz durch das Gedächtnis nicht nur ständig geprüft wird, sondern das Gedächtnis auch den Moment der Erzeugung von Kohärenz mit erfasst. Für eine gewisse Anschlussfähigkeit sorgt die Fundierung in einem stark kommunikativ verstandenem Kontrollbegriff, der im Wesentlichen von stets mehrfach wechselseitiger Kontrolle ausgeht und damit der Verhakung von Ego und Alter durch Kommunikation nahe kommt, wie Luhmann sie im Ausgang von der Situation doppelter Kontingenz her entwickelt. Mit White müsste man aber von einer Form multipler und nicht nur doppelter Kontingenz ausgehen.

4.4 Übersetzung und Schließung – Gedächtnisse als Netze und systemische Gedächtnisse

Was haben uns die Ausführungen zum relationalem Paradigma und zwei seiner theoretischen Ausprägungen bei Latour und White nun für die Theorie des Gedächtnisses gebracht? Wir werden diese Diskussion in den folgenden beiden Abschnitten führen. Wir beginnen hier mit ein paar Vorbemerkungen, die die dann folgenden Anwendungen der Kombinatorik auf die systematischen Theorieprobleme im nächsten Abschnitt vorbereiten und kontextuieren sollen. Erstens wollen wir rekapitulieren, worin die Gemeinsamkeiten (Anschlussfähigkeiten) der hier vorgestellten Theorien bestehen, also in wie weit sie sich aufeinander beziehen lassen und so erst eine plausible Kombination ermöglichen. Zweitens müssen aber auch die Unterschiede hervorgehoben werden, die zum einen eine solche Kombination erschweren, aber zum anderen auch dafür sorgen, dass diese Kombination Gewinne verspricht. Drittens schließlich sollen für die Kontextuierung noch einmal schnell und bündig einige Versuche vorgestellt werden, die sich schon mit ähnlichen Kombinationen befasst haben oder die eine ähnliche

Weiterentwicklung systemtheoretischer Vorgaben im Sinn haben. Beschäftigen wir uns zunächst mit den Trennenden und Verbindenden zwischen den hier diskutierten Theorieangeboten.

Verbindungen

Zwei Verbindungslinien bilden die Grundlage für alle Versuche der Kombination der drei hier diskutierten Theorien. Die erste Verbindungslinie besteht in der gleichzeitigen Thematisierung von Prozessen der Schließung und solchen der Öffnung. Alle drei Theorien beziehen sich auf beide Prozessrichtungen, wenn auch mit deutlichen und stark unterschiedlichen Schwerpunktsetzungen. Luhmann platziert Schließungsprozesse generell im Vordergrund und insistiert auf der Bedeutung von selbstreferentieller, operativer Schließung. Verbindungen zwischen solchen selbstreferentiell und operativ geschlossenen Einheiten, die Luhmann als Systeme bezeichnet, sind eine grundlegend problematische Sache. Doch bestreitet er nicht ihre Offenheit in bestimmten Dimensionen. So ist die Grundthese einer kognitiven Offenheit mit der systemischen Schließung vereinbar, wobei kognitive Offenheit nicht mehr bedeutet als Irritierbarkeit. Aus den Irritationen müssen dann wieder operativ und intern Informationen gewonnen werden. Auch im Beobachtungs- und Referenzbegriff schwingt die Möglichkeit mit sich auf das Außen, also auf die Umwelt des Systems zu richten, also systeminterne Bezeichnungen in die Umwelt zu projizieren. Auch White und Latour thematisieren Schließung als wichtigen Bereich der Ordnungsbildung, sehen jedoch auch die Leistung der Öffnung bzw. des Umgehens von etablierter Schließung, als einen wichtigen Baustein an. Bei Latour sind Einbindung (oder Assoziation) und Abgrenzung gleichermaßen bedeutsame Prozesse der Netzwerkbildung, deren Resultate immer wieder in neuen Aushandlungen bestimmt werden müssen. Beides sind Leistungen, denen man Beachtung schenken muss. Bei White sind Öffnung und Schließung ebenfalls Grundbausteine der Theorie, die sich wechselseitig voraussetzen. Schließungsprozesse werden in Identitätsbildungen übersetzt, während Öffnungen im Kontrollbegriff vorgezeichnet sind. Vielfältige Akteure oder Ereignisse können als Entitäten aufgefasst werden, die Kontrolle ausüben und so immer neue Verbindungen schaffen können. Kontrolle ist Verbundenheit, könnte man mit White formulieren, und kommt damit dem Realitätsbegriff von Latour sehr nahe, der durch die Reichweite der Einbindungsfähigkeit eines Netzwerks definiert werden kann. Diese Verbindungslinie, die gleichzeitig auch eine Differenz markiert, ist die wichtigste Stütze des Kombinationsversuchs, denn man kann allen drei Theorien hier ein angemessenes Problembewusstsein dafür unterstellen, dass Trennung und Verbindung Leistungen bezeichnet, die zunächst einmal erbracht werden müssen. Stimmt Luhmanns

These vom Mehrsystembezug der Gedächtnisproblematik[702], kommt eine soziologische Gedächtnistheorie nicht ohne ein entsprechend ausgebildetes Problembewusstsein aus.

Ein zweiter Pfeiler des hier angestrebten Kombinationsversuchs besteht in der grundlegend kommunikationsorientierten Herangehensweise der drei Theorien. Während dies bei Luhmann und seiner offen propagierten Umstellung der soziologischen Theorie vom Handlungsbegriff auf den Kommunikationsbegriff offensichtlich ist, scheint die kommunikative Basis der Netzwerktheorien von Latour und White zunächst etwas kontraintuitiv. Während Latour von Assoziation spricht, ist bei White Kontrolle der Zentralbegriff. Dennoch kann man bei beiden Theorien der kommunikativen Dimension eine sehr grundlegende und bedeutende Rolle zuschreiben. Latour sucht vor allem Anschluss an semiotische Theorien, aus denen er zum Beispiel die Konzepte des Aktanten[703] und der zirkulierenden Referenz[704] entnimmt. Aber auch in seinen Begriffen der Vermittlung und der Übersetzung schwingt ein kommunikativ gesetzter Akzent mit. Darüber hinaus betont er die Wichtigkeit von Zuschreibungsprozessen, die man sich eigentlich nur kommunikativ vorstellen kann. Kommunikation, könnte man also sagen, ist die Grundlage der Assoziationsmöglichkeiten und die Einbindung erfolgt zunächst einmal häufig mit den Mitteln der Kommunikation. Grundlage der Assoziation ist die Einbindung von Mediatoren, die immer eine Transformation der wandernden Einheiten vollziehen, ganz wie auch bei Luhmann erst durch die Verstehensselektion eine Äußerung zu einer Kommunikation wird. Auch hier ist die entscheidende Bedingung die Transformation durch einen Mediator, denn es kann immer anders verstanden werden, als es gemeint war. Bei White kommt die kommunikative Dimension des Sozialen in zwei Formen zur Geltung. Einmal weist er die Ebene der Stories explizit als kulturellkommunikativ gegenüber der Ebene der Beziehungen aus und betont deren Bedeutung für die Ausdifferenzierung unterschiedlicher Netdoms und Disziplinen. Aber man kann auch tiefer liegend eine kommunikative Grundierung des Kontrollbegriffs beobachten. An dieser Stelle erwähnt White Kommunikation nicht explizit, aber wir hatten gesehen, dass er bei Kontrolle von einer wechselseitigen Verschränkung ausgeht, die an eine Situation mehrfacher doppelter Kontingenz erinnert, bei der sich Kontrolle immer als wechselseitige Bewegung ausdrückt und so eine Menge Gemeinsamkeiten mit Luhmanns Kommunikationsbegriff aufweist. Zumindest wird der Ursprung von Kommunikation und Kontrolle sehr ähnlich bestimmt. Diese grundlegende Bedeutung von Kommunikation in den drei Theorien ist eine Basis für die Beschreibung einer kommunikationsorientier-

---

[702] Vgl. Luhmann 1996, S. 314 und weiter oben Kap. 3.
[703] Vgl. Greimas 1971.
[704] Vgl. Latour 1999, S. 24.

ten soziologischen Gedächtnistheorie. Wir können also am Gedanken einer auf der Basis von Kommunikation erzeugten Gedächtnisfunktion festhalten, ohne einer der beteiligten Theorien zu große Gewalt anzutun. Dies kann man auch daran erkennen, das Handeln in allen drei Theorieangeboten die Stellung eines zwar wichtigen aber eines abgeleiteten Konzepts einnimmt, das im Wesentlichen erst durch Zuschreibungsprozesse realisiert wird.

Neben diesen beiden elementaren Verbindungslinien, auf deren Basis eine theoretische Kombinatorik schon möglich wäre, können noch einige weitere Übereinstimmungen zwischen den Theorien festgestellt werden. Dies kann man mit den Begriffen des Kontingenzbewusstseins und eines operativen Struktur-konzeptes auf den Punkt bringen. Alle drei Theorien zeichnen sich durch ein sehr hohes Bewusstsein für die Kontingenz sozialer Zusammenhänge aus. Bei Luhmann beginnt dies mit der Definition des Ausgangspunktes der Emergenz von Sozialität in der Situation doppelter Kontingenz, führt über die funktionale Analyse als Vergleichsperspektive äquivalenter Problem-Lösungs-Kombinationen, bis hin zur These einer kontinuierlichen Kontingenztransformation in der Kommunikation von offener in geschlossene Kontingenz und zurück. Durch den Einbau des Sinnkonzeptes und seiner Definition als Unterscheidung von Aktualität und Potentialität innerhalb eines unabschließbaren Verweisungszusammenhangs, lässt sich die Kontingenz innerhalb sozialer Prozesse niemals still stellen und fungiert als kontinuierliches Antriebsmoment innerhalb der sinnverarbeitenden Prozesse Kommunikation und Bewusstsein. Auch Latours Insistieren auf das Offenhalten der fünf grundlegenden Unsicherheiten des Sozialen weist der Kontingenz eine wichtige und grundsätzliche Stellung innerhalb der Theorie zu. Es ist nicht vorab definierbar, wer als Handlungsträger in Frage kommt, wer oder was eine Identität gewinnt, welche Ziele verfolgt werden, welche Tatsachen als Gewinner aus Kontroversen hervorgehen und ob eine Generalisierung weiter trägt. Wenn all dies erst als Ergebnis der Bildung von Netzwerken verstanden werden kann, die ja auch immer wieder aufgelöst werden können, muss man auch bei Latour von einer persistenten Rolle der Kontingenz und ihrer stetigen Transformation ausgehen. Schließlich wird auch White nicht müde, die soziale Welt als chaotisch und „messy" zu beschreiben. Sie entspricht nicht einer kristallinen Ordnung, sondern vielmehr einem dehn- und formbaren Gel[705], dessen konkreter Zustand häufig schwer zu bestimmen und auch schwer zu erhalten ist. Diese überall aufscheinende Unsicherheit führt überhaupt erst zum stetigen Kontrollstreben, weil sich ansonsten eine Identität gar nicht erhalten ließe. Sie ist ein Grundtatbestand des sozialen Lebens. Auch er macht aus dieser grundlegenden Beobachtung noch mehr, wenn er verschiedene Kontingenzformen unterscheidet

---

[705] Vgl. White 1992, S. 4.

– Umweltkontingenz, interpretative Mehrdeutigkeit und Ambage – und daraus einen Kalkül für die möglichen Kontingenztransformationen entwickelt, mit denen sich die Chancen von Kontrollprojekten bestimmen lassen. Alle Theorien vereint also ein ausgeprägtes Kontingenzbewusstsein, dass sich auch in der Rolle des Gedächtnisses niederschlägt. Die stetige Kontingenztransformation gelingt nur auf der Basis von Gedächtnis als Verweisungszusammenhang, das nur durch eine stetige, immer wieder erneut ablaufende Prozedur gesichert werden kann, die aber zugleich Möglichkeiten der Öffnung und Schließung bereithalten muss, um so mit Kontingenz umgehen zu können.

Dies führt uns zum letzten Punkt grundsätzlicher Übereinstimmung zwischen den Theorien. Alle verstehen ihr jeweiliges Strukturkonzept als ein operatives. Struktur existiert nur in der stetigen operativen Bezugnahme und wenn diese Bezugnahmen entfallen, entfällt auch die Struktur. Beziehungen und Netzwerke, Systeme und Erwartungen erhalten sich nicht von selbst. Es muss ständig an ihnen gearbeitet werden, damit sie nicht vergehen. Damit ist nicht gemeint, dass Strukturen nicht über Phasen der Latenz hinweg aktualisiert werden könnten. Dies setzt nur die weitere Möglichkeit der Bezugnahme voraus, die sich in unterschiedlichen Formen von Gedächtnis ausdrückt. Am besten lässt sich dieses Strukturkonzept mit dem Begriff „prekärer Stabilisierung" beschreiben. Stabilisierungen kommen ständig vor und sie sind absolut notwendig, um so etwas wie geordnete Formen von Sozialität hervorzubringen. Aber diese Stabilität ist immer gefährdet, sie kann niemals als gegeben vorausgesetzt werden, immer muss sie verteidigt werden, wie es im schönen Ausdruck von Realität als Widerstand von Operationen gegen Operationen[706] zum Ausdruck kommt. Gerade dieser Widerstand erhält die Stabilität und wenn er unterbleibt, löst sich auch die Stabilität der bestehenden Ordnung auf und muss durch eine neue Ordnung ersetzt werden. Dies hat gerade auch die Ethnomethodologie[707] gezeigt, denn nach Krisenexperimenten erfolgen zahlreiche Rettungsversuche für etablierte Ordnungsmuster. Die immer nur prekär gegebene Stabilisierung ist deshalb auch eine eher hintergründige Annahme, die darauf aufmerksam macht, dass Struktur und soziale Ordnung nicht einfach voraussetzbare Bausteine soziologischer Erklärungen sein können, sondern es immer eines Modells bedarf, wie diese erzeugt und beständig stabil gehalten werden. An dieser Stelle rastet eine Theorie des Gedächtnisses in die soziologische Theoriebildung ein, weil sie es gestattet, an den von der Kommunikation geleisteten Verknüpfungen entlang auf die dabei konstituierte Ordnung zu schließen.

Dies sind die Bausteine, um Anschlüsse zwischen den Theorien herzustellen und diese zu verbinden. Die Übereinstimmungen liegen vor allem auf der Ebene

---

[706] Vgl. Luhmann 1997, S. 581.
[707] Vgl. Garfinkel 1967.

basaler Grundannahmen: Kommunikationsorientierung, Thematisierung von Trennen und Verbinden, Kontingenzbewusstsein und operative Strukturkonzeption. Eine soziologische Gedächtnistheorie, die an diese drei Theoriestränge andocken will, kann also von Kommunikation als primärem Träger der Funktion des Gedächtnisses ausgehen, sollte sich darauf konzentrieren wie Trennen und Verbinden kommunikativ realisiert werden können, dabei Kontingenztransformationen als Ausgangspunkt der Ordnungsbildung ansehen und schließlich darauf achten, wie die Prüfoperationen, die wir Gedächtnis nennen wollen, zur Struktur- und Ordnungsbildung beitragen.

Trennungen

Eine Kombination verschiedener Theorien kann nur dann sinnvoll sein, wenn man diese Theorien nicht aufeinander reduzieren kann. Es müssen also nicht nur Anschlussstellen identifiziert werden, die eine Kombination überhaupt plausibel erscheinen lassen, sondern auch klare Trennungen und Differenzen zwischen den Theorien aufgezeigt werden. Zentrale Kontraste betreffen die perspektivische Ausrichtung auf Trennen oder Verbinden, die Konzentration auf Prozesse oder auf Systeme, die Orientierung auf Machtaspekte oder Fortsetzungsaspekte hin, die Rolle der Materialität und Technik und die Frage der Erreichbarkeit der Ebene der Gesellschaft.

Bei der perspektivischen Ausrichtung fällt die Einordnung der Systemtheorie Luhmanns zunächst am einfachsten. Wie schon häufig erwähnt, handelt es sich um sehr radikale Trennungsperspektive, deren großes Verdienst die Problematisierung des Verbindenden ist. Die Theorie bietet auf der Seite der Verbindungen jedoch kaum mehr als diese sehr eindrückliche Problematisierung. Es ist also nicht zu viel gesagt, wenn man Luhmanns Theorie als perspektivisch auf das Trennen ausgerichtete Theorie beschreibt. In Relation dazu lässt sich dann recht schnell urteilen, dass White und Latour hier eine ausgeglichenere Perspektive anbieten. Die Problematisierung verbindender Elemente fällt hier weit weniger scharf aus, wenn sie auch nicht ausbleibt und es werden viele Möglichkeiten der Erzeugung von Verbindungen aufgezeigt. Trennen und Verbinden, Öffnen und Schließen haben perspektivisch symmetrische Theoriepositionen. Dies ist wenig überraschend, hatten wir doch in der Unterlassung der Systemtheorie schon im 3. Kapitel den Ergänzungsbedarf angemahnt und die beiden relationalen Ansätze nach der Maßgabe ausgewählt hier eine perspektivische Verschiebung herbeizuführen, die nicht droht ins gegensätzliche Extrem zu verfallen. Auch das tun Latour und White nicht. Das Ziehen von Grenzen wird hier ebenso problematisiert, wie das Herstellen und Erhalten von Verbindungen. Diese perspektivische Divergenz sollte in der Kombination der drei Theorien soweit wie möglich ausgeschlachtet werden. Gedächtnis muss dabei sowohl als trennender, filternder und Grenzen stabilisierender Mechanismus begriffen werden, wie auch als ein verbindender, Referenzen setzender und Grenzen überschreitender Mechanismus verständlich sein. Dass genau hierin ein Paradox und ein theoretischer Abgrund aufscheint, soll an dieser Stelle nur vorgreifend erwähnt werden. Dennoch handelt es sich um den zentralen Anschub für den möglichen Ertrag eines die drei Theorien kombinierenden Modells sozialer Gedächtnisse.

Einen deutlichen Unterschied weisen die Theorien bezüglich der Notwendigkeit des Systembegriffs auf. Nur die Systemtheorie benutzt einen ausgearbeiteten Systembegriff, den sie über dem Prozessbegriff einordnet. White und Latour kommen mit einem prozessualen Begriff sozialer Ordnung aus, der zwar abgrenzbare Einheiten erzeugt, aber aus diesen keine abgeschlossenen Systeme macht. Der Systembegriff macht demnach vor allem dann Sinn, wenn man bestimmte starke und hochgradig selbstreferentielle Schließungsprozesse bezeichnen will. Häufig verdunkelt er jedoch die prekäre Stabilität dieser Gebilde. Ob und wofür man den Systembegriff bei einer grundsätzlich prozessual verstandenen sozialen Ordnungskonzeption noch gebrauchen kann, muss daher als eine offene Frage behandelt werden. Wie wir gesehen hatten, führt die Unterscheidung einer systemischen und einer prozessualen Betrachtungsweise innerhalb der Systemtheorie zu Problemen. Es wird nicht mehr ersichtlich, wie man prozessuale Ebene und Systemebene zusammenführen kann, da die grundlegenden kommunikationstheoretischen Ausführungen vom Systembegriff erstaunlich wenig Gebrauch machen. Dieser wird erst auf einer höherstufigen gesellschaftlichen Differenzierungsebene wieder virulent und kann dort mit gewissem Erfolg eingesetzt werden. Latour und White erreichen diese Ebene deutlich schwieriger, wenn überhaupt. Allerdings führen sie die prozessuale Perspektive deutlich weiter als Luhmann selbst und haben den Anspruch auch hochgradig kumulierte und generalisierte soziale Organisationsformen beschreiben und herleiten zu können. Wir werden sehen müssen, ob es einer Kombination der Theorien wirklich gelingt hier die entsprechenden Verbindungsstücke zu formulieren, die eine gesellschaftliche Differenzierungstheorie offenbar benötigt. Kann man eine Prozessperspektive entweder in eine Systemperspektive überführen oder reicht auch eine Prozessperspektive aus, um gesellschaftliche Differenzierung thematisieren zu können? Gedächtnis könnte hier die Theoriefigur sein, die es ermöglicht nach trennenden Verbindungen zu suchen, die sich in Operationen oder Ereignissen identifizieren lassen.

Ein weiterer Unterschied liegt darin, ob die Theorien sich eher für Anschlusssicherung interessieren oder für Durchsetzungsfähigkeit. In beiden Fällen geht es um Reproduktion, doch es stehen unterschiedliche Mechanismen solcher Selbstreproduktion im Vordergrund. Luhmann hebt ganz eindeutig die Rolle der

Anschlussfähigkeit hervor, betont also, dass es zunächst einmal darum geht, wie an ein vorliegendes Kommunikationsangebot angeschlossen werden kann. Reproduktion erfolgt hier über Anschlüsse, also nur dadurch, dass bestimmte Aspekte einer Äußerung wieder aufgegriffen werden. Anders optiert hier Latour, der Macht zwar nicht als erklärenden Faktor, sondern als zu erklärenden Faktor aufnimmt und sich speziell für die Durchsetzungsfähigkeit eines Netzwerks interessiert. Reproduktion erfolgt hier darüber, dass ein Netzwerk sich als bestehend etabliert und seine Attributionen durchsetzen kann. Macht wird durch Einbindung konstituiert und diese Durchsetzung von Zurechnungen ermöglicht die Reproduktion des Netzwerks. Luhmanns Fortsetzungsargument ist daher auf einer niedrigeren Schwelle angesetzt und ermöglicht Reproduktion als Kommunikationszusammenhang auch ohne die Durchsetzung spezifischer Erwartungen oder Konstellationen. Durchsetzung spielt erst auf der Ebene kumulierter Selektionen im Evolutionsschema eine Rolle. Bei White ist dieses Verhältnis weniger klar, aber Reproduktion von Disziplinen ist auch sehr stark an die Durchsetzung einer bestimmten Bewertungs- und damit Zurechnungsform gebunden. Macht wird zwar nicht direkt erwähnt, spielt aber in wechselseitigen Kontrollverhältnissen eine Rolle. Dies wird vor allem dann deutlich, wenn White betont, dass die Erlangung von Handlungsfähigkeit immer mit der Produktion und häufig auch der Kumulation von Ungleichheiten verbunden ist. Bei dieser Frage setzt also Luhmann die Schwelle niedriger an, ganz im Gegensatz zum höherschwelligen und anforderungsreicheren Systembegriff. Dies kommt vor allem daher, dass White und Latour immer von der Reproduktion einer bestimmten Struktur als sozialer Einheit ausgehen müssen, einem bestimmten Netzwerk oder einer bestimmten Disziplin, wobei Luhmann dies nicht unterstellen muss. Jede Struktur kann ausgetauscht werden, solange das System bestehen bleibt. Auch Strukturen müssen sich bei Luhmann durchsetzen, aber er kann diese Ebene von der der Anschlussproduktion trennen, deshalb ist es weniger relevant, ob sich eine bestimmte Form des Anschlusses auch kumulativ durchsetzt. Gedächtnistheoretisch macht es Sinn sich zu fragen, was man unter Reproduktion, also Wiederholung verstehen will. Damit wird auch die Frage nach System, Struktur oder Prozess als Grundlage der Wiederholung und als Gegenstand der Prüfoperationen wieder aktuell.

Dabei geht es auch um die Erreichbarkeit der gesamtgesellschaftlichen Ebene. White und Latour sehen hier keinen relevanten Ebenenunterschied. Vielmehr müssen bei ihnen Ebenenunterschiede aus den sozialen Prozessen heraus produziert werden. Bei Luhmann dagegen wird Gesellschaft als umfassendes Sozialsystem ausgewiesen, dass nicht ohne weiteres durch Interaktionen oder auch Organisationen betreffbar ist. Luhmann geht sogar von einer immer stärkeren Differenzierung zwischen Gesellschaft und Interaktion aus, so dass die Betreffbarkeit in der modernen Gesellschaft sogar wesentlich geringer ist. Selbst bei Luhmann wird Gesellschaft als soziale Adresse im Zuge ihrer fortschreitenden funktionalen Differenzierung immer fraglicher. Manche sehen in ihr nur noch einen Horizontbegriff[708], dessen Einheit operativ nicht mehr eingefangen werden kann. Ihre Polykontexturalität verhindert ihre operative Erreichbarkeit. Allerdings wird sie bei Luhmann noch als System ausgewiesen, das eigene Strukturen und Selbstbeschreibungen aufweist. Diese Strukturen erschöpfen sich zwar wesentlich in der funktionalen Differenzierung und Polykontexturalität selbst, sind jedoch klar und deutlich als gesellschaftliche Strukturen ausgewiesen. Und es ist auch nicht von der Hand zu weisen, dass Gesellschaft als kommunikative Formel immer noch erfolgreich, d.h. anschlussfähig verwendet werden kann. Man muss aber Gesellschaft als eine kommunikative Einheitsformel von Gesellschaft als sozialem System unterscheiden. Jedenfalls legt das Luhmanns Unterscheidung von Semantik und Gesellschaftsstruktur nahe. Beschreibungen müssen zwar selbst anschlussfähig sein, können aber nicht gesellschaftliche Selektion und Stabilisierung vorweg nehmen. Es wird zu zeigen sein, wie man die Ebene prozesshafter Kommunikation mit der gesellschaftlichen Ebene verbinden kann. Denn Luhmann macht auch hier mehr auf die Problematik dieser Verbindung aufmerksam, als dass er theoretische Verbindungsstücke anbieten könnte. Dennoch ist klar, dass auch eine systemtheoretische Sichtweise Gesellschaft mit ablaufenden Kommunikationsprozessen koppeln muss, nur wird nicht recht deutlich wie das geschieht. Hier bieten die unterschiedlichen Generalisierungskonzepte der drei Theorien zahlreiche Anschlussstellen, die eine Gedächtnistheorie nutzen kann, um sich als Verbindungsmöglichkeit auszuweisen. Während es bei White um Bedeutungs- bzw. Wertgeneralisierung in Institutionen und um Dominanzgeneralisierung in Stilen geht, spricht Latour von der Möglichkeit der Generalisierung durch Übersetzung in „unveränderliche Mobile" und Luhmann schließlich spricht von der Generalisierung von Erwartungen und der Verdichtung von mehrfach benutzbaren Sinnformen. Generalisierung ist ein solcher zugleich trennender aber auch verbindender Mechanismus, den wir als eine grundlegende Charakteristik von Gedächtnisprozessen ansehen, deren Prüfoperationen immer darauf hindeuten, dass Referenzen die vielfältigen Filterungen passieren und dabei auch Erreichbarkeiten konstituieren.

Schließlich muss man auf die unterschiedliche Rolle von Materialität und Technik in den drei Theorien hinweisen. Während Latour Materialität und technische Konstruktionen als soziale Faktoren sehr ernst nimmt, haben sie in den Theorien von White und Luhmann eine eher untergeordnete Stellung. Zwar entwickelt auch Luhmann einen Technikbegriff, als funktionierende Simplifikation

---

[708] Vgl. Nassehi 2005, S. 425ff.

in der Kommunikation[709], der manchmal gar nicht so weit von Latour entfernt zu sein scheint. Sie werden aber nicht als Bestandteil sozialer Netze berücksichtigt, sondern nur hinsichtlich der Möglichkeit, sie in bestimmten Kommunikationsformen zu unterstellen. White dagegen betont zwar die Bindung sozialer Prozesse an ihre biophysikalischen Grundlagen, wie an Organismen mit bestimmten Möglichkeiten und räumliche Gegebenheiten, entwickelt aber nur geringen theoretischen Ehrgeiz hinsichtlich ihrer Einbindung in seine Erklärungsmodelle. Zwar meint sein Kontrollbegriff immer auch Kontrolle der biophysischen Gegebenheiten und die Bindung sozialer Prozesse an materielle Produktion macht darauf aufmerksam, dass technische Konstruktionen auf sehr grundlegender Ebene mit der Reproduktion sozialer Einheiten gekoppelt sind. Bei allen Theorien kann man also ein Interesse für die Einbindung des Technischen beobachten, wobei Latour am stärksten auf diese Rolle eingeht und sie am wenigsten in der Umwelt sozialer Prozesse verortet. Nur Latour meint mit Einbindung tatsächlich eine soziale Inklusion von Technik, während Luhmann und White sie eher als Möglichkeitsrahmen betrachten und sie außerhalb der Sphäre der Sozialität situieren. Eine solche Einbindung als Möglichkeitsrahmen macht aber auch nur Sinn, wenn thematisiert werden kann, welche kommunikativen Transformationen damit verbunden sind. Gedächtnistheoretisch muss man deshalb die Einbindung mit Latour ernster nehmen, ohne sich auf eine immer gültige Symmetrie zwischen Menschen und Nicht-Menschen festzulegen. Dennoch ist es aus der Sicht einer Analyse kommunikativer Kohärenzprüfungen zunächst einmal sinnvoll von einer solchen Symmetrie auszugehen.

Probleme des Verbindens und des Trennens und einige Lösungsangebote

Bevor wir nun die hier definierten Anschlussstellen zwischen den drei Theorien nutzen wollen, um ihre kombinatorische Leistung bei der Beantwortung der Fragen, die sich durch die systematischen Probleme der soziologischen Theorie des Gedächtnisses stellen, zu prüfen, wollen wir noch ein paar kurze Blicke auf Konzepte werfen, die eine gewisse Kombination der Trennungs- und Verbindungsproblematik schon realisiert haben. Diese Konzepte können eine sinnvolle Ergänzungsperspektive zur hier entwickelten gedächtnisspezifischen Kombination der Theorien anbieten. Wir wollen testen, was die folgenden Konzepte zu unserer Diskussion beitragen können.

Da wäre zunächst der schon vor längerer Zeit entwickelte Epigrammbegriff von Jürgen Markowitz, der versucht, eine Kopplung von psychischen und sozialen Strukturen auf einer systemtheoretischen Basis zu entwickeln. Dann ist Wer-

---

[709] Vgl. Luhmann 1997, S. 524.

ner Vogds Versuch, ein Programm rekonstruktiver Sozialforschung mit systemtheoretischen Grundlagen zu verbinden ebenso erwähnenswert, wie Armin Nassehis Versuch Praxistheorie und Systemtheorie einander anzunähern. Schließlich
sind die Versuche von Gunther Teubner, Stephan Fuchs und Jan Fuhse zur unmittelbaren Verbindung von System- und Netzwerktheorie beachtenswert.

Jürgen Markowitz hat sich seit seiner Dissertation „ Die soziale Situation"[710] mit dem Problem der Vermittlung von psychischen und sozialen Systemen
beschäftigt, interessiert sich also insbesondere für die Möglichkeit spezifischer
Verbindungen vor dem Hintergrund einer systemtheoretisch formulierten radikalen Trennungsperspektive. Hier entwickelt er nun spezifische Konzepte, die eine
solche Vermittlung leisten können, wobei der Ausgangspunkt die psychische
Referenz ist und ihre Dekomposition in unterschiedliche Verhaltenskomponenten. Markowitz These ist es, dass nicht nur die Verhaltenskomponente der Intention (Zielsetzungen) für die Charakterisierung der Vermittlung zwischen psychischen und sozialen Systemen maßgeblich ist, sondern man auch die Verhaltenskomponenten der Attention (Aufmerksamkeit) und der Konstitution (Identitäts-
behauptung) miteinbeziehen muss.[711] Gleichzeitig muss die intentionale Ebene
psychischer Systeme mit der funktionalen Ebene sozialer Systeme vermittelt
werden und gerade hierzu ist die Stützung auf jene anderen anschlussfähigen
Verhaltenskomponenten relevant. Wegen dieser besonderen Perspektive gelten
die Theorieentwürfe von Markowitz als phänomenologisch belehrte bzw. ergänz-
te Systemtheorie.[712] Für Kranz ist es jedoch vor allem das Bezugsproblem der
Interpenetration und die interaktionstheoretische Fundierung, die man als Fokus
der Arbeiten von Markowitz betrachten kann.[713] Mit den Begriffen der sozialen
Situation, der sozialen Matrix, des sozialen Epigramms und der Partizipation legt
Markowitz einige Integrationsvorschläge vor, die eine Lösungsmöglichkeit des
Interpenetrationsproblems in der Interaktion beleuchten sollen. Wir wollen diese
Konzepte im Folgenden kurz vorstellen und zu umreißen versuchen, warum sie
eine soziologische Gedächtnistheorie zwischen System- und Netzwerkperspekti-
ve bereichern können.

Der erste Versuch die strukturelle Kopplung von psychischer und sozialer
Systemreferenz auf den Punkt zu bringen, liegt mit seiner Analyse der sozialen
Situation vor. In Abgrenzung von den Vorstellungen der klassischen Soziologie,
die den Zusammenhang von psychischer und sozialer Situation ganz unproblematisch im Intersubjektivitätsbegriff auf den Punkt bringt, setzt Markowitz sys-

---

[710] Vgl. Markowitz 1979.
[711] Vgl. Zu dieser integrierenden Perspektive auf Markowitz Werk Kranz 2007.
[712] Dieser Charakterisierung findet sich vielfach, unter anderem bei Habermas 1981, S. 197 und
Luhmann 1986.
[713] Vgl. Kranz 2007, S. 67.

temtheoretisch belehrt hier auf einer stärkere Trennung. Es gibt nicht einfach eine geteilte, also intersubjektive Konstitution einer gemeinsamen Situation. Er geht viel radikaler von einer rein subjektiven bzw. rein psychischen Außenbetrachtung der sozialen Situation aus. Eine Situation ist in dieser Perspektive dann sozial, wenn ein personales System sich mit personalen Objekten in seiner Umwelt befasst sieht.[714] In jedem einzelnen psychischen System liegt die soziale Situation also als eine „erwartungsgeleitete Rekonstruktion"[715] der Umwelt vor. Der besondere Kniff des Interpenetrationsproblems und seiner Konstitution im Problem der doppelten Kontingenz, in der soziale Systeme als emergente Lösungen psychischer Orientierungsprobleme auftreten, besteht nun bei Markowitz darin, zu zeigen, dass

> „... soziale Systeme aus Gründen ihrer eigenen Konstitution und Reproduktion die Strukturen und Erfordernisse bewusster Handlungsorientierungen berücksichtigen müssen. Deshalb kann man von universalen Eigenschaften dieser Orientierung auf Eigenschaften sozialer Systeme zurück zuschließen versuchen. Und nur durch die semantische und pragmatische Berücksichtigung dieser Erfordernisse können soziale Systeme überhaupt auf die Orientierungsprozesse der an ihnen beteiligten psychischen Systeme Einfluss nehmen. Oder noch einmal anders formuliert: Wenn sich soziale Systeme mit Hilfe von Handlungen reproduzieren, für deren Konstitution psychische Systeme unerlässlich sind, und wenn die Konstitution von Handlungen unausweichlich von Prozessen bewussten Erlebens begleitet werden, dann kann vermutet werden, dass soziale Systeme versuchen, Erleben zu beeinflussen und zu gestalten."[716]

Man kann also sehen, dass hier ein Problemzusammenhang formuliert wird, den man kurz als Angewiesenheit auf den Leistungsaustausch zwischen sozialen und psychischen Systemen auf den Punkt bringen kann. Orientierungsleistung gegen Beitragsleistung. Genau an dieser Stelle kann nun der Situationsbegriff wieder aufgegriffen werden. Er dient als Vermittlungsmedium[717] zwischen Umwelt und psychischem System. Die Verflechtung dieser unterschiedlichen psychischen Rekonstruktionen gelingt nun auf der Basis thematischer Komplemente. Die jeweiligen psychischen Deutungen der sozialen Situationen weisen einen für alle beteiligten erkennbaren Überschneidungsbereich auf, beide sind thematisch komplementär und können auf dieser Grundlage erwartungsmäßig miteinander verknüpft werden. Hier sieht man nun eine Referenz des sozialen Systems, das solche thematischen Sinnkonfigurationen zur Verfügung stellt als Orientierungs-

---

[714] Vgl. Markowitz 1979, S. 16.
[715] Vgl. Kranz 2007, S. 73.
[716] Ebd.
[717] Ebd., S. 75.

leistung für die psychischen Systeme, auf deren Grundlage sie Erwartungen übereinander bilden können. Situationen beziehen sich demnach immer auf die momentanen Konditionen des aktuellen Geschehens, sie sind in sozialer wie psychischer Systemreferenz Ausdruck für die „augenblickliche, geschehensrelative Realität."[718] Allerdings ist der Situationsbegriff hier noch zu wenig trennscharf. Er liefert ein reines Orientierungsmodell und kann noch keine Interaktionstheorie begründen. Dies strebt Markowitz mit den Begriffen der sozialen Matrix und des sozialen Epigramms an. Hier werden nun alle Verhaltenskomponenten in die Analyse mit eingebunden. In erster Linie spielt nun die Organisation der Wahrnehmung eine größere Rolle, also das attentionale Verhalten. Attentionen sind nach Markowitz vor allem durch zwei Verhaltensformen bestimmt: das Alternieren[719] und das Oszillieren[720]. Die Aufmerksamkeit wandert zwischen unterschiedlichen Referenzen und zur Konstitution eines stabilen (erwartbaren) Zusammenhangs müssen Verweilformen für diejenigen Referenzen gefunden werden, die momentan nicht im Mittelpunkt der Aufmerksamkeit stehen. Aufmerksamkeit ist ein flüchtiges Phänomen und doch stellt sich die Frage, wie auf dieser Basis Dauern und Persistenzen realisiert werden können, die für eine erwartungsgeleitete Orientierung unabdingbar sind. Luhmann spitzt die Frage mit Hinweis auf Markowitz wie folgt zu:

> „Die Frage ist: wie entsteht aufgrund einer labilen, nur momenthaft bindungsfähigen Aufmerksamkeit diejenige Grobstruktur der Welt, die uns normalerweise einsichtig ist."[721]

Die soziale Matrix konstituiert sich nun gerade aus diesen flüchtigen Wechseln der Aufmerksamkeit und enthält somit ein Netzwerk von Referenten der Aufmerksamkeit und ihren Beziehungen. Die Referenten sind dabei als Korrelate der momenthaften Operationen der Aufmerksamkeit zu verstehen, an die dann auch mit neuen Operationen angeschlossen werden kann. Identitätsunterstellungen der Referenten werden als prozessuale Verweilformen konzipiert, die durch die soziale Matrix erhalten werden. Die Matrix etabliert sich einerseits in den psychischen Systemen, die ständig unterschiedlichen Referenten ihre Aufmerksamkeit zuwenden, und andererseits auch mit sozialer Systemreferenz. Auch die Interaktion alterniert mit den Attentionen ihrer Teilnehmer. Meist steht der aktuelle Sprecher im Vordergrund und so kann auch die sozialstrukturelle Matrix als Korrelat der alternierenden Aufmerksamkeiten verstanden werden. Wichtig am

---

[718] Vgl. Kranz 2007, S. 78.
[719] Vgl. Markowitz 1986, S. 57ff.
[720] Ebd., S. 102ff.
[721] Vgl. Luhmann 1986, S. 11.

konzeptionellen Beitrag von Markowitz ist nun weniger die Vorstellung einer sozialen Matrix als einer Form der „Intersubjektivität im Modus des Als-Ob"[722], sondern wie soziale Systeme ihre Orientierungsleistungen über Darstellungsformen sozialer Matrizen anbieten, die Markowitz als soziale Epigramme bezeichnet. In sozialen Epigrammen stellen sich soziale Systeme als Kontexte des interaktiven Geschehens dar, sie werden sinnhaft identifizierbar.[723] Ein soziales Epigramm könnte man demnach als eine vereinfachende Selbstdarstellung eines sozialen Systems in der Form einer sozialen Matrix bezeichnen, die den psychischen Systemen mögliche Referenten, Beziehungs- und Verweilformen anbietet. Das Epigramm weist das System als eine die Interaktion kontextuierende Struktur aus, die der erwartungsgeleiteten Orientierung dient, und das System reproduzierende Verhaltensbeiträge wahrscheinlich macht. Wendet man sich nun zurück zu den psychischen Systemen, muss Partizipation an sozialen Systemen begriffen werden als semantische und pragmatische Integration der jeweils individuellen Verhaltensbeiträge in die Interaktion. Unter semantischer Integration sind dabei die Integration der Verhaltensbeiträge durch die Orientierung an Schemata und ihre Einordnung in Prozessabläufe zu verstehen, während die pragmatische Integration das tatsächliche Zusammenspiel der unterschiedlichen Verhaltensbeiträge bezeichnet. In solcher Partizipation ergeben sich dann auch aufrecht zu erhaltende Identitäten und Selbstbilder, die zu einer weiteren Verstetigung der Erwartbarkeiten führen. Interessant ist dabei, dass in diesem Theorievorschlag das Referieren zu einem Kernelement der Theorie wird[724] und zwar nicht nur in seiner selbstreferentiellen Variante, sondern auch und vor allem in der fremdreferentiellen Variante der Konstitution von Referenten. Markowitz betont geradezu den Sachbezug als Möglichkeit der Enttautologisierung des ewigen Referenzzirkels, bei dem Referieren immer nur auf anderes Referieren verweist. Sieht man diese Form des Referenzzirkels als aus der Situation doppelter Kontingenz geborene Kernstruktur sozialer Systeme, kommt man nicht umhin nach Möglichkeiten der Unterbrechung dieses Zirkels zu suchen. Als Prozessform kennt das Referieren noch keine Sachdimension. Die Assoziation dieser Dimension ist eine Leistung, die hoch voraussetzungsvoll ist.[725] Die Sachdimension kann erst nach der Ausbildung sehr elaborierter semantischer Formen, wie dem Totem, dem Eigentum oder der Technik geleistet werden, die Bindungen der Sachdimension an die Sozialdimension ermöglichen. Reine Selbstreferenz kann sich nicht auf Dauer stellen und ist angewiesen auf die Einbindung der Sachdimension. An Markowitz Theorievorschlag sind vor allem drei Anschlussmög-

---

[722] Vgl. Kranz 2007, S. 91
[723] Vgl. Markowitz 1986, S. 135.
[724] Vgl. Markowitz 2007.
[725] Ebd., S. 37.

lichkeiten bedeutsam, an denen sich eine Gedächtnistheorie orientieren kann, die Systemtheorie und Netzwerktheorie auf spezifische Art verbinden möchte. Zunächst ist eindrücklich, dass Verbindung auf der Grundlage von Trennung explizit, wenn auch vor allem vom psychischen System aus gesehen zum Thema wird. Dies ist genau die Denkrichtung, der sich auch diese Arbeit verpflichtet fühlt, wenn auch die Wahl der primären Systemreferenz hier anders ausfällt. Auch die spezifischen Problemfälle der Vermittlung von Akteurs- und Funktionsbezug und der Erzeugung von Dauerhaftigkeit auf der Grundlage momenthafter operativer Vollzüge stehen im Einklang mit dem Problem der sozialen Gedächtnisbildung. Die Formen der sozialen Matrix als Netzwerkstruktur eines sozialen Kontextes und des sozialen Epigramms als Darstellungsform von Systemen als Kontexten, bieten Anschluss für Diskussionen zum Verhältnis von Struktur, Semantik und Gedächtnis. Schließlich liefert Markowitz mit seinem Konzept der Enttautologisierung des Referenzzirkels durch die Assoziation eines sachlichen Bezugs Anschlussmöglichkeiten an Latours Konzeptionen einer Soziologie der Assoziationen.

Werner Vogd bietet einen Markowitz vergleichbaren Problemzuschnitt, der aber weniger auf das Interpenetrationsproblem zwischen psychischen und sozialen Systemen zugeschnitten ist, als vielmehr auf die Beschreibung von sozialen Intersystembeziehungen innerhalb von Interaktionen. Ihm geht es vor allem um die Anschlussfähigkeit systemtheoretischer Fragestellungen und Theoreme an die empirische Sozialforschung.[726] Vogds Ansicht nach kann die Systemtheorie der empirischen Forschung vor allem hinsichtlich der Anforderungen der Beschreibung und Analyse „polykontexturaler Verhältnisse"[727] helfen. In seiner Wahrnehmung handelt es sich bei der Systemtheorie um rekonstruktive Sozialforschung, die sich allerdings methodologisch nicht ausreichend ausweist. Für unsere Fragestellung ist nicht der gesamte Zusammenhang von Vogds Programm von Interesse, sondern sein Rückbezug auf das Phänomen der Polykontexturalität. Im dritten Kapitel tauchte Polykontexturalität bei der Diskussion innersystemtheoretischer Brücken, die eine Konzeption von Verbindungen vor dem Hintergrund der Trennung möglich machen, auf. Das Faszinierende am Begriff der Polykontexturalität ist die Möglichkeit Prozesse und Ereignisse zu identifizieren, die Anschlussfähigkeit in unterschiedliche Richtungen gewinnen und realisieren und damit im Sinne der Systemtheorie multiple Systemreferenzen aufweisen und in bestimmter Hinsicht integrieren können. Der Begriff Polykontexturalität bezeichnet genau diese Möglichkeit. Für Vogd liegen in diesem Begriff und seinem spezifischen Zuschnitt zwei Chancen. Zum einen kann er der rekonstruktiven Sozialforschung die Möglichkeit bieten zwischen unterschiedlichen Kontexturen

---

[726] Vgl. Vogd 2005.
[727] Vgl. Vogd 2007.

zu wechseln und diese klar zu unterscheiden. Zum anderen macht er die unterschiedlichen pragmatischen Resultatsproduktionen deutlich, die in beobachtbaren Kommunikationsabläufen (Interaktionen) hergestellt werden und sich in unterschiedliche Anschlusslogiken einordnen müssen. Die empirische Operationalisierung des Systembegriffs ähnelt dann häufig den Überlegungen von Markowitz. Die Systeme präsentieren sich in der Interaktion als Kontexturen oder mit Goffman formuliert als Rahmen der Kommunikation. Systeme sind vor allem als Kontexturen beobachtbar, die der Interaktion unterschiedliche Orientierungsleistungen anzubieten haben. Sie bieten unterscheidbare Semantiken, Attributionsformen, Zurechnungsprozeduren, Rollen usw. Vogd fasst dieses systemtheoretische Angebot folgendermaßen zusammen:

> „Wir finden hier also eine Differenzierungstheorie vor, die mit verschiedenen semantischen Kontexturen rechnet, welche jeweils ihre eigenen Anschlussmöglichkeiten eröffnen und – dies ist die eigentliche empirische Herausforderung – welche von polykontexturalen Verhältnissen ausgeht, in der sich die verschiedenen Kontexturen der unterschiedlichen gesellschaftlichen Funktionssysteme nicht nur überlagern, sondern durch die quer zu den gesellschaftlichen Funktionssystemen (Medizin, Recht, Wirtschaft etc.) liegenden Systemtypen Organisation und Interaktion gebrochen oder unterlaufen werden können."[728]

Die Funktionssysteme treten so im Wesentlichen als semantische Systeme in der Kommunikation auf.[729] Gesellschaft fungiert hier wie bei Markowitz als Medium, das Interaktionsprozesse mit sozialen Sinnkonturen ausstattet.[730] Im Anschluss an Ralf Bohnsack identifiziert Vogd die „dokumentarische Methode"[731] und die „sinngenetische Interpretation"[732] als Methoden, die am ehesten den systemtheoretischen Anforderungen entsprechen könnten.[733] Hier tauchen als Ergebnis der Rekonstruktion Orientierungsrahmen auf, die durchaus mit polykontexturalen Verhältnissen rechnen können. Auch den Habitusbegriff Bourdieus schließt Vogd an diese Position an, denn er erscheint als andere Seite der systemischen Kontexturen, als „verkörpertes Gedächtnis eines spezifischen Ori-

---

[728] Vgl. Vogd 2007, S. 305.
[729] Wenn man sich mit empirischen Methoden Kommunikationsprotokollen nähert mag diese Deutung naheliegen, doch muss man hier ein Fragezeichen setzen, denn nach der Einschätzung von Luhmann sind es gerade nicht die semantischen Angebote und Rahmungen für Interaktionen, die die Relevanz von Funktionssystemen in der modernen Gesellschaft ausmachen, sondern die unmittelbare Codierung von Kommunikation gebunden an die Nutzung spezifischer Kommunikationsmedien, die Luhmann gerade nicht semantisch verstanden wissen will. Siehe oben, Kap. 3.
[730] Vgl. Vogd 2007, S. 307 und vgl. dazu Kranz 2007, S. 98.
[731] Vgl. Bohnsack 2003a und 2003b.
[732] Vgl. Bohnsack 2007.
[733] Vgl. Vogd 2007, S. 312ff.

entierungsrahmens und als lokale Schnittmenge spezifischer systemischer Kon-texturen.“[734] Diese Kontexturen haben keinen strikten Vorschriftscharakter be-züglich der ablaufenden Interaktionen, schon die Möglichkeit des Wechselns schließt dies aus, aber sie blenden jeweils „Möglichkeitsräume“[735] auf, die als orientierende Rahmen dienen und in die sich bestimmte Kommunikationsereig-nisse einordnen lassen. Der Kontexturbegriff, wie ihn Werner Vogd verwendet, hat einen explizten Gedächtnisbezug, weil er zu beschreiben versucht, wie sich soziale Systeme als kontextuierende Semantiken und Praxiskomplexe in Interak-tionen und Körper (Habitus) einzeichnen und dort als Orientierungsrahmen „vor-liegen". Er beschreibt so Mechanismen der Verbindung von getrennten Syste-men, also intersystemische Kopplungen. Als Kontextur sind soziale Systeme für Interaktionen und psychische Systeme greifbar und referenzfähig. Interessant ist auch die Anschlussmöglichkeit an Whites Konzeption des „switchings", denn der kommunikative Wechsel zwischen Kontexturen hat sehr starke Anklänge, an die von White und Mische ins Auge gefassten kommunikativen Dynamiken. Gerade die Beschränkung auf die semantische Dimension der Funktionssysteme die Vogds Ansatz impliziert, greift aber dann zu kurz, wenn man sich auch dafür interessiert wie man vom Interaktionssystem wieder zu den Funktionssystemen wechseln kann und auch dort Gedächtnis verorten und beschreiben möchte. Die rekonstruktiven empirischen Methoden scheinen nur den Weg hinunter in die Interaktion zu kennen, aber nicht die umgekehrte Richtung, in der Resultate der Interaktionen wiederum innerhalb eines oder mehrerer Funktionssysteme an-schlussfähig werden.[736] Während Vogd und Markowitz sehr eng an systemtheo-retischen Ausgangspunkten entlang argumentieren, sollen nun noch einige Anre-gungen angesprochen werden, die unmittelbar kombinatorische Perspektiven ansprechen.

Wir beginnen mit Armin Nassehis systemtheoretischer Annäherung an die Praxistheorien, weil er bei ähnlichen Ambitionen einen anderen Weg wählt als diese Arbeit. Ähnlich wie Markowitz und Vogd betreibt auch er diese Verbin-dung vor dem Hintergrund einer besseren Kopplung von systemtheoretischer Analyse und empirischer Forschung.[737] Ein zweiter Ausgangspunkt ist seine Auseinandersetzung mit der Theorie Bourdieus.[738] Das Verbindungsstück ist

---

[734] Vgl. Vogd 2007, S. 314.
[735] Ebd., S. 315.
[736] Hier scheinen die Probleme durchaus vergleichbar mit dem Problem der Bestimmung von Aggre-gationslogiken in der Theorie Hartmut Essers, die mir ähnlich unterentwickelt erscheint. Vgl. Esser 1993, S. 96ff. Mir scheint, man müsste sich an dieser Stelle stärker auf die Codierungsfrage einlas-sen, um beschreiben zu können, wie Interaktionen und Praxen dann wieder Gesellschaft erreichen können.
[737] Vgl. Nassehi 2006 und Nassehi & Saake 2002 und 2007.
[738] Vgl. Nassehi & Nollmann 2004.

seine Konzeption einer „Gesellschaft der Gegenwarten"[739], eine empirische Wendung des Gesellschaftsbegriffs, der Gesellschaft immer schon als eine Vielheit von Kontexten begreift, die sich immer gleichzeitig, aber in unterschiedlichen Gegenwarten vollzieht. Die Einbindung der Praxistheorie gelingt nun durch das Diktum, dass sich Gesellschaft so immer nur praktisch vollziehen kann, als je gegenwärtige Integration einer Vielheit von Kontexten in einer je spezifischen Situation unter der Beteiligung je spezifischer Personen. Die Kontexte müssen in bestimmten Praktiken aufeinander bezogen werden und ihre unterschiedlichen Anschlusslogiken müssen praktisch miteinander verbunden oder voneinander getrennt werden. Kommunikativer Anschluss wird demnach nicht in erster Linie sprachlich sondern praktisch vollzogen und Praktiken lassen sich als anschlussfähige und wiederholbare Vollzüge von Kommunikation lesen. Dabei ist jeweils zu beachten, dass sich die Komplexitätsreduktion in allen drei Sinndimensionen vollziehen kann, nicht nur als zeitliches Anschlussgeschehen, sondern ebenso sozial oder sachlich[740], das auch nicht-sprachliche Sinnformen zu beachten sind, weil Praxis auch in nicht-expliziter und sogar nicht explizierbaren Formen Anschlüsse generiert[741] und das Subjektivität eine Folge bestimmter Praktiken und nicht deren Ursache. Kommunikation ist demnach als basales systemkonstituierendes Geschehen selbst als eine Praxis zu verstehen und Praxis legt dabei den Schwerpunkt auf die Wiederholbarkeit von Kommunikation. Auch soziales Gedächtnis ist in dieser Perspektive eine praktische Leistung, eine je gegenwärtig in der Praxis zu realisierende Verknüpfung. Es wird nicht ganz klar, worin genau die Verknüpfung der Konzepte System, Kommunikation und Praxis bestehen soll, aber Nassehi gibt wichtige Hinweise darauf, wie Kommunikation eben nicht zu sehr auf Zeit oder Sprache verkürzt werden darf, wenn man sie tatsächlich als nicht-reflexives Anschlussgeschehen auffassen muss. Praxis legt den Schwerpunkt ähnlich wie der Situationsbegriff auf die Möglichkeit der Integration von Kontexturen, wobei ihr Wiederholungscharakter gedächtnistheoretisch bedeutsam ist. Wenn man sich auf ihre Verkörperung und Materialisierung verlassen kann, vollziehen sich manche Anschlüsse wie von selbst. Die Frage ist dann aber, ob das Problem der Trennungen damit für Nassehi überhaupt noch Relevanz hat, wenn man immer davon ausgehen kann, dass in der Praxis solche Integrationen verschiedener Kontexturen immer gelingen müssen. Wenn man eine weniger naive Sichtweise unterstellt[742], muss man sich fragen, wie dies immer

---

[739] Vgl. Nassehi 1997, 2003, S. 81f, 2006, S. 375ff und Nassehi & Saake 2007, S. 237.
[740] Vgl. Nassehi & Saake 2007, S. 238ff.
[741] Ebd., S. 241ff.
[742] Wie es für eine systemtheoretisch zumindest erweiterte Praxistheorie oder auch eine praxistheoretisch nur belehrte Systemtheorie wahrscheinlich ist.

wieder gelingen kann und ist dann auch gezwungen zu analysieren, wie welche Leistungen praktisch in die Kommunikation eingebunden werden.

Schließlich müssen wir uns den Verbindungen von System- und Netzwerktheorie zuwenden, die bereits in konzeptionellen Grundlagen vorliegen. So hat Gunther Teubner bereits vor einiger Zeit vorgeschlagen Luhmann und Latour zu kombinieren.[743] Ihm schwebt eine Kombination der Theorien nach dem Vorbild des „Welle-Teilchen-Dualismus" in der Physik vor. Also nicht etwa eine Integration der beiden Theorien, sondern eine quer laufende Kombination, bei der jede Perspektive exakt in den blinden Fleck der jeweils anderen leuchtet. Am Beispiel des Vertrages, den Teubner als einen Hybriden im Sinne Latours sieht, stellt er Luhmanns Differenzierungstheorie eine kontrastierende Hybridisierungstheorie an die Seite, die gegenüber den jeweils eigenlogischen Einsortierungen von Ereignissen in die Anschlussketten des Rechts, der Wirtschaft usw. betont, dass auch Konstrukte der Verbindung notwendig sind, die solche differenzierten geschlossenen Prozessketten momenthaft miteinander zu verbinden erlauben. Genau kann dann der Vertrag platziert werden. Ein Vertrag ist nicht allein rechtlich oder allein wirtschaftlich zu verstehen, auch nicht allein als Beziehung zwischen mehreren Parteien, sondern er ist immer die Brücke, die all diese Aspekte verbindet. Der Vertrag ist somit ein Hybrid, der Interferenzen oder Resonanzen zwischen den getrennten Anschlusslogiken erzeugt. Der Disput zwischen Luhmann und Latour zwischen Moderne und Nicht-Moderne, zwischen Differenzierung und Hybridisierung darf deshalb nicht zugunsten einer Seite entschieden werden, sondern der Disput ist selbst die Lösung. Nur wenn man zwischen den beiden Beobachtungsformen hin und her wechselt, bekommt man den Vertrag in den Blick, sieht man sowohl die Problematik der Trennung als auch die der Verbindung. Zusätzlich greift Teubner auch vermehrt auf den Netzwerkbegriff zurück[744], um zu zeigen, dass hier ein Element sozialer Ordnung zu berücksichtigen ist, das nicht so klar zuzuordnen ist, wie der Vertrag oder die Organisation. Dieser Netzwerkbegriff schließt aber eher an die Diskussionen um Netzwerke als Ordnungsform zwischen Markt und Hierarchie an und nicht an die Entwicklungen einer soziologischen Netzwerktheorie. Zentraler Bezugspunkt für diese Arbeit ist vielmehr Teubners Vorschlag der Kombination von Differenzierungs- und Hybridisierungsperspektive, den man weiter ausbauen kann. System- und Netzwerktheorien sollen demnach auch hier nicht integriert oder synthetisiert werden. Allerdings ist auch eine Form der Kopplung notwendig, die anzeigen kann, wie man sich zwischen den beiden Perspektiven hin und her bewegen kann. Deswegen ist nicht nur eine strikte Komplementarität der theoretischen Perspektiven wichtig, sondern auch eine Sondierung der Anschlussstellen, die es

---

[743] Vgl. Teubner 1997.
[744] Vgl. Teubner 1992.

ermöglichen, die Theorien aufeinander zu beziehen. Dies kann zum einen über eine Bestimmung der blinden Flecken geschehen, wie in Teubners Vorschlag, aber auch in der Form von grundlegenden Gemeinsamkeiten, die bestimmte schwerpunktmäßige Orientierungen erlauben.

Stephan Fuchs hat mit „Against Essentialism"[745] einen Versuch vorgelegt, Systemtheorie auf enge Weise an den Netzwerk- und den Kulturbegriff zu knüpfen. Dabei geht er von einer grundlegenden anti-essentialistischen Prämisse aus:

> „The basic anti-essentialist premise is that 'action' and 'behavior', 'persons' and 'things', 'nature' and 'society', 'science' and 'humanism', and the other dichotomies are indeed not opposite poles of Being, seperated by an unbridgeable essentialist gap. Rather, they are social devices of description and explanation that covary with other sociological variables, such as the status of observers, the conditions of observing, and the degree to which an observed system has been rendered predictable through normal science."[746]

Fuchs schließt an einige zentrale Bestimmungen der Systemtheorie an, vor allem an ihre Ausführungen zur Umstellung der soziologischen Theorie von Handlung auf Kommunikation und auf die zentrale Bedeutung von Beobachtung für die Entstehung von Sinnsystemen. Allerdings hält er den Systembegriff für deutlich weniger grundlegend als Luhmann. An seine Stelle tritt der Netzwerkbegriff. Systemtheorien und Netzwerktheorien weisen für Fuchs zunächst zwei grundlegende Gemeinsamkeiten auf. Beide sind antihumanistisch in dem Sinne, dass sie nicht „Person", „Individuum" oder „Akteur" als Ausgangspunkte der Erklärung benutzen und beide sind relational oder antiessentialistisch, da sie von relationalen Konzepten (Kommunikation und Verbindung) ausgehen, denen kein essentieller Wert zukommt.[747] Netzwerke sind Systemen als relationale Konstrukte in spezifischer Weise überlegen, weil sie zum einen auf eine wesentlich breitere Masse an empirischer Unterstützung bauen können und weil sie sich begrifflich breiter fassen lassen als Systeme.[748]

> „Networks are good where systems are weak, that is, in areas of explanatory generalizations with empirical content. Systems theory tends to get bogged down in dialectical subtleties, which might stem from its formal, though not material, family resemblance to the Subjektphilosophie of Fichte. Systems theory transforms every-

---

[745] Vgl. St. Fuchs 2001.

[746] Ebd., S. 104.

[747] Ebd., S. 63f

[748] Dies kann man jedoch auch als Nachteil verstehen, wenn man anerkennt, dass System der deutlich präzisere und besser abgrenzbare Begriff ist.

thing into dependent variables for an observer, including 'action' and 'structure', but network theory is better at actually explaining variations among them."[749]

Der Systembegriff und einige weitere Grundbegriffe (Zusammentreffen, Gruppe und Organisation) werden zu spezifischen Modi der sozialen Assoziation, während der Netzwerkbegriff all diese Formen umfasst und somit den allgemeinen Modus der Assoziation bzw. dessen Ergebnis bezeichnet. Dabei greift Fuchs sowohl auf Erkenntnisse von Latour als auch auf solche von White zurück und verbindet so schon Luhmann mit den beiden anderen hier interessierenden Theorien. Sein Programm ist gegenüber dem von Teubner jedoch viel eher integrativ, weil er nicht zwischen Differenzierungs- und Hybridisierungsperspektive hin und her oszilliert, sondern versucht, beide Strukturformen im Begriff des Netzwerkes zu erfassen. Knoten werden dabei in Übereinstimmung mit White und Latour als Ergebnis des Netzwerkens verstanden, sie müssen über Relationierungen in das Netzwerk hineingezogen werden und gerinnen zu einem mehr und mehr verlässlich anschlussfähigen Referenzpunkt erst als Ergebnis dieses Prozesses. Kohärenz und Dichte eines Netzwerks sind die Maßgaben für die Ausbildung von Identitäten. Fuchs liefert damit eine Integrationsperspektive auf der Basis der Netzwerktheorie, die weite Teilbereiche systemtheoretischer Forschung integrieren kann. Die reine Ersetzung des Systembegriffs durch den Netzwerkbegriff erscheint mir jedoch nicht sinnvoll. Vielmehr sollten beide Begriffe aufeinander bezogen werden. Die hier versuchte Kombinationsperspektive lässt sich sowohl von Teubners Komplementaritätsthese, als auch von Fuchs Integrationsversuch inspirieren, indem sie System- und Netzwerktheorien sowohl als einander ergänzend, als auch als einander erweiternd versteht. So sehen wir uns zum Abschluss noch einen Versuch an eben eine solche wechselseitige Bezugnahme zu konzeptualisieren.

Jan Fuhse versucht eine solche Kombination als Ergänzung und Erweiterung von Luhmann durch White in Bezug auf die Bildung von kollektiven Identitäten. Ausgangspunkt ist Fuhses zunächst rein systemtheoretische Untersuchung der Ausbildung einer Gruppenidentität.[750] Gruppenidentität wird dabei nicht als psychischer Gleichklang, sondern als kommunikatives Konstrukt konzipiert, das sich durch eine Grenzziehung nach außen und eine Spezifizierung von Kommunikationsanschlüssen im Innern auszeichnet. Fuhses Überlegungen zur Verbindung von System- und Netzwerktheorie, speziell von Luhmann und White, resultieren in einer zirkulären Theoriefigur, die sich in drei Schritten zusammenfassen lässt. In einem ersten Schritt kann die Entstehung von Netzwerken aus dyadischen Sozialsystemen, also Kleinstinteraktionen, hergeleitet

---

[749] Vgl. St. Fuchs 2001, S. 66.
[750] Vgl. Fuhse 2001.

werden. Jede Netzwerkkante ist deshalb ein eigenständiges autopoietisches Sozialsystem und muss sich selbst reproduzieren, um die Kante zu erhalten. Man könnte sie als Interaktionszusammenhang im Sinne Kieserlings begreifen[751], denn es macht wohl wenig Sinn, die Kante mit der einzelnen Interaktion zusammenbrechen zu lassen. Daraus folgt nach Fuhse jedoch nicht, dass Netzwerke selbst Systeme wären.[752] Die Netzwerke sind Rekonstruktionen von Strukturen, die in verschiedensten sozialen Systemen immer wieder neu hergestellt bzw. reproduziert werden müssen. Allerdings ist diesen Strukturen eine gewisse eigene Logik inhärent, die sich aus dem wichtigen Hinweis ergibt, dass Akteure in Netzwerken beobachten können, dass auch indirekte Verbindungen strukturierenden Einfluss ausüben können. Die einzelne Dyade wird immer wieder mit dem Verweis auf weitere solcher Dyaden konfrontiert, mit denen sie zu rechnen hat.[753] Womit wir beim zweiten Schritt angekommen wären. Identitäten für die Knoten ergeben sich erst als ein emergenter Effekt der Netzwerkstrukturen und der damit verbundenen Positionierung der Knoten. In Anlehnung an White gewinnen sie weiter an Identität, wenn sich verschiedene Netzwerke in diesen Knoten überlappen. Identität, dies hatten wir schon bei White gesehen, erhält so eine Funktion nach innen wie nach außen. Nach innen sichert sie kohärente Anschlussfähigkeit und nach außen stabilisiert sie eine Grenze. Damit kommt Fuhse zum dritten Schritt in seiner rekursiven Theoriefigur, in der er von der Involution von Netzwerken spricht. Damit ist gemeint, dass Netzwerke wenn sie Identitäten bilden, die als Attributionskerne der Kommunikation dienen, Schließungsprozesse einleiten, die zur Bildung von geschlossenen Systemen aus diesen Identitäten führen, da sich die Identitäten durch die kommunikative Etablierung einer Innen/Außen-Unterscheidung konstituieren. Innenorientierung (innere Kohärenz) und Grenzstabilisierung (äußere Kohärenz) führen also zu einer systemischen Schließung, so dass die rekursive Figur Netze aus Systemen, Identitäten aus Netzen und Systeme aus Identitäten wieder von vorn beginnen kann. Involution bezeichnet nun genau diesen Zusammenhang von Kohärenzsicherungen nach innen und außen, den man als Schließung definieren kann:

> „Following Harrison White, this has to be understood as the 'involution' of a network (...). This means: a network establishes its own unity and structures through the symbolic construction of symbolic boundaries and identity. An involution makes for inward orientation and self-similarity of a network – it even pushes towards ho-

---

[751] Vgl. Kieserling 1999, S. 221ff.
[752] Vgl. Fuhse 2003, S. 6.
[753] Ebd., S. 7.

mogenization within. Involution creates structure and regularity in an otherwise unordered social universe."[754]

Damit liegt auch eine Verbindung von unterschiedlichen Ebenen der Bildung sozialer Systeme vor, der durch die Kopplung von Involutionsvorstellungen bei White und dem Begriff sozialer Systeme bei Luhmann erreicht wird. Die rekursive Figur sieht Systeme und Netzwerke als zweifach verbundene soziale Einheiten. Zum einen kommen Netzwerke als Strukturen unmittelbar aus stabilisierten Interaktionszusammenhängen zustande und zum anderen führen sie zu Identitäten, die Kerne von systemischen Schließungsprozessen bilden. Allerdings steckt in diesem Rotationsmodell[755] keine innere Determination. Fuhse betont dagegen sogar, dass es nur ausnahmsweise zu solchen systemischen Schließungen auf der Grundlage von Identitäten kommt. Viele Netzwerke sind gar nicht in der Lage selbst eine Identität nach innen oder außen zu stabilisieren.[756] Fuhses Verbindung ist eine Integration der beiden Theorien auf Augenhöhe. Während Teubner strikt nur an die Differenz der Theorien anschließen möchte in einer Oszillationsfigur und Fuchs dem Netzwerkbegriff klare Vorteile gegenüber dem Systembegriff zuordnet, kommt es bei Fuhse zu einer theoretischen Kopplung innerhalb einer generalisierbaren, rekursiv gebauten Theoriefigur. Identitäten sind hier der zentrale Kopplungsmechanismus zwischen Systemen und Netzen und Identitäten sind auch gedächtnistheoretisch von zentraler Bedeutung. Fuhses Verbindung der beiden Theorieformen erscheint deshalb besonders ergiebig und vielen stärker systemtheoretisch verhafteten Konzeptionen überlegen.[757]

Identitäten und soziale Epigramme bleiben also als zentrale Konzepte für eine gedächtnistheoretische Verknüpfung von Systemtheorie und Netzwerktheorie bestehen, wobei der Kontexturbegriff zugleich eine wichtige Problemformel für die weitere Arbeit beschreibt. Allerdings sollen auch der Oszillationsgesichtspunkt zur Ausleuchtung blinder Flecken und die Wiedereinführung praxistheoretischer Überlegungen noch eine Rolle spielen. Der nun folgende Kombinationsvorschlag soll nach Möglichkeit beide Perspektiven im Auge behalten.

---

[754] Vgl. Fuhse 2005a, S. 53.
[755] Vgl. Ellrich & Funken 1998.
[756] Vgl. Fuhse 2005b, S. 22.
[757] Nur beispielhaft genannt und nicht länger ausgeführt seien hier Tacke 2000, Kämper & Schmidt 2000 und Teubner 1992 genannt.

4.5 Systematische Probleme der soziologischen Gedächtnistheorie aus der Sicht der Kombinationsperspektive

Führen wir uns noch einmal kurz vor Augen worum es bei der hier vorgeschlagenen System/Netzwerk-Kombinationsperspektive gehen soll. Es wird eine soziologische Gedächtnistheorie gesucht, die zum einen eine Bearbeitung der systematischen Probleme, die sich soziologisch mit dem Gedächtnisbegriff verknüpfen lassen (Kap. 2) erlaubt und zum anderen weder eine Trennungs- noch eine Verbundenheitsthese in den Vordergrund schiebt. Wir haben gesehen, dass die soziologische Systemtheorie Luhmanns einige sehr grundsätzliche Vorschläge zur Konzeptualisierung einer soziologischen Gedächtnistheorie macht, dass ihr aber systematisch die Möglichkeiten fehlen, auch den Verbindungseffekten, die Gedächtnis braucht, einen adäquaten Stellenwert innerhalb der Theoriearchitektur zuzuweisen (Kap. 3). Es gibt jedoch Hinweise auf die Möglichkeit einer Ergänzung systemtheoretischer durch netzwerktheoretische Arbeiten, die wir in diesem Kapitel ausführlich untersucht haben. Die Kombination beider Perspektiven erfolgt nun vor dem Hintergrund der systematischen Theorieprobleme.

Trennen und Verbinden

Wenn Trennen und Verbinden ein grundlegendes Theorieproblem für eine soziologische Gedächtniskonzeption darstellen, dann muss sich gerade am Phänomen Gedächtnis zeigen lassen, wie sich bestimmte Formen von Kommunikation stabilisieren und dabei unterscheidbare soziale Realitäten konstituieren. Vielleicht ist Gedächtnis sogar als ein Chiffre für diesen Vorgang des stetigen Trennens und Verbindens unterschiedlichster kommunikativer Vorgänge und sozialer Ebenen zu betrachten. Gedächtnis wäre dann jenes Theoriestück, das an der Stelle sitzt an der sich Trennung oder Verbindung entscheidet. Was gehört dazu, was gewinnt Anschluss, wer trägt etwas bei und auf was kann man sich beziehen? Um dem Gedächtnis an jener Scharnierstelle etwas näher zu kommen, haben wir uns ausführlich mit der Systemtheorie beschäftigt, die zum einen eine klar definierte Theorieposition für das Gedächtnis angibt und zum anderen als fortgeschrittenste Form einer soziologischen Trennungsperspektive gelten kann. Mit der These einer operativen Schließung sozialer Systeme muss man von der strikten Trennung unterschiedlicher sozialer Systeme voneinander wie von anderen Systemtypen (psychischen Systemen, organischen Systemen usw.) ausgehen. Die Perspektive des Trennens, des Differenzierens wurde als Ausgangspunkt angeführt, weil nur dadurch überhaupt die theoretische Notwendigkeit jener Scharnierstelle betont werden kann, an der soziales Gedächtnis zu verorten ist. Denn nur wenn man von einer strikten Trennung unterschiedlicher Ebenen, Bereiche oder eben Systeme ausgeht, bekommt man in den Blick, dass Verbindungsmöglichkeiten zum Problem werden. Die Systemtheorie bleibt sich hier treu und schiebt diese Problemlage mitten in den Vordergrund. Operativ können die verschiedenen Systeme nicht mehr miteinander verbunden werden und es wird nun recht schwierig zu erklären auf welcher Basis sie denn nun noch miteinander verknüpft werden können. Verbundenheit wird so zu einer Leistung, die erst einmal zu erbringen ist und die man nicht einfach voraussetzen kann. Allerdings hatten wir gesehen, dass die Theorie an Durchschlagskraft verliert, wenn es darum geht sich der Bearbeitung des Problems zuzuwenden. Vielmehr wird auf immer stärkere Differenzierung gesetzt. Nicht nur unterschiedliche Systemtypen wie Kommunikation und Bewusstsein sind nun strikt voneinander geschieden, sondern auch die unterschiedlichen Kommunikationszusammenhänge entfernen sich immer weiter voneinander. Dies beginnt bei Interaktion und Gesellschaft[758] und endet bei der polykontexturalen Inkongruenz der Funktionssysteme. Das Problem des Verbindens wid unumgänglich und einer Lösung kommt man an keiner Stelle näher. Weder im Begriff der strukturellen Kopplung, noch im Begriff der Resonanz oder der Interferenz[759] wird eine ausführliche Bearbeitung des Problems angeboten. Die Verbindung zwischen Systemen wird zu einem denkbar unwahrscheinlichen Phänomen. Dass Verbinden dennoch geschieht, sieht allerdings auch die Systemtheorie, nur fehlen ihr strukturell und perspektivisch die Möglichkeiten hier mit einer Theorie operativ geschlossener Systeme weiterzukommen. Es gibt nur Begriffe, die eigentlich theoretische Leerstellen besetzen. Hier sind die blinden Flecken der Systemtheorie im Sinne Gunther Teubners.[760] Die Systemtheorie schärft den Blick dafür, dass praktische Zusammenhänge unterschiedlicher Kontexturen im höchsten Maße unwahrscheinlich sind und bei weitem nicht immer gelingen. Doch sie gelingen recht häufig und zu erklären wäre, wie diese Leistung zustande kommt. Dazu muss man eine weitere Perspektive mit ins Boot holen, die Trennungen durchaus erkennt, aber mit einem anderen Fokus operiert. Netzwerktheorien zeichnen sich nun dadurch aus, dass gerade auf den Verbindungen der theoretische Schwerpunkt liegt und auch Trennungen ein relationales Phänomen sind.[761] Auch hier gibt es nicht die Integrationsfigur, die alles in eine Verbindung mit aufnimmt. Auch Relationierungen sind höchst selektiv. Auch hier stimmt die Netzwerktheorie mit Luhmanns Komplexitätskonzept als selektiver und nicht vollkommener Verbundenheit von Elementen überein. Das Interessante an den Netzwerktheo-

---

[758] Vgl. Luhmann 1987.
[759] Vgl. Teubner 1989, S. 82.
[760] Vgl. Teubner 1992.
[761] Dies würde die Systemtheorie sogar unterschreiben, denn auch hier wird die operative Geschlossenheit als ein Netzwerk von Verweisungen verstanden, die alle auf einem Operationstyp basieren.

rien von Latour und White ist ihre Übereinstimmung darin, dass Öffnung und Schließung bzw. Trennen und Verbinden Leistungen der Netzwerke selbst sind. Sie markieren damit keine Konträrposition zu Luhmann im strengen Sinne, sondern betrachten Öffnung und Schließung als ein gleichbedeutendes Geschehen. Neben dem Problem der Verbindung gibt es auch ein Problem der Trennung. Beides kann nicht einfach vorausgesetzt werden. Es muss eine Theoriefigur geben, die beide Aspekte abdecken kann und die Frage ist, auf welche Weise dies zu realisieren ist. Die Kombination von System- und Netzwerkperspektive weist hier die Richtung, Trennung und Verbindung zusammenzudenken. Dies gelingt in der zirkulären Figur einer Verbindung auf der Basis von Trennungen und einer Trennung auf der Basis von Verbindungen. Gedächtnistheoretisch formuliert könnte man von einer Basis der systemtheoretischen Unterscheidung von Verfahren der Kohärenzprüfung[762] und ihrer Einbettung in ein sie stabilisierendes Leistungsgefüge sprechen. Im Fortgang der Anwendung der Kombinationsperspektive auf die systematischen Theorieprobleme werden wir schen, in welcher Form sich die Begriffe Kohärenzprüfungsverfahren und einbettende/eingebettete Leistungsgefüge konkretisieren lassen und welche Konzepte aus den jeweiligen Theorien zu ihrer Ausgestaltung beitragen können. Es ist die Vielfalt von Kohärenzprüfungen mit ihren jeweiligen Schließungs- und damit Trennungstendenzen und ihre Ermöglichung in einem Netzwerk in das sie sich zugleich selbst einbetten und durch das sie eingebettet werden, der man beim Aufbau einer Gedächtnistheorie folgen muss. Diese doppelte Einbettung steht für die Öffnungen, die jede Schließung begleiten, ja die Möglichkeit einer solchen Schließung erst konstituieren. Trennen und Verbinden sind als Leistungen von Netzwerken zu erkennen und diese Leistungen haben mehr mit dem Phänomen Gedächtnis zu tun, als bislang gesehen wird. Das Gedächtnis hat seine Funktion in der Trennung bzw. Verbindung in der Zeit, schafft dabei aber auch Trennungen und Verbindungen im Raum und zwischen Ebenen. Gedächtnis realisiert Trennung und Verbindung als Selektionsleistungen auf der Basis von Einbettung (Rahmung, Kontextuierung, Epigramm) und Kohärenzprüfung. Der Zusammenhang von Kohärenzprüfungen und Einbettungen ist jedoch komplex. Dies resultiert zum einen aus der Einbettungsform als eines Geschehens, das sowohl Momente des Sich-Selbst-Einbettens umfasst, als ein Zugriff auf Kontexturen, als auch Momente des Eingebettet-Werdens, als unterstellte oder latente Voraussetzungen. Zum anderen muss man jedoch auch sehen, dass Kohärenzprüfungen an der Produktion von gültigen Kontexturen beteiligt und dennoch von Leistungen

---

[762] Obwohl in der systemtheoretischen Diskussion unterschiedliche Begriffe (Konsistenzprüfung, Kongruenzprüfung) verwendet werden, wollen wir im Folgenden von Kohärenzprüfung sprechen (wie schon in Kap. 3), da man diesen Begriff am weitesten fassen kann und er es erlaubt, die meisten Prüfoperationen innerhalb kommunikativer Zusammenhänge zu erfassen.

abhängig sind, die schon vorliegen, schon eingebunden sein müssen, damit eine spezifische Kohärenzprüfung durchgeführt werden kann. Wie wir gesehen hatten, bietet Luhmann uns die Möglichkeit hier auf die unterschiedlichen Formen der Kohärenzprüfung scharf zu stellen, die Gedächtnis in der Kommunikation hervorbringen, während es uns mit Latour und White gelingt, zu beobachten, wie unterschiedliche Einbettungs- und Einbindungsformen diese Prüfungen erst möglich machen. Ohne eine doppelte Form der Einbettung ist auch die Kohärenzprüfung nicht zu haben. Aber andererseits wird auch die Einbettung erst durch vollzogene Prüfungen vollständig realisiert. Gedächtnis ist genau dieses Phänomen der wechselseitigen Abhängigkeit von Kohärenzprüfung und Einbettung.

Filtern und Referenzieren

Stellt man mehr auf die Selektivität des Gedächtnisses ab und weniger auf seine allgemeine Scharnierfunktion zwischen Trennen und Verbinden, geraten zwei weitere Theoriebegriffe in den Fokus der Aufmerksamkeit. Gedächtnis erfüllt aus dieser Selektivitätsperspektive, die sich grundsätzlich stärker der trennenden Perspektive verdankt, eine doppelte Funktion, die wir mit Luhmann schon als Vergessen und Erinnern bezeichnet haben. Luhmann bringt dies in die Form der Unterscheidung Erinnern/Vergessen. Allgemeiner formuliert könnte man diese Doppelfunktion als Filtern und Referenzieren bezeichnen. Referenzieren bezeichnet dabei die Prozesse des sinnhaften Verweisens, die sowohl Kommunikations-, als auch Bewusstseinsprozesse auszeichnen. Auch im Begriff des Referenzierens ist jedoch schon Selektivität impliziert, denn es gibt immer die aktuellen Verweisungen vor einem Horizont weiterer Möglichkeiten. Dennoch stellt der Verweisungsbegriff auf den Zusammenhang des Erinnerns, des Hereinziehens in die aktuelle Operation scharf. Demgegenüber ist der Begriff des Filterns eher auf das Phänomen des Vergessens angepasst. Mit Filterung werden Prozesse des Aussortierens, des Nicht-Hereinlassens und ähnliches bezeichnet. Den Filter passiert nicht alles, sondern nur selektive Elemente. Filtern ist ein vielschichtiger Vorgang, der einmal für selektiven Zugriff stehen kann, aber auch für Zulassungskriterien, die man erfüllen muss, um eingebunden werden zu können. Das Gedächtnis stellt also Zusammenhänge über Referenzbeziehungen her, zieht Vergangenes oder bislang Abwesendes in das aktuelle Operieren hinein und was dafür in Frage kommt, wird über Filterung geregelt. Im systemtheoretischen Referenzmodell kommt der grundlegende systemische Filter durch die Unterscheidung von Selbst- und Fremdreferenz ins Spiel. Es müssen unterschiedliche Bezugnahmen auf ganz basaler Ebene differenziert werden, wobei Anschluss nur auf der selbstreferentiellen Ebene möglich ist. Der Filter unterscheidet also Inneres von Äußeren und verhindert so den direkten Durchgriff auf die Umwelt. Werden Beziehungen differenzierbar, existieren Möglichkeiten der Filterung, ohne totale Trennung nach sich zu ziehen. Dies kann man sowohl bei Luhmann als auch bei White sehen, wenn dieser den „mutiplex tie" in zahlreiche „types of tie" auflöst. Filter lösen jedoch nicht jede Art von Verbindung, sie wären dann geradezu sinnlos. Irgendetwas sollte den Filter passieren. So auch in der Kommunikation, denn auch die Fremdreferenz passiert den Filter, jedoch in anderer Form. Netzwerke müssten von dieser Warte ebenso wie Systeme als Ergebnisse der Kombination von Referenz und Filterung betrachtet werden, die sich in einer zirkulären Figur wechselseitig stabilisieren. Einen ähnlichen Zusammenhang hatten wir auf der Ebene des Trennens und Verbindens schon gesehen.

Luhmann präsentiert Gedächtnis im Wesentlichen als Filtermodell. Kohärenzprüfungen sind Filterprozesse, die nicht sämtliche Variationen durchlassen und so ein Moment der Selektion möglicher Referenzen etablieren. Dennoch können diese Prüfungen in sehr unterschiedlicher Schärfe vorliegen. Während die Codes der Funktionssysteme sehr spezifische und fokussierte Filter für die anschlussfähigen Kommunikationen verwenden, sind die Filter von Organisationen und Interaktionen in dieser Hinsicht weniger scharf eingestellt. Dafür liegen hier Filter für zugelassene personale Inklusionen (Anwesenheitskriterien oder Mitgliedschaftskriterien) vor, während Funktionssysteme eine generelle Inklusion versprechen. Worauf die Kohärenzprüfungen zurückgreifen, ist hier stark unterschiedlich organisiert. Kohärenz wird in unterschiedlichen Formen gesichert. Die Filter werden wesentlich genauer untersucht als die Referenzbeziehungen, die auf dieser Grundlage aufgebaut werden. Allerdings reichern die sich entwickelnden Verweisungszusammenhänge auf der Basis von Referenzen die Kohärenzprüfungen immer mehr und immer stärker an, so dass man den Verweisungszusammenhang, der sich schon gebildet hat, immer mitberücksichtigen muss. Solche Verweisungszusammenhänge müssen jedoch wiederum gefiltert werden um eine orientierende Funktion zu erfüllen. Es muss kompakte Formen für die Berücksichtigung umfangreicher Verweisungszusammenhänge geben. Diese könnte man in dem von Markowitz entwickelten Epigrammbegriff sehen.

Netzwerktheoretisch könnte man diese Form als Verdichtung von Netzen zu Identitäten beschreiben, die ein Gesicht („social face") nach außen demonstrieren können und an deren einzelne interne Verknüpfungen nicht mehr jeweils einzeln angeschlossen werden muss. Während an dieser Stelle bei Latour aus einem Netzwerk ein einzelner identifzierbarer Akteur wird, beschreibt dies genau den von White und im Anschluss daran von Fuhse beschriebenen Prozess der Identitätsbildung. Das Netz gewinnt hier eine verdichtete Außendarstellung, an die angeknüpft werden kann, ohne dass man die einzelnen Elemente innerhalb des Netzes berücksichtigen müsste. Auch Netzwerke sind so als Filterphänomene zu beschreiben, wobei die Filterung auf bestehenden Relationierungen aufsetzt. Netzwerktheorien steigen also eher von der Seite der bestehenden Beziehungen in das zirkuläre Zusammenspiel von Referenz und Filterung ein, während die Systemtheorie eher mit einem diese Referenzen konstituierenden Filter argumentiert. Grenzen werden so in beiden Theoriesprachen zu einem grundlegenden Problem. Während es bei Systemen immer um den Erhalt des Filtereffektes geht, also permanent ein Problem der Grenzerhaltung zu lösen ist, geht es bei Netzwerken viel stärker um das Problem die Grenze zu spezifizieren, sie sichtbar zu machen, da es doch immer Beziehungen gibt, die diese Grenze überschreiten. Referenzen gehen immer über die Grenzen der entstehenden Identitäten hinaus, aber dennoch entstehen Filtereffekte auf der Grundlage von Innenorientierung und Verdichtung nach außen, die dann eine Grenzerhaltung im Sinne einer Stabilisierung von Identitäten, Kontexturen und Epigrammen sinnfällig machen. Filtern und Referenzieren ist so eine stark informationstheoretisch gefärbte Interpretation des generellen Zusammenhangs von Trennen und Verbinden, der sich stärker auf die Bildung von Identitäten und die Grenzziehungsproblematik hin analysieren lässt. Auch das Konzept der Übersetzung bei Latour bindet Filter und Referenz zusammen. In einer Übersetzung ist es gerade die kommunikative Leistung, den Filter als Notwendigkeit der Transformation zu respektieren, um eine Referenz aufzubauen. Einbindung kann nur auf der Basis von Transformation gelingen, weil Filter im Spiel sind. Gedächtnis ist demnach jener Effekt der Selektivität, der durch die zirkuläre Figur einer Referenzen etablierenden Filterung und einer Filter konstituierenden Verweisungsstruktur hervorgebracht wird. Daraus folgt, dass Kohärenz ein relatives und vor allem auch ein kontingentes Phänomen ist. Worauf sich der Filter richtet, kann nicht vorab festgelegt werden und wie scharf er verfährt ebenso wenig. Beides ist abhängig von der Identität, die aus einem bestimmten Verweisungszusammenhang heraus entstanden ist. Will man Gedächtnis beschreiben muss man sich den Filtereffekten zuwenden. Auf was wird tatsächlich zurückgegriffen, was hat als Teil eines Verweisungszusammenhangs Bestand und in welcher Form hat es diesen Bestand? Nimmt man die Filter genauer in den Blick und die Differenzierung von Beziehungen, die sie nach sich ziehen und auf deren Grundlage sie entstehen, sieht man ein Gedächtnis bei der Arbeit. Gedächtnis produziert diesen selektiven Effekt mit jeder neuen Operation, jedem neuen Ereignis, jeder neuen Kommunikation und schafft dabei eine Form der Kohärenz, die dann zu eben diesem Effekt beiträgt. Kohärenz ist immer eine Funktion des Filtereffekts eines Verweisungszusammenhangs, den sie selbst stabilisiert. Systemtheoretisch belehrt kann man nun sagen, dass die Differenzierung von Referenzen von der Etablierung von Filtern abhängig ist, während die Netzwerktheorien uns zeigen, dass nur bestimmte Verweisungszusammenhänge, bestimmte Netzwerke solche Filter hervorbringen können. Zusammen ergibt dies eine zirkuläre Figur, die jedoch unterbrochen werden kann, weil ihr keine innere Notwendigkeit gegeben ist. Wir haben nun schon von Effekten, Funktionen und Identitäten gesprochen, aber wir kennen noch nicht den oder die Träger dieser Entitäten. Auch hierzu bietet die Kombinationsperspektive eine spezifische Lösung an.

Trägerschaften

Für die Trägerschaft einer Gedächtnisfunktion stehen unterschiedliche Kandidaten zur Verfügung. Die Systemtheorie bietet eine strenge Anknüpfung an den Operationsgedanken. Nur die Operationen eines Systems können Träger seiner Gedächtnisfunktion sein. Im Falle sozialer Systeme also nur Kommunikationen und auch dies ließe sich für die unterschiedlichen Systemtypen noch jeweils spezifischer bestimmen. Die Netzwerktheorien optieren hier weniger stringent, vermeiden sie doch auch bislang eine scharfe Bestimmung eines adäquaten Gedächtnisbegriffs. Bei Latour ist es zunächst der Begriff des Aktanten, der ins Auge springt. Ein Aktant, so hatten wir gesehen, ist ein Zurechnungspunkt für bestimmte Leistungen, die er für das gesamte Netzwerk erbringt. Auch Gedächtnis, auch die Prüfung der Kohärenz von Netzwerkprozessen könnte so von bestimmten Aktanten erbracht werden. Schließlich kann man mit White davon ausgehen, dass Identitäten eine starke Gedächtnisfunktion ausüben. In Identitäten verdichten sich Netzwerke und können sich in unterschiedlichen Kontexturen, Domänen oder ähnlichem als persistente Form präsentieren. Sie sichern Kohärenz nach innen wie nach außen. Wie soll man nun diese unterschiedlichen Formen in einer kombinierten Perspektive zusammenbringen? Zunächst hatten wir oben ausgeführt, dass Kohärenzprüfungen und Einbettungen die zwei Seiten einer Gedächtnisform seien. Zudem sollte man Leistungserbringungen vom unmittelbaren und in jedem Moment zu erbringenden Prüfungsvorgang trennen. Eine spezifische Gedächtnisform ließe sich dann aufspalten in Leistungsträgerschaften und Prüfoperationen. Prüfoperationen bilden jenen Zusammenhang, dessen Kohärenz dann immer wieder in Frage steht, wobei die Anforderungen unterschiedlich hoch sein können. Kohärenz ist auch die entscheidende Frage bei der Einbindung von Leistungen in die Prüfoperationen, die diese Operationen selbst nicht erbringen können. Sehen wir uns noch mal den dreigliedrigen Minimalfall der kommunikativen Kohärenzprüfung bei Schneider an. Eine Äußerung provoziert eine Reaktion, die wiederum im dritten Schritt als richtig oder falsch bewertet wird. Vor diesem dritten Schritt, der dritten Äußerung liegt in der Kommunikation noch kein Bewertungsmaßstab für die Kohärenz von erster und zweiter Äußerung vor. Diese Bewertung wird dann mit der dritten Äußerung in die Kommunikation eingeführt, baut diese Bewertung jedoch auf der Leistung eines psychischen Systems auf, die Kohärenz von erster und zweiter Äußerung feststellen zu können. Insgesamt wird Kommunikation minimal auf den Leistungen zweier Prozessoren (Ego und Alter) aufgebaut, die selbst nicht Kommunikation sind und deren jeweilige Leistungen einzeln betrachtet auch noch nicht Kommunikation sind. Wie kann man nun mit dem Umstand umgehen, dass diese Leistungen notwendig für die erfolgenden Kohärenzprüfungen sind, aber diese Prüfung selbst in spezifischer Weise dekomponieren. Die kommunikative Kohärenzprüfung greift hier offensichtlich auf Leistungen der Prozessoren zu und muss diese demnach einbinden. Nimmt man diese Minimalsituation von Gedächtnis als ein Netzwerk, wären Ego und Alter seine Aktanten, während noch unklar wäre um was für Identitäten es sich bei ihnen handelt. Die Leistungen der Aktanten wären aufeinander bezogene Äußerungsbeiträge und das Netzwerk wäre zum Beispiel ein Gespräch. Die möglichen Kohärenzprüfungen sind an dieser Stelle nun stark abhängig davon wie ausgeprägt die Identitäten von Ego und Alter schon sind, d.h. ob vorgängige möglicherweise multiplexe Beziehungen unterstellt werden müssen. Auch sind sie abhängig von ihrer Rahmung, d.h. von der Einbindung weiterer Aktanten. All diese Leistungen können in der Kommunikation nach und nach sichtbar werden, wenn Zurechnungsprozesse in wiederholten Kohärenzprüfungen bestätigt und verfestigt werden. Nach und nach bindet die Kommunikation also weitere Aktanten in den Prozess ein, die spezifische Leistungen für die fälligen kommunikativen Prüfoperationen erbringen. Sinnfällig wird dies schon in der Systemtheorie, wenn Luhmann von der Unwahrscheinlichkeit von Kommunikation spricht. Hier tauchen Leistungsträger auf, die selbst nicht Prozessoren im Sinne von Ego und Alter sind, sondern Medien, die teilweise sogar gegenständlich verfasst sind. Sprache macht deutlich, dass es sich bei Verhalten um Kommunikation handelt, ein schriftlich verfasster Brief hilft dabei auch mit jemandem zu kommunizieren der weit entfernt lebt und erst Geld macht unmissverständlich deutlich das es sich um eine Zahlung handelt mit der man etwas erworben hat. An jedem dieser Punkte sieht man wie die Kohärenzprüfung maßgeblich von nicht-menschlichen Aktanten unterstützt wird und ohne diese nicht so ausgeführt werden könnte. Darüber hinaus muss man davon ausgehen, dass Identitäten große Verweisungszusammenhänge bzw. Netzwerke integrieren, also ein umfassendes Arsenal von Kohärenzkriterien mit sich führen. Identitäten entstehen auf jeder Ebene, die sich mit einer stabilen Außengrenze versehen kann. In einer Identität verdichtet sich ein Verweisungszusammenhang nach innen wie nach außen. Damit werden Zurechnungen enorm erleichtert. Gleichzeitig dienen Zurechnungen ebenfalls als Kohärenzkriterien und stabilisieren so die Identitäten weiter. Die Einbindung von Aktanten als Leistungsträger und ihre Verdichtung zu Identitäten in der Form von Akteuren oder Ereignissen bestimmt die Form der Kohärenzprüfung, es kann sie jedoch nicht ersetzen. Die Einbindung muss durch Kommunikation erfolgen, die Identitäten müssen kommunikativ eine Rolle spielen, um die Verdichtungsgewinne auszuspielen. Alle drei Ansätze sind sich der überragenden Bedeutung der Kommunikation für die Ausdifferenzierung sozialer Sinnzusammenhänge bewusst und alle betonen die besondere Bedeutung, die Attributionsprozesse bei der Konstitution von Identitäten, Netzwerken und Systemen spielen. Sie unterscheiden sich jedoch hinsichtlich ihrer Fokussierung auf unterschiedliche Bestandteile dieses auf kommunikativen Zurechnungen beruhenden Kohärenzkonzeptes. Luhmann stellt am dezidiertesten auf Kommunikation ab und betont, dass keine der beteiligten Einzelleistungen von Medien, Technologien oder Bewusstseinssystemen die Ebene der Kommunikation erreichen könnte. Die Kommunikation muss diese Einzelleistung zu einer sozialen Form verbinden können, sonst kann daraus auch kein kohärentes soziales Gebilde entstehen. Latour fokussiert dagegen viel stärker auf die Leistungen, die es zu verbinden gilt. Die Konstruktion kohärenter sozialer Gebilde als Assoziationsformen ist davon abhängig, dass jeder Aktant in erheblichen Umfang die ihm zugewiesene Rolle spielt. Tut er dies nicht, fällt das Netzwerk auseinander und zerfällt in seine Komponenten. White stellt am ehesten eine Integrationsformel bereit, die in ihrer Weiterentwicklung durch Fuhse Systeme und Netzwerke kompatibel macht. Unter dem Stichwort der Disziplin macht er deutlich, dass soziale Gebilde zunächst nur als Moleküle zustande kommen, die auf recht strengen und eindeutigen Kohärenzkriterien gründen. Auf höher aggregierten Ebenen müssen die Kohärenzkriterien generalisierter und damit diffuser werden. Er macht damit deutlich, dass die Kommunikation bestimmte Leistungen erzwingen muss um stabile soziale Identitäten hervorzubringen. Dabei gilt die Formel von Systemen (also Kommunikation) als Grundlage der Netzwerkbildung, Netzwerken als Grundlage der Identitätsbildung und Identitäten als Grundlage der Systembildung. Dies ist als unterbrechbarer Steigerungszusammenhang zu denken, der an jedem Punkt abbrechen, aber ebenso zu immer umfassenderen Netzwerken und Systemen führen kann. Gedächtnistheoretisch macht es auf dieser Grundlage Sinn zwischen Leistungen und Prüfungen zu unterscheiden. Gedächtnisleistungen können von den unterschiedlichsten materiellen oder immateriellen Formen erbracht werden, solange es kommunikativ gelingt diese einzubinden. Soziale Gedächtnisprüfungen können nur kommunikativ erfolgen, also nur als Integration der unterschiedlichen Leistungen in einem Kommunikationsprozess. Diese Integration ist wiederum Folge und Bedingung der fortlaufenden Kohärenzprüfungen. Der Aktanten- oder Mediatorenbegriff bei Latour scheint am ehesten geeignet die unterschiedlichen Leistungsträger zu beschreiben, während Luhmanns kommunikative Kohärenzprüfung als kommunikativer Verweisungszusammenhang von immer wieder erfolgenden Prüfungen diesem Aspekt in stärkerem Maße Rechnung trägt. White wiederum kann ein erfolgreiches Konzept der zunehmenden Ausdifferenzierung von Prüfungsformen auf der Basis von Identitäten vorlegen, das den Verdichtungscharakter des Gedächtnisses ebenso integriert wie seinen verbindenden Charakter zwischen innen und außen. Eine Analyse des Gedächtnisses aus der kombinierten Perspektive von System- und Netzwerktheorie würde deshalb in einer genauen Beschreibung der Leistungen aller beteiligten Mediatoren/Aktanten ebenso bestehen, wie in der dezidierten Ausarbeitung von identitätsbezogenen Kohärenzkriterien und kommunikativen Prozessanalysen der Durchführung von Kohärenzprüfungen auf deren Basis. Auf dieser Grundlage wäre es möglich, unterschiedliche soziale Gedächtnisformen und ihre Träger zu bestimmen, ohne den intersystemischen Charakter des Gedächtnisses aus den Augen zu verlieren. Eine solche Verteilung von Trägerschaften kann auch zur Lösung des Latenzproblems etwas beitragen, weil Latenz eine doppelte Leistung impliziert. Eine Leistung des Bereithaltens für kommunikativen Zugriff und eine Leistung der Verdeckung, der erfolgreichen Unterstellung oder Unsichtbarmachung, die mit dem Problem der verteilten Leistungsträgerschaften zumindest verbunden ist.

Latenzen

Latenz ist ein Problem für operative Strukturtheorien. Operative Strukturen sind solche, die in den Operationen auftauchen, die in ihren Verknüpfungen sichtbar werden. Gedächtnis ist die Funktion mittels derer sich diese Verknüpfungen von Operationen vollziehen. Wir hatten zwei Formen von Latenz unterschieden und sie auf die Begriffe Nicht-Aktualität und Unbeobachtbarkeit gebracht. Latenz fragt also einerseits danach wie bestimmte Strukturen erhalten bleiben ohne operativ zu wirken und anderseits nach der Möglichkeit Strukturen unsichtbar zu halten, die sehr wohl operativ wirksam sind. Kommen wir zunächst zur Frage der Nicht-Aktualität. Einer ersten durch Luhmanns Medientheorie und Assmanns Beschreibung des kulturellen Gedächtnisses angestoßenen Hypothese folgend, könnte Latenz als Nicht-Aktualität in den medialen Auflösungsverzögerungen begründet liegen. Ein perfektes Medium zeichnet sich durch eine augenblickliche Auflösung von Formen aus. Das Medium bleibt dann als Form komplett unsichtbar. Nun gibt es aber zahlreiche Medien, die physische Gegebenheiten nutzen, die einer sofortigen Auflösung im Wege stehen. Ein Buch enthält Äußerungen als Schrift und kann über einen sehr langen Zeitraum die Äußerung erhalten. Gerade aus dieser verzögerten Auflösung, der einmal gebildeten Formen, wurde viel zur Bedeutung von Schrift für das soziale Gedächtnis abgeleitet.[763] Doch ist

---

[763] Man kann dies, wie wir oben gesehen hatten, z. B. bei Assmann, Luhmann und Esposito beobachten.

dieser Schritt etwas vorschnell. Denn bei der erhaltenen Form der Äußerung handelt es sich keineswegs um einen kommunikativen Strukturwert, geradezu einen Attraktor der Kommunikation der Anschlüsse erwartbar macht. Ganz im Gegenteil haben wir es bei einem ungelesenen, in der Ecke verstaubendem Buch mit einer sozialen Irrelevanz zu tun, die man keineswegs als latente Struktur bezeichnen würde. Aus dem Auflösungsvermögen der Medien ergibt sich vielmehr nur ein Möglichkeitsbereich für Anschlüsse, der sich bei einer längeren Erhaltungsdauer der Äußerungsform ebenfalls ausdehnt.[764] Doch was bedeutet dies für die Latenz? Systemtheoretisch gesprochen könnte man fragen, welche Erwartungen dadurch eine längerfristige Nicht-Aktualisierung überstehen könnten? Durch die Verzögerungsfunktion wird die Möglichkeit des Anschlusses selbst latent gehalten, die Möglichkeit des Anschlusses basiert nicht mehr allein auf dem ständig wiederholten Bezug auf die Form. Dies ändert Strukturen, ist aber kein direkter Fall von Latenz. Nicht-Aktualisierung von Formen scheint eher ein Fall für die Begründung von Dauern und Persistenzen der Formen zu sein und weniger für eine Latenz von Erwartungen.

Aussichtsreicher ist das Thema der Unsichtbarkeit von Strukturen, der implizit gehaltenen Unterstellungen im Fortgang der Kommunikation. Hier bleibt etwas für den Beobachter im Bereich der Latenz. Dass man diese Strukturen sichtbar machen kann, haben die ethnomethodolgischen Krisenexperimente deutlich gemacht. Gedächtnistheoretisch ist aber interessanter, warum diese Unterstellungen als Unterstellungen so gut funktionieren und in der Kommunikation so selten offen gelegt werden müssen. Hier sind die Punkte an denen sich Sozialität unsichtbar macht. Ein einfacher kommuniktionstheoretischer Ansatz könnte auf Wiederholung und Nachahmung abheben. Die Unterstellungen haben so häufig funktioniert, dass man damit weiter arbeiten kann, ohne sie je zum Thema zu machen. Eventuell ist einem die grundlegende Unterstellung nicht einmal explizit bewusst. Dies nehmen zum Beispiel auch praxistheoretische Kritiker von rationalen Entscheidungsmodellen an.[765] Aber inwiefern kann man hier von Wiederholung oder Nachahmung sprechen, denn es geht ja um kommunikativ implizite Hintergrundannahmen, die man höchstens erschließen kann? Man könnte auch Normativität und Reparaturmaßnahmen in den Vordergrund stellen. Die Hintergrundannahmen werden durch Übertretung gelernt. Sie werden bei Verstoß in unterschiedlicher Form expliziert und verfestigen sich dadurch

---

[764] Wir haben im Rahmen des von der DFG geförderten Forschungsprogramms "Sozionik" innerhalb des Projekts "COM" einige Simulationsstudien bezüglich der Bedeutung von Sichtbarkeit und Persistenz für den Verlauf von Kommunikationsprozessen durchgeführt, die dafür sprechen von einem erheblichen Einfluss der Persistenzfrage auf bestimmte (vergangenheitsorientierte) Prozessformen auszugehen. Vgl. hierzu Malsch et al. 2007.

[765] Vgl. als Beispiel Schatzki 2002, S. 228.

derart, dass sie zu späteren Zeitpunkten erfolgreich unterstellt werden können. Ihre Unsichtbarkeit zeigt den Erfolg der Einschreibung dieser Strukturen in Körper und psychische Systeme oder materielle Gegenstände. Latenz wäre in dieser Perspektive, um mit Latour zu sprechen, ein Einbindungserfolg. Etwas Nicht-Kommunikatives trägt Sorge für den Erhalt einer normalen Kommunikationssituation. Blackboxing wäre dann der Latenzmechanismus der Wahl. Man unterstellt erfolgreich bestimmte Randbedingungen auf deren Vorhandensein man aber keinen Einfluss und nicht einmal Einblick hat. Bei White wären es die Konzepte Disziplin und Story, die den Umgang mit Latenzen regeln könnten. Während in Disziplinen die wechselseitige Kontrolle so hoch ist, dass es unmöglich erscheint Bewertungskriterien und Positionierungen zu hinterfragen, versorgen Stories die Kommunikation mit Schemata die Einsortierungen erlaubt ohne sie explizit zu machen. In beiden Fällen funktioniert Latenz nur unter Verzicht auf Widerspruch. Es ist ja gerade der umfassende Verzicht auf Widerspruch, der die Latenz begründet. Gedächtnistheoretisch muss man von Kohärenzunterstellungen ausgehen, deren Prüfung eben nicht kommunikativ explizit gemacht wird, solange sie funktionieren. Darin liegt aber immer noch eine Prüfung, die jedoch nur noch auf Negationen abtastet und nicht mehr auf Bestätigungen. Man muss sich nicht einigen, wenn kein Widerspruch aufkommt. An diesem Beispiel zeigt sich sehr schön, dass Kohärenzprüfung häufig ebenfalls im Hintergrund bleiben kann und nur fall- und ausnahmsweise einen expliziten Status erlangt. Latenz könnte man formulieren ist ein Charakteristikum der sozialen Kohärenzprüfungen selbst und hat eine weitgehende Stabilisierungsfunktion.[766]

Binnendifferenzierungen

Unter dem Merksatz der Polykontexturalität moderner Gesellschaften wird eine immer größere Inkongruenz der sozialen Prüfoperationen deutlich, die jedoch durch eine jeweils situationsspezifische Integrationsleistung aufeinander beziehbar bleiben müssen. Wenn Prüfoperationen ein Gedächtnis kennzeichnen, dann bedeutet ein gleichzeitiges Nebeneinander der unterschiedlichsten Prüfvorgänge eine Zunahme an bestehenden Gedächtnisformen und zugleich eine Multiplizität von Realitätskonstruktionen, die nicht mehr miteinander vereinbar zu sein schei-

---

[766] Dies ist einer der Bereiche in denen Praxistheorien einen deutlichen Vorzug gegenüber System- und Netzwerktheorie aufweisen. Wenn auch das Unsichtbarmachen einen hohen Stellenwert bei Latour hat, ist Latenz doch auch bei ihm immer eine aufwendige Konstruktion. Praxistheorien verankern Konzepte des impliziten Wissens und seiner Verkörperung schon in den theoretischen Grundbausteinen sehr stark und können mit Latenzphänomenen deshalb sehr gut umgehen. Wir kommen auf praxistheoretische Ergänzungsmöglichkeiten der hier entworfenen Theorie später noch einmal zurück. Vgl. Kap. 5, S. 344ff.

nen, weil sie auf völlig unterschiedlichen Kriterien basieren. Die Systemtheorie fasst diesen Befund in der funktionalen Differenzierung der Gesellschaft zusammen, die es ausschließt, dass die Gesamtgesellschaft noch an einer herausgehobenen Stelle in ihrer Gänze repräsentiert werden könnte. Göbel bringt die damit verbundene systemtheoretische Problematik sehr schön auf den Punkt:

> „Projiziert man diese Relation von partizipierendem System und Wirtschaft als Umwelt auf die Relationen von Funktionssystem und Gesellschaft, hat man ziemlich genau das Dilemma, vor dem der Gesellschaftsbegriff steht: für jedes Funktionssystem eine andere (kommunikative) Umwelt und zugleich für alle dieselbe."[767]

Gedächtnis verliert dann seine integrierende Funktion und wird zu einem Differenzierungsverstärker. Nicht nur die unterschiedlichsten Gedächtnisleistungen lassen sich auf immer unterschiedlichere Träger verteilen, sondern auch die Prüfvorgänge selbst liegen verstärkt in verteilter Form vor. Es gibt eine Vielzahl parallel prozessierender sozialer Gedächtnisse und es gibt keinen Ort, keinen Träger eines allgemeinen übergreifenden Gedächtnisses. Gesamtintegration wird unmöglich. Dennoch hatten wir schon mehrfach gesehen und angesprochen, dass partielle, situationsgebundene Integration vorkommt und sogar recht häufig gelingt.

Wie lassen sich auf dieser Basis verteilter sozialer Gedächtnisse noch Bereiche der Überlappung und damit Zonen der wechselseitigen Resonanz konstruieren? Die durch bestimmte Prüfoperationen geschlossenen Bereiche von jeweils eigenständigen Realitätskonstruktionen müssen miteinander kombinierbar bleiben, müssen eingebunden werden können. Schließungen können nur funktionieren, wenn weiterhin Leistungsbeziehungen bedient werden können. Es kommt zu Verschachtelungsphänomenen in denen es Kommunikationsprozessen gelingt unterschiedliche Kohärenzprüfungen nebeneinander zu prozessieren und Anschlüsse zu generieren, die diese unterschiedlichen Kohärenzprüfungen aufeinander beziehen können. Systemtheoretisch sind solche Prozesse recht schwer zu denken, da die dabei zu unterstellende hybridisierende Leistung der Kommunikation ausgeschlossen bleibt. Hier sitzen Latour und White, um mit Teubner zu sprechen, tatsächlich im blinden Fleck der Theorie Luhmanns. Beide würden Luhmann sogar zustimmen, wenn er Kommunikation als gewaltigen Differenzierungsproduzenten ansieht, aber beide setzen ebenso stark auf Kommunikation als Produzenten von Hybridisierungsphänomenen. Während Latour überall Hybride entdeckt, die bestimmte Leistungen erbringen, sieht White in Hybridisierungsphänomenen wie dem „annealing"[768] und dem „reaching through"[769] Mög-

---

[767] Vgl. Göbel 2000, S. 120.
[768] Vgl. White 1992, S. 281ff.

lichkeiten Handlungsfähigkeit zu gewinnen. Diese Hybridisierungen erzeugen Verschachtelungen von unterschiedlichen Anschlusslogiken, aus denen neuartige Schließungen hervorgehen können, die aber ebenso und wahrscheinlich häufiger nur kurzfristig bestehen und die inkongruenten Anschlussmodi momentan miteinander koppeln. Mehrsystemereignisse sind solche Hybridisierungsmomente der Kommunikation, die in der Lage sind eine Vielzahl von Anschlusslogiken zu bedienen, mit einer Pluralität von Kontexturen zu rechnen.

Gedächtnistheoretisch wird diese Binnendifferenzierung der Kommunikation also zu einem Problem, gerade weil sie offensichtlich trotz ihrer Unwahrscheinlichkeit so häufig gelingt. Wenn Gedächtnisleistungen und die dadurch ermöglichten Prüfverfahren nur noch in verteilter inkongruenter Form vorliegen, wie kann dann auch nur in einzelnen Prozessen ausreichend Kohärenz hergestellt werden? In diesem Fall liefert die Systemtheorie für die kombinierte Sichtweise eher die Problemformel „Polykontexturalität", während die Lösungsangebote eher durch die Netzwerktheorien formuliert werden. Ein erster Lösungsversuch steckt schon im Kontexturbegriff wie ihn auch Werner Vogd benutzt. Bestimmte Situationen werden durch verschiedene Kontexturen bestimmt und produzieren somit eingebettete Kommunikationsprozesse, deren Resultate sich in unterschiedliche Anschlusslogiken also unterschiedliche Systeme einordnen lassen. Dass Situationen eine integrierende Rolle im polykontexturalen Systemgeschehen spielen können, hatten wir schon bei Vogd, Markowitz und Nassehi gesehen. Kontexturen stellen damit eine jeweils situationsbezogene Verdichtung von systemischen Anforderungen an die aktuell ablaufende Kommunikation und geben zugleich Anschlusspunkte zu erkennen, an denen sich die Kommunikationsresultate in systemisch eindeutig zu bestimmende Prozesse einklinken können. Eine systemische Kontextur stellt so einen Kohärenzprüfungsmodus für die Situation dar und in den Kohärenzanforderungen der Situation müssen unterschiedliche Kontexturen miteinander vermittelt werden. Armin Nassehi deutet hier eine Lesart ihrer praktischen Integration an.[770] Praxis hat hier ähnliche Konnotationen wie Situation bzw. erscheint als ihr verhaltensspezifisches Äquivalent. Während der Situationsbegriff einen räumlich-zeitlichen Zusammenhang zwischen unterschiedlichen Kontexturen konstruiert, enthält der Praxisbegriff das Moment ihrer Integration in einem gezeigten Verhalten.[771]

---

[769] Vgl. White 1992, S. 259ff.

[770] Vgl. Nassehi 2006, S. 406 und 414.

[771] Hier ist der zweite Punkt an denen praxistheoretische Erwägungen ein Ergänzungspotential für eine soziologische Gedächtnistheorie anbieten können, das über das Angebot einer Kombination von System- und Netzwerktheorie hinaus geht. Wir werden im Schlusskapitel noch einmal darauf zu sprechen kommen.

Eine kommunikative Möglichkeit einer solchen praktischen Integration verschiedener Kontexturen beschreibt White mit dem Begriff des Switchings. Ein Switch markiert den kommunikativen Wechsel zwischen Netzwerkdomänen. Der Begriff Netzwerkdomäne oder netdom kommt dem Kontexturbegriff sehr nahe, denn er beschreibt die möglichen Beziehungsformen und sprachlich-kulturelle Regelmäßigkeiten der Anschlussproduktion gleichermaßen. Das Switching kann erleichtert oder erschwert werden, je nach der Härte und der Widersprüchlichkeit der Kohärenzprüfungen zwischen den Netzwerkdomänen. Das Switching ist ein expliziter Wechsel zwischen Kontexturen und White nutzt „bayesian forks" als Modell der Beschreibung wahrscheinlicher Übergänge. Durch Switching werden Kohärenzprüfungsformen schlicht getauscht und beschreiben damit etwas ähnliches wie Vogds Bemühungen um eine systemtheoretische Form rekonstruktiver Sozialforschung, die es möglich macht, bestimmte Äußerungen innerhalb eines Kommunikationsprozesses bestimmten Systemkonturen zuzurechnen. Bewegt man sich innerhalb einer Netzwerkdomäne bzw. einer Kontextur kann man sich also auf eine Form der Kohärenzprüfung beschränkten und muss nur beobachten, ob ein Switch möglich und durchsetzbar ist, um die Prüfungsform zu wechseln. Damit wird aber noch keine Hybridisierung im oben genannten Sinne erreicht. Hierfür müssten wirtschaftliche und rechtliche Erwägungen nicht durch ein Switching klar getrennt werden, sondern man müsste in der Form einer rekonstruktiven Sozialforschung zeigen, dass eine Äußerung sich sowohl auf die rechtliche wie auf die wirtschaftliche Kontextur bezieht und beide in eine unmittelbare Verbindung bringt. Hier müssten die beiden Kohärenzprüfungsformen partiell integriert werden. Es macht also Sinn von einem situationsspezifischen Gedächtnis zu sprechen, das sich durch Kohärenzprüfungen auszeichnet, die überprüfen welche Kontexturen eine Rolle spielen und welch Kohärenzprüfungen zum Einsatz kommen können. Auf diese Form integrierender Kohärenzen kann die Gesellschaft nicht verzichten und deshalb sollte man zusätzlich zu den kontexturspezifischen Prüfungsformen auch situationsspezifische Prüfungsformen berücksichtigen, die im Wesentlichen anzeigen, welche Kontexturen zu berücksichtigen sind und wie oder wann Wechsel möglich sind.

Strukturwirkungen – Semantik und Struktur

Luhmann spricht davon, dass die Strukturwirkungen von Gedächtnis als Bestandteil sozio-kultureller Evolution nicht abzuschätzen seien.[772] Doch was ist mit dieser Problembeschreibung konkret ins Auge zu fassen? Geht es darum zu

---

[772] Vgl. Luhmann 1997, S. 589.

beschreiben, wie bestimmte neue Möglichkeiten der Verdichtung von Kommunikation und der Aufbewahrung ihrer Formen zu neuen Erwartungen führen? Sicher ändern sich die Erwartungen hinsichtlich der Anschlussfähigkeit, wenn Prüfverfahren verändert werden oder auf andere Leistungen zurückgreifen können. Gedächtnis hat also immer eine Strukturwirkung in diesem Sinne, bloß welche und wie stark sie ausfällt ist schwer vorherzusehen. In der Studie von Esposito hatten wir gesehen, dass systemtheoretisch durchaus eine sehr starke Wechselwirkung zwischen Kommunikationstechnologien, Gesellschaftsstrukturen und Gedächtnissemantiken aufgezeigt werden kann. Und ebenso klar kann man feststellen, dass Kohärenzprüfungen die Art und Weise bestimmen in der soziale Erwartungen erzeugt werden. Dennoch macht es gedächtnistheoretisch einen Unterschied wie diese Erwartungen kommunikativ angezeigt werden. Auf abstrakter Ebene kann man hier drei Arten unterscheiden. Zum einen können Erwartungen kommunikativ explizit angesprochen werden, dann können semantische Formen als Verdichtungen von Erwartungszusammenhängen benutzt werden, schließlich können Erwartungen implizit mitlaufen ohne explizite Erwähnung zu finden. Werden Erwartungen explizit formuliert, kann die kommunikative Kohärenzprüfung direkt auf sie Bezug nehmen. Werden nur semantische Verdichtungen angezeigt, man könnte auch von Benennungen von Erwartungszusammenhängen sprechen, wird die Sache etwas komplizierter. Da ein Verweisungszusammenhang mit einer solchen Verdichtung angesprochen wird, kann nicht ohne weiteres vorausgesetzt werden, dass sich die Kohärenzprüfungen auf alle damit angesprochenen Verweisungen bezieht. Entweder vollzieht sich die Kohärenzprüfung im Groben, der Zusammenhang wird als Einheit übernommen oder nicht oder es beginnen mühsame Prozesse der Entwirrung der vielfältigen Erwartungen. Mit weiter reichenden Mitteln des Transports und der Aufbewahrung von kommunikativer Formen, also z.B. neuen Kommunikationstechnologien, können solche Benennungen einen großen Umfang von Erwartungen ansammeln, also einen immer größeren Erwartungszusammenhang in sich fassen. Gleichzeitig steigen jedoch auch die Widerspruchschancen, also die Möglichkeit, dass bestimmte semantische Formen mit widersprüchlichen Erwartungen angereichert werden oder generell kontrovers bestimmt sind. Die Lage zeichnet sich dann durch eine größere Unbestimmtheit aus. Die Reichweite semantischer Formen nimmt zu, aber gleichzeitig nimmt die Möglichkeit sie in der Gänze zu prüfen ab. Viele Erwartungen werden so nur angedeutet und bleiben bis zu ihrer Negation oder Explikation im Hintergrund. Eine solche Verdichtung erlaubt nun einerseits einen schnellen kommunikativen Zugriff auf die Resultate zahlreicher nicht mehr erreichbarer Kommunikationsprozesse, hält diesen Zugriff aber auch tendenziell im Mehrdeutigen und Ungewissen. Auch latente Erwartungen oder besser implizite Erwartungen spielen nun eine Rolle. Die Benennung führt sie nicht direkt an, aber im Hintergrund laufen sie mit. Damit wären wir bei der Rolle impliziter Erwartungen im Kommunikationsprozess. Diese Erwartungen werden weder explizit angezeigt noch durch Benennungen angedeutet. Sie sind vielmehr als nicht-kommunikative Leistungen zu verstehen. Im Latenzabschnitt hatten wir angedeutet, dass diese implizite Ebene häufig erst durch Negationen in den Kommunikationsprozess hineingezogen wird. Andererseits muss man jedoch konstatieren, dass auch schon die Benutzung von Verdichtungsformen implizite Erwartungen kommunikativ transportiert. Kohärenzprüfungen scheinen deshalb mit einer Ebenenunterscheidung zu arbeiten, die Struktur und Semantik voneinander trennt. Einerseits weil semantische Formen mehrdeutige Erwartungen beinhalten und andererseits weil Strukturen direkte Anschlüsse betreffen, während Semantiken dies viel weniger stark spezifizieren können. Die Unterscheidung zwischen Struktur und Semantik hat gedächtnistheoretisch vor allem deshalb Relevanz, weil sich Kohärenzprüfungen auf beide Ebenen beziehen und weil Semantiken als Indikatoren für Kontexturen genutzt werden können. Die Unterscheidung findet sich in ähnlicher Form auch bei White. Auch hier wird eine soziale (strukturelle) Ebene – die Ties – von einer kulturellen (semantischen) Ebene – die Stories – unterschieden. Beide Ebenen unterscheiden sich bei White vor allem in ihrer Verarbeitung von Unsicherheit, definieren sich aber wechselseitig. Das Verhältnis ist hier anders gesetzt. Whites Modell entspricht eher dem einer „konstitutiven Nachträglichkeit" mit Stäheli als Luhmanns „linearer Nachträglichkeit". Wichtig bleibt jedoch der Befund, dass Kohärenz auf zwei Ebenen hergestellt werden kann, auf einer strukturellen Ebene der möglichen Anschlüsse und auf einer semantischen Ebene der möglichen Kontexte.

Sowohl bei den Epigrammen, als auch bei den Kontexturen hatten wir gesehen, dass diese sich vor allem semantisch präsentieren können. Werden bestimmte semantische Figuren benutzt, eröffnen sich Netzwerkdomänen und Kontexturen mit ihren Angeboten an Kohärenzprüfungen und zurechenbaren Leistungsträgern. Die semantische Figur ist eine Verdichtung von Identität zur Wiederverwendung über Situationen hinweg. Semantiken fungieren dann als Platzhalter für Epigramme, Kontexturen und Netdoms. Sie zeigen an in welchem Kontext sich ein Kommunikationsprozess gerade bewegt, sie betten ihn ganz im Sinne der Netzwerktheorie ein. Die semantische Ebene dient dann also auch der Definition der sozialstrukturellen Ebene und man kommt ohne ihre Verdichtungsleistungen nicht aus, wenn systemische Kontexturen in beobachtbaren und rekonstruierbaren Kommunikationsprozessen aufgespürt werden sollen. Semantik ist also für eine Untersuchung der sozialen Gedächtnisleistungen in einem bestimmten Setting immer derjenige Bezugspunkt, der als Indikator für den zu prüfenden Kohärenzbereich, für die Wahrscheinlichkeit und Nachzeichnung von

Switchings und für die Beschreibung pragmatischer Integrationen unterschiedlicher Kontexturen heranzuziehen ist.

Allerdings ignoriert diese rein semantische Dimension der Rahmung jene primäre Rahmen Goffmans, die nicht-semantisch funktionieren.[773] Auch diese Rahmungen, Latour macht wiederholt darauf aufmerksam, durch Räume, Ausstattungen oder ähnliches evoziert, dienen der Identifikation von Kontexturen und der Unterstellbarkeit von bestimmten Kohärenzanforderungen, die dann kommunikativ im Hintergrund bleiben können. Da es auch nicht nicht-semantische Träger von Erwartungsfunktionen gibt, hat eine erhebliche Entlastungsfunktion für die Kommunikation, da es dann nicht mehr erforderlich ist diese Erwartungen ständig kommunikativ zu erhalten. Sehr viel Kohärenz kann einfach als gegeben unterstellt werden und nur noch Negationen, nur noch Widerstand muss von der Kommunikation selbst bearbeitet werden.

Wenn Gedächtnis sich auf zwei unterschiedliche Ebenen beziehen lässt, Anschlussstrukturen und verdichtete semantische Strukturen, dann muss eine soziologische Theorie des Gedächtnisses hier auch mit unterschiedlichen zeitlichen Ordnungen rechnen. Während Anschlussstrukturen ständig anfallen und benötigt werden, werden semantische Strukturen nur sehr selektiv benötigt, wenn es darum geht bestimmte Kontexturen oder Epigramme zu verdeutlichen und in die Kommunikation einzubinden. Dies kann allerdings häufig auch ohne die Unterstützung durch semantische Formen geschehen. Durch dieses ständige Anfallen sind Anschlussstrukturen einer viel stärkeren Variation ausgesetzt. Kohärenz muss hier ständig überprüft und notfalls wieder hergestellt werden. Semantik hat dadurch Möglichkeiten sich auch an veränderte Anschlussstrukturen anzupassen oder diese zumindest zu überdauern, auch wenn sie als Beschreibung der Abläufe nicht mehr passt. Luhmann hat in dieser Hinsicht häufig die alteuropäische Semantik kritisiert und auch White und Latour sprechen davon, dass bestimmte Beschreibungen den Strukturgegebenheiten einfach nicht mehr entsprechen. Insbesondere die Rede von handelnden Subjekten als Ausgangspunkt der Sozialität halten alle drei Ansätze für eine überholte semantische Form. Dennoch ist diesen semantischen Formen eine gewisse Widerständigkeit zu Eigen. Sie sind als eingespielte Bezugspunkte vorhanden und auf ihrer Grundlage sind ganze Erwartungskonglomerate errichtet worden, die nicht einmal durch massive Nicht-Erfüllungen entwertet werden. Semantiken werden erst nach und nach ausgehöhlt und sie rufen Verteidigungen auf den Plan, die sie zu schützen versuchen. Dies kann vor allem mit dem hohen Orientierungswert der Epigramme und anderer semantischer Konstrukte begründet werden auf den nicht so leicht verzichtet werden kann. Mit einem Fokus auf Gedächtnis kann

---

[773] Vgl. Goffman 1980, S. 31ff.

jedoch beobachtet werden, dass immer mehr Reparaturmaßnahmen benötigt werden, um die kommunikative Kohärenz wieder herzustellen. Die Verbindung von System-und Netzwerktheorie erlaubt es bei diesem Themenkomplex die Rolle der Semantik stärker zu veranschlagen als es in einer rein systemtheoretischen Lesart gelingen könnte. Der semantische Orientierungswert ist mit dem Aufruf von Netzwerkdomänen, Kontexturen und Epigrammen deutlich höher zu veranschlagen als es eine „lineare Nachträglichkeit" im Sinne Luhmanns rechtfertigen würde. Die Unterscheidung der beiden strukturellen Ebenen mit ihren je eigenen Kohärenzanforderungen bleibt dabei jedoch bestehen, doch können wir von Latour lernen, dass auch nicht-semantische Marker der Anzeige von Epigrammen und ähnlichen dienlich sein können. Man kann sich also nicht allein auf das explizite und sprachlich kommunizierte Sinngeschehen verlassen, wenn man Kohärenzprüfungen verfolgen will.

Wiederholungen – Identitäten, Dauern und Persistenzen

Von zentraler Bedeutung für jede Gedächtnistheorie ist die Frage der Erzeugung von Dauer und von Persistenzen. Hier ist die größtmögliche Ankopplung von Kommunikationstechnologien an kommunikative Kohärenzprüfungen nachvollziehbar, weil Dauern häufig materiell und technologisch vermittelt sind. Aber beginnen wir auf der rein kommunikativen Ebene sozialer Dauer. Jedes soziale System, jedes Netzwerk und jedes soziale Molekül produziert seine eigenen Zeitdimension, seine eigenen Zurechnungsprozeduren für Ereignisse, seine eigenen Konstruktionsformen von Identität und seine eigene Markierung abgeschlossener Prozesse. Eine Zeit, die nicht auf diese Weise soziale geformt ist, wird nur zu Zwecken der Synchronisierung erforderlich, um Gleichzeitigkeiten zu beobachten und Zeithorizonte zu vergleichen. Schon bei einer solchen standardisierten Zeit macht es Sinn von technisch konstruierter Zeit zu sprechen (Uhrzeit). Zeit entsteht also durch die Markierung von Zurechnungspunkten, die in einer Abfolge gebracht werden können und Zurechnungspunkten, die wiederholt angesteuert werden können. Dauer entsteht durch Stabilisierungsleistungen. Davon hatten wir im Verlauf dieser Untersuchung verschiedene herausgearbeitet. Bei Luhmann ist Stabilisierung stets eine Systemleistung, die Leistung der Selbst-Fortsetzung. Stabilisierung ist dabei als evolutionärer Mechanismus zu verstehen, der auf der Basis von Variationen und Selektionen basiert und systembildend wirkt. Letztlich werden nur Systeme stabilisiert. Dies bedeutet, dass Kohärenzprüfungen, also Gedächtnis, nur auf Systemebene zustande kommt. Allerdings konnten wir bei Markowitz feststellen, dass soziale Systeme die Beteiligung psychischer Systeme nur sichern können, indem sie sich als Epigramme präsentieren, die es erlauben, alle nicht im Zentrum der alternierenden Aufmerksamkeit stehenden Akteure in Verweilformen zu deponieren. Solche Verweilformen sind als Plätze in einer sozialen Matrix zu verstehen, denen man seine Aufmerksamkeit problemlos wieder zuwenden kann. Sie erlauben es Kohärenzprüfungen für die deponierten Personen oder auch Gegenstände auszusetzen, bis sie sozial wieder sichtbar werden. Denn nicht nur die Aufmerksamkeit psychischer Systeme alterniert und oszilliert, sondern auch die soziale Aufmerksamkeit des Kommunikationsprozesses. Eine soziale Matrix stellt also ein Netzwerk dar, indem die möglichen Bezugnahmen soweit vorstrukturiert sind, dass Gedächtnis nur fallweise in der Form expliziter Kohärenzprüfungen aufgerufen werden muss. Sie entlasten das Gedächtnis der Kommunikation und konstituieren gleichzeitig andauernde Formen, deren Dauer ungeprüft kommunikativ unterstellt werden kann.

Viele dieser Verweilformen benötigen aber eine zusätzliche Abstützung, wenn man sich aus interaktionstheoretischen Bezügen, die bei Markowitz im Vordergrund stehen, löst. Hier kann man Latours „unveränderliche Mobile" ins Spiel bringen. Wir hatten gesehen, dass unveränderliche Mobile der Verbindung räumlich und zeitlich getrennter Lokalitäten dienen können. Sie können Resultate eines örtlich gebundenen Geschehens in weitere örtliche Geschehen einbinden und stellen deshalb jene Verbindungen her, die es der menschlichen Gesellschaft ermöglichen über lokale Einbindungen hinauszugehen. In einer gedächtnistheoretischen Fassung erlauben sie Kohärenzprüfungen der nicht im aktuellen Kommunikationsprozess konstruierten Bezüge. Ihre Unveränderlichkeit sichert die Resultate von Kommunikationen und Netzwerkbildungen, während ihre Mobilität dafür sorgt, dass sie diese Resultate in neue Netzwerkbildungen integrierbar machen. Man kann diese Konstruktionen von mobiler Unveränderlichkeit als Verweilformen eigener Art konzeptualisieren. Auch diese Verweilformen entlasten somit das kommunikative Gedächtnis davon, ständig bestimmte Resultate kommunikativ reproduzieren zu müssen. Sie steigern die Fähigkeit der Kommunikation an Resultate von Kommunikation anzuschließen. Ihre Unveränderlichkeit sichert die problemlose Zugriffsmöglichkeit, also die unterstellbare Dauer, bietet also eine Verweilform jenseits einer spezifischen sozialen Matrix der Interaktion und ermöglicht damit die Verbindung zu einem spezifische Lokalitäten übergreifenden Netzwerk. Die Unveränderlichkeit basiert jedoch auf Transformationen, auf Übersetzungsprozessen und ist letztlich eine Konstruktion, deren Kohärenz auch wieder der Prüfung ausgesetzt werden kann.

Auch White beschreibt mit seinem Identitätsbegriff in der Bedeutung eines Vergleichs über Friktionen hinweg eine Möglichkeit dauerhafte Verweilformen zu spezifizieren. Diese sind in Generalisierungsleistungen fundiert. Durch die Friktionen ergibt sich eine spezifische Position zwischen unterschiedlichen Disziplinen und Netzwerken, die eine Entität in verschiedenen Kontexten als zugänglich unterstellbar macht. Auch hier fungiert die Verweilform für die Kommunikation als ein Verbindungsstück, da eine Identität sowohl über Akteurs- als auch über Ereignisattributionen konstruiert werden kann. Solche Verweilformen sind aufwendige Konstruktionen, sie benötigen eine eigene Geschichte und müssen damit elaborierten Kohärenzanforderungen genügen. Diese Kohärenz ist nicht auf der Ebene des Vergleichs zu gewinnen, sondern wird erst als Konstruktion einer Geschichte sichtbar, die Widersprüche zwischen den Friktionen ausbügelt. Dies ist aber nur fallweise erforderlich, während es zumeist ausreicht Identität als Verweilform zu unterstellen und dadurch zu konsolidieren.

Einen weiteren Aspekt der Erzeugung von Dauerhaftigkeit hatten wir bei der Diskussion von Latenzen schon angesprochen. Die unterschiedliche Auflösungsverzögerung der Medien der Kommunikation kann den Eindruck von Dauerhaftigkeit vermitteln, vor allem wenn Erwartungen an den Bestand von Formen gekoppelt werden. Hier liegt ein entscheidender Einfluss der nutzbaren oder genutzten Medien für die Möglichkeiten der Kohärenzprüfung. Ist die Erwartung gegeben, dass eine Form der Äußerung zugänglich bleibt, kann man auf andere Art und Weise Anschluss suchen, kann den Anschluss selbst zum Beispiel verzögern. Bestand von Äußerungsformen ermöglicht es die Äußerungen selbst in Verweilformen zu deponieren, ganz so wie Personen oder Artefakte. Dies erleichtert nicht nur wiederholten, sondern auch zeit- und raumversetzten Zugriff, sowie Zugriffe in veränderten Kontexten. Dadurch steigen Generalisierungs- und Negationsmöglichkeiten gleichermaßen. Kohärenz wird gleichzeitig ausgedehnt (indem man mit generalisierten Prüfungsformen arbeitet), aber auch schwerer zu bewahren (weil die Kohärenz nicht durch einen einheitlichen Kontext, eine vereinheitlichende Situation unterstützt wird).

Zusammenfassend kann man sagen, dass die Kombination von System- und Netzwerktheorien einen komplexen Begriff von Persistenz ermöglicht, der sich aus unterschiedlichen Faktoren ableiten lässt. Die grundlegende Ebene ist die Wiederholbarkeit, die durch Verweilformen gewährleistet wird. Das Konzept der Verweilformen ist allgemein genug um verschieden Konzepte des dauerhaften kommunikativen Zugriffs zu verbinden. Einerseits können Verweilformen durch soziale Matrizen etabliert werden, die bestimmte Positionen und Beziehungen erhalten, auch während sich die Aufmerksamkeit anderen Positionen und Beziehungen zuwendet. Dann können Verweilformen durch die Konstruktion unveränderlicher Mobile auch technisch und materiell abgesichert werden, da diese einen, Kontexte übergreifenden, Zugriff auf bestimmte Resultate von Kommunikations- und Netzwerkprozessen ermöglichen. Schließlich können auch Kommunikationsmedien mit ihrer verzögerten Formenfreigabe Verweilformen erzeugen, denen eine bestimmte Dauerhaftigkeit unterstellt werden kann. All diese Verweilformen entlasten die momentan durchgeführten Kohärenzprüfungen und schaffen damit einen gewissen Freiraum für Generalisierungsleistungen, die dann auch Identitäten als Verweilformen ermöglichen, die aus den Friktionen zwischen unterschiedlichen Kontexten hervorgehen. Gerade diese Generalisierung beinhaltet aber auch eine Transformation der Kohärenzanforderungen, also eine Veränderung von Gedächtnis. Persistenz ist ein Nebenprodukt von Gedächtnis und gleichzeitig eine unterstützende Leistung für Gedächtnis, die ein Wechseln zwischen situativ gebundener Kohärenz (Konfirmierung) und generalisierter Kohärenz (Kondensierung) ermöglicht und erforderlich macht. Persistenz ist also eine Funktion von Mediengebrauch, der Konstruktion von mobiler Unveränderlichkeit, Wiederholungen, Identitätsproduktion und kohärenten Verweilformen. Persistenz ist eine Leistung des Gedächtnisses, ein Resultat von Kohärenzprüfungen, das weitere Prüfungen entlasten kann.

Mechanismen

Das vordringliche Anliegen einer soziologischen Gedächtnistheorie sollte die Formulierung von Mechanismen sein, auf deren Grundlage sich ein soziales Gedächtnis konstituiert. Auf der fundamentalsten Ebene hatten wir Gedächtnis mit Luhmann als Kohärenzprüfung bezeichnet. Laufend werden neue Operationen produziert und andere Operationen setzen ihnen Widerstand entgegen oder bestätigen sie. Diesen Vorgang kann man im Sinne einer kontinuierlichen Realitätsprüfung verstehen, der Gedächtnis ausmacht. Dieses fundamentale Prinzip kann man sowohl im Bewusstsein, als auch in der Kommunikation beobachten. Kommunikation erzeugt eine eigene Realität durch den Widerstand von Operationen gegen Operationen. Wie kann man dies als Mechanismus im Sinne einer Ablauflogik formulieren? Im dritten Kapitel hatten wir einen solchen Mechanismus schon angesprochen. Bei Schneider gibt es ein Modell der Intersubjektivitätsproduktion, das wir als basalen Mechanismus der Herstellung kommunikativer Kohärenz interpretiert hatten.[774] Das Modell besteht aus drei Äußerungseinheiten: einer Ausgangsäußerung, einer darauf folgenden Reaktion und an dritter Stelle einer Bewertung dieser Reaktion. Dieses konversationsanalytische geprägte systemtheoretische Modell beschreibt recht gut die zentrale Arbeitsweise von Gedächtnisprozessen, ihre Nachträglichkeit, ihre Beobachtungsabhängigkeit und ihre Konstruktion von Kohärenz. Bestätigungen dieser Lesart finden sich auch bei Latour und White. Beide argumentieren auch für die nachträgliche Kohärenzerzeugung, die bei White vor allem durch Stories erzeugt wird und bei Latour nach dem Erfolg der Konstruktion eines Netzwerks. Eine grundlegende Schwierigkeit dieses Konzeptes besteht darin, dass es nicht sieht, dass Gedächt-

---

[774] Mit dieser Idee hatte ich schon früher argumentiert, vgl. Schmitt 2006, S. 215ff.

nis sich dabei auf extra-kommunikative Leistungen stützt und ohne diese nicht möglich wäre. Auch kann dieses Modell nicht erfassen, dass es Anfangsäußerungen im reinen Sinne nicht geben kann. Schon die Anfangsäußerung muss in spezifischer Weise an andere Kommunikation anschließen und kann dann nachträglich als Startpunkt eines bestimmten Prozesses identifiziert werden. Schneider selbst hat zugestanden, dass dieses Modell vor allem der Interaktion und Konversationen abgeschaut ist[775], aber schon dort baut der Prüfungsprozess auf zahlreichen Vorleistungen auf und es ist immer die Frage, wie diese Vorleistungen eigentlich in die Kommunikation eingebaut werden. Wir brauchen also etwas komplexere Modelle, die aber dennoch auf dem Fundament der basalen Kohärenzsicherung aufbauen. Zugleich müssen wir der grundlegenden theoretischen Intuition Rechnung tragen, dass Gedächtnis sich in Öffnungen und Schließungen zugleich zeigt, trennende und verbindende Leistungen benötigt und daher eine Theoriestelle besetzt, die man als Leerstelle zwischen Operation und Struktur oder Handeln und Struktur beschreiben kann. Dies können wir erreichen indem wir Kohärenzsicherungen zugleich in schließenden wie auch in öffnenden Mechanismen lokalisieren.

Kommen wir zunächst zu den schließenden Mechanismen, die uns von einer kombinierten Perspektive angeboten werden. Beginnen wir mit dem Mechanismus der Systembildung wie er bei Luhmann beschrieben wird. Die Bildung sozialer Systeme beruht auf einer Situation doppelter Kontingenz. Zwei operativ geschlossene Systeme stehen einander gegenüber und können sich mittels der jeweils eigenen Operationen nicht erreichen. Dennoch stehen sie vor einem Koordinierungsproblem. Aus einem beliebigen Grund sind sie auf das Verhalten des Gegenübers angewiesen. Bevor sich einer von beiden in einer beobachtbaren Weise verhält, bleibt völlig unklar wie man sich verhalten soll. Diese Problemstellung bringt den Mechanismus der sozialen Systembildung in Gang. Jedwedes beobachtbare Verhalten wird nun zum Startpunkt, denn jedwedes Verhalten wird in einer solchen Situation als Mitteilungsverhalten gedeutet. Wird an das gezeigte Verhalten angeschlossen, beginnt sich das System zu schließen. Die oben angesprochene Kohärenzprüfung läuft an, da in jedem weiteren Schritt auf Reaktionen reagiert wird und man damit nach und nach Erwartungen etablieren kann an denen sich das System ausrichtet. Es erfolgt eine Schließung auf der Basis von Anschlüssen in der Form von beobachtbaren Verhalten. Der Mechanismus ist hier eine Verkopplung von Verhalten, also von Verhaltensweisen, die aufeinander bezogen sind und jeweils als Mitteilungsverhalten an das jeweilige Gegenüber verstanden werden. Was dieses Verhalten jeweils anzeigt ist dann selbst eine Konstruktion des Systems, denn die Kohärenzprüfungen können ja ebenfalls

---

[775] Vgl. Schneider 2003, S. 188ff.

nur auf der Ebene der Kommunikation durchgeführt werden. Systembildung ist demnach ein sich selbst tragendes Stabilisierungsgeschehen. Zentral ist für uns an dieser Sichtweise, dass die Schließung erst auf der Basis der Kohärenzprüfung gelingen kann. Dies wird noch deutlicher, wenn man die Ebene doppelt kontingenter Dyaden verlässt und soziale Systemdifferenzierung in den Blick nimmt. Lässt sich zwischen bestimmten Kommunikationen keine Kohärenz mehr herstellen, produzieren bestimmte Variationen zu viel Widerstand in bestehenden Kommunikationssystemen, erreichen diese aber gleichzeitig eine kritische Masse für die Selbststabilisierung, d.h. wird immer immer wieder auch bestätigender Anschluss produziert, kommt es zu einer Ausdifferenzierung der Kommunikation. Auch dies kann man schon in Interaktionen beobachten. Eine Diskussion bricht auseinander, weil es nicht gelingt, verschiedene Beiträge noch zu integrieren. Doch ist dieser Mechanismus wesentlich bedeutungsvoller, denn auf dieser Basis können sich eigenständige stark voneinander unterschiedene Kohärenzformen und darauf beruhende Prüfungsverfahren etablieren, bis hin zu einer funktionalen Differenzierung der gesellschaftlich bedeutsamen Kommunikation. Systembildung ist demnach ein Schließungsmechanismus auf der Basis einer selbst geschaffenen Kohärenz, die dann vom Gedächtnis zur Prüfung weiterer Systemoperationen herangezogen wird. Aus der reinen Beschreibung kommunikativer Selbstdifferenzierung wird jedoch nicht ganz klar wie sich der Steigerungszusammenhang etablieren lässt, der so hoch voraussetzungsreiche Kommunikationsformen wie wirtschaftliche Zahlungen oder politische Entscheidungen entstehen lässt.

Ein etwas komplexerer Schließungsmechanismus kommt mit dem Involutionskonzept bei White und im Anschluss daran bei Fuhse zum Ausdruck. Involution beschreibt einen Prozess der Steigerung von immer höher aggregierten Systemzusammenhängen durch die Bildung von Identitäten. Der Mechanismus lässt sich kurz zusammenfassen als Systembildung – Netzwerkbildung – Identitätsbildung – Systembildung. Ein geschlossenes Spiralmodell immer komplexerer Systeme. Involution steht dabei für Abgrenzung nach außen und Orientierung nach innen, also schlicht für im Netzwerk etablierte Kohärenzanforderungen, die sich unabhängig von Kohärenzansprüchen außerhalb des Netzwerks machen. Dadurch bekommen Binnenbeziehungen einen anderen Charakter als Außenbeziehungen. Schließlich kann explizit zwischen Selbstreferenz und Fremdreferenz unterschieden werden, mit dem Hinweis, dass Selbstreferenzen bedeutungsvoller sind als Fremdreferenzen. Es entwickelt sich eine systemische Schließung. Der Systembildungsmechanismus wird erweitert um Netzwerkkonstruktionen und Identitätsbildungen, die sich jeweils voraussetzen und so immer höher aggregierte Ebenen der Systembildung schaffen. Schließung wird so zu einem immer mehr graduell zu verstehenden Prozess, der qualitative Sprünge impliziert, die mit der Strenge von Kohärenzprüfungen und der Binnenorientierung dieser Kohärenzprüfungen zusammenhängen. Das Identitätskonzept macht dabei klar, dass eine wichtige Voraussetzung der Systembildung in eben dieser Kopplung von binnenorientierter Kohärenzprüfung und Abwertung der Anforderungen hinter der so konstruierten Grenze liegt. Auf diese Weise wird es möglich die Ausdifferenzierung der Kommunikation als einen Prozess zu verstehen, der auch unterhalb der Qualitätssprünge beobachtet werden kann, wenn man sich auf den Grad der Binnenorientierung von Kohärenzprüfungen konzentriert.

Ein etwas anderes Schlaglicht wirft ein letzter Schließungsmechanismus, der eher mit dem Außenkontakt geschlossener Netzwerke beschäftigt ist. Blackboxing kann mit Latour als ein Schließungsmechanismus verstanden werden, der es erreicht, dass ein Netzwerk von außen als nicht auflösbare Einheit betrachtet werden kann. Blackboxing ist somit ein Charakteristikum besonders erfolgreicher Netzwerkkonstruktionen. Das Netzwerk löst seine Problemstellung so wirkungsvoll, dass die einzelnen Leistungsbeiträge von Außen betrachtet nicht beachtet werden müssen. Dies stabilisiert das Netzwerk nach innen ungemein, da es bei dieser Präsentation nach außen viel unwahrscheinlicher wird, dass andere Netzwerke bestimmte Leistungsträger des Netzwerkes aus diesem herauslösen. Von einer Außenperspektive her ist das Netzwerk jetzt nur noch als Einheit anzubinden, kommunikationstheoretisch würde man sagen, es ist nur noch als Einheit anschlussfähig. Doch wie funktioniert diese Verdunkelung an der Grenze des Netzwerks, wie macht es seine Elemente unsichtbar? Zunächst wird dies als eine Frage der Selbstdarstellung formuliert. Jedes Netzwerk gibt auch eine Präsentation nach außen ab, ein „soziales Gesicht" im Sinne von White. Je stärker es sich hier als Einheit präsentieren kann, je besser es den Kohärenzanforderungen von außen in seiner Gesamtheit genüge tun kann, desto mehr wird es zu einer Blackbox. Involution ist als Mechanismus sicher eine Bedingung für Blackboxing, aber Blackboxing funktioniert in eine andere Richtung. Hier steht die Schließung gegenüber einem außen im Vordergrund, es geht um die Vermittlung einer inneren Kohärenz nach außen. Innere Kohärenz wird in äußere Kohärenz transformiert und eine Beobachtung als Einheit ist die Folge. Die Kohärenzprüfungen finden außerhalb des Netzwerkes statt, sind also eine Fremdbeobachtung des Netzwerkes und dennoch wird dabei innere Kohärenz überprüft. Damit geraten wir an die Grenze der Beschreibungsmöglichkeiten von Gedächtnis auf der Basis von Schließungsmechanismen, denn Blackboxing impliziert schon die Öffnung für eine Beobachtung von außen. Gleichzeitig weist dieser Mechanismus darauf hin, dass Identitätsbildung eben nicht nur eine Frage der Binnenorientierung ist, sondern auch auf einer Vermittlung innerer und äußerer Kohärenzprüfungen basiert. Diese müssen nicht übereinstimmen, aber Kohärenz vermitteln müssen beide.

Öffnungsmechanismen scheinen also ebenso wichtig für eine Theorie des Gedächtnisses wie Mechanismen der Schließung. Diese Mechanismen setzen den netzwerktheoretischen Kontrapunkt zum Systembildungsparadigma. Sie erlauben es Verbindungen zu knüpfen und Kohärenzprüfungen auch im Zwischenbereich geschlossener Systeme zu beobachten. Ein erster fundamentaler Öffnungsmechanismus ist die Hybridisierung. Bei Latour kennzeichnet dieser Begriff die Assoziation von beobachtungsmäßig getrennten Einheiten in einem Netzwerk, also etwa die Verbindung von Menschen, Maschinen, Texten und Gebäuden im Netzwerk einer Firma. Hybride sind gekennzeichnet durch die Fähigkeit unterschiedliche Formen kohärent aufeinander zu beziehen und zu verbinden. Mit Teubner kann dies auch auf kommunikativ differenzierte Bereiche zutreffen. Der Vertrag ist demnach ein Kommunikationshybrid zwischen wirtschaftlicher, rechtlicher und dyadischer Kommunikation. Hybridisierung heißt in diesem Sinne einfach mehrfache Einbindung. Etwas muss einer Mehrheit von unterschiedlichen Kohärenzprüfungen genügen. Hybridisierung – als Mechanismus verstanden – wäre nun einfach die mehrseitige Kohärenzprüfung von Kommunikationen oder Identitäten. Das Öffnungspotenzial liegt dabei in der Mehrdeutigkeit von Ereignissen und Identitäten.

Hybridisierung ist jedoch ein aufwendiger Prozess und impliziert einen weiteren Öffnungsmechanismus um gelingen zu können. Um mehrsinnige Kohärenzprüfungen mit einem Ereignis oder einer Identität verbinden zu können, sind Übersetzungsprozesse erforderlich und Übersetzung ist daher selbst ein Öffnungsmechanismus. In einer Übersetzung vollzieht sich ein Abgleich zwischen verschiedenen Kohärenzprüfungen. Im Anschluss an White könnte man von „friction and matching" sprechen. Die Übersetzung konstruiert einen Überlappungsbereich zwischen den Kohärenzprüfungen und kann so eine Referenz etablieren. Der Vertrag übersetzt so wirtschaftliche und rechtliche Anschlüsse ineinander und transformiert sie dabei. Heraus kommt ein Konstrukt, das beiden Anschlusslogiken zugleich gerecht werden kann. Die Resonanz ist kurz aber heftig. Übersetzungen sind als Kreuzungspunkte von unterschiedlichen Kohärenzprüfungen zu verstehen, die eine Mediatorfunktion übernehmen, also die Kohärenzprüfungen in eine zusammengezogene Kohärenzprüfung transformieren, die sich dann wieder lösen kann oder sich in einem Netzwerk stabilisieren lässt. Dafür ist es jedoch wieder auf Schließung, auf Einheitsbildung angewiesen. Übersetzungen geschehen aber nicht von selbst, sie sind immer als Konstruktionsleistungen zu betrachten, die in bestimmten Mediatoren, wie z.B. Verträgen lokalisiert werden können. Sie sind Leistungen die in der Kommunikation oder für die Kommunikation erbracht werden müssen.

Ein weiterer Öffnungsmechanismus ist das von White beschriebene Switching. Dieses Auswechseln der gerade gültigen Kohärenzkriterien basiert selbst wieder auf einer sie ermöglichenden Kohärenzprüfung. Nicht zuletzt deshalb benötigt es häufig unterstützende Mechanismen. Das Switching bezeichnet einen ausgewiesenen und akzeptierten Umschaltvorgang von einem Gedächtnismodus in einen anderen, der durch einen übergreifenden, generalisierteren Prüfungsmodus abgedeckt ist. Es ist also eine kurzfristige Öffnung mit einer unmittelbar folgenden erneuten Schließung. Dieses momentane Öffnen der Kohärenzanforderungen ist in der Kommunikation ein allgegenwärtiges Phänomen, dass allerdings eigenen Kohärenzanforderungen genügen muss. So kann ein Wechsel durchaus Widerstand auf sich ziehen, wenn er nicht den Erwartungen entspricht. Das Setzen eines Abschlusspunktes für eine Diskussion mag eine solche Markierung sein, die einen Wechsel andeutet und wahrscheinlich macht. Doch auch sie muss sich im Prozessgeschehen durchsetzen und ist daher selbst mit Kohärenzanforderungen konfrontiert. Dennoch ist am Mechanismus des Switchings interessant, wie scheinbar mühelos bestimmte Kommunikationsprozesse ihre Gedächtnisform auswechseln können ohne insgesamt in inkohärentem Chaos zu versinken. Deutlich wird damit, dass Kohärenz auf unterschiedlichen Ebenen ansetzt und sich mal mehr und mal weniger öffnen lässt. Schließung und Öffnung sind zwei Seiten desselben Vorgangs, sie sind Resultat von Kohärenzprüfungen.

Schließlich ist zum Ende dieser Aufzählung von Gedächtnismechanismen noch mal auf die Systemtheorie zurückzukommen. Das Kognitionskonzept stellt Luhmanns Beitrag zu systemischer Offenheit dar. In seiner Lesart bedeutet Kognition nicht bewusstseinsmäßige Verarbeitung, sondern Lernbereitschaft. Es beschreibt einen Prüfungsmodus, der ein Mehr an Öffnungsmöglichkeiten erzeugt. Die Kohärenzprüfung im Modus der Kognition reagiert auf Irritationen oder Widerspruch durch eine Abwandlung der Kohärenzkriterien. Die Prüfung registriert eine Abweichung vom unterstellten Kohärenzmodell und ändert daraufhin das Modell. Kohärenz wird nun nicht in dem Sinne durchgesetzt, sondern laufend erneuert. Diesen Öffnungsmodus sollte man im Hinterkopf behalten, denn er ist in die Kohärenzprüfung als Grundmechanismus eingelassen.

Gedächtnis ist also nur als ein Zusammenspiel von Mechanismen der Öffnung und Schließung möglich, als kontinuierliche Transformation von Kontingenz, nicht nur von offener in geschlossene, sondern auch von geschlossener zurück in offene. Kohärenzprüfungen erlauben beides und sitzen gleichzeitig an der Schaltstelle, an der diese Mechanismen ausgespielt werden. Gedächtnis ist der Zusammenhang solcher Prüfoperationen auf der Basis eines Netzes von Konstruktionsleistungen. Es ist ein Verweisungszusammenhang, der sich in bestimmten Formen vollzieht, die rekonstruktiv nachzuvollziehen sind. Die Leistungen sind dabei nicht ausschließlich kommunikativer Natur, müssen aber kommunikativ einbezogen werden, da die Prüfung eben auf Ebene der Kommunikation erfolgt. Variation und Redundanz laufen im Gedächtnis als Friktionen und Vergleiche zusammen und stellen auf dieser Basis den Zusammenhang von Öffnung und Schließung her. Während die Friktionen ständig anfallen, ist es vor allem die Konstruktion von Vergleichsmöglichkeiten, die Gedächtnis beobachtbar macht. Die Möglichkeiten des Vergleichens basieren dabei immer auf einem Verweisungszusammenhang, einem Netzwerk von ganz unterschiedlichen Leistungen, deren Einbindung in den Vergleich sie jeweils zu einer besonderen Form von Gedächtnis macht.

5 Kombinationsperspektive: Eine Theorie des Gedächtnisses

Hier im Abschlusskapitel soll der Versuch einer zusammenfassenden Darstellung der hier aufgeworfenen und entwickelten Perspektive auf soziale Gedächtnisphänomene unternommen werden. Zunächst geht es um eine stark verdichtende Zusammenfassung der theoretischen Ergebnisse der hier unternommenen Kombination von systemtheoretischen und netzwerktheoretischen Einsichten, die dann in der Form einer Forschungsheuristik für die soziologische Gedächtnisanalyse zusammengeführt werden sollen. Es werden zwei mögliche Forschungsrichtungen grob skizziert, die mit einer solchen Gedächtnisanalyse anzugehen sind. In einem abschließenden Schritt gilt es, die Perspektive System/Netzwerk nochmals mit der praxistheoretischen Perspektive zu vergleichen. Wie schon angedeutet machen Praxistheorien in einigen Bereichen der Gedächtnisproblematik ernst zu nehmende und zu prüfende Vorschläge. Da es aber durch die Kombination von System- und Netzwerkperspektive zu einigen Annäherungen an praxistheoretische Vorstellungen gekommen ist, ist eine nochmalige Auseinandersetzung mit ihrem Angebot einer soziologischen Gedächtnistheorie notwendig. Daher soll hier vor allem der Unterschied zu einer praxisbezogenen Gedächtnistheorie nochmals betont werden.

5.1 Zusammenfassung der Kombinationsperspektive

Will man die Kombinationsperspektive kurz und bündig zusammenfassen, kann man das folgende Chiffre wählen: Von der Systemtheorie bezieht die hier entwickelte Gedächtnistheorie ihre Schwerpunktsetzung auf Prozesse der Kommunikation und ein herausgehobenes abstraktes Verfahren auf dem Gedächtnis beruht, dem Verfahren der Kohärenzprüfung. Netzwerktheoretisch wird diese Perspektive durch zwei wesentliche Einsichten ergänzt. Von der ANT kann man lernen, dass es immer darum geht, auch nicht-kommunikative Leistungen in die Kommunikation einzubinden, weil man nur durch die beteiligten Aktanten oder Mediatoren die genaue Gedächtnisform bestimmen kann. Von Whites Ansatz kann man lernen, dass es von grundlegender Bedeutung ist, Trennen und Verbinden als gleichwertige Prozesse zu verstehen. Gedächtnis, bei White in der Form von Identität dargestellt, ergibt sich immer nur aus einer spezifischen

Kombination von etablierten Beziehungen und gelungener Abkopplung. Fasst man diese Erträge zusammen, lassen sich soziale Gedächtnisphänomene als kommunikative Prozesse des Aufbaus von Kohärenz und der stetigen Überprüfung von Kohärenz lesen, die aber vielfältiger unterstützender Leistungen bedürfen, die erstens nicht selbst kommunikativ sind, die aber zweitens durch die Kommunikation in spezifischer Weise in einem Netzwerk verbunden werden müssen, wobei sich diese Prozesse graduell schließen und öffnen müssen, um identifizierbare Formen auszubilden, die eine Kohärenzprüfung wesentlich erleichtern. Soziales Gedächtnis, so lässt sich also sagen:

1. wird getragen von **Kommunikationsprozessen,**

2. vollzieht sich als **Kohärenzprüfung,**

3. basiert auf einem **heterogenen Netzwerk von Leistungserbringern,**

4. dass durch die Kommunikation **eingebunden und konstruiert** werden muss,

5. führt zu einer **Oszillation** zwischen Schließungen und Öffnungen, Trennungen und Verbindungen

6. und erzeugt dabei und dadurch **Identitäten.**

Jeden dieser sechs Bestimmungsfaktoren des sozialen Gedächtnisses wollen wir nun noch einmal kurz aufbohren, um die Kombinationsmöglichkeiten auch innerhalb der einzelnen Punkte nachvollziehen zu können. Die Kombination der Theorien erfolgt also nicht nur auf der Ebene dieser analytisch trennbaren Bestimmungsfaktoren, sondern auch innerhalb der Bestimmungsfaktoren selbst.

(1) Wie schon mehrfach gesagt, schließen wir uns der These Luhmanns an, dass die kleinste identifizierbare Einheit auf der Ebene der Sozialität Kommunikation sein muss. Einzelhandlungen ergeben erst durch ihre Aggregation einen sozialen Tatbestand, während demgegenüber Kommunikation immer schon ein solches Aggregationsphänomen darstellt. Sozial ist ein Gedächtnis deshalb zunächst einmal dort, wo man ein Gedächtnisphänomen auf der Ebene der Kommunikation lokalisieren kann. Auch die Netzwerkperspektive sieht dies grundsätzlich ähnlich. Zuschreibungen auf kommunikativer Basis sind der zentrale Kitt, der die Akteur-Netzwerke zusammenbindet. Der gesamte Prozess der Übersetzung mit all seinen Transformationen und Einbindungsleistungen kann als eine kommunikative Konstruktionsleistung betrachtet werden. Nicht umsonst sind die semiotischen Anleihen der ANT hoch. Referenzen müssen zum Zirkulieren gebracht werden, Aktanten sind zugeschriebene Rollen und wie sollte dies

anders geschehen als durch Kommunikation. Allerdings richtet sich der Blick hier stark auf die Sachdimension der Kommunikation, die, um mit Markowitz zu sprechen, der Enttautologisierung des Referenzzirkels der Kommunikation dient. Bei White findet man ebenfalls eine immer stärkere Konzentration auf Kommunikation. Wir hatten in Whites Werk zwei kommunikative Wenden ausgemacht. Die erste Wende vollzieht sich mit dem Story-Konzept und seiner Verbindung mit dem netzwerkanalytischen Konzept der Ties. Verbindungen können nur auf kommunikativer Basis identifiziert werden, weil erst in den Stories die Zurechnungsformen bestimmt werden, die dabei helfen eine soziale Beziehung zu identifizieren und diese Beziehungsformen zu differenzieren. Eine zweite kommunikative Wende wird durch die Einführung der Konzepte Netzwerkdomäne und Switching markiert. Mit dem Domänenbegriff wird der sprachliche Anteil der Netzwerkkonstitution nochmals verstärkt und mit dem Begriff Switching wird direkt auf die kommunikative Leistung des Kontextwechsels abgestellt. Im Begriff der Netzwerkdomäne gehen sprachlich-kulturelle und Beziehungsstrukturen eine direkte Verbindung ein und werden so als kommunikative Konstrukte sichtbar. Dies wird noch deutlicher, wenn Jan Fuhse die Bildung von Netzwerken auf der Basis von zahlreichen Systembildungen herleitet. Sicher sind die Schwerpunktsetzungen der drei Theorien unterschiedlich, aber dennoch bilden Kommunikationsprozesse das Fundament einer System/Netzwerk-Kombinatorik und sind damit vordringlicher Forschungsgegenstand soziologischer Gedächtnisanalysen.

(2) Das Verfahren der Kohärenzprüfung entstammt ebenfalls der Definition nach dem theoretischen Angebot der Systemtheorie. Kohärenzprüfung meint dabei eine Beobachtung von Ereignissen nach der Maßgabe von Variation und Redundanz. Redundanzen spiegeln den Wiederholungs- bzw. Wiedererkennungsaspekt der Erinnerung, während die Variation für den Neuigkeitswert steht, der sich nur auf der Basis von Vergessen bilden kann. Diese Beobachtung vollzieht sich auf der Grundlage einer Verwendung von Prüfschemata, die es erlauben, zwischen Redundanz und Variation, zwischen Erinnern und Vergessen zu unterscheiden. Für Konversationen, dass hatten wir bei Schneider gesehen, konnte man das Prüfschema des richtigen oder falschen Verstehens zur Kohärenzsicherung einsetzen. Allerdings bieten sich so vielfältige Möglichkeiten der Prüfung, dass man sie keinesfalls aufzählen könnte. Die zentralen Bestandteile des Konzepts sind Schemata, um zwischen Redundanz und Variation unterscheiden zu können, Kohärenzkriterien bezüglich Akzeptabilität von Variationen und schließlich ein Verfahren der stetigen Kontrolle der Kohärenz. Kohärenzprüfung ist dabei ein grundsätzlich offenes Verfahren. Wie ausgeprägt die Kohärenzkontrolle ausfällt, steht nicht von vornherein fest, sondern ist eine Frage des jeweils zu beobachtenden Prozesses. Immer muss allerdings irgendeine Form von Kohä-

renz gewahrt werden, da sonst die Prozesszurechnung schon nicht mehr erfolgreich vorgenommen werden kann. Kohärenz spielt auch bei White eine Rolle. Der zentrale Mechanismus der Identitätsbildung wird als „friction-and-matching-process" definiert und entspricht damit der Definition der Kohärenzprüfung. Friktion und Vergleich kann erfolgreich in eine Beobachtung nach Varietät und Redundanz übersetzt werden. Vergleichen kann man nur auf der Basis von Redundanzen, die sich auch über Friktionen hinweg stabilisieren lassen. Es sind genau diese Redundanzen, die wiederholte Zurechnungen erlauben und damit Identitäten erzeugen. Um diese weiter zu festigen, wird die Kohärenz dann semantisch bzw. kulturell stabilisiert, wenn sie durch Stories über die Friktionen hinweg in eine kohärente Einheit verwandelt wird. Hier stellt sich die soziale Welt dann wesentlich kohärenter dar, als es die Redundanzen über die Ereignisse hinweg eigentlich rechtfertigen würden. Dies spricht für unterschiedliche Kohärenzanforderungen auf dem Gebiet der Realisierung von Anschlüssen und bei der Ausbildung von klar bestimmten sozialen Identitäten. Auch bei Latours Theorie zur Stabilisierung von Netzwerken, ihrem Gewinn an Realität, spielt ihre Kohärenz eine Rolle. Kohärenz bedeutet hier, dass alle eingebundenen Aktanten ihre Rollen ausfüllen und ihre Leistungen erbringen. Je ausgeprägter die Kohärenz eines Netzwerks, desto eher kann es sich nach außen als eine Einheit, als ein einheitlicher Akteur präsentieren. Dennoch ist diese Einheitlichkeit wie Whites Identitäten einer stetigen Prüfung ausgesetzt, die wir im Anschluss an Luhmann als Kohärenzprüfung fassen können. Auch das Verfahren ist hier klar bestimmbar. Die Kohärenz von Zurechnungen wird ständig überprüft und solange sie erhalten bleibt, kann auch das Netzwerk reproduziert werden. Dazu werden bestimmte Schemata eingesetzt, die eine Beobachtung von Kohärenz erlauben, also zwischen Redundanz und Varietät in spezifischen Hinsichten zu unterscheiden erlauben. Forschungspragmatisch ist also eine erste Analysemethode um Gedächtnisprozesse zu identifizieren, nach dem kommunikativen Einsatz von Schemata zu fragen, die der Kohärenzsicherung oder Kohärenzfeststellung dienen.

(3) Die Beschäftigung mit der ANT hat uns jedoch gezeigt, dass dies allein nicht reichen kann, um aussagekräftig eine Gedächtnisform definieren zu können. Schon in der Systemtheorie fällt auf, welche Bedeutung nicht unmittelbar kommunikativen Leistungen zukommt. Vor allem den Medien und den sie hervorbringenden Technologien kommt hier eine zentrale Bedeutung zu, aber auch die Beteiligung des Bewusstseins sollte nicht unterschätzt werden. Doch hatten wir ebenso gesehen, dass die Systemtheorie große Schwierigkeiten hat an dieser Stelle ihre strikte Trennungsperspektive aufzugeben. Durch eine Kombination mit der ANT kann man erkennen, dass es hier um die Einbindung unterschiedlichster Aktanten geht, die der Kommunikation wichtige Leistungen zur Verfü-

gung stellen, wenn es gelingt sie in ein Netzwerk einzubinden. Zentral ist die Notwendigkeit von Übersetzungsprozessen bei diesem Einbindungs-vorgang. Alle eingebundenen Aktanten durchlaufen eine Transformation, wenn sie durch Kommunikation eingebunden werden. Die Einschreibung (Inskription) von Programmen der Kommunikation in Artefakte, den menschlichen Körper oder das Bewusstsein erfordert eine Übersetzung.[776] Dadurch wird einerseits ein Möglichkeitsraum für Kohärenzprüfungen geschaffen, die ohne bestimmte Unterstützungsleistungen nicht möglich wären und andererseits kann die Kommunikation auch entlastet werden, wenn bestimmte Kohärenzsicherungen der Kommunikation entzogen bleiben. Ihr Gedächtnis wird von expliziten Aufwendungen befreit und kann sich auf die Sicherungsleistungen von Dingen, Gehirnen, Räumen und Symbolen verlassen. Es kann sich dann mehr Vergessen leisten. Bei White finden wir eine direkte Thematisierung dieses Netzwerkes im Hintergrund oder Untergrund der Kommunikation nicht. Er merkt schlicht an, dass sich soziale Organisation in Auseinandersetzung mit der biophysikalischen Umwelt entwickelt. Sie ist mit materieller Produktion verbunden und wird durch diese angeregt, belastet diese jedoch zunehmend, wenn sie Zeit hat sich zu konsolidieren. Je stärker die soziale Einbindung, die Einbindung zur Kohärenzsicherung der Kommunikation, desto loser wird die Kopplung an die Anforderungen der materiellen Produktion. Auch hieran kann man die Problematik von Einbindung und Transformationsanforderungen unter-schiedlicher Netzwerke sehen. Will man also eine soziale Gedächtnisform bestimmen, muss man sich auch auf die Netzwerke einlassen, die im Hintergrund der Kommunikation bleiben und nur gelegentlich ins kommunikative Rampenlicht geraten, aber in der ursprünglichen Konstruktion des Netzwerks immer auch kommunikativ auffallen. So kann man durch den historischen Nachvollzug dieser Konstruktionen viel darüber lernen, wie sich die Kohärenzsicherung auf kommunikative Kohärenzprüfungen und Netzwerkleistungen verteilt. Soziologische Gedächtnisanalyse beinhaltet also immer auch eine Rekonstruktion von Netzwerken der Herstellung von Kohärenz, vor deren Hintergrund die Kohärenzprüfungen funktionieren.

(4) Wir hatten eben schon einen wichtigen Punkt angesprochen. Das Netzwerk muss kommunikativ konstruiert und in die Kommunikation eingewoben werden. Nur dann kann es Entlastungsfunktionen für die Kommunikation übernehmen. Doch wie kann eine solche Einbindung aussehen? Zum einen können sich Kohärenzsicherungsoperationen direkt auf Einbindungsphänomene beziehen. In allen drei Ansätzen sind Zurechnungsprozeduren von entscheidender Bedeutung. Gelingende wiederholbare Zurechnungen in kontingenten Ereignis-

---

[776] Und zwar den vollständigen Prozess vom Problematisierung, Interessement, Enrolment und Mobilisierung.

flüssen sind der Ausgangspunkt für Identitätsbildungen und diese wiederum können der Stützung der Kohärenz kommunikativer Prozesse dienen und zugleich auch Kriterien für Kohärenz liefern. Auf die Identitätsbildungen kommen wir als sechstem Punkt gleich noch ausführlicher zu sprechen. An dieser Stelle ist der Zurechnungsbegriff wichtiger. Auch die Kohärenz von Zurechnungen muss in der Kommunikation geprüft werden. Nur solange hier relativ eindeutige Möglichkeiten gegeben sind, kann man davon sprechen, dass es eine stabile Verbindung zwischen Netzwerk und Kommunikationsprozess gibt. Die beste Darstellung dieses Phänomens bieten wahrscheinlich die Begriffe soziale Matrix und soziales Epigramm bei Jürgen Markowitz. Hier greift die Kommunikation vermittelt über ein soziales Epigramm auf ein Netzwerk als stabil unterstellbarer Zurechnungspunkte zurück, die aus der jeweiligen Aufmerksamkeit der psychischen oder kommunikativen Prozesse geraten können, ohne die Möglichkeit des schnellen Rückgriffs auf sie zu verlieren. Auch in den Stories von White geht es um stabile Zurechnungsformen, mit deren Hilfe sich Beziehungen, Akteure und Ereignisse bestimmen lassen. Mit Stories liegen eben solche typisierten Epigramme vor, die es der Kommunikation sehr zügig erlauben eine soziale Matrix aufzubauen, ein Netzwerk mit festen Zurechnungspunkten, die in stabilen Verweilformen deponiert werden können, deren Gegebenheit einfach unterstellt werden kann. Eine Gedächtnisanalyse tut also gut daran auf die Evokation solcher Epigramme zu achten und die sozialen Matrizen zu untersuchen, die sich hinter ihnen verbergen. Zurechnungsprozeduren sind der Grundbaustein einer stabilen Verbindung von kommunikativen Kohärenzprüfungen und dem sie unterstützenden Netzwerken.

(5) Auf diesen Grundbausteinen kann man das Gedächtnis als eine Bewegung der Öffnung und Schließung beobachten. Bei Luhmann wird hier manchmal von der Oszillationsfunktion gesprochen.[777] Die stetige Transformation der Kontingenz von offener in geschlossene und zurück in offene Kontingenz spiegelt diesen Vorgang, kann jedoch nicht recht kenntlich machen, wie Öffnung und Schließung dabei zusammenhängen. Zunächst kann man diesen Vorgang an der Kohärenzprüfung selbst beobachten. Diese kann strengeren und weniger strengen Kohärenzanforderungen folgen. Darüber hinaus gibt es in der Kommunikation die Möglichkeit des Switchings, des Wechsels zwischen Kontexturen und damit zwischen Zonen der Kohärenz. Dies kann als eine stetige Möglichkeit der Öffnung, des Einbeziehens weiterer Kontexte und auch weiterer Aktanten im Sinne Latours, betrachtet werden. Man kann diese Momente der Öffnung nach ihrer Fristigkeit unterscheiden. Während es einerseits den momenthaften Wechsel von einer Prüfungsform zur nächsten gibt, die dann aber wieder genau be-

---

[777] Vgl. Luhmann 1997, S. 583.

stimmbaren Anforderungen unterliegt, ist die langfristige Einbindung weiterer
Aktanten wie Latour betont, mit einer Transformation des gesamten Netzwerks
verbunden. Einbindung ist deshalb weniger leicht zu realisieren als Switching
und doch bedarf auch schon der einfache Kontextwechsel häufig unterstützender
Mechanismen.[778] Einbindung erfordert demgegenüber die tatsächliche Öffnung
eines bestehenden Netzwerks und eine Ergänzung oder Änderung der nun möglichen Kohärenzprüfungen. Im Wechselspiel von Öffnung und Schließung kann
man die Änderungen von Gedächtnisformen analysieren. Tritt etwas in der Kontextur hinzu, werden neue Vermittlungen und Übersetzungen notwendig und das
soziale Gedächtnis verändert sich. Wird die Kontextur nur gewechselt, muss sie
dennoch prozessual mit der vorherigen verbunden werden. Dies kann durch
bestimmte Einbindungen deutlich erleichtert werden. Doch auch die Wechsel
und Einbindungen müssen mit den bestehenden Kohärenzprüfungen abgestimmt
werden, um erfolgreich zu sein. Die bestehende Gedächtnisform muss Öffnungs-
potentiale bereithalten und auch diese gilt es bei einer soziologischen Gedächtnisanalyse zu erforschen.

(6) Was Gedächtnisprozesse bei diesem ständigen Öffnen und Schließen erzeugen, sind Identitäten. In Identitäten werden Verbindungen zu Trennungen und
diese Trennungen wiederum zur Grundlage neuer Verbindungen. Dies hatten wir
insbesondere bei Fuhses Verknüpfung von White und Luhmann im Mechanismus eines wechselseitigen Steigerungszusammenhangs zwischen System- und
Netzwerkbildung gesehen. Luhmann selbst steht dem Identitätsbegriff eher kritisch gegenüber und betont vor allem die Fundierung von Identität in der Differenz.[779] In der Differenz von Identität und Differenz hat eine differenzorientierte
Betrachtung den Vorrang, denn nur über Differenzen können Identitäten entstehen. Obwohl Identität bei White als fundierender Begriff verwendet wird, ist sein
Verständnis von Identität dem von Luhmann durchaus sehr ähnlich. Auch bei
White bilden sich Identitäten als Folge von Unterschieden. Dies ist schon innerhalb einer einzelnen Disziplin der Fall, wenn die gegenseitige Kontrolle in „social faces" resultiert, die auf den unterschiedlichen Positionen innerhalb der Disziplin beruhen. Aber mehr noch bei den Identitäten, die sich aufgrund der Friktionen zwischen den Einbindungen in unterschiedlichen Disziplinen ergeben. Hier
sind es unmittelbar die Abweichungen, die produzierten Differenzen, die sich
durch Kondensation und Konfirmationen an einem Zurechnungspunkt anreichern
und Identitäten erzeugen. Auch wenn Latour den Identitätsbegriff nicht verwendet, entwickelt auch er eine Vorstellung von Einheitlichkeit. Einheitlichkeit ge-

---

[778] Wir hatten gesehen das White und Mische hier den Öffentlichkeitsbegriff anwenden, um Kontextwechsel zu erleichtern. Vgl. White & Mische 1998.
[779] Vgl. Luhmann 1990b.

winnt ein Netzwerk durch Unsichtbarmachung der inneren Differenzen, die es tragen. Gleichzeitig ist es aber nicht nur die Präsentation nach außen, sondern auch der Anschluss von außen auf den sich Einheitlichkeit gründen lässt. Blackboxing ist damit der Ausgangspunkt zur Identitätsbildung in der ANT. Identitäten verschließen also die Differenzen in sich, auf denen sie basieren und werden so zu Trägern von Kohärenz. Wie White und Latour betonen, wird diese dann auch durch Blackboxing und die Produktion von kohärenten Geschichten noch künstlich erhöht. Da der Identitätsbildungsprozess in dieser Hinsicht kumulativ ist, können sich Identitäten immer höherer Ordnung bilden, die erst auf der Grundlage von schon bestehenden komplexen Netzen, die sich jedoch als Einheiten präsentieren, zu neuen Identitäten formieren. Die Identitätsproduktion lässt sich als direkte Schnittstelle zwischen System und Netzwerk lesen, die beschreiben kann, wie aus Netzwerken kohärente geschlossene Einheiten werden. Identitäten sind zentrales Produkt von Gedächtnisprozessen, die es erlauben, komplexe Kohärenzformen in Hintergrund der Kommunikation mitzuführen. In Prozessen der Identitätsbildung kann man soziales Gedächtnis bei der Arbeit beobachten und sehen, wie eigene Resultate zum Ausgangspunkt für weiteres Prozessieren werden und dabei einen entscheidenden Beitrag zur Trennung und Verbindung von Ebenen, Zeiten und Orten leisten. Eine Gedächtnisanalyse muss sich also auch mit den Produkten von Gedächtnis beschäftigen und daran zeigen, welche Trennungen und Verbindungen auf der Basis von Kohärenzprüfungen und ihnen unterlegten Netzwerken möglich sind.

Die daraus ableitbare Heuristik für soziologische Gedächtnisanalysen umfasst also die folgenden Schwerpunkte:

1. **Beobachtung und Analyse relevanter Kommunikationsprozesse**

2. **Herausarbeiten der Kohärenzprüfungsschemata**

3. **Analyse der kommunikativen Zurechnungsprozeduren**

4. **darauf aufbauende Analyse des Netzwerks und der eingebundenen Aktanten**

5. **Darstellung der dadurch bedingten Trennungen und Verbindungen**

6. **und schließlich die Identifikation der stabilisierten Zurechnungseinheiten (Identitäten)**

Daran anknüpfend, sind es vor allem zwei Forschungsrichtungen, mit denen an der hier vorgelegten Heuristik zur Analyse sozialer Gedächtnisprozesse weiter gearbeitet werden kann. Es geht dabei um die weitere Operationalisierung der theoretischen Ergebnisse und um die Ausrichtung künftiger Forschungen zu sozialen Gedächtnisformen. Zwei Operationalisierungsgebiete scheinen dabei besonders interessant und weiterführend. Zum einen können im Anschluss an die Ausführungen zur Gedächtnisproblematik der neuen Medien in der Einleitung gedächtnisspezifische Konstellationen (1) untersucht werden. Die Analyse müsste sich dann auf die Einbindung dieser Gedächtnisform in unterschiedliche Konturen und die Ausgestaltung der Verdichtungsvorgänge einlassen und dabei vor allem die Charakteristiken der beteiligten Medien und die Verwendungsweisen der entscheidenden Technologien berücksichtigen.

Zum anderen ist die Analyse funktional spezifizierter Gedächtnisräume (2) eine lohnende Forschungsperspektive. Hier geht es vor allem darum, auszuarbeiten worauf die grundlegenden Kohärenzprüfungen aufbauen und mit welchen Konturen sie, bei welchen Gelegenheiten, d.h. in welchen Situationen und mittels welcher Praxen, zu vermitteln sind. Auch hier muss das kohärenzsichernde Netzwerk berücksichtigt werden, doch kann man sich nicht auf eine klar bestimmte technisch-mediale Konstellation verlassen, sondern muss jeweils nachzeichnen, welche Medien und Technologien eine Rolle spielen. Dafür ist hier eine grundlegende Abgrenzung gegeben. Die Kohärenzprüfungen bleiben auf diese Grenzsicherung bezogen und lassen sich davon nicht trennen. Hier sind besonders die Vermittlungen sehr interessant, die trotzdem die Einbeziehung weiterer Kontexte ermöglichen. Wir werden diese beiden Möglichkeiten nun noch etwas ausführlicher diskutieren.

(1) Jedes Kommunikationsmedium schafft typische Probleme für die Kommunikation, vor allem auch Probleme der Gedächtnisbildung. Diese spezifischen Problemlagen ziehen unterschiedliche Lösungsversuche nach sich, die sich häufig in bestimmten Kommunikationstechnologien manifestieren. Eine gedächtnisspezifische Konstellation zeichnet sich dadurch aus, dass ein medienbezogenes Problem der Kohärenzsicherung fokussiert wird. Die Form ist auf die eingegrenzte Problematik bezogen und muss sich an ihr bewähren. Die Gedächtnisanalyse startet also mit dem Medium und beobachtet die Kommunikationsprozesse, die in diesem Medium vollzogen werden. Dabei stellen sich ganz spezifische Probleme der Kohärenzsicherung und in der Kommunikation entwickeln sich Einrichtungen, die auf diese Probleme eingestellt sind und sie zu bearbeiten versuchen. Diese Einrichtungen können sich auch in der Form von Artefakten, meist Technologien niederschlagen. Die Untersuchung von Gedächtniskonstellationen bietet damit die wohl beste Chance, sich den gesellschaftsdiagnostischen Thesen zu den neuen Medien auf eine differenzierte Weise zu nähern.

Dadurch werden bestimmte Zurechnungen ermöglicht, die es erlauben kohärente Netzwerke aufzubauen, in denen die betreffenden Technologien eine zentrale Rolle einnehmen. Verbreitungsmedien können in die unterschiedlichsten sozialen Kontexturen eingebunden werden und deshalb muss man jeweils unterschiedliche Einbindungen der spezifizierten Gedächtnisformen in verschiedene Netzwerke untersuchen. In jedem dieser Netzwerke kann sich das Kohärenzsicherungsangebot unterschiedlich auswirken. Trotzdem kann man von gedächtnisspezischen Konstellationen sprechen, weil jeweils ein Träger von Gedächtnisleistungen bestimmt werden kann, der die Kohärenzprüfungen anleitet. Die Konstellationen sind also insofern gedächtnisspezifisch als eine bestimmte Lösung des Problems der Unterscheidung von Erinnern und Vergessen im Vordergrund steht, die eine enge Bindung zu einem Verbreitungsmedium unterhält. Suchmaschinen sind in dieser Lesart zum Beispiel eine spezifische Problemlösung, die sich auf das Medium der Digitalität und das Netzmedium bezieht und dort eine Orientierung in einem überbordenden Informationsangebot bietet, weil sie es erlaubt, die netzgemäßen Wege zu den interessierenden Seiten zu erinnern.

Von Konstellationen zu reden ist sinnvoll vor dem Hintergrund, dass sich die jeweilige Gedächtnisform nur für einige Netzwerke und Kommunikationsprozesse anbietet und für andere nicht. Des Weiteren muss man in einer gedächtnisspezifischen Konstellation davon ausgehen, dass die hier ablaufenden Prozesse stark von der Gedächtnisform geprägt werden, sie leisten entscheidende Transformationen und die Konstellation ist nur zu verstehen, wenn man die Funktionsweise dieser Gedächtnisform entschlüsselt hat. Dennoch werden die sozialen Identitäten häufig nicht allein durch die medienspezifische Gedächtnisform bestimmt, da sich in den Identitäten immer verschiedene Kontexte und auch Konstellationen überlagern. Dennoch ist es wichtig zu berücksichtigen, welche Identitätserweiterungen in diesen Konstellationen möglich werden. Die Analyse richtet sich also auf gedächtnisbezogene Probleme von Verbreitungsmedien, bestimmt eine spezifische darauf bezogene Lösung, und beschreibt dann, welche Kohärenzprüfungen und Netzwerke der Zurechnung sich auf dieser Basis etablieren lassen und wie sie mit anderen Netzwerken vermittelt werden bzw. von diesen eingebunden werden. Daraus lässt sich dann etwas rekonstruieren, was hier als gedächtnisspezifische Konstellation bezeichnet wird. Gedächtnisspezifische Konstellationen stellen die Heuristik also vor allem auf die Rolle bestimmter Aktanten und Mediatoren im Netzwerk scharf.

(2) Anders sieht es aus, wenn man sich mit dem funktional spezifizierten Bereichen der Kommunikation beschäftigt, seien dies Systeme, Netdoms oder Kontexturen. Wir sprechen hier von funktional spezifizierten Gedächtnisräumen. Hier steht nicht eine einzelne Lösung für ein einzelnes medienbezogenes Gedächtnisproblem im Vordergrund. Vielmehr muss man sich fragen, wie sich die

funktionale Abgrenzung kohärent durchführen lässt und welche Vermittlungs-
formen dafür realisiert werden müssen. Es steht das Grenzproblem im Vordergrund und gleichzeitig eröffnet sich damit ein Raum in dem unterschiedliche
Medien genutzt werden und sich weitere Kohärenzanforderungen ausdifferenzieren können. Es macht deshalb Sinn von Gedächtnisräumen oder Gedächtnisfel-
dern zu sprechen, weil sie eine große innere Unterschiedlichkeit ausbilden können, die aber durch die Kohärenzanforderungen der Grenzziehung und Grenzerhaltung wesentlich bestimmt sind.

Ein Gedächtnisraum soll also einen abgrenzbaren Bereich auszeichnen, in
dem sich eigenständige Kohärenzanforderungen und Prüfverfahren ausbilden,
die auf dieser funktionalen Grenzstabilisierung aufbauen. Durch diese Grenze
wird es möglich sich genauer anzusehen welche Verfahren zum Einsatz kommen
und wie die Verdichtungsresultate aussehen. Ebenso kann man sehen, welche
Netzwerke entstehen, welche Identitäten dabei erzeugt werden und wie auf diese
zugerechnet und zugegriffen werden kann. Der Gedächtnisraum muss dabei
keineswegs dem gesamten Funktionssystem entsprechen. Schon der Kontextur-
oder Netdom-Begriff ist deutlich beschränkter zugeschnitten und viel spricht
dafür, dass man die funktionale Abgrenzung des Gedächtnisraums zwar zu berücksichtigen hat, aber trotzdem einen eingeschränkteren Fokus anwenden muss.
So kann sich ein wissenschaftlich spezifizierter Gedächtnisraum auch auf der
Ebene eines Labors beschreiben lassen oder aber für eine ganze wissenschaftliche Disziplin. Hierfür muss man sich sicherlich des Steigerungszusammenhangs
von Systembildung – Netzwerkbildung – Identitätsbildung – Systembildung
bedienen. Der Gedächtnisraum baut auf der Kohärenz der funktionalen Grenze
auf und definiert diese denn jeweils genauer im vorgegebenen Raum.

Darüber hinaus muss allerdings auch das Verbindungsproblem beachtet
werden. So kann man das Labor als wissenschaftlich spezifizierten Gedächtnisraum beschreiben. Doch zugleich ist das Labor auch organisational spezifiziert,
es finden Interaktionen statt und es kommen auch fremde funktionale Anforderungen hinzu. Das Labor muss also auch ständig zwischen unterschiedlichen
Kohärenzanforderungen vermitteln, doch es tut dies als ein wissenschaftlich
spezifizierter Gedächtnisraum. Funktional spezifiziert könnte man so auch als
Zurechnung zu einer funktionalen Primärkontextur definieren. Funktional spezifizierte Gedächtnisräume stellen innerhalb unserer Heuristik also auf die Kohärenzkriterien scharf, die sich in einem bestimmten Netzwerk entwickeln.

5.2 System/Netzwerk und/oder Praxis?

Nun ist abschließend noch einmal auf die theoretische Auseinandersetzung mit den Praxistheorien einzugehen, denn an den vorigen Zusammenfassungen dürfte schon deutlich geworden sein, dass wir uns durch die Kombination von System- und Netzwerktheorien wieder auf die Theorien der Praxis zu bewegt haben. Fasst man die praxistheoretische Lesart von sozialem Gedächtnis vom Beginn des dritten Kapitels nochmals zusammen, stellt sich Gedächtnis als in öffentlichen Praktiken ausgedrückte kollektive Wissensordnung dar, die sich gleichermaßen in menschliche Körper und Artefakte einschreibt. Die Öffentlichkeit ist dabei Grundlage für Kollektivität und Einschreibung. Der hier verfolgte Ansatz stimmt damit weitgehend überein, muss aber auf der Klärung einiger Begriffe bestehen. Dies sind die Begriffe Öffentlichkeit, Kollektiv und Einschreibung.

Öffentlichkeit taucht auch bei White auf, jedoch in einer spezifischeren Bedeutung als Einrichtung zur Erleichterung des Kontextwechsels. Praxistheoretisch ist damit eher Beobachtbarkeit gemeint und hier trifft sich die Praxistheorie mit der System/Netzwerk-Perspektive. Beobachtbarkeit ist ein Grunderfordernis von Gedächtnis. Ereignisse müssen beobachtet werden mit einem Schema, das erlaubt zu erkennen, ob kohärente Anschlüsse erfolgen. Ein solches kohärentes Anschlussgeschehen kann dann als Praxis vereinheitlicht betrachtet werden. Dennoch gibt es einen graduellen Unterschied zwischen Beobachtbarkeit und Öffentlichkeit, der mit der implizierten Reichweite zusammenhängt. Öffentlichkeit impliziert tendenziell eine größere Reichweite, Beobachtbarkeit für eine Mehrzahl, prinzipiell für alle. Der Beobachtungsbegriff ist schmaler gebaut, eine einzelne Beobachtung ist denkbar und auch sie muss ihren Anschluss, ihre Referenzen organisieren und realisiert damit Gedächtnis. Aber dieser Unterschied ist gegenüber den Folgenden von geringerer Bedeutung, denn auch die einfachen Beobachtungen unter dem Gesichtspunkt der Kohärenz kumulieren und können ihre Reichweite ebenfalls bis zum Fall von öffentlicher Beobachtung ausdehnen.

Problematischer ist der Kollektivbegriff. Auch Latour spricht von Kollektiven, die er aber synonym zum Akteur-Netzwerk-Begriff benutzt, um den Gesellschaftsbegriff zu vermeiden, der streng von Technik und Natur unterschieden werden kann. Luhmann wendet sich explizit gegen den Kollektivbegriff im Hinblick auf soziale Gedächtnisphänomene[780] und hier stimme ich insoweit mit ihm überein, dass kollektiv nicht synonym mit intersubjektiv, als Gleichförmigkeit innerhalb der Bewusstseinssysteme, verstanden werden sollte. Es geht nicht primär um Gleichförmigkeit, sondern es geht um Stabilisierung und Kohärenz.

---

[780] Vgl. Luhmann 1997, S. 583.

Die kann durch Gleichförmigkeit ebenso erreicht werden, wie mit Materialisierungen, durch schlichte Nachahmung oder durch Übersetzungsleistungen. Kohärenz muss immer wieder hergestellt werden, sie ist eine stets neu zu erbringende Leistung und kann nicht im Begriff kollektiver Wissensordnungen vorweggenommen werden. Sicher gibt es Unterstützung für den Kohärenzaufbau und die Kohärenzsicherung kann auf Nicht-Kommunikatives übertragen werden, aber auch damit wird Kohärenz nicht zu einen Kollektivphänomen. Damit wird nicht bestritten, dass es geteiltes Wissen gibt, also Dinge, die viele Personen in gleicher Form wissen. Es wird nur bestritten, dass sich kommunikative Kohärenzprüfungen darauf verlassen bzw. sich davon abhängig machen können. Wo Praxistheorien eine durch die Kollektivität der Wissensordnung prästabilierte gleichförmige Beobachtung sehen, sieht der System/Netzwerk-Ansatz eine stetige Ordnungsschöpfung, die immer nach Stabilisierung sucht und dafür mannigfaltige Kohärenzprüfungen vollführt. In wie weit gleichförmige Schemata dafür eingesetzt werden können, ist abhängig vom Status der gegenwärtigen Stabilisierung. Man kann Gedächtnis nicht ausschließlich als Ergebnis der Stabilisierung ansehen, wie im Begriff der kollektiven Wissensordnung, sondern man muss Gedächtnis als einen Prozess der Stabilisierung begreifen. Erst wenn man diese beiden Seiten zusammen sieht, kann man eine vollständige Analyse einer Gedächtnisform anbieten. Verdichtungsresultate gehören ebenso zur Gedächtnisform wie die Verdichtungsprozesse, die sie produzieren.[781] Eine Umstellung von Kollektiv auf Kohärenz macht dies eher deutlich.

Schließlich müssen wir auch auf den Einschreibungsbegriff der Praxistheorien eingehen, der ebenfalls bei Latour eine explizite Rolle spielt. Unsere Kritik war schon zu Beginn des dritten Kapitels, dass der praxistheoretischen Rede von der Einschreibung ein Problembewusstsein für die Schwierigkeiten dieses Prozesses abgeht. Obwohl bestimmte Probleme der Vermittlung von Sozialem und Individuellen durchaus angesprochen werden, beispielsweise der Hysteresis-Effekt, bleibt jedoch eine grundsätzliche Problematisierung aus. Anders bei Latour, bei dem Einschreibung immer auf einen Übersetzungsprozess zurückzuführen ist und damit auf eine Konstruktionsleistung, die aufwendig herzustellen ist. Der Zeitaufwand den solche Konstruktionen erfordern und der mögliche Widerstand, der ihnen entgegen gebracht wird, können Hysteresis-Effekte ebenso erklären wie andere Formen des Abschlusses gegen Einschreibungsversuche.

---

[781] Ganz ähnlich auch die Sichtweise Hartmut Winklers in seiner medientheoretischen Variante einer Gedächtnistheorie, die explizit auf den Verdichtungsbegriff setzt. Dabei bestimmt er Gedächtnis als das Umschlagen von Prozess in Struktur und umgekehrt von Struktur in Prozess. Verdichtung wird hier als Verhältnis von Praxis und Monument bestimmt, als Verhältnis von Resultat und Hervorbringung. Dies kann auch als eine praxistheoretische Annäherung an das hier entworfene Gedächtniskonzept gelesen werden. Vgl. Winkler 1997, S. 131ff und 2004, S. 110ff.

Dabei wird die Vermittlung jedoch nicht völlig negiert, wie man es manchmal der Systemtheorie zum Vorwurf macht, sondern nur auf einer grundlegenden Ebene problematisiert. Durch die Verbindung von System- und Netzwerkperspektive wird diese Problematisierung sogar noch verstärkt. Einschreibungen sind unterschiedlich wahrscheinlich und manchmal auch extrem unwahrscheinlich. Operative Schließungen machen Einschreibungen extrem aufwendig, da die Form der Einschreibung immer auf die Eigenlogik des Systems Rücksicht nehmen muss. Vermittlung zwischen Prozessen auf unterschiedlichen Ebenen oder zwischen Prozessen und Entitäten die verschiedenen inneren Logiken folgen, wird damit als sehr aufwendige und auch anfällige Konstruktion sichtbar, die immer wieder neu stabilisiert werden muss. Einschreibung ist also viel eher eine Problemformel für Gedächtnis als eine Lösung. Die wichtigste Frage für eine Gedächtnistheorie ist immer in welchen Formen Inskription gelingen kann und wie sie in anderen Fällen verhindert wird. Genau dies ist die Vermittlung von Trennen und Verbinden mit der sich eine soziologische Gedächtnistheorie immer wieder auseinanderzusetzen hat.

Damit haben wir noch mal die entscheidenden Unterschiede gegenüber den Praxistheorien hervorgehoben. Aus Sicht der System/Netzwerk-Perspektive geht es bei der Analyse von Gedächtnisformen eher um Beobachtung als um Öffentlichkeit, eher um stetige Kohärenzprüfung und -sicherung als um kollektive (also geteilte) Wissensordnungen und eher um aufwendige Konstruktionen von Verbindungen als um eine einfache und direkte Einschreibung des Sozialen in Körper, Bewusstseinssysteme und Artefakte. Dennoch gibt es einen Platz für den Praxisbegriff auch innerhalb dieser Perspektive und Möglichkeiten einer praxistheoretischen Erweiterung und Ergänzung der hier ausgearbeiteten Theorie.

Den Platz für einen Begriff der Praxis hatten wir im Anschluss an Armin Nassehi schon angesprochen.[782] Ähnlich dem Situationsbegriff fokussiert der Praxisbegriff auf die erfolgenden Vermittlungen zwischen unterschiedlichen Kontexturen oder Netdoms. Allerdings geschieht dies weniger mit einem Blick auf die Vermittlung innerhalb des Rahmens selbst, sondern vielmehr mit Blick auf die tatsächliche praktische Vermittlung, die im ablaufenden Prozess erbracht wird. Praxen, so könnte man formulieren, sind sich wiederholende Ablaufmuster von Kommunikationsprozesse, in denen verschiedene Kontexturen je gegenwärtig miteinander vermittelt werden. Situationen sind eher typisierende Rahmen in denen eine solche Vermittlung erfolgt. Häufig kann man Situationen und Praxen zusammen typisieren und so Ablauflogiken und Rahmungen verbinden. Die Situation leistet Vermittlungen, das hatten wir bei Markowitz gesehen, indem sie die geschehensrelative Realität darstellt, mit all den Kontexturen und Beteiligun-

---

[782] Vgl. Kapitel 4, S. 298ff und Nassehi 2006.

gen, die dazugehören. Eine Praxis bezieht sich direkt auf den Ablauf einer solchen Situation bzw. ist mit den Möglichkeiten der Entwicklung von Situationen beschäftigt. Die Praxis ist also nicht geschehens-relative Realität[783], sondern realitätsrelatives Geschehen. Innerhalb der hier entwickelten Perspektive auf soziale Gedächtnisformen sind Praxen also als kommunikative Geschehenskomplexe zu beschreiben, die Ablaufschemata für Kommunikationsprozesse darstellen, an denen sich Kohärenzprüfungen orientieren können, ohne gleich eine spezifische Kontextur dafür verabsolutieren zu müssen. Am Praxisbegriff sind aber gleichzeitig der Wiederholbarkeitsaspekt und der Variationsaspekt interessant. Ähnlich wie Situationen sind Praxen Verdichtungen, die aus Überlappungen von unterschiedlichen Ereignissequenzen gewonnen werden. Dadurch bekommen sie Orientierungswert für Kohärenzprüfungen aber keinen Determinationswert für Abläufe. Praxen können in diesem Sinne, ähnlich wie die sozialen Epigramme den Zugriff auf soziale Matrizen ermöglichen, also den Zugriff auf Abläufe begrifflich fassen, in dem sie eine verdichtete Darstellung von Abläufen sind, die praktisch funktionieren. So könnte der Praxisbegriff in die System/Netzwerk-Perspektive auf das soziale Gedächtnis integriert werden. So gesehen steht der Praxisbegriff dem Stilbegriff bei White nahe, der auch eine Mehrzahl von Geschichten, Ablaufplänen und dabei vorkommende Kontrollversuche als eine Art Umschlag umhüllt und deshalb eine gewisse Flexibilität und Wiedererkennbarkeit zugleich erreicht.

Der praxistheoretische Erweiterungsbedarf des System/Netzwerk-Ansatzes liegt auf der Ebene des Latenzproblems. Unsichtbarkeit von relevanten Kohärenzträgern ist für eine kommunikationstheoretische Forschung problematisch. In der hier vorgestellten Heuristik für eine soziologische Analyse von Gedächtnisformen kann man dieses Problem zwischen den Punkten drei und vier des Programms lokalisieren. Geht man von den Zurechnungsprozessen aus, um das Netzwerk der Aktanten zu rekonstruieren, auf deren Kohärenzsicherungsleistungen der Kommunikationsprozess angewiesen ist, wird es schwer diejenigen Kohärenzsicherer zu markieren, auf die die interessierenden Prozesse eben nicht zurechnen. Wir hatten diesen Aspekt der Tiefenstruktur angesprochen und auch die Möglichkeit genannt, die Netzwerkbildungsphase einer Gedächtnisform mit einzubeziehen, um diese später unsichtbaren Leistungen zurechnen zu können. Die Praxistheorien bieten hier noch eine andere Möglichkeit an. Wir hatten die praxistheoretische Perspektive mehrfach dafür kritisiert, dass sie die Schwierigkeiten des Verbindens nicht ausreichend berücksichtigen würde. Doch durch eine Fokussierung des aufwendigen Konstruktionsprozesses von Verbindungen in vielfachen Übersetzungsprozessen ist eine Möglichkeit aus dem Blick geraten,

---

[783] Vgl. Kranz 2007, S. 78.

aus der die Praxistheorien ihre Leichtigkeit der Einschreibung ableiten. Bei
Bourdieu hatten wir einen deutlichen Schwerpunkt auf dieser Unmerklichkeit der
Bildung des Habitus beobachten können. Der Übersetzungsvorgang ist, bezieht
man alles mit ein, immer noch ein aufwendiger und langwieriger, auch störanfäl-
liger Vorgang, aber er vollzieht sich dennoch gleichsam unmerklich. Noch dazu
wird seine Herstellung mehr oder weniger vergessen. Niemand kann sich an die
Ereignisse erinnern, die zu einem bestimmten Geschmack oder einem bestimmten gewohnheitsmäßigem Verhalten geführt haben, weil dies eben ein Kumulati-
onseffekt ist. Der Vorgang der Habitusbildung ist unmerklich, weil jedes einzelne Ereignis nur marginal zu seiner Produktion beiträgt. Hier kann nur das Resultat reproduziert werden und nicht seine Entstehung. Diese Unmerklichkeit trägt
auch zur Verschleierung bei. Es existieren keine Zurechnungsprozeduren oder
nur stark vereinfachte Zurechnungen wie die Klassenposition. Deshalb wird die
Produktion dieser Strukturen, dieser Verdichtungen so häufig unsichtbar, verschwindet in einer Blackbox, die man dann mit zusätzlichen Kohärenzsicherungen in der Form von Erzählungen als Identität ausweist. Wie sich solche sozialen
Kumulationseffekte anreichern ist prozessual noch nicht ausreichend verstanden,
dennoch ist Kumulation offensichtlich eine bedeutende Gedächtnisform. Eine
praxistheoretische Ergänzung der System- / Netzwerk-Perspektive scheint hier
ein aussichtsreiches Unterfangen, um auch dem Latenzproblem näher zu kommen. Allerdings enthalten die Theorien von Latour und White, ebenso wie die
system-theoretischen Überlegungen Nassehis schon eine Reihe praxistheoretischer Elemente, so dass man genau abwägen muss, an welchen Stellen der Ergänzungsbedarf tatsächlich nötig ist. Dies bleibt jedoch ein Desiderat der hier
vorgeführten Überlegungen und würde eine eigenständige Untersuchung notwendig machen. Die theoretische Folgeforschung muss sich hier um die Erkundung von Anschlussfähigkeiten bemühen. Gerade auch am Beispiel der Suchmaschinen hatten wir die Virulenz der Latenzproblematik beobachten können, die
nur zum Teil auf das Blackboxing der technologischen Tiefenstruktur zurückgeführt werden kann. Die Unmerklichkeit kumulativer Effekte ist eine andere Dimension, die hier weiterführende Einsichten liefern kann.

Diese praxistheoretischen Ergänzungen können zusammen mit den beiden
weiter oben entwickelten Forschungsperspektiven zu einer weiteren Ausarbeitung der hier entwickelten Theorie und Forschungsheuristik genutzt werden, da
sie theoretische Erweiterungen und klare Abgrenzungsmöglichkeiten bieten, um
bestimmte Gedächtnisformen in den Blick zu nehmen oder klar begrenzte Gedächtnisräume zu beschreiben. In beiden Fällen funktioniert der hier vorgestellte
Ansatz einer Kombination von Kohärenzprüfungen in Kommunikationsprozessen und einem Netzwerk von Aktanten, dass diese Prüfungsverfahren ermöglicht
und gleichzeitig die Kommunikation entlastet, indem es andere Formen der Ko-

härenzsicherungen anbietet. Die Kombination von System und Netzwerk ermöglicht eine Beschreibung von Gedächtnis als Resultat und Prozess, als stetiges Trennen und Verbinden zwischen unterschiedlichen Kontexturen und ihren jeweiligen Kohärenzanforderungen. Die Gedächtnisanalyse bietet genau deshalb eine interessante und ausbaufähige Perspektive für die soziologische Forschung.

Genauer fassen lässt sich diese Perspektive durch die hier vorgestellte Heuristik für Gedächtnisanalysen und die daran anschließenden Forschungsschwerpunkte, der Untersuchung des Einwirkens neuer Aktanten in gedächtnisrelevanten Konstellationen und des Zusammenhangs von Grenzziehung und Gedächtnis in funktional spezifizierten Räumen ausdifferenzierter Formen von Kohärenz und ihrer praktischen oder situativen Vermittlung mit anderen Kohärenzanforderungen.

6 Literatur

Alexander, Jeffrey C., Bernhard Giesen, Richard Münch & Neil J. Smelser (Hrsg.) (1987): The Micro-Macro Link. Berkeley: The University of California Press.

Archer, Margaret (1988): Culture and Agency. The Place of Culture in Social Theory. Cambridge: Cambridge University Press.

Argyle, Michael (1975): Bodily Communication. New York: International University Press.

Assmann, Aleida (1999): Erinnerungsräume. Formen und Wandlungen des kulturellen Gedächtnisses. München: C.H. Beck.

Assmann, Aleida & Jan Assmann (1994): Das Gestern im Heute. Medien und soziales Gedächtnis. In: Klaus Merten, Siegfried J. Schmidt & Siegfried Weischenberg (Hrsg.): Die Wirklichkeit der Medien. Opladen: Westdeutscher Verlag, S. 114-140.

Assmann, Jan (1988): Kollektives Gedächtnis und kulturelle Identität. In: Jan Assmann & Thomas Hölscher (Hrsg.): Kultur und Gedächtnis. Frankfurt am Main: Suhrkamp, S. 9-19.

Assmann, Jan (1999): Das kulturelle Gedächtnis. Schrift, Erinnerung und politische Identität in den frühen Hochkulturen. 5. Aufl. München: C.H. Beck .

Assmann, Jan (2002a): Nachwort. In: Elena Esposito: Soziales Vergessen. Formen und Medien des Gedächtnisses der Gesellschaft. Frankfurt am Main: Suhrkamp, S. 400-414.

Assmann, Jan (2002b): Das kulturelle Gedächtnis. In: Erwägen, Wissen, Ethik, 13, S. 239-247 und 273-278.

Azarian, G. Reza (2000): The Basic Framework in the General Sociology of Harrison C. White. University of Stockholm, Department of Sociology. (Online-Dokument). URL: http://www.mot.chalmers.se/dept/idy/home/azarian.pdf

Azarian, G. Reza (2005): The General Sociology of Harrison C. White. Houndmills: Palgrave MacMillan.

Baecker, Dirk (1989): Information und Risiko in der Marktwirtschaft. Frankfurt am Main: Suhrkamp.

Baecker, Dirk (Hrsg.) (1993a): Kalkül der Form. Frankfurt am Main: Suhrkamp.

Baecker, Dirk (Hrsg.) (1993b): Probleme der Form. Frankfurt am Main: Suhrkamp.

Baecker, Dirk (2007): Studien zur nächsten Gesellschaft. Frankfurt am Main: Suhrkamp.

Bales, Robert Freed (1970): Personality and Interpersonal Behavior. New York: Holt-Rinehart-Winston.

Barnes, Barry (2001): Practice as Collective Action. In: Theodore Schatzki, Karin Knorr-Cetina & Eike von Savigny (Hrsg.): The Practice Turn in Contemporary Theory, London: Routledge, S. 17-28.

Bateson, Gregory (1985): Ökologie des Geistes. Anthropologische, psychologische, biologische und epistemologische Perspektiven. Frankfurt am Main: Suhrkamp.

Bellinger, Andréa & David J. Krieger (2006): Einführung in die Akteur-Netzwerk-Theorie. In: Andréa Bellinger & David J. Krieger (Hrsg.): ANThology. Ein einführendes Handbuch zur Akteur-Netzwerk-Theorie. Bielefeld: Transcript, S. 13-50.

Berger, Peter L. & Thomas Luckmann (1977): Die gesellschaftliche Konstruktion der Wirklichkeit. Eine Theorie der Wissenssoziologie. Frankfurt am Main: Fischer Verlag.

Bergson, Henri (1919): Materie und Gedächtnis. Eine Abhandlung über die Beziehung zwischen Körper und Geist. Jena: Eugen Diederichs.

Blackmore, Susan (1999): The Meme Machine. Oxford: Oxford University Press.

Bloch, Ernst (1973): Erbschaft dieser Zeit. Frankfurt am Main: Suhrkamp.

Bloor, David (1991): Knowlegde and Social Imagery. Chicago: Chicago University Press.

Boorman, Scott & Harrison C. White (1976): Social Structure from Multiple Networks: Part II, Role Interlock. In: American Journal of Sociology, 81, S. 1384-1446.

Bohn, Cornelia (2005): Eine Welt-Gesellschaft. Operative Gesellschaftskonzepte in den Sozialtheorien Luhmanns und Bourdieus. In: Catherine Colliot-Thélène, Etienne Francois & Gunter Gebauer (Hrsg.): Pierre Bourdieu: Deutsch-französische Perspektiven. Frankfurt am Main: Suhrkamp, S. 43-78.

Bohnsack, Ralf (2007): Typenbildung, Generalisierung und komparative Analyse. Grundprinzipien der dokumentarischen Methode. In: Ralf Bohnsack, Iris Nentwig-Gesemann & Arnd-Michael Nohl (Hrsg.): Die dokumentarische Methode und ihre Forschungspraxis. Grundlagen qualitativer Soziaforschung. 2. erweiterte und aktualisierte Aufl. Wiesbaden: VS Verlag, S. 225-254.

Bohnsack, Ralf (2003a): Dokumentarische Methode und sozialwissenschaftliche Hermeneutik. In: Zeitschrift für Erziehungswissenschaft, 6 (4), S. 550-570.

Bohnsack, Ralf (2003b): Rekonstruktive Sozialforschung. Einführung in qualitative Methoden. Stuttgart: UTB.

Bourdieu, Pierre (1974): Zur Soziologie der symbolischen Formen. Frankfurt am Main: Suhrkamp.

Bourdieu, Pierre (1987a): Die feinen Unterschiede. Kritik der gesellschaftlichen Urteilskraft. Frankfurt am Main: Suhrkamp

Bourdieu, Pierre (1987b): Sozialer Sinn. Kritik der theoretischen Vernunft. Frankfurt am Main: Suhrkamp.

Bourdieu, Pierre (1992): Rede und Antwort. Frankfurt am Main: Suhrkamp.

Bourdieu, Pierre (1997): Sozialer Raum und „Klassen". Zwei Vorlesungen. Frankfurt am Main: Suhrkamp.

Bourdieu, Pierre (2001a): Die Regeln der Kunst. Frankfurt am Main: Suhrkamp.

Bourdieu, Pierre (2001b): Meditationen. Zur Kritik der scholastischen Vernunft. Frankfurt am Main: Suhrkamp.

Bourdieu, Pierre (2004): Der Staatsadel. Konstanz: UVK.

Bourdieu, Pierre (2005): Was heißt Sprechen? Zur Ökonomie des sprachlichen Tausches. 2. erweiterte und überarbeitete Aufl. Wien: Braumüller.

Brauns Jörg (2002): Die Metaphysik des Mediums. In: Jörg Brauns (Hrsg.): Form und Medium. Weimar: VDG, S. 9-20.

Breiger, Ronald L. (2004): The Analysis of Social Networks. In: Melissa Hardy & Alan Bryman (Hrsg.): Handbook of Data Analysis. London: SAGE, S. 505-526.

Brosziewski, Achim (2003): Aufschalten. Kommunikation im Medium der Digitalität. Konstanz: UVK.

Burt, Ronald S. (1982): Towards a Structural Theory of Action: Network Models of Social Structure, Perception and Action. New York: Academic Press.

Butler, Judith (1990): Gender Trouble. Feminism and the Subversion of Identity. New York: Routledge.

Callon, Michel (1986): Some Elements of a Sociology of Translation. In: John Law (Hrsg.): Power, Action and Belief: A New Sociology of Knowledge. London: Routledge, S. 196-233.

Callon, Michel (2006): Die Sozio-Logik der Übersetzung: Auseinandersetzungen und Verhandlungen zur Bestimmung von Problematischem und Unproblematischem. In: Andréa Bellinger & David J. Krieger (Hrsg.): ANThology. Ein einführendes Handbuch zur Akteur-Netzwerk-Theorie. Bielefeld: Transcript, S. 51-74.

Callon, Michel & Bruno Latour (2006): Die Demontage des froßen Leviathans: Wie Akteure die Makrostruktur der Realität bestimmen und Soziologen ihnen dabei helfen. In: Andréa Bellinger & David J. Krieger (Hrsg.): ANThology. Ein einführendes Handbuch zur Akteur-Netzwerk-Theorie. Bielefeld: Transcript, S. 75-101.

Callon, Michel & John Law (1997): After the Individual in Society: Lessons on Collectivity from Science, Technology and Society. In: Canadian Journal of Sociology, 22 (2), S. 165-182.

Callon, Michel & Fabian Muniesa (2003): Les marchés économique comme dispositifs collectifs de calcul. In: Réseaux, 21, S. 189-233.

Castells, Manuell (2001): Bausteine einer Theorie der Netzwerkgesellschaft. In: Berliner Journal für Soziologie, 11, S. 423-440.

Castells, Manuel (2002): Das Informationszeitalter II: Die Macht der Identität . Opladen: Leske + Budrich.

Castells, Manuell (2003a): Das Informationszeitalter I: Der Aufstieg der Netzwerkgesellschaft. Opladen: Leske + Budrich.

Castells, Manuell (2003b): Das Informationszeitalter III: Jahrtausendwende. Opladen: Leske + Budrich.

Chomsky, Noam (1966): Cartesian Linguistics: A Chapter in the History of Rationalist Thought. New York: Haper & Row.

Clam, Jean (2002): Was heißt es sich an Differenz statt an Identität zu orientieren? Zur De-Ontologisierung in Philosophie und Sozialwissenschaft. Konstanz: UVK.

Clam, Jean (2004): Kontingenz, Paradox, Nur-Vollzug. Grundprobleme einer Theorie der Gesellschaft. Konstanz: UVK.

Coleman, James S. (1990): Foundations of Social Theory. Cambridge (Mass.): The Belknap Press of Havard University Press.

Coser, Lewis A. (Hrsg.)(1992): Introduction: Maurice Halbwachs 1877-1945. In: Maurice Halbwachs: On Collective Memory. Chicago: The University of Chicago Press, S. 1-34.

Dawkins, Richard (1976): The Selfish Gene. Oxford: Oxford University Press.

Degele, Nina (2002): Einführung in die Techniksoziologie. München: W. Fink UTB.

Degele, Nina (2005): Neue Kompetenzen im Internet. Kommunikation Abwehren, Information Vermeiden. In: Kai Lehmann & Michael Schetsche (Hrsg.): Die Google-Gesellschaft. Vom digitalen Wandel des Wissens. Bielefeld: Transcript, S. 63-74.

Deleuze, Gilles (1992): Differenz und Wiederholung. München: Schöningh.

Derrida, Jacques (1974): Grammatologie. Frankfurt am Main: Suhrkamp.

Dewey, John & Arthur F. Bentley (1949): The Knowing and the Known. Boston: Beacon Press.

Diaz-Bone, Rainer (2007): Gibt es eine qualitative Netzwerkanalyse? Review Essay: B. Hollstein & F. Strauss (Hrsg.) (2006): Qualitative Netzwerkanalyse. Konzepte, Methoden, Anwendungen. Wiesbaden: VS Verlag. In: Forum Qualitative Sozialforschung/ Forum Qualitative Social Research, [Online-Journal], 8 (1), 23 S.

Durkheim, Emile (1982): Über soziale Arbeitsteilung. Frankfurt am Main: Suhrkamp.

Durkheim, Emile (1984): Die Regeln der soziologischen Methode. Frankfurt am Main: Suhrkamp.

Echterhoff, Gerald & Martin Saar (Hrsg.) (2002): Kontexte und Kulturen des Erinnerns. Maurice Halbwachs und das Paradigma des kollektiven Gedächtnisses. Konstanz: UVK.

Elias, Norbert (1991): Was ist Soziologie? Weinheim: Juventa.

Ellrich, Lutz & Christiane Funken (1998): Problemfelder der Emergenz. Vorüberlegungen zur informatischen Anschlussfähigkeit soziologischer Begriffe. In: Thomas Malsch (Hrsg.): Sozionik. Soziologische Ansichten über künstliche Sozialität. Berlin: Sigma, S. 345-393.

Emibayer, Mustafa (1997): Manifesto for a Relational Sociology. In: American Journal of Sociology, 103 (2), S. 281-317.

Emirbayer, Mustafa & Jeff Goodwin (1994): Network Analysis, Culture, and the Problem of Agency. In: American Journal of Sociology, 99 (6), S. 1411-1454.

Emirbayer, Mustafa & Ann Mische (1998): What is Agency? In: American Journal of Sociology, 103 (4), S. 962-1023.

Esposito, Elena (1993): Der Computer als Medium und Maschine. In: Zeitschrift für Soziologie, 22 (3), S. 338-354.

Esposito, Elena (2002): Soziales Vergessen. Formen und Medien des Gedächtnisses der Gesellschaft. Frankfurt am Main: Suhrkamp.

Esser, Hartmut (1993): Soziologie. Allgemeine Grundlagen. Frankfurt am Main und New York: Campus.

Esser, Hartmut (2002): Was könnte man (heute) unter einer >>Theorie mittlerer Reichweite<< verstehen? In: Renate Mayntz (Hrsg.): Akteure – Mechanismen – Modelle. Zur Theoriefähigkeit makro-sozialer Analysen. Frankfurt am Main und New York: Campus, S. 128-150.

Förster, Heinz von (1948): Das Gedächtnis. Eine quantenmechanische Untersuchung. Wien: Franz Deuticke Verlag.

Förster, Heinz von (1965): Memory without Record. In: D. P. Kimble (Hrsg.): The Anatomy of Memory, Palo Alto: Science and Behaviour Books, S. 388–433.

Förster, Heinz von (1967a): Time and Memory. In: R. Fischer (Hrsg.): Interdisciplinary Perspectives of Time. New York: New York Academy of Sciences, S. 866–873.

Förster, Heinz von (1967b): Biological Principles of Information Storage and Retrieval. In: Allen Kent et al. (Hrsg.): Electronic Handling of Information: Testing and Evaluation. London: Academic Press, S. 123–147.

Förster, Heinz von (1991): Was ist Gedächtnis, daß es Rückschau und Vorschau ermöglicht. In: Siegfried J. Schmidt (Hrsg.): Gedächtnis. Probleme und Perspektiven der interdisziplinären Gedächtnisforschung. Frankfurt am Main: Suhrkamp, S. 56–95.

Foucault, Michel (1980): Power/knowledge. Selected Interviews and Other Writings 1972-1977. New York: Pantheon Books.

Freeman, Linton C. (2004): The Development of Social Network Analysis. A Study in the Sociology of Science. Vancouver: Empirical Press.

Fuchs, Peter (1991): Kommunikation mit Computern? Zur Korrektur einer Fragestellung. In: Sociologica Internationalis, 29 (1), S. 1-30.

Fuchs, Peter (1995): Die Umschrift. Zwei kommunikationstheoretische Studien: >>japanische Kommunikation<< und >>Autismus<<. Frankfurt am Main: Suhrkamp.

Fuchs, Peter (1999): Intervention und Erfahrung. Frankfurt am Main: Suhrkamp.

Fuchs, Peter (2002): Die konditionierte Koproduktion von Kommunikation und Bewußtsein. In: Arbeitsgruppe >>menschen formen<< (Hrsg.): Ver-Schiede der Kultur. Aufsätze zur Kippe kulturanthropologischen Nachdenkens. Marburg, S. 150-175.

Fuchs, Peter (2003): Der Eigen-Sinn des Bewußtseins. Die Person, die Psyche, die Signatur. Bielefeld: Transcript.

Fuchs, Stephan (2001): Against Essentialism: A Theory of Culture and Society. Cambridge (Mass.): Harvard University Press.

Fuhse, Jan A. (2001): Unser „Wir" – ein systemtheoretisches Modell von Gruppenidentitäten. In: Schriftenreihe des Instituts für Sozialwissenschaften der Universität Stuttgart, 1.

Fuhse, Jan A. (2003): Systeme, Netzwerke, Identitäten. Die Konstitution sozialer Grenzziehungen am Beispiel amerikanischer Straßengangs. In: Schriftenreihe des Instituts für Sozialwissenschaften der Universität Stuttgart, 1.

Fuhse, Jan A. (2005a): Persönliche Netzwerke in der Systemtheorie. In: Schriftenreihe des Instituts für Sozialwissenschaften der Universität Stuttgart, 1.

Fuhse, Jan A. (2005b): Constructing a European „Demos" – A Struggling Identity with Fuzzy Boundaries. In: epsNet kiosk plus, THE NET Journal of Political Science, 3, S. 49-58.

Fuhse, Jan A. (2006): Gruppe und Netzwerk. Eine begriffsgeschichtliche Rekonstruktion. In: Berliner Journal für Soziologie, 16, S. 245-263.

Garfinkel, Harold (1967): Studies in Ethnomethology. Englewood Cliffs: Prentice Hall.

Giddens, Anthony (1979): Central Problems in Social Theory. Action, Structure and Contradiction in Social Analysis. Berkeley: University of California Press.

Giesecke, Michael (1998): Der Buchdruck in der frühen Neuzeit. Eine historische Fallstudie über die Durchsetzung neuer Informations- und Kommunikationstechnologien. Frankfurt am Main: Suhrkamp.

Gilgenmann, Klaus (1994): Kommunikation mit neuen Medien. Der Medienumbruch als soziologisches Theorieproblem. In: Sociologia Internationalis, 32 (1), S. 1-36.

Göbel, Andreas (2000): Theoriegenese als Problemgenese. Eine problemgeschichtliche Rekonstruktion der soziologischen Systemtheorie Niklas Luhmanns. Konstanz: UVK.

Goffman, Erving (1980): Rahmen-Analyse. Ein Versuch über die Organisation von Alltagserfahrungen. Frankfurt am Main: Suhrkamp.

Goodwin, Charles & John Heritage (1990): Conversation Analysis. In: Annual Review of Anthropology, 19, S. 283-307.

Granovetter, Mark (1973): The Strength of Weak Ties. In: American Journal of Sociology, 78 (6), S. 1360-1380.

Greimas, Algirdas J. (1971): Strukturale Semantik. Methodologische Untersuchungen. Braunschweig: Vieweg.

Habermas, Jürgen (1981): Theorie des kommunikativen Handelns. 2 Bände. Frankfurt am Main: Suhrkamp.

Halbwachs, Maurice (1966): Das Gedächtnis und seine sozialen Bedingungen. Berlin und Neuwied: Luchterhand.

Halbwachs, Maurice (1967): Das kollektive Gedächtnis, Stuttgart: Enke.

Halbwachs, Maurice (1978): The Causes of Suicide. New York: The Free Press.

Halbwachs, Maurice (2002): Soziale Morphologie. Ausgewählte Schriften. édition discourse. Konstanz: UVK.

Hayek, Friedrich A. von (1991): Spontaneous ('Grown') Order and Organized ('Made') Order. In: Graham Thompson, Jennifer Frances, Rosalind Levacic & Jeremy C. Mitchell (Hrsg.): Markets, Hierarchies and Networks. The Coordination of Social Life. London: SAGE, S. 293-301.

Hedström, Peter & Richard Swedberg (Hrsg.) (1998): Social Mechanisms. An Analytical Approach to Social Theory. Cambridge: Cambridge University Press.

Heider, Fritz (1926): Ding und Medium. In: Symposion. Philosophische Zeitschrift fur Forschung und Aussprache, 1, S. 109-157.

Heritage, John (1984): Garfinkel and Ethnomethodology. New York: Polity Press.

Hobbes, Thomas (2000): Leviathan. Revised Student Edition. Cambridge Texts in the History of Political Thought. Cambridge: Cambridge University Press.

Holl, Mirjam-Kerstin (2003): Semantik und soziales Gedächtnis. Die Systemtheorie Niklas Luhmanns und die Gedächtnistheorie von Aleida und Jan Assmann.. Würzburg: Königshausen & Neumann.

Hölscher, Thomas (2004): Niklas Luhmanns Systemtheorie. In: Tatjana Schönwälder, Katrin Wille & Thomas Hölscher: George Spencer Brown. Eine Einführung in die „Laws of Form". Wiesbaden: VS Verlag, S. 245-256.

Holzer, Boris (2006): Netzwerke. Bielefeld: Transcript.

Husserl, Edmund (1976): Husserliana. Gesammelte Werke Band 3: Ideen zu einer reinen Phänomenologie und phänomenologischen Philosophie. Den Haag: Martinus Nijhoff.

Husserl, Edmund (1982): Die Krisis der europäischen Wissenschaften und die transzendentale Phänomenologie. Hamburg: Felix Meiner.

Jetzkowitz, Jens & Carsten Stark (2003): Zur Einführung: Der Funktionalismus und die Frage nach der Methodologie. In: Jens Jetzkowitz & Carsten Stark (Hrsg.): Soziologischer Funktionalismus. Zur Methodologie einer Theorietradition. Opladen: Leske + Budrich, S. 7-16.

Joas, Hans & Wolfgang Knöbl (2004): Sozialtheorie. Zwanzig einführende Vorlesungen. Frankfurt am Main: Suhrkamp.

Kämper, Eckart & Johannes F. K. Schmidt (2000): Netzwerke als strukturelle Kopplung: Systemtheoretische Überlegungen zum Netzwerkbegriff. In: Johannes Weyer (Hrsg.): Soziale Netzwerke. München: Oldenbourg, S. 211-235.

Kieserling, André (1999): Kommunikation unter Anwesenden. Studien über Interaktionssysteme. Frankfurt am Main: Suhrkamp.

Kieserling, André (2004): Zwischen Wirtschaft und Kultur: Über Pierre Bourdieu. In: Ders. (Hrsg.): Selbstbeschreibung und Fremdbeschreibung. Frankfurt am Main: Suhrkamp, S. 128-151.

Knox, Hannah, Mike Savage & Penny Harvey (2005): Social networks and spatial selations: networks as method, metaphor and form. In: CRESC Working Paper Series, 1.

Knudsen, Sven-Eric (2006): Luhmann und Husserl. Systemtheorie im Verhältnis zur Phänomenologie. Würzburg: Königshausen & Neumann.

Konorski, Jerzy (1962): The role of central factors in differentiation. In: R.W. Gerard & J.W. Fuffy (Hrsg.): Information processing in the nervous system. Vol. 3. Amsterdam: Excerpta Medica Foundation, S. 318-329.

Kosellek, Reinhart (1979): Vergangene Zukunft. Zur Semantik geschichtlicher Zeiten. Frankfurt am Main: Suhrkamp.

Kosellek, Reinhart (2006): Begriffsgeschichten. Studien zu Semantik und Pragmatik der politischen und sozialen Sprache. Frankfurt am Main: Suhrkamp.

Kranz, Olaf (2007): Pragmatische Verhaltensintegration im Medium sozialer Kontextualität: Ein begriffsgeschichtlicher Rekonstruktionsversuch der soziologischen Analysen von Jürgen Markowitz. In: Olaf Kranz & Jens Aderhold (Hrsg.): Intention und Funktion. Wiesbaden: VS Verlag, S. 65-112.

Latour, Bruno (1987): Science in Action. Cambridge (Mass.): Harvard University Press.

Latour, Bruno (1992): Where are the Missing Masses? The Sociology of a Few Mundane Artifacts. In: Wiebe E. Bijker & John Law (Hrsg.): Shaping Technology; Building Society. Studies in Sociotechnical Change. Cambridge (Mass.): Harvard University Press, S. 225-258.

Latour, Bruno (1998): Wir sind nie modern gewesen. Versuch einer symmetrischen Anthropologie. Frankfurt am Main: Fischer Verlag.

Latour, Bruno (1999a): Do You Believe in Reality? News from the Trenches of the Science Wars. In: Ders. (Hrsg): Pandoras Hope. Essays on the Reality of Science Studies. Cambridge (Mass.): Harvard University Press, S. 1-23.

Latour, Bruno (1999b): Circulating Reference. Sampling the Soil in the Amazon Forest. In: Ders. (Hrsg.): Pandoras Hope. Essays on the Reality of Science Studies. Cambridge (Mass.): Harvard University Press, S. 24-79.

Latour, Bruno (1999c): Glossary. In: Ders. (Hrsg.): Pandoras Hope. Essays on the Reality of Science Studies. Cambridge (Mass.): Harvard University Press, S. 303-311.

Latour, Bruno (1999d): A Collective of Humans and Non-Humans. Following Daedalus's Labyrinth. In: Ders. (Hrsg.): Pandoras Hope. Essays on the Reality of Science Studies. Cambridge (Mass.): Harvard University Press, S. 174-215.

Latour, Bruno (2000): When things strike back. A possible contribution of „science studies" to the social sciences. In: British Journal of Sociology, 51 (1), S. 107-123.

Latour, Bruno (2001): Das Parlament der Dinge. Für eine politische Ökologie. Frankfurt am Main: Suhrkamp.

Latour, Bruno (2005): Reassembling the Social. An Introduction to Actor-Network-Theory. Oxford: Oxford University Press.

Latour, Bruno (2006a): Über den Rückruf der ANT. In: Andréa Bellinger & David J. Krieger (Hrsg.): ANThology. Ein einführendes Handbuch zur Akteur-Netzwerk-Theorie. Bielefeld: Transcript, S. 561-572.

Latour, Bruno (2006b): Die Macht der Assoziation. In: Andréa Bellinger & David J. Krieger (Hrsg.): ANThology. Ein einführendes Handbuch zur Akteur-Netzwerk-Theorie. Bielefeld: Transcript, S. 195-212.

Latour, Bruno (2006c): Über technische Vermittlung: Philosophie, Soziologie und Genealogie. In: Andréa Bellinger & David J. Krieger (Hrsg.): ANThology. Ein einführendes Handbuch zur Akteur-Netzwerk-Theorie. Bielefeld: Transcript, S. 483-528.

Latour, Bruno (2006d): Drawing Things Together. Die Macht der unveränderlich mobilen Elemente. In: Andréa Bellinger & David J. Krieger (Hrsg.): ANThology. Ein einführendes Handbuch zur Akteur-Netzwerk-Theorie. Bielefeld: Transcript, S. 259-307.

Latour, Bruno (2006e): Technik ist stabilisierte Gesellschaft. In: Andréa Bellinger & David J. Krieger (Hrsg.): ANThology. Ein einführendes Handbuch zur Akteur-Netzwerk-Theorie. Bielefeld: Transcript, S. 369-397.

Lauman, Edward O., Peter W. Marsden & David Prensky (1983): The boundary specification problem in network analysis. In: Ronald S. Burt & Michael Minor (Hrsg.): Applied Network Analysis. Beverly Hills: SAGE, S. 18-34.

Law, John (1992): Notes on the theory of the actor-network: Ordering, strategy, and heterogeneity. In: Systemic Practice and Action Research, 5 (4), S. 379-393.

Lehmann, Maren (2002): Das Medium der Form. Versuch über die Möglichkeiten, George Spencer Browns Kalkül der >>Gesetze der Form<< als Medientheorie zu lesen. In: In: Jörg Brauns (Hrsg.): Form und Medium. Weimar: VDG, S. 39-56.

Lévi-Strauss, Cluade (1973): Das wilde Denken. Frankfurt am Main: Suhrkamp.

Lorrain, Francois & Harrison C. White (1971): Structural Equivalence of Individuals in Social Networks. In: Journal of Mathematical Sociology, 1, S. 49-80.

Lübcke, Maren (2008): Inline or Out of Control? Zum Problem der Anschlussnahme in und der Steuerung von online Diskursen. Manuskript. Hamburg-Harburg.

Luckmann, Thomas (2003): Vorwort. In: Alfred Schütz & Thomas Luckmann: Strukturen der Lebenswelt. Konstanz: UVK und UTB, S. 13-26.

Luhmann, Niklas (1971): Sinn als Grundbegriff der Soziologie. In: Jürgen Habermas & Niklas Luhmann (Hrsg.): Theorie der Gesellschaft oder Sozialtechnologie – Was leistet die Systemforschung? Frankfurt am Main: Suhrkamp, S. 25-100.

Luhmann, Niklas (1975): Einführende Bemerkungen zu einer Theorie symbolisch generalisierter Kommunikationsmedien. In: Ders.: Soziologische Aufklärung 2. Aufsätze zur Theorie der Gesellschaft. Opladen: Westdeutscher Verlag, S. 170-192.

Luhmann, Niklas (1980): Gesellschaftliche Struktur und semantische Tradition. In: Ders.: Gesellschaftsstruktur und Semantik. Studien zur Wissenssoziologie moderner Gesellschaften. Band 1. Frankfurt am Main: Suhrkamp, S. 9-71.

Luhmann, Niklas (1981a): Wie ist soziale Ordnung möglich? In: Ders.: Gesellschaftsstruktur und Semantik. Studien zur Wissenssoziologie moderner Gesellschaften. Band 2. Frankfurt am Main: Suhrkamp, S. 195-285.

Luhmann, Niklas (1981b): Die Unwahrscheinlichkeit der Kommunikation. In: Soziologische Aufklärung 3. Soziales System, Gesellschaft, Organisation. Opladen: Westdeutscher Verlag, S. 25-34.

Luhmann, Niklas (1981c): Schematismen der Interaktion. In: Soziologische Aufklärung 3. Soziales System, Gesellschaft, Organisation. Opladen: Westdeutscher Verlag, S. 81-100.

Luhmann, Niklas (1981d): Interpenetration – Zum Verhältnis personaler und sozialer Systeme. In: Soziologische Aufklärung 3. Soziales System, Gesellschaft, Organisation. Opladen: Westdeutscher Verlag, S. 151-169.

Luhmann, Niklas (1984): Soziale Systeme. Grundriß einer allgemeinen Theorie. Frankfurt am Main: Suhrkamp.

Luhmann, Niklas (1986): Ökologische Kommunikation. Kann die moderne Gesellschaft sich auf ökologische Gefährdungen einstellen? Opladen: Westdeutscher Verlag.

Luhmann, Niklas (1987): The Evolutionary Differentiation between Society and Interaction. In: Jeffrey C. Alexander, Bernhard Giesen, Richard Münch & Neil J. Smelser (Hrsg.): The Micro-Macro Link. Berkeley: The University of California Press, S. 112-131.

Luhmann, Niklas (1988): Die Wirtschaft der Gesellschaft. Frankfurt am Main: Suhrkamp.

Luhmann, Niklas (1990a): Die Wissenschaft der Gesellschaft. Frankfurt am Main: Suhrkamp.

Luhmann, Niklas (1990b): Identität – was oder wie? In: Soziologische Aufklärung 5. Konstruktivistische Perspektiven. Opladen: Westdeutscher Verlag, S. 14-30.

Luhmann, Niklas (1991): Die Form „Person". In: Soziale Welt, 42, S. 166-175.

Luhmann, Niklas (1993): Das Recht der Gesellschaft. Frankfurt am Main: Suhrkamp.

Luhmann, Niklas (1995a): Die Autopoiesis des Bewußtseins. In: Soziologische Aufklärung 6. Die Soziologie und der Mensch. Opladen: Westdeutscher Verlag, S. 55-108.

Luhmann, Niklas (1995b): Probleme mit operativer Schließung. In: Soziologische Aufklärung 6. Die Soziologie und der Mensch. Opladen: Westdeutscher Verlag, S. 13-25.

Luhmann, Niklas (1995c): Wie ist Bewußtsein an Kommunikation beteiligt? In: Soziologische Aufklärung 6. Die Soziologie und der Mensch. Opladen: Westdeutscher Verlag, S. 38-54.

Luhmann, Niklas (1995d): Was ist Kommunikation? In: Soziologische Aufklärung 6. Die Soziologie und der Mensch. Opladen: Westdeutscher Verlag, S. 109-120.

Luhmann, Niklas (1995e): Die Kunst der Gesellschaft. Frankfurt am Main: Suhrkamp.

Luhmann, Niklas (1995f): Kultur als historischer Begriff. In: Ders.: Gesellschaftsstruktur und Semantik. Studien zur Wissenssoziologie moderner Gesellschaften. Band 4. Frankfurt am Main: Suhrkamp, S. 31-54.

Luhmann, Niklas (1995g): Die Realität der Massenmedien. Opladen: Westdeutscher Verlag.

Luhmann, Niklas (1996): Zeit und Gedächtnis. In: Soziale Systeme, 2 (2), S. 307-330.

Luhmann, Niklas (1997): Die Gesellschaft der Gesellschaft. 2 Bände. Frankfurt am Main: Suhrkamp.

Luhmann, Niklas (2002): Einführung in die Systemtheorie. Herausgegeben von Dirk Baecker. Heidelberg: Carl-Auer-Systeme Verlag.

Luhmann, Niklas (2005): Einführung in die Theorie der Gesellschaft. Herausgegeben von Dirk Baecker. Heidelberg: Carl-Auer-Systeme Verlag.

Malsch, Thomas (1984): Erfahrungswissen versus Planungswissen. Facharbeiterkompetenz und informationstechnologische Kontrolle am Beispiel der betrieblichen Instandhaltung. In: Ulrich Jürgens & Frieder Naschold (Hrsg.): Arbeitspolitik: Materialien zum Zusammenhang von politischer Macht, Kontrolle und betrieblicher Organisation. Opladen: Westdeutscher Verlag, S. 231-251.

Malsch, Thomas (2005): Kommunikationsanschlüsse. Zur soziologischen Differenz von realer und künstlicher Sozialität. Wiesbaden: VS Verlag.

Malsch, Thomas, Christoph Schlieder, Peter Kiefer, Maren Lübcke, Rasco Perschke, Marco Schmitt & Klaus Stein (2007): Communication Between Process and Structure: Modelling and Simulating Message Reference Networks with COM/TE. In: Journal of Artificial Societies and Social Simulation, 10 (1), URL: http://jasss.soc.surrey.ac.uk/10/1/9.html.

Mann, Michael (1986): The Sources of Social Power. Vol. 1. A history of power from the beginning to AD 1760. Cambridge: Cambridge University Press.

Markowitz, Jürgen (1979): Die soziale Situation. Entwurf eines Modells zur Analyse des Verhältnisses zwischen personalen Systemen und ihrer Umwelt. Frankfurt am Main: Suhrkamp.

Markowitz, Jürgen (1986): Verhalten im Systemkontext. Zum Begriff des sozialen Epigramms: diskutiert am Beispiel des Schulunterrichts. Frankfurt am Main: Suhrkamp.

Markowitz, Jürgen (2007): Referenz und Emergenz. Zum Verhältnis von psychischen und sozialen Systemen. In: In: Olaf Kranz & Jens Aderhold (Hrsg.): Intention und Funktion. Wiesbaden: VS Verlag, S. 21-45.

Marsden, Peter V. (1990): Network Data and Measurement. In: Annual Review of Sociology, 16, S. 435-463.

Merton, Robert K. (1957a): Manifest and Latent Functions. In: Ders.: Social Theory and Social Structure. New York: The Free Press, S. 73-138.

Merton, Robert K. (1957b): On Sociological Theories of the Middle Range. In: Ders.: Social Theory and Social Structure. New York: The Free Press, S. 39-72.

Merton, Robert K. (1968): The Matthew Effect in Science. The Reward and Communication Systems of Science are Considered. In: Science, 159 (3810), S. 56-63.

Mische, Ann (2003): Cross-Talk in Movements: Recovering the Culture-Network-Link. In: Mario Diani & Doug McAdam (Hrsg.): Social Movements and Networks. Relational Approaches to Collective Action. Oxford: Oxford University Press, S. 258-280.

Mische, Ann & Harrison C. White (1998): Between Conversation and Situation: Public Switching Dynamics across Network Domains. In: Social Research, 65 (3), S. 695-724.

Moreno, Jacob L. (1953): Who Shall Survive? Foundations of Sociometry, Group Psychotherapy, and Sociodrama. 2. Aufl. Washington D.C.: Nervous and Mental Disease Publishing.

Müller, Hans-Peter (2005): Handeln und Struktur. Pierre Bourdieus Praxeologie. In: Catherine Colliot-Thélène, Etienne Francois & Gunter Gebauer (Hrsg.): Pierre Bourdieu: Deutsch-französische Perspektiven. Frankfurt am Main: Suhrkamp, S. 21-42.

Murdoch, Jonathan (2001): Ecologising Sociology: Actor-Network-Theory, Co-construction, and the Problem of Human Exemptionalism. In: Sociology, 35, S. 111-133.

Mützel, Sophie (2006): Strukturelle Netzwerkanalyse und Bourdieus Praxistheorie: Weiterführende Ideen für die neue Wirtschaftssoziologie. In: Michael Florian & Frank Hillebrandt (Hrsg.): Pierre Bourdieu: Neue Perspektiven für die Soziologie der Wirtschaft. Wiesbaden: VS Verlag, S. 109-126.

Nassehi, Armin (1997): Kommunikation verstehen. Einige Überlegungen zur empirischen Anwendbarkeit einer systemtheoretisch informierten Hermeneutik. In: Tilmann Sutter (Hrsg.): Beobachtung verstehen, Verstehen beobachten. Perspektiven einer Konstruktivistischen Hermeneutik. Opladen: Westdeutscher Verlag, S. 134-163.

Nassehi, Armin (2006): Der soziologische Diskurs der Moderne. Frankfurt am Main: Suhrkamp.

Nassehi, Armin & Gerd Nollmann (Hrsg.) (2004): Bourdieu und Luhmann: Ein Theorievergleich. Frankfurt am Main: Suhrkamp.

Nassehi, Armin & Irmhild Saake (2002): Kontingenz – Methodisch verhindert oder beobachtet? Ein Beitrag zur Methodologie der qualitativen Sozialforschung. In: Zeitschrift für Soziologie, 31, S. 66-86.

Nassehi, Armin & Irmhild Saake (2007): Einleitung: Warum Systeme? Methodische Überlegungen zu einer sachlich, sozial und zeitlich verfassten Wirklichkeit. In: Soziale Welt, Sonderheft „Soziologische Systemtheorie und empirische Forschung", 58 (3), S. 233-253.

Nora, Pierre (1990): Zwischen Geschichte und Gedächtnis. Berlin: Wagenbach.

Osten, Manfred (2004): Das geraubte Gedächtnis. Digitale System und die Zerstörung der Erinnerungskultur. Frankfurt am Main: Insel.

Padgett, John F. & Christopher K. Ansell (1993): Robust Action and the Rise of the Medici 1400-1434. In: American Journal of Sociology, 98 (6), S. 1259-1319.

Parsons, Talcott (1964): Evolutionary universals in Society. In: American Sociological Review, 29, S. 339-354.

Parsons, Talcott (1968): The Structure of Social Action. A Study in Social Theory with Special Reference to a Group of Recent European Writers. 2 Bände. New York: The Free Press.

Parsons, Talcott & Gerald M. Platt (1990): Die amerikanische Universität. Ein Beitrag zur Soziologie der Erkenntnis. Frankfurt am Main: Suhrkamp.

Parsons, Talcott & Edward A. Shils (1951): Towards a general theory of action: theoretical foundations for the social sciences. Cambridge (Mass.): Harvard University Press.

Polanyi, Michael (1966): The Tacit Dimension. New York: Doubleday.

Powell, Walter W. (1990): Neither Market nor Hierarchy. Network Forms of Organization. In: Research in Organizational Behavior, 12, S. 295-336.

Prechtl, Peter (1998): Edmund Husserl zur Einführung. Hamburg: Junius.

Reckwitz, Andreas (1997): Struktur: zur sozialwissenschaftlichen Analyse von Regeln und Regelmäßigkeiten. Opladen: Westdeutscher Verlag.

Reckwitz, Andreas (2003a): Grundelemente einer Theorie sozialer Praktiken. Eine sozialtheoretische Perspektive. In: Zeitschrift für Soziologie, 32 (4), S. 282-301.

Reckwitz, Andreas (2003b): Der verschobene Problemzusammenhang des Funktionalismus: Von der Ontologie der sozialen Zweckhaftigkeit zu den Raum-Zeit-Distanzierungen. In: Jens Jetzkowitz & Carsten Stark (Hrsg.): Soziologischer Funktionalismus. Zur Methodologie einer Theorietradition. Opladen: Leske + Budrich, S. 57-81.

Reckwitz, Andreas (2004a): Die Kontingenzperspektive der 'Kultur': Kulturbegriffe, Kulturtheorien und das kulturwissenschaftliche Forschungsprogramm. In: Friedrich Jäger & Jörn Rüsen (Hrsg.): Handbuch der Kulturwissenschaften, Band III. Stuttgart: Metzler'sche, S. 1-20.

Reckwitz, Andreas (2004b): Die Reproduktion und die Subversion sozialer Praktiken. Zugleich ein Kommentar zu Pierre Bourdieu und Judith Butler. In: Karl H. Hörning & Julia Reuter (Hrsg.): Doing Culture. Neue Positionen zum Verhältnis von Kultur und sozialer Praxis. Bielefeld: Transcript, S. 40-54.

Reckwitz, Andreas (2006a): Die Transfromation der Kulturtheorien. Zur Entwicklung eines Theorieprogramms. Studienausgabe. Weilerswist: Velbrück Wissenschaft.

Reckwitz, Andreas (2006b): Aktuelle Tendenzen der Kulturtheorien. Nachwort zur Studienausgabe 2006. In: Ders.: Die Transfromation der Kulturtheorien. Zur Entwicklung eines Theorieprogramms. Studienausgabe. Weilerswist: Velbrück Wissenschaft, S. 705-728.

Rosa, Hartmut (2005): Beschleunigung. Zur Veränderung der Zeitstrukturen in der Moderne. Frankfurt am Main: Suhrkamp.

Roth, Gerhard (1991): Neuronal Grundlagen des Lernens und des Gedächtnisses. In: Siegfried J. Schmidt (Hrsg.): Gedächtnis. Probleme und Perspektiven der interdisziplinären Gedächtnisforschung. Frankfurt am Main: Suhrkamp, S. 127-158.

Schatzki, Theodore R. (1996): Social Practices. A Wittgensteinian approach to human activity and the social. Cambridge: Cambridge University Press.

Schatzki, Theodore R. (2002): The Site of the Social. A philosophical account of the constitution of social life and change. Philadelphia: Penn State University Press.

Schatzki, Theodore R., Karin Knorr-Cetina & Eike von Savigny (2001): The Practice Turn in Contemporary Theory. London: Routledge.

Schimank, Uwe (2000): Die unmögliche Trennung von Natur und Gesellschaft – Bruno Latours Diagnose der Selbsttäuschung der Moderne. In: Uwe Schimank & Ute Volkmann (Hrsg.): Soziologische Gegenwartsdiagnosen I. Opladen: Leske + Budrich UTB, S. 157-169.

Schimank, Uwe (2003a): Handeln und Strukturen. Einführung in die akteurtheoretische Soziologie. Weinheim und München: Juventa.

Schimank, Uwe (2003b): Theorie der modernen Gesellschaft nach Luhmann – eine Bilanz in Stichworten. In: Hans-Joachim Giegel & Uwe Schimank (Hrsg.): Beobachter der Moderne – Beiträge zu Niklas Luhmanns „Die Gesellschaft der Gesellschaft". Frankfurt am Main: Suhrkamp, S. 261-298.

Schimank, Uwe (2005): Differenzierung und Integration der modernen Gesellschaft. Beiträge zur akteurzentrierten Differenzierungstheorie 1. Wiesbaden: VS Verlag.

Schmidt, Siegfried J. (1991): Gedächtnisforschungen: Positionen, Probleme, Perspektiven. In: Ders. (Hrsg.): Gedächtnis. Probleme und Perspektiven der interdisziplinären Gedächtnisforschung. Frankfurt am Main: Suhrkamp, S. 9-55.

Schmitt, Marco (2002): Ist Luhmann in der Unified Modeling Language darstellbar? Soziologische Beobachtung eines informatischen Kommunikationsmediums. In: Thomas Kron (Hrsg.): Luhmann modelliert. Sozionische Ansätze zur Simulation von Kommunikationssystemen. Opladen: Leske + Budrich, S. 27-54.

Schmitt, Marco (2006): Kommunikative Mechanismen. Reflexive soziale Mechanismen und kommunikationsorientierte Modellierung. In: Ders., Michael Florian & Frank Hillebrandt (Hrsg.): Reflexive soziale Mechanismen. Von soziologischen Erklärungen zu sozionischen Modellen. Wiesbaden: VS Verlag, S. 203-228.

Schmitt, Marco, Michael Florian & Frank Hillebrandt (Hrsg.) (2006): Reflexive soziale Mechanismen. Von soziologischen Erklärungen zu sozionischen Modellen. Wiesbaden: VS Verlag.

Schneider, Wolfgang L. (1994): Intersubjektivität als kommunikative Konstruktion. In: Peter Fuchs & Andreas Göbel (Hrsg.): Der Mensch – das Medium der Gesellschaft. Frankfurt am Main: Suhrkamp, S. 189-238.

Schneider, Wolfgang L. (1997): Die Analyse von Struktursicherungsoperationen als Kooperationsfeld von Konversationsanalyse, objektiver Hermeneutik und Systemtheorie. In: Tilmann Sutter (Hrsg.): Beobachtung verstehen, Verstehen beobachten. Perspektiven einer Konstruktivistischen Hermeneutik. Opladen: Westdeutscher Verlag, S. 164-227.

Schneider, Wolfgang L. (2000): The Sequential Production of Acts in Conversation. In: Human Studies, 23 (2), S. 123-144.

Schneider, Wolfgang L. (2002): Grundlagen der Soziologischen Theorie. Band 1: Weber – Parsons – Mead – Schütz. Opladen: Westdeutscher Verlag.

Schneider, Wolfgang L. (2003): Grundlagen der Soziologischen Theorie. Band 2: Garfinkel – RC – Habermas – Luhmann. Opladen: Westdeutscher Verlag.

Schneider, Wolfgang L. (2004): Grundlagen der Soziologischen Theorie. Band 3: Sinn-verstehen und Intersubjektivität – Hermeneutik, funktionale Analyse, Konversationsanalyse und Systemtheorie. Wiesbaden: VS Verlag.

Schütz, Alfred (1971): Das Problem der Relevanz. Frankfurt am Main: Suhrkamp.

Schütz, Alfred & Thomas Luckmann (2003): Strukturen der Lebenswelt. Konstanz: UVK UTB.

Schütz, Alfred & Talcott Parsons (1977): Zur Theorie sozialen Handelns. Ein Briefwechsel. Frankfurt am Main: Suhrkamp.

Schützeichel, Rainer (2003): Sinn als Grundbegriff bei Niklas Luhmann. Frankfurt am Main und New York: Campus.

Schwartz, Michael (1966/67): Introduction to Social Relations: Notes on Social Organization. Mimeo Manuscript, Department of Social Relations, Harvard University.

Schwingel, Markus (1993): Analytik der Kämpfe. Macht und Herrschaft in der Soziologie Pierre Bourdieus. Hamburg: Argument Verlag.

Schwinn, Thomas (1993): Jenseits von Subjektivismus und Objektivismus. Max Weber, Alfred Schütz und Talcott Parsons. Berlin: Duncker & Humblot.

Shannon, Claude E. & Warren Weaver (1949): The mathematical theory of communication. Urbana (Ill.): University of Illinois Press.

Serres, Michel (1987): Statues. Le second livre de fondations. Paris: Flammarion.

Serres, Michel (1992): Hermes II: Interferenz. Berlin: Merve Verlag.

Simmel, Georg (1992): Soziologie. Untersuchung über die Formen der Vergesellschaftung. Gesamtausgabe Band 11. Frankfurt am Main: Suhrkamp.

Spencer Brown, George (1997): Laws of Form/Gesetze der Form. Lübeck: Bohmeier Verlag.

Stäheli, Urs (1998): Die Nachträglichkeit der Semantik. In: Soziale Systeme, 4 (2), S. 315-340.

Stäheli, Urs (2000): Sinnzusammenbrüche. Eine dekonstruktive Lektüre von Niklas Luhmanns Systemtheorie. Weilerswist: Velbrück Wissenschaft.

Strauss, Anselm L. (1993): Continual Permutations of Action. New York: Walter de Gruyter.

Strum, Shirley (1975a): Life with the Pumphouse Gang. In: National Geographic, May, S. 672-791.

Strum, Shirley (1975b): Interim Report on the Development of a Tradition in a Troup of Olive Baboons. In: Science, 187, S. 755-757.

Strum, Shirley (1982): Agonistic Dominance Among Baboons: an Alternative View. In: International Journal of Primatology, 3, S. 175-202.

Tacke, Veronika (2000): Netzwerk und Adresse. In: Soziale Systeme, 6 (2), S. 292-320.

Taylor, Charles (1979): Action as expression. In: Cora Diamond & Jenny Teichman (Hrsg.): Intention and Intentionality: essays in honor of G.E.M. Anscombe. Ithaca (NY): Cornell University Press , S. 73-89.

Teubner, Gunther (1989): Recht als autopoietisches System. Frankfurt am Main: Suhrkamp.

Teubner, Gunther (1992): Die vielköpfige Hydra. Netzwerke als kollektive Akteure höherer Ordnung. In: Wolfgang Krohn & Günter Küppers (Hrsg.): Emergenz: die Entstehung von Ordnung, Organisation und Bedeutung. Frankfurt am Main: Suhrkamp, S. 198-216.

Teubner, Gunther (1997): Im blinden Fleck der Systeme: Die Hybridisierung des Vertrages. In: Soziale Systeme, 3 (2), S. 313-326.

Udy, Stanley (1970): Work in Traditional and Modern Society. Englewood Cliffs (NJ): Prentice-Hall.

Vogd, Werner (2005): Systemtheorie und rekonstruktive Sozialforschung. Eine empirische Versöhnung unterschiedlicher theoretischer Perspektiven. Opladen: Verlag Barbara Budrich.

Vogd, Werner (2007): Empirie oder Theorie? Systemtheoretische Forschung jenseits einer vermeintlichen Alternative. In: Soziale Welt, Sonderheft „Soziologische Systemtheorie und empirische Forschung", 58 (3), S. 295-321.

Wassermann, Stanley & Katherine Faust (1997): Social Network Analysis. Methods and Applications. Cambridge: Cambridge University Press.

Weber, Max (1904): Die protestantische Ethik und der Geist des Kapitalismus. In: Archiv für Sozialwissenschaften und Sozialpolitik, Band 20 und 21.

Welz, Frank (1996): Kritik der Lebenswelt. Eine soziologische Auseinandersetzung mit Edmund Husserl und Alfred Schütz. Opladen: Westdeutscher Verlag.

Wenzel, Harald (1990): Die Ordnung des Handelns. Talcott Parsons Theorie des allgemeinen Handlungssystems. Frankfurt am Main: Suhrkamp.

Wenzel, Harald (1994): Einleitung des Herausgebers: Einige Bemerkungen zu Parsons' Programm einer Theorie des Handelns. In: Talcott Parsons: Aktor, Situation und normative Muster. Ein Essay zur Theorie sozialen Handelns. Herausgegeben und übersetzt von Harald Wenzel. Frankfurt am Main: Suhrkamp, S. 7-58.

White, Harrison C. (1970a): Chains of Opportunity: System Models of Mobility in Organizations. Cambridge (Mass.): Harvard University Press.

White, Harrison C. (1970b): Stayers and Movers. In: American Journal of Sociology, 76, S. 307-324.

White, Harrison C. (1974): Mobility from Vacancy Chains. In: Rolf Ziegler (Hrsg.): Anwendung mathematischer Verfahren zur Analyse sozialer Ungleichheit und sozialer Mobilität. Kiel: Soziologisches Seminar der Christian-Albrechts-Universität, S. 40-50.

White, Harrison C. (1981a): Production Markets as Induced Role Structures. In: Samuel Leinhardt (Hrsg.): Sociological Methodology, 1981. San Francisco: Jossey-Bass, Ch. 1.

White, Harrison C. (1981b): Where do Markets Come From? In: American Journal of Sociology, 87, S. 517-547.

White, Harrison C. (1992): Identity and Control. A Structural Theory of Social Action. Princeton (NJ): Princeton University Press.

White, Harrison C. (1993): Markets in Production Networks. In: Richard Swedberg (Hrsg.): Explorations in Economic Sociology. New York: Russel Sage Foundation, S. 161-176.

White, Harrison C. (1995): Network Switchings and Bayesian Forks: Reconstructing the Social and Behavioral Sciences. In: Social Research, 62 (4), S. 1035-1063.

White, Harrison C. (1997): Can Mathematics Be Social? Flexible Representations for Interaction Processes and its Sociocultural Constructions. In: Sociological Forum, 12 (1), S. 53-71.

White, Harrison C. (2002): Markets from Networks. Socioeconomic Models of Production. Princeton: Princeton University Press.

White, Harrison C., Scott A. Boorman & Ronald L. Breiger (1976): Social Structure from Multiple Networks: Part I. Blockmodels of Roles and Positions. In: American Journal of Sociology, 81, S. 730-780.

White, Harrison C. & Cynthia A. White (1965): Canvases and Careers. New York: Wiley.

Willems, Herbert (1997): Rahmen und Habitus. Zum theoretischen und methodischen Ansatz Erving Goffmans. Frankfurt am Main: Suhrkamp.

Winkler, Hartmut (1997): Docuverse. Zur Medientheorie der Computer. München: Boer.

Winkler, Hartmut (2004): Diskursökonomie. Versuch über die innere Ökonomie der Medien. Frankfurt am Main: Suhrkamp.

Wittgenstein, Ludwig (1984): Tractatus logicus-philosophicus; Tagebücher 1914-1916; Philosophische Untersuchungen. Frankfurt am Main: Suhrkamp.

Theorie

Dirk Baecker (Hrsg.)
**Schlüsselwerke
der Systemtheorie**
2005. 352 S. Geb. EUR 24,90
ISBN 978-3-531-14084-1

Ralf Dahrendorf
Homo Sociologicus
Ein Versuch zur Geschichte,
Bedeutung und Kritik der Kategorie
der sozialen Rolle
16. Aufl. 2006. 126 S. Br. EUR 14,90
ISBN 978-3-531 31122-7

Shmuel N. Eisenstadt
**Die großen Revolutionen und
die Kulturen der Moderne**
2006. 250 S. Br. EUR 34,90
ISBN 978-3-531-14993-6

Shmuel N. Eisenstadt
Theorie und Moderne
Soziologische Essays
2006. 607 S. Geb. EUR 49,90
ISBN 978-3-531-14565-5

Axel Honneth /
Institut für Sozialforschung (Hrsg.)
**Schlüsseltexte der
Kritischen Theorie**
2006. 414 S. Geb. EUR 34,90
ISBN 978-3-531-14108-4

Niklas Luhmann
Beobachtungen der Moderne
2. Aufl. 2006. 220 S. Br. EUR 24,90
ISBN 978-3-531-32263-6

Uwe Schimank
**Differenzierung und Integration
der modernen Gesellschaft**
Beiträge zur akteurzentrierten
Differenzierungstheorie 1
2005. 297 S. Br. EUR 29,90
ISBN 978-3-531-14683-6

Uwe Schimank
**Teilsystemische Autonomie
und politische Gesellschafts-
steuerung**
Beiträge zur akteurzentrierten
Differenzierungstheorie 2
2006. 307 S. Br. EUR 29,90
ISBN 978-3-531-14684-3

Jürgen Raab / Michaela Pfadenhauer /
Peter Stegmaier / Jochen Dreher /
Bernt Schnettler (Hrsg.)
Phänomenologie und Soziologie
Theoretische Positionen, aktuelle Pro-
blemfelder und empirische Umsetzungen
2008. 415 S. Br. EUR 29,90
ISBN 978-3-531-15428-2

Erhältlich im Buchhandel oder beim Verlag.
Änderungen vorbehalten. Stand: Juli 2008.

www.vs-verlag.de

VS VERLAG FÜR SOZIALWISSENSCHAFTEN

Abraham-Lincoln-Straße 46
65189 Wiesbaden
Tel. 0611.7878-722
Fax 0611.7878-400

Soziologie

Hans Paul Bahrdt

Die moderne Großstadt
Soziologische Überlegungen
zum Städtebau
Hrsg. von Ulfert Herlyn
2. Aufl. 2006. 248 S. Br. EUR 34,90
ISBN 978-3-531-14985-1

Jürgen Gerhards

**Kulturelle Unterschiede
in der Europäischen Union**
Ein Vergleich zwischen Mitgliedsländern,
Beitrittskandidaten und der Türkei
2., durchges. Aufl. 2006. 316 S.
Br. EUR 29,90
ISBN 978-3-531-34321-1

Andreas Hadjar / Rolf Becker (Hrsg.)

Die Bildungsexpansion
Erwartete und unerwartete Folgen
2006. 362 S. Br. EUR 29,90
ISBN 978-3-531-14938-7

Ronald Hitzler /
Michaela Pfadenhauer (Hrsg.)

Gegenwärtige Zukünfte
Interpretative Beiträge zur sozialwissenschaftlichen Diagnose und Prognose
2005. 274 S. Br. EUR 19,90
ISBN 978-3-531-14582-2

Andrea Mennicken /
Hendrik Vollmer (Hrsg.)

Zahlenwerk
Kalkulation, Organisation
und Gesellschaft
2007. 274 S. (Organisation und
Gesellschaft) Br. EUR 29,90
ISBN 978-3-531-15167-0

Armin Nassehi

Soziologie
Zehn einführende Vorlesungen
2008. 207 S. Geb. EUR 16,90
ISBN 978-3-531-15433-6

Gunter Schmidt / Silja Matthiesen /
Arne Dekker / Kurt Starke

Spätmoderne Beziehungswelten
Report über Partnerschaft und Sexualität
in drei Generationen
2006. 159 S. Br. EUR 24,90
ISBN 978-3-531-14285-2

Georg Vobruba

**Entkoppelung von Arbeit
und Einkommen**
Das Grundeinkommen in der
Arbeitsgesellschaft
2., erw. Aufl. 2007. 227 S. Br. EUR 24,90
ISBN 978-3-531-15471-8

Erhältlich im Buchhandel oder beim Verlag.
Änderungen vorbehalten. Stand: Juli 2008.

www.vs-verlag.de

VS VERLAG FÜR SOZIALWISSENSCHAFTEN

Abraham-Lincoln-Straße 46
65189 Wiesbaden
Tel. 0611.7878-722
Fax 0611.7878-400

If you have any concerns about our products,
you can contact us on
ProductSafety@springernature.com

In case Publisher is established outside the EU,
the EU authorized representative is:
Springer Nature Customer Service Center GmbH
Europaplatz 3, 69115 Heidelberg, Germany

Printed by Libri Plureos GmbH
in Hamburg, Germany